呼和浩特经济统计年鉴

HOHHOT ECONOMIC STATISTICAL YEARBOOK

2010

（总第十九期）

呼和浩特市统计局　编

（京）新登字041号

图书在版编目（CIP）数据
呼和浩特经济统计年鉴．2010 / 呼和浩特市统计局编．
--北京 ：中国统计出版社，2010.11

ISBN 978-7-5037-6158-4

Ⅰ．①呼…　Ⅱ．①呼…　Ⅲ．①地区经济－统计资料－呼和浩特市－2010－年鉴
Ⅳ．①F127.261-54

中国版本图书馆CIP数据核字(2010)第231412号

呼和浩特经济统计年鉴-2010
作者/ 呼和浩特市统计局

责任编辑/ 佘竞雄
责任校对/ 综合科
封面设计/ 综合科
出版发行/ 中国统计出版社
通信地址/ 北京市丰台区西三环南路甲6号　中国统计出版社
邮　　编/ 100073
电　　话/ (010)63376907
E mail　/ yearbook@gj.stats.cn
印　　刷/ 郑州友联印刷有限公司
经　　销/ 新华书店
开　　本/ 880×1230 毫米　1/16
字　　数/ 1216.131千字
印　　张/ 30
印　　数/ 1-1000册
版　　别/ 2010 年 12 月第 1 版
版　　次/ 2010 年 12 月第 1 次印刷
书　　号/ ISBN 978-7-5037-6158-4/F•2979
定　　价/ 300.00元

《呼和浩特经济统计年鉴—2010》编委会

《呼和浩特经济统计年鉴—2010》编辑部

编 辑 说 明

《呼和浩特经济统计年鉴—2010》是一部具有地方特色的系列性的综合信息资料工具书。本书运用大量的统计数据和文字，全面、系统、翔实地反映了2009年呼和浩特市经济、社会发展状况。

本《年鉴》共分四部分：特载、统计资料、法规与规章和社会经济大事记。统计资料由二十二部分组成：行政区划和自然概况、综合、国民经济核算、人口、劳动力和职工工资、固定资产投资、财政税收、物价、人民生活、城市概况、农业、工业、能源消费、建筑业、运输邮电业、批发零售贸易和餐饮业、对外贸易和旅游业、金融保险、教育科技及文化事业、体育卫生及其他事业、旗县区统计资料、省会城市主要指标。每部分统计资料之后都附有主要统计指标解释。

《年鉴》中特载、法规与规章、社会经济大事记三部分由市有关部门提供；统计资料来自政府统计部门和业务部门年度统计数据。《年鉴》中综合部分的价值量指标除说明外均为当年价格，国民经济核算指标、工、农业增加值增长速度按可比价格计算。人口部分除特别说明外，所有数据均为公安部门提供的户籍人口数。全市常住人口数据2009年底为270.85万人。对外贸易部分的数据取自海关部门。旗、县、区部分的工业、社会消费品零售总额、建筑业的相关指标，都按在地范围统计；固定资产投资，其中按国民经济行业分的投资规模及个数、新增固定资产、财务拨款和房屋建筑面积及价值表中均不含房地产开发；劳动工资的相关指标今年开始在地统计，所以旗县区统计资料中，在岗职工人数工资总额、平均工资不可比。2009年公路客货运量指标不再包括非营利性客货运量，因此，同2008年不可比。本《年鉴》历史资料，对个别数据进行了调整，若与往年数据不一致，概以本《年鉴》为准。部分统计资料的总计数或相对数由于单位取舍不同而产生的计算误差均未做机械调整。《年鉴》中使用的符号："空格"表示没有此项数据、数据不详或数据为零；"…"表示数据不足最小计量单位；"#"表示其中项。

《呼和浩特经济统计年鉴—2010》在编辑过程中，得到了有关部门和单位的大力支持与协助，在此谨致谢意。

《呼和浩特经济统计年鉴》

编辑部2010年11月

目　　录

第一部分　特　　载

第二部分　统计资料

行政区划和自然概况

综　　合

国民经济核算

人　　口

劳动力和职工工资

固定资产投资

财政税收

物　价

人民生活

城市概况

农　业

工　业

能源消费

建 筑 业

运输、邮电业

批发零售贸易和餐饮业

对外贸易和旅游业

金融、信贷、保险

教育、文化事业

体育、卫生及其他事业

旗、县、区统计资料

省会城市主要经济指标

第三部分 法规与规章

第四部分 社会经济大事记

CONTENTS

第一部分　特　　载

呼和浩特市政府工作报告

——2010年1月29日在呼和浩特市第十三届人民代表大会第三次会议上

呼和浩特市市长 汤爱军

各位代表:

现在，我代表市人民政府向大会作工作报告，请予以审议，并请各位政协委员和列席会议的同志们提出意见。

一、2009年工作回顾

2009年，我们经历了新世纪以来经济发展最为困难的一年。面对国际金融危机和“三鹿奶粉”事件的双重冲击和挑战，我们在自治区党委、政府和市委的正确领导下，科学研判形势，坚定必胜信念，在危机中抢抓机遇，在困境中谋求发展，采取了一系列及时有力的应对措施。全市广大干部群众齐心协力，迎难而上，奋力拼搏，形成共克时艰的强大合力。通过努力，我市经济社会发展取得新的重大成就，主要指标明显好于上年，好于年初预期。预计全市地区生产总值完成1520亿元，同比增长15%。地方财政总收入完成201亿元，增长26.9%。预计城镇居民人均可支配收入和农民人均纯收入分别达到22600元和7900元，均增长12%。城镇登记失业率控制在3.8%。年初承诺的8件为民办实事项目，全部落实。一年来，在应对危机的重大考验中，我们始终坚持科学发展、关注民生、依法治市、优化环境、诚实守信、服务全区的工作理念，做了以下主要工作:

(一)全力保持国民经济平稳较快发展。针对年初经济下行压力日趋增大的严峻形势，我们迅速行动，主动出击，全面落实中央扩大内需“一揽子”计划，切实加大固定资产投资力度，实施了一大批投资项目，发挥投资拉动作用，使国民经济较快企稳回升，逐月向好发展。全市完成固定资产投资800.8亿元，同比增长25%，其中三次产业分别完成投资47.7亿元、249.2亿元和503.9亿元，增长93.6%、34.4%和17.1%。

把保工业作为保增长的重中之重，及时出台《呼和浩特市关于扶持困难工业企业的意见》等文件，从贷款贴息、减免税费、缓缴减缴社保费、落实电力多边交易政策等方面对企业予以大力扶持，使停产半停产企业较快恢复生产。以科技引领企业发展，较大幅度地增加了重大科技专项资金，支持重大科技专项57项，争取上级科技扶持项目77项，有力推动了各行业的技术进步。狠抓工业园区建设，明显提高了园区承载能力，为未来工业大发展打下坚实基础。围绕国家产业政策导向，狠抓工业项目建设，完成工业投资236亿元，同比增长达30%，是历史上工业投资力度最大的一年。完成规模以上工业增加值395亿元，增长16%。

充分发挥首府优势，全力推动服务业发展，使服务业成为保增长的重要力量。一批具有首府特点的商业集聚区加快形成。拥有20多家大型商场、260多家知名品牌专卖店的中山西路，商业集聚效应和辐射能力进一步增强，成为名副其实的全区“商业第一街”。建成京源港国际汽配城、金海五金机电城、保全庄蔬菜批发市场等7个规模较大的专业市场。新建和改造农家店120家、农村商品配送中心3家。家电下乡、汽车下乡等政策得到较好落实。全市完成社会消费品零售总额641亿元，比上年增长19%。金融机构存贷款余额分别达2125.7亿元和1970.5亿元，同比增长30%和36%。实现旅游收入141.6亿元，增长31%。预计全市服务业增加值854亿元，增长15.5%。服务业在我市的第一大产业地位、我市服务业在全区服务业中的首要地位得到进一步巩固。

毫不松懈地加强“三农”工作，认真落实各项强农惠农政策，使农业基础得到进一步夯实。在遭受严重自然灾害的情况下，粮食产量达到125.2万吨。奶牛养殖业全面恢复，规模化、现代化养殖步伐明显加快，新建成标准化养殖场45个，全市奶牛存栏95万头，鲜奶产量423万吨。新发展百只以上养羊专业户1108户，全年肉羊饲养量358万只。近几年建成的1.67万亩蔬菜保护地，90%已经投产。马铃薯中棚种植技术加快推广。农村专业合作组织快速发展，土地流转试点积极推进，农牧业机械化、科技化程度进一步提高，现代农业发展迈出坚实步伐。扶贫开发力度继续加大，又有3.22万贫困人口的温饱问题得到解决。

(二)着力提升城乡建设与管理水平。经过几年努力，《呼和浩特市城市总体规划纲要(2009-2020)》的修编任务基本完成，同时进一步完善了《呼和浩特市“一核双圈”总体规划纲要》，编制完成了《呼和浩特市“一核双圈”组团发展区规划》，绘就了城乡建设蓝图。

城乡一体化道路交通建设加快推进。绕城高速公路及国道109线清水河至大饭铺一级公路建成通车，呼市至武川省道104复线、金桥开发区至和林盛乐园区道路以及呼市至土左旗土默川路等连接城乡的骨干公路建设项目快速推进，城区与五旗县之间的半小时交通网正在加快形成。乡村公路建设力度进一步加大，新建改建通乡公路7条、通村公路34条。大包铁路电气化改造工程完工，集包铁路三四线呼市段工程顺利推进。

主城区建设取得新的成效。全市最大的综合商业项目海亮广场一期工程建成开业，二期工程启动。对中山西路商业街实施街景整治，进一步提升了中心商业街的形象与品位。铁路东客站主体工程完工，呼和浩特乒乓球训练中心建成，传媒大厦、群众艺术馆、青少年文化宫、城市规划展览馆、大盛魁文化产业创意园等各项公共工程建设取得积极进展。全长 66.4 公里的环城水系综合治理工程全线启动。着力缓解交通拥堵问题，新建续建道路 20 条、桥梁和地下人行通道 4 座,改造小街巷 29 条,对 21 个交通"瓶颈"路口实施展宽改造和交通渠划改造。新购公交车 100 台，新增出租车 901 台。城市给排水管网及供气、供热管网的改造力度加大。

"三城同创"取得实质性进展。创建活动更加深入人心，各项工作扎实有效推进，主要定性定量指标已经达标。"创模"方面，公主府、章盖营、辛辛板三个污水处理新建扩建项目建成运营，城市污水集中处理能力达到 26.4 万吨/日，城市生活污水处理率达到 96%以上；各旗县和重点工业园区都新建和续建了污水处理厂。单位国内生产总值能耗下降 5.6%，化学需氧量和二氧化硫排放量控制在计划范围内。城区二级以上空气质量天数又比上年增加 5 天，达到 346 天。水、土地、矿产等各类资源保护力度进一步加大。"创模"已通过国家环保部技术评估验收。"创森"方面，"三北"四期防护林、退耕还林、天然林保护、北部风蚀沙化治理、乌素图生态区、高速公路绿化隔离带、标准农田防护林等各项生态建设工程加快推进，完成林业生态建设总面积 109 万亩，是近年来完成任务量最大的一年，全市森林覆盖率达到 29.8%。实施了成吉思汗公园、扎达盖公园、南湖湿地公园等一批城市园林绿地项目，建成区绿化覆盖率达到 35%，人均公共绿地 16 平方米。"创森"已进入迎接国家正式考察验收阶段。"创卫"方面，城市市容环境卫生综合整治工作扎实推进，对城区 604 个无物业老旧小区实施了综合整治，将 29 个城中村纳入城乡一体化环卫管理，全市新建改建水冲式公厕 20 座、压缩式垃圾转运站 20 座，二环路等重点路段实现机械化清扫。建成西郊无害化垃圾处理厂一期工程，新增日处理垃圾能力 550 吨，并启动了生活垃圾生化处理厂搬迁项目。"创卫"的各项工作取得明显进展。

去年我们成功举办全市两个文明建设经验交流会暨土左旗、托县现场会，有力推动了各旗县区的经济社会发展和小城镇建设与新农村建设，多数旗县的面貌发生明显变化，"一核双圈"城镇体系正在加快形成。

（三）积极推进改革开放。农村综合改革继续深化，集体林权制度改革全面推开，商品林改革任务基本完成。企业间并购重组积极推进。加快建立城乡一体化发展的体制机制，特别是进一步加大了对欠发达地区的扶持力度。地方金融机构改革取得突破，原市商业银行重组为内蒙古银行，原城郊信用社改组为呼和浩特金谷农村合作银行。小额贷款公司试点工作加快推进，共有 56 家获得批准，其中 37 家正式营业。文化体制改革开始启动。个体私营等非公有制经济加快发展。进一步加强了市场监管，加快推进社会诚信体系建设。

对外开放水平进一步提高。坚持把招商引资作为促进经济社会又好又快发展的重要抓手，成功承办和举办中国第三届民族商品交易会、中日经济合作会、呼和浩特投资贸易洽谈会等一系列大型经贸和招商活动，积极开展区域交流与合作，承接发达地区产业转移。预计全年引进国内资金 428 亿元，增长 8%；实际利用外资 7.8 亿美元，增长 9.8%。在国际金融危机形势下，完成进出口贸易额 7.1 亿美元，其中出口 3.6 亿美元，比上年同期有所下降。全年接待了来自 37 个国家和地区的团组来访，特别是抓住中蒙、中俄建交 60 周年的机遇，与蒙古国和俄罗斯的交流与合作进一步加强。

（四）全面加强以改善民生为重点的社会建设。2009 年新增可用财力的 88.4%用于民生工程和直接服务于城乡居民的社会各项事业，其中用于低保、廉租房、社保、农林水事务、教育、卫生方面的财政支出同比分别增加 0.95 亿元、1.1 亿元、4.4 亿元、5 亿元、4 亿元和 2.8 亿元。认真落实就业促进政策，切实加大发展中小企业、开发公益性岗位、实施小额担保贷款等工作力度，全市城镇新增就业 35846 人，下岗失业人员再就业 21473 人，帮助 391 户"零就业家庭"实现就业。社会保障体系建设得到进一步加强，普惠城乡居民的养老保险制度开始实施，各项社会保险覆盖面继续扩大。为企业退休人员人均每月增加 130 元养老金。为环卫一线清洁工人每月增加 200 元绩效工资。新建了流浪未成年人救助保护中心和社会福利院。城乡低保和农村五保供养标准进一步提高，管理得到规范。特殊困难群体的专项救助力度加大，城市低保家庭高中生全部纳入全额低保范围。全市新开工经济适用住房 76 万平方米，新建廉租房 3553 套，人均住房面积 13 平方米以下的城镇低保家庭住房问题基本解决。切实关心劳动模范，劳模待遇得到较好落实。

教育事业发展进一步加快。在基本解决包括外来人口子女在内的"上学难"问题的基础上，结合实施国家"校安工程"及中小学标准化建设工程，着力推动教育均衡发展。农村撤点并校任务基本完成，集约化办学水平明显提高。制定并实施了新一轮 17 个项目的学校建设计划，其中 10 个开工，7 个投入使用，新增 239 个教学班。高考整体水平在全区继续保持领先。中等职业学校基础能力建设得到加强，普通高中与职业高中招生比例达到 6∶4。呼和浩特职业学院新校区如期建成招生，扩招学生 2000 名，在校生规模达 1.4 万人。民办教育稳步发展。民族学校办学条件进一步改善。公开招考了 418 名中小学教师和 99 名特岗计划教师。

卫生事业发展稳步推进。市第一医院新大楼建成使用，口腔医院完成搬迁。启动了 4 所旗县医院的扩建项目，84 个乡镇卫生院基础设施建设全部完成，为 643 个村卫生室装备了医疗设备。社区卫生服务机构建设取得新进展。新型农村合作医疗参合率达到 96.9%，住院报销比例平均达到 40%，高于全国、全区平均水平。城镇职工和城镇居民基本医疗保险参保人员住院报销比例分别上调 5%和 20%。重大疾病防控能力得到加强，有效开展了甲型 H1N1 流感防控和医疗救治工作。人口和计划生育利益导向政策与改善民生政策有效衔接，县乡服务体系建设实现标准化、规范化，低生育水平保持稳定。

文化体育事业加快发展。社会主义核心价值体系建设得到进一步加强。未成年人思想道德建设取得明显成效，被中央文明委评为全国未成年人思想道德建设工作先进城市，是全区唯一获此荣誉的城市。成功举办昭君文化节、第三届中国少年儿童合唱节等大型文化活动。2007 年以来中央下达我市的 40 个乡镇文化站建设任务，22 个已经完工。文化惠民工程受到群众普遍欢迎。7 件文艺作品荣获自治区“五个一工程”优秀作品和入选作品奖。文献历史纪录片《大盛魁》被评为“2009 年全国十大纪录片”，同名电视剧《大盛魁》开机拍摄。实景舞蹈诗《昭君情缘》多次赴国内外演出。公主府博物馆建成开馆，一批博物馆和纪念馆免费开放。农村新一轮“无线覆盖”工程扎实推进。大力发展体育事业，全民健身运动得到群众广泛参与，成功举办了全市第二届运动会，举办和承办各类体育赛事 81 项。在第十一届全国运动会上我市运动员夺得 5 枚奖牌，在全区中学生运动会上取得团体总分第一的好成绩。

社会管理进一步加强。全面落实社会治安管理和维护稳定各项措施，有效开展一系列“风暴”行动，圆满完成国庆 60 周年维稳任务，人民群众安全感进一步增强。开展“安全生产年”活动，加强安全生产监管，安全生产态势总体保持平稳。开展“积案化解年”活动，切实加强领导干部定期接待群众来访工作，一批信访突出问题得到解决。食品药品安全工作得到进一步加强。认真落实党的民族宗教政策，各民族团结进步、繁荣发展的大好局面进一步巩固。双拥共建活动深入开展，国防教育和国防后备力量建设扎实推进。重视工会、共青团、妇联等人民团体工作，支持残疾人、妇女儿童和老龄事业发展。外事、侨务、人防、地震、防汛、消防、气象、档案、慈善、红十字会、老区建设促进会、关心下一代等各项事业取得了新的成绩。

（五）切实加强政府自身建设。我们高度重视服务型政府建设，在市政务服务中心成功实施集中审批服务，使行政办事效率和服务水平显著提高。同时，大力推动各旗县区政务服务中心和市民服务中心建设，三个市民服务中心、两个旗县政务服务中心已投入运行。加快建设社区公共服务站，市四区 193 个社区中有 151 个建成一站式服务大厅，2 个城区、1 个街道、4 个社区荣获全国和谐社区建设示范单位称号，初步形成大市民服务格局。我市三级公共服务体系建设受到党和国家领导人的充分肯定、社会各界的广泛好评。

高度重视民主法制建设。市人民政府自觉接受人民代表大会及其常委会的监督，认真办理人大审议意见，听取民主党派、工商联、无党派人士、人民团体意见。市十三届人大二次会议主席团交付政府组织实施的 3 件议案基本落实，代表建议以及市政协委员提案均予以认真办理和答复。加大行政监察力度，确保了中央和自治区扩内需保增长一系列重大决策的落实。加强固定资产投资、专项资金审计，资金运行进一步规范。认真落实《政府信息公开条例》，深入推进了政务公开。加强城乡基层自治组织建设，顺利完成第七届村民委员会换届选举工作。加强了立法工作，市人民政府提请市人大常委会审议地方性法规（草案）4 件，制定政府规章 8 件。“五五”普法工作积极推进。基层司法所建设明显加强。注重倾听基层和群众的呼声，始终重视市长热线、城建服务热线等群众诉求的受理工作，切实把人民群众反映的热点难点问题作为政府工作的重点，许多涉及群众切身利益的问题得到有效解决。高度重视公务员队伍建设，在全市各级行政机关党员干部中认真开展了深入学习实践科学发展观活动，着力解决干部队伍中不符合不适应科学发展观的问题，努力破解发展难题，切实加强对公务员的教育与管理，取得明显成效，为完成全年工作任务提供了有力保障。

各位代表！过去一年的成绩来之极其不易。这是自治区党委、政府和市委正确领导的结果，是全市各族人民同心同德、团结奋斗的结果。这里，我代表市人民政府，向经受复杂形势考验、在我市建设与发展中付出辛勤劳动与汗水的全市各级干部和各族人民群众，向所有关心支持呼和浩特市发展的同志们、朋友们，表示衷心的感谢和崇高的敬意！我们也清醒地看到，经济社会发展中还存在不少问题。一是经济回升的基础还不够稳定，发展的动力还不够强劲，部分行业和企业生产经营还比较困难。二是产业发展层次还不够高。农业基础仍较薄弱；工业中高端大项目不够多，产业集群化程度较低；服务业发展还不够充分，特别是面向生产的服务业不够发达。三是城乡规划建设管理水平还有待进一步提升，市政基础设施建设历史欠账多，城市长效化管理机制不完善，交通拥堵等现象仍然较为严重。四是涉及群众切身利益的问题有待进一步解决。城乡居民收入增长与经济发展不够协调，部分群众生活还比较困难。就业、物价、住房、社保、教育、卫生、产品质量、安全生产、社会治安等方面，还存在不少突出问题。五是政府自身建设和管理需要进一步加强，政府一些部门还程度不同地存在服务意识不强、办事效率不高、服务态度不好、工作作风不实、工作落实力度不够、执法行为不规范甚至以权谋私、消极腐败等现象。这些问题，我们要采取有力措施，认真加以解决。

二、2010 年工作部署

今年是实施“十一五”规划和城市建设“十年巨变”的最后一年，是实施“一核双圈一体化”的关键一年。总的看，今年我市发展的外部环境会有所好转，面临许多新的发展机遇，但也存在较多不确定性因素。我们既要坚定发展信心，又要增强忧患意识，更加努力地做好各项工作。

今年政府工作的总体思路是：**全面贯彻中央、自治区大政方针政策和市委决策部署，以邓小平理论和“三个代表”重要思想为指导，深入贯彻落实科学发展观，更加注重发挥首府优势，把打造一流首府城市、建设一流首府经济、提高首府经济首位度作为总目标，把推进“一核双圈一体化”作为总任务，把促进经济平稳较快发展和转变发展方式有机统一起来，以打造“三都”为重点全力提升产业发展层次，以创建“三城”为重点全力提高城市建设管理水平，以提升商贸、金融、总部经济等服务业发展水平为重点全力完**

善首府综合服务功能，以改善民生为重点全力推进各项社会建设，以完善三级公共服务体系为重点全力推进政府自身建设、优化发展环境，努力实现经济社会又好又快发展，圆满完成“十一五”目标任务，为“十二五”发展奠定坚实基础。

经济社会发展的主要预期目标是：完成地区生产总值1765亿元，增长16%；规模以上工业增加值475亿元，增长20%；地方财政总收入237亿元，增长18%；社会消费品零售总额760亿元，增长18%；固定资产投资960亿元，增长20%；引进国内资金458亿元，实际利用外资8.3亿美元，均增长7%；城镇居民人均可支配收入和农民人均纯收入分别达到25300元和8800元，增长12%和11%；城镇登记失业率控制在4%以内；人口自然增长率控制在7.5‰以内；万元GDP综合能耗下降5.7%，化学需氧量和二氧化硫排放量分别控制在2.3万吨和9.4万吨以内。

做好今年政府工作，必须把巩固和增强经济回升向好发展势头作为最重要的目标，坚持投资与消费并举，三次产业协调推进，确保国民经济平稳较快发展；必须把优化产业结构作为转变发展方式的主攻方向，坚定不移地走资源节约型、环境友好型的新型工业化发展之路，实现保增长和调结构、增效益相统一；必须把深化改革开放作为促进科学发展的根本动力，进一步加大重点领域和关键环节改革力度，消除体制机制障碍，激发创造活力；必须把促进增长与改善民生紧密结合起来，坚持富民与强市并重，让人民群众共享改革发展的成果。

今年要重点抓好以下八个方面的工作：

（一）实行促进投资增长与扩大消费需求并举的方针，进一步增强经济回升动力

促进投资适度增长，这对巩固和增强我市经济回升向好势头仍然至关重要。顺应今年国家新的宏观政策形势，我们把固定资产投资的重点放在已批准项目的实施上，进一步完善项目高效推进机制，促进各类项目加快建设。同时，按照国家投资导向，在“三农”、社会事业、保障性安居住房、节能环保、小城镇建设等方面争取新的项目。大力引导和鼓励社会投资，支持社会资本投向符合国家产业政策的领域，鼓励企业增加研发和技改投资，努力促成一批新的社会投资项目。

更加注重发挥消费对经济的拉动作用，把增强消费拉动作为发挥首府优势、构筑首府经济发展新制高点的重要举措。一是增强居民消费能力。较大幅度地增加政府支出用于改善民生的比重，努力提高全民收入水平，完善社会保障体系，改善群众消费预期。二是改善消费条件。突出抓好中山路、新华大街东西两个商圈的开发与建设，努力营造最佳购物消费环境，进一步增强我市商业的集聚力和辐射力。在中西部城区，继续精心打造以海亮广场为中心的大型商业圈，全力支持维多利、民族、王府井等商贸龙头企业发展；在东部城区，全面推进奈伦国际、中银城市广场、大连万达、名都家乐福等新商业项目建设，加快打造新的商圈；在城区其他地段，重点加强人口居住区、住宅新区周边商业设施的建设，形成合理的商业布局。继续加强专业市场建设，努力打造区域性农畜产品集散中心、五金建材集散中心以及汽车等大宗商品营销中心。大力实施“万村千乡市场工程”、社区“双进”工程，改善农村、社区消费条件，3年内使“农家店”覆盖所有乡镇和70%以上行政村，商业示范社区达到30%以上。三是推动消费升级。在促进传统服务消费的同时，大力发展家政服务业，积极拓展电子信息、教育培训、文化娱乐、体育健身、旅游休闲等消费领域。扎实推进家电、汽车摩托车下乡工作，落实好补贴政策。认真落实房地产调控措施，增加居民自住和改善性住房消费，促进房地产市场平稳健康发展。

（二）扎实推进新农村建设，扩大内需增长空间

要把扩大农村需求作为扩大内需的重要着力点，进一步完善强农惠农政策，增加涉农补贴规模，扎实推进新农村建设。坚持把产业发展放在新农村建设的首位，抓好农牧业主导产业基地建设。一是从提高单产入手，加快建设高产攻关田，发展粮食生产。粮食种植面积稳定在490万亩左右，总产量提高到130万吨。二是从提升饲养技术和规模化养殖水平入手，提高奶牛单产，增加奶农养殖收益。重点实施好“百、千、万”牧场建设工程，年内力争使奶牛规模化养殖水平达到50%以上，奶牛平均单产达到6.5吨以上，优质奶牛达到100万头。三是从推广舍饲圈养、快速育肥技术和品种改良入手，提高肉羊养殖水平，肉羊饲养量达到420万只。四是从引进新品种和提高保护地产量入手，提高农民种菜效益，切实利用好蔬菜保护地。五是从优质脱毒种薯推广和中棚种植扩面入手，提高马铃薯的品质和产量，使马铃薯形成更大规模产业优势。年内新增中棚马铃薯种植面积3000亩。鼓励各地立足自身优势发展特色种养业。加强农业和农村基础设施建设。大力开展土地整治，建设高标准农田，提高土地利用率。加快麻地壕、大黑河及哈素海灌区续建配套与节水改造工程、水库除险加固工程等建设，新增有效灌溉面积8万亩，节水灌溉面积22万亩。积极推进人工影响天气现代化建设工程。进一步加强生态建设与管护，深入推进京津风沙源治理等生态重点工程，完成林业生态建设面积52万亩。加快实施农村危房改造工程。继续抓好农村道路硬化、村庄绿化、环境净化以及改水、改灶、改厕、改圈等工程。

加快现代农业社会化服务体系建设。进一步抓好农牧业科技推广应用、动植物疫病防控等公共服务体系建设。加强对农民专业合作组织的引导与服务，加大对龙头企业的培育与扶持力度，进一步完善农企利益联结机制。加强农村土地流转管理与服务，以奶牛养殖小区和蔬菜保护地建设为切入点，推进土地依法、自愿、有偿流转。加快推进农牧业机械化。开展休闲观光农业试点。在奶牛、肉羊、蔬菜、马铃薯、玉米主产旗县区分别建立标准化生产示范区，建立科技教育、种养殖大户、村官等培训服务基地。通过抓引导、抓服务、抓示范，推动我市农业加快形成产业链条完整、农企联结紧密、产销衔接良好、科技支撑有力、农民组织化程度较高、规模化经营稳步健康推进的生产经营格局。

扎实抓好扶贫开发工作。以实施

整村推进、产业化扶贫、移民扶贫、劳动力转移培训为重点，年内稳定解决 3 万贫困人口的温饱问题，并努力实现脱贫致富。特别要加快推进"收缩转移、集中发展"战略，总结试点经验，进一步完善能够使农民转得出、稳得住、能致富的有效政策措施，力争使移民扶贫早见成效。加大资金投入，扶持革命老区发展。

（三）坚持走新型工业化道路，做大做强工业经济

今年要进一步把工业发展的重点转到非资源依赖型、高科技型产业上来，大力优化产业结构，抢占工业发展新的制高点。一是全力支持两大乳品加工企业向世界乳业强企迈进，推动企业在技术研发、产品质量、奶源基地建设等方面进一步形成核心竞争优势，巩固提升"中国乳都"地位。二是毫不动摇地发展新能源产业，支持晟纳吉、神舟硅业、天津中环、大陆多晶硅、日月太阳能、威斯塔斯、武川风电、昊源风光互补等企业做大做强，并力争引进更多拥有先进技术和高端人才的新能源战略投资者，着力打造"新能源之都"。三是进一步提升电力、电子信息制造、生物发酵、冶金化工、装备制造等产业发展水平，着力抓好丰泰二期、和林电厂、托电五期、齐鲁制药阿维菌、升华拜克二期、中粮可口可乐、燕京啤酒搬迁扩能改造、大唐硅铝钛合金、中石油 500 万吨炼油、中海油聚甲醛和大颗粒尿素、中燃焦化一体化、山东鲁阳陶瓷纤维等项目建设，努力新上一批高端、高质、高效项目，推动各类优势产业延长产业链，形成产业群。

切实加大对中小企业的扶持力度。以实施"双百工程"为抓手，鼓励和引导中小企业围绕优势特色产业搞延伸，围绕重点项目搞协作，围绕大型基地搞配套，走"专、新、特、精"发展路子。认真落实中央和自治区对中小企业的扶持政策，加大土地供应、减税减费等方面的政策支持力度。加强中小企业信用担保体系建设，推进银企对接，尽最大努力解决中小企业融资难问题。支持有条件的中小企业上市融资。

继续加强工业园区建设，完善园区的路、水、电、气等基础设施，强化要素保障，增强竞争优势，使各园区成为发展环境优、吸引项目多、带动就业大的现代化工业园区。加强协调引导，优化园区布局，不断提高园区同类产业集群化发展水平。

大力推进科技创新。今年安排重大科技专项资金 5463 万元，比上年增加 670 万元，重点在新能源、生物技术、乳品深加工、循环经济、农业生态建设等方面对企业予以支持，力争取得新的技术突破，增强我市重点产业核心竞争力。加快创新平台建设，充分发挥高等院校和科研院所集中的优势，支持企业创建科技创新研发机构，推进各工业园区科技孵化器建设。积极推动工业化与信息化融合。大力实施人才强市战略，在加大引进高层次人才特别是创新创业领军人才力度的同时，抓好对我市现有人才的培养和使用。进一步提高知识产权创造、运用、保护和管理水平。要在全社会大力营造尊重知识、尊重人才、尊重创造的氛围。

毫不松懈地加强节能减排与环境保护工作。不符合环评要求的项目一律不准建设，不符合排放标准的企业要坚决治理。充分发挥大唐再生资源开发项目的示范作用，加快发展循环经济，积极开展低碳经济试点。严格执行国家能耗标准，加大节能技术和产品推广应用力度。开发区和旗县区在建污水处理项目要全部建成投入运行。进一步整顿和规范矿产资源开发秩序。

（四）大力发展服务型经济，全面提升首府公共服务水平

今年我们要更加注重发挥首府优势，全力推动服务型经济大发展，努力打造全区最富有活力、最适宜人居、综合文明程度最高的城市，在更好地服务自治区、服务各盟市中实现首府发展质量的大提升。要紧紧围绕打造"京津夏都"，加快发展旅游业。继续狠抓旅游基础设施和旅游重点项目建设，推进高 A 级旅游景区创建工作，高质量开发以城市景观、草原风光、民族风情、黄河风貌、商务会展、工业旅游、现代农业观光、历史文化为主要内容的旅游线路，丰富游客游览内容。加大旅游促销力度，着力提升我市旅游形象。积极发展农家乐旅游，完善"一日游"精品线路。加快培育一批具有较强竞争力的大型旅游企业。以游客满意度为基准、人性化服务为方向，加强旅游市场监管，提高旅游服务质量。

抓住国家将我市列入全国 17 个区域物流节点城市的机遇，加快发展物流业。大力推进白塔和金山两大物流园区建设，加快建设呼和浩特出口加工区保税物流中心，积极支持呼铁局新增铁路三四线货运物流园区、土左旗沙尔营煤炭物流园区建设，扶持呼运、中储、铁通、凯迪等物流企业发展，抓紧培育和引进一批规模大、实力强、专业化程度高的现代物流企业，提高物流业的专业化、社会化和现代化水平。支持各旗县区依托自身优势，建设专业物流园区。

围绕打造区域性金融中心，加快发展金融业。积极推动渣打、民生、光大、兴业等银行省级分行早日开业，全力支持各类商业银行发展壮大。继续扩大小额信贷试点范围，扶持小额贷款公司做大做强。积极推进保险、证券、信托、基金业快速发展，争取全区第一家法人保险公司年内开业。尽早规划建设金融商务街。

发挥首府综合优势，加快发展总部经济。把发展总部经济作为转变发展方式、优化产业结构的重要途径，实施优惠政策，健全工作机制，想方设法引进国内外总部企业，吸引国内外企业在我市设立研发、采购、市场、培训、物流配送等功能性中心，加快构建高端服务企业总部积聚基地。扶持本地有实力的企业做大做强，加快培育一批发展潜力大、市场前景好、处于行业领先的优势总部企业，鼓励优势总部企业由制造向营运管理、市场营销、技术研发等高端环节拓展。更加注重发展会展业，全力办好第四届中国民族商品交易会等大型商贸会展活动，不断增强我市会展业的辐射力、带动力。大力发展现代中介业以及社区、社会化养老等服务业，不断为首府经济注入活力。

进一步加强首府综合文明建设，全面提高市民素质，树立各类服务窗口的良好形象，打造"魅力青城"的知名品牌，努力实现首府发展的新跨越。

（五）加大城乡建设和管理力度，确保实现“十年巨变”目标

要按照“十年巨变”要求，坚持城乡“三个圈层”建设协调推进，全面加大各项重点工程推进力度。继续把城市核心区建设作为重中之重，充分发挥核心区建设的示范和带动作用。大力抓好环城水系、乌素图生态区等区域性开发建设项目，开辟城市发展新空间，打造城市建设新亮点。加快推进城中村改造，年内力争将二环路内城中村改造完毕。推进城区道路建设与改造，新建 10 条城区道路，改造 20 条小街巷。抓紧制定轨道交通建设规划并加快组织实施。加大园林绿化建设、管理与维护力度，成吉思汗公园、扎达盖公园等续建和扩建项目年内全部完工，力争再开工新建成吉思汗广场、锡林公园和大黑河公园。推进城市既有建筑节能改造。加强地下管网改造和建设，增强城市供热、供水、排水、供气等保障能力，提高中水回用率。

全力做好“三城同创”迎检工作，力争早日夺取创建工作的全面胜利。进一步巩固“三城同创”已取得的工作成果，不断提升达标水平，今年要在“创卫”方面做出更大的努力。要大范围开展市容环境卫生综合整治，全面加强“五小”行业卫生管理，深入开展爱国卫生运动。加大环卫设施建设力度，年内在市区新建改建 20 座压缩式垃圾转运站和 20 座水冲厕所，同时对二环路内城中村的环卫基础设施进行统一规划建设。完成生活垃圾生化处理厂搬迁项目和医疗废弃物集中处理项目建设任务，提高垃圾无害化处理率。把全市主次干道和小街巷“三乱”小广告全部纳入环卫专业清理范围。强化对物业服务企业的监督管理，全面提高物业服务水平，创建更多环境优美的居住小区。认真治理噪音污染和空气污染，加大力度推进集中供热工程，拆除分散锅炉，扩大清洁能源使用范围，严格执行机动车尾气检验排放合格证制度，确保全年二级以上空气质量天数不低于 340 天。继续做好封闭自备井工作，切实抓好饮用水源地保护，让全市人民永远喝上放心水。要加大监管力度和工作力度，确保年度节能减排各项指标如期完成。

进一步抓好城乡交通体系建设。争取建成呼武路和金盛路，加快推进国道 209 线和林至清水河一级公路建设，全面形成主城区与五旗县之间的半小时交通网络。推进国道 109 线十七沟至大饭铺高速路建设工程，打造呼包鄂经济圈高效畅通的交通体系。积极推动 110 国道呼集老段改造一级路和集包铁路三四线呼市段、呼包鄂至北京城际铁路建设工程，全面对接环渤海交通网。把加强乡村公路建设作为推进城乡一体化发展的重要任务，再实施 4 个通乡油路建设项目、15 个通村公路建设项目，改造 20 座危旧桥梁。

紧紧抓住中央推进城镇化进程的机遇，加快小城镇建设，重点推进各旗县政府所在地建设，着力打造功能完善、特色鲜明、环境优美的小城镇，尽快形成“一核双圈”城镇建设体系。支持各地优先抓小城镇道路、供水、供热、供气、污水处理等基础设施建设。放宽城镇户籍限制，鼓励农村富余劳动力在城镇就业和落户，加快农民向城镇转移的步伐，提高城镇化水平。

大力开展工程建设领域突出问题专项治理工作，整顿和规范建设市场秩序。全面加强城乡规划管理，提高规划水准，严格按照规划进行建设。执行“两个最严格”土地管理制度，加快建立完善“防范在先、发现及时、制止有效、查处到位”的土地执法监管机制，切实管好用好土地，争取在全国卫片执法检查中进入先进行列。

（六）深化改革开放，进一步完善有利于科学发展的体制机制

继续抓好重点领域的改革。深化集体林权制度改革，稳步推进集体公益林改革。继续引导企业建立现代企业制度，完善法人治理结构。全面完成政府机构改革任务。加快推进事业单位改革，推行绩效工资制度。深化财政管理体制改革，完善公共财政体系。要突出抓好文化体制改革，加快建设文化大市，切实提升我市文化软实力。

更加重视民营经济发展。认真落实扶持民营经济发展的各项政策，放宽市场准入条件，为民营经济发展创造更宽松的环境、更广阔的空间。积极支持民营经济进入基础设施、公用事业、金融服务和社会事业等领域，鼓励和支持民营企业与相关科研机构搞联合，与入驻我市的大企业、大集团搞配套，加快形成民营企业集群。

深入推进对内对外开放。以扩大规模、优化结构、提高质量为着力点，加大招商引资力度，积极吸引国内外大企业来我市投资兴业。重点加强与珠三角、长三角、京津冀地区的横向经济联合与协作，努力在承接先进生产力转移上取得新突破。抓住呼包鄂地区被列为全国十二个重点开发区域之一的机遇，在交通、信息、产业布局等方面超前谋划，主动与包头、鄂尔多斯的发展相对接。加强与俄蒙的经贸往来，全力打造我国向北开放“核心区”。毫不放松地发展对外贸易，切实落实国家稳定外需的政策措施。

（七）继续加强以保障和改善民生为重点的社会建设，全力创建和谐首府

今年我们要采取更加有力的举措，加快推进社会事业发展，加大为民办实事工作力度，在构建和谐首府方面迈出新的更大步伐。坚持把就业作为最大的民生工程，切实落实更加积极的就业政策。把促进高校毕业生就业放到突出位置，鼓励用人单位吸纳符合条件的高校毕业生就业，鼓励高校毕业生到城乡基层和中小企业就业。加大就业援助力度，依托社区和企事业单位，多渠道开发就业岗位，帮助城镇就业困难人员和零就业家庭成员就业。加快建立城乡并重的就业机制，加强对农民工的就业培训、职业介绍和工资保障，推进农村劳动力转移就业。促进创业带动就业，在市场准入、小额担保贷款等方面为自主创业提供便利和优惠，努力使更多劳动者成为创业者。加强就业信息发布和就业指导工作，为群众就业提供良好服务平台。

加快完善社会保障体系。继续扩大各项社会保险覆盖面，特别要重视和加强非公有制经济从业人员、农民工、被征地农民、灵活就业人员和自由职业者的参保工作，加快实现“人人有保障”的目标。进一步提高城乡居民最低生活保障和农村五保供养标准，继续做好贫困家庭大学生、高中生等特殊困难群体的专项救助工作。推进市民政福利园和敬老院建设，积极筹备建设市精神康复医院。

大力发展教育事业。以实施中小学"校安工程"为切入点，以标准化建设为根本，切实改善全市中小学校办学条件，加强教师队伍建设，为促进教育均衡发展提供有力保障。推进学前教育与管理，提高特殊教育水平。坚持优先发展民族教育。继续鼓励和规范民办教育发展。各级各类教育都要着眼于促进人的全面发展，积极推进素质教育。支持职业院校精品专业实训基地建设，大力创办与社会需求紧密对接的高质量职业院校。

加快推进医疗卫生事业发展。以市第一医院和口腔医院迁址为新起点，着力提升医院服务能力和水平。年内争取对市第二医院、中蒙医院、妇幼保健院、结防所实施新建和改扩建。加快推进旗县医院改造与建设。加强乡镇卫生院和社区卫生服务中心服务能力建设，年内在基层医疗机构全面推行基本药品零差价，实施城乡公共卫生均等化服务。积极发展中蒙医事业，加强中蒙医药和适用技术在社区的推广应用。强化医药卫生人才队伍建设，尽快实现基层医疗卫生机构都有合格的全科医生。巩固和完善新型农村合作医疗制度，提高城镇职工和居民基本医疗保险的参保率，努力实现人人享有基本医疗和公共卫生服务。加强重大传染病、地方病防治工作。做好人口和计划生育工作，综合落实计划生育奖励扶助优惠政策，提高服务水平，保持低生育水平持续稳定。争取年内初步建立呼和浩特市人口信息库。

进一步发展文化体育事业。加强社会公德、职业道德、家庭美德和未成年人思想道德建设，广泛开展群众性精神文明创建活动。全面完成18个剩余农村文化站建设任务，推进广播电视覆盖工程，继续实施文化惠民工程。加快推进电视剧《大盛魁》的拍摄，打造大型音乐舞蹈诗《蒙古盛典》，抓好大盛魁文化创意产业园、呼和浩特文化产业园等重点文化产业项目建设。办好第十一届昭君文化节、第七届国际民间艺术节、首届中国少数民族艺术汇演等大型活动。加强网络文化建设和管理。做好文物和非物质文化遗产保护。全力迎战自治区第十二届运动会，精心组织第十五届世界元老杯乒乓球赛，创造条件举办全国性、国际性体育赛事。认真落实《全民健身条例》，扎实推进全民健身运动。

着力提高社会管理水平。要高度重视维护群众合法权益，注重发挥村委会和社区的作用，正确处理人民内部矛盾，及时合理解决群众反映的问题，坚决纠正损害群众利益的行为。以解决问题为根本着力点，继续抓好市长热线等群众诉求的受理工作。坚持领导干部特别是主要领导干部处理群众来信和接待群众来访制度，服务群众，化解矛盾。深入开展"平安首府"创建活动，加强社会治安综合治理，严密防范、依法严厉打击各类违法犯罪活动，切实维护国家安全和社会政治稳定，增强群众安全感。加快推进数字呼和浩特建设，今年突出抓好数字城管、数字规划和数字公安侦破系统建设。牢固树立安全发展的理念，健全和落实各项安全生产制度，强化监管责任，坚决防止重特大安全事故的发生。深入开展食品药品安全整治，健全并严格执行产品质量安全标准，逐步建立食品检测结果发布制度，切实让人民群众买得放心、吃得安心。积极应对气候变化，抓好防灾减灾工作，加强应急管理，提高应对各类突发事件和公共安全保障能力。深入开展双拥共建，支持武警、消防等驻呼部队建设，认真做好国防动员、民兵预备役和人民防空工作。做好民族、宗教工作，不断巩固各民族团结进步、繁荣发展的大好局面。切实发挥工会、共青团、妇联等群团组织的桥梁纽带作用，大力支持妇女儿童、老龄、残疾人、红十字会和慈善工作。抓好迎接国家对我市《妇女儿童发展纲要》的终期评估工作。认真落实劳动模范待遇，在全社会营造尊重劳动、劳动光荣的氛围。

今年，我们要着眼解决群众最关心的问题，重点实施十个方面的为民办实事项目，预计全市财政投入24.3亿元，比去年实施为民办实事工程增加投入10.8亿元，增幅80%。一是努力提高城乡居民收入水平。市四区城市低保标准由每月300元调整为320元，旗县城镇低保标准每月统一调整为220元；农村低保标准由每年1400元调整为1500元；农村五保集中供养标准由每年1800元调整为2300元，分散供养标准由每年1500元调整为1800元；公益性岗位补贴标准市四区由每月560元调整为680元，旗县由每月400元调整为500元；企业退休人员养老金再次提高10%；解决重点优抚对象医疗问题，提高抚恤标准；调整公务员和事业单位工作人员津贴补贴，多渠道增加城乡居民收入。二是大力开发就业岗位。通过加快发展第三产业、民营经济和中小企业，加大公益性岗位开发力度等措施，年内确保城镇新增就业3.2万人；通过公开招考，为高校毕业生提供500个以上事业编制岗位。三是进一步完善覆盖城乡居民的养老保险体系，全面推行农村和城镇居民养老保险工作。四是继续抓好保障性安居工程建设。新建廉租房800套，切实做好廉租补贴发放工作；加快推进经济适用住房建设，确保年内竣工40万平方米，解决好低收入家庭的购房需求。五是认真实施中小学校舍安全工程，两年内新建和加固改造135万平方米中小学校舍。六是进一步加强为农服务工作。围绕奶业、肉羊、蔬菜、马铃薯四大农村主导产业培训农民科技带头人1000名；解决5万农民的饮水安全问题；加大种养业保险保费补贴力度。七是继续增加对城乡居民的优待项目。60岁以上老年人使用公厕、市级医院普通挂号、健康体检以及70岁以上老年人乘坐公交车实行免费；实施"一杯奶"健康工程，使农村低收入人群中政策内孕期妇女受益；在城乡开展公共卫生健康服务，年内为全市30%人口建立健康档案，并积极推行免费婚前医学检查。八是加快便民服务设施建设。进一步规范60处马路便民市场；新建改建社区菜市场60个；加快实施城市社区"早餐工程"；建立长效管理机制，进一步提升无物业小区后续改造和管理水平。九是继续下大力解决城市交通拥堵问题。优先发展城市公共交通，年内新增100台公交车，新开5条、延伸改造6条公交线路；加快立体交通网络建设，把轨道交通建设纳入政府重要工作日程，开工新建北二环出城口立交桥、内大南侧过街桥、6座跨河桥和3座地下通道；下大力气提高道路交通科学管理水平。十是切实解决一些群众反映强烈的突出问题。大力加强校园周边游戏厅、网吧的管理和治安环境的整治；严厉打击淫秽色情网站；严厉整治狗患，进一步规范养犬行为，加强对流浪犬的收治管理。

（八）加强政府自身建设，加快建设服务型政府

我们要坚定不移地抓好三级公共服务体系建设，全力打造一流政务服务品牌。一是继续加强市政务服务中心建设，进一步完善服务功能，优化办事流程，加强分厅管理，努力让政务服务更高效、让群众办事更方便。对政务服务办公楼实施改扩建，在政务服务中心设立政府信息公开发布中心，切实加大对财政资金和社会公共资金、政府投资项目、政府决策等信息的公开力度，满足群众获取和利用政府信息的需求，促进服务政府、责任政府、法治政府和廉洁政府建设，以更加明显的成效迎接全国政务公开工作现场会在我市召开。二是加快推进市民服务中心和旗县政务服务中心建设，确保全部建成运行。三是大力抓好社区公共服务站和乡镇公共服务中心建设，力争使全市所有社区公共服务用房达到420平方米以上，五个旗县各建2个面积不低于300平方米的社区公共服务站和2个面积不低于150平方米的乡镇公共服务中心。加强社区服务体系建设，推动社区进一步拓展服务项目，完善服务功能。

深入推进依法行政。各级政府都要更加自觉地接受人大监督和政协民主监督，强化监察、审计等专门监督，高度重视人民群众和新闻舆论监督。强化政府法制工作，提高政府立法透明度和公众参与度。加强行政执法监督，规范执法行为。认真落实行政问责制。

进一步加强决策管理，努力使政府各项决策更加科学化、民主化、制度化；进一步加强财税和投资管理，努力做到增收节支和投资效益最大化；进一步加强社会公共管理，尽快消除政府公共管理空白点。

切实转变工作作风。大兴调查研究、真抓实干之风，坚持深入实际、深入基层，问政于民、问需于民、问计于民，切实解决实际问题。继续发扬艰苦奋斗的作风，坚决制止铺张浪费。加强廉政建设和反腐败工作。认真落实党风廉政建设的各项规定，扎实推进惩治和预防腐败体系建设。坚持廉洁从政，从严治政，以防止权力滥用、规范权力运行为重点，加大源头治腐工作力度，加强公务员队伍建设，树立为民、务实、高效、清廉的良好形象。

各位代表！我们面临的任务艰巨而繁重，我们肩负的责任重大而光荣。让我们更加紧密地团结在以胡锦涛为总书记的党中央周围，在自治区党委、政府和市委的正确领导下，深入贯彻落实科学发展观，同心同德，顽强拼搏，扎实工作，奋力进取，全面完成“十一五”各项目标任务，为打造一流首府城市、建设一流首府经济而努力奋斗！

呼和浩特市人民代表大会常务委员会工作报告

——2010年1月31日在呼和浩特市第十三届人民代表大会第三次会议上

呼和浩特市人大常委会主任 吴一微

各位代表：

现在，我代表市人大常委会向大会报告工作，请予审议。

2009年的主要工作

2009年是新中国成立60周年和地方人大常委会设立30周年，也是我市开展深入学习实践科学发展观活动、推进“十一五”规划实施的重要一年。在这不平凡的一年里，市人大常委会在市委的领导下，紧紧围绕全市工作大局，突出重点，贴近民生，依法履行各项法定职权，充分发挥地方国家权力机关的作用，和全市各族人民一道，同心同德、共克时艰，为推进我市社会主义民主法治建设，构建现代化和谐首府作出了新的贡献。

一、围绕“保增长”全力开展工作，推动首府经济平稳较快发展

去年是新世纪以来我市经济发展最为困难的一年，保持经济平稳较快发展是全市工作的首要任务。常委会抓住“保增长、扩内需、调结构”的突出问题，加强跟踪监督，完善法律制度，人大工作更有深度、更具活力。

推动党的重大决策部署贯彻落实。

常委会把推动党中央、自治区党委和市委重大决策部署贯彻落实作为人大监督工作的重中之重，认真履职，积极推动全年经济社会发展任务的完成。常委会会议听取审议了2009年上半年国民经济和社会发展计划执行及预算执行情况报告、2008年市本级财政决算报告和审计工作报告。审议中，组成人员对市政府全面落实国家、自治区应对金融危机一揽子计划和政策措施，认真实施“向东看”发展战略，加快经济发展方式转变，加大民生改善力度，克服诸多不利因素，经济社会各项工作取得显著成绩给予充分肯定，并指出，要继续坚持首府经济发展的多元化思路，提升开放水平，加大改革力度，切实增强可持续发展的后劲。为了保证首府城市建设“十年巨变”和打造“一核双圈”的顺利施行，常委会启动重大事项决定程序，批准了市政府为发展基础设施建设筹集资金的3件议案和2009年市本级财政预算的调整方案，保证重点建设项目的资金需要，积极推动了扩内需、保增长重大决策的有效落实。常委会根据市委“三城同创”的决策部署进行视察检查，提出创建国家环保模范城市、国家森林城市、国家卫生城市的重要建议，市政府采取有力措施，在环保、生态建设等方面取得了实质性进展。

推动转变经济发展方式。

常委会听取审议市政府关于“十一五”规划纲要实施中期情况的专项报告，并开展了深入调研。纲要总体实施情况良好，约束性指标预计能够完成规划目标。常委会组成人员建议，市政府要继续加快推进经济发展方式的转变，努力实现“十一五”规划纲要确定的目标任务。常委会还对全市科技工作进行视察，听取审议了市政府关于抓科技、保增长、促发展工作情况的报告，就新技术、新成果的推广应用、完善服务体系建设、促进科技成果向现实生产力转化提出建议，推动科技创新能力和竞争实力的增强。

推动优化发展环境。

建立政务服务中心，构建三级公共服务体系是贯彻市委加快推进行政审批制度改革、优化首府发展环境的重要决策。4月，常委会组织视察了市政务服务中心综合服务大厅和交警、公安、房产三个分厅，听取审议了相关报告，常委会组成人员和人大代表积极支持这一改革举措，建议要尽快将应进未进的事项全部进驻中心，理顺机构管理，健全配套制度。同时，为及时清理不适应经济社会发展的法规，审议废止了城镇集贸市场管理条例。

推动城乡一体化建设。

常委会高度重视规划立法工作，深入开展调查研究，严把规划质量关，审议通过了市政府关于修编呼市城市总体规划纲要的报告，制定了城乡规划条例。条例立足于首府特点和发展定位，把城市与乡村规划统筹起来，规范了城乡规划编制审批程序，明确了建设工程规划“一书两证”行政许可时效、规划实施与处罚、接受公众监督等规定，维护了规划实施的严肃性，使今后一个时期全市城乡建设与发展有法可依。推动农业产业化发展。常委会把推动蔬菜生产基地建设作为支持“三农”的重要工作，连续两届进行视察和监督。去年，把基本菜田保护列入立法计划，用法规巩固和保障基本菜田的建设成果。条例将基本菜田纳入土地利用总体规划和城乡规划，力求使基本菜田面积与人口需求保持动态平衡，为我市蔬菜产业的可持续发展提供法制保障。常委会开展了对种子法、自治区农作物种子条例执法检查，就完善基层管理机构、整合种子经营市场、打击查处假劣种子坑农害农行为提出建议。并且以促进农业产业化发展和农民增收为重点，支持奶牛养殖业全面恢复和设施农业的快速发展。2009年我市农民人均纯收入达到7900元，农民收入和城市居民收入首次实现同步增长，同时达到增长12%。

二、围绕“保民生、保稳定”着力解决突出问题，推进首府和谐社会建设

坚持以人为本，促进解决民生问题，是常委会高度关注的又一重点。我们围绕人民群众的根本利益开展工作，积极推进社会事业发展，人大工作更贴近民生、更具实效。

促进就业服务体系建设。

积极应对就业工作面临的严峻挑战，常委会年初安排了听取审议市政府就业和再就业专项工作报告，并对有关主管部门、就业服务机构、劳动力市场、部分高校和企业进行了集中视察。组成人员认为，市政府在大力开发就业岗位，全方位促进就业增长方面做了大量富有成效的工作。建议针对招工难与就业难并存的问题采取措施，支持中小企业、服务业等劳动密集型产业发展，拓宽就业渠道，打造劳动保障基层平台。这些工作促进了公共就业服务体系建设。

促进教育健康发展。

教育是关乎国家、民族和地区发展的大事，也是人民群众和人大代表关注的焦点。常委会对我市中小学校周边环境进行专题调研，报告引起自治区主要领导的高度重视，要求对学校周边安全问题采取有效措施，切实消除隐患。市人大有关委员会积极督促检查，相关部门对全市中小学附近限时、限速指示牌以及校园内外变压器、高压线全部进行了排查和调整，对影响学校周边治安状况的违法行为进行了有力打击。9月，常委会再次安排了以农村教育为重点的义务教育法执法检查，听取审议了政府专项工作报告，提出了加大对农村义务教育资金投入的建议。为规范社会力量办学行为，常委会审议通过了修订的民办教育促进条例，推动民办学校加快发展。

维护弱势群体合法权益。

保障残疾人充分参与社会生活、共享社会发展成果是一项民心工程。常委会制定了残疾人保障条例，将残疾人工作经费列入政府财政预算，从康复、教育、劳动就业、文化生活、社会保障等方面，加强对残疾人合法权益的保障。常委会会议听取审议了法律援助工作情况的报告，提出将法律援助经费列入财政预算并逐年增加的要求，推动了司法救助基金和法律援助联动机制的建立。常委会对代表和奶农反映强烈的经济适用房、廉租房建设及倒奶问题进行调研，督促市政府完善配套设施，加快建设步伐，更好地为低收入家庭提供保障性住房，推动解决了因季节原因倒奶而导致农民收入受损的问题。

促进少数民族工作。

少数民族聚居村人畜饮水安全直接关系当地人民群众的生命安全和生产生活状况，常委会将此作为关注民生的重点予以安排。组成人员和自治区、市两级人大代表走村入户，实地调研、视察，开展专项工作测评，听取审议政府工作报告。常委会提出，要高度重视农民饮水安全工作，尽快对全市农村包括少数民族聚居村饮水安全情况进行一次全面普查，加大政策和资金支持力度，完善维护管理制度，彻底解决全市农民饮水安全问题。常委会还对我市蒙古族教育和蒙医蒙药发展情况进行了专题调研，提出振兴民族教育、发展蒙医药事业的建议，推动解决了蒙古语授课学生入学难的问题。

促进平安首府建设。

社会治安综合治理是常委会十分关心和重视的问题。9月，常委会对治安管理处罚法和社会治安综合治理条例的贯彻实施进行了执法检查。近年来市政府及公安机关针对严峻复杂的社会治安形势，建立了社会治安综合治理长效机制，开展了多次风暴行动，强有力地震慑了违法犯罪活动。常委会建议，要继续把维护社会稳定与经济社会发展放在同等重要的地位来抓，着力建设平安首府。常委会还听取审议了市中级人民法院关于修改后的民诉法贯彻执行情况的报告，提出建立健全执行救助金制度、规范法官的裁量权等意见，并通过组织专项视察、旁听庭审等方式，推动规范审判行为。常委会组成人员对法院、检察院狠抓队伍建设，提高司法保障能力给予了积极评价，要求"两院"继续坚持司法为民、公正司法，维护社会公平正义。

三、围绕提高履职能力，努力做好经常性工作

过去的一年，我们紧紧围绕市委中心工作和全市工作大局，按照法律赋予的职权，努力做好人大经常性工作，取得了新的成效。

一年来，共审议法规6件，通过5件，即：制定了呼和浩特市残疾人保障条例、呼和浩特市基本菜田保护条例、呼和浩特市城乡规划条例、呼和浩特市民办教育促进条例，废止了呼和浩特市城镇集贸市场管理条例，开展立法调研 7 项。常委会积极推进科学立法、民主立法，扩大公民对立法的有序参与。主任会议决定，启动立法基层联系点试点工作，拓展意见征集范围，通过座谈会、论证会等形式，广泛听取和征集意见，邀请人大代表、政协委员、基层群众代表、执法部门代表、执法相对人、专家学者参与法规草案的讨论、修改工作，为提高立法质量打下了扎实的基础。市人大相关委员会提前介入法规草案的研究、拟定工作，就草案中涉及的重大问题、焦点问题深入调查研究。同时，对立法过程进行深入报道，使立法宣传形式多样化，法规草案公布常态化。常委会通过直接与基层群众面对面讨论，广泛征求意见，形成了能够全面表达群众诉求、有效平衡社会利益的协调机制，法规草案更加严谨、完善，立法工作更加符合首府实际。

监督工作方面。

一年来，常委会听取和审议市人民政府、市中级人民法院、市人民检察院报告 14 项，组织开展执法检查 3 项，视察 17 次，开展专项工作评议 6 项，发出审议意见书 20 份，配合全国人大常委会、自治区人大常委会开展执法检查、视察和调研 17 项。常委会继续关注预算收支平衡、重点支出安排和资金到位情况，着力加大对财政工作的实质性监督力度，督促建立了市本级预算稳定调节金和部门预算批复沟通制度,提出了将财政上年结余资金全部纳入下年度预算管理的建议，并得到落实。常委会着力规范法律监督工作，启动了对规范性文件的备案审查，共接收报送备案规范性文件 13 件。

发挥代表作用方面。

以落实代表议案建议为抓手，推动代表工作。上次人代会确定议案 9 件，常委会将涉及立法的 6 件交由有关专委会认真落实，已全部办理完毕，并通过了常委会审议，其中 3 件列入了年度立法计划和五年立法规划，代表议案在立法中的作用得到进一步发挥。交由政府研究实施的 3 件议案也已办理完毕，并向常委会作出了报告。市政府落实关于加大对马铃薯脱毒种薯补贴力度的议案，增加了财政专项补贴资金。对于 3 号议案，即关于给予旧城区和城中村改造特殊优惠政策的议案，在第一次审议时，组成人员和提出议案的代表团不满意，常委会作出要求重新办理的决定。市政府主要领导高度重视，分管市长亲自带队，对全市 70 万平方米旧城区边死角地块的情况开展调查，提出了分两期改造的初步方案，并再次向常委会作出报告。常委会组成人员对市政府认真改进工作的作风和办理结果比较满意。

上次人代会确定的 193 件建议已全部办理完毕，并答复代表。建议中所提问题已经解决或基本解决的 89 件，占承办总数的 46.1%。其中常委会确定的 8 件重点督办建议由相关专委会进行督办，取得了比较明显的效果。代表建议的落实率和代表对建议办理工作的满意率进一步提高。去年，继续将议案建议办理情况纳入市委对领导班子的实绩考核内容，使办理实效得到增强。

根据需要，常委会提出设立代表议案、建议办理保障金的建议。市委决定，今后每年在预算中划出一块人大代表议案和重点建议办理的保障经费。今年的保障经费已经在提交本次人代会的预算报告中作出预留计划。充分发挥代表联组作用，常委会组织代表，围绕地区发展和群众反映的突出问题开展专题调研，形成了 9 篇专项调研报告。2009 年，我们积极扩大代表对常委会活动的参与度，有 65 名代表列席了常委会会议，1052 人次参加了培训和执法检查、视察、调研、法律草案研究活动。列席会议和参加活动的代表会前认真准备，会上积极发言，充分反映人民群众呼声，人大代表的桥梁纽带、参与决策、监督协助作用得到发挥，为建设和谐首府作出了积极贡献。

发挥专委会作用方面。

常委会注重发挥专门委员会作用，就加强和改进人大工作深入研讨，总结经验，统一认识。各专门委员会充分发挥专业优势，抓住突出问题开展工作，组织委员和代表通过深入食品批发市场、车辆高峰期的立交桥和重要路口，以及亲自乘坐公交车等方式进行实地调研，推动相关问题的解决。对视察创卫工作中发现的河槽垃圾污染、泔水猪、无物业管理小区等问题，拍摄制作视察短片，以图文并茂的形式反映存在的问题，取得了实际效果。在调研基础上，增发了常委会参阅文件和法制简报，做了大量卓有成效的工作。

重大事项决定和人事任免等方面。

围绕改革发展稳定中的重大问题，作出 9 项决议决定。依法任免国家机关工作人员 18 人次，依法补选了 1 名自治区第十一届人大代表，确认了补选 8 名市第十三届人大代表的代表资格。加强与自治区人大常委会的联系，主动争取自治区人大常委会的指导和支持。重视对旗县区和乡镇人大的指导，加强工作联系配合，举办了市、旗县区人大主任专题联席会议。

四、围绕提升工作水平，切实加强自身建设

常委会以深入学习实践科学发展观活动和纪念地方人大常委会设立 30 周年为契机，进一步加强自身建设，不断提高整体工作水平。

深入开展学习实践科学发展观活动。

以"服务科学发展，推进民主法治，

依法履行职能，促进富民强市”为实践载体，突出实践特色，把学习实践活动真正贯穿在人大工作的各个领域，使常委会领导班子成员和机关党员干部经受了一次思想上的洗礼，形成了加强和改进人大工作的新共识。常委会广泛征集意见，梳理归纳问题，有针对性地提出改进工作的思路措施，并认真加以落实。以思想、作风、组织建设为重点，加强干部队伍建设，创建学习型机关，创新工作方法，充分调动干部职工的主动性和积极性，各项工作质量普遍提高，常委会整体工作迈上了一个新台阶。

隆重纪念市人大常委会设立30周年。

2009年是呼市人大常委会设立30周年。30年来，在市委领导下，经过历届人大常委会的不懈努力，常委会的工作取得了显著成绩，为推进呼市改革开放和现代化建设作出了重要贡献。市委高度重视纪念活动，专门听取人大常委会工作汇报，研究解决常委会提出的对经济技术开发区加强监督、增设机构编制、增加代表经费、开展街道人大工委试点工作、解决老干部活动场所等实际问题。市委主持召开全市纪念大会暨人大工作会议，韩志然书记作了重要讲话，对历届市人大常委会取得的成绩给予了高度评价和充分肯定，同时也对进一步做好人大工作提出了新的要求，并确定市委每届召开一次全市人大工作会议,每年专门听取一次市人大工作汇报。常委会在市委的领导和有关单位的配合下，召开各类纪念座谈会、制作电视专题片、编辑出版回忆纪事文集、工作资料文集、举办民主法制建设成就展、人大知识竞赛等系列纪念活动，系统总结30年的成就与经验，展望社会主义民主政治建设的美好前景，进一步增强了全社会的人大意识和法治意识，使人大代表、人大工作者倍受鼓舞和鞭策。纪念活动作为加强和改进人大工作的重要举措，在全市产生了积极和深远的影响。

不断提高依法履职能力。

常委会坚持党组中心组学习制度和常委会专题讲座制度，坚持集体行使职权，完善和健全科学民主决策机制。制定、修改常委会听取和审议专项工作报告办法和审议意见办理办法,新增了对“一府两院”专项工作报告进行满意度表决的规定。进一步规范工作流程，提高了为人代会、常委会、主任会议服务的水平。不断改进宣传方式，加强宣传策划，通过访谈、专题片等多种形式深入报道，增强了人大工作的公开性。完善信访工作机制，加强了对信访件的综合分析和办理。一年来，共受理人民群众来信来访644件次。通过依法督办，维护了当事人的合法权益。

2009年是市人大常委会工作繁忙、任务艰巨的一年，也是全体代表齐心协力、再创佳绩的一年。我们着力在提高常委会审议质量上下功夫，取得了四个方面的突破。一是以完善监督方式为重点，切实增强监督实效；二是以扩大立法参与为抓手，切实提高立法质量；三是以增强决策能力为目标，切实提升履职水平；四是以推进公开性为核心，切实加强宣传工作。

各位代表：过去一年市人大常委会取得的成绩，是在市委的正确领导下，全市人大代表、常委会组成人员、市人大及其常委会各工作部门以及机关全体工作人员辛勤工作的结果，是市人民政府、市中级人民法院、市人民检察院密切配合的结果，也是各级人大配合和各族人民群众大力支持的结果。在此，我代表市人大常委会，对大家表示衷心的感谢！在总结成绩的同时，我们也清醒地看到，工作中还存在不少需要改进的地方。一是需要进一步突出重点、抓住关键问题开展工作；二是需要解决法规配套实施细则滞后的问题，切实提高法规的效力；三是需要进一步提高服务保障水平，更好地发挥代表作用。我们将自觉接受群众监督，虚心听取代表意见，认真研究我市民主法制建设的新情况新问题，不断加强和改进常委会工作，更好地行使宪法和法律赋予的职权。

2010年的主要任务

2010年常委会工作的总体要求是：全面贯彻党的十七大、十七届三中、四中全会和自治区党委、市委的决策部署,以邓小平理论和“三个代表”重要思想为指导，深入贯彻落实科学发展观，坚持党的领导、人民当家作主、依法治国有机统一，依法履行职权，为打造一流首府城市、建设一流首府经济，切实提升服务全区发展的能力，充分发挥地方国家权力机关的作用。

一、全面加强立法工作

今年要继续提高立法质量，做好法规清理工作。计划安排的立法项目有：制定全民国防教育条例、室内装饰装修管理条例、气象条例，修订客运出租汽车管理条例、市容环境卫生管理条例。同时，对地名管理、企业国有资产产权转让、体育管理、小餐饮管理、中小学寄宿制、流动人口计划生育、物业管理、寺庙保护、供水和蔬菜农药残留检测等方面开展立法调研。

按照全国人大常委会的要求和市十三届人大常委会工作纲要规划，进一步提高立法质量，梳理立法成果，总结立法经验，评估立法绩效，研究解决法规配套细则滞后的问题，做好地方性法规清理工作，作出关于修改和废止部分地方性法规的决定。继续向社会公开法规草案、立法背景和审议过程，深化研究论证，使立法充分体现人民群众的意愿，统筹各方面利益关系。

二、切实做好监督工作

常委会要综合运用各项职能，服务全市发展大局，为全力打造“三都”，创建“三城”，推进首府经济社会发展，做好监督工作。

加强对经济工作的监督。

计划听取审议市政府关于落实中央扩大内需重大投资项目、城市总体规划编制、少数民族旅游产品研发情况、计划预算等专项工作报告，检查水土保持法及自治区实施水土保持法办法、水土保持条例、城市绿化条例、加强城市规划区绿地保护的决定等法律法规的实施情况，组织视察全市商贸流通服务业发展情况,对“三城同创”工作、搞活流通、扩大消费需求等方面开展调研，努力促进经济平稳较快发展。

加强对解决民生问题的监督。

计划听取审议市政府关于新型农村合作医疗及城市社区卫生服务中心等专项工作报告，继续检查义务教育法实施情况，开展对旧城区、城中村改造和保障性住房、城镇居民医疗保险和农村养老保险、农民饮水安全、中小学校舍安全、城市供热、养犬管理等调研，努力促进民生持续改善。

推进公正司法、加强法律监督。

计划听取审议法院关于加强刑事审判工作维护司法公正、检察院关于加强反渎职侵权等专项工作报告。根据监督法和自治区各级人大常委会关于规范性文件备案审查程序的规定，做好备案审查工作，维护社会主义法制的统一、尊严和权威。

围绕党委决策部署，依法行使重大事项决定权；坚持党管干部与依法任免干部相统一，做好人事任免工作。

在监督工作中，要注意把握好以下两点：一要突出重点，就“落实中央扩大内需重大投资项目进展情况”、“加强刑事审判工作维护司法公正情况”两个专题开展重点专项调研，集中时间和精力，全面深入了解情况，并全程公开调研监督过程。二要严格按照监督工作程序，认真实施常委会听取和审议专项工作报告办法和新修订的审议意见办理办法，开展对“一府两院”专项工作报告的满意度表决，强化审议意见办理，把人大监督工作提高到一个新的水平。

三、充分发挥代表作用、加强自身建设

我们要继续深入贯彻中央 9 号文件精神，落实纪念市人大常委会设立 30 周年暨全市人大工作会议精神，进一步完善代表工作制度，为代表依法执行职务创造条件；认真做好代表议案、建议办理工作，切实提高办理工作质量；搞好优秀人大代表、优秀议案建议的评选活动，进一步调动代表的积极性和主动性；继续做好代表培训工作，提高代表履行职务的能力。

新的形势对常委会把握政治方向、提高履职能力提出了更高的要求。常委会要继续加强自身建设，按照政治坚定、业务精通、团结协作、务实高效的要求，进一步转变工作作风，深入一线，深入基层，深入群众，扎实开展工作。进一步加强机关党的建设，加强队伍建设，提高整体效能，增强机关活力，更好地发挥集体参谋助手和服务班子的作用。要加强对旗县区人大常委会的业务指导，密切工作联系。要继续深化人大宣传工作，充分利用广播电视报刊杂志和网络媒体，深入宣传人民代表大会制度，增强全社会人大意识和法律意识。

各位代表，走过团结奋进的 2009 年，我们充满信心地迈入 2010 年。在新的历史时期，人大在国家政治生活中的作用越来越重要，人大工作任务也越来越繁重。我们要坚定不移地坚持和完善人民代表大会制度，在市委的领导下，团结一心，扎实工作，为推进和谐首府建设作出更大的贡献！

中国人民政治协商会议
呼和浩特市第十一届委员会常务委员会工作报告

——在政协呼和浩特市第十一届委员会第三次会议上

（2010 年 1 月 28 日）

张彭慧

各位委员：

我受政协呼和浩特市第十一届委员会常务委员会的委托，向大会作工作报告，请予审议。

一、过去一年的工作回顾

2009 年，面对国际金融危机的不利影响，我国经济发展经历了新世纪以来最为严峻的考验。在中共中央、国务院的坚强领导下，全国上下迎难而上，共克时艰，努力化挑战为机遇，以顽强拼搏的精神克服了诸多困难，在全球率先实现了经济形势总体回升向好的目标。过去的一年，面对严峻复杂的经济形势，在市委的领导下，全市上下认真贯彻落实科学发展观，全面落实国家应对金融危机一揽子计划和一系列政策措施，认真实施“向东看”发展战略，推进“一核双圈一体化”，进一步改善民生，克服了经济发展中的许多困难，全市经济实现了平稳较快发展，各项社会事业取得了新的进步。一年来，市政协常委会在市委的正确领导和市政府的大力支持下，坚持以邓小平理论和“三个代表”重要思想为指导，以科学发展观统领政协工作，把推动科学发展作为履行职能的第一要务，紧紧围绕保持全市经济平稳较快发展这一中心任务，把促进发展、关注民生、推动和谐作为履行职能的着力点，努力为全市保增长、保民生、保稳定目标的实现做好履行职能的各项工作。在继承和发扬人民政协优良传统的基础上，进一步提高对政协工作规律的认识和把握能力，努力加强理论创新、制度创新和工作创新，有力地推动了全市政协事业的发展，为推进现代化和谐首府建设作出了新的贡献。

（一）以学习实践科学发展观活动为动力，进一步提升履行职能的能力和水平。

根据市委的统一部署，市政协机关从去年 3 月至 8 月，开展了深入学习实践科学发展观活动。在近半年的学习实践活动中，以“围绕中心、服务大局，发挥优势、突出特点，履职尽责、务实创新”为活动主题，紧密结合政协工作实际，切实加强领导，精心组织安排，圆满完成了三个阶段、八个环节的各项任务。通过学习实践活动，市政协机关全体党员干部增强了以科学发展观统领政协工作的自觉性和坚定性，促进了履行职能的能力和水平的提升。通过理论中心组学习会、专题讲座、专题研讨会等形式，认真学习了中共十七届四中全会精神、胡锦涛总书记在庆祝人民政协成立60周年大会上的讲话精神以及人民政协理论和相关知识，深入研究探讨了新形势下做好人民政协工作的理论问题和实践问题，使政协机关干部和政协委员进一步增强了坚持和完善中国共产党领导的多党合作和政治协商制度的责任感和使命感，增强了履职为民、促进发展、服务大局的自觉性。

（二）围绕全市经济社会发展中的重要问题，认真开展政治协商。

坚持“全委会议总体协商、常委会议专题协商、主席会议重点协商、专委会对口协商”的协商议政格局，不断提升协商议政水平。

全委会议认真开展总体协商。在市政协十一届二次会议期间，委员们在深入调查研究的基础上，围绕加快现代农业发展、大力扶持中小企业、加快第三产业发展、完善城市功能提升管理水平以及加快文化、卫生、教育等事业的发展各抒己见、建言献策。一些建议受到市委、市政府及有关部门的高度重视。界别和单位精心准备，保证了大会发言的质量。关于促进乳业健康发展、加快物流业发展、加强政府投资建设项目管理、搞好节能减排、加大社会保障力度等委员发言引起与会人员的广泛关注。精心组织市党政领导与各界别委员代表座谈会。委员代表围绕金融危机背景下中小企业融资问题、加强社会治安工作、统筹解决教育事业发展中面临的问题、整合呼市地区医疗资源等问题，与市党政领导面对面座谈，共商发展大计。市政协将委员们在会议期间协商讨论的内容归纳整理成4大类、76条建议，及时转送市政府及有关部门，许多建议通过不同形式得到采纳。

常委会议抓住全市经济社会发展中的重要问题，在深入调查研究的基础上进行专题协商。围绕保持全市经济平稳较快发展，组织开展了扶持民营企业发展的调研活动。在调研过程中和专题协商的常委会议上，委员们从解决认识问题、政策问题、融资问题、服务问题等几个方面，提出了促进我市民营企业发展的对策建议。引起了市委、市政府的高度重视。市委主要领导亲自作了批示，市政府及时明确了分管领导，并研究解决了一些具体问题。市政协常委会议还围绕全市工业经济发展、肉羊产业发展、设施种植业发展、学前教育发展、少数民族聚居村脱贫致富等问题进行了专题协商。市政府分管领导到会听取情况和建议，有关部门负责同志列席会议，与常委们深入探讨一些具体问题，就进一步做好有关工作进行了专题协商，取得了较好的效果。

主席会议集中进行重点协商，专委会积极开展对口协商。主席会议除审议提交常委会议的专题协商议题外，去年还安排了关于我市文化产业发展、关于我市廉租房建设使用、关于我市蒙古语及加授蒙古语教学等重点议题提交主席会议重点协商。各专门委员会加强了与市党政对口部门的联系，并把专项视察、提案督办作为对口协商的主要形式，就创建国家森林城市、加强蔬菜市场管理、优先发展公交事业、健全地下水资源管理机制等问题提出建议，有关部门积极研究，部分建议已经被采纳。

（三）以民主评议政府部门和反映社情民意信息工作为重点，积极推进民主监督。

为了促进政府部门转变作风、改进工作、提高效率，根据政协《章程》的有关规定，经市委同意，从2008年底至2009年2月，市政协首次组织开展了民主评议政府部门工作，分别对市科技局、市卫生局、市劳动和社会保障局、市民族事务委员会等4个部门进行了民主评议。从去年12月到今年1月，又对市人口和计划生育委员会、市粮食局、市司法局进行了民主评议。在充分肯定被评议部门工作成绩的基础上，认真分析了部门工作中存在的问题和不足，提出了改进工作的具体建议。被评议部门认真研究市政协的民主评议意见，制定改进措施，形成整改方案。各评议小组又通过调查回访等形式，追踪各部门的整改情况，促进被评议部门改进工作，取得了较好的效果。

充分发挥社情民意信息的民主监督作用。进一步规范社情民意信息收集、编报、跟踪办理和反馈的方法和程序，一些重要的社情民意信息如加强蔬菜保护地建设、加强农民工岗前培训、解决群众看病难、加强城市综合管理、解决交通拥堵和停车难问题等建议被及时反映上来，引起了市委、市政府的高度重视。去年，市委主要领导对市政协的8条社情民意信息作出重要批示，市政府领导对5条社情民意信息作出批示，要求有关部门和旗县区对所反映的问题高度重视，妥善解决。

常委会还组织委员认真参加有关部门组织的执法检查、行风评议、各类听证会等专项活动。同时注意在经常性工作中加大民主监督的力度，使民主监督职能得到进一步发挥。

（四）围绕实现保增长、保民生、保稳定的目标，不断提高参政议政水平。

通过在科学选题、求实求深、加强研究论证等环节上下功夫，专题调研的质量进一步提高。针对国际金融危机影响下部分企业效益下滑、个别企业停产或半停产的情况，常委会组织开展了全市工业经济发展情况的专题调研，深入分析了全市工业经济发展中的问题，提出了抓好结构调整、加强科技创新、优化发展环境、降低企业成本、加强奶源基地建设等方面的建议。为推动全市农牧业产业化的发展，组织开展了肉羊产业发展情况的专题调研。针对存在的生产经营粗放、管理水平较低等问题，从推进专业化、社会化、集约化经营的角度提出了具体建议，受到了有关方面的关注。关于促进就业工作、加强社区教育、廉租房建设使用等专题调研，都提出了针对性和可操作性较强的建议，市党政领导对一些建议作了重要批示，有关部门进行了认真研究和落实。

加强委员视察工作，努力提高专项视察水平。针对人民群众普遍关注的饭馆、小饭桌及蔬菜副食品供应等方面存在的卫生安全问题，组织委员开展了建立食品安全预警机制专项视察活动；针对广大市民日益关心的市区交通拥堵问题，组织委员对市区主要道路交通拥堵情况进行了视察，就如何解决这一问题进行了深入探讨。去年还组织部分驻呼自治区政协委员和市政协委员视察了市政务服务中心的建设和运行情况，委员们在充分肯定政务服务工作取得突出成绩的同时，提出了改进工作的具体建议。市政务服务中心进行了认真研究，制定了具体的改进措施，促进了政务服务工作的深入开展。对供水情况的视察，对就业情况的视察，对文化产业发展情况的视察等，都促进了相关的工作。

（五）努力提高提案工作质量，进一步发挥政协提案的重要作用。

坚持把提案工作作为履行职能的全局性工作来抓，通过健全和完善政府领导领办、政协领导督办、相关部门具体办理的提案办理机制，推动提案工作取得新进展。市政协十一届二次会议以来，共收到提案 582 件，立案 539 件，分别比上年增加 45 件和 31 件。关于增加市区出租车提案的落实，使市民打车难的问题得到了一定的缓解。关于大力发展文化产业提案的办理，促进了我市文化产业的发展。关于促进就业工作、对重大民生建设项目进行全方位监督管理、加快推进城市供暖市场化进程、尽快建立食品安全预警机制、为困难劳模解决住房问题等提案，市政府及有关部门认真研究，积极办理。市政协通过组织开展 19 次专项调研、专门视察、现场协商督办活动，推动了提案的落实，促进了相关工作。

（六）文史资料工作取得新成果，对外联系交往及其他工作取得新进展。

从 2008 年开始着手编撰的呼和浩特文史资料第十六辑《百年历程：归绥师范学堂——呼和浩特职业学院》已经出版。2009 年开始编撰的呼和浩特文史资料第十七辑《呼和浩特大事记》编辑工作也基本完成。加强对外联谊交往，全年共接待市外政协考察团（组）116 批（次）、1251 人（次）。积极参加区域性政协工作联系会、协作会，与兄弟地区政协的联系更加密切。积极配合自治区政协在我市开展调研、视察等活动。年内指导召开了两次旗县区政协主席联谊会，互相交流了工作情况，并帮助旗县区政协协调解决了工作中的一些问题，进一步密切了各旗县区政协之间及上下级政协之间的联系。

（七）开展纪念人民政协成立 60 周年系列活动，加强人民政协理论研究和宣传工作。

以“发扬优良传统、创新工作局面”为主旨，先后组织举办了纪念人民政协成立 60 周年书画展，举办了纪念人民政协成立 60 周年理论研讨会，举行了首府各界纪念人民政协成立 60 周年茶话会。在《呼和浩特日报》开辟专栏，刊登纪念人民政协成立 60 周年的纪念文章和理论文章 18 篇。通过一系列纪念活动，进一步凝聚了政协各方面的力量，加强了对人民政协的宣传，使全社会进一步提高了对我国基本政治制度和人民政协性质、地位、作用的认识，为政协工作的开展营造了良好的氛围。

充分发挥市政协理论研究会的作用，推动了全市政协理论研究工作的深入开展。去年 5 月，《呼和浩特政协》创刊出版，目前已出版了 5 期，为交流政协工作经验、推动政协委员和政协工作者的学习、深入开展理论研究、加强与兄弟地区政协组织的交流提供了新的平台。进一步加强宣传工作，全年共在国家、自治区、市属各新闻媒体发稿 338 篇（次），扩大了市政协的影响。

（八）努力适应新形势新任务的要求，切实抓好自身建设。

坚持定期向市各民主党派、工商联通报工作制度和市各民主党派、工商联秘书长列席市政协常委会议制度，积极支持民主党派、工商联参与政协履行职能的各项活动，充分发挥他们的作用。各专委会分别组织相关界别委员开展了专题学习、视察、考察等多种形式的活动，不断丰富界别活动的内容，创新界别活动的形式。加强委员队伍建设，十一届二次会议以来，共增补了 12 名市政协委员，为政协工作增添了新的力量。积极探索委员履行职责的有效形式，努力为委员知情明政和发挥作用提供更多载体，使委员的主体作用得到进一步发挥。继续加强政协机关建设，通过组织各种形式的学习、培训、研讨活动，努力营造良好的学习氛围，推进学习型机关建设，进一步提高政协机关工作人员的素质。通过健全和完善各项工作制度，不断提高市政协机关的工作效率和工作水平，努力为政协履行职能和委员发挥作用提供良好的服务。

各位委员，过去的一年里，市政协的各项工作取得了新的进展，履行职能的水平有了新的提高，协商议政取得了新的成效。这是市委高度重视、正确领导的结果，是市政府和各有关部门以及社会各方面大力支持、积极配合的结果，也是全市各级政协组织、政协各参加单位、政协委员和政协工作者共同努力的结果。在此，我代表市十一届政协常委会，向所有关心、支持政协工作的各位领导和同志们，向市政协各参加单位、各级政协委员和各级政协机关的同志们，致以崇高的敬意和衷心的感谢！

在肯定成绩的同时，我们也要清醒地认识到，与新形势新任务的要求和人民政协肩负的责任相比，我们的工作还存在一些差距和不足。履行职能的形式、程序和工作机制还有待完善，专题调研、提案工作、社情民意信息的质量仍需进一步提高，政协的界别特点和优势发挥得还不够，委员的主体作用还需进一步发挥等。这些都需要我们在今后的工作中用创新的思路认真研究解决。

二、2010 年的主要工作

新的一年，国际金融危机带来的全球性影响仍未消退，我国仍处在经济社会发展的重要战略机遇期和社会矛盾凸显期。今年是实施“十一五”规划的最后一年，做好今年的工作，对夺取应对国际金融危机冲击的新胜利，保持经济平稳较快发展，为“十二五”规划启动实施奠定良好基础具有十分重要的意义。全市各级政协组织和全体政协委员要高举中国特色社会主义伟大旗帜，坚持以邓小平理论和“三个代表”重要思想为指导，深入贯彻落实科学发展观，认真学习贯彻胡锦涛总书记在庆祝人民政协成立 60 周年大会上的重要讲话精神，坚持把推动科学发展作为履行职能的第一要务，围绕全市工作大局和党委政府中心任务，认真搞好政治协商，积极推进民主监督，深入开展参政议政，力争在促进发展、关注民生、推动和谐方面取得新的成绩，努力为发挥首府优势，打造一流首府城市，建设一流首府经济，切实提升首府服务全区发展的能力和水平，促进首府科学发展、和谐发展作出新的更大的贡献。

（一）深入学习贯彻胡锦涛总书记在庆祝人民政协成立60周年大会上的重要讲话精神，努力推进政协事业的新发展。

胡锦涛总书记在庆祝人民政协成立60周年大会上的讲话，高度评价了人民政协在我国社会主义革命和建设、社会主义改革进程中作出的重大贡献，科学总结了人民政协事业发展积累的宝贵经验，深刻阐述了人民政协在党和国家事业发展大局中的重要地位和作用，明确提出了新形势下开展人民政协工作的方针原则和工作要求，是做好新形势下人民政协工作的纲领性文件。全市各级政协组织、政协各参加单位、广大政协委员，要把学习贯彻胡锦涛总书记在庆祝人民政协成立60周年大会上的重要讲话精神作为重要的政治任务，以讲话精神为指导，进一步做好履行政协职能的各项工作。坚持不懈地用中国特色社会主义理论体系武装头脑，进一步打牢各党派团体、各族各界人士团结奋斗的共同思想政治基础。坚定不移地走中国特色社会主义政治发展道路，切实把中国共产党领导的多党合作和政治协商制度进一步坚持好、完善好，把最广泛的爱国统一战线进一步巩固好、发展好，把人民政协的优势进一步运用好、发挥好。要把学习贯彻讲话精神与加强政协理论研究结合起来，深入研究、探讨政协工作中的理论问题和实践问题。要把学习贯彻讲话精神与政协宣传工作有机结合起来，大力宣传全市政协组织履行职能、理论探索和实践创新的成果，进一步扩大人民政协的影响，为政协事业的发展创造良好的社会氛围。要协助市委筹备和召开好全市政协工作会议，研究确定推动政协事业发展的新举措，促进全市政协事业的新发展。

（二）深入贯彻落实科学发展观，着力推动首府科学发展。

自觉站在科学发展的高度谋划政协工作，充分发挥政协的优势，积极促进全市经济建设、政治建设、文化建设、社会建设和生态文明建设。认真贯彻市委十届九次全委会议精神，进一步发挥首府优势，围绕我市实施“向东看”发展战略、加快推进“一核双圈一体化”进程，选择转变经济发展方式、扩大投资和消费需求、发展设施农业、优势工业和现代服务业、加强生态环境保护、实现城市建设“十年巨变”、加快民族文化大市建设、进一步改善民生、保持社会和谐稳定等重要问题，深入开展调查研究，集中力量搞好建言献策工作。要不断探索服务科学发展、促进科学发展的新途径，努力提高围绕中心、服务大局、协商议政的水平，为打造一流首府城市，建设一流首府经济，推动我市经济社会又好又快发展，谋长远之计，建睿智之言，献务实之策。

（三）坚持团结和民主两大主题，努力促进社会和谐稳定。

充分发挥代表性、广泛性、政治包容性等特点和优势，积极协助党委、政府做好协调关系、化解矛盾、理顺情绪、汇聚力量的工作，进一步巩固和发展生动活泼、安定团结、民主和谐的政治局面。加强与社会各界人士的沟通交流，全面正确地反映方方面面的利益，把不同党派、不同信仰、不同民族、不同界别人士的智慧和力量都凝聚到建设现代化和谐首府上来。要把关注民生、保障民生、服务民生作为履行职能的重要任务，真诚倾听群众呼声，真实反映群众愿望，真情关心群众疾苦，协助党委、政府进一步健全利益协调、诉求表达、矛盾调处和权益保障机制，促进关系群众切身利益问题的解决。

（四）围绕全市工作大局，进一步做好履行职能的各项工作。

深入探索新形势下政协工作的特点和规律，不断推进理论创新、制度创新和工作创新。积极推动政治协商纳入党委政府决策程序。进一步规范全委会议、常委会议、主席会议以及专委会的协商内容，丰富协商形式和层次，努力提升协商水平。不断探索民主监督的新形式，积极开展形式多样的民主监督活动，使监督与协商、监督与支持有机地统一起来。健全制度，规范程序，进一步做好民主评议政府部门工作。创新提案工作机制，积极探索提高提案质量、提案办理质量的方法和途径，继续提高提案办理水平。要强化质量意识，树立精品观念，通过发挥委员专长、集中调研力量、增强专题调研的深度等措施，努力打造精品调研，促进建言献策水平的提升。改进社情民意信息工作，引导广大政协委员围绕全市工作大局，广泛收集、积极反映社会各界的意见和建议，不断提高反映社情民意信息工作质量。改进委员视察工作，科学制订计划，加强组织协调，提高视察质量，增强视察效果。在做好经常性工作的基础上，努力提高参政议政水平。发挥文史资料“存史、资政、团结、育人”的作用，坚持“三亲”原则，广泛发动政协委员及社会各界人士，努力发掘文史资源，提高文史资料工作的质量。

（五）进一步加强政协自身建设，促进履行职能能力和水平的提升。

充分尊重和保障民主党派和无党派人士的民主权利，充分发挥其在政协组织中的重要作用，在促进党派合作共事上取得新成果。进一步增强界别意识，探索发挥界别作用的新形式，在政协的会议、提案、专题调研、视察、反映社情民意信息等经常性工作中突出界别特色和优势。尊重和保护政协委员的民主权利，努力为委员发挥作用创造条件，切实发挥好政协委员在本职工作中的模范作用、在政协工作中的主体作用和在界别群众中的代表作用。进一步加强专委会建设，通过优化专委会的组织结构，提高专委会组成人员的政治业务素质，推动专委会工作在“专”字上下功夫，见成效。不断加强政协机关的思想建设、作风建设、组织建设、制度建设、信息化建设和效能建设。抓好机关干部职工的学习培训，形成良好的学习风气，建设学习型机关。努力提高机关干部的全局观念、服务意识、政策水平和工作能力，提高办事效率，增强工作活力，保证机关工作协调统一、规范有序、精干高效地运行，努力把政协机关创建成人际关系和谐、精神面貌振奋、创造活力充分、工作业绩一流的和谐机关和政协委员之家。

各位委员、同志们，新的形势、新的任务为人民政协事业的发展提供了新的机遇，同时也对人民政协工作提出了新的、更高的要求。人民政协前途广阔，责任重大。让我们更加紧密地团结在以胡锦涛同志为总书记的中共中央周围，高举中国特色社会主义伟大旗帜，以科学发展观统领政协工作，在市委的坚强领导下，在市政府和社会各界的大力支持下，团结合作、开拓创新，扎实工作、务求实效，努力为打造一流首府城市，建设一流首府经济，推进现代化和谐首府建设，作出新的更大的贡献！

关于呼和浩特市2009年国民经济和社会发展计划执行情况与2010年国民经济和社会发展计划草案的报告

——2010年1月29日在呼和浩特市第十三届人民代表大会第三次会议上

呼和浩特市发展和改革委员会

各位代表：

受市人民政府委托，现将我市2009年国民经济和社会发展计划执行情况与2010年国民经济和社会发展计划草案的报告提请大会审议，并请各位政协委员和列席会议的同志们提出建议。

一、2009年国民经济和社会发展计划执行情况

2009年，面对金融危机带来的挑战和严峻考验，全市在市委、市政府的正确领导下，以科学发展观为指导，紧紧围绕市十三届人大二次会议审议通过的国民经济和社会发展计划，认真贯彻落实国家宏观调控政策措施，全市经济社会继续保持了平稳较快的发展态势，多项指标超额完成年初计划。全市经济社会发展主要指标执行情况：

——地区生产总值预计完成1520亿元，完成年初计划的100.3%，同比增长15%。

——规模以上工业增加值完成395亿元，完成年初计划，同比增长16.2%。

——地方财政总收入累计完成201亿元，完成年初计划的110.4%，增长26.9%。

——社会消费品零售总额完成641亿元，完成年初计划的100.2%，增长19%。

——固定资产投资完成800.8亿元，完成年初计划的109%，增长25%。

——实际利用外资完成7.8亿美元，完成年初计划的102.6%，增长9.8%。

——城镇居民人均可支配收入预计达到22600元，完成年初计划，增长12%。

——农民人均纯收入预计达到7900元，完成年初计划，增长12%。

——居民消费价格累计上涨0.1%，控制在年初4%的目标之内。

——城镇登记失业率为3.8%，控制在年初4.1%的预期目标之内。

——人口自然增长率预计为4.3‰，控制在年初7.5‰的目标之内。

——单位地区生产总值能耗预计下降5.6%；二氧化硫排放量、化学需氧量排放量可控制在年初预期目标之内。

从2009年主要指标执行情况和宏观调控的政策效果看，全市经济总体呈现稳步回升向好、结构不断优化、民生持续改善的发展格局，主要表现在：

（一）经济实现稳步回升

在国家刺激经济增长“一揽子”计划和我市积极应对金融危机各项具体政策措施的共同作用下，经济运行整体好于预期。2009年全市地区生产总值预计完成1520亿元，同比增长15%，比上年同期高出1.4个百分点，经济稳步回升向好的势头逐渐增强。经济效益稳步提高，税收状况持续转好，全年地方财政总收入完成201亿元，增长达到26.9%，为国家、自治区及我市应对金融危机各项政策措施的顺利实施提供了可靠保障。价格逐步回稳，全年居民消费价格指数累计上涨0.1%，同比上涨2.2%，市场需求活跃度进一步增强。

（二）内需增长明显加快

投资需求快速增长。在新增中央投资政策的推动下，2009年全市固定资产投资完成800.8亿元，增长25%，增速高出上年同期15个百分点。从投资结构看，一产完成投资47.7亿元，增长93.6%；二产完成投资249.2亿元，增长34.4%；三产完成投资503.9亿元，增长17.1%。从新增中央投资争取和落实情况看，全年共争取国家新增中央投资5.3亿元，新增中央投资项目开工115项，完工10项。从已争取资金的投向看，主要涉及廉租住房建设，农村安全饮水、公路改造、沼气工程等农村基础设施建设，城乡教育基础能力建设，基层文化、医疗卫生服务体系建设，城镇基础设施建设等民生领域，这些项目的建设完成将有助于我市进一步改善民生基础设施现状。

消费需求保持活跃。在家电汽车

下乡、以旧换新等扩大内需、刺激消费政策措施的推动下，我市城乡消费市场供需两旺。全年全市社会消费品零售总额完成 641 亿元，增长 19%。在消费总体保持活跃的同时，“家电下乡”等政策效应带动作用明显，截至 12 月底，全市共备案家电下乡销售网点 199 家，销售家电下乡产品 39396 台（部），销售金额 6409.9 万元。

（三）“三农”工作不断加强

现代农业发展步伐加快，优质农畜产品基地建设工作推进效果明显。在《2009 年呼市蔬菜基地建设实施方案》、《呼和浩特市基本菜田保护条例（草案）》等政策措施的引导和推动下，全市蔬菜基地和中棚马铃薯基地建设工作稳步推进。2009 年，全市蔬菜种植面积达 16.8 万亩，蔬菜产量达 64.6 万吨，较上年新增 5.9 万吨；新建中棚马铃薯种植面积 8300 亩。全市粮食播种面积达到 556.2 万亩，是历年来播种面积最大的一年，由于受自然灾害影响，全年粮食产量达 125.2 万吨，较上年减产 9 万吨。奶牛规模化养殖势头强劲。2009 年，全市奶牛存栏 95 万头，增长 4%，奶类产量 423 万吨，新增 33 万吨。在市委、市政府下发的《关于建设优质奶源基地的决定》的指导下，2009 年，全市新开工建设奶牛标准化规模养殖场 50 个，其中 45 个主体工程已竣工。肉羊产业化基地建设进展顺利，全年肉羊饲养量达 358 万只。

支农惠农资金投入继续增加，农村生产生活条件进一步改善。2009 年全市落实各项支农惠农资金 4.95 亿元，较上年增加 0.4 亿元。新开工建设户用沼气项目 9640 户，养殖小区和联户沼气工程 5 处，新增沼气项目乡村服务网点 60 个。解决了 6.57 万人和 7.94 万头（只）牲畜的安全饮水问题。整村推进扶贫重点村达到 31 个，较上年增加 7 个。建成通乡油路 116.5 公里，通村公路 197.6 公里。农区水利重点建设工程进展顺利，全年新增有效灌溉面积 11.4 万亩，节水灌溉面积 24.14 万亩。

（四）结构调整进一步优化

新能源、新材料产业发展步伐加快。国电、中国风电、华能二期获准开工建设，与风电配套的维斯塔斯风机制造项目、航天亿久风机叶片项目首台样机已经下线。全市已初步形成多晶硅生产、硅棒和切片生产、光伏电池片制造、组件生产、光伏发电等完整的硅产业链条，神舟硅业多晶硅、天津中环单晶硅锭、硅片项目 2010 年可建成投产。内蒙古神舟硅业光伏基地 100KW 并网光伏发电项目已经建成；金山开发区 5MW 并网光伏发电站项目建设进展顺利；内蒙古神舟硅业基地 1MW 并网光伏发电站项目、香岛生态农庄（园区）金太阳工程、内蒙古日月太阳能科技有限责任公司 5MW 光伏并网发电、内蒙古大陆多晶硅工厂屋顶 1000KW(1MW)太阳能发电示范项目已列入国家金太阳示范工程。

现代服务业发展成效明显。2009 年以来，金融体系建设稳步推进，兴业、民生、光大等银行入驻我市工作进展顺利。地方金融机构改革发展步伐加快。呼和浩特商业银行经中国银监会批准正式更名为内蒙古银行，并获准跨区域经营，呼市城郊农信联社完成产权制度改革，成为我市首家农村合作银行。中小企业融资服务平台建设工作稳步推进，截至 2009 年底，全市已有小额贷款公司 37 家，注册资本合计 24.99 亿元，经自治区批准正在筹建的小额贷款公司 19 家。金融业务增长明显。全年金融机构存款余额为 2125.7 亿元，较上年同期增加 475.9 亿元，增长 28.8%；金融机构贷款余额 1970.5 亿元，较上年同期增加 511.9 亿元，增长 35.1%。旅游业发展势头强劲。2009 年，全市旅游接待人数达 1025.2 万人次，增长 32%；旅游收入达 141.6 亿元，增长 31%。会展业成为服务业发展新亮点，2009 年，全市共举办首届呼和浩特国际汽车展、2009 呼和浩特市房地产展示会等各类会展超过 100 项，会展业正在成为我市新的经济增长点。服务业对经济的贡献进一步增强，全年服务业增加值占全市经济总量的比重达到 56.2%。专业市场建设成效明显。2009 年全市共有庆元钢材市场、同创机械设备租赁市场、亿丰二手车交易市场、金海五金机电城等七家专业市场建成开业，有力地促进了服务业市场体系建设。

（五）民生状况继续改善

财政对民生工程支持力度不断加大。全市城乡低保覆盖面进一步扩大，低保标准进一步提高。2009 年，城市低保保障人数达 76559 人，较上年增加 1681 人，农村低保保障人数达 75997 人。2009 年年初开始，市四区城市低保标准由每月每人 260 元提高到每月每人 300 元，旗县城镇低保标准在现有标准基础上统一提高到每月每人 200 元，农村低保标准由每年每人 1200 元提高到每年每人 1400 元，农村五保集中供养标准由每年每人 1500 元提高到每年每人 1800 元，分散供养标准由每年每人 1300 元提高到每年每人 1500 元，年初确定的提高保障标准计划全部得到落实。城乡居民医疗养老保障工作稳步推进。2009 年，新型农村合作医疗参合人数继续增加，达到 92.68 万人，参合率稳步提高，达到 96.9%。全市城镇职工基本医疗保险人数和城镇居民基本医疗保险人数分别达到 40.01 万人和 45.16 万人，城镇职工养老保险人数达 36.26 万人，城乡居民社会养老保险工作进展顺利。卫生服务基础设施得到不断改善。2009 年，全市建立社区卫生服务机构 162 个，社区卫生服务覆盖率达 80%以上，共有 75 个卫生院和 643 个村卫生室配备了医疗设备。农村富余劳动力转移就业工作力度进一步加强，全年城镇新增就业 35846 人，其中下岗失业人员再就业 21473 人，就业困难人员实现就业 5038 人。在保障性住房建设方面，全年新建廉租房 3553 套，完成廉租住房建设投资 10471 万元，截至年底，项目主体工程已全部完工，绝大部分工程已经封顶。经济适用住房新开工面积 76 万平方米，经济适用住房新开工面积占全市当年商品住宅新开工面积的比重达到 20%。教育基础设施不断改善，2009 年启动了 17 所中小学改扩建工作，其中 11 所已开工建设，8 所已经投入使用。教育保障能力进一步增强，城区小学生生均公用经费达到每年 300 元，初中生生均公用经费达到每年 500 元；进一步落实民办教育扶持政策，继续为民办中小学教师的社会保险进行补贴，补贴标准为每人 1500 元。基础教育普及工作快速推进，2009 年，全市城区基本普及幼儿学前三年教育，农村基本普及学前一年教育，小学、初中适龄儿童入学率分别为 99.7%和 98.7%，残障儿童入学率达到 80%左右，城区普及了高中阶段教育，全市高中阶段入学率达到 84.2%。

（六）人居环境持续改观

市政基础设施建设不断完善。全年城市路桥建设完成投资近 4 亿元。实施了“万棵大树进青城”工程，对新华广场、大召广场等 11 个重点广场、公园及城市主干道进行了绿化，全市城区绿化覆盖率达到 35%。针对供热质量问题，全年更新改造热力管网 25.3 公里，拆并整合锅炉房 34 座，整合供热面积 83.3 万平方米。城市燃气覆盖范围进一步扩大。2009 年天然气用户达到 30.8 万户，其中新增天然气用户 4.99 万户，城市燃气普及率达到 92%，其中天然气普及率达到 69.6%。城市公交服务能力不断增强。全年共新增公交车辆 100 台，新开线路 3 条，延伸改造线路 8 条。

生态环保建设工作稳步推进。总库容415万立方米的西郊无害化垃圾处理厂扩建工程全面竣工，呼市生活垃圾生化处理厂搬迁升级改造项目开工建设。辛辛板、如意南区、盛乐园区、大学城、白塔机场污水处理厂于年内投入运营。全年新增城市污水处理能力 11 万吨，城市生活污水处理率和城市生活垃圾无害化处理率分别达到 96%和 100%。脱硫设施运行监管工作不断加强，已安装脱硫设施电厂综合脱硫效率保持在 90%以上。空气质量稳步提升，全市好于二级以上空气质量天数达 346 天，较 2008 年增加 5 天。

在充分肯定成绩的同时，我们也清醒地认识到，金融危机对我市经济影响的不确定因素依然存在；城乡居民收入差距仍在继续扩大，城乡居民收入增长与经济发展还不够协调；经济发展方式还有待进一步转变，企业科技创新和自主研发能力还需不断加强；产业结构调整优化步伐仍需不断加快，特别是产业规模效益和集聚效益还有待提高，首府服务全区的能力和水平还需进一步提升；一些关系居民群众切身利益的民生等问题还需我们认真研究，逐步加以解决。

二、2010 年国民经济和社会发展主要任务及工作措施

2010 年是实施“十一五”规划的最后一年，为努力确保“十一五”规划目标任务的完成，为“十二五”规划的启动实施奠定良好的发展基础，进一步加快结构调整，扩大内需、改善民生，努力实现经济平稳较快发展，按照中央、自治区经济工作会议精神和市委十届九次全委会有关工作部署，2010 年我市经济社会发展主要目标是：

地区生产总值增长 16%，达到 1765 亿元。规模以上工业增加值增长 20%，达到 475 亿元。财政收入增长 18%，达到 237 亿元。实际利用外资增长 7%，达到 8.3 亿美元。固定资产投资增长 20%，达到 960 亿元。社会消费品零售总额增长 18%，达到 760 亿元。城镇居民人均可支配收入增长 12%，达到 25300 元;农民人均纯收入增长 11%，达到 8800 元。城镇登记失业率控制在 4%以内，人口自然增长率控制在 7.5‰以内，居民消费价格指数控制在 3%以内。万元 GDP 综合能耗下降 5.7%。化学需氧量（COD）排放量和二氧化硫（SO_2）排放量分别控制在 2.3 万吨和 9.4 万吨以内。

2010 年经济社会发展主要任务和措施：

（一）更加注重结构调整，努力提高经济增长的质量和效益。一是抓住我国发展战略性新兴产业的有利时机，通过强化政策支持，优化发展布局，加大资金投入，努力培育体现地方发展优势和有助于增强经济发展活力与竞争实力的新的经济增长点。重点是在推进神州硅业年产 4500 吨多晶硅生产项目、天津中环年产 800-1000 兆瓦单晶硅项目、武川华能风电一期发电等项目尽快达产达效和国电、中国风电、华能风电二期等项目加快建设进程的基础上，积极开展太阳能发电项目的前期工作，争取中国神州 5MW 太阳能发电示范项目开工建设、并网发电，使新能源、新材料产业尽快形成规模优势，为早日把我市打造成新能源之都奠定基础。二是加大主动承接东南沿海及环渤海区域产业转移工作力度，通过选商引资，积极引进有助于提升我市产业发展层级的新兴产业和有助于延伸产业链、提高产业配套能力建设的相关产业。重点加快推进大陆多晶硅、航天亿久、举凤风力、航天六院空冷叶片生产等项目的建成投产及相关工作，尽快形成新的经济增长点。同时，充分利用自治区加快推进呼包鄂区域经济一体化的发展机遇，做好与包头、鄂尔多斯两市的产业衔接与配套工作。三是加强重大科技专项实施力度，增强自主创新能力建设，通过培育发展高新技术产业，促进产业优化升级。重点是在继续支持大中型企业科技创新的同时，积极支持中小企业进行技术升级和新产品开发，并力争在风机研究、太阳能光伏技术、资源生物制品深加工、乳制品深加工等方面取得重大自主知识产权核心技术。四是充分发挥比较优势，加快发展现代服务业，进一步提高首府服务业发展水平和对周边城市的辐射带动能力。旅游业方面重点是在打造草原特色旅游品牌、延长旅游消费链条、不断提高旅游业综合效益和富民能力的同时，继续推进中华黄河文化博览园、乌素图生态旅游度假区、敕勒川生态旅游区、野生动物园等旅游精品景点、景区建设。同时，立足于社会主义新农村建设，大力发展乡村休闲文化旅游，重点是继续培育 10 户以上“农家乐定点接待户”和“ 农家乐定点接待单位”，为努力把我市打造成北方旅游之都创造条件。金融业方面是继续加大金融机构的引进建设力度，不断完善已基本形成的银行、保险、证券、小额担保和信用担保为一体的金融发展体系，进一步推进区域性金融中心建设。重点是在做好民生、光大、渣打、兴业银行前期筹建和深发、广发银行引进入驻我市工作的同时，加快中小企业信用担保体系建设，大力发展融资性担保业，进一步扩大小额信贷试点范围，同时，加快推进证券业发展，加大上市企业培育力度，积极争取中小企业在创业板上市，为缓解中小企业融资难和促进地方经济发展创造条件。会展业方面重点是继续强化城市综合服务功能建设，借助区域合作交流与商务活动日益频繁的有利时机，突出地方经济社会发展特色，充分发挥区位优势，大力发展会展业。

（二）更加注重扩大投资消费需求，努力提高投资消费对经济增长的拉动作用。一是继续保持合理投资规模，确保投资适度增长。一方面重点抓好新增中央投资在建项目、续建项目的资金争取及有关建设工作，促其按期完成，尽快发挥作用；另一方面，抓住国家继续加大民生、社会事业财政政策保障支持力度，继续实施西部大开发和积极扶持民族地区、边疆地区、贫困地区加快发展的有利时机，全力争取国家、自治区资金支持，2010年重点抓好市中蒙医院、市妇幼保健院、市结核病防治所、市第二医院、市第三医院的新、改、扩建工程和国道 109 十七沟至大饭铺高速公路、国道 209 线和林至清水河一级公路等重点公路的开工建设工作，力争全年固定资产投资规模达到 960 亿元。二是切实加强投资项目和资金管理，特别是政府投资项目的全过程监管，积极支持新上节能环保、自主创新和技术改造项目，坚决防止高耗能、高污染、低水平重复建设，严格控制新上“两高一资”项目。三是着力扩大消费尤其是居民消费。重点是积极采取措施，多渠道增加居民特别是低收入居民的收入水平，在进一步做好家电、汽车、摩托车下乡工作的同时，认真贯彻落实好中央出台的有关进一步拉动内需的各项政策措施，努力提高消费对经济增长的贡献度。

（三）更加注重发展“三农”，努力促进农业增产、农民增收。一是继续加强农业基础设施建设，进一步提高农业综合生产能力。2010 年计划新增有效灌溉面积 8 万亩，节水灌溉面积 22 万亩，力争粮食产量达到 130 万吨。加快推进无公害蔬菜基地建设，鼓励有条件的地区继续扩大蔬菜保护地建设规模，为不断提高地产菜供应的数量和质量、稳定首府蔬菜市场价格创造条件，同时，继续认真做好 2010 年中棚马铃薯新增 3000 亩的种植推广任务，促进农民增收。二是加快奶源基地和肉羊产业化基地建设，进一步提高农畜产品质量。2010 年力争新建奶牛标准化养殖牧场达到 184 个，鲜奶产量达到 450 万吨，肉羊饲养量达到 420 万只。三是继续加大资金投入力度，进一步改善农村基本生活条件。抓住新增中央投资继续向“三农”倾斜的有利时机，2010 年开工建设通乡油路 220.9 公里，通村公路 317.8 公里，通村油路、水泥路 180.7 公里，改造农村危旧桥 46 座。继续推进农村饮水安全工程和农村沼气工程建设，年内再解决 5.46 万人的安全饮水问题，开工建设农村民用沼气工程 1 万户，大型沼气工程 7 处，养殖小区和联户沼气工程 42 处。进一步加强农村改水、改厕工作，全力改善农村环境卫生状况，有效促进我市新农村建设。

（四）更加注重改善民生，努力解决涉及群众切身利益的热点难点问题。一是充分发挥政府投资、重大项目建设对就业的带动作用，切实加强就业技能培训，努力通过加大对中小企业、劳动密集型企业、各类服务业的扶持力度，多渠道增加就业岗位。2010 年，继续公开招考 200 名大学生到社区工作，力争全年城镇新增就业 3.2 万人，下岗失业人员再就业 2 万人。二是千方百计增加城乡居民收入，不断提高居民消费能力。2010 年继续提高企业退休人员基本养老金水平、城乡居民最低生活保障标准、优抚对象等人员抚恤和生活补助标准，调整公务人员和事业单位津贴补助。三是继续加强社区基础服务设施建设，2010 年力争全市所有社区办公服务场所面积都达到 420 平方米以上，五个旗县政府所在镇各建成 2 个面积不低于 300 平方米的社区公共服务站和 2 个面积不低于 150 平方米的乡镇公共服务中心。四是进一步完善公共卫生服务体系建设，加快医药卫生体制改革。从 2010 年开始，新型农村合作医疗各级政府补助增加到每人每年 120 元。逐步缩小城乡居民基本公共卫生服务差距，促进公共卫生服务均等化，2010 年人均基本公共卫生服务经费标准不低于 15 元。完成规划内社区卫生服务中心建设，覆盖率达到 95%以上。五是继续加快实施城乡保障性安居工程建设，不断提高居民住房保障水平。2010 年建设廉租房 800 套，面积 3.4 万平方米，并力争将保障范围扩大到低收入家庭。同时，进一步完善物业管理相关法规，规范物业管理行为，力争 2010 年业主委员会覆盖率达到 70%。六是继续加强教育基础设施建设，2010 年抓住国家新增中央投资继续向西部地区教育投入的政策机遇，积极争取国家资金支持，加速农村中小学和寄宿制学校改造步伐，优化教学和学习环境，彻底改善住宿和办学条件，从 2010 年起力争在两年内新建和加固改造中小学校舍 135 万平方米。七是加快推进立体交通网络建设，进一步缓解市区交通拥堵问题。2010 年开工新建北出城口立交桥、内大南侧过街桥、6 座跨河桥和三中、满都海公园、如意路地下通道，同时，积极开展轨道交通建设规划编制工作，为畅通首府交通提供科学的指导和依据。

（五）更加注重生态环保建设，努力增强可持续发展能力。一是加快节能减排重点工程建设，在继续推进托县双河镇等在建污水处理厂建设进程的同时，重点做好如意—白塔、金桥等污水处理厂的开工建设工作。二是积极开展资源综合利用与循环经济、低碳经济试点研究，重点加大生物发酵废水、废气综合治理技术的攻关和四氯化硅无害化处理技术的攻关，努力减少污染物排放，力争 2010 年工业固体废物综合利用率达到60%。同时，以托电工业园为试点，努力做好新循环经济示范园区的争取工作。三是严格环境准入，构建污染预防新体系。重点是加强行业特别是重点行业环境准入管理，把产污强度纳入新建项目环境前置审查范围，促进经济发展方式转变。深入推进清洁生产，通过强制性清洁生产审核，推动企业开展清洁生产审核工作，减轻末端治理负担。四是继续加快淘汰落后产能，在电力、冶金、化工等领域积极推广国家推荐的节能技术。进一步加强城镇现有住房节能改造工作。严格对重点能耗企业进行统计和监测，强化节能目标责任考核，确保“十一五”节能目标的顺利完成。

（六）更加注重科学规划对经济的指导作用，努力做好“十二五”规划编制工作。“十二五”规划是党的十七大后编制的第一个中长期规划，也是在国际金融危机和经济形势发生新变化的背景下编制的发展规划。科学地编制好“十二五”规划，对于我市经济在新形势下继续保持平稳较快增长，推进“一核双圈一体化”发展战略，实现市委、市政府提出的打造一流首府城市、发展一流首府经济，提高首府经济首位度的发展目标至关重要。2010 年，在做好“十二五”总体规划纲要起草工作的同时，重点做好听取社会各界意见和进一步加强与自治区“十二五”规划、自治区主体功能区规划以及我市各专项规划、旗县区规划、开发区规划的有关衔接工作，努力确保“十二五”规划的高标准、高质量和科学性与可操作性。

各位代表，做好2010年经济社会发展各项工作，继续保持经济平稳较快增长，我们肩负的任务将会很重。让我们在市委、市政府的正确领导下，坚定不移地贯彻落实科学发展观，自觉接受人大监督，虚心听取政协意见建议，坚定信心，开拓进取，为努力完成“十一五”规划各项目标任务，为“十二五”经济社会发展创造更加坚实的发展基础而努力奋斗！

关于呼和浩特市2009年预算执行情况和2010年市本级预算草案的报告

——2010年1月29日在呼和浩特市第十三届人民代表大会第三次会议上

呼和浩特市财政局

各位代表：

受呼和浩特市人民政府委托，现将2009年预算执行情况和2010年预算草案的报告提请本次人民代表大会审议，并请市政协各位委员提出意见。

一、2009年全市预算执行情况

过去一年,在市委的正确领导下，各地区、各部门坚持以科学发展观为指导，认真贯彻落实中央和自治区的各项方针政策和市十三届人大第二次会议的决定和决议，积极应对国际金融危机蔓延对我市形成的各种困难和挑战，全市财政工作坚持挖掘潜力，开源节流，促进增收，优化结构，积极支持民生和各项重点支出，继续保持了良好的发展势头，圆满完成了2009年预算确定的各项任务和目标。

（一）2009年预算收支情况：

2009年全市地方财政总收入完成201亿元，完成年度预算182亿元的110%，比上年增加42.7亿元，增长26.9%（分项目执行情况表详见附表）。其中：市本级财政总收入完成28.8亿元，比上年增长24.1%。

2009年全市地方财政支出完成165亿元，比上年增加32亿元，增长24%（分项目执行情况表详见附表）。市本级财政总支出完成66.8亿元，比上年增长10.7%。

根据国务院《关于发行2009年地方政府债券有关问题的通知》和自治区财政厅《关于做好发行2009年地方政府债券有关工作的通知》,经市第十三届人民代表大会第九次常务委员会议批准，市政府发行3亿元地方债券，已按照会议批准项目全部执行。主要用于新增国家投资项目配套资金1.35亿元，市本级重大项目建设资金及基本建设资金1.65亿元。

以上数据是根据财政、税务12月报表数，决算数经上级财政审批后，依照相关规定向人大常委会做准确汇报。

（二）2009年全市预算执行情况和财政运行的主要情况：

1、克服严峻的困难局面，财政收入继续保持了较高增长速度。

2008年底的金融危机对我市一些企业的生产和销售造成了较大冲击，同时“三鹿奶粉”事件对我市乳业的影响继续延续以及受国家增值税转型、跨地区所得税征缴方式的变化等因素的影响，使我市税收在上半年一度出现较大滑坡。面对困难，市委市政府积极行动，定期召开财税工作会议，研究对策，采取措施，加大征管，广开财源，多方促缴，制定了各财税部门定期报告收入制度及协调会制度；在税收收入不足的情况下，各地各级财政加大非税收入征管力度，努力挖掘增收潜力，依据国家有关规定，及时规范了行政事业单位和国有企业的产权转让收入、国有资源有偿使用收入，统一纳入预算管理，有效促进了财政增收。下半年，随着我市经济形势的好转，企业税收有一定程度的增长，在财税部门的共同努力下，财政收入实现201亿元，其中：国税部门组织的税收收入完成87.24亿元，地税部门组织的税收收入完成81.73亿元。

2、加大政府投资力度，采取措施刺激经济增长。

——贯彻落实中央扩大内需政策，加大对城市建设投入力度。为促进经济增长，2009年市政府努力加大对城市建设的投入力度,全市用于城市社区事务的资金达到382253万元，比上年增加166019万元。有力地支持了我市污水管网及供水、供热管网改造、城市道路建设、城市园林绿化等重点项目建设，使投资环境进一步优化，为提高我市形象发挥了积极作用。积极争取上级财政的建设补助资金，全年共争取上级扩大内需资金50607万元，其中农林水基本建设资金19579万元，环境保护建设资金10477万元，教育文化及廉租房建设资金10788万元，基层医疗设施建设资金7495万元。积极清偿政府欠款，共偿还各种贷款本息和工程欠款8.75亿元,有效的支持了公共事业及城市建设发展。

——加大对企业的扶持力度。为促进我市经济发展,扶持企业扩大生产和技术更新,市政府通过政府投入和引进上级资金支持企业发展。市政府筹集7200万元,继续落实企业转制工作，拨付公交公司1000万元，支持其设备更新和技术改造；兑现优惠政策13885万元，支持重点行业和项目。全年引进上级支持企业发展专项资金8536万元，其中：中小企业发展及区域发展资金2790万元，稳定外贸和节能奖励资金1141万元，企业技术进步贴息资金683万元，工业园区奖励资金945万元，乳粉贴息资金2125万元，这些资金投入，对于扶植我市的名牌企业和中小企业的发展起到了重要作用。

3、继续加大民生投入，努力提高社会保障水平。

认真贯彻落实市委关于进一步改善民生，解决涉及人民群众切身利益的“63条意见”及政府为民办“8件实事”，各级政府加大投入力度，确保各项民生工程顺利实施。

——采取有效措施，提高社会保障水平。2009年全市社会保障和就业支出184507万元，比上年增加44415万元。一是进一步提高城市和农村低保补助水平，全市城市低保支出24699万元，农村低保支出10037万元，使城市低保标准从260元/月提高到300元/月，旗县提高到200元/月，农村低保标准从1200元/年提高到1400元/年；拨付城市低保家庭冬季取暖补贴资金2000万元，加大对低保家庭贫困学生的教育救助力度，拨付教育救助资金280万元。二是建立面向所有困难群众的就业援助制度，下达和拨付公益性岗位补贴资金1906万元，为“4050”人员支付工伤保险76万元，支付再就业补助资金9553万元，拨付495万元解决残疾人就业和再就业。三是提高农村五保对象的供养标准，农村五保户集中供养标准由每年1500元提高到1800元，分散供养标准由每年1200元提高到1500元，拨付资金597万元，使7459名五保人员受益；提高市四区老年人保障水平，拨付资金620万元，使9190名70岁以上无社保的老年人享受到了生活补助，提高企业退休人员养老金，人均增加123元/月，共拨付14195万元。四是积极支持医疗卫生事业的发展，提高我市人民群众医疗救助水平。拨付城市医疗救助资金985万元、农村医疗救助1840万元，使城市1527名和农村1201人得到医疗救助；完善农民医疗保障制度，全面实施新型农村合作医疗政策，拨付资金5510万元，使902058人享受到新农合政策；为解决农村群众看病难的问题，市级拨付基层卫生院建设经费420万元。五是市财政下达廉租房建设资金12000万元，推进廉租房建设。六是提高重点优抚对象的基本生活补助标准，市级拨付各类优抚事业787万元；七是方便社区居民就诊，下达社区公共卫生服务机构补助经费280万元；八是落实国家扩大免疫规划政策，为适龄儿童免费接种疫苗，各类疫苗经费支付550万元。

——加大“三农”投入力度，促进农民收入水平的提高。市政府继续加大对“三农”的投入,努力促进全市农村各项事业的健康发展。2009年全市财政用于农林水生态建设方面的支出共计247995万元，比上年增加6070万元。一是继续加大对惠农补贴政策的实施力度，全年落实惠农补贴资金27650万元，其中粮食直补和农资综合补贴21592万元，领取补贴的种粮农民达到102万人，人均补贴212元；农牧业良种补贴3947万元，能繁母猪和奶牛补贴621万元。二是努力改善农村生产生活条件，下达农田水利建设资金3235万元，马铃薯中棚建设资金600万元，肉羊养殖资金724万元，下达蔬菜保护地建设资金4035万元，农业产业化资金5138万元,下达扶贫资金6000万元。三是积极开展农业综合开发工作，全年下达改造中低产田资金6693万元，完成改造中低产田8.21万亩,投资1200万元建设高标准农田1万亩，开展了农业开发的投资评审，加强了项目的规划和管理工作。四是推进生态建设,全年下达退耕还林补贴资金11859万元，天然林保护工程资金1175万元，森林生态补偿资金1531万元,有效地促进了我市生态城市的建设步伐。

4、加快教育、科技、文化等重点事业发展，促进社会文明进步。

——保障教育事业优先发展。2009年全市教育支出221878万元,比上年增加39966万元。落实义务教育保障机制建设,除免除学杂费、免费提供教科书、对贫困学生寄宿生生活补助资金外，2009年对市区义务阶段学生公务费按小学人均300元/年、初中人均500元/年实行保障，全市两级财政安排5050万元，其中市级安排1010万元。为加强中小学校舍、寄宿宿舍和食堂的建设和维修，共下达资金7330万元；积极支持职业教育和民族教育事业发展，下达中等职业基础能力建设4500万元，下达民族教育经费300万元；市级安排4800万元，对17所重点学校进行了扩建和改造。

——加大科技投入，培育创新基地。全市科技支出17595万元，比上年增加2777万元。2009年我市把自主创新作为科技发展的战略重点，市政府安排重大科技推广和应用资金4793万元，加快科技成果转化应用，推动产业结构调整和优化升级；为继续推动“科普惠农兴村”计划和“科技富民强县专项行动”的开展，共拨付资金1000万元。

——推进文体广播事业发展。全市文化体育传媒支出26794万元，比上年增加6427万元。继续实施广播电视无线，下达无线覆盖专项资金627万元,下达“村村通”维护经费67万元,目前20户以上的自然村全部通广播电视；实施农村牧区电影放映工程以及文化戏剧演出下乡工程，共拨付资金203万元, 行政村电影放映覆盖率达到100%。加强了对革命纪念馆爱国主义教育基地的建设，拨付场馆建设及展品经费400万元。全力保障全国运动会的备战工作，拨付全运会专项经费50万元。

5、稳步推进各项财政改革,形成规范有序的财政管理体制。

——深化部门预算改革。按照财政部要求实行精细化预算管理的要求，结合我市近年预算改革实际，进一步深化和完善了预算编制工作。一是实行完整的综合预算，对部门的基本支出预算和项目支出预算用预算内资金与预算外收入统筹安排，实现了部门综合预算管理。二是细化项目预算，项目预算要细化到具体的执行项目，按照法律法规和政策规定的标准和具体内容进行量化和分配，确保预算编制的准确性。

——继续深化国库支付、政府采购和非税管理及资产管理改革。国库支付实行了银行清算制度，实现了与自治区国库制度的有序接轨；继续加强政府采购工作。出台了《呼和浩特市本级行政事业单位资产采购及调配工作流程》、《呼和浩特市（本级）协议供货执行管理办法》，进一步规范政府采购监督管理行为，开展了对市本级的56个预算单位的政府采购的重点检查；清理预算内非税收入，按照国家政策规定，将一些收费项目和国有资源有偿使用收入纳入到预算内管理，按照自治区规定取消了108项收费。开展了资产核查工作，规范单位资产处置行为，解决资产账实不符的问题；积极探索绩效评价工作，年内对蔬菜基地建设资金、教育费附加项目资金进行了绩效评价，促进了项目资金的规范管理和资金使用效益的提高。

——优化支出结构，控制公务消费支出。财政支出体现了保增长、保民生、保稳定的政策取向，对于国家及市委政府确定的重点项目通过预算安排及预算追加予以保障，重大项目通过集中财力预算予以保障，财政支出效益进一步优化。认真落实《内蒙古党委办公厅、政府办公厅关于全区党政机关厉行节约问题的通知》精神，及时调整和优化支出结构，对市本级采购、考察、接待及公务支出进行压缩，共计压缩年初预算支出1690万元，在全市倡导厉行节约、反对奢侈浪费、树立勤俭办事的工作作风，控制不合理公务支出，树立政府良好形象。

——加快推进“一卡通”改革工作，保障惠农补贴的及时到位。为落实内蒙古自治区关于做好财政补贴农民资金管理和支付方式改革工作，组织召开了惠农补贴资金“一卡通”改革工作启动动员会，制定了具体实施办法，并及时开展基础信息录入和发放工作，目前我市9个旗县区通过“一卡通”方式发放11类24项补贴资金总额1865万元。

——积极开展“小金库”治理工作。按照《关于开展党政机关和事业单位“小金库”专项治理工作的实施办法》(呼纪发［2009］2号)精神，召开了“全市党政机关和事业单位‘小金库’专项治理工作会议”，成立了“小金库”治理工作机构，按规定认真组织开展了自查自纠工作，自查率为100%，对402个单位进行重点检查，达到全市党政机关和事业单位的32.66%。通过自查自纠和重点检查发现了一批违规单位，按规定开展了对“小金库”的查办和处理工作。

（三）预算超收收入的安排和使用情况：

超收收入主要用于农业、教育、社会保障等涉及民生重点领域方面支出、消化为支持公共事业和城市建设形成的暂付款、兑现优惠政策等项目支出，具体情况待决算审批后在决算草案报告中向市人民代表大会详细说明。

（四）向下级财政转移支付情况：

2009年中央和自治区财政对旗县区转移支付60927万元。其中，一般性转移支付36115万元，激励性转移支付6938万元，主要优先用于保障行政事业单位职工工资发放、机构运转、落实自治区制定的乡镇最低公用经费保障标准，支持“三农”等。专项转移支付17874万元，其中城乡义务教育补助17490万元、军转干部安置补助384万元。

（五）市本级人民代表大会关于批准预算决议的执行情况：

2009年，财政部门认真贯彻执行第十三届人大第二次会议批准的预算，市本级预算内支出完成668499万元，比上年增长10.7%。其中：本级人代会批准的预算内支出412694万元，已全部执行。

——一般公共服务支出75616万元，人大批准的34284万元已全部执行完毕。主要用于党政机关及行使一般公共服务职能的人员经费、公用经费、专项业务费等事务性支出。

——国防支出6393万元，人大批准的4500万元全部执行完毕，全部用于人防工程建设。

——公共安全支出41943万元(下划四区的公安支出不在本级列支)，人大批准的38764万元，全部执行完毕，主要用于公安司法机关人员经费、办案经费和武警、消防、交警建设经费以及重点保障、综合治理、普法经费等。

——教育支出47060万元，人大批准的34145万元已全部执行完毕。主要用于人员经费、市区重点学校建设经费及对旗县区教育补助等。

——科技支出10575万元，人大批准的6220万元已全部执行完毕。主要用于基础研究和科技应用开发经费等。

——文化体育与传媒支出18896万元，人大批准的7860万元已全部执行完毕。主要用于文艺团体人员经费、文物普查、文化下乡、广播电视支出等。

——社会保障与就业支出91925万元，人大批准的50341万元已全部执行完毕。主要用于行政事业单位离退休人员工资、低保补助、再就业担保资金和其他社会保障及民政福利事业支出等。

——医疗卫生支出32821万元，人大批准的20012万元已全部执行完毕。主要用于行政事业单位医疗保险、医疗机构设备购置和建设经费、离休及伤残人员医疗费等。

——环境保护支出20003万元，人大批准的3939万元已全部执行完毕。主要用于排污费支出、环境监测设备购置等。

——城乡社区事务支出188321万元，人大批准的40670万元已全部执行完毕。主要用于重点工程项目建设、道路园林维护、路灯电费、供热配套费、公共交通事业补贴等。

——农林水事务支出66510万元，人大批准的14869万元已全部执行完毕。主要用于农林水事业的人员经费及生产建设支出等。

——交通运输支出27882万元，人大批准的2451万元已全部执行完毕。主要用于城乡公路工程建设及公路维护等。

——采掘电力信息等事务支出10706万元，人大批准的313万元，已全部执行完毕。主要用于安全生产、支持中小企业发展和管理及其他采掘电力信息等项支出。

——粮油储备金融监管及债务付息等支出9759万元，人大批准的862万元，已全部执行完毕。主要用于粮食、商业流通、旅游、金融保险业监管、债务付息等项支出。

——其他支出20089万元，人大批准的153465万元，主要是因为政府债务还本付息支出、政府采购支出、基本建设支出、劳模津贴支出、预留调资款等项目，在具体执行过程中都要落实到有关类款中，从而增加相关类款支出数额而减少其他支出数额。

上述类款市本级支出超过年初确定的预算指标主要是由于上级下达专项和各类转移支付补助、年终超收以及从其他支出类款中分解的支出数额增加所致。

（六）上级财政补助资金的安排和使用情况：

2009年，上级财政下达我市专项补助资金23.3亿元，市财政已下达旗县区13.4亿元，市本级执行9.9亿元。下达到旗县区的补助资金主要包括农林水项目资金和医疗卫生、低保补助、扶贫等专项资金。市本级执行的主要是城市低保补助、义务教育和职业教育补助、科技创新和引导扶持、种植业养殖业保险补助和财政贴息、农业产业化基金、城乡社区公共基础设施建设和公路养护等。

总的看，2009年预算执行情况良好。财政收入圆满完成年度预算，实现了高基数上的稳步增长；财政支出结构进一步优化，财政工作得到有效推进，但财政运行中依然存在一些问题，如收入结构不尽合理，可用财力比重尚需提高，部分旗县财力依然薄弱，政府债务逐步加大，防范和化解财政风险的任务艰巨。对这些问题，政府高度重视，将通过加快发展、培植财源、规范管理等综合措施，着力加以解决。

二、2010年市本级预算草案

2010年是实施“十一五”规划的最后一年。安排好2010年的预算具有非常重要的意义。综合分析2010年经济回升发展的势头及一些不稳定性因素、考虑2010年财政工作面临的形势和要求，研究提出编制2010年预算总的指导思想是：以邓小平理论和“三个代表”重要思想为指导，以科学发展观为统领，认真贯彻落实中央和自治区经济工作会议关于实施积极财政政策的精神，围绕我市2010年市委、市政府重点工作目标，努力保稳促调，促进全市经济平稳较快发展；坚持开源节流、增收节支、统筹兼顾、留有余地的方针，加强财政收入征管，提升收入质量，增加可用财力；优化财政支出结构，保运转、保稳定，严格控制一般性支出，继续加大财政对“三农”、教育、科技、社保等重点社会事业的投入力度，着力保障和改善民生，继续提高对困难群体的投入，全力维护社会稳定；完善专项转移支付制度，缩小旗县区之间及旗县区与市级之间的差距；继续坚持“规范运行、和谐管理”的理财理念，依法理财，强化监督机制，完善预算管理制度，强化财政科学化精细化管理，提高财政管理绩效。

（一）全市地方财政总收入预算安排情况：

2010年全市地方财政总收入预算安排237亿元，比2009年完成数201亿元增长18%。其中：国税部门组织的税收收入安排110亿元，比2009完成数87.24亿元增长26%；地税部门组织的税收收入安排102亿元，比2009年完成数81.73亿元增长25%，综合国税和地税收入安排情况，2010年税收收入安排212亿元。财政部门组织的非税收入安排25亿元，比2009年预算数增加11亿元。

（二）市本级财政地方收支财力安排情况：

1、市本级财政一般预算总财力安排情况：

依据地方财政总收入预算编制中提出的2010年分部门及分旗县区预算收入任务和收入结构，按照现行财政体制，考虑自治区已明确补助及下级财政上解收入情况等因素：2010年市本级财政一般预算总财力安排812864万元，其中：一般预算收入219065万元；转移性收入593299万元（自治区财力性补助收入308876万元、旗县区上解收入284423万元）；上年净结余收入500万元。

旗县区上解收入284423万元中，包括体制上解收入3388万元，专项及其他上解收入6915万元，市四区及开发区税收上解收入265120万元，市四区及开发区教育费附加上解收入9000万元。

2、市本级财政一般总预算支出安排情况：

根据收支平衡的原则，及市本级财政预算编制原则、编制内容及编制标准，2010年市本级财政一般总预算支出安排812864万元，其中：本级一般预算支出安排561886万元；转移性支出安排250978万元（上解自治区支出37088万元；按政策和体制规定返还和补助旗县区213890万元）。

3、部门执收和使用的预算外资金43142万元，相应安排基本支出和项目支出共计43142万元。

预算财力的具体构成与支出预算编制情况详见《2010年市本级财政地方收支预算平衡表》、《2010年市本级财政一般预算收入表》。

（三）市本级地方财政支出预算具体安排情况：

1、预算编制的原则

根据国务院和自治区关于编制2010预算的指导思想，编制原则及2010年全市财政收支预算安排的总体要求，确定市本级支出预算编制原则：

财政综合预算管理原则。实行预算内、预算外及其他资金“统一编制、统一管理、统筹安排”原则，实行部门综合预算管理，增强预算编制的完整性。

依法依规和有保有压原则。支出预算要符合《预算法》和其他法律、法规，体现国家方针和政策，体现市委、市政府的决策。同时体现有保有压的原则，即在可用财力范围内，要确保法定增长的要求，保障市委、政府决策及部门事业发展规划，保障民生项目等重点支出，继续严格控制一般性支出，提倡厉行节约、勤俭办事（2010年对部门公务经费继续压缩5%）。

科学化、精细化管理原则。细化基本支出和项目支出预算编制，做到科学、严谨、细致、准确。基本支出预算要如实、准确地反映预算单位机构编制、人员、经费类型等基础数据及变化情况；项目支出预算要细化到具体执行项目，保证项目可执行。并且首次编制了单位资产配置预算，加强资产的统筹管理。同时建立重大项目支出预算事前评审机制。

公共事务财政保障及零增长原则。在预算财力范围内，要优化支出结构，着力保障政府职能部门、事业单位必需的经常性或突发性的涉及到公共保障事物服务所需求的费用。同时，因财力不足及预测的专项收入有限，在安排项目支出预算时，除政策性调整、法定要求按比例增长的项目之外，原则上实行零增长。

继续建立本级预算稳定调节基金的原则。参照内蒙古自治区人民政府办公厅关于印发《内蒙古自治区本级预算稳定调节基金管理暂行办法》，建立2010年我市本级预算稳定调节基金。

预算稳定调节基金主要用于：年度中间落实国家、自治区政策要求和市里超前规划的增支政策；弥补重大减收因素造成的资金缺口；应对自然灾害等突发性事件；消化历史欠账；事关经济社会长远发展的基础性建设项目；解决党委、政府议定的重大紧急事宜等。

2、市本级地方财政支出预算具体安排情况：

根据2010年市本级预算财力，安排支出预算605028万元。其中：市本级一般预算支出561886万元，部门执收和使用的预算外支出43142万元(按功能科目支出情况见《2010年市本级地方财政支出预算表》)，具体支出结构安排情况如下：

（1）基本支出预算安排共计为132731万元。基本支出预算包括人员经费、公用经费。其中：一般预算内财力安排的基本支出预算128620万元，比2009年同口径预算增加5101万元（剔除下划市四区公安人员及公用经费支出12399万元)；预算外收入安排的基本支出预算4111万元。

（2）项目支出预算安排合计为472297万元。其中：用一般预算内财力（包括上年净结余收入）安排的项目支出预算合计为433266万元，比2009年预算增加156455万元；用执收部门收取的预算外收入安排的项目支出预算合计为39031万元。

按政府收支分类的功能科目划分，各类支出安排情况如下：

——一般公共服务类支出安排34318万元。按收入来源分：预算内资金安排33648万元,预算外资金安排670万元。按支出类别分：基本支出11573万元，项目支出22745万元。主要用于市委、人大、政府、政协、各民主党派及其所属一般公共服务职能的各项经费支出。其中：计划生育事业费安排1716万元，比2009年增加248万元，达到了有关政策规定对计生事业费预算安排的要求；基建审价费安排1000万元；民族工作经费安排544万元，增加91万元；新增安排第六次全国人口普查经费270.65万元、大学生“村官”地方津贴补贴经费113.88万元、第四届商品交易会资金200万元、刺激消费工程资金1000万元。

——国防支出5103万元，均为预算内资金安排,比2009年增加603万元。主要是根据人防易地建设费收入相应安排的人防工程建设支出。

——公共安全支出安排29317万元。按收入来源分：预算内资金安排29045万元,比2009年同口径预算增加2680万元(剔除下划市四区公安人员及公用支出12399万元)，增长10.16%；预算外资金安排272万元。按支出类别分：基本支出18251万元，项目支出11065万元。主要项目包括公安、交警、检法两院办案及建设经费、公共保障经费及普法经费等，其中：根据诉讼费收入情况安排中级法院办案经费1200万元，增加400万元。新增安排政法干警意外伤害救助资金200万元。

——教育支出安排53633万元。按收入来源分：预算内资金安排35294万元，比2009年同口径预算增加3573万元，增长11.26%，预算外资金安排18339万元。按支出类别分：基本支出22099万元，项目支出31534万元。预算安排达到了《教育法》中教育投入增幅高于财政经常性收入增长幅度的要求。项目经费中教育费附加安排10000万元，教育事业费2000万元。

——科学技术支出安排6947万元，均为预算内资金安排。比2009年预算增加727万元，增长11.69%。其中：基本支出392万元，项目支出6555万元。达到了国家科技进步考核指标的要求，同时达到了《科技进步法》中科技投入增幅高于经常性收入增长幅度的要求。科技经费的增加主要是用于支持我市大中型企业生产技术的自主研发和科研成果的转化推广，其中科技局分配管理的项目经费安排1000万元；科普经费安排80万元，增加10万元；支持大中型企业技术研发资金安排5463万元。

——文化体育与传媒支出安排14160万元。按收入来源分：预算内资金安排11859万元，比2009年预算增加3999万元，增长50.88%；预算外资金安排2301万元。按支出类别分：基本支出6616万元，项目支出7544万元。主要项目包括村村通维护经费32万元、农牧民电影放映经费36万元，新增安排接收自治区博物馆后的维修费、水电费等经费支出2145万元。

——社会保障与就业支出安排57835万元。按收入来源分：预算内资金安排54630万元，比2009年预算增加4289万元，增长8.5%；预算外资金安排3205万元。按支出类别分：基本支出27520万元，项目支出30314万元。主要项目包括：城市低保市级匹配资金安排3996万元，增加208万元；农村低保市级匹配资金安排2376万元，增加243万元；城市低保家庭冬季取暖补贴资金安排2653万元，增加653万元；城市低保教育救助资金安排280万元。五保户供养资金安排722万元，增加125万元；公益性岗位补贴经费安排1758万元;4050人员工伤保险79万元；社会救济经费资金安排116万元，企业退休人员冬季采暖补助安排3764万元，增加148万元；新增城镇居民养老保险及农村社会养老保险资金8669万元。

——医疗卫生支出安排20687万元。按收入来源分：预算内资金安排18784万元，比2009年同口径预算增加2374万元；预算外资金安排1903万元。按支出类别分：基本支出11697万元，项目支出8990万元。主要项目包括：卫生社区建设经费200万元；农村新型合作医疗试点配套经费1410万元，增加498万元；离休人员医疗费安排1886万元，比上年增加263万元；城市和农村低保医疗救助资金安排745万元，增加12万元；城镇居民医疗保险安排634万元,增加34万元；政府购买公共卫生服务补助263万元，新农合平台建设经费50万元。

——环境保护支出安排3924万元。均为预算内资金安排。按支出类别分：基本支出1003万元，项目支出2921万元。主要是用排污费安排用于环境污染治理、环境执法能力建设、环境生态监测及环境保护宣传等支出。

——城乡社区事务支出安排160557万元。按收入来源分：预算内资金安排150508万元，比2009年同口径预算增加94985万元；预算外资金安排10049万元。按支出类别分：基本支出11536万元，项目支出149022万元。主要项目包括：城市维护费4400万元；城市路灯电费公共保障资金安排4700万元；公厕及转运站建设1000万元，增加840万元，按照城发公司收取的配套费依规安排用于集中供热管网建设经费7480万元，增加2480万元，安排国有资本金投入资金107250万元，新增安排环卫工人绩效工资1216万元，城中村环卫基础设施建设费500万元。

——农林水事务支出安排16176万元。按收入来源分：预算内资金安排13356万元，比2009年同口径预算增加1978万元，增长17.38%，预算外资金安排2820万元。按支出类别分：基本支出8005万元，项目支出8171万元。主要用于马铃薯种薯繁育体系建设、肉羊养殖、农牧林产业化发展、农业综合开发、奶业养殖基地建设、牲畜疫病防治和扶贫开发等项目。预算安排达到了《农业法》中农业投入增幅高于经常性收入增长幅度的要求。农业项目支出安排6177万元，其中：奶牛基地建设、肉羊养殖共安排1481万元；乌素图生态区建设及大青山生态建设管护费支出共计安排280万元，新农村建设300万元。

——交通运输支出安排10930万元。按收入来源分：预算内资金安排7732万元，比2009年同口径预算增加4281；预算外资金安排3198万元。按支出类别分：基本支出3212万元，项目支出7718万元，主要项目包括公共交通事业补贴资金1500万元；2010年呼和浩特绕城高速公路景观绿化工程300万元。

——资源勘探电力信息等事务支出安排351万元。均为预算内资金安排。按支出类别分：基本支出296万元，项目支出55万元。

——商业服务等事务支出576万元，均为预算内资金安排。按支出类别分：基本支出402万元，项目支出174万元。

——国土资源气象等事务支出2607万元，均为预算内资金安排。按支出类别分：基本支出1242万元，项目支出1365万元。

——住房保障支出安排13568万元，按收入来源分：预算内资金安排13241万元，预算外资金安排327万元。按支出类别分基本支出8568万元，项目支出5000万元。项目支出主要为住房货币化补贴资金3000万元，廉租房建设资金2000万元。

——粮油物资储备事务支出安排503万元。均为预算内资金安排。按支出类别分：基本支出262万元，项目支出241万元。

——其他支出安排173837万元。其中：预算内资金安排173780万元，比2009年预算增加20315万元；预算外资金安排57万元。按支出内容分：基本支出安排57万元，项目支出安排173780万元。主要包括：预留增人增资、工资晋级以增加津补贴等资金30000万元，增加7007万元；政府采购资金安排3000万元；基本建设支出安排4000万元；根据预算法的规定安排市长预备费7000万元，占一般预算内支出的1.2%。安排预算稳定调节资金4000万元。安排政府债务还本付息资金安排64664万元，其中：国债转贷资金本息、外国政府贷款本息及进入财政账户由政府使用的到期必须偿还的各类借款本息44490万元，其余用于市人大通过的政府担保的还款项目。安排旗县区转移支付资金22399万元，其中：对武川“两个文明”现场会1000万元、下划市四区公安人员及公用经费支出12399万元。

根据执收执法单位预计收入完成情况，安排执收执法单位成本性支出及办案经费1680万元（不包括安排在部门的执收执法单位成本性支出及办案费4920万元）；同时为了兑现自治区政府关于对金融机构中高管人员个人所得税政策，以及市政府关于税收及非税收入优惠政策，安排政策兑现资金30000万元。

——未列入一般预算支出的项目支出：

鉴于市级财力有限，有些需要安排的项目未能在一般预算支出中安排。根据市政府常务会研究确定，需追加项目包括奶牛基地建设经费、创建国家森林城市建设经费、少数民族艺术节前期经费、民政福利园建设经费、慈善总会慈善基金、企业转制经费、二环路景观绿化、中小学建设经费、城市维护经费、市人大通过的政府担保到期还款项目、棚户区改造经费等项目共计30000万元，从市本级土地净收益中解决，并按照基金支出管理办法，实行以收定支。

三、顾全大局，创新发展，确保完成2010年财政预算任务

（一）贯彻落实积极财政政策，促进我市经济平稳较快发展。

认真贯彻落实中央和自治区经济工作会议精神，实施积极财政政策，通过项目预算安排的针对性和有效性，着力提高国有企业及大中型企业的经济活力和动力，不断改善投资软环境，提高我市可持续发展能力，促进我市经济平稳较快发展。一是积极扩大直接融资，加大对国有控股企业的投资力度，帮助国有公司做强做大，提升其融资及支持重点项目的能力，有力的拉动房地产及相关产业的发展，促进经济快速增长。二是大力支持国家投资和招商引资项目的建设工作，积极落实各项促进经济发展和招商引资的政策措施，以进一步提高政府诚信度，改善投资软环境为招商引资创造良好环境。三是强化对外服务管理，积极发挥财政职能，增加对大中型企业技术研发、中小企业担保、促进消费等方面的投入，增强企业自主创新能力，促进企业增产增效，不断培育我市经济及财源发展的后劲。同时，继续支持对旗县区的发展。四是继续加强城市基础环境维护和建设，加快“城中村”改造步伐，完善服务功能，为改善人居和投资环境创造条件。五是积极支持和配合有关部门、旗县区及项目企业争取中央及自治区安排的投资项目资金及各类专项补助资金，弥补我市财力不足，为全市经济发展服务。六是依法加强对财政收入的组织征收管理，支持税务部门提升征管水平，努力实现应收尽收。同时，要注重财源植新，注重财源的合理优化，提升和完善收入结构，逐步增强我市地方可用财力水平。

（二）坚持以人为本，加大对民生领域和社会事业的支持保障力度。

依据我市各项事业发展及财力可能，2010年预算按照有保有压的原则，严格控制一般性支出，进一步加大对民生领域和社会事业支持保障力度，增加对“三农”、科技、教育、医疗卫生、社会保障事业的支持力度，切实解决涉及群众利益的难点热点问题。一是关注民生，保证法定支出增长。继续增加三农投入，落实强农惠农政策，加大农业农村基础设施建设，加强农业综合生产能力建设，夯实“三农”发展基础，促进现代农业发展。增加教育支出，改善教育办学条件和环境，逐步提高教育现代化水平，解决好困难家庭子女上学问题。增加科技投入，促进科技创新。增加民族发展资金，促进民族间和谐发展。增加计划生育专项经费，落实好国家计生政策，合理控制人口增长。二是完善社会保障体系，提高社会保障水平。积极推进新型农村社会养老保险工作，提高企业退休人员基本养老金水平，提高城乡低保标准，加大对低收入群众的帮扶救助力度，落实对低收入群众及困难家庭的各项补助政策。三是积极兑现国家、自治区出台的调资政策，努力增加公务员、义务教育教师和事业单位人员，以及行政事业单位离退休人员的收入水平。

（三）保运转、保稳定，促进社会和谐。

为了维持社会稳定促进社会和谐，体现政府的形象，在预算财力范围内，着力保运转、保稳定，重点保障行政事业单位的正常运转及公共事务，解决好政府债务，化解财政风险，促进社会和谐。一是保障各部门各单位人员经费及正常履行职能的基本需求，保障单位的正常运转。同时，要严格控制单位一般性支出的增长。二是保障执收执罚单位必需的成本性支出及执法办案经费，提升单位的执法能力，提高基层公安机构保障水平，使其在维护社会秩序和公共环境上发挥充分作用。三是切实加强行政事业单位国有资产配置管理，逐步平衡和改善各单位的办公条件。四是构建公共财政，强化财政对公共事业的保障力度，继续加强财政公共保障管理及对社会公共事业支持，对纳入保障范围的 110 巡逻车辆的燃油及维修和消防车辆维修及必需物资、城市路灯电费，以及人工增雨炮弹、公共卫生事件处置必需的物资储备等项目实行重点保障。加大对公共设施的投入，为改善公共服务水平提供保障。五是为了维护政府信誉，要努力按期偿还政府到期债务，促进社会和谐。

（四）贯彻落实科学发展观，规范运行、和谐管理，确保完成年度预算任务。

一是加强财政收支管理，确保财政收支预算正常有效执行。要进一步加大财政收支预算执行的调研与分析，及时发现问题、研究问题和解决问题。要进一步完善预算执行管理办法，提高预算执行效率。二是加强财政科学化、精细化管理，提高财政资金使用效益。要不断完善部门预算编制、国库支付制度、政府采购管理监督体系、行政事业单位国有资产管理以及非税收入管理等财政管理制度，进一步提升财政管理水平。三是严格财政监督，规范财政资金运行机制。加大对财政投入大、社会影响面广的专项资金使用管理情况的监督检查，维护财经纪律，使财政资金发挥其应有作用。同时，要进一步加强会计监督，加大对行政事业单位会计从业人员的培训，提高财会人员执业素质，杜绝“小金库”、“假户、假账”及违规财务行为的发生。四是加强财政部门自身建设，不断完善内部管理制度，进一步提升服务水平，提高服务效率。

各位代表，2010 年是我市实现“十一五”规划目标的最后一年，也是实现首府城市“十年巨变”目标的最后一年，做好 2010 年财政工作，对促进全市经济平稳较快发展，具有非常大的意义。我们一定要切实贯彻党的十七大及十七届四中全会精神，贯彻落实国家和自治区经济政策，深入贯彻落实科学发展观，顾全大局，统筹兼顾，创新发展，采取有力措施，确保全年财政预算及各项财政工作任务圆满完成。

呼和浩特市 2009 年国民经济和社会发展统计公报

呼和浩特市统计局

(2010 年 4 月 28 日)

2009 年，面对国际金融危机和“三鹿奶粉”事件的双重冲击和挑战，市委、市政府认真贯彻落实中央“保增长、扩内需、调结构、惠民生”的方针、政策，科学判断形势，进一步解放思想、扎实工作、开拓进取，全面推进经济结构调整和产业升级，全市经济社会发展取得了重大进展。

一、综 合

2009 年，全市实现地区生产总值 1643.99 亿元，按可比价格计算，比上年增长 15.9%，增速较上年提高 2.3 个百分点。分三次产业看:第一产业完成增加值 78.09 亿元，比上年增长 4.3%；第二产业完成增加值 593.25 亿元，比上年增长 17.3%；第三产业完成增加值 972.65 亿元，比上年增长 16.1%。三次产业结构之比为 4.7∶36.1∶59.2，产业结构进一步优化。

按常住人口计算，2009 年呼和浩特市人均地区生产总值突破 6 万元，达 61108 元，比上年增长 14.3%，较上年加快 2.1 个百分点。

2009 年前 11 个月，城市居民消费价格总指数一直在 100 以下，到年底居民消费价格总指数略有上扬，达 100.1，较上年上涨 0.1 个百分点。分八大类指数看，呈现“三升一平四降”的态势，食品、烟酒及用品和医疗保健及个人用品类分别上涨 2.2%、1.1%和 1.2%；家庭设备用品及维修服务类持平；衣着、交通和通讯、娱乐教育文化用品及服务和居住类分别下降 0.7%、1.4%、3.5%和 0.6%。农村生活消费品价格总水平比上年上涨 0.4 个百分点，分项目看，食品、衣着、家庭设备及用品和服务项目分别比上年上涨 0.8%、0.7%、3.2%和 0.2%；交通类与上年持平；医疗保健、文教娱乐用品和住房分别下降 0.1%、0.3%和 0.5%。农业生产资料价格总水平比上年下降 2.8%。

年末全市城镇单位从业人员 30.39 万人，比上年末增加 0.15 万人。其中，国有单位从业人员 20.81 万人，增加 0.19 万人；城镇集体单位从业人员 0.99 万人，减少 0.03 万人；其他各种经济类型从业人员 8.60 万人，与上年持平。全年城镇新增就业人员 35846 人，安排下岗失业人员 21473 人，其中，安排就业困难对象再就业 5038 人。城镇登记失业率控制在 3.7%。

全年地方财政收入突破 200 亿，达 201 亿元，比上年增长 26.9%。其中，地方财政一般预算收入 106.8 亿元，增长 29.9%。全年财政支出 165.2 亿元，比上年增长 24.1%。重点加大了医疗卫生、环境保护、教育、社会保障和就业、交通运输和城乡社区事务等方面的支出，与上年同期相比，上述六项支出分别增长 53.4%、23.7%、22.0%、29.8%、87.6%和 76.7%。

二、农 业

全年农作物播种面积 443.3 千公顷，比上年增长 0.4%，其中粮食播种面积 321.3 千公顷，比上年增长 1.6%。全年粮食产量 119.5 万吨，与上年持平。在粮食作物中，玉米播种面积 133.3 千公顷，增长 2.4%，产量 89.1 万吨，增长 8.9%；马铃薯播种面积 100.9 千公顷，增长 3.9%，产量 18.7 万吨，下降 24.8%；油料播种面积 51.1 千公顷，下降 4.5%，产量 4.5 万吨，下降 27.5%。

全市年末家畜存栏 251.3 万头（只），比上年增长 2.4%。其中，大牲畜存栏 76.2 万头，比上年下降 4.3%。在大牲畜中，奶牛存栏头数 70.0 万头，比上年增加 385 头，占大畜的比重为 91.9%，比上年提高 3.0 个百分点；小畜存栏 146.7 万只，比上年增长 6.8%；生猪存栏 28.4 万头，比上年增长 0.1%。全年肉类总产量 9.1 万吨，比上年增长 12.1%；鲜奶产量 305.4 万吨，增长 0.1%；禽蛋产量 2.9 万吨，增长 46.5%。

全年荒山荒（沙）造林面积达 61.9 千公顷，其中，人工造林 15.9 千公顷，无林地和疏林地新封 46 千公顷。年末实有封山育林面积 174.8 千公顷，零星（四旁）植树 306 万株。当年苗木产量 4986 万株。

三、工 业

全市全部工业实现增加值 487.08 亿元，比上年增长 16.2%，其中，规模以上工业企业实现增加值 395.4 亿元，增长 16.2%，增速较上年提高 5 个百分点。

分轻重工业看，轻工业完成增加值 191.8 亿元，比上年增长 21.8%；重工业完成增加值 203.6 亿元，比上年增长 10.8%，轻工业增速再次超过了重工业。

分注册类型看，国有企业实现增加值 47.4 亿元，比上年增长 18.6%；集体企业实现增加值 0.6 亿元，增长 38.2%；股份制企业实现增加值 239.6 亿元，增长 9.9%；外商及港澳台投资企业实现增加值 107.0 亿元，增长 27.8%；其它经济类型企业实现增加值 0.7 亿元，增长 111.7%。股份制企业和外商及港澳台企业仍是我市规模以上工业经济的主体，增加值合计达 346.6 亿元，占全部规模以上工业增加值的 87.6%。

分行业看，在统计的 34 个行业中，有 23 个保持增长，有色金属选矿业、造纸及纸制品业和黑色金属冶炼及压延加工业增长最快，同比分别增长 2.7 倍、1.5 倍和 6.0 倍。

全市 329 家规模以上工业企业实现主营业务收入 1097.54 亿元，比上年增长 17.0%；实现利税 114.74 亿元，比上年增长 63.0%；盈亏相抵后利润总额 50.43 亿元，比上年增长 118.6%。

四、固定资产投资

2009 年，全市完成城乡 50 万元以上固定资产投资 800.8 亿元，比上年增长 25%，一改近年来投资增速逐步放缓的态势，达到近三年来的最高值。分产业看，第一产业完成投资 47.7 亿元，同比增长 93.6%；第二产业完成投资 249.3 亿元，同比增长 34.4%，其中工业投资 235.8 亿元，同比增长 29.6%；第三产业完成投资 503.9 亿元，同比增长 17.1%。较快的工业投资必将为今后的工业发展打下坚实的基础。

分国民经济行业看，基础设施等民生行业增长较快，电力、燃气及水的生产和供应业完成投资 100 亿元，同比增长 48.3%；水利、环境和公共设施服务业完成投资 64.9 亿元，同比增长 89.7%；居民服务和其他服务业完成投资 4.6 亿元，同比增长 2.1 倍。

房地产完成投资 178.3 亿元，比上年增长 0.7%。商品房施工面积 1932.9 万平方米，增长 2.6%；商品房竣工面积 456.3 万平方米，增长 80.6%；商品房销售额 146.0 亿元，增长 61.4%。

五、国内贸易和对外经济

全年实现社会消费品零售总额 641.2 亿元，比上年增长 19.0%。分地区看，市、县和县以下零售额分别为 564.9 亿元、53.2 亿元和 23.0 亿元，分别增长 19.3%、17.2%和 15.2%。分行业看，批发业实现零售额 136.5 亿元，增长 23.8%；零售业实现零售额 340.7 亿元，增长 17.7%；住宿和餐饮业实现零售额 159.5 亿元，增长 18.4%；其他行业实现零售额 4.5 亿元，与上年持平。从限额以上批零企业销售类值看，化妆品、金银珠宝、书报杂志、家具、建筑及装潢材料等实现了高速增长，其中，化妆品类实现零售额 2.0 亿元，增长 74.1%；书报杂志类实现零售额 0.8 亿元，增长 51.3%；建筑及装潢材料类实现零售额 3.7 亿元，增长 47.7%；金银珠宝类实现零售额 3.1 亿元，增长 45.6%；家具类实现零售额 0.9 亿元，增长 40.5%。

全年海关进出口总额达 7.1 亿美元，比上年下降 21.2%。其中：出口总额 3.5 亿美元，下降 29.1%；进口总额 3.6 亿美元，下降 11.7%。

全年引进外方资金 77576 万美元，比上年增长 9.7%。引进区外资金 238.1 亿元，引进区内资金 192.7 亿元，分别比上年增长 8.1%和 9.6%。

六、交通和邮电

全年公路货运量 7045 万吨，比上年增长 34.9%，公路货运周转量 234.5 亿吨公里，增长 37.1 %；公路客运量 1383 万人，比上年增长 2.3%，公路客运周转量 49.5 亿人公里，增长 2.9%。

全年邮电业务总量 68.9 亿元，比上年增长 19.4 %。其中，邮政业务总量 2.0 亿元，增长 13.0%；电信业务总量 66.8 亿元，增长 19.7%。本地网固定电话用户 78.3 万户，其中城市电话用户 75.0 万户，乡村电话用户 3.3 万户；年末移动电话 252.0 万户，年末全市固定及移动电话用户总数达 330.3 万户，比上年末增加 89.9 万户。全市互联网络用户 33.1 万户，比上年末增加 6.8 万户。

七、金融和保险业

年末全市金融机构各项存款余

额2125.7亿元，比上年增长30.0%。其中企业存款829.0亿元，增长37.3%；城乡居民储蓄存款余额775.9亿元，增长21.4%。金融机构贷款余额1970.5亿元，比上年增长35.9%。从贷款投向看，短期贷款453.9亿元，增长28.2%；中长期贷款1479.6亿元，增长42.6%。

全市保费收入32.4亿元，比上年增长30.5%。其中，人身险保费收入22.6亿元，增长37.3%；财产险保费收入9.8亿元，增长17.2%。全市保险业务赔款与给付支出9.6亿元，比上年增长33.3%。其中，人寿险保险业务赔款支出4.9亿元，增长48.4%；财产险保险业务赔款支出4.7亿元，增长20.5%。

八、科学技术和教育

2009年全市高度重视科技进步，市财政投入科技资金5793万元，比上年增长48.7%，争取国家及自治区支持资金4500万元，项目77项。年内专利申请量510件，授权专利437件。安排重大科技引导资金4410万元，实施重大科技专项57项。

年末全市共有普通高校21所、成人高校1所、中等职业技术学校67所、普通中学120所、小学429所、幼儿园135所。年内普通高校招收学生6.5万人，比上年增长4.7%，毕业学生4.4万人，与上年持平；年末在校学生20.4万人，增长10.5%。普通中学招收学生5.2万人，比上年下降1.1%，毕业学生5.0万人，增长3.8%，年末在校学生15.3万人，下降0.5%。小学招收学生3.0万人，比上年下降3.2%，毕业学生3.2万人，下降3.7%，年末小学在校学生18.3万人，下降1.8%。年末在园幼儿人数为3.0万人，比上年下降3.3%。

九、文化、卫生和体育

全市共拥有艺术表演团体13个，文化馆9个，公共图书馆10个，博物馆4个，广播电台2座，广播综合人口覆盖率96.8%。另外，全市还有电视台2座，有线电视用户31.2万户，电视综合人口覆盖率94.0%。

年末全市共有各类卫生机构916个。其中医院62个。医院拥有病床12132张。全市共有专业卫生技术人员15978人，其中，执业医师及助理执业医师6616人。

全市有体育场10个，体育馆7个，游泳池20个。

十、环境保护

年末全市环境保护系统共有职工671人，环境监测人员115人。全市有自然保护区7个，面积达2542.7平方公里。已建成的生态示范区2个，面积达1681.6平方公里。年内完成环境污染治理项目72个，投资23312.4万元。全年城区空气质量优良天数达到346天，饮用水源地水质28项指标监测合格率100%，城市环境综合整治定量考核成绩再次名列全区第一。

十一、人口与人民生活和社会保障

据公安年报，年末全市户籍人口227.4万人，比上年末增长1.4%。其中，非农业人口108.0万人，增长2.4%；市区人口118.8万人，增长1.8%；少数民族人口29.6万人，增长2.4%。人口出生率12.4‰，死亡率5.3‰，自然增长率8.8‰。人口迁入率20.5‰，人口迁出率13.7‰，机械增长率6.8‰。

城镇居民人均可支配收入达22397元，比上年增长10.5%。农村居民人均纯收入7802元，比上年增长10.7%。在收入增长的同时，居民的消费水平不断提高，消费层次进一步提升。城镇居民人均消费性支出14752元，增长12.2%；农民人均生活消费性支出4823元，增长28.4%。

年末全市参加基本养老保险人数36.21万人，比上年末增加0.5万人；参加失业保险职工36.4万人，比上年末增加0.7万人。全年参加基本医疗保险39.99万人，比上年末增加2.3万人；生育保险23.54万人，比上年末增加3.8万人。

城镇居民享受最低生活保障人数76559人，发放低保资金21320.4万元；农村居民享受最低生活保障人数75997人，发放低保资金8008.7万元。

注：本公报指标数均为快报数。

内蒙古自治区
2009年国民经济和社会发展统计公报

内蒙古自治区统计局

（2010年2月27日）

2009年，全区各族人民在自治区党委、政府的正确领导下，以邓小平理论和“三个代表”重要思想为指导，深入学习实践科学发展观，努力构建社会主义和谐社会。面对国际金融危机对我国的严峻挑战，我区各地结合实际认真贯彻落实中央和国务院应对危机刺激经济发展的各项政策措施，全区经济增长下滑趋势得到有效遏制，国民经济总体形势回升向好，民生状况不断改善，社会各项事业全面进步。

一、综　合

初步核算，全年生产总值9725.78亿元，按可比价格计算，比上年增长

16.9%。其中，第一产业增加值929.02亿元，增长2.3%；第二产业增加值5101.39亿元，增长21.4%；第三产业增加值3695.37亿元，增长15%。第一产业对经济增长的贡献率为1.3%，第二产业对经济增长的贡献率为62.2%，第三产业对经济增长的贡献率为36.5%。全区生产总值中一、二、三次产业比例由上年的10.7：51.5：37.8调整为9.6：52.4：38。按常住人口计算，全年人均生产总值40225元，比上年增长16.5%,按年平均汇率折算达5888美元。

全年居民消费价格总水平比上年下降0.3%。其中，食品类价格上涨1.3%，烟酒及用品类价格上涨0.8%，医疗保健及个人用品类价格上涨1%，其它消费品和服务类价格均比上年下降。工业品出厂价格和原材料、燃料及动力购进价格分别比上年下降3.8%和0.9%,固定资产投资价格下降1.5%，农产品生产价格下降0.3%。

年末全区就业人员1142.21万人，比上年末增加38.92万人，增长3.5%。其中，城镇就业人员439.24万人，比上年末增加24.34万人，增长5.9%。城镇私营个体从业人员193.67万人，比上年末增加23.6万人，增长13.9%。全年领取再就业优惠证的下岗失业人员再就业12.35万人，比上年减少2.03万人。年末城镇登记失业率为4.05%，比上年末下降0.05个百分点。

全年完成地方财政总收入1378.12亿元，其中地方财政一般预算收入850.75亿元，分别比上年增长24.5%和30.7%。全年地方财政支出1925.13亿元，比上年增长32.3%。公共与民生领域成为支出的重点，其中，一般公共服务支出299.83亿元，比上年增长24.1%；社会保障和就业支出274.57亿元，增长43.4%；医疗卫生支出102.09亿元，增长70.7%；教育支出243.32亿元，增长17.9%；环境保护支出96.99亿元，增长21.7%。

国民经济和社会发展中存在的主要问题是：一是经济持续向好的基础还不稳固。部分行业和企业生产经营还比较困难，经济效益尚未明显改善。二是结构性矛盾依然比较突出。产业结构单一，优势特色产业发展不协调，非资源型产业发展滞后，多元发展、多极支撑的产业体系尚未建立；产业延伸不足，“原字号”和初级产品比重高，资源精深加工能力不强；农牧业基础仍然比较薄弱；服务业发展水平有待进一步提升。三是居民收入增长与经济增长不协调，城乡居民收入在国民收入中的比重不断下降。四是协调发展和可持续发展水平需要进一步提高。城乡差距不断扩大，地区间发展差距明显，社会事业有待加强；生态脆弱的局面没有根本改变，部分地区生态环境仍在退化，生态保护建设任重道远。

二、农 业

全年农作物种植面积692.78万公顷，比上年增加6.68万公顷。其中，粮食作物种植面积542.4万公顷，比上年增加16.95万公顷。全年粮食总产量1981.7万吨，比上年减产149.6万吨，下降7%。全年油料产量119.62万吨，增长1.8%；甜菜产量109.58万吨，下降35.6%；蔬菜产量1380.61万吨，增长1.5%；水果（含果用瓜）产量210.67万吨，下降11.5%。

牧业年度全区牲畜存栏头数达10858.5万头（只），比上年同期增长1.7%；牲畜总增6564.7万头（只），牲畜总增率达61.5%，比上年同期提高3.7个百分点。牧业年度良种及改良种牲畜总头数10285.4万头（只），比重为94.7%，比上年同期提高1.4个百分点。全年肉类总产量233.91万吨，比上年增长6.6%；牛奶产量903.1万吨，下降3.4%；山羊绒产量7375吨，下降3.5%；禽蛋产量48.9万吨，增长8.3%；水产品产量10.59万吨，增长7.8%。

林业全年完成营造林面积86.2万公顷。其中，人工造林35.3万公顷，飞播造林9.6万公顷，封山育林41.3万公顷。全年完成退耕还林和荒山荒地造林面积5.2万公顷,完成天然林资源保护工程造林面积23.8万公顷，完成京津风沙源治理工程造林面积29.2万公顷，完成“三北”防护林四期工程造林面积23.4万公顷，幼林抚育（作业）面积84.4万公顷。年末全区森林面积2366.4万公顷，森林覆盖率达20%。全年实现林业产业产值179.5亿元。

三、工业和建筑业

全年全部工业增加值4503.31亿元，比上年增长21.2%。其中，规模以上工业企业完成增加值4400.45亿元，比上年增长24.2%。在规模以上工业企业中，国有企业增加值增长13.1%，集体企业增加值增长31.3%，股份合作企业增加值增长5.7%，股份制企业增加值增长26.2%，外商及港澳台商投资企业增加值增长24.6%，其它经济类型企业增加值增长6%。在规模以上工业企业中，轻工业增加值795.83亿元，增长21.8%;重工业增加值3604.62亿元，增长24.7%。

全年规模以上工业新产品产值107.85亿元，比上年增长10.6%；出口交货值141.07亿元，比上年下降35.6%。能源、冶金、化工、装备制造、农畜产品加工业和高新技术六大优势特色产业增加值占规模以上工业的87.4%，成为拉动工业生产快速增长的主要动力。从工业产品产量看，全区原煤产量首次突破6亿吨，达6.01亿吨，比上年增长22.8%；发电量达到2239.85亿千瓦小时，增长5%；啤酒产量突破10亿升，达11.04亿升，增长12.3%。此外，水泥、钢材和化肥产量分别比上年增长48.1%、30.1%和94.5%，载货汽车增长8.4%，其他主要工业产品产量均有不同程度增长。

2009年，全区规模以上工业企业主营业务收入10581.37亿元，比上年增长24.9%；实现利润812.03亿元，比上年增长12.9%。其中，国有及国有控股企业实现利润262.36亿元，同比增长15.9%；规模以上工业亏损企业亏损额71.1亿元，同比下降18.7%。全年规模以上工业企业产品销售率97.3%，比上年提高0.2个百分点。

全年建筑业增加值598.08亿元，比上年增长22.7%。全区具有建筑业资质等级的建筑施工企业827个，比上年增加37个；施工企业房屋建筑施工面积5691.20万平方米，比上年增长7.8%；竣工房屋面积2861.46万平方米，下降11.7%；房屋建筑竣工率50.3%。全年具有建筑业资质等级的建筑企业实现利润68亿元，比上年增长27.2%；实现税金37.52亿元，比上年增长4.9%。

四、固定资产投资

全年全社会固定资产投资总额7464.72亿元，比上年增长33.2%。其中，城乡50万元以上项目完成固定资产投资 7380.57 亿元，增长 33.8%，快于上年增速 6.4 个百分点。从投资主体看，国有经济单位投资 2925.80 亿元，增长 38.6%；集体单位投资 71.42 亿元，增长 11%；个体投资 100.61 亿元，与上年持平；其他经济类型单位投资 4366.89 亿元，增长 31.2%。按项目隶属关系分，地方项目完成投资 6638.27 亿元，增长 38.4%；中央项目完成投资 826.45 亿元，增长 2.2%。

在全区固定资产投资中，第一产业投资 421.55 亿元，增长 44.7%；第二产业投资 3847.12 亿元，增长 31.9%；其中，工业投资 3774.36 亿元，增长 30.9%；第三产业投资 3196.05 亿元，增长 33.3%。从城乡看，城镇固定资产投资 7270.21 亿元，比上年增长 33.2%；全年房地产开发投资 815.46 亿元，比上年增长 9.6%；其中，经济适用房投资 53.85 亿元，下降 21.7%；农村固定资产投资 194.51 亿元，增长 31.1%；其中，非农户投资 110.37 亿元，增长 62.4%。从主要行业投资看，农林牧渔业投资 421.55 亿元，增长 44.7%；电力、燃气及水的生产和供应业投资 1157.28 亿元，增长 53.4%；交通运输、仓储及邮政业投资 850.99 亿元，增长 56%；水利、环境和公共设施管理业投资 612.21 亿元，增长 44.8%。

全年新开工项目 11056 个，在建项目投资总规模 18154.75 亿元，分别比上年增长 35%和 66.9%。在全区城乡 50 万元以上项目固定资产投资中，全部建成投产项目 9845 个，项目建成投产率 75.1%；新增固定资产 4638.57 亿元，固定资产交付使用率 62.2%。城镇住宅施工面积 7811.65 万平方米，比上年增长 9.5%；城镇住宅竣工面积 2586.05 万平方米，比上年增长 13.4%；其中，经济适用房 213.97 万平方米，增长 24.2%。商品房竣工面积 2237.32 万平方米，比上年增长 12.9%；商品房销售面积 2463.01 万平方米，增长 2.8%；农村牧区竣工住宅面积 394 万平方米，下降 37%。

五、国内贸易

全年社会消费品零售总额 2855.31 亿元，比上年增长 19.2%。分城乡看，城市消费品零售额 1954.7 亿元，增长 19.7%；县的消费品零售额 562.5 亿元，增长 18.9%；县以下消费品零售额 338.1 亿元，增长 17.3%。分行业看，批发零售贸易业零售额 2223.3 亿元，增长 18.9%；住宿和餐饮业零售额 574.2 亿元，增长 20.9%；其他行业零售额 57.8 亿元，增长 13.9%。

消费品市场呈现两大亮点：一是消费结构呈现积极变化，汽车、居住、家庭装饰等消费不断扩大。全年汽车类零售额 182.3 亿元，比上年增长 54.2%；家电和通讯类消费品升级步伐加快，家用电器和音像器材类零售额比上年增长 15.9%。二是“家电下乡”政策在内蒙古实施以来，有力带动了全区农村牧区的消费市场。2009 年全区已备案家电下乡销售网点 2514 家，覆盖近 80%的乡镇苏木，累计销售 9 大类家电下乡产品 37.16 万台，销售金额达 6.32 亿元，兑付补贴资金 6900 多万元。全年县及县以下实现零售额比上年增长 18.3%。

六、对外经济

全年海关进出口总额 67.64 亿美元，比上年下降 24.1%。其中，出口总额 23.16 亿美元，下降 35.3%；进口总额 44.48 亿美元，下降 16.6%。从主要贸易方式看，一般贸易进出口额达 31.4 亿美元，占 46.4%，比上年下降 35.5%；加工贸易进出口额达 2.62 亿美元，占 3.9%，比上年下降 11.5%。

全年实际利用外商直接投资 29.84 亿美元，比上年增长 13%。年内全区在工商部门注册的“三资”企业 3675 家，比上年增加 1349 家。

全年共签订对外工程承包、劳务合作合同金额 3889 万美元，完成营业额 4776 万美元。

七、交通、邮电和旅游业

全年各种运输方式完成货运量 116508.48 万吨，比上年增长 16.5%。其中，铁路 45675.48 万吨，增长 16.9%；公路 70832 万吨，增长 16.2%；民航 1 万吨，与上年持平。全年各种运输方式完成货物周转量 3963.22 亿吨公里，比上年增长 11.7%。其中，铁路 2077.87 亿吨公里，增长 8.7%；公路 1885.25 亿吨公里，增长 15.1%；民航 0.1 亿吨公里，与上年持平。全年各种运输方式完成客运量 22809.56 万人，增长 12.6%。其中，铁路 4643.36 万人，增长 19.8%；公路 17998 万人，增长 11.1%；民航 168.2 万人，下降 4.2%。全年各种运输方式完成旅客周转量 377.29 亿人公里，比上年增长 7.4%。其中，铁路 161.84 亿人公里，增长 4.6%；公路 198.38 亿人公里，增长 10.4%；民航 17.07 亿人公里，增长 0.4%。年末民用汽车保有量 199.50 万辆，比上年增长 17.4%。其中，私人轿车保有量 85.56 万辆，增长 36.8%。

全年邮电业务总量（2000 年不变价）554.21 亿元，比上年增长 21.7%。其中，电信业务总量 542.56 亿元，增长 22.3%；邮政业务总量 11.65 亿元，下降 1.9%。年末（本地电话）局用交换机总容量 714.2 万门，下降 0.7%。年末本地网固定电话用户 442 万户，下降 4.3%。年末移动电话用户 1639 万户，增长 21.9%。年末全区固定及移动电话用户总数达到 2081 万户，比上年末增加 275 万户。全区电话普及率（包括固定和移动电话）达到 85.91 部/百人，增长 14.7%。年末全区互联网络用户 176 万户，增长 30.4%。

全年实现旅游总收入 611.35 亿元，比上年增长 30.4%。接待入境旅游人数 128.96 万人次，下降 16.8%；旅游外汇收入 5.58 亿美元，下降 3.3%。国内旅游人数 3880.18 万人次，比上年增长 21.3%；国内旅游收入 573.22 亿元，增长 33.5%。

八、金融、证券和保险业

年末全区金融机构各项人民币存款余额 8373.7 亿元，比上年末增加 2056.07 亿元，增长 32.1%。其中，企业存款余额 2659.09 亿元，比上年末增加 912.99 亿元，增长 51.7%；储蓄存款余额 3913.95 亿元，比上年末增加 702.82 亿元，增长 21.9%。年末全区金融机构各项人民币贷款余额 6292.52 亿元，比上年末增加 1784.2 亿元，增长 39%。其中，短期贷款余额 2286.78 亿元，比上年末增加 511.23 亿元，增长 28.7%；中长期贷款余额 3895.18 亿元，比上年末增加 1324.49 亿元，增长 50.4%；个人消费贷款余额 445.9 亿元，比上年末增加 189.66 亿元，增长 73.6%。

2009 年，受股市震荡上行等因素影响，全区证券公司开户数和交易额均大幅度增长。全年全区证券公司开户数为 58.65 万户，比上年末增加 11.55 万户，增长 24.5%；证券交易额为

4753.9亿元，比上年增长88.1%。

全年保险业实现保费收入171.31亿元，比上年增长21.2%，比上年提高8.7个百分点。其中，财产险实现保费收入67.34亿元，增长25.7%；人寿险实现保费收入103.97亿元，增长18.5%。全年保险业赔付累计支出57.02亿元，增长31%。

九、教育和科学技术

年末全区共有普通高等学校41所，比上年增加2所；全年招收学生11.39万人，比上年增长6.4%；年末在校学生35.19万人，比上年末增长11.1%，其中，少数民族在校学生9.97万人，在少数民族在校学生中有蒙古族8.69万人，分别增长1.9%和1.1%；全年毕业学生7.58万人，增长3%。年末全区有研究生培养单位9个，全年招收研究生4733人，比上年增长25.1%；年末在校研究生12491人，比上年末增长15.5%，其中，少数民族在校研究生4158人，在少数民族在校研究生中有蒙古族研究生3703人，分别增长8.5%和9.5%。年末有中等职业教育学校304所，比上年增加4所；招收学生16.16万人，比上年增长52%；年末在校学生32.7万人，比上年末增长21.4%，其中，少数民族在校学生6.07万人，增长26.7%；全年毕业学生7.71万人，增长2.9%。年末有普通高中306所，全年招收学生17.43万人，比上年下降4%；年末在校学生51.96万人，比上年末下降4%，其中，少数民族学生14.35万人，少数民族学生中有蒙古族学生12.51万人；全年毕业学生18.31万人，下降2.4%。年末有普通初中905所，全年招收学生27.98万人，比上年增长2.7%；年末在校学生83.94万人，比上年末下降4.1%，其中，少数民族学生19.95万人，少数民族学生中有蒙古族学生17.48万人；全年毕业学生29.22万人，比上年下降6.1%。全区初中阶段毛入学率100.78%，比上年提高0.93个百分点。年末有小学3139所，全年招收学生22.88万人，比上年下降8.6%；年末在校学生149.3万人，比上年末下降3.8%；年末毕业学生27.92万人，比上年增长2.6%。全年小学适龄儿童入学率99.76%，基本与上年持平。全区幼儿园在园幼儿33.8万人，比上年增长10.1%。

全年共取得重大科技成果232项，其中，基础理论成果22项，应用技术成果207项，软科学成果3项。全年专利申请2479项，授权专利1486项，分别比上年增长11.6%和11.9%；年内签订各类技术合同2461项，技术合同成交金额66.5亿元。其中，向区外输出技术成交金额1亿元，全区吸纳技术成果金额46.5亿元。

年末全区拥有产品质量检验机构707个，比上年增加27个。其中国家检测中心4个。拥有产品质量认证机构1个。

十、文化、卫生和体育

年末全区有艺术事业机构150个，从业人员5820人，分别比上年增长1.4%和0.9%；艺术表演团体112个，其中乌兰牧骑69个。全年生产故事片10部，制作蒙语译制片50部。现拥有文化馆102座，公共图书馆113座，博物馆38座，档案馆140座，已开放各类档案165万卷。年末全区拥有广播电台13座，中短波广播发射台和转播台57座，广播人口覆盖率94.75%，比上年提高0.7个百分点；拥有电视台14座，一千瓦以上电视发射台和转播台92座，电视人口覆盖率93.53%，比上年提高0.8个百分点；年末全区有线电视用户291.71万户，比上年增长3.1%。自治区和盟市两级全年出版报纸25794万份，其中蒙文版1429万份；出版各类期刊1237万册，其中蒙文版127万册；出版图书6862万册，其中蒙文版816万册。

年末全区共有卫生机构7781个，比上年增加358个。其中，医院471个，农村牧区卫生院1328个，疾病预防控制机构133个，妇幼卫生机构116个，专科疾病防治院（所）50个。年末全区医疗卫生单位拥有病床7.84万张，比上年下降3.7%。其中，医院拥有病床6.21万张，乡镇卫生院拥有病床1.56万张，妇幼卫生机构拥有病床0.29万张。年末全区拥有卫生技术人员11.69万人，比上年末增长6.2%。其中，医院拥有6.51万人，乡镇卫生院拥有1.73万人，疾病预防控制机构拥有0.5万人，妇幼卫生机构拥有0.51万人；执业医师、助理医师5.18万人，注册护士3.48万人，分别比上年增长3.9%和10.1%。农村牧区卫生事业不断加强，拥有农村牧区村卫生室1.47万个，拥有乡村医生和卫生员2.04万人，分别比上年增长3.6%和12.9%。年内开展新型农村合作医疗试点的旗县达到95个，覆盖农村牧区人口1435.7万人，其中，实际参加农村合作医疗的农牧民1108万人。

年内全区体育健儿在国内外重大竞赛中获奖牌1506枚。其中，国外获奖牌11枚，国内获奖牌1495枚，破自治区记录4项。

十一、环境保护

全区确定的自然保护区185个。其中，国家级自然保护区23个，自治区级自然保护区61个。自然保护区面积1382.37万公顷，其中国家级自然保护区面积384.37万公顷。全区拥有生态示范区25个。年末全区环境保护系统拥有职工5225人，比上年末增长0.4%；年末全区拥有各级环境监测站108个，环境监测人员1361人。全区监测的15个城市空气质量达到二级标准的13个，达到三级标准的2个。

十二、人口、人民生活和社会保障

全年出生人口23.14万人，人口出生率9.57‰；死亡人口13.56万人，人口死亡率5.61‰；人口自然增长率3.96‰，比上年下降0.31个千分点。年末全区常住人口2422.07万人，比上年增加8.34万人，其中少数民族人口540.61万人，在少数民族人口中有蒙古族人口442.49万人。城镇人口1293.45万人，比上年增长3.6%，占全区总人口的比重53.4%；乡村人口1128.62万人，比上年下降3.2%，占全区总人口的比重46.6%。男性人口1244.94万人，女性人口1177.13万人。在总人口中，65岁及以上老年人口达180.20万人，占全区总人口的比重为7.4%，比上年提高0.12个百分点。

全年城镇居民人均可支配收入15849元，比上年增加1416元，增长9.8%，扣除价格因素实际增长10.1%。其中，人均财产性收入363.81元，人均转移性收入3583.1元，分别增长12.1%和18.2%。城镇居民人均消费性支出12370元，增长14.3%。城镇居民家庭恩格尔系数为30.5%，比上年下降2.3个百分点。全年农牧民人均纯收入4938元，比上年增加282元，增长

6.1%，扣除价格因素实际增长6.3%。其中，人均工资性收入900.4元，增长11.6%；人均家庭经营性收入3277.5元，增长1.9%；人均转移性和财产性收入759.9元，增长20.3%。农牧民人均生活消费支出3967元，增长9.7%。农村牧区居民家庭恩格尔系数为39.8%，比上年下降1.2个百分点。城乡居民每百户主要耐用品拥有量均有不同程度增长。

年末全区参加基本养老保险人数410.83万人，比上年增长5.5%；参加失业保险职工229.7万人，领取失业保险金人数为6.08万人；全年参加基本养老保险的离退休人员112.78万人，比上年增长9.6%；养老金社会发放率达到100%；全年参加基本医疗保险人数410.36万人，比上年增长9.8%；全年有292.84万职工和117.52万退休人员参加了基本医疗保险，分别比上年增长10.5%和8.2%。全年共有207.28万人得到国家最低生活保障救济，比上年增加8.35万人。

年末全区各类社会福利院床位4.26万张，比上年增长1.3%，收养3.39万人，增长1.8%；年末全区城镇建立各种社区服务设施3526个，比上年增加133个。其中社区服务中心506个，比上年增加81个。全年筹集社会福利资金6.46亿元，销售社会福利彩票19.37亿元，分别比上年增长27.4%和17.2%；接受社会捐赠1614.07万元。

注：1、本公报为初步统计数。

2、生产总值及分产业增加值数据根据第二次经济普查结果进行了调整，绝对数按现价计算，增长速度按可比价格计算。

3、根据内蒙古自治区交通厅公路运输量专项调查结果对2008年公路运输量数据（货运量、客运量、货物周转量和旅客周转量）进行了修订。

中华人民共和国
2009年国民经济和社会发展统计公报

中华人民共和国国家统计局

（2010年2月25日）

2009年，全国各族人民在党中央、国务院的领导下，以邓小平理论和“三个代表”重要思想为指导，深入贯彻落实科学发展观，认真贯彻积极的财政政策和适度宽松的货币政策，全面落实应对国际金融危机的一揽子计划和政策措施，国民经济形势总体回升向好，各项社会事业取得新的进展。

一、综　合

初步核算，全年国内生产总值335353亿元，比上年增长8.7%。分产业看，第一产业增加值35477亿元，增长4.2%；第二产业增加值156958亿元，增长9.5%；第三产业增加值142918亿元，增长8.9%。第一产业增加值占国内生产总值的比重为10.6%，比上年下降0.1个百分点；第二产业增加值比重为46.8%，下降0.7个百分点；第三产业增加值比重为42.6%，上升0.8个百分点。

全年居民消费价格比上年下降0.7%，其中食品价格上涨0.7%。固定资产投资价格下降2.4%。工业品出厂价格下降5.4%，其中生产资料价格下降6.7%，生活资料价格下降1.2%。原材料、燃料、动力购进价格下降7.9%。农产品生产价格下降2.4%。农业生产资料价格下降2.5%。70个大中城市房屋销售价格上涨1.5%，其中新建住宅价格上涨1.3%，二手住宅价格上涨2.4%；房屋租赁价格下降0.6%。

年末全国就业人员77995万人，比上年末增加515万人。其中城镇就业人员31120万人，增加910万人，新增加1102万人。年末城镇登记失业率为4.3%，比上年末上升0.1个百分点。

年末国家外汇储备23992亿美元，比上年末增加4531亿美元。年末人民币汇率为1美元兑6.8282元人民币，比上年末升值0.1%。

全年财政收入68477亿元，比上年增加7147亿元，增长11.7%；其中税收收入59515亿元，增加5291亿元，增长9.8%。

二、农　业

全年粮食种植面积10897万公顷，比上年增加217万公顷；棉花种植面积495万公顷，减少80万公顷；油料种植面积1360万公顷，增加76万公顷；糖料种植面积188万公顷，减少11万公顷。

全年粮食产量53082万吨，比上年增加211万吨，增产0.4%。其中，夏粮产量12335万吨，增产2.2%；早稻产量3327万吨，增产5.3%；秋粮产量37420万吨，减产0.6%。

全年棉花产量640万吨，比上年减产14.6%。油料产量3100万吨，增产5.0%。糖料产量12200万吨，减产9.1%。烤烟产量280万吨，增产6.7%。茶叶产量135万吨，增产7.1%。

全年肉类总产量7642万吨，比上年增长5.0%。其中，猪肉产量4889万吨，增长5.8%；牛肉产量636万吨，增长3.6%；羊肉产量389万吨，增长2.4%。生猪年末存栏46985万头，增长1.5%；生猪出栏64507万头，增长5.7%。牛奶产量3518万吨，下降1.1%；禽蛋产量2741万吨，增长1.4%。

全年水产品产量5120万吨，增长

4.6%。其中，养殖水产品产量3635万吨，增长6.5%；捕捞水产品产量1485万吨，增长0.1%。

全年木材产量6938万立方米，比上年下降14.4%。

全年新增有效灌溉面积147.1万公顷，新增节水灌溉面积182.6万公顷。

三、工业和建筑业

全年全部工业增加值134625亿元，比上年增长8.3%。规模以上工业增加值增长11.0%，其中国有及国有控股企业增长6.9%；集体企业增长10.2%，股份制企业增长13.3%，外商及港澳台商投资企业增长6.2%；私营企业增长18.7%。分轻重工业看，轻工业增长9.7%，重工业增长11.5%。

全年规模以上工业中，煤炭开采和洗选业增加值比上年增长8.3%；石油和天然气开采业增长4.8%；农副食品加工业增长15.9%；纺织业增长8.5%；通用设备制造业增长11.0%；专用设备制造业增长13.0%；交通运输设备制造业增长18.4%，其中汽车制造增长20.3%，船舶制造增长20.7%；通信设备、计算机及其他电子设备制造业增长5.3%；电气机械及器材制造业增长12.0%。6大高载能行业比上年增长10.6%，其中，非金属矿物制品业增长14.7%，化学原料及化学制品制造业增长14.6%，有色金属冶炼及压延加工业增长12.8%，黑色金属冶炼及压延加工业增长9.9%，电力、热力的生产和供应业增长6.0%，石油加工、炼焦及核燃料加工业增长5.2%。高技术制造业增加值比上年增长7.7%。

1—11月全国规模以上工业企业累计实现利润25891亿元，比上年同期增长7.8%。

全年全社会建筑业增加值22333亿元，比上年增长18.2%。全国具有资质等级的总承包和专业承包建筑业企业实现利润2663亿元，增长21.0%，其中国有及国有控股企业697亿元，增长23.9%。

四、固定资产投资

全年全社会固定资产投资224846亿元，比上年增长30.1%。分城乡看，城镇投资194139亿元，增长30.5%；农村投资30707亿元，增长27.5%。分地区看，东部地区投资95653亿元，比上年增长23.0%；中部地区投资49846亿元，增长35.8%；西部地区投资49662亿元，增长38.1%；东北地区投资23733亿元，增长26.8%。

在城镇投资中，第一产业投资3373亿元，比上年增长49.9%；第二产业投资82277亿元，增长26.8%；第三产业投资108489亿元，增长33.0%。全年房地产开发投资36232亿元，比上年增长16.1%。其中，商品住宅投资25619亿元，增长14.2%；办公楼投资1378亿元，增长18.1%；商业营业用房投资4172亿元，增长24.4%。

五、国内贸易

全年社会消费品零售总额125343亿元，比上年增长15.5%。分地域看，城市消费品零售额85133亿元，增长15.5%；县及县以下消费品零售额40210亿元，增长15.7%。分行业看，批发和零售业零售额105413亿元，增长15.6%；住宿和餐饮业零售额17998亿元，增长16.8%；其他行业零售额1932亿元，增长2.5%。

在限额以上批发和零售业零售额中，汽车类零售额比上年增长32.3%，粮油类增长13.0%，肉禽蛋类增长8.3%，服装类增长20.8%，日用品类增长15.6%，文化办公用品类增长6.7%，通讯器材类下降1.3%，化妆品类增长16.9%，金银珠宝类增长15.9%，中西药品类增长21.7%，家用电器和音像器材类增长12.3%，家具类增长35.5%，建筑及装潢材料类增长26.6%。

六、对外经济

全年货物进出口总额22072亿美元，比上年下降13.9%。其中，货物出口12017亿美元，下降16.0%；货物进口10056亿美元，下降11.2%。进出口差额（出口减进口）1961亿美元，比上年减少1020亿美元。

全年非金融领域新批外商直接投资企业23435家，比上年减少14.8%。实际使用外商直接投资金额900亿美元，下降2.6%。其中，制造业占52.0%；房地产业占18.7%；租赁和商务服务业占6.8%；批发和零售业占6.0%；交通运输、仓储和邮政业占2.8%。

全年非金融类对外直接投资额433亿美元，比上年增长6.5%。

全年对外承包工程业务完成营业额777亿美元，比上年增长37.3%；对外劳务合作完成营业额89亿美元，增长10.6%。

七、交通、邮电和旅游

全年交通运输、仓储和邮政业增加值17058亿元，比上年增长3.7%。

全年规模以上港口完成货物吞吐量69.1亿吨，比上年增长8.2%，其中外贸货物吞吐量21.4亿吨，增长8.6%。港口集装箱吞吐量12082万标准箱，下降5.8%。

年末全国民用汽车保有量达到7619万辆（包括三轮汽车和低速货车1331万辆），比上年末增长17.8%，其中私人汽车保有量5218万辆，增长25.0%。民用轿车保有量3136万辆，增长28.6%，其中私人轿车2605万辆，增长33.8%。

全年完成邮电业务总量27313亿元，比上年增长14.6%。其中，邮政业务总量1632亿元，增长16.4%；电信业务总量25681亿元，增长14.4%。全年局用交换机容量减少1644万门，总容量49219万门；新增移动电话交换机容量27580万户，达到142111万户。固定电话年末用户31369万户。其中，城市电话用户21178万户，农村电话用户10191万户。新增移动电话用户10614万户，年末达到74738万户。年末全国固定及移动电话用户总数达到106107万户，比上年末增加7947万户。电话普及率达到79.9部/百人。互联网上网人数3.8亿人，其中宽带上网人数3.5亿人；互联网普及率达到28.9%。

全年国内出游人数达19.0亿人次，比上年增长11.1%；国内旅游收入10184亿元，增长16.4%。入境旅游人数12648万人次，下降2.7%。其中，外国人2194万人次，下降9.8%；香港、澳门和台湾同胞10454万人次，下降1.1%。在入境旅游者中，过夜旅游者5088万人次，下降4.1%。国际旅游外汇收入397亿美元，下降2.9%。国内居民出境人数达4766万人次，增长4.0%。其中因私出境4221万人次，增长5.2%，占出境人数的88.6%。

八、金　融

年末广义货币供应量（M2）余额为60.6万亿元，比上年末增长27.7%；狭义货币供应量（M1）余额为22.0万亿元，增长32.4%；流通中现金（M0）余额为3.8万亿元，增长11.8%。

年末全部金融机构本外币各项存款余额61.2万亿元，比年初增加13.2万亿元。其中人民币各项存款余额59.8万亿元，增加13.1万亿元。全部金融机构本外币各项贷款余额42.6万亿元，增加10.5万亿元。其中人民币各项贷款余额40.0万亿元，增加9.6万亿元。

全年农村金融合作机构（农村信用社、农村合作银行、农村商业银行）人民币贷款余额4.7万亿元，比年初增加9727亿元。全部金融机构人民币消费贷款余额5.5万亿元，增加17976亿元。其中，个人短期消费贷款余额0.6万亿元，增加2465亿元；个人中长期消费贷款余额4.9万亿元，增加15511亿元。

全年上市公司通过境内市场累计筹资3653亿元，比上年增加1255亿元。其中，首次公开发行A股99只，筹资2062亿元，增加995亿元；A股再筹资（包括配股、公开增发、非公开增发、认股权证）筹资1591亿元，增加259亿元；上市公司通过发行可转债、可分离债、公司债筹资813亿元，减少185亿元。全年首次公开发行创业板股票36只，筹资204亿元。

全年发行非上市公司企业（公司）债券4252亿元，比上年增加1885亿元。企业发行短期融资券4612亿元，增加281亿元；中期票据6987亿元，增加5250亿元。发行中小企业集合票据12.7亿元。

全年保险公司原保险保费收入11137亿元，比上年增长13.8%，其中寿险业务原保险保费收入7457亿元；健康险和意外伤害险业务原保险保费收入804亿元；财产险业务原保险保费收入2876亿元。支付各类赔款及给付3125亿元，其中寿险业务给付1269亿元；健康险和意外伤害险赔款及给付281亿元；财产险业务赔款1576亿元。

九、教育和科学技术

全年研究生教育招生51.1万人，在学研究生140.5万人，毕业生37.1万人。普通高等教育本专科招生639.5万人，在校生2144.7万人，毕业生531.1万人。各类中等职业教育招生873.6万人，在校生2178.7万人，毕业生619.2万人。全国普通高中招生830.3万人，在校生2434.3万人，毕业生823.7万人。全国初中招生1788.5万人，在校生5440.9万人，毕业生1797.7万人。普通小学招生1637.8万人，在校生10071.5万人，毕业生1805.2万人。特殊教育招生6.4万人，在校生42.8万人。幼儿园在园幼儿2657.8万人。

全年研究与试验发展（R&D）经费支出5433亿元，比上年增长17.7%，占国内生产总值的1.62%，其中基础研究经费272亿元。全年国家安排了639项科技支撑计划课题，1328项“863”计划课题。累计建设国家工程研究中心127个，国家工程实验室85个。国家认定企业技术中心达到636家。省级企业技术中心达到5011家。启动实施新兴产业创投计划，支持设立20家创业投资基金。全年受理国内外专利申请97.7万件，其中国内申请87.8万件，占89.9%。受理国内外发明专利申请31.5万件，其中国内申请22.9万件，占72.8%。全年授予专利权58.2万件，其中国内授权50.2万件，占86.2%。授予发明专利权12.8万件，其中国内授权6.5万件，占50.9%。截至2009年底，有效专利152.0万件，其中国内有效专利119.3万件，占78.5%；有效发明专利43.8万件，其中国内有效发明专利18.0万件，占41.1%。全年共签订技术合同21.4万项，技术合同成交金额3039亿元，比上年增长14.0%。全年成功发射卫星6次。首台千万亿次超级计算机系统“天河一号”研制成功；嫦娥一号卫星成功受控撞月。

年末全国共有产品检测实验室25000个，其中国家检测中心414个。全国现有产品质量、体系认证机构168个，已累计完成对4.1万个企业的产品认证。全国共有法定计量技术机构3760个，全年强制检定计量器具4560万台（件）。全年制定、修订国家标准3158项，其中新制定2102项。全年中央气象台和省级气象台共发布气象预警信号2737次，警报3950次。全国共有地震台站1457个，地震遥测台网32个。全国共有海洋观测站66个。测绘部门公开出版地图2060种，测绘图书307种。

十、文化、卫生和体育

年末全国共有艺术表演团体2478个，文化馆3214个，公共图书馆2833个，博物馆1996个。广播电台251座，电视台272座，广播电视台2087座，教育台44个。有线电视用户17398万户，有线数字电视用户6200万户。年末广播节目综合人口覆盖率为96.3%；电视节目综合人口覆盖率为97.2%。全年生产故事影片456部，科教、纪录、动画和特种影片102部。出版各类报纸437亿份，各类期刊31亿册，图书70亿册（张）。年末全国共有档案馆4035个，已开放各类档案7991万卷（件）。

年末全国共有卫生机构28.9万个，其中医院、卫生院6.0万个，社区卫生服务中心（站）2.6万个，妇幼保健院（所、站）3013个，专科疾病防治院（所、站）1315个，疾病预防控制中心（防疫站）3543个，卫生监督所（中心）2706个，诊所及其他19.3万个。卫生技术人员522万人，其中执业医师和执业助理医师216万人，注册护士174万人。医院和卫生院床位396万张。乡镇卫生院3.9万个，床位91万张，卫生技术人员89.8万人。全年甲、乙类法定报告传染病发病人数377.6万例，报告死亡15105人；报告传染病发病率284.34/10万，死亡率1.14/10万。

全年运动健儿在30个项目中共获得142个世界冠军，11人3队22次创22项世界纪录。在第十一届全国运动会上，共有7人9次创超5项世界纪录；12人3队21次创16项亚洲纪录；29人5队52次创39项全国纪录。

十一、人口、人民生活和社会保障

年末全国总人口为133474万人，比上年末增加672万人。全年出生人口1615万人，出生率为12.13‰；死亡人口943万人，死亡率为7.08‰；自然增长率为5.05‰。出生人口性别比为119.45。

全年农村居民人均纯收入5153元，剔除价格因素，比上年实际增长8.5%；城镇居民人均可支配收入17175元，实际增长9.8%。农村居民家庭食品消费支出占消费总支出的比重为41.0%，城镇为36.5%。按2009年农村贫困标准1196元测算，年末农村贫困人口为3597万人。

年末全国参加城镇基本养老保险人数23498万人，比上年末增加1607万人。其中参保职工17703万人，参保离退休人员5795万人。参加城镇基本医疗保险的人数40061万人，增加8239万人。其中，参加城镇职工基本医疗保险人数21961万人，参加城镇居民基本医疗保险人数18100万人。参加城镇医疗保险的农民工4335万人，增加69万人。参加失业保险的人数12715万人，增加316万人。参加工伤保险的人数14861万人，增加1074万人。其中参加工伤保险农民工5580万人，增加638万人。参加生育保险的人数10860万人，增加1606万人。2716个县（市、区）开展了新型农村合作医疗工作，新型农村合作医疗参合率94.0%。新型农村合作医疗基金累计支出总额为646亿元，累积受益4.9亿人次。新型农村社会养老保险试点顺利启动。年末全国领取失业保险金人数为235万人。

年末全国共有各类提供住宿的收养性社会服务机构3.9万个，床位275.4万张，收养各类人员208.8万人。其中，农村养老服务机构3.0万个，床位188.5万张，收养各类人员151.1万人。各类不提供住宿的社区服务设施14.0万个，其中，社区服务中心9726个，社区服务站2.5万个。全年2347.7万城市居民得到政府最低生活保障，比上年增加12.9万人；4759.3万农村居民得到政府最低生活保障，增加453.8万人；554.3万农村居民得到政府五保救济，增加5.7万人。全年救助城市医疗困难群众417.2万人次，救助农村医疗困难群众688.4万人次；资助1047.8万城镇困难群众参加城镇医疗保险，资助3689.8万农村困难群众参加新型农村合作医疗。全年销售社会福利彩票756亿元，直接接收社会捐赠款41亿元。

十二、资源、环境和安全生产

全年土地整理复垦开发补充耕地26.9万公顷。

全年全国国有建设用地供应总量31.9万公顷，比上年增长44.2%。其中，工矿仓储用地11.9万公顷，增长44.1%；房地产用地10.3万公顷，增长36.7%；基础设施等其他用地9.7万公顷，增长53.0%。全年全国105个重点监测城市综合地价比上年上涨5.0%，其中商业地价上涨5.6%，居住地价上涨7.9%，工业地价上涨1.6%。

全年水资源总量23763亿立方米，比上年减少13.4%；人均水资源1784.9立方米，减少13.8%。全年平均降水量583.1毫米，减少10.9%。年末全国大型水库蓄水总量1805亿立方米，比上年末少蓄水156亿立方米。全年总用水量5933亿立方米，比上年增加0.4%。其中，生活用水增加2.9%，工业用水减少0.6%，农业用水增加0.6%，生态补水减少9.8%。万元国内生产总值用水量209.3立方米，比上年下降7.6%。万元工业增加值用水量116.4立方米，下降8.2%。人均用水量445.7立方米，下降0.1%。

国土资源调查及地质勘查新发现大中型矿产地398处，其中，能源矿产地107处，金属矿产地177处，非金属矿产地109处，水气矿产地5处。有65种矿产新增查明资源储量，其中，石油11.2亿吨，天然气7234亿立方米，原煤503.6亿吨。

根据第七次全国森林资源清查结果，截至2008年，森林面积19545万公顷，森林覆盖率20.36%，活立木总蓄积量149.13亿立方米，森林蓄积量137.21亿立方米。

全年完成造林面积588万公顷，其中人工造林389万公顷。林业重点工程完成造林面积447万公顷，占全部造林面积的76.0%。全民义务植树24.8亿株。截至年底，自然保护区达到2529个，其中国家级自然保护区319个。新增综合治理水土流失面积4.8万平方公里，新增实施水土流失地区封育保护面积2.7万平方公里。截至2009年底，已确权集体林地面积为10093万公顷，其中发放林权证的面积为7573万公顷。

全年平均气温为9.8℃，共有9个台风登陆。

初步测算，全年能源消费总量31.0亿吨标准煤，比上年增长6.3%。煤炭消费量30.2亿吨，增长9.2%；原油消费量3.8亿吨，增长7.1%；天然气消费量887亿立方米，增长9.1%；电力消费量36973亿千瓦小时，增长6.2%。全国万元国内生产总值能耗下降2.2%。主要原材料消费中，钢材消费量6.9亿吨，增长22.4%；精炼铜消费量753万吨，增长39.7%；电解铝消费量1439万吨，增长14.4%；乙烯消费量1066万吨，增长8.0%；水泥消费量16.3亿吨，增长17.0%。

七大水系的408个水质监测断面中，Ⅰ～Ⅲ类水质断面比例占57.1%，比上年提高2.1个百分点；劣Ⅴ类水质断面比例占18.4%，比上年下降2.4个百分点。七大水系水质总体上持续好转，部分流域污染仍然严重。

近岸海域299个海水水质监测点中，达到国家一、二类海水水质标准的监测点占72.9%，比上年上升2.5个百分点；三类海水占6.0%，下降5.3个百分点；四类、劣四类海水占21.1%，上升2.8个百分点。

在监测的612个城市中，有504个城市空气质量达到二级以上（含二级）标准，占监测城市数的82.4%；有100个城市为三级，占16.3%；有8个城市为劣三级，占1.3%。在监测的327个城市中，城市区域声环境质量好的城市占4.9%，较好的占70.0%，轻度污染的占23.9%，中度污染的占1.2%。

年末城市污水处理厂日处理能力达8664万立方米，比上年末增长6.9%；城市污水处理率达到72.3%，提高2.1个百分点。集中供热面积35.6亿平方米，增长2.0%。建成区绿地率达到34.4%，提高1.1个百分点。

全年各类自然灾害造成直接经济损失2524亿元，比上年下降78.5%。全年农作物受灾面积4721万公顷，增加18.1%。其中，绝收492万公顷，增加22.0%。全年因洪涝灾害造成直接经济损失655亿元，增加0.5%；死亡902人，下降10.8%。全年因旱灾造成直接经济损失1099亿元，增加2.58倍。全年低温冷冻和雪灾造成直接经济损失172亿元，死亡40人。全年因海洋灾害造成直接经济损失100亿元，下降51.3%。全年累计发生赤潮面积14102平方公里，增加2.7%。全年实际发生各类地质灾害1.0万起，直接经济损失18.3亿元，死亡331人。全年大陆地区共发生5级以上地震24次，成灾8次，造成直接经济损失27.4亿元，死亡3人。全年共发生森林火灾8808起，下降37.7%。

全年生产安全事故死亡83196人，比上年下降8.8%。亿元国内生产总值生产安全事故死亡人数为0.248人，下降20.5%；工矿商贸企业就业人员10

万人生产安全事故死亡人数为 2.4 人，下降 14.9%；煤矿百万吨死亡人数为 0.892 人，下降 24.5%。全年共发生道路交通事故 23.8 万起，造成 6.8 万人死亡，27.5 万人受伤，直接财产损失 9.1 亿元；道路交通万车死亡人数为 3.6 人，减少 0.7 人。

注：1.本公报中数据均为初步统计数。

2.各项统计数据均未包括香港特别行政区、澳门特别行政区和台湾省。

3.部分数据因四舍五入的原因，存在着与分项合计不等的情况。

4.国内生产总值、各产业增加值绝对数按现价计算，增长速度按不变价格计算。

5.大高载能行业分别为：化学原料及化学制品制造业、非金属矿物制品业、黑色金属冶炼及压延加工业、有色金属冶炼及压延加工业、石油加工炼焦及核燃料加工业、电力热力的生产和供应业。

6.钢材产量及消费量数据中均含部分使用钢材加工成其他钢材的重复计算因素。

7.固定资产投资按东部、中部、西部和东北地区计算的合计数据小于全国数据，是因为有部分跨地区的投资未计算在地区数据中。其中：东部地区是指北京、天津、河北、上海、江苏、浙江、福建、山东、广东和海南 10 省市；中部地区是指山西、安徽、江西、河南、湖北和湖南 6 省；西部地区是指内蒙古、广西、重庆、四川、贵州、云南、西藏、陕西、甘肃、青海、宁夏和新疆 12 省（区、市）；东北地区是指辽宁、吉林和黑龙江 3 省。

8.房地产业投资除房地产开发投资外，还包括建设单位自建房屋以及物业管理、中介服务和其他房地产投资。

9.表 11 中“金融业”是指国民经济行业分类中的证券分析与咨询、保险辅助服务和其他金融活动等。

10.原保险保费收入是指保险企业确认的原保险合同保费收入。

11.特种影片是指那些采用与常规影院放映在技术、设备、节目方面不同的电影展示方式，如巨幕电影、立体电影、立体特效（4D）电影、动感电影、球幕电影等。

12.城镇职工基本医疗保险人数包括参保职工和参保退休人员。城镇居民基本医疗保险的参保对象是不属于城镇职工基本医疗保险覆盖范围的城镇非从业人员。

13.农村五保救济是指老年、残疾或者未满 16 周岁的村民，无劳动能力、无生活来源又无法定赡养、抚养、扶养义务人，或者其法定赡养、抚养、扶养义务人无赡养、抚养、扶养能力的村民，在吃、穿、住、医、葬方面得到的生活照顾和物质帮助。

14.建设用地供应总量是指报告期市、县人民政府根据年度土地供应计划依法以出让、划拨、租赁等方式将国有建设用地使用权提供给单位或个人使用的国有建设用地总量。

15.地价是指根据《城市地价动态监测技术规范》，以城市监测点地价为基础，综合土地市场和房地产市场交易价格测算反映城市整体状况的土地价格水平。综合地价是指同一城市或地区的不同用途土地的平均价格水平。

16.万元国内生产总值用水量按 2005 年不变价格计算，邮电业务总量按 2000 年不变价格计算。

第二部分　统计资料

行政区划和自然概况

1-1 行 政 区 划

单位:个

项目	乡	镇	街道办事处	社区居委会	村民委员会
全 市	**14**	**26**	**31**	**244**	**1004**
市 区					
新 城 区		1	8	51	26
回 民 区		1	7	47	19
玉 泉 区		1	8	40	54
赛 罕 区		3	8	59	123
旗 县					
土 左 旗	3	6		13	321
托 县		5		13	120
和 林 县	3	3		10	145
清 水 河 县	3	3		6	103
武 川 县	5	3		5	93

1-2 土 地 面 积

单位:平方公里

项目	指标值	构成（%）	项目	指标值	构成（%）
总 面 积	**17224.0**	**100.0**	按行政区划分		
按地形分			市 区	2054.0	11.9
平 原	5278.9	30.6	# 城 区	154.0	0.9
丘 陵	6475.5	37.6	土 左 旗	2712.0	15.8
山 地	5233.7	30.4	托 县	1313.0	7.6
沙 丘	44.5	0.3	和 林 县	3401.0	19.7
其 他	191.4	1.1	清水河县	2859.0	16.6
			武 川 县	4885.0	28.4

1-3 人口密度

项目	土地面积（平方公里）	人口数（人）	人口密度（人/平方公里）
全市	**17224**	**2273675**	**132**
市区	2054	1187869	578
#城区	154	1028100	6676
旗县	15170	1085806	72
土左旗	2712	362940	134
托县	1313	204667	156
和林县	3401	196918	58
清水河县	2859	145250	51
武川县	4885	176031	36

1-4 河流、湖泊

项目	主河流长度（公里）	面积（千公顷）	项目	主河流长度（公里）	面积（千公顷）
河流			宝贝河	66.0	
黄河	102.5		茶房河	49.0	
乌素图河	22.0		清水河	70.0	
抢盘河	87.6		克力沟河	36.8	
大黑河	114.4		榆树后河	35.1	
小黑河	55.5		卯独庆河	49.6	
哈拉沁河	17.0		壕赖河	15.6	
什拉乌素河	72.1		塔布河	53.0	
民号河	48.0		中后河	49.9	
浑河	111.0		巴拉干河	18.9	
古力半河	44.0		**湖泊**		
马厂河	37.0		哈素海		3.0

1-5 气象资料（一）

月份	气温（℃）			降水日数（天）	降水量（毫米）	日最大降水量（毫米）	日照时数（小时）
	平均	最高	最低				
全年	**7.5**	**14.3**	**1.7**	**59**	**246.0**	**23.9**	**3013.3**
一月	-11.2	-3.8	-16.3				223.7
二月	-3.4	3.9	-8.8				204.2
三月	1.1	7.5	-4.5	6	13.0	5.8	267.5
四月	11.5	19.2	4.8	5	22.5	21.5	286.3
五月	16.9	24.2	9.9	9	32.3	8.4	294.8
六月	21.7	28.7	14.2	6	17.7	8.7	314.0
七月	23.3	29.6	17.3	11	68.1	21.7	264.8
八月	20.9	27.0	15.3	9	43.5	23.9	284.0
九月	15.8	22.3	10.6	8	44.4	20.1	226.6
十月	8.3	15.8	2.3	3	2.0	1.0	272.6
十一月	-4.4	1.8	-8.8	2	2.5	2.3	201.4
十二月	-10.9	-5.0	-15.6				173.4

1-6 气象资料（二）

地区	最高气温		最低气温		最大风速		初霜日	终霜日	无霜日（天）
	极值（℃）	日期	极值（℃）	日期	极值（米/秒）	日期			
市区	34.5	7月3日	-24.0	1月23日	13.0	12月24日	10月4日	3月31日	186
土左旗	35.4	6月24日	-23.2	1月23日	13.4	12月24日	10月4日	4月1日	185
托县	35.9	6月25日	-22.0	1月23日	12.3	12月24日	10月4日	4月21日	165
和林县	35.8	6月25日	-27.3	1月23日	12.4	4月23日	10月2日	4月4日	180
清水河县	35.4	6月25日	-24.1	1月23日	13.6	6月25日	9月21日	5月22日	121
武川县	32.6	6月25日	-30.2	1月23日	14.6	10月18日	9月20日	4月21日	151

主要统计指标解释

行政区划 国家为进行分级管理而划分的地方。根据宪法规定，我国行政区划是全国分为省、自治区、直辖市；省、自治区分为自治州、县、自治县、市；县、自治县分为乡、镇。直辖市和较大的市分为区、县。自治州分为县、自治县、市。省下设的地区、县下设的区以及市属区下设的街道办事处都是它们上一级的派出机构。

土地面积 指某一国家或某一地区所辖范围内的全部地域面积。土地包括耕地、荒山、荒地、林地、草原、道路、建筑物占地、河流、湖泊、水库等。按照地形的不同，一般可分为山地、高原、盆地、平原、丘陵。地形分类因各地区特点而异。以下地形的地貌特征是：

（1）平原 地面平坦，地面坡度小于 5 度，地表组织物质以第四纪松散堆积物为主。

（2）丘陵 地面波状起伏，脉络不明显，丘顶多呈浑圆状，间有峰脊，坡度大多在25度以下，相对高度在200米以下，地表多为基岩裸露。

（3）山地 地面起伏大，线状伸延，脉络清楚，相对高度大于200米，坡度大于25度，地表切割深，多为基岩裸露。

水域面积 指内陆水域、海涂和水利设施用地的面积。包括河流、湖泊、水库、坑塘、苇地（连片生长芦苇的土地）海涂、溪沟渠道的全部面积。不包括河堤以及耕地、园地、草场内临时沟渠和末级固定的沟渠的面积。

人口密度 指一定地理（政治的、行政区域的、自然的、经济的、城乡的）范围内的人口数与相应土地面积的比值，反映一定地理范围内人口集居的稀密状况。计算公式为：

$$\text{人口密度} = \frac{\text{某地理范围内的总人口}}{\text{某地理范围内的土地面积}}$$

计算结果表明每一平方公里内有多少人口。

年平均气温 指空气日平均温度一年内的平均值。计算方法为全年逐日累计平均气温除以 365 天，或逐月累计月平均气温除以 12 个月。

年最高气温 指一年内最高的日平均气温值。

年最低气温 指一年内最低的日平均气温值。

降水量 指一定时段内，降到平地上的降水（包括液态水和固态水）所积成的水层深度，以毫米数（mm）表示。测算时，固态水（如冰、雪）要折合成液态水。

第二部分　统计资料

综　　合

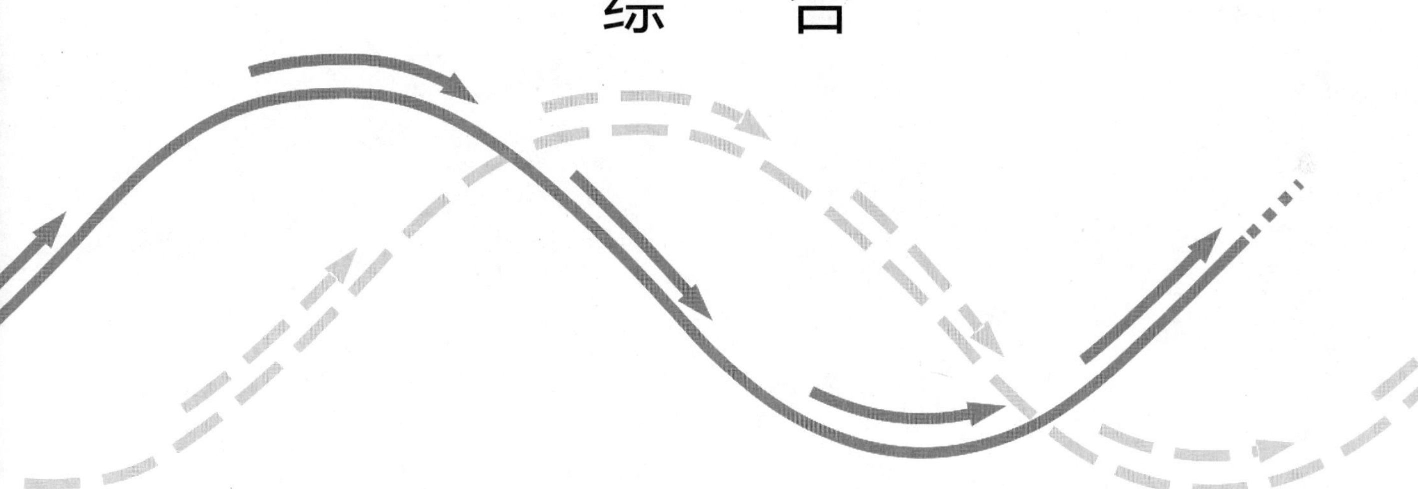

2-1 国民经济和社会主要指标

指　　标	单 位	2008年	2009年	2009年比2008年增长%
土地面积	平方公里	17224	17224	
城市建成区面积	平方公里	154	154	
房屋建筑面积	万平方米	6035	6945	15.1
住宅建筑面积	万平方米	2625	3279	24.9
年末总人口	万人	224.3	227.4	1.4
男　　性	万人	115.4	116.7	1.1
女　　性	万人	108.9	110.7	1.7
年末总户数	户	740533	769016	3.8
# 乡村户数	户	299478	299153	-0.1
出生人口	人	24986	28040	12.2
死亡人口	人	5656	11909	110.6
人口密度	人/平方公里	130	132	1.5
从业人员	万人	155.9	159.3	2.2
城镇从业人员	万人	62.4	65.2	4.5
国有经济	万人	20.6	20.8	1.0
城镇集体经济	万人	1.0	1.0	
其他单位合计	万人	8.6	8.6	
内　　资	万人	7.9	7.9	
港澳台投资经济	万人	0.3	0.2	-33.3
外商投资经济	万人	0.4	0.4	
城镇私营经济	万人	20.5	20.7	1.0
城镇个体	万人	11.6	14.1	21.6
从业人员按产业分				
第一产业	万人	43.9	43.1	-1.8
第二产业	万人	46.5	47.8	2.8
第三产业	万人	65.5	68.4	4.4
在岗职工人数	万人	29.7	29.9	0.7
在岗职工人数按登记注册类型分				
国有经济	万人	20.5	20.7	0.8
城镇集体经济	万人	1.0	1.0	
其他单位合计	万人	8.6	8.2	-4.6
乡村从业人员	万人	59.6	58.5	-1.8
# 农林牧渔业	万人	43.2	41.7	-3.5
耕地面积	公顷	568790	568870	
农林牧渔业总产值	亿元	133.2	137.8	3.5
农林牧渔业总产值指数	上年=100	108.7	103.5	
农业机械总动力	万千瓦	184.7	194.6	5.4

2-1续表1

指　　标	单位	2008年	2009年	2009年比2008年增长%
化肥使用量（折纯量）	万吨	9.2	9.5	3.3
农村用电量	万千瓦小时	29555.3	32242.7	9.1
有效灌溉面积	公顷	193810	193810	
总播种面积	公顷	441374	443300	0.4
# 粮食作物播种面积	公顷	316378	321350	1.6
粮食总产量	万吨	119.4	119.5	0.1
油料总产量	万吨	6.2	4.5	-27.8
猪肉产量	万吨	2.4	2.5	3.3
牛肉产量	万吨	2.5	3.2	29.8
羊肉产量	万吨	2.7	2.7	0.4
奶类产量	万吨	305.2	305.4	0.1
全部现价工业总产值	万元	11491824	14182565	23.4
规模以上工业企业单位数	个	317	337	6.3
大型企业	个	4	5	25.0
中型企业	个	53	63	18.9
小型企业	个	260	269	3.5
规模以上工业总产值	万元	9276424	11534865	24.3
内资企业	万元	6354431	7965276	25.3
国有工业	万元	671786	1457602	117.0
集体工业	万元	10463	14475	38.3
股份合作企业	万元	3243	23991	639.8
有限责任公司	万元	2237448	2539936	13.5
股份有限公司	万元	2129222	2215625	4.1
私营企业	万元	1302270	1713648	31.6
港澳台投资企业	万元	1219843	1391191	14.0
外商投资企业	万元	1702151	2178398	28.0
规模以上工业增加值	万元	3347507	3954244	
规模以上工业增加值指数	上年=100	111.2	116.2	
规模以上工业资产总计	万元	8252157	10623087	28.7
规模以上工业负债总计	万元	5479066	7096323	29.5
规模以上工业主营业务收入	万元	8821659	11365686	28.8

2-1续表2

指 标	单 位	2008年	2009年	2009年比2008年增长%
规模以上工业企业利润总额	万元	229422	792712	245.5
社会消费品零售总额	万元	5539024	6412127	15.8
批零贸易业	万元	4758022	5460024	14.8
住宿和餐饮业	万元	742229	856742	15.4
其 他	万元	44312	44631	0.7
批发零售贸易业批发总额	万元	8910739	13915043	56.2
批发零售贸易业零售总额	万元	4335387	4772059	10.1
限额以上批发零售贸易业销售总额	万元	4739221	4682564	-1.2
# 零售额	万元	1983558	2184203	10.1
海关进出口总额	万美元	89657	70656	-21.2
# 出口额	万美元	49012	34733	-29.1
区内资金实际到位数	万元	1757876	1926570	9.6
区外资金实际到位数	万元	2203148	2380956	8.1
外商直接投资	万美元	70744	77576	9.7
地区生产总值	万元	14036700	16439926	15.9
第一产业	万元	751600	780935	4.3
第二产业	万元	5064100	5932490	17.2
# 工业增加值	万元	4184600	4870800	16.0
第三产业	万元	8221000	9726501	16.1
人均地区生产总值	元	52897	61108	14.3
地区生产总值指数	上年=100	114.1	115.9	
第一产业	上年=100	107.8	104.3	
第二产业	上年=100	113.2	117.2	
# 工业增加值	上年=100	113.0	116.0	
第三产业	上年=100	115.2	116.1	
人均地区生产总值指数	上年=100	112.6	114.3	
地方财政总收入	万元	1583099	2012371	27.1
# 增 值 税	万元	76045	79475	4.5
营 业 税	万元	210073	268380	27.8
企业所得税	万元	65395	70921	8.5

2-1续表3

指　　标	单 位	2008年	2009年	2009年比2008年增长%
地方财政支出	万元	1331795	1651684	24.0
金融机构存款余额	万元	16498303	21257139	30.0
# 企业存款	万元	5833350	8290098	37.3
居民储蓄存款余额	万元	6389991	7758893	21.4
金融机构贷款余额	万元	14498705	19704801	35.9
# 工业贷款	万元	1434789	1302981	-9.2
商业贷款	万元	530334	636699	20.1
农业贷款	万元	368283	525070	42.6
职工工资总额	万元	937267	1057177	12.8
国有经济	万元	734561	836802	13.9
城镇集体经济	万元	23142	26865	16.1
其他单位合计	万元	179630	193510	7.7
固定资产投资	万元	6404626	8008082	25.0
# 国　有	万元	2518435	3839052	52.4
商品房销售额	万元	904536	1460331	61.4
商品房销售面积	万平方米	331.1	375.0	13.3
建筑企业单位数	个	210	209	-0.5
建筑业总产值	万元	1686903	1842244	9.2
房屋建筑施工面积	万平方米	871.6	1034.4	18.7
房屋建筑竣工面积	万平方米	387.8	374.6	-3.4
公路里程	公里	6236	6284	0.8
等级路里程	公里	5310	5611	5.7
市内公共电汽车数	辆	1509	1618	7.2
出租汽车数	辆	4666	5567	19.3
邮电业务总量	万元	576012	688024	19.4

2-1续表4

指　　标	单 位	2008年	2009年	2009年比2008年增长%
城市电话用户	万户	74.5	75.0	0.6
乡村电话用户	万户	4.4	3.3	-25.0
幼儿园数	所	131	135	3.1
在园儿童数	万人	3.0	2.9	-3.3
学龄儿童入学率	%	100.0	100.0	
小学专任教师数	万人	1.0	1.0	
小学学校数	所	539	429	-20.4
小学在校学生数	万人	18.3	18.3	
小学招生数	万人	3.1	3.0	-3.2
小学毕业生数	万人	3.3	3.2	-3.0
普通中学专任教师数	万人	0.9	0.9	
普通中学学校数	所	126	120	-4.8
初中在校学生数	万人	9.7	9.7	
初中招生数	万人	3.4	3.2	-5.9
初中毕业生数	万人	3.2	3.2	
高中在校学生数	万人	5.7	5.6	-1.8
高中招生数	万人	1.9	2.0	5.3
高中毕业生数	万人	2.3	2.4	4.3
中等专业学校数	所	33	45	36.4
中等专业学校在校学生数	万人	4.1	4.8	17.1
中等职业教育学校招生数	万人	2.2	2.8	27.3
中等专业学校毕业生数	万人	1.0	1.4	40.0
普通高等学校数	所	21	21	
普通高等学校在校学生数	万人	18.4	20.3	10.3
普通高等学校招生数	万人	6.2	6.5	4.8
普通高等学校毕业生数	万人	4.3	4.4	2.3
广播覆盖率	%	96.6	96.8	0.2
电视覆盖率	%	93.5	94.0	0.5
公共图书馆	个	10	10	
公共图书馆藏书量	万册	243.4	244.1	0.3
旅游人数	万人次	644.4	1033.8	60.4
# 外国人	万人次	7.8	7.6	-2.6
供水管道长度	公里	656	681	3.8
供水总量	万吨	11231	12600	12.2
# 生活用	万吨	4934	7660	55.2

2-1续表5

指　　标	单 位	2008年	2009年	2009年比2008年增长%
用水人口	万人	125.7	125.7	
液化石油气供气量	吨	13566	20000	47.4
# 生活用	吨	11939	9760	-18.3
天然气供气量	吨	17210	21281	23.7
# 生活用	吨	2148.1	2565.0	19.4
污水排放量	万吨	8985	10080	12.2
污水处理量	万吨	3500	5521	57.7
排水管道长度	公里	887	897	1.1
生活垃圾清运量	万吨	41	53	29.3
生活垃圾无害化处理量	万吨	38.9	50.6	30.1
公园面积	公顷	2755	2146	-22.1
建成区绿化覆盖率	%	35.1	35.5	1.1
卫生机构数	个	896	916	2.2
# 医院、卫生院	个	144	144	
卫生防疫站	个	12	12	
妇幼保健站	个	12	12	
卫生机构床位数	张	11472	12132	5.8
# 医院、卫生院	张	10128	10578	4.4
卫生机构人员数	人	17526	19696	12.4
医院、卫生院技术人员	人	9361	9830	5.0
# 执业医师、助理医师	人	6211	6616	6.5
注册护士	人	4714	5628	19.4
火灾事故	件	1553	2491	60.4
火灾伤亡人数	人	12	12	
火灾损失金额	万元	174	166	-4.6
交通事故	件	796	505	-36.6
交通受伤人数	人	838	571	-31.9
交通死亡人数	人	180	160	-11.1
交通事故损失金额	万元	221	104	-52.9
城镇居民人均可支配收入	元	20267	22397	10.5
城镇居民人均消费性支出	元	13145	14752	12.2
# 食品支出	元	4129	4356	5.5
农民人均纯收入	元	7051	7802	10.7
农民人均生活消费总支出	元	3756	4823	28.4
# 食品支出	元	1500	1778	18.5

2-2 国民经济主要比例关系

单位：%

指　　标	1978年	1985年	1990年	1995年	2000年	2005年	2009年
从业人员中三次产业比例	**100**	**100**	**100**	**100**	**100**	**100**	**100**
第一产业	54.0	45.6	41.9	40.1	36.6	30.4	27.1
第二产业	24.6	27.7	27.5	28.8	27.8	29.6	30.0
第三产业	21.4	26.7	30.6	31.1	35.6	40.0	42.9
地区生产总值中三次产业比例	**100**	**100**	**100**	**100**	**100**	**100**	**100**
第一产业	21.3	21.9	17.0	16.7	11.1	6.3	4.7
第二产业	46.8	47.6	40.9	42.6	37.6	37.3	36.1
第三产业	31.9	30.5	42.1	40.7	51.3	56.4	59.2
农业总产值中农、林、牧、渔业比例	**100**	**100**	**100**	**100**	**100**	**100**	**100**
# 农　业	61.2	63.0	66.3	57.5	54.8	31.5	31.0
林　业	9.6	8.3	3.3	3.1	7.4	1.3	2.0
牧　业	26.8	25.8	27.3	37.8	36.1	65.3	66.0
渔　业	0.1	0.5	1.4	1.6	1.6	0.9	1.0
工业总产值中轻、重工业比例	**100**	**100**	**100**	**100**	**100**	**100**	**100**
轻 工 业	54.8	60.4	61.0	62.0	55.1	43.5	51.0
重 工 业	45.2	39.6	39.0	38.0	44.9	56.5	49.0
固定资产投资比例	**100**	**100**	**100**	**100**	**100**	**100**	**100**
# 房地产开发			9.1	11.8	17.1	8.5	22.3
社会消费品零售总额比例	**100**	**100**	**100**	**100**	**100**	**100**	**100**
# 批发零售贸易业	86.7	72.7	82.2	74.2	75.7	75.7	85.2
住宿和餐饮业	3.4	3.3	2.0	23.0	23.0	23.0	13.4
财政收入占地区生产总值比例	26.0	17.8	14.8	10.1	9.5	11.0	12.2

注：2005、2009年轻重工业比例为规模以上工业轻重工业比例。

2-3 国民经济和社会主要指标占内蒙比重

指　　标	单 位	呼 市	内 蒙	呼市占内蒙 %
年末总人口(常住人口)	**万人**	**270.9**	**2422.1**	**11.2**
年末在岗职工人数	**万人**	**29.9**	**241.8**	**12.4**
地区生产总值	**亿元**	**1644.0**	**9725.8**	**16.9**
第一产业	亿元	78.1	929.0	8.4
第二产业	亿元	593.2	5101.4	11.6
#工　业	亿元	487.1	4503.3	10.8
第三产业	亿元	972.7	3695.4	26.3
地方财政总收入	**亿元**	**201.2**	**1378.1**	**14.6**
财政总支出	**亿元**	**165.2**	**1925.1**	**8.6**
主要工业产品产量(规模以上)				
发 电 量	亿千瓦小时	323.8	2239.9	14.5
水　　泥	万吨	368.6	4275.5	8.6
化　　肥（按100%折纯）	万吨	64.3	261.5	24.6
烧　　碱	万吨	15.0	90.1	16.7
配混合饲料	万吨	56.9	539.2	10.6
服　　装	万件	454.6	2065.2	22.0
彩色电视机	万台	217.4	217.4	100.0
液 体 乳	万吨	188.6	348.5	54.1
卷　　烟	亿支	33.0	240.0	13.8
主要农畜产品产量和年末牲畜存栏数				
粮　　食	万吨	119.5	1981.7	6.0
油　　料	万吨	4.5	119.6	3.8
甜　　菜	万吨	3.7	109.6	3.4
猪牛羊肉	万吨	8.4	204.2	4.1
牛　　奶	万吨	305.3	903.1	33.8
禽　　蛋	万吨	2.9	48.9	5.9
大牲畜存栏	万头	76.2	1084.6	7.0
#奶　牛	万头	70.0	314.4	22.3
羊 存 栏	万只	146.7	8512.2	1.7
猪 存 栏	万只	28.4	1261.7	2.3

2-3续表

指　　标	单位	呼　市	内　蒙	呼市占内蒙 %
全社会固定资产投资	**亿元**	**800.8**	**7464.7**	**10.7**
#房地产开发	亿元	178.3	815.5	21.9
运输、邮电				
公路货物周转量	亿吨公里	234.5	1885.3	12.4
公路旅客周转量	亿人公里	35.5	198.4	17.9
邮电业务总量	亿元	68.8	554.2	12.4
金　　融				
金融机构各项存款余额	亿元	2125.7	8373.7	25.4
金融机构各项贷款余额	亿元	1970.5	6292.5	31.3
社会消费品零售额	**亿元**	**641.2**	**2855.3**	**22.5**
海关进出口额	**亿美元**	**7.1**	**67.6**	**10.5**
#出 口 额	亿美元	3.5	23.2	15.1
文　　化				
艺术表演团体	个	13	112	11.6
报纸出版量	万份	18796	25794	72.9
杂志出版量	万册	963	1237	77.8
教　　育				
普通高校在校学生数	万人	20.4	35.2	58.0
中专学校在校学生数	万人	4.8	32.7	14.7
普通中学在校学生数	万人	15.3	135.9	11.3
小学在校学生数	万人	18.3	149.3	12.3
卫　　生				
医疗卫生单位床位数	万张	1.2	7.8	15.3
卫生技术人员	万人	1.6	11.7	13.7
人 民 生 活				
在岗职工年工资总额	亿元	105.7	753.5	14.0
在岗职工年平均工资	元	33997	30699	
城镇居民人均可支配收入	元	22397	15849	
农民人均纯收入	元	7802	4938	
城乡居民储蓄存款余额	亿元	775.9	3914.0	19.8

2-4 青 城 一 日

指 标	单 位	1978年	1985年	1990年	1995年	2000年	2005年	2009年
全市每天创造的财富								
地区生产总值	万元	148	389	841	2576	5476	21172	45041
第一产业	万元	32	85	143	431	611	1292	2140
第二产业	万元	69	185	344	1096	2057	7610	16253
#工 业	万元	57	146	309	982	1792	6063	13345
第三产业	万元	47	119	354	1049	2808	12269	26648
工农业总产值	万元	445	892	1333	2914	6677	18830	42631
工业总产值	万元	337	725	1122	2551	5679	16567	38856
农业总产值	万元	108	166	211	363	998	2263	3775
地方财政总收入	万元	39	69	125	120	350	1352	5513
财政支出	万元	27	66	124	225	544	1976	4525
粮 食	吨	677	929	1485	1934	2306	3145	3274
肉 类	吨	30	39	48	129	241	304	248
奶 类	吨		38	84	203	642	6241	8364
发 电 量	万千瓦时	84	98	110	162	266	5563	8871
水 泥	吨	523	986	1044	1507	2822	4236	10099
化肥（按100%折纯）	吨	60	45	57	59	549	704	1762
服 装	万件				4.5	2.1	1.5	1.2
乳 制 品	吨				22	98	5555	5461
卷 烟	箱	192	403	658	671	603	712	904
电 视 机	部	3	480	1043	891	1419	6551	5956
移动电话	部						2710	6904

2-4续表

指　　标	单 位	1978年	1985年	1990年	1995年	2000年	2005年	2009年
全市每天消费（销售）量								
社会消费品零售额	万元	94	250	456	1182	3455	8353	17567
城乡居民消费总额	万元	76	223	461	1007	1749	4389	9329
平均每人消费总额	元	0.5	1.3	2.5	5.2	8.4	16.6	35
全市每天其他经济活动								
固定资产投资额	万元	37	121	133	705	1885	11513	21940
城镇新建住宅	平方米			937	1578	4383	8114	17295
公路客运量	万人	0.3	0.6	1.4	2.2	5.8	10.3	3.8
公路货运量	万吨	2.0	2.1	2.5	6.9	5.8	16.8	19.3
市内公共交通客运量	万人次				12.8	11.5	46.2	116.0
进出口总额	万美元			1	10	159	292	194
#出　口				1	7	140	163	95
接待旅游者人数	人次		31	25	57	4567	10740	28323
邮电业务总量	万元	1	5	11	56	324	852	1885
邮寄函件	万件	2	5	4	6	6	5	1.6
居民新增储蓄额	万元		26	130	452	352	2015	3750
用电量	万千瓦时				434	625	1282	2501
人均生活用水	升	11	236	217	241	203	175	98
燃气供应量	万立方米				4.7	8.6	12.0	58.7
全市每天人口变动及婚姻								
出　　生	人	73	64	110	66	86	58	77
死　　亡	人	25	25	27	27	62	68	33
结　　婚	对				37	24	33	57.5
离　　婚	对				6	4	5	7.5

2-5 平均每人主要社会经济活动

指　标	单　位	1978年	1985年	1990年	1995年	2000年	2005年	2009年
地区生产总值	元	**347**	**819**	**1641**	**4844**	**8231**	**29049**	**61108**
第一产业	元	74	179	279	890	918	1843	2902
第二产业	元	162	390	672	2050	3092	10850	22046
#工　业	元	134	307	604	1811	2693	8645	18100
第三产业	元	111	250	690	1904	4221	16357	36145
工农业总产值	元	**1064**	**1900**	**2641**	**5107**	**11881**	**32098**	**57824**
工业总产值	元	804	1545	2222	4423	9943	28241	52704
农业总产值	元	259	355	418	684	1938	3857	5120
地方财政总收入	元	**92**	**148**	**247**	**227**	**613**	**2304**	**7478**
财政支出	元	**65**	**141**	**245**	**424**	**953**	**3368**	**6138**
农牧业生产								
耕地面积	公顷	0.3	0.2	0.2	0.2	0.3	0.2	0.2
粮　食	千克	162	198	294	365	404	536	444
油　料	千克	4	17	22	42	37	28	17
蔬　菜	千克	106	83	105	195	291	209	254
年末大牲畜	头	0.1	0.1	0.1	0.1	0.1	0.4	0.3
#奶　牛	头						0.3	0.3
猪牛羊肉	千克	5	8	9	22	39	48	31
奶　类	千克		8	17	38	121	1064	1135
禽　蛋	千克	0.6	2	4	11	15	16	11
主要工业产品产量								
发电量	千瓦小时	201	208	218	304	466	9484	12033
水　泥	千克	125	210	207	284	494	722	1370
化　肥（按100%折纯）	千克	14	10	11	11	96	120	239
服　装	件				9	4	3	2
乳制品	千克				4	17	947	701
卷　烟	箱		0.1	0.1	0.1	0.1	0.1	0.1
电视机	台/万人		1022	2066	1670	2485	11167	8079
移动电话	部/万人						4619	9365

2-5续表

指　　标	单 位	1978年	1985年	1990年	1995年	2000年	2005年	2009年
批发零售贸易、餐饮业								
社会消费品零售额	元	224	532	904	2228	6048	14240	23828
固定资产投资								
固定资产投资额	元	87	257	264	1323	3300	19626	29759
新增固定资产	元				767	1845	9492	25447
城市建设								
城市居民日生活用水	升	11	236	217	241	203	175	98
城乡居民日生活用电	千瓦小时				0.2	0.3	0.8	1.1
拥有公共交通车辆	辆/万人	0.5	0.7	1.1	4.5	4.7	7.8	16
城市公共绿地面积	平方米	2.0	1.3	2.7	3.1	5.9	8.6	16
教育、卫生								
普通高校在校学生数	人/万人	46	106	113	164	325	634	755
中专学校在校学生数	人/万人	32	68	81	130	213	176	179
医院床位数	张/万人	27	32	41	35	36	37	45
医 生 数	人/万人				29	26	23	25
人民生活								
在岗职工年平均工资	元	639	1093	1750	4200	7548	19715	33997
城镇居民人均可支配收入	元		775	1149	3008	5582	12150	22397
城镇居民人均消费性支出	元		786	1023	2785	4613	8768	14752
农民人均纯收入	元		321	574	1243	2539	4631	7802
农民人均消费性支出	元		274	466	1056	1558	2767	4823
城乡居民储蓄存款	元	36	228	912	3430	7291	17728	28833
城镇居民住宅建筑面积	平方米				14.9	17.2	24.8	30.1
农村居民住房面积	平方米				17	20	22.6	26.2
拥有电话机	部/万人				584	2452	9557	12273

2-6 国民经济和社会发

指　　标	单位	总量指标						
		1978年	1985年	1990年	1995年	2000年	2005年	2009年
人　口								
年末总人口	万人	154.0	172.2	185.7	194.5	209.2	213.5	227.4
就　业								
从业人员	万人	64.6	82.3	91.1	104.4	122.7	145.8	159.3
#职工人数	万人	26.4	40.8	43.5	48.5	37.0	30.2	29.9
国民经济核算								
地区生产总值	亿元	5.4	14.2	30.7	94.0	199.9	743.7	1643.99
第一产业	亿元	1.2	3.1	5.2	15.7	22.3	47.2	78.1
第二产业	亿元	2.5	6.8	12.6	40.0	75.1	277.8	59.3
#工　业	亿元	2.1	5.3	11.3	35.8	65.4	221.3	48.7
第三产业	亿元	1.7	4.3	12.9	38.3	102.5	418.7	97.3
人均地区生产总值	元	347	253	1641	4844	8231	29049	61108
财　政								
地方财政总收入	亿元	1.4	2.5	4.6	4.4	12.8	49.3	201.2
财政支出	亿元	1.0	2.4	4.5	8.2	19.9	72.1	165.2
农牧业								
耕地面积	千公顷	428.3	379.7	365.6	352.9	560.2	509.5	568.8
农林牧渔业从业人员	万人	34.9	37.5	38.2	41.9	43.8	43.1	41.7
农林牧渔业总产值	亿元	1.6	3.9	7.5	27.4	40.4	82.6	137.8
主要农畜产品产量								
粮　食	万吨	24.7	33.9	54.2	70.6	84.2	114.8	119.5
油　料	万吨	0.6	2.9	4.1	8.1	7.8	6.1	4.5
猪牛羊肉产量	吨	7997	14203	16621	42813	82125	103491	84330
牛　奶	吨	45	13789	30706	74025	234334	2278051	3052943
年末牲畜总头数	万头、只	137.6	127.7	152.1	181.3	188.7	199.2	251.3
大牲畜	万头	18.7	21.7	20.8	23.8	28.3	75.4	76.2
羊	万只	86.5	85.1	111.4	119.7	118.2	93.1	146.7
生　猪	万口	32.4	20.8	19.9	37.7	42.2	30.7	28.4

注：2000年及以后职工人数为在岗职工人数。

展总量与速度指标

速 度 指 标（%）										
指数(2009年比以下各年)						平 均 增 长 速 度				
1978年	1985年	1990年	1995年	2000年	2005年	1979-2009	1986-1990	1991-1995	1996-2000	2001-2005
147.7	132.1	122.5	116.9	108.7	106.5	1.3	1.5	0.9	1.5	0.4
246.6	193.6	174.9	152.6	129.8	109.3	3.0	2.1	2.8	0.1	3.5
113.3	73.3	68.7	61.6	80.8	99.0	0.4	1.3	2.2	-5.3	-4.0
6221.2	2786.8	1948.0	1037.0	579.8	184.4	14.3	7.4	13.4	12.3	25.8
1101.6	608.4	528.0	315.1	226.7	123.1	8.0	2.9	10.9	6.8	13.0
7271.6	2925.1	2218.8	1085.6	648.7	193.7	14.8	5.7	15.4	10.9	27.3
7390.5	3229.4	2275.3	1031.2	633.5	201.3	14.9	7.3	15.4	10.2	25.9
9044.4	4053.1	2294.0	1170.4	612.7	186.0	15.6	12.1	14.4	13.8	26.9
4003.4	1996.2	1501.5	872.4	521.7	175.3	12.6	5.9	11.5	10.8	24.3
14269.5	7952.6	4422.0	4583.1	1574.3	408.1	17.4	12.4	16.0	16.1	32.3
16520.0	6854.8	3654.9	2012.2	831.8	229.1	17.9	12.4	-0.7	23.8	31.0
							13.4	12.7	19.3	29.4
132.8	149.8	155.6	161.2	101.5	111.6	0.9	-0.7	-0.7	9.7	-1.9
119.5	111.2	109.2	99.5	95.2	96.8	0.6	0.4	1.9	0.9	0.3
8612.5	3533.3	1837.3	502.9	341.1	166.8	15.5	4.9	11.4	8.4	11.2
483.8	352.5	220.5	169.3	141.9	104.1	5.2	9.8	5.4	3.6	6.4
750.0	155.2	109.8	55.6	57.7	73.8	6.7	7.2	14.6	-0.8	-4.8
1054.5	593.7	507.4	197.0	102.7	81.5	7.9	3.2	20.8	13.9	4.7
6784317.8	22140.4	9942.5	4124.2	1302.8	134.0	43.2	17.4	19.2	25.9	57.6
182.6	196.8	165.2	138.6	133.2	126.2	2.0	3.6	3.6	0.8	1.1
407.5	351.2	366.3	320.2	269.3	101.1	4.6	-0.8	2.7	3.5	21.6
169.6	172.4	131.7	122.6	124.1	157.6	1.7	5.5	1.4	-0.3	-4.6
87.7	136.5	142.7	75.3	67.3	92.5	-0.4	-0.9	13.6	2.3	-6.2

2-6续表1

指　标	单位	总量指标						
		1978年	1985年	1990年	1995年	2000年	2005年	2009年
规模以上工业								
工业总产值	亿元	7.3	17.9	35.6	125.3	207.2	483.2	1153.5
主要产品产量								
配、混合饲料	万吨		1.6	3.0	2.2	13.3	37.8	56.9
液体乳	万吨					11.8	198.6	188.6
卷烟	万箱	7.0	14.7	24.0	24.5	22.0	26.0	33.0
原油加工量	万吨				78.1	116.0	107.7	136.1
焦碳	万吨	13.7	15.3	15.0	15.6	16.5	26.3	26.5
化肥(折纯)	万吨	2.2	1.7	2.1	2.2	20.0	25.7	64.3
电视机	万台	0.1	17.5	38.1	32.5	51.8	239.1	217.4
发电量	亿千瓦小时	3.1	3.6	4.0	5.9	9.7	203.1	323.8
服装	万件			160	1652	754.1	565.6	454.6
固定资产投资								
固定资产投资总额	亿元	1.3	4.4	4.9	25.7	68.8	420.2	800.8
#房地产开发	亿元			0.4	3.0	11.8	35.9	178.3
竣工的住宅面积	万平方米		37.8	36.8	58.4	160.0	296.2	631.3
国内贸易								
社会消费品零售总额	亿元	3.4	9.1	16.7	43.1	126.1	307.8	641.2
对外经济贸易								
进出口总额	万美元			199	3644	7001	106455	70656
#出口总额	万美元			197	2675	5216	59411	34733
运输、邮电								
公路客运量	万人	104	214	494	816	2101	3764	1383
公路货运量	万吨	730	778	906	2503	2105	6131	7045

速度指标										
指数（2009年比以下各年）						平均增长速度				
1978年	1985年	1990年	1995年	2000年	2005年	1979-2009	1986-1990	1991-1995	1996-2000	2001-2005
15801.4	6444.1	3240.2	920.6	556.7	238.7	17.7	9.1	17.9	11.5	18.5
	3556.3	1896.7	2586.4	427.8	150.5		13.4	-6.0	43.3	23.2
				1598.3	95.0					75.9
471.4	224.5	137.5	134.7	150.0	126.9	5.1	10.3	0.4	-2.1	3.4
			174.3	117.3	126.4				8.2	-1.5
193.4	173.2	176.7	169.9	160.6	100.8	2.2	-0.4	0.8	1.1	9.8
2922.7	3782.4	3061.9	2922.7	321.5	250.2	11.5	4.3	0.9	55.5	5.1
217400.0	1242.3	570.6	668.9	419.7	90.9	28.1	16.8	-3.1	9.8	35.8
10445.2	8994.4	8095.0	5488.1	3338.1	159.4	16.2	2.1	8.1	10.5	83.7
		284.1	27.5	60.3	80.4			59.5	-14.5	-5.6
61600.0	18200.0	16342.9	3116.0	1164.0	190.6	23.0	4.8	48.3	16.1	43.6
		44575.0	5943.3	1511.0	496.7			56.3	32.7	24.9
	1670.1	1715.5	1081.0	394.6	213.1		-0.5	9.7	22.3	13.1
18748.5	7038.4	3851.1	1486.3	508.5	208.3	18.4	12.8	21.0	23.9	19.9
		35505.5	1939.0	1009.2	66.4			78.9	14.0	72.3
		17631.0	1298.4	665.9	58.5			68.5	14.3	62.7
1329.8	646.3	280.0	169.5	65.8	36.7	8.7	18.2	10.6	20.8	12.4
965.1	905.5	777.6	281.5	334.7	114.9	7.6	3.1	22.5	-3.4	23.8

2-6续表2

指　　标	单　位	总　量　指　标						
		1978年	1985年	1990年	1995年	2000年	2005年	2009年
公路旅客周转量	万人公里	7148	14823	35090	84711	219849	415628	355181
公路货运周转量	万吨公里	11894	20560	24524	81959	155116	741851	2345431
邮电业务总量	万元	361	1668	3932	20315	118213	311128	688024
金融保险								
金融机构各项存款	亿元	8.7	11.7	29.2	88.3	311.6	803.9	2125.7
金融机构各项贷款	亿元	5.3	10.9	34.0	84.0	261.2	874.0	1970.5
保费收入	万元				13877	40002	116996	324895
保费支出	万元				8268	14975	21864	96157
教　　育								
专任教师数								
普通高校	人	2150	3791	4392	4242	5307	8553	11538
中等专业学校	人	781	1892	1972	2248	1796	563	1047
普通中学	人	8369	5670	6639	6234	7098	8349	8768
小　　学	人	9584	10521	12015	12774	11270	10348	10374
在校学生数								
普通高校	万人	0.70	1.81	2.08	2.41	4.37	13.57	20.4
中等专业学校	万人	0.49	1.17	1.49	1.96	3.93	3.77	4.8
普通中学	万人	13.36	9.32	8.92	9.11	11.48	14.91	15.32
小　　学	万人	20.18	19.00	19.07	20.57	20.62	18.53	18.30
卫　　生								
卫生医疗机构数	个	478	632	704	597	199	199	916
医疗机构床位数	张	4188	5461	7555	7335	7441	8828	12132
卫生技术人员数	人	6467	11215	12941	12028	10879	10868	15978
人民生活								
城镇居民人均可支配收入	元		775	1149	3008	5354	12150	22397
农牧民人均纯收入	元		321	574	1243	2539	4631	7802
城乡居民储蓄存款余额	亿元	0.5	3.9	16.8	66.7	152.5	379.6	775.9
物价总指数（上年=100）								
居民消费价格指数	%	101.0	110.0	101.8	117.6	103.0	102.2	100.1

速度指标										
指数（2009年比以下各年）						平均增长速度				
1978年	1985年	1990年	1995年	2000年	2005年	1979-2009	1986-1990	1991-1995	1996-2000	2001-2005
4969.0	2396.1	1012.2	419.3	161.6	85.5	13.4	18.8	19.3	21.0	13.6
19719.4	11407.7	9563.8	2861.7	1512.0	316.2	18.6	3.6	27.3	13.6	36.7
190588.4	41248.4	17498.1	3386.8	582.0	221.1	27.6	18.7	38.9	42.2	21.4
24433.3	18168.4	7279.8	2407.4	682.2	264.4	19.4	20.1	24.7	28.7	20.9
37179.2	18078.0	5795.6	2345.8	754.4	225.5	21.0	25.5	19.8	25.5	27.3
			2341.2	812.2	277.7				23.6	23.9
			1163.0	642.1	439.8				12.6	7.9
536.7	304.4	262.7	272.0	217.4	134.9	5.6	3.0	-0.7	4.6	10.0
134.1	55.3	53.1	46.6	58.3	186.0	0.9	0.8	2.7	-4.4	-20.7
104.8	154.6	132.1	140.6	123.5	105.0	0.2	3.2	-1.3	2.6	3.3
108.2	98.6	86.3	81.2	92.0	100.3	0.3	2.7	1.2	-2.5	-1.7
2914.3	1127.1	980.8	846.5	466.8	150.3	11.5	2.8	3.0	12.7	25.4
979.6	410.3	322.1	244.9	122.1	127.3	7.6	5.0	5.6	14.9	-0.1
114.5	164.2	171.5	167.9	133.3	102.6	0.4	-0.9	0.4	4.7	5.4
90.7	96.3	96.0	89.0	88.7	98.8	-0.3	0.1	1.5	…	-2.1
191.6	144.9	130.1	153.4	460.3	460.3	2.1	2.2	-3.2	-19.7	
289.7	222.2	160.6	165.4	163.0	137.4	3.5	6.7	-0.6	0.3	3.5
247.1	142.5	123.5	132.8	146.9	147.0	3.0	2.9	-1.5	-2.0	
	2889.9	1949.3	744.6	418.3	184.3		8.2	21.2	12.2	17.8
	2430.5	1359.2	627.7	307.3	168.5		12.3	16.7	15.4	12.8
155180.0	19844.0	4618.5	1162.9	508.8	204.4	26.7	33.9	31.8	18.0	20.0
619.0	469.7	295.7	153.8	117.1	110.4		9.7	16.2	3.5	1.3

2-7 城乡居民物质文化生活主要指标

指　　标	单位	2008年	2009年	2009年比2008年增长%
就　业				
每一农村劳动力负担人数	人	1.40	1.36	-2.9
每一城镇就业者负担人数	人	1.99	1.97	-1.0
城镇登记失业率	%	3.85	3.70	-3.0
收　入				
城镇居民人均可支配收入	元	20267	22397	10.5
农民人均纯收入	元	7051	7802	10.7
在岗职工平均工资	元	30872	33997	10.1
消费水平				
居民人均消费水平	元	11035	12654	14.7
农村居民	元	3737	4395	17.6
城镇居民	元	15974	18018	12.8
储　蓄				
城乡居民储蓄存款	万元	6405628	7758896	21.1
人均储蓄	元	23973	28646	19.5
住　房				
城市人均住房建筑面积	平方米	29.3	30.1	2.7
农民人均生活用房面积	平方米	24.9	26.2	5.2
交　通				
城镇每百户拥有助力车	辆	14	16	14.3
农民每百户拥有自行车	辆	97.4	101.1	3.8
城市每万人拥有公交车辆	辆	12.9	16.0	24.0
文　化				
城镇每百户拥有彩色电视机	台	104	108	3.8
农村每百户拥有电视机	台	99.2	99.3	0.1
城镇每百户拥有电脑	台	39	52	33.3
农村每百户拥有电脑	台	3.8	6.4	68.4
每人每年有杂志	册	3.5	3.6	2.9
每百人每天有报纸	份	19.1	19.1	
教　育				
学龄儿童入学率	%	100.0	100.0	
每万人拥有在校大学生数	人	986	1050	64.9
卫　生				
每万人拥有医院病床	张	43	45	4.7
每万人拥有医生数	人	23	25	8.7

第二部分　统计资料

国民经济核算

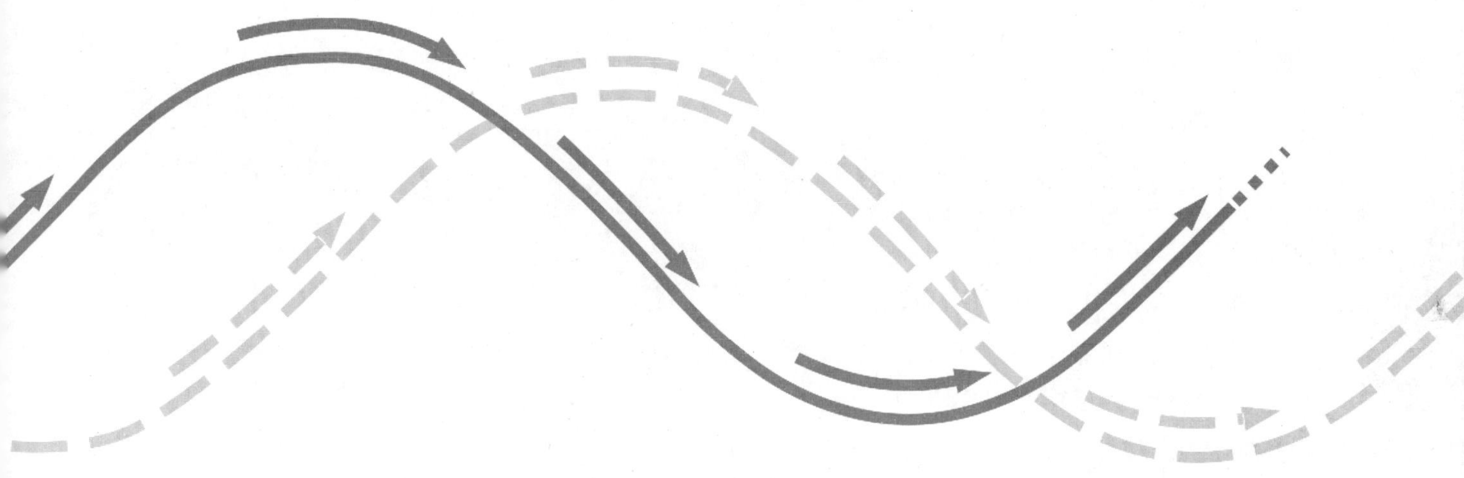

3-1 历年地区生产总值

（按当年价格计算）

单位：万元

年 份	地 区 生产总值	第一产业	第二产业	#工 业	第三产业	人均地区 生产总值 （元）
1949	4605	3497	394	221	714	73
1950	5406	3892	502	313	1012	84
1951	5771	3792	738	485	1241	83
1952	7954	5098	1041	626	1815	109
1953	10146	5931	1718	987	2497	135
1954	12872	7594	1936	1317	3342	164
1955	11973	6109	2167	1564	3697	147
1956	16141	7497	3777	2266	4867	191
1957	15379	6040	3839	2383	5500	172
1958	19783	6847	6631	4518	6305	214
1959	23339	7072	8851	6257	7416	241
1960	29051	7117	12864	9535	9070	274
1961	23125	7190	7287	6051	8648	210
1962	19682	6417	5666	4752	7599	183
1963	20519	7409	5704	4633	7406	189
1964	23376	8908	6329	5073	8139	209
1965	27249	8406	9074	6790	9769	236
1966	31691	8874	11660	8747	11157	268
1967	32462	10169	11438	8214	10855	269
1968	33849	10214	11482	9379	12153	275
1969	33554	10455	9682	7815	13417	266
1970	38264	10565	14130	12123	13569	297
1971	44163	12398	16768	14097	14997	335
1972	43465	12860	17383	14420	13222	319
1973	45734	13623	18353	15083	13758	326
1974	43673	14497	15064	11590	14112	307
1975	49036	15048	18968	15111	15020	334
1976	51289	14170	20381	15695	16738	346
1977	52964	14660	21756	16866	16548	343
1978	54124	11538	25315	20847	17271	347

3-1续表 单位：万元

年 份	地 区 生产总值	第一产业	第二产业	#工 业	第三产业	人均地区生产总值（元）
1979	66180	17135	30632	23773	18413	410
1980	67615	16485	33009	27971	18121	412
1981	75454	17034	36844	27860	21576	457
1982	86916	20191	40669	31329	26056	513
1983	97566	22719	45790	34318	29057	574
1984	114121	28172	49574	41703	36375	667
1985	142136	31099	67639	53232	43398	819
1986	154515	26997	71818	58480	55700	885
1987	168834	26295	78074	65893	64465	949
1988	236116	42363	96389	84587	97364	1318
1989	271744	35720	115879	104070	120145	1466
1990	306867	52205	125589	112944	129073	1641
1991	358603	61216	149392	129718	147995	1903
1992	437264	68252	186664	157696	182348	2259
1993	573852	61604	288289	250322	223959	2946
1994	792719	98619	380600	340146	313500	4019
1995	940291	157330	399959	358276	383002	4735
1996	1164757	212827	480835	431137	471095	5821
1997	1340303	214665	533801	477593	591837	6565
1998	1537446	237041	589490	522941	710915	7487
1999	1714764	218400	649451	574870	846913	8209
2000	1998711	222959	750903	654013	1024849	8231
2001	2460126	227419	905106	753411	1327601	10036
2002	3249735	289732	1177637	979479	1782366	13115
2003	4278716	366601	1543828	1235381	2368287	17085
2004	5458920	426005	1939508	1570667	3093407	21568
2005	7727600	471700	2777600	2213100	4478300	30186
2006	9267900	512600	3502400	2837700	5252900	35740
2007	11287300	621400	4155000	3462000	6510900	43068
2008	14036700	751600	5064100	4184600	8221000	52897
2009	16439926	780935	5932490	4870800	9726501	61108

3-2 历年地区生产总值指数

（以上年为100）

单位：%

年 份	地区生产总值	第一产业	第二产业	#工 业	第三产业	人均地区生产总值
1949						
1950	118.3	111.9	141.1	139.4	138.2	114.8
1951	99.3	94.9	129.4	142.9	103.6	92.5
1952	141.1	138.7	146.9	133.7	146.2	134.2
1953	112.7	105.2	148.2	142.3	118.6	109.1
1954	123.3	122.6	111.3	129.7	132.9	118.5
1955	87.8	78.0	107.3	114.1	103.0	84.7
1956	134.4	125.4	171.2	144.2	131.9	129.1
1957	95.9	80.6	103.9	108.3	118.8	91.0
1958	119.2	107.4	158.8	174.2	109.6	114.9
1959	112.0	98.4	126.8	129.3	115.7	107.0
1960	119.3	96.9	142.0	147.7	120.6	108.9
1961	73.3	94.4	51.5	59.2	80.8	70.8
1962	86.4	90.1	77.8	78.3	89.0	88.4
1963	109.3	117.9	104.6	101.7	103.8	108.1
1964	116.5	121.0	113.6	100.2	113.3	113.0
1965	112.4	92.2	139.8	146.3	119.1	108.9
1966	120.2	113.7	131.8	130.4	117.5	117.3
1967	100.5	112.8	91.7	95.3	96.7	98.6
1968	108.6	102.5	111.0	114.0	113.3	106.5
1969	100.0	99.1	88.1	85.8	110.4	97.5
1970	115.0	104.0	149.1	161.0	102.8	112.7
1971	114.2	116.8	115.6	116.0	110.8	111.6
1972	96.8	100.3	103.3	102.1	87.2	93.8
1973	109.3	117.3	106.9	105.1	103.4	105.8
1974	95.7	102.5	82.1	78.5	103.5	93.6
1975	112.0	103.6	128.0	129.4	106.9	109.5
1976	105.7	98.9	108.0	106.0	111.1	104.7
1977	99.5	101.6	101.3	103.6	95.4	95.5
1978	98.5	74.6	115.3	120.3	105.2	97.7

3-2续表

单位：%

年　份	地区生产总值	第一产业	第二产业	#工　业	第三产业	人均地区生产总值
1979	117.2	122.7	122.1	118.5	106.6	113.3
1980	101.6	110.8	105.0	113.1	88.3	99.9
1981	106.1	97.7	101.8	100.0	123.0	105.4
1982	116.1	124.1	111.2	110.8	116.0	113.1
1983	113.4	108.5	110.6	111.8	121.8	113.1
1984	119.4	129.3	111.9	118.1	120.3	118.5
1985	112.4	78.3	138.4	116.7	113.4	110.9
1986	104.3	86.9	99.4	104.3	122.3	103.6
1987	102.5	91.3	107.4	111.0	101.9	100.7
1988	119.4	137.9	106.8	115.9	127.4	118.6
1989	101.8	78.2	109.7	108.4	103.9	98.4
1990	110.1	134.7	105.4	97.6	107.1	109.2
1991	106.1	106.3	105.6	111.1	106.4	105.2
1992	115.7	108.4	119.4	116.1	114.8	112.7
1993	122.5	122.2	129.3	133.0	115.3	121.8
1994	124.3	114.6	129.9	134.1	120.4	122.8
1995	105.0	103.8	96.5	95.9	115.6	104.3
1996	113.5	119.1	113.1	113.1	109.3	112.6
1997	109.5	102.3	107.1	106.7	112.1	107.4
1998	112.8	106.2	109.5	108.3	113.5	112.1
1999	111.2	95.9	110.6	110.6	118.2	109.3
2000	114.7	112.0	114.0	112.6	116.2	113.8
2001	121.0	99.0	125.3	120.8	122.7	119.7
2002	130.9	127.4	130.0	130.2	132.2	129.5
2003	125.7	118.1	125.3	121.2	127.2	124.4
2004	122.9	110.3	124.0	126.5	124.1	121.6
2005	128.6	112.1	132.3	131.0	128.6	126.9
2006	118.1	108.6	122.4	125.0	116.4	116.6
2007	118.1	103.7	119.3	122.8	118.8	116.8
2008	114.1	107.8	113.2	113.0	115.2	112.6
2009	115.9	104.3	117.2	116.0	116.1	114.3

3-3 地 区 生 产 总 值

（按当年价格计算）

单位：亿元

指　　标	2008年	2009年	2009年比2008年增长%
绝 对 额			
地区生产总值	1403.67	1643.99	15.9
第一产业	75.16	78.09	4.3
第二产业	506.41	593.25	17.2
工　业	418.46	487.08	16.0
建筑业	87.95	106.17	23.0
第三产业	822.10	972.65	16.1
交通运输、仓储和邮政业	237.70	288.86	17.8
批发和零售业	136.35	162.61	17.3
住宿和餐饮业	91.84	106.46	11.1
金融业	59.91	74.80	24.1
房地产业	45.96	46.94	0.4
其他营利性服务业	125.03	145.83	16.3
非营利性服务业	125.31	147.15	16.8
构　成（%）			
地区生产总值	100.00	100.00	
第一产业	5.35	4.75	
第二产业	36.08	36.09	
工　业	29.81	29.63	
建筑业	6.27	6.46	
第三产业	58.57	59.16	
人均地区生产总值（元）	52897	61108	14.3

3-4 第三产业增加值及其构成

（按当年价格计算）　　　　单位:亿元、%

指　　标	总　　量		构　　成	
	2008年	2009年	2008年	2009年
第三产业	822.10	972.65	100.00	100.00
交通运输、仓储和邮政业	237.70	288.86	28.91	29.70
批发和零售业	136.35	162.61	16.59	16.72
住宿和餐饮业	91.84	106.46	11.17	10.95
金融业	59.91	74.80	7.29	7.69
房地产业	45.96	46.94	5.59	4.83
其他营利性服务业	125.03	145.83	15.21	14.99
信息传输计算机服务及软件业	47.43	55.03	5.77	5.66
租赁和商务服务业	20.49	23.04	2.49	2.37
居民服务和其他服务业	43.20	50.34	5.25	5.18
文化、体育和娱乐业	13.91	17.42	1.69	1.79
非营利性服务业	125.31	147.15	15.24	15.13
科学研究、技术服务和地质勘查业	20.94	25.49	2.55	2.62
水利、环境和公共设施管理业	7.57	10.99	0.92	1.13
教　　育	32.74	36.48	3.98	3.75
卫生、社会保障和社会福利业	13.05	15.68	1.59	1.61
公共管理和社会组织	51.01	58.51	6.20	6.02

3-5 按支出法计算的地区生产总值

（按当年价格计算）

单位：万元

	2008年	2009年	2009年比2008年增长%
地区生产总值	**14036700**	**16439926**	**15.9**
最终消费	5482201	6267034	14.2
居民消费	2928201	3405058	16.1
农村居民	400255	465436	15.8
城镇居民	2527946	2939622	16.2
政府消费	2554000	2861976	11.9
资本形成总额	6738511	8575480	29.0
固定资本形成总额	6677033	8346292	26.9
存货增加	61478	229188	273.2
货物和服务净流出	1815988	1597412	-31.4

3-6 总　　产　　出

（按当年价格计算）

单位：万元

	2008年	2009年	2009年比2008年增长%
总 产 出	**30746554**	**35944242**	**16.4**
第一产业	1331500	1377756	4.3
第二产业	15886667	18659362	17.6
工　业	12955000	15079412	16.0
建筑业	2931667	3579950	24.5
第三产业	13528387	15907124	16.0
交通运输仓储和邮政业	4512350	5376451	15.9
批发和零售贸易餐饮业	3158800	3700871	16.2

主要统计指标解释

生产总值 是按市场价格计算的生产总值的简称，它是一个国家或地区所有常住单位在一定时期内生产活动的最终成果。生产总值有三种表现形态，即价值形态、收入形态和产品形态。从价值形态看，它是所有常住单位在一定时期内所生产的全部货物和服务价值超过同期投入的全部非固定资产货物和服务价值的差额，即所有常住单位的增加值之和；从收入形态看，它是所有常住单位在一定时期内所创造并分配给我们常住单位和非常住单位的初次分配收入之和；从产品形态看，它是最终使用的货物和服务减去进口货物和服务。在核算中，生产总值的三种表现形态表现为三种计算方法，即生产法、收入法和支出法。三种方法分别从不同的方面反映生产总值及其构成。

总产出 是一定时期内生产的所有货物和服务的价值。它是货物和服务的全部价值，包括转移价值和新增价值两部分。总产出用生产者价格估价。

中间投入 是常住单位在生产或提供货物与服务过程中消耗和使用的所有非固定资产货物和服务价值。中间投入也称为中间消耗。计入中间投入应按生产过程中实际使用的数量计算。一般采用市场购买者价格计价。

增加值 是生产货物或提供服务过程中增加的价值，也称为追加价值，就是总产出与中间投入之间的差额。

总消费 是指常住单位在一定时期内对于货物和服务的全部最终消费，也就是常住单位为满足人们物质、文化和精神生活的需要，从本国经济领土或外国购买的货物和服务。不包括非常住居民在本国经济领土内的消费。总消费分为居民消费和社会消费。（1）居民消费是指常住居民在核算期内对于货物和服务的全部最终消费。（2）社会消费指政府部门的总产出扣除销售收入后的价值。换句话讲，就是指社会公共服务部门将其生产活动总成果提供给政府，由政府部门购买并提供给全社会享用的消费品和劳务。

总投资 是指常住单位在核算期内对固定资产和库存的投资支出合计，分为固定资产形成和库存增加两部分。（1）固定资产形成是指常住单位在核算期内购置、转入和为自用而生产的固定资产，扣除已有固定资产的销售和转出后的价值。（2）库存增加即存货变动，是指常住单位在核算期内库存实物量变动的市场价值。

当年价格 指报告期的实际价格。使用当年计算的价格数字，是为了使国民经济各项指标互相衔接，便于考察当年的社会经济效益，便于生产和流通、生产和分配、生产和消费进行经济核算和综合平衡。

按当年价格计算的价值指标，在不同年份之间进行对比时，因为已含有各年间价格变动的因素，不能确切反映实物量的增减变动。因此，必须消除价格变动因素。在计算增长速度时都使用按可比价格计算的数字。

可比价格 指在计算不同时期的价值指标时扣除了价格变动因素，而确切表示物量的变化。按可比价格计算有两种方法：一种是直接用产品产量乘其不变价格，一种是用指数法换算。

不变价格 用某一时期的同类产品的平均价格作为固定价格，来计算各时期的产品价值。随着工农业产品价格水平的变化，国家统计局先后五次制定了全国统一的工业品不变价格和农业品不变价格，从1949年到1957年使用1952年工（农）业产品不变价格，从1957年到1971年使用1957年不变价格，从1971年到1981年使用1970年不变价格，从1981年到1990年使用1980年不变价格，从1990年开始使用1990年不变价格。

第二部分　统计资料

人　口

4-1 历年人口数据

单位：万人、‰

年 份	总人口	#男	#城镇人口	出生率	死亡率
1949	62.8	36.0	14.6	22.6	10.1
1950	66.7	38.4	15.5	23.2	9.8
1951	72.0	41.9	15.8	24.4	9.2
1952	74.0	43.2	15.7	26.3	10.3
1953	76.8	44.8	15.2	26.1	10.4
1954	80.1	46.6	16.2	38.5	12.0
1955	82.5	48.0	15.7	30.6	10.0
1956	86.9	50.8	20.5	28.2	8.6
1957	91.9	54.1	23.0	29.8	9.4
1958	93.4	54.5	23.2	26.4	8.4
1959	100.3	58.9	29.1	27.5	9.5
1960	111.9	65.7	40.2	28.4	9.1
1961	108.0	62.6	34.5	25.0	8.8
1962	107.1	61.6	31.1	34.0	10.2
1963	110.0	63.0	31.0	37.2	9.4
1964	113.8	64.8	34.4	36.7	11.8
1965	117.6	66.9	37.1	28.1	9.3
1966	119.4	67.8	37.2	23.7	8.1
1967	121.6	69.0	38.3	20.3	7.3
1968	124.7	70.4	38.5	28.0	7.2
1969	127.8	72.1	39.1	27.3	6.6
1970	130.1	72.7	39.3	27.5	7.0
1971	133.7	74.3	40.4	22.7	5.8
1972	138.5	76.4	43.6	25.6	6.8
1973	142.5	78.5	44.9	23.9	6.6
1974	145.2	80.0	45.8	25.6	6.6
1975	147.3	80.6	46.5	21.0	7.5
1976	149.4	81.7	47.2	19.4	6.3
1977	151.5	82.8	49.2	17.6	6.0
1978	154.0	83.6	51.3	17.4	5.9

4-1续表

单位：万人、‰

年　份	总人口	#男	#城镇人口	出生率	死亡率
1979	156.4	84.9	50.2	15.4	6.0
1980	158.5	85.9	55.5	15.5	5.8
1981	161.8	87.5	55.0	16.3	6.0
1982	165.7	89.2	55.0	17.5	5.5
1983	166.9	89.7	57.0	13.1	5.7
1984	170.4	91.7	60.5	16.4	4.7
1985	172.2	92.4	66.2	13.6	5.3
1986	174.4	93.3	68.3	13.0	5.6
1987	177.1	94.7	70.7	13.8	4.6
1988	179.7	95.9	73.1	13.4	4.6
1989	182.7	96.7	75.5	15.3	4.3
1990	185.7	98.6	81.0	21.7	5.4
1991	187.1	99.3	82.0	11.9	4.3
1992	188.4	99.9	82.8	13.0	4.1
1993	190.3	100.7	84.3	12.3	4.0
1994	192.7	102.0	86.0	11.4	4.1
1995	194.5	102.6	87.2	12.4	5.0
1996	197.4	104.1	96.7	11.9	4.4
1997	200.4	105.5	99.1	11.6	3.9
1998	204.4	107.4	102.2	12.1	4.1
1999	207.8	109.0	100.9	10.4	3.5
2000	209.2	108.8	112.0	15.0	10.9
2001	211.8	110.0	122.1	10.5	3.0
2002	213.5	110.9	122.1	9.0	2.9
2003	213.9	111.2	133.6	7.9	2.9
2004	254.4	132.1	140.1	9.4	5.9
2005	258.0	134.0	145.1	9.5	5.0
2006	260.6	135.0	150.5	9.8	5.6
2007	263.5	136.6	155.4	10.4	5.3
2008	267.2	138.1	161.1	10.0	5.0
2009	270.9	140.1	165.2	9.8	5.1

注：2004年以后均为常住人口数，其余年份为户籍人口数。

4-2 街道办事处、乡镇户数与人口

单位：户、人

地 区	总户数	总人口			总人口中	
		合 计	男	女	非农业人口	未落常住户口人口
全 市	**769016**	**2273675**	**1167374**	**1106301**	**1080060**	**2784**
市 辖 区	411326	1187869	599235	588634	907921	720
新 城 区	121228	355366	178091	177275	305771	70
西街办事处	17992	59054	28547	30507	59041	
东街办事处	13446	42019	20764	21255	41998	
东风路办事处	17363	49020	24372	24648	49011	
迎新路办事处	10395	29540	14878	14662	29533	6
中山东路办事处	7696	26134	12847	13287	26134	
锡林路办事处	10333	31163	15969	15194	31163	
海拉尔东路办事处	17121	54214	27777	26437	54150	64
成吉思汗大街办事处	20147	46698	23613	23085	13651	
保合少镇	6735	17524	9324	8200	1090	
回 民 区	83296	235278	118457	116821	204437	650
糖厂路办事处	11185	31827	16185	15642	31784	
新华西街办事处	11175	34124	16681	17443	33982	20
海拉尔西路办事处	11283	31576	16200	15376	31556	20
中山西路办事处	8597	28862	14155	14707	28862	
环河街办事处	12175	34843	17483	17360	34380	
通道街办事处	6536	19080	9485	9595	19069	
攸攸板镇	15413	35918	18215	17703	5766	600
钢铁路办事处	6932	19048	10053	8995	19038	10
玉 泉 区	73956	195539	98791	96748	146297	
兴隆巷办事处	9866	24583	12302	12281	24273	
小召办事处	10311	27287	13722	13565	27267	
长和廊办事处	7373	19239	10016	9223	19008	
大南街办事处	9706	24478	12080	12398	24477	
石东路办事处	9700	26851	13494	13357	26851	

4-2续表1 单位：户、人

地区	总户数	总人口			总人口中	
		合计	男	女	非农业人口	未落常住户口人口
西菜园办事处	6189	16768	8584	8184	8526	
鄂尔多斯路办事处	3560	8609	4544	4065	8047	
小黑河镇	12700	35772	18055	17717	2747	
昭君路办事处	4551	11952	5994	5958	5101	
赛罕区	132846	401686	203896	197790	251416	
人民路办事处	19515	62177	30822	31355	62177	
大学西路办事处	14274	49181	24334	24847	49181	
大学东路办事处	11008	37683	19317	18366	37668	
乌兰察布东路办事处	10758	30907	15312	15595	30847	
中专路办事处	8468	24517	12424	12093	24517	
榆林镇	8471	25035	13233	11802	3162	
金河镇	13074	38799	20140	18659	6282	
黄合少镇	14647	44954	23591	21363	5235	
巴彦镇	9410	24009	12718	11291	7488	
巧报镇	16151	42163	20794	21369	22833	
西把栅乡	7070	22261	11211	11050	2026	
旗县	357690	1085806	568139	517667	172139	2064
土左旗	113851	362940	190655	172285	48117	7
察素齐镇	32090	91019	47732	43287	38265	2
毕克齐镇	8787	26251	13672	12579	2861	
善岱镇	15665	48952	26091	22861	1302	
白庙子镇	12836	42891	22271	20620	1308	
台阁牧镇	9115	30503	15643	14860	1347	
只几梁乡	12765	44704	23567	21137	1231	
沙尔沁乡	5982	20472	10569	9903	485	
塔布赛乡	7737	26648	14336	12312	581	4
北什轴乡	8874	31500	16774	14726	737	1

4-2续表2

单位：户、人

地　　区	总户数	总人口			总人口中	
		合计	男	女	非农业人口	未落常住户口人口
托克托县	71231	204667	104812	99855	43489	606
双河镇	30808	78712	39695	39017	38183	296
新营子镇	16917	51156	26105	25051	2842	39
五申镇	10629	33412	17450	15962	1016	114
伍什家镇	5136	15706	8185	7521	555	55
古城镇	7741	25681	13377	12304	893	102
和林县	68274	196918	103670	93248	28330	483
城关镇	16594	45197	23608	21589	22652	480
盛乐镇	20517	61366	32464	28902	2946	3
大红城乡	7687	25190	13085	12105	611	
羊群沟乡	3037	8871	4580	4291	223	
黑老夭乡	4454	10698	5729	4969	308	
舍必崖乡	10399	29577	15920	13657	944	
新店子镇	5586	16019	8284	7735	646	
清水河县	47357	145250	75512	69738	22388	19
城关镇	14536	40293	21013	19280	16550	
喇嘛湾镇	5250	15094	7792	7302	1774	1
宏河镇	7190	24265	12478	11787	799	5
北堡乡	4399	16457	8597	7860	391	2
窑沟乡	10395	31590	16457	15133	2413	2
韭菜庄乡	5587	17551	9175	8376	461	9
武川县	56977	176031	93490	82541	29815	949
可可以力更镇	14133	39145	20666	18479	26668	39
西乌兰不浪镇	5758	18777	10041	8736	474	126
哈乐镇	10608	33504	17758	15746	776	259
大青山乡	2542	7406	3957	3449	196	10
上秃亥乡	9478	29830	15613	14217	533	83
德胜沟乡	2273	7173	3872	3301	155	33
二份子乡	7094	24513	13109	11404	742	361
哈拉合少乡	5091	15683	8474	7209	271	38

4-3 非农业人

项目	全市	市区	新城区	回民区	玉泉区
年末非农业人口	**1080060**	**907921**	**305771**	**204437**	**146297**
非农业人口增加数	**63753**	**54361**	**19082**	**5982**	**9784**
出生	9024	7409	2448	1550	1164
非农业人口迁入	28440	24770	6558	2572	2165
农业人口转非农业人口	12552	8941	1995	1684	1784
招生	1133	818	455	282	56
聘用	36	32		30	1
投靠亲属	3063	2895	427	879	916
落户小城镇	815	814	528		
投资购房	1731	1720	490	476	553
征用土地					
其他	5774	2662	95	17	258
港澳台国外迁入	22	22	9	10	1
退出现役	946	908	486	150	102
刑满释放	21	20	9	7	2
其他	12748	12291	7577	9	4566
非农业人口减少数	**42773**	**35544**	**15421**	**2420**	**6688**
死亡	2870	2454	788	645	479
非农业人口迁出	23217	16514	3750	1659	722
迁往港澳台国外	36	35	8	16	3
服现役	415	386	185	95	37
服刑及劳教					
其他	16235	16155	10690	5	5447

口增减情况

单位：人

赛罕区	旗县	土左旗	托县	和林县	清水河县	武川县
251416	**172139**	**48117**	**43489**	**28330**	**22388**	**29815**
19513	**9392**	**2154**	**2397**	**2483**	**1144**	**1214**
2247	1615	389	553	272	208	193
13475	3670	747	793	866	667	597
3478	3611	758	928	1281	255	389
25	315	48	1	222		44
1	4		3	1		
673	168	51	42	3	25	47
286	1					1
201	11	2	1		2	6
2292	3112	657	881	1055	228	291
2						
170	38	13	7	7	2	9
2	1			1		
139	457	247	116	56	12	26
11015	**7229**	**1799**	**1446**	**1339**	**1380**	**1265**
542	416	94	120	86	65	51
10383	6703	1665	1299	1239	1299	1201
8	1					1
69	29	4	1	2	14	8
13	80	36	26	12	2	4

4-4 人口变动情况

单位：人、‰

地区	平均人口	出生		死亡		自然增长率	迁入人口	迁出人口	机械增长率
		人口	出生率	人口	死亡率				
全市	**2258276**	**28040**	**12.4**	**11909**	**5.3**	**7.1**	**46229**	**31044**	**6.7**
市区	1177498	11071	9.4	3874	3.3	6.1	39801	24012	13.4
新城区	351567	3156	9.0	1008	2.9	6.1	9410	3620	16.5
# 成吉思汗大街办事处	44385	652	14.7	227	5.1	9.6	572	100	10.6
保合少镇	17412	194	11.1	31	1.8	9.4	93	25	3.9
回民区	234352	1874	8.0	814	3.5	4.5	4432	1769	11.4
# 攸攸板镇	36181	445	12.3	183	5.1	7.2	256	64	5.3
玉泉区	194029	1761	9.1	1142	5.9	3.2	8983	6581	12.4
# 小黑河镇	35785	414	11.6	560	15.6	-4.1	414	293	3.4
赛罕区	397551	4280	10.8	910	2.3	8.5	16976	12042	12.4
# 榆林镇	24917	260	10.4	49	2.0	8.5	111	86	1.0
金河镇	38266	609	15.9	88	2.3	13.6	1702	1157	14.2
黄合少镇	44862	496	11.1	96	2.1	8.9	940	1156	-4.8
巴彦镇	23983	283	11.8	31	1.3	10.5	224	424	-8.3
巧报镇	40985	695	17.0	148	3.6	13.3	2234	425	44.1
旗县	1080778	16969	15.7	8035	7.4	8.3	6428	7032	-0.6
土左旗	361873	4835	13.4	2513	6.9	6.4	2299	2481	-0.5
# 察素齐镇	90679	932	10.3	189	2.1	8.2	628	687	-0.7
毕克齐镇	26186	356	13.6	123	4.7	8.9	144	247	-3.9
善岱镇	48820	567	11.6	137	2.8	8.8	253	419	-3.4
白庙子镇	42617	701	16.4	252	5.9	10.5	291	191	2.3
台阁牧镇	30282	487	16.1	186	6.1	9.9	246	102	4.8
托县	202733	3592	17.7	627	3.1	14.6	1276	1189	0.4
# 双河镇	78029	1137	14.6	355	4.5	10.0	711	664	0.6
新营子镇	50585	1141	22.6	132	2.6	19.9	182	128	1.1
五申镇	33179	543	16.4	66	2.0	14.4	182	198	-0.5
伍什家镇	15529	334	21.5	19	1.2	20.3	77	86	-0.6
古城镇	25412	437	17.2	55	2.2	15.0	124	113	0.4
和林县	195752	4824	24.6	2150	11.0	13.7	1367	1587	-1.1
# 城关镇	45205	547	12.1	535	11.8	0.3	415	442	-0.6
盛乐镇	60631	1751	28.9	368	6.1	22.8	449	359	1.5
新店子镇	15804	509	32.2	87	5.5	26.7	113	105	0.5
清水河县	144555	2014	13.9	865	6.0	7.9	406	693	-2.0
# 城关镇	39900	413	10.4	181	4.5	5.8	112	115	-0.1
喇嘛湾镇	15088	247	16.4	51	3.4	13.0	30	80	-3.3
宏河镇	24188	292	12.1	56	2.3	9.8	36	89	-2.2
武川县	175866	1704	9.7	1880	10.7	-1.0	1080	1082	0.0
# 可可以力更镇	38991	307	7.9	54	1.4	6.5	214	170	1.1
西乌兰不浪镇	18704	189	10.1	33	1.8	8.3	139	141	-0.1
哈乐镇	33554	336	10.0	614	18.3	-8.3	131	172	-1.2

4-5 少数民族人口情况

单位：人

项目	合计	市区				旗县				
		新城区	回民区	玉泉区	赛罕区	土左旗	托县	和林县	清水河县	武川县
少数民族人口	**296438**	**71580**	**48868**	**32979**	**68691**	**43896**	**11284**	**12081**	**1328**	**5731**
蒙古族	225738	54596	23368	26004	56510	40606	8946	10339	1042	4327
回族	36731	5127	20574	3521	3555	1903	1130	258	86	577
满族	26900	9504	4142	2961	6690	928	683	1361	109	522
朝鲜族	1161	447	179	119	369	21	17	3		6
达斡尔族	2646	1198	268	185	938	38	14	5		
鄂伦春族	74	25	9	5	23	12				
鄂温克族	343	158	44	16	124			1		
壮族	368	133	62	33	80	25	6	13	1	15
藏族	281	31	15	18	22	64	41	28	13	49
锡伯族	153	68	22	18	44	1				
苗族	331	57	35	19	59	35	70	10	18	28
土家族	301	56	31	19	99	28	20	12	12	24
彝族	225	7	11	2	20	64	71	12	17	21
维吾尔族	78	39	7	12	13	6				1
其他少数民族	1107	134	100	47	145	165	286	39	30	161
外国人加入中国国籍	1		1							

4-6 计划生育情况

单位：人、%

项目	合计	按地区分		按民族分	
		市区	旗县	汉族	少数民族
计划内生育人数	24628	17133	7495	19588	5040
计划生育率	97.3	97.52	96.71	96.7	99.7
育龄妇女人数					
已婚育龄妇女人数	599824	412332	187492	505745	94079
领取独生子女证人数	84271	61059	23212	71221	13050
领证率	14.05	14.81	12.38	14.08	13.87
采取节育措施人数	550674	375824	174850	466589	84085
# 男性绝育	1231	263	968	1214	17
女性绝育	110074	45748	64326	104570	5504
放置宫内节育器	346240	246211	100029	292169	54071
节育率	91.81	91.14	93.26	92.26	89.38

主要统计指标解释

人口数 指一定时点，一定地区范围内有生命的个人的总和。

年度统计的年末人口数是指每年12月31日24时的人口数。

农业人口和非农业人口 是人口按经济特征分组的主要指标。农业人口指依靠从事农业（包括林、牧、渔业）维持生活的全部人口，即包括从事农、牧、林业生产的人口以及由他们抚养的人口。非农业人口指依靠从事农业以外的职业维持生活的人口以及他们抚养的人口。在我国过去的一些统计资料中曾以是否吃国家商品粮做为划分农业人口与非农业人口的标准，人口普查时对此做了纠正。

出生率（又称粗出生率） 指在一定时期内（通常为一年）平均每千人所出生的人数的比率，一般用千分率表示。计算公式：

$$出生率=\frac{年出生人数}{年平均人数}\times 1000‰$$

出生人数是指活产婴儿，即胎儿脱离母体时（不管怀孕日数），有过呼吸或其他生命现象。

年平均人数是年初、年末人口数的平均数。

死亡率 指在一定时期内（通常为一年）一定地区的死亡人数与同期平均人数之比，一般用千分率表示。

计算公式：

$$死亡率=\frac{年死亡人数}{年平均人数}\times 1000‰$$

人口自然增长率 在一定时期内（通常为一年）人口自然增加数（出生人数减死亡人数）占该时期内平均人数之比，一般用千分率表示。计算公式：

$$人口自然增长率=\frac{本年出生人数-本年死亡人数}{年平均人数}\times 1000‰$$

或：

$$人口自然增长率=人口出生率-人口死亡率$$

第二部分　统计资料

劳动力和职工工资

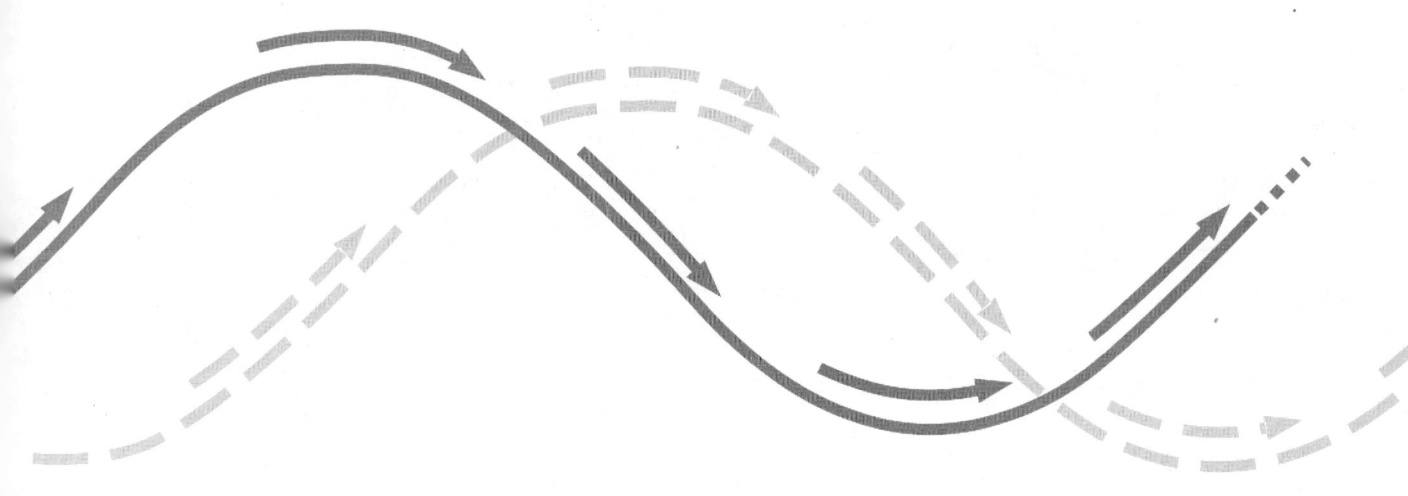

5-1 历年职工人数及工资

年 份	年末职工人数（人）	职工工资总额（万元）	职工平均工资（元）
1949	6579	176	268
1950	9952	265	269
1951	14140	397	286
1952	19006	665	350
1953	24468	1072	441
1954	29636	1625	556
1955	32650	1869	584
1956	47777	3072	644
1957	59078	4131	690
1958	90676	4302	586
1959	114512	6148	620
1960	143594	8375	572
1961	101562	6769	578
1962	78673	5607	640
1963	75560	5383	697
1964	84517	5773	726
1965	96932	6672	707
1966	108126	7069	681
1967	104582	7164	673
1968	103836	6957	670
1969	109893	7539	670
1970	122361	7817	655
1971	132007	7912	623
1972	140432	9060	657
1973	169712	10916	643
1974	176195	11318	648
1975	200098	12522	653
1976	219757	13974	640
1977	230865	14685	646
1978	265213	16860	639

5-1续表

年 份	年末职工人数（人）	职工工资总额（万元）	职工平均工资（元）
1979	287982	19204	681
1980	303293	23005	763
1981	324513	24787	764
1982	339558	27114	815
1983	349852	28918	836
1984	368180	34576	961
1985	381099	41077	1093
1986	397821	50153	1280
1987	408913	53949	1323
1988	420795	62097	1506
1989	419369	67071	1604
1990	434017	75252	1750
1991	449426	87015	1953
1992	467663	108342	2337
1993	483638	142207	2881
1994	496661	191395	3800
1995	477370	199528	4200
1996	472391	217747	4597
1997	460086	241430	5195
1998	433662	241453	5486
1999	344395	233909	6648
2000	311265	244190	7548
2001	291748	262112	8717
2002	283168	322778	11158
2003	286669	378397	13092
2004	288177	488657	16663
2005	294293	597507	19715
2006	292050	696228	22948
2007	293742	807126	26732
2008	297348	937267	30872
2009	298707	1057177	33997

注：1999年以后职工均指在岗职工。

5-2 单位从业人员和在岗职工劳动工资主要指标

指　　标	单　位	2008年	2009年	2009年比2008年增长%
单位从业人员年末人数	**人**	**302417**	**303908**	**0.5**
# 在岗职工年末人数	人	297348	298707	0.5
国有经济单位	人	205459	207027	0.8
城镇集体经济单位	人	10211	9845	-3.6
其他各种经济类型	人	81678	81835	0.2
单位从业人员平均人数	**人**	**308488**	**316143**	**2.5**
# 在岗职工平均人数	人	303600	310962	2.4
国有经济单位	人	206320	214938	4.2
城镇集体经济单位	人	12928	11378	-12.0
其他各种经济类型	人	84352	84646	0.3
单位从业人员劳动报酬	**万元**	**950497**	**1067879**	**12.4**
# 在岗职工工资总额	万元	936928	1057177	12.8
国有经济单位	万元	734272	836802	14.0
城镇集体经济单位	万元	23105	26865	16.3
其他各种经济类型	万元	179890	193510	7.6
单位从业人员平均劳动报酬	**元**	**30811**	**33778**	**9.6**
# 在岗职工平均工资	元	30841	33997	10.2
国有经济单位	元	35589	38932	9.4
城镇集体经济单位	元	17872	23611	32.1
其他各种经济类型	元	21326	22861	7.2

5-3 分行业在岗职工人数和工资

指　　标	年末人数（人）	平均人数（人）	工资总额（万元）	平均工资（元）
总　　计	**298707**	**310962**	**1057177**	**33997**
农、林、牧、渔业	3823	3823	10826	28317
采矿业	119	119	297	24958
制造业	54211	55407	106238	19174
电力、煤气及水的生产和供应业	13994	13797	58763	42591
建筑业	14992	25322	74183	29296
交通运输、仓储和邮政业	14176	15093	48670	32247
信息传输、计算机服务和软件业	8381	8383	34316	40935
批发和零售业	10565	10547	19775	18750
住宿和餐饮业	6596	6618	11366	17175
金融业	14752	14815	65489	44204
房地产业	2021	2012	5862	29134
租赁和商务服务业	9454	9373	24335	25963
科学研究、技术服务和地质勘查业	13378	13395	57255	42744
水利、环境和公共设施管理业	14965	14963	46257	30914
居民服务和其他服务业	2327	2442	2909	11910
教　　育	44938	44825	206136	45987
卫生、社会保障和社会福利业	15528	15792	76942	48722
文化、体育和娱乐业	9474	9459	34337	36301
公共管理和社会组织	45013	44777	173221	38685

5-4 单位从业人员变动情况

单位：人

指　　标	合　计	国　有	集　体	其　他
本年增加人数	19388	11048	1140	7200
从农村招收	8234	4208	525	3501
从城镇招收	5877	3092	322	2463
录用的退伍军人	505	489	5	11
录用的大中专技工学校毕业生	2697	1583	67	1047
调　入	1749	1403	220	126
# 有外省自治区直辖市调入				
其　他	326	273	1	52
本年减少人数	17868	9169	1521	7178
离休、退休、退职	3196	2831	62	303
开除、除名、辞退	1393	85	25	1283
终止、解除合同	9673	3823	1243	4607
离开本单位仍保留劳动关系的职工	327	280		47
死　亡	126	104	4	18
调　出	2587	1832	187	568
# 调到外省、自治区、直辖市	496	80		416
其　他	566	214		352

5-5 城乡私营和个体经济

单位：户、人

行　　业	私营经济			个体经济		
	户　数	从业人员	# 城　镇	户　数	从业人员	# 城　镇
总　　计	**20830**	**225784**	**206584**	**78906**	**153772**	**141234**
农、林、牧、渔业	548	8736	3693	307	616	381
采矿业	202	1976	743	34	256	218
制造业	1661	21511	16246	2280	5378	5059
电力、燃气及水的生产和供应业	78	632	512	1	6	6
建筑业	799	9463	8175	84	490	145
交通运输、仓储和邮政业	637	4695	3524	10522	17530	16303
信息传输、计算机服务和软件业	890	6881	6810	1967	4041	3909
批发和零售业	8650	88011	84541	44023	84082	76877
住宿和餐饮业	1137	25823	25762	7706	17715	16047
金融业	101	914	897			
房地产业	1036	8166	7969	893	1887	1885
租赁和商务服务业	2927	29929	29275	351	933	931
科学研究、技术服务和地质勘查业	463	3764	3612	2	4	4
水利、环境和公共设施管理业	66	502	439	8	17	11
居民服务和其他服务业	1100	9265	9017	8515	16488	15563
教　育	88	2024	2024	125	226	226
卫生、社会保障和社会福利业	40	261	249	345	742	706
文化、体育和娱乐业	115	881	880	169	480	465
其他行业	292	2350	2216	1574	2881	2498

5-6 国有经济单位从业

指标	单位数（个）	年末人数（人）		
		单位从业人员	#女性	#在岗职工
国有单位合计	**2703**	**208089**	**92330**	**207027**
按隶属关系分组				
中央	174	32247	16457	31833
省、自治区、直辖市	630	69869	30296	69472
地区	378	43668	16586	43604
县及县以下	1521	62305	28991	62118
按企业、事业、机关分组				
企业	234	57124	25815	56672
#地方	124	31167	11778	31084
事业	1738	111700	53444	111108
#地方	1691	107239	51807	106692
机关	731	39265	13071	39247
#地方	714	37436	12288	37418
农、林、牧、渔业	145	3719	1222	3718
农业	10	354	119	354
林业	14	609	178	609
畜牧业	7	165	56	165
渔业	2	20	7	20
农、林、牧、渔服务业	112	2571	862	2570
采矿业	1	30	1	30
有色金属矿采选业	1	30	1	30
制造业	23	6465	3031	6458
纺织服装、鞋、帽制造业	3	1591	1214	1590
木材加工及木、竹、藤、棕、草制品业	1	87	21	87
家具制造业	1	49	20	49
印刷业和记录媒介的复制	5	317	229	317
塑料制品业	1	173	98	173
非金属矿物制品业	2	1335	310	1335
通用设备制造业	1	297	63	294
专用设备制造业	1	86	32	86
交通运输设备制造业	4	1885	728	1882
电气机械及器材制造业	1	83	56	83
通信设备、计算机及其他电子设备制造业	2	552	255	552
工艺品及其他制造业	1	10	5	10
电力、燃气及水的生产和供应业	15	9956	4828	9888
电力、热力的生产和供应业	9	4993	2785	4933
燃气生产和供应业	1	1785	563	1785

人员和劳动报酬

离开本单位仍保留劳动关系的人员	劳动报酬和生活费（万元） 单位从业人员劳动报酬	# 在岗职工工资总额	离开本单位仍保留劳动关系职工的生活费	在岗职工平均工资（元）
6304	**839143**	**836802**	**7725**	**38932**
3617	128541	128061	5174	40235
1192	335464	334161	2072	46279
1330	167949	167658	356	34215
165	207188	206921	123	33427
5463	221533	220951	6503	34198
1943	121615	121437	1425	31130
798	462045	460368	1167	41376
719	441139	439537	1076	41131
43	155565	155484	55	39803
25	147848	147767	50	39681
65	10719	10712		28812
	737	737		20811
	1282	1282		21044
	316	316		18283
60	48	48		24200
5	8336	8329		32511
	57	57		19000
	57	57		19000
308	13535	13524	197	20676
286	2674	2671	161	16789
	6	6		655
	140	140		28571
	619	619		19770
	10	10		601
	4774	4774		35703
	512	508		18417
	72	72		8372
22	3490	3486	36	18594
	68	68		8157
	1160	1160		17554
	10	10		10000
85	43281	43141	130	43914
32	32654	32519	61	66270
53	4752	4752	69	27232

5-6续表1

指　　标	单位数（个）	年末人数（人）		
		单位从业人员	#女性	#在岗职工
水的生产和供应业	5	3178	1480	3170
建筑业	17	10469	2756	10468
房屋和土木工程建筑业	12	7821	2193	7821
建筑安装业	4	2585	547	2585
建筑装饰业	1	63	16	62
交通运输、仓储和邮政业	46	12918	5779	12918
铁路运输业	1	62	18	62
道路运输业	13	1870	831	1870
城市公共交通业	10	4425	1570	4425
航空运输业	4	3329	1819	3329
仓储业	10	777	308	777
邮政业	8	2455	1233	2455
信息传输、计算机服务和软件业	17	7571	4301	7571
电信和其他信息传输服务业	14	7531	4283	7531
计算机服务业	1	10	4	10
软件业	2	30	14	30
批发和零售业	37	1552	553	1552
批发业	20	1273	390	1273
零售业	17	279	163	279
住宿和餐饮业	26	3468	1774	3468
住宿业	25	3364	1726	3364
餐饮业	1	104	48	104
金融业	53	4699	2650	4375
银行业	38	3538	1790	3529
证券业	2	16	11	16
保险业	12	574	480	259
其他金融活动	1	571	369	571
房地产业	30	1603	746	1601
#房地产开发经营	6	250	108	250
物业管理	2	479	291	479
房地产中介服务	1	9	2	9
租赁和商务服务业	124	7065	2501	6984
租赁业	3	30	8	30
商务服务业	121	7035	2493	6954
科学研究、技术服务和地质勘查业	169	13238	5065	13005
研究与试验发展	51	5585	2262	5568
自然科学研究与试验发展	1	10	6	10
工程和技术研究与试验发展	27	3319	1351	3311

离开本单位仍保留劳动关系的人员	劳动报酬和生活费（万元） 单位从业人员劳动报酬	 #在岗职工工资总额	 离开本单位仍保留劳动关系职工的生活费	在岗职工平均工资（元）
	5875	5870		18506
3297	55499	55498	3193	31804
3045	43209	43209	2729	35181
252	12049	12049	464	23583
	242	240		40729
239	46430	46422	222	33542
	183	183		29435
	3770	3770		20194
179	11416	11408	146	21493
	19854	19854		58950
31	1463	1463	32	18822
29	9745	9745	43	39644
165	29840	29840	252	39404
165	29727	29727	252	39462
	26	26		26400
	87	87		29033
99	4690	4690	63	30084
99	3911	3911	63	30531
	779	779		28025
117	6337	6337	63	18272
117	6162	6162	63	18319
	174	174		16769
117	23337	22953	206	52452
117	20349	20299	206	57457
	50	50		30938
	869	535		20887
	2069	2069		36240
1	5147	5127		32228
1	945	945		38881
	1441	1441		30088
	28	28		30889
867	20748	20658	1727	29635
	96	96		31900
867	20652	20563	1727	29625
596	56536	55978	1384	42941
156	29583	29545	503	53728
	28	28		27500
156	18317	18293	503	56200

5-6续表2

指　　标	单位数（个）	年末人数（人）		
		单位从业人员	#女　性	#在岗职工
农业科学研究与试验发展	8	1455	574	1451
医学研究与试验发展	4	189	77	186
社会人文科学研究与试验发展	11	612	254	610
专业技术服务业	82	4161	1560	4146
#气象服务	16	544	222	544
地震服务	4	301	107	301
测绘服务	7	737	234	728
技术检测	28	762	340	756
环境监测	7	256	86	256
工程技术与规划管理	17	1493	547	1493
科技交流和推广服务业	14	402	150	401
地质勘查业	22	3090	1093	2890
水利、环境和公共设施管理业	99	12175	6532	12175
水利管理业	53	1754	688	1754
环境管理业	30	8673	5178	8673
公共设施管理业	16	1748	666	1748
居民服务和其他服务业	17	1544	771	1544
居民服务业	14	1489	746	1489
其他服务业	3	55	25	55
教　育	653	42975	21599	42877
#初等教育	422	11548	6621	11544
中等教育	124	14329	7349	14265
高等教育	21	14007	5896	13977
卫生、社会保障和社会福利业	141	14235	8820	14061
卫　生	117	13652	8554	13478
社会保障业	5	157	68	157
社会福利业	19	426	198	426
文化、体育和娱乐业	142	9341	4185	9321
新闻出版社	34	1919	884	1919
广播、电视、电影和音像业	19	3384	1516	3384
文化艺术业	70	2995	1465	2990
体　育	16	990	298	975
娱 乐 业	3	53	22	53
公共管理和社会组织	948	45066	15216	45013
#中国共产党机关	84	1919	639	1919
国家机构	787	41723	14035	41670
人民政协和民主党派	19	517	165	517
群众社团、社会团体和宗教组织	58	907	377	907

离开本单位仍保留劳动关系的人员	劳动报酬和生活费（万元）			在岗职工平均工资（元）
	单位从业人员劳动报酬	# 在岗职工工资总额	离开本单位仍保留劳动关系职工的生活费	
	6652	6650		46050
	942	939		51604
	3645	3635		59793
17	14446	14430	11	34991
	1988	1988		37024
	1161	1161		38713
	2115	2108		28843
	2465	2456		33048
	1017	1017		40020
17	5521	5521	11	37006
	1312	1310		32516
423	11195	10693	870	35524
28	39441	39441	3	32267
22	6333	6333		35960
	26245	26245		31586
6	6863	6863	3	31877
	1238	1238		8014
	1166	1166		7826
	72	72		13109
53	200867	200516	52	46859
	43682	43678		37708
6	66644	66520		46958
20	79947	79724	10	57129
83	74240	73707	64	51464
83	72181	71648	64	52138
	590	590		37814
	1469	1469		34646
140	33865	33741	115	36269
	6256	6256		32669
132	15374	15374	110	45594
4	8350	8343	1	27811
4	3721	3603	4	37413
	164	164		30906
44	173336	173221	55	38685
	7949	7949		41839
43	159187	159073	55	38370
	2668	2668		51514
1	3531	3531		39186

5-7 城镇集体单位从业

指　　标	单位数（个）	年末人数（人）		
		单位从业人员	#女性	#在岗职工
城镇集体单位合计	**236**	**9852**	**4370**	**9845**
企　业	155	6618	2809	6614
事　业	81	3234	1561	3231
农、林、牧、渔业	8	105	8	105
农、林、牧、渔服务业	8	105	8	105
制 造 业	28	1383	493	1383
纺织服装、鞋、帽制造业	3	283	184	283
皮革、毛皮、羽毛（绒）及其制品业	1	64	15	64
造纸及纸制品业	1	53	21	53
印刷业和记录媒介的复制	11	319	144	319
化学原料及化学制品制造业	1	7	5	7
非金属矿物制品业	2	42	17	42
有色金属冶炼及压延加工业	1	81	12	81
金属制品业	2	106	10	106
通用设备制造业	3	324	43	324
专用设备制造业	1	18	12	18
交通运输设备制造业	1	4	2	4
电气机械及器材制造业	1	82	28	82
电力、燃气及水的生产和供应业	4	149	44	149
电力、热力的生产和供应业	1	82	17	82
水的生产和供应业	3	67	27	67
建 筑 业	9	1466	311	1462
房屋和土木工程建筑业	8	1207	199	1203
建筑安装业	1	259	112	259

人员和劳动报酬

离开本单位仍保留劳动关系的人员	劳动报酬和生活费（万元） 单位从业人员劳动报酬	# 在岗职工工资总额	离开本单位仍保留劳动关系职工的生活费	在岗职工平均工资（元）
67	**26880**	**26865**	**39**	**23611**
67	22182	22177	39	27061
	4698	4689		14730
	113	113		10800
	113	113		10800
	2168	2168		15656
	274	274		9664
	58	58		9000
	234	234		44151
	648	648		20301
	7	7		10571
	124	124		27022
	81	81		10037
	101	101		9547
	423	423		13062
	24	24		13333
	4	4		9000
	191	191		23825
	246	246		18237
	88	88		12868
	159	159		23687
8	6175	6169	7	20654
8	5926	5921	7	21704
	249	249		9598

5-7续表

指标	单位数（个）	年末人数（人）		
		单位从业人员	#女性	#在岗职工
交通运输、仓储和邮政业	1	35	1	35
道路运输业	1	35	1	35
批发和零售业	15	407	114	407
批发业	9	240	69	240
零售业	6	167	45	167
住宿和餐饮业	9	486	284	486
住宿业	4	257	138	257
餐饮业	5	229	146	229
金融业	84	2227	1158	2227
银行业	84	2227	1158	2227
租赁和商务服务业	3	41	14	41
商务服务业	3	41	14	41
水利、环境和公共设施管理业	1	1663	818	1663
环境管理业	1	1663	818	1663
居民服务和其他服务业	3	428	391	428
居民服务业	3	428	391	428
教育	5	232	88	232
#中等教育	2	127	36	127
高等教育	2	99	51	99
卫生、社会保障和社会福利业	66	1230	646	1227
卫生	66	1230	646	1227

离开本单位仍保留劳动关系的人员	劳动报酬和生活费（万元） 单位从业人员劳动报酬	# 在岗职工工资总额	离开本单位仍保留劳动关系职工的生活费	在岗职工平均工资（元）
	40	40		11429
	40	40		11429
36	835	835	8	20605
21	580	580	8	24259
15	255	255		15343
8	795	795	4	16356
8	401	401	4	15676
	394	394		17113
15	11609	11609	20	50519
15	11609	11609	20	50519
	80	80		19925
	80	80		19925
	1197	1197		7423
	1197	1197		7423
	248	248		5817
	248	248		5817
	545	545		23509
	314	314		24717
	222	222		22424
	2828	2818		22912
	2828	2818		22912

5-8 其他各种经济类型

指　　标	单位数（个）	年末人数（人）		
		单位从业人员	#女　性	#在岗职工
其他单位合计	**321**	**85967**	**38446**	**3152**
内　资	292	79259	35846	75127
股份合作	5	280	88	280
联　营	7	1636	867	1636
#国有联营	5	1315	759	1315
有限责任公司	110	35320	15400	32833
#国有独资	3	899	403	853
股份有限公司	91	38203	17279	36611
其　他	79	3820	2212	3767
港、澳、台商投资	7	2262	777	2262
外商投资	22	4446	1823	4446
企　业	273	84130	37427	80051
事　业	34	1497	819	1444
其　他	14	340	200	340
采矿业	1	89	26	89
有色金属矿采选业	1	89	26	89
制造业	117	46418	18314	46370
农副食品加工业	10	1679	467	1679
食品制造业	16	16866	6291	16866
饮料制造业	7	1202	480	1202
烟草制品业	1	1673	469	1673
纺织业	13	4757	3287	4757
纺织服装、鞋、帽制造业	3	354	275	354
皮革、毛皮、羽毛（绒）及其制品业	1	18	10	18
木材加工及木、竹、藤、棕、草制品业	1	104	25	104
家具制造业	2	139	40	139
造纸及纸制品业	5	580	154	580

单位从业人员和劳动报酬

离开本单位仍保留劳动关系的人员	劳动报酬和生活费（万元）			在岗职工平均工资（元）
	单位从业人员劳动报酬	# 在岗职工工资总额	离开本单位仍保留劳动关系职工的生活费	
1650	**201857**	**193510**	**1338**	**22861**
1536	187689	179342	1294	23024
3	1032	1032	2	17431
36	3539	3539	3	20782
36	2913	2913	3	21186
1019	85248	80036	453	24477
202	1975	1963	12	23207
478	90218	87303	836	22275
	7652	7432		20053
	4433	4433		19334
114	9734	9734	44	21820
1650	196557	188430	1338	22733
	4774	4554		32140
	525	525		15447
	240	240		26966
	240	240		26966
824	90564	90545	437	19070
	2866	2866		18033
	29046	29046		16068
	1569	1569		13131
	4708	4708		28143
2	8407	8407		17922
	392	392		11059
	22	22		12444
	149	149		14075
	170	170		12209
	993	993		17117

5-8续表1

指标	单位数（个）	年末人数（人）		
		单位从业人员	#女性	#在岗职工
印刷业和记录媒介的复制	2	334	145	334
文教体育用品制造业	1	12	8	12
石油加工、炼焦及核燃料加工业	1	1998	768	1996
化学原料及化学制品制造业	10	5512	2127	5512
医药制造业	13	3868	1515	3868
塑料制品业	2	215	58	215
非金属矿物制品业	11	2117	429	2117
黑色金属冶炼及延压加工业	1	10	1	10
有色金属冶炼及压延加工业	1	25	6	25
通用设备制造业	2	2419	875	2419
专用设备制造业	4	870	214	870
交通运输设备制造业	3	528	164	528
电气机械及器材制造业	2	190	31	190
通信设备、计算机及其他电子设备制造业	3	671	365	671
工艺品及其他制造业	2	277	110	231
电力、燃气及水的生产和供应业	16	3958	1017	3957
电力、热力的生产和供应业	11	2988	753	2987
水的生产和供应业	5	970	264	970
建筑业	9	3062	271	3062
房屋和土木工程建筑业	9	3062	271	3062
交通运输、仓储和邮政业	6	1223	468	1223
铁路运输业	1	72	6	72
道路运输业	2	63	15	63
城市公共交通业	2	1067	438	1067
装卸搬运和其他运输服务业	1	21	9	21
信息传输、计算机服务和软件业	2	810	397	810
电信和其他信息传输服务业	2	810	397	810
批发和零售业	17	8606	5991	8606
批发业	5	1781	638	1781

离开本单位仍保留劳动关系的人员	劳动报酬和生活费（万元）单位从业人员劳动报酬	# 在岗职工工资总额	离开本单位仍保留劳动关系职工的生活费	在岗职工平均工资（元）
	481	481		13676
	28	28		23083
	9135	9128		44986
119	12039	12039	104	21618
86	8839	8839	18	23384
	301	301		15025
	3159	3159		14219
	12	12		12000
	41	41		20250
587	3188	3188	300	13173
	1388	1388		17437
30	650	650	15	11869
	399	399		20065
	2167	2167		32098
	416	404		17806
2	15382	15376	2	40063
2	13465	13459	2	46995
	1917	1917		19680
	12516	12516		25622
	12516	12516		25622
171	2208	2208		18128
	87	87		12471
	83	83		13175
171	1990	1990		18700
	48	48		22857
	4476	4476		55258
	4476	4476		55258
118	14251	14251	43	16603
118	5064	5064	43	27182

5-8续表2

指　　标	单位数（个）	年末人数（人）		
		单位从业人员	#女性	#在岗职工
零售业	12	6825	5353	6825
住宿和餐饮业	19	2643	1379	2642
住宿业	13	2098	1022	2097
餐饮业	6	545	357	545
金融业	33	12150	6957	8150
银行业	9	4547	2912	4547
证券业	2	250	141	250
保险业	22	7353	3904	3353
房地产业	14	420	173	420
#房地产开发经营	12	250	107	250
物业管理	2	170	66	170
租赁和商务服务业	9	2429	1252	2429
商务服务业	9	2429	1252	2429
科学研究、技术服务和地质勘查业	4	402	148	373
专业技术服务业	4	402	148	373
地震服务	1	169	57	169
工程技术与规划管理	3	233	91	204
水利、环境和公共设施管理业	2	1127	520	1127
水利管理业	1	308	124	308
公共设施管理业	1	819	396	819
居民服务和其他服务业	1	355	210	355
其他服务业	1	355	210	355
教育	63	1882	1107	1829
#初等教育	13	475	272	475
中等教育	13	903	533	859
高等教育	1	90	45	83
卫生、社会保障和社会福利业	5	240	145	240
卫生	5	240	145	240
文化、体育和娱乐业	3	153	71	153
广播、电视、电影和音像业	3	153	71	153

	劳动报酬和生活费（万元）			在岗职工平均工资（元）
离开本单位仍保留劳动关系的人员	单位从业人员劳动报酬	# 在岗职工工资总额	离开本单位仍保留劳动关系职工的生活费	
	9187	9187		13671
3	4312	4235	2	15896
3	3553	3475	2	16401
	759	759		13934
271	38820	30926	720	37988
271	19957	19957	720	43890
	618	618		24919
	18245	10352		30937
	734	734		17442
	431	431		17163
	304	304		17853
201	3597	3597	115	15230
201	3597	3597	115	15230
29	1409	1277	8	35568
29	1409	1277	8	35568
	736	736		47160
29	673	541	8	26660
	5619	5619		49856
	1589	1589		51601
	4030	4030		49200
	1422	1422		30253
	1422	1422		30253
	5294	5074		28160
	777	777		16366
	3633	3443		40886
	341	313		37687
	417	417		17371
	417	417		17371
31	596	596	12	38212
31	596	596	12	38212

主要统计指标解释

单位从业人员　指各级国家机关、政党机关、社会团体及企业、事业单位中工作取得工资或其它形式的劳动报酬的全部人员。包括：在岗职工、再就业的离退休人员、民办教师以及在各单位中工作的外方人员和港澳台方人员、兼职人员、借用的外单位人员和第二职业者。不包括离开本单位仍保留劳动关系的职工。

在岗职工　指在本单位工作并由单位支付工资的人员，以及有工作岗位，但由于学习、病伤产假等原因暂未工作，仍由单位支付工资的人员。

离开本单位仍保留劳动关系的职工　指由于各种原因，已经离开本人的生产或工作岗位，并已不在本单位从事其他工作，仍与用人单位保留劳动关系的人员。

离开本单位仍保留劳动关系职工的生活费　指上述人员在离开本单位仍保留劳动关系期间从本单位领取的生活费用。

城镇私营企业从业人员　指在工商行政管理部门办理登记，并领取营业执照的各类私营企业中，从事经营管理和参加生产，并取得经营收入和劳动报酬的全部人员。包括离、退休后，在私营企业从业的人员。

城镇个体劳动者　指个人参加生产劳动，生产资料和产品（或收入）归个人所有，在工商行政管理部门登记并领取"个体营业执照"的城镇劳动者。

城镇单位失业人员　指有非农业户口，在一定的劳动年龄16岁至法定退休年龄内，有劳动能力，在报告期内无业并根据劳动部《就业登记规定》在当地劳动部门登记的人员。

工资总额　（按1990年1月1日国家统计局颁布的新规定）是指各单位在一定时期内直接支付给本单位全部职工的劳动报酬总额。

工资总额的计算原则应以直接支付给职工的全部劳动报酬为根据。各单位支付给职工的劳动报酬以及其他根据有关规定支付的工资，不论是计入成本的，还是不计入成本的，不论是按国家规定列入计征奖金税项目的，还是未列入计征奖金税项目的，不论是以货币形式支付的还是以实物形式支付的，均包括在工资总额内。

（一）计时工资是指按计时工资标准（包括地区生活费补贴）和工作时间支付给个人的劳动报酬，包括；

（1）对已做工作按计时工资标准支付的工资；

（2）实行结构工资制的单位支付给职工的基础工资和职务（岗位）工资；

（3）新参加工作职工的见习工资（学徒的生活费）；

（4）运动员体育津贴。

（二）计件工资是指对已做工作按计件单价支付的劳动报酬。包括：

（1）实行超额累进计件，直接无限计件，限额计件，超定额计件等工资制按劳动部门或主管部门批准的定额和计件单价支付给个人的工资；

（2）按工作任务包干方法支付给个人的工资；

（3）按营业额提成或利润提成办法支付给个人的工资；

计件超额工资是指计件工人超过定额后所得的工资，即计件工人实得的全部计件工资减去应得的计件标准工资的数额。某些企业的工人由于从事生产的工作物等级多于本人工资等级，因而其计件标准工资多于本人标准工资，其超额工资也用全部工资减去应得计件标谁工资求得。

（三）奖金是指支付给职工的超额劳动报酬和增收节支的劳动报酬。包括：生产奖、节约奖、劳动竞赛奖、机关、事业单位的奖励工资和其它奖金。

（四）津贴和补贴是指为了补偿职工特殊或额外的劳动消耗和因其他特殊原因支付给职工的津贴，以及为了保证职工的工资水平不受物价影响支付给职工的物价补贴。

（1）津贴。包括：补偿职工特殊或额外的劳动消耗的津贴，保健性津贴，技术性津贴，年功性津贴及其他津贴。

（2）物价补贴。包括：为保证职工工资水平不受物价上涨或变动影响而支付的多种补贴。

（五）加班加点工资是指按规定支付的加班工资和加点工资。

（六）特殊情况下支付的工资。包括：

（1）根据国家法律、法规和政策规定，因病、工伤、产假、计划生育假、婚假、丧假、事假、探亲假、定期休假、停工学习、执行国家或社会义务等原因按计时工资标准或计时工资标准的一定比例支付的工资；

（2）附加工资、保留工资。

工资总额＝在岗职工工资总额＋离开本单位仍保留劳动关系的职工生活费

平均货币工资　指在一定时期内平均每一职工的劳动报酬水平。计算公式：

$$\text{平均货币工资}=\frac{\text{工资总额}}{\text{平均人数}}$$

平均实际工资　指平均货币工资扣除物价变动因素后的平均工资。计算公式：

$$\text{平均实际工资}=\frac{\text{平均货币工资}}{\text{职工生活费用价格指数}}$$

保险福利费用总额　在工资以外实际支付给职工和离休、退休、退职人员个人以及用于集体的劳动保险和福利费用，不包括用于职工的劳动保护费用。从企业来讲，保险福利费用不仅包括职工福利基金支出的部分，而且还包括由企业营业外支出、企业基金或利润留成、工会文教费、企业管理费支出的部分；就预算单位而言，包括由职工福利费、公务费、差额补助费等支出的部分。

第二部分　统计资料

固定资产投资

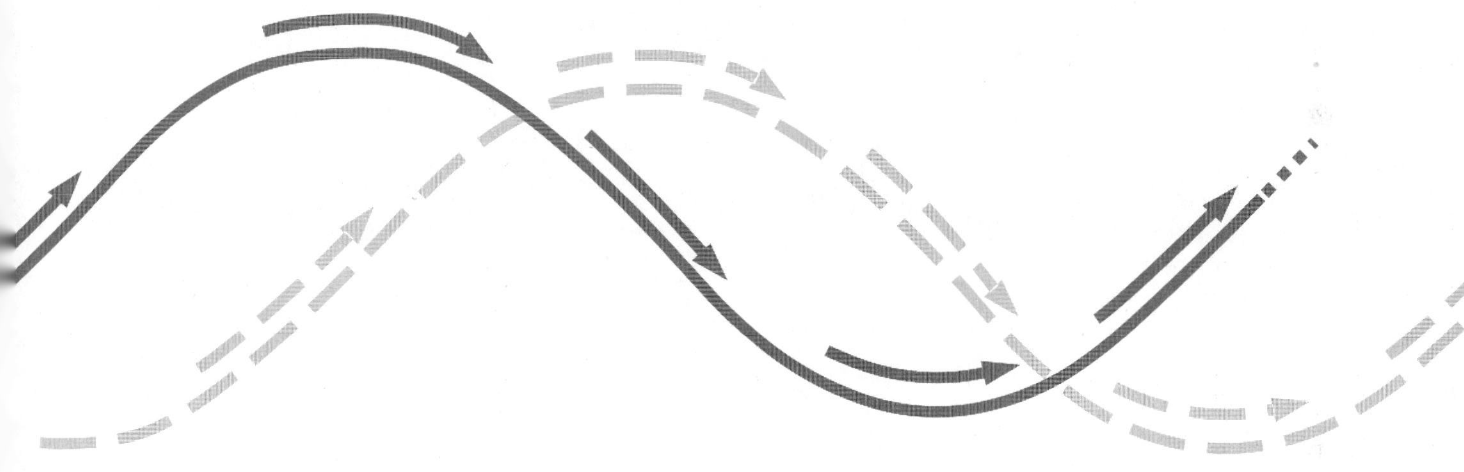

6-1 历年固定资产投资

单位：万元

年 份	固定资产投资	年 份	固定资产投资
1949		1980	21370
1950	7	1981	15753
1951	264	1982	23585
1952	830	1983	24278
1953	2248	1984	28460
1954	1318	1985	44053
1955	1354	1986	58275
1956	3943	1987	57585
1957	3820	1988	48430
1958	7653	1989	41582
1959	11102	1990	48580
1960	13946	1991	85173
1961	2737	1992	136417
1962	1218	1993	188022
1963	1703	1994	254321
1964	2580	1995	257415
1965	6023	1996	261191
1966	7505	1997	271549
1967	2843	1998	391065
1968	3342	1999	447553
1969	3528	2000	687898
1970	7436	2001	953052
1971	5659	2002	1312557
1972	5569	2003	1880127
1973	8343	2004	2701496
1974	9215	2005	4202371
1975	10987	2006	5084256
1976	12394	2007	5822357
1977	10075	2008	6404626
1978	13358	2009	8008082
1979	17596		

6-2 历年房地产投资

单位：万元、万平方米

年份	房地产投资	#住宅	房屋销售面积	#住宅	房屋施工面积	#住宅	房屋竣工面积	#住宅
1990	4415	1394	3		13.1	12.4	5.3	4.8
1991	3565	2644	3.8		18.5	16.7	8.1	7.5
1992	10090	7824	5		46.5	43.8	11	9.4
1993	34173	27636	6.5		75.9	62	22	18.5
1994	27254	15303	14.3	10.4	71.6	45.8	21.5	15
1995	30342	18820	13.7	10.5	75.5	50.9	23	16.3
1996	43286	35425	25.6	22.9	98	88	34.8	31.1
1997	32448	20739	22.1	18	73.1	53.2	34.9	25.8
1998	91891	57673	29.6	25.4	135.8	111.8	44	33.6
1999	98152	75045	47.2	41.2	174.1	150	88.9	76.4
2000	117697	89920	60.6	55	200.6	169.8	111.1	97.5
2001	155431	78121	65.6	58.2	253.8	193.3	108.5	77.4
2002	244077	117709	121.3	106.3	357.1	257.3	159	121.2
2003	273982	123772	137.4	113	342	223.3	131.8	110.1
2004	324644	162839	172.6	151.7	472.9	261.3	169	116.3
2005	358634	231911	224.1	194.8	559.5	377.2	204.4	161
2006	949934	705462	215.3	193.9	996.6	765.9	168.6	141.8
2007	1298346	96477	225.9	213.3	1567.1	1256.9	216.3	199.5
2008	1770684	1394940	331.1	307.3	1787.1	1462.2	252.6	224.4
2009	1782909	1269283	375.0	309.1	1832.9	1452.4	456.3	369.3

6-3 固定资产投资完成额

单位：万元

项　　目	2008年	2009年	2009年比2008年增长%
总　计	**6404626**	**8008082**	**25.0**
按投资类型分组			
城镇固定资产投资	4560083	6201215	36.0
房地产投资	1770684	1782909	0.7
城镇以下投资	73859	23958	-67.6
按登记注册类型分组			
内　资	6121786	7725611	26.2
国　有	2518435	3839052	52.4
集　体	135373	203486	50.3
其　他	3467988	3683073	6.2
港澳台投资	16716	168170	906.0
外商投资	265024	114301	-56.9
个体经营	1100		
按建设性质分组			
新　建	4183011	2749158	-34.3
扩　建	1462203	2291860	56.7
改　建	206341	350533	69.9
单纯建设生活设施	329549	2057403	524.3
迁　建	31138	27431	-11.9
单纯购置	190433	531697	179.2
按隶属关系分			
中央项目	700507	2307186	229.4
地方项目	5704119	5700896	-0.1
#市　属	4750706	1184241	-75.1
房屋面积			
施工面积（平方米）	30008313	31434095	4.8
#住　宅	19283375	19572187	1.5
竣工面积（平方米）	6404111	10812067	68.8
#住　宅	3938024	6312547	60.3
本年新增固定资产	4636690	6847694	47.7

6-4 按国民经济行业分投资规模及个数

单位：万元、个

行业	计划总投资	本年新开工项目计划总投资	自开始建设累计完成投资	本年完成投资	项目施工个数	本年投产项目个数
总计	**12416012**	**5534334**	**9701565**	**6225173**	**1029**	**791**
农、林、牧、渔业	553064	492932	501893	476681	162	149
农业	112286	93926	104074	96804	35	30
林业	102841	102841	97841	97841	22	21
畜牧业	213900	195800	190657	177357	58	55
农、林、牧、渔服务业	124037	100365	109321	104679	47	43
采矿业	108425	64925	85325	55859	17	13
煤炭开采和洗选业	23350	23350	14700	14700	3	2
黑色金属矿采选业	25375	20875	22575	20075	6	5
有色金属矿采选业	38900	3900	38900	14234	4	4
非金属矿采选业	20800	16800	9150	6850	4	2
制造业	2989109	955366	2233898	1344760	171	119
农副食品加工业	31575	23675	26865	25865	17	12
食品制造业	302359	83489	282121	80956	16	15
饮料制造业	25911	23011	19288	18058	4	1
烟草制品业	8195		5166	5166		
纺织业	9417	5063	7717	6617	4	3
纺织服装、鞋、帽制造业	12546	1346	10876	4304	4	3
木材加工及木、竹、藤、棕、草制	4100	4100	4100	4100	1	1
家具制造业	1300		800	300	1	1
造纸及纸制品业	176166	96436	155075	86105	12	9
印刷业和记录媒介的复制	5167	1040	5167	2320	2	2
石油加工、炼焦及核燃料加工业	10142		7136	1837	1	
化学原料及化学制品制造业	730140	89610	475829	303891	15	6
医药制造业	157233	155233	105644	105544	9	5
塑料制品业	48433	39003	35607	26207	6	3
非金属矿物制品业	662765	217040	385987	246895	28	23
黑色金属冶炼及压延加工业	2000	2000	1500	1500	1	
有色金属冶炼及压延加工业	381194	47025	361297	237624	8	5
金属制品业	58650	27820	58660	31350	8	8
通用设备制造业	100595	12950	100745	48295	8	7
专用设备制造业	13280	11480	4610	3110	3	2
交通运输设备制造业	51630	6630	36123	11690	3	2
电气机械及器材制造业	165341	95445	118099	70243	16	10
通信设备、计算机及其他电子设备	11165	3165	7434	5410	2	

6-4续表

单位：万元 、个

行　　业	计　划 总投资	本年新开工项目计划总投资	自开始建设累计完成投资	本　年 完成投资	项目施工 个　数	本年投产 项目个数
仪器仪表及文化、办公用机械制造	9805	9805	9800	9800	1	1
废弃资源和废旧材料回收加工业	10000		8252	7573	1	
电力、燃气及水的生产和供应业	2262200	1154587	1663487	999648	92	59
电力热力生产和供应业	1766237	943903	1332481	846808	46	32
电力生产	1001769	557369	704028	434953	15	9
建 筑 业	113405	40305	92487	92487	7	2
房屋和土木工程建筑业	110979	37879	90061	90061	6	1
建筑安装业	2426	2426	2426	2426	1	1
交通运输、仓储和邮政业	990595	356414	863415	498594	82	66
铁路运输业	313110	26138	313203	225682	5	5
道路运输业	572709	238200	460641	190186	60	48
城市公共交通业	34631	33931	34681	34681	4	3
装卸搬运和其他运输服务业	5000	5000	5000	5000	1	1
仓 储 业	65145	53145	49890	43045	12	9
信息传输、计算机服务和软件业	518717	193535	470096	221210	9	6
电信和其他信息传输服务业	518717	193535	470096	221210	9	6
批发和零售业	404883	192246	285560	206751	40	31
住宿和餐饮业	195028	68955	195142	107256	21	18
金 融 业	63300	8370	63300	63300	2	2
房地产业	690822	434047	399373	298095	38	29
租赁和商务服务业	35009	35009	35004	35004	5	4
科学研究、技术服务和地质勘查业	72515	20994	60518	38818	10	5
水利、环境和公共设施管理业	1232690	880526	837341	649037	149	112
水利管理业	586778	522930	290279	266669	44	25
环境管理业	18540	15593	16722	16124	8	5
公共设施管理业	627372	342003	530340	366244	97	82
居民服务和其他服务业	57677	44417	47062	45662	4	1
教　育	576261	171934	489232	266190	54	41
卫生、社会保障和社会福利业	130729	38433	120340	60700	24	18
卫　生	115799	23503	105760	46120	20	15
文化、体育和娱乐业	297649	54486	235384	103681	20	16
新闻出版业	20213		14008	2213	1	
广播、电视、电影和音像业	105769		55847	35847	1	
文化艺术业	160313	43132	154175	54267	15	13
体　育	11354	11354	11354	11354	3	3
公共管理和社会组织	1123934	326853	1022708	661440	122	100

6-5 按国民经济行业分

行业	本年完成投资	按构成分			
		建筑工程	安装工程	设备工器具购置	其他费用
总计	**6225173**	**3524570**	**274958**	**1834671**	**590974**
农、林、牧、渔业	476681	368433	2375	11063	94810
农业	96804	91645	447	973	3739
林业	97841	42439			55402
畜牧业	177357	142213	1126	7505	26513
农、林、牧、渔服务业	104679	92136	802	2585	9156
采矿业	55859	34089	2020	17700	2050
煤炭开采和洗选业	14700	8180	670	4600	1250
黑色金属矿采选业	20075	9250	325	10000	500
有色金属矿采选业	14234	11934	1000	1100	200
非金属矿采选业	6850	4725	25	2000	100
制造业	1344760	570594	123958	545142	105066
农副食品加工业	25865	11675	550	4025	9615
食品制造业	80956	29032	9432	29002	13490
饮料制造业	18058	17186			872
烟草制品业	5166			5166	
纺织业	6617	3210	68	2314	1025
纺织服装、鞋、帽制造业	4304	1780	288	2236	
木材加工及木、竹、藤、棕、草制	4100	3946			154
家具制造业	300	300			
造纸及纸制品业	86105	42323	3578	37861	2343
印刷业和记录媒介的复制	2320	923		1397	
石油加工、炼焦及核燃料加工业	1837	472	605	460	300
化学原料及化学制品制造业	303891	106535	40870	120969	35517
医药制造业	105544	49796	3900	47956	3892
塑料制品业	26207	14597	2313	8500	797
非金属矿物制品业	246895	119528	16161	91936	19270
黑色金属冶炼及压延加工业	1500	170	200	600	530
有色金属冶炼及压延加工业	237624	105231	29277	99651	3465
金属制品业	31350	8330	3730	19190	100
通用设备制造业	48295	6745	6760	34770	20
专用设备制造业	3110	3110			
交通运输设备制造业	11690	1230	850	9375	235
电气机械及器材制造业	70243	31790	4601	22128	11724
通信设备、计算机及其他电子设备	5410	2000	275	2935	200

投资和新增固定资产

单位：万元

按建设性质分							本年新增固定资产
新　建	扩　建	改建和技术改造	单纯建造生活设施	迁　建	恢复	单纯购置	
2749158	**2291860**	**350533**	**272695**	**27431**	**1800**	**531696**	**5699876**
170711	279459	16810	9701				443317
65534	28143	3127					90331
140	87930	70	9701				94841
95278	82079						159372
9759	81307	13613					98773
32045	19814	2000				2000	47159
9800	4900						13500
7875	9200	2000				1000	17875
9020	5214						14234
5350	500					1000	1550
804043	463970	45550	2440	5070		23687	1104194
9145	10200	4320	2200				15820
39605	26351	15000					271964
1670	16148		240				2900
						5166	
3200	2063					1354	6417
2858	1446						4546
4100							4100
300							800
28039	45836			1000		11230	122142
923		1040				357	5167
		1837					
116149	174520	8222				5000	198836
54900	49613	1031					50613
8987	13200			4020			23150
170266	67049	9000				580	144975
1500							
218388	19236						27035
30850	500						58660
39055	6750	2490					70255
300	1610	1200					3410
5560	6130						6630
54448	15745			50			76974
4000		1410					

6-5续表

行业	本年完成投资	按构成分			
		建筑工程	安装工程	设备工器具购置	其他费用
仪器仪表及文化、办公用机械制造	9800	5300	500	4000	
废弃资源和废旧材料回收加工业	7573	5385		671	1517
电力、燃气及水的生产和供应业	999648	466429	91904	386899	54416
电力热力生产和供应业	846808	349124	87684	358568	51432
电力生产	434953	104353	52166	246790	31644
建筑业	92487	19187		73100	200
房屋和土木工程建筑业	90061	16761		73100	200
建筑安装业	2426	2426			
交通运输、仓储和邮政业	498594	331033	3230	98809	65522
铁路运输业	225682	107101	500	66944	51137
道路运输业	190186	177171	100	5360	7555
城市公共交通业	34681	13081	1800	19300	500
装卸搬运和其他运输服务业	5000	3200		1800	
仓储业	43045	30480	830	5405	6330
信息传输、计算机服务和软件业	221210	14810	28738	175243	2419
电信和其他信息传输服务业	221210	14810	28738	175243	2419
批发和零售业	206751	142548	10467	35547	18189
住宿和餐饮业	107256	52066	1210	46527	7453
金融业	63300	7869		54930	501
房地产业	298095	203757		17766	76572
租赁和商务服务业	35004	24935	870	4720	4479
科学研究、技术服务和地质勘查业	38818	28149	530	10139	
水利、环境和公共设施管理业	649037	534589	7672	9932	96844
水利管理业	266669	192270	5964	1521	66914
环境管理业	16124	11924	235	3873	92
公共设施管理业	366244	330395	1473	4538	29838
居民服务和其他服务业	45662	20923	200	12625	11914
教育	266190	242079	66	15577	8468
卫生、社会保障和社会福利业	60700	45413	768	10866	3653
卫生	46120	33733	768	10866	753
文化、体育和娱乐业	103681	71343	600	25868	5870
新闻出版业	2213	500		1713	
广播、电视、电影和音像业	35847	27000		8847	
文化艺术业	54267	35189	400	12808	5870
体育	11354	8654	200	2500	
公共管理和社会组织	661440	346324	350	282218	32548

单位：万元

按建设性质分							本年新增固定资产
新　建	扩　建	改建和技术改造	单纯建造生活设施	迁　建	恢复	单纯购置	
9800							9800
	7573						
517107	356870	116090				9581	990109
470513	272335	94379				9581	855590
212290	207201	8862				6600	409235
	19387					73100	35545
	16961					73100	33119
	2426						2426
306868	116806	66220		8000		700	710959
202544	16900	6238					313203
48344	91291	50551					333211
24550		9431				700	25200
5000							5000
26430	8615			8000			34345
28718	191442	50				1000	172739
28718	191442	50				1000	172739
150157	24230	16210	2727			13427	126554
28650	55248	2285				21073	167232
	8370					54930	38500
111995	15635	2650	158435			9380	152623
32009	2995						32009
24138		50	2680	3511		8439	30930
133892	462866	49976				2303	432391
27049	216970	22650					121308
4465	5306	4050				2303	10021
102378	240590	23276					301062
1300	35402					8960	13525
152833	87213	8410	5674			12060	227984
32079	7421	6750		10850		3600	98209
20419	4501	6750		10850		3600	86279
56940	24231	3000			50	19460	163384
500						1713	1713
27000						8847	8847
21586	23731				50	8900	141470
7854	500	3000					11354
165673	120501	14482	91038		1750	267997	712513

6-6 按国民经济行

行　　业	本年资金来源合计	上年末结余资金	本年资金来源小计	国家预算内资金	国内贷款
总　　计	**5510029**	**53013**	**5457016**	**129291**	**556815**
农、林、牧、渔业	332508		332508	60988	11777
农　业	79144		79144	562	3722
林　业	76661		76661	40612	
畜牧业	121726		121726	3200	8055
农、林、牧、渔服务业	54977		54977	16614	
采矿业	55859		55859		6000
煤炭开采和洗选业	14700		14700		6000
黑色金属矿采选业	20075		20075		
有色金属矿采选业	14234		14234		
非金属矿采选业	6850		6850		
制造业	1226422	1581	1224841	2400	233790
农副食品加工业	25855		25855	100	300
食品制造业	76058		76058		
饮料制造业	9338		9338		
烟草制品业	5166		5166		
纺织业	6617		6617		
纺织服装、鞋、帽制造业	4304		4304		
木材加工及木、竹、藤、棕、草制	4100		4100		
家具制造业	300		300		
造纸及纸制品业	68435		68435		4000
印刷业和记录媒介的复制	2320		2320		
石油加工、炼焦及核燃料加工业	1837		1837		
化学原料及化学制品制造业	304261	260	304001		47090
医药制造业	95700		95700		5300
塑料制品业	32040		32040		4000
非金属矿物制品业	182870		182870		25500
黑色金属冶炼及压延加工业	1500		1500		
有色金属冶炼及压延加工业	211778		211778		147600
金属制品业	30350		30350		
通用设备制造业	48295		48295		
专用设备制造业	3110		3110		
交通运输设备制造业	11690		11690		
电气机械及器材制造业	81067		81067		
通信设备、计算机及其他电子设备	6010		6010		

业 分 财 务 拨 款

单位：万元

债券	利用外资		自筹资金		其他资金来源	本年各项应付款合计	工程款
		外商直接投资		单位自有资金			
44000	**62633**	**8100**	**4524863**	**850207**	**139414**	**870464**	**843351**
3000			240206	12133	16537	144178	144003
			60080		14780	17660	17660
			36049			21180	21180
3000			106396	11843	1075	55636	55636
			37681	290	682	49702	49527
			47359	7200	2500		
			8700	1200			
			17575	1000	2500		
			14234				
			6850	5000			
	24099	8100	961976	343255	2576	150976	142776
			25455	8635		440	440
	900	900	75158	59558		4898	4898
			7668		1670	8720	8720
			5166				
			6617	3417			
			4304	3524			
			4100				
			300				
	15999		48130	21330	306	21037	21037
			2320	357			
			1837	1837			
			256911	3520			
			89800	88190	600	11813	11813
			28040	10790			
	7200	7200	150170	45635		64325	56125
			1500	1500			
			64178	27225		34286	34286
			30350	20		1000	1000
			48295				
			3110	300			
			11690	11190			
			81067	54817			
			6010	1410		505	505

6-6续表

行　　业	本年资金来源合计	上年末结余资金	本年资金来源小计	国家预算内资金	国内贷款
仪器仪表及文化、办公用机械制造	9800		9800		
废弃资源和废旧材料回收加工业	3621	1321	2300	2300	
电力、燃气及水的生产和供应业	973875	50200	923675	16481	229657
电力热力生产和供应业	863970	50200	813770	11222	192722
电力生产	426670	50200	376470	1160	46400
建筑业	91687		91687		
房屋和土木工程建筑业	89261		89261		
建筑安装业	2426		2426		
交通运输、仓储和邮政业	391762		391762	6620	24870
铁路运输业	225682		225682	3000	
道路运输业	84354		84354	3320	9670
城市公共交通业	34681		34681		7200
装卸搬运和其他运输服务业	5000		5000		
仓储业	42045		42045	300	8000
信息传输、计算机服务和软件业	223353		223353		
电信和其他信息传输服务业	223353		223353		
批发和零售业	206501		206501		700
住宿和餐饮业	98747		98747		200
金融业	59130		59130		
房地产业	293114		293114	889	691
租赁和商务服务业	34109		34109		1000
科学研究、技术服务和地质勘查业	39231		39231	590	
水利、环境和公共设施管理业	410234	632	409602	16672	42580
水利管理业	172162	632	171530	11969	16510
环境管理业	11590		11590	2123	
公共设施管理业	226482		226482	2580	26070
居民服务和其他服务业	31234	600	30634	200	
教育	252464		252464	8689	350
卫生、社会保障和社会福利业	62869		62869	5083	800
卫生	47959		47959	4983	800
文化、体育和娱乐业	99043		99043	240	300
新闻出版业	2213		2213		
广播、电视、电影和音像业	35847		35847		
文化艺术业	49629		49629	240	
体育	11354		11354		300
公共管理和社会组织	627887		627887	10439	4100

单位：万元

债　　券	利用外资	外商直接投资	自筹资金	单位自有资金	其他资金来　　源	本年各项应付款合计	工 程 款
			9800				
						3952	3952
	38534		611349	139577	27654	93474	92474
	24670		560551	124793	24605	46866	46866
			307910	34580	21000	8283	8283
			90937	12491	750	800	800
			88511	12491	750	800	800
			2426				
			345171	25138	15101	140354	125654
			222682	1053			
			56263	8000	15101	139354	125654
			27481				
			5000	5000			
			33745	11085		1000	
			223353	180910			
			223353	180910			
			204151	29552	1650	250	250
			97597	9170	950	8509	8509
			55630		3500	4170	4170
			275969	34450	15565	7011	7011
			31209	12500	1900	900	900
			38641	2600			
41000			298323	30344	11027	249037	246004
41000			98564	12736	3487	99464	96431
			9017		450	4534	4534
			190742	17608	7090	145039	145039
			30434	4565		14428	14428
			243285	5097	140	14874	14869
			56826	1050	160	35	35
			42016	1050	160	15	15
			98121		382	4788	4788
			2213				
			35847				
			49207		182	4788	4788
			10854		200		
			574326	175	39022	36680	36680

6-7 按国民经济行业分房屋建筑面积及价值

行业	本年施工房屋面积（平方米）	#住宅	本年竣工房屋面积（平方米）	#住宅	本年竣工房屋价值（万元）	#住宅
总计	**13104877**	**5048296**	**6249555**	**2619224**	**1099677**	**401913**
农、林、牧、渔业	566660	42703	300969	42703	39291	9701
农业	8200		4509		749	
林业	142314	42703	72314	42703	18802	9701
畜牧业	414566		222566		19606	
农、林、牧、渔服务业	1580		1580		134	
采矿业	10500		5500		489	
煤炭开采和洗选业	2500		2500		289	
黑色金属矿采选业	3000		3000		200	
有色金属矿采选业						
非金属矿采选业	5000					
制造业	1372848	76320	572050		95335	
农副食品加工业	61320	36720	5580		920	
食品制造业	104385		47385		9864	
饮料制造业	83458	39600	8700		1670	
烟草制品业						
纺织业	10637		5787		1514	
纺织服装、鞋、帽制造业	14690		12690		2093	
木材加工及木、竹、藤、棕、草制	16000		16000		4100	
家具制造业						
造纸及纸制品业	141353		66222		10903	
印刷业和记录媒介的复制	5800		5800		1349	
石油加工、炼焦及核燃料加工业						
化学原料及化学制品制造业	129844		16440		1550	
医药制造业	154939		70939		13199	
塑料制品业	98068		7000		900	
非金属矿物制品业	270906		174811		21333	
黑色金属冶炼及压延加工业	9600					
有色金属冶炼及压延加工业	124290		33290		7007	
金属制品业	28648		28648		5988	
通用设备制造业	520		520		60	
专用设备制造业	15608		15608		1800	
交通运输设备制造业	16059		1059		265	
电气机械及器材制造业	77315		51371		10320	
通信设备、计算机及其他电子设备	5208					

6-7续表

行业	本年施工房屋面积（平方米）	#住宅	本年竣工房屋面积（平方米）	#住宅	本年竣工房屋价值（万元）	#住宅
仪器仪表及文化、办公用机械制造	4200		4200		500	
废弃资源和废旧材料回收加工业						
电力、燃气及水的生产和供应业	243400	100000	38368		3789	
电力热力生产和供应业	233445	100000	34413		2979	
电力生产	175256	100000	28304		2097	
建筑业	51089	8373	49373	8373	6226	950
房屋和土木工程建筑业	35089	8373	33373	8373	3800	950
建筑安装业	16000		16000		2426	
交通运输、仓储和邮政业	306864		247383		51013	
铁路运输业	60923		60923		19697	
道路运输业	60305		23724		5105	
城市公共交通业	49324		49324		9121	
装卸搬运和其他运输服务业	3200		3200		160	
仓储业	133112		110212		16930	
信息传输、计算机服务和软件业	40308		40308		8585	
电信和其他信息传输服务业	40308		40308		8585	
批发和零售业	1176138	6060	111138	6060	27742	1050
住宿和餐饮业	270312		173473		53079	
金融业	62364	17183	62364	17183	8370	2900
房地产业	2948520	2792993	822191	661596	104849	78558
租赁和商务服务业	45000	20000	35000	20000	8350	5120
科学研究、技术服务和地质勘查业	94432	46781	8400	3600	914	432
水利、环境和公共设施管理业	98424		33794		1936	
水利管理业	130					
环境管理业	700					
公共设施管理业	97594		33794		1936	
居民服务和其他服务业	6300					
教育	2469949	10881	964468	7281	177741	1100
卫生、社会保障和社会福利业	348601		251476		84740	
卫生	288401		198776		72860	
文化、体育和娱乐业	324567		204744		49766	
新闻出版业	49985					
广播、电视、电影和音像业	30000					
文化艺术业	224725		184887		44604	
体育	19857		19857		5162	
公共管理和社会组织	2668601	1927002	2328556	1852428	377462	302102

6-8 固定资产投资新增生产能力

项　　目	单位	建设规模	本年施工规模	#本年新开工能　力	累计新增生产能力	#本年新增
原煤开采	万吨/年	150	150	150		
焦　炭	万吨/年	100	100	0	100	100
铁矿石成品矿	万吨/年	69	69	69	69	69
黄　金	公斤 / 年	545	545	145	545	545
银选矿：处理原矿	吨/年	80	80	80	80	80
发电机组容量	万千瓦	123.4	123.4	93.4	53.4	53.4
火力发电	万千瓦	101.2	101.2	71.2	31.2	31.2
其他发电	万千瓦	22.2	22.2	22.2	22.2	22.2
输电线路长度(11万伏及以上)	公里	546	431	379	546	431
水　泥	万吨 / 年	542	542	542	162	162
平板玻璃	万重量箱/年	50	50	50	50	50
氮　肥	吨/年	7000	7000	7000	7000	7000
精甲醇	吨/年	100000	100000	100000	100000	100000
电视机	万部/年	200	200	200		
# 彩色电视机	万部/年	100	100	100		
白　酒	万吨/年	0.3	0.3	0.3		
新建公路	公里	397.08	397.08	389.1	395.58	395.58
# 高速公路	公里	57.9	57.9	57.9	57.9	57.9
改建公路	公里	393.4	393.4	393.4	222.4	222.4
一级公路	公里	37	37	37		
新建独立公路桥梁	延长米	1892	1892	1892	1892	1892
	座	4	4	4	4	4
新(扩)建公路客、货运站	个	6	6	6	6	6
	平方米	9270	9270	9270	9270	9270
城市自来水供水能力	万吨/日	26.2	26.2	6.2	6.2	6.2
城市污水处理能力	万吨 / 日	30	30	9	9	9
城市公共交通车辆购置	辆	100	100	100	100	100

6-9 房地产开发投资完成情况

项目	单位	2009年	项目	单位	2009年
计划总投资	万元	5724251	其他	万元	88527
累计完成投资	万元	4610864	本年新增固定资产	万元	1152859
本年完成投资	万元	1782909	本年完成开发土地面积	平方米	366133
土地开发投资额	万元	4486	本年购置土地面积	平方米	2249678
#配套工程投资	万元	8631	本年资金来源合计	万元	1519920
按构成分			上年末结余资金	万元	54086
建筑工程	万元	1451023	本年资金来源小计	万元	1465834
安装工程	万元	17972	国内贷款	万元	86243
设备工器具购置	万元	64035	#银行贷款	万元	28490
其他费用	万元	249879	非银行金融机构贷款	万元	57753
#土地购置费	万元	214041	利用外资	万元	
按工程用途分			#外商直接投资额	万元	
住宅	万元	1269283	自筹资金	万元	1014720
90平方米以下	万元	464711	#自有资金	万元	673522
140平方米以上住房	万元	243776	其他资金来源合计	万元	364871
经济适用房	万元	158961	#定金及预收款	万元	294830
别墅高档公寓	万元	105712	#个人按揭贷款	万元	55516
办公楼	万元	73919	本年各项应付款合计	万元	376822
商业营业用房	万元	351180	#工程款	万元	179886

6-10 房地产施工、竣工房屋面积及竣工价值

单位：平方米

项目	施工面积	#新开工	竣工面积	竣工房屋价值（万元）	商品住宅竣工套数（套）
房屋建筑面积合计	**18329218**	**4831508**	**4562512**	**960743**	
住宅	14523891	3644035	3693323	719384	35874
90平方米以下	5290161	1406166	1371747	244681	18836
140平方米以上住房	2547032	556121	823178	212111	4413
经济适用房	1822163	431734	205000	37091	2494
别墅高档公寓	1171095	392790	283368	94688	1488
办公楼	723614	126164	303186	82222	
商业营业用房	2055179	736086	336501	100075	
其他	1026534	325223	229502	59062	

6-11 商品房屋销售与出租情况

单位：平方米

项目	商品房销售面积	现房销售面积	期房销售面积	商品房销售额（万元）	现房销售额（万元）	期房销售额（万元）
房屋面积合计	**3749858**	**2409813**	**1340046**	**1460331**	**811734**	**648597**
住宅	3090961	1987589	1103372	1005335	556236	449099
90平方米以下	717142	400472	316670	187123	109476	77647
140平方米以上住房	853867	381055	472812	406916	121552	285364
经济适用房	131634	33043	98591	24415	7604	16811
别墅高档公寓	357985	32812	325173	234330	14239	220091
办公楼	88556	82545	6011	42449	39931	2518
商业营业用房	503340	276571	226769	384248	188684	195564
其他	67002	63108	3894	28299	26883	1416

6-11续表

单位：平方米

项目	空置面积	出租面积	商品住宅销售套数（套）	现房住宅销售套数（套）	期房住宅销售套数（套）
房屋面积合计	**2155510**	**189033**			
住宅	1660623	83276	26836	17778	9058
90平方米以下	712179	397	9351	5296	4055
140平方米以上住房	305723	878	4372	2242	2130
经济适用房	144537		1395	315	1080
别墅高档公寓	56119	1276	1562	257	1305
办公楼	195520	79870			
商业营业用房	189671	25887			
其他	109696				

6-12 房地产开发企业（单位）财务状况

项　　　　目	单位	2009年	项　　　　目	单位	2009年
年初存货	万元	1486996	主营业务成本	万元	651946
年初资产负债			主营业务税金及附加	万元	46732
流动资产合计	万元	4016106	主营业务利润	万元	144162
# 存　货	万元	2019176	其他业务收入	万元	2311
固定资产原价	万元	74568	其他业务利润	万元	2150
累计折旧	万元	18362	销售费用	万元	18807
# 本年折旧	万元	4656	管理费用	万元	33324
资产总计	万元	5003422	# 税　金	万元	3494
负债合计	万元	4022496	差旅费	万元	1369
所有者权益	万元	980926	工会经费	万元	88
# 实收资本	万元	510447	财务费用	万元	13432
国家资本	万元	1927	# 利息支出	万元	8214
集体资本	万元	800	营业利润	万元	96691
法人资本	万元	365941	营业外收入	万元	7429
个人资本	万元	140529	营业外支出	万元	1610
港澳台资本	万元	1250	利润总额	万元	102509
外商资本	万元		应缴所得税	万元	28442
损益及分配	万元		劳动、失业保险	万元	796
主营业务收入	万元	858782	住房公积金及住房补贴	万元	89
土地转让收入	万元	112	工资、福利费	万元	
商品房屋销售收入	万元	838232	本年应付工资总额	万元	16241
房屋出租收入	万元	1438	本年应付福利费总额	万元	1817
其他收入	万元	19000	全部从业人员年平均人数	万元	5370

主要统计指标解释

固定资产投资 固定资产投资是建造和购置固定资产的经济活动，即固定资产再生产活动。固定资产再生产过程包括固定资产更新（局部更新和全部更新）、改建、扩建、新建等活动。新的企业财务会计制度规定，固定资产局部更新的大修理作为日常生产活动的一部分，发生的大修理费用直接在成本费用中列支。按照现行投资管理体制及有关部门的规定，凡属于大修理、养护、维护性质的工程（如设备大修、建筑物的翻修和加固、农田水利工程和堤防、水库的岁修、铁路大修等）都不纳入固定资产投资管理，也不作为固定资产投资统计。

固定资产投资属于实物投资的一部分，这一点区别于金融投资。固定资产投资的目的是建造和购置固定资产，它的承担物表现为机器、设备、建筑物等固定资产。而金融投资（如股票和债券投资）则表现为金融资产的增加。

固定资产投资是国民经济再生产活动的一个重要部分。通过固定资产投资，可以扩大社会再生产的规模，提高社会生产的技术水平，调整经济结构，改变生产力的地区分布，增强国家的经济实力，提高和改善人民物质和文化生活水平。

固定资产投资额（又称固定资产投资完成额） 是以货币形式表现的在一定时期内建造和购置固定资产的工作量以及与此有关的费用的总称。没有形成工程实体的建筑材料和没有开始安装的设备，都不计算投资完成额。它是反映固定资产投资规模、结构和发展速度的综合性指标，又是观察工程进度和考核投资效果的重要依据。

房地产开发 是指各种经济类型的房地产开发公司、商品房建设公司及其他房地产开发单位统一开发的商品住宅、厂房、仓库、饭店、宾馆、度假村、写字楼、办公楼等房屋建筑物和配套的服务设施，以及土地开发工程，如道路、给水、排水、供电、供热、通讯、平整场地等工程。房地产开发统计不包括单纯的土地交易活动。房地产开发单位本身进行的固定资产投资活动，如自建自用的房屋、设备购置等，应作为基本建设，更新改造和其他投资的统计范围。

施工项目 指报告期内曾进行建筑安装施工活动的建设项目，包括报告期内新开工项目，报告期以前开工跨报告期继续施工的项目，报告期施过工并在报告期内全部建成投产或停缓建的项目。

全部建成投产项目 工业项目是指设计文件规定形成生产能力的主体工程及其相应配套的辅助设施全部建成，经负荷试运转，证明具备生产设计规定合格产品的条件，并经过验收鉴定合格或达到竣工验收标准，与生产性工程配套的生活福利设施可以满足近期正常生产的需要，正式移交生产的建设项目；非工业项目是指设计文件规定的主体工程和相应的配套工程全部建成，能够发挥设计规定的全部效益，经验收鉴定合格或达到竣工验收标准，正式移交使用的建设项目。

新增固定资产 新增固定资产（又称交付使用的固定资产），是指已经完成和购置过程，并已交付生产或使用单位的固定资产价值。

新增固定资产是表示固定资产投资成果的价值量指标，也是反映建设进度，计算固定资产投资效果的必要数据。

新增生产能力 指通过固定资产投资活动而增加设计能力或工程效益，它是用实物形态表示的固定资产投资的成果。新增生产能力的计算，是以能独立发挥生产能力或效益的单项工程（或项目）为对象，当单项工程（或项目）建成，经有关部门鉴定合格，正式移交投入生产，即可计算新增生产能力。

房屋建筑面积 房屋建筑面积，是房屋建筑勒脚以上外墙外围的水平截面面积，包括房屋建筑的有效面积和结构面积。房屋建筑面积统计指标是从实物形态上反映建设规模和建设成果的重要指标之一，也是检查工程形象进度、计算工程造价、分析投资效果、研究施工任务与施工力量和建筑材料之间平衡情况的重要依据。

房屋施工面积 是指报告期内施工的全部房屋建筑面积，包括本期新开工的面积和上期开工跨入本期继续施工的房屋面积，以及上期已停建在本期恢复施工的房屋面积。本期竣工和本期施工后又停缓建的房屋，其建筑面积仍计入本期房屋施工面积中。

第二部分　统计资料

财政税收

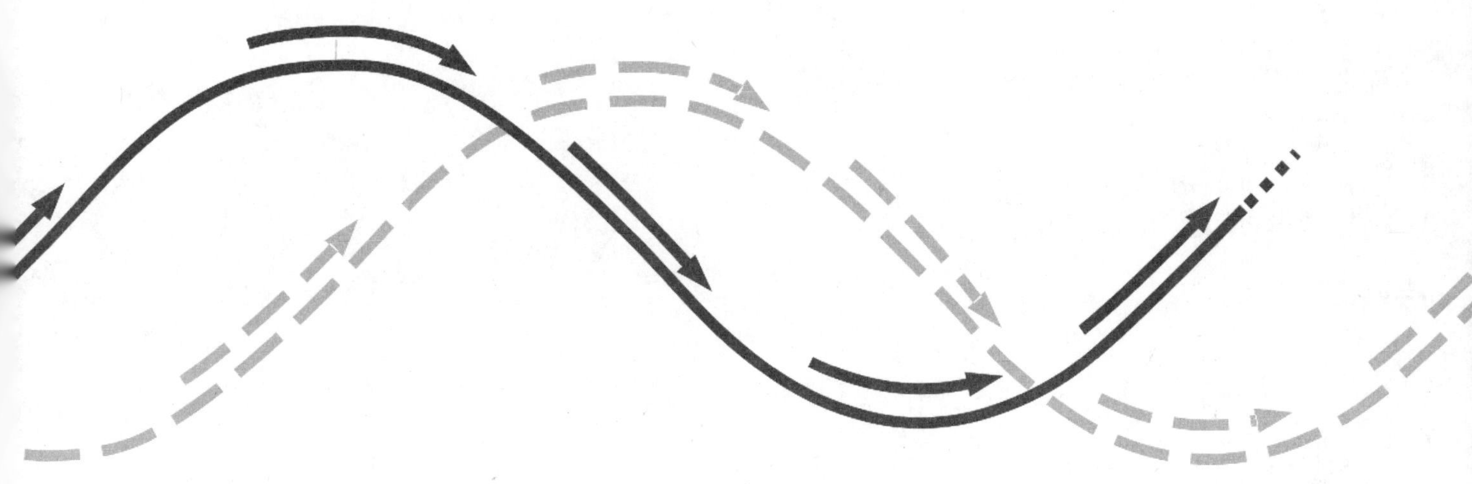

7-1 历年财政收入

单位:万元

年　份	地方财政收入
1949	79
1952	571
1957	2645
1962	3105
1965	4686
1970	10870
1975	10405
1978	14085
1980	15031
1981	14746
1982	16406
1983	15833
1984	18657
1985	25330
1986	29937
1987	35142
1988	39802
1989	43658
1990	45494
1991	49231
1992	56061
1993	71964
1994	35081
1995	43892
1996	58789
1997	78628
1998	92559
1999	105783
2000	127755
2001	142098
2002	171859
2003	213699
2004	367323
2005	493433
2006	640226
2007	934302
2008	1583099
2009	2012371

注：自2008年起地方财政收入变为地方财政总收入。

7-2 历年财政支出

单位:万元

年　　份	财政支出	#教育事业费
1949	39	4
1952	348	51
1957	1120	303
1962	1755	339
1965	1890	465
1970	2758	543
1975	6687	1230
1978	9979	1705
1980	10870	2130
1981	9643	2209
1982	12395	2614
1983	15545	2950
1984	21719	3783
1985	24093	4371
1986	35089	4854
1987	34652	5371
1988	37015	6368
1989	41333	7015
1990	45213	8455
1991	49338	8639
1992	54119	10353
1993	67803	13564
1994	74971	16198
1995	82137	17915
1996	104035	19111
1997	127972	20901
1998	153745	22891
1999	171308	25413
2000	198645	28075
2001	276059	36785
2002	360686	43884
2003	482538	53307
2004	613227	67072
2005	721234	77296
2006	922229	89846
2007	1004158	148773
2008	1331795	181912
2009	1651684	221858

7-3 财　政　收　入

单位:万元

项　　目	2008年	2009年	2009年比2008年增长%
地方财政总收入	**1583099**	**2012371**	**27.1**
一般预算收入	822459	1067947	29.8
增 值 税	76045	79475	4.5
营 业 税	210073	268380	27.8
企业所得税	65395	70921	8.5
个人所得税	41857	42973	2.7
资 源 税	2239	1089	-51.4
城市维护建设税	46350	52023	12.2
房产税和固定资产投资方向调节税	25177	30350	20.5
印 花 税	14635	14302	-2.3
城镇土地使用税	58362	57954	-0.7
土地增值税	18553	18949	2.1
车船使用和牌照税	4153	7236	74.2
耕地占用税和契税	39903	74770	87.4
专项收入	35575	32390	-9.0
行政事业性收费收入	69419	36110	-48.0
国有资本经营收入	91418	230180	151.8
罚没收入	19458	21103	8.5
国有资源(资产)有偿使用收入	2525	17859	607.3
其他收入	1322	11881	798.7
上划中央税收收入	649060	806176	24.2
上划自治区收入	111580	138248	23.9

7-4 财 政 支 出

单位:万元

项目	2008年	2009年	2009年比2008年增长%
地方财政支出	**1331795**	**1651684**	**24.0**
一般公共服务	199846	249336	24.8
国防	4236	6553	54.7
公共安全	65364	87373	33.7
教育	181912	221858	22.0
科学技术	14818	17595	18.7
文化体育与传媒	20347	26795	31.7
社会保障和就业	140092	181857	29.8
医疗卫生	52498	80539	53.4
环境保护	45735	56567	23.7
城乡社区事务	216519	382483	76.7
农林水事务	196007	176022	-10.2
交通运输	28997	54387	87.6
工业商业金融等事务	122087	49153	-59.7
其他支出	43337	61166	41.1

7-5 税 收 情 况

单位:万元

项　　目	2008年	2009年	2009年比2008年增长%
国税合计	**780000**	**968673**	**24.2**
增 值 税	416486	457815	9.9
消 费 税	135381	253766	87.4
个人所得税	8603	3377	-60.7
企业所得税	177099	202519	14.4
车辆购置税	42431	51196	20.7
地税合计	**851818**	**1072493**	**25.9**
税收总收入合计	683370	834986	22.2
营 业 税	269325	348523	29.4
企业所得税	48858	48039	-1.7
个人所得税	125551	136136	8.4
资 源 税	2873	1413	-50.8
城镇土地使用税	58362	57955	-0.7
固定资产投资方向调节税	18		
城市维护建设税	46349	59558	28.5
印 花 税	14640	14301	-2.3
土地增值税	18555	18950	2.1
房产和城市房地产税	25163	30352	20.6
车船使用和牌照税	4152	7236	74.3
屠宰税和筵席税		1	
耕地占用税	15922	50397	216.5
契　　税	23983	24371	1.6
教育费附加	21773	27931	28.3
地方教育附加费	7498	9304	24.1
其他收入	348	519	49.1
其他收入合计	168448	237507	41.0
社会保险收入	152727	221537	45.1
文化事业建设费	959	982	2.4
水利建设基金	11141	9884	-11.3
煤炭价格调节基金		831	
工会经费	2008	2085	3.8
残疾人保障基金	1613	2188	35.6

主 要 统 计 指 标 解 释

财政收入 指国家财政参与社会产品分配所取得的收入，是实现国家职能的财力保证。财政收入所包括的内容几经变化，目前主要包括：

（1）税收收入：包括增值税、营业税、消费税、土地增值税、城市维护建设税、资源税、城镇土地使用税、印花税、固定资产投资方向调节税、房产税、个人所得税、企业所得税、车船税、车辆购置税和关税等。

（2）社会保险基金收入：包括基本养老保险基金收入、基本失业保险基金收入、基本医疗保险基金收入、工伤保险基金收入、生育保险基金收入和其他社会保险基金。

（3）非税收入：包括政府性基金收入、探矿权、采矿权使用费收入、彩票基金收入、行政事业性收费收入、公安行政事业性收费收入、罚没收入、国有资本经营收入、国有资源（资产）有偿使用收入和其他收入。

（4）贷款转贷回收本金收入：包括：国内贷款回收本金收入、国外贷款回收本金收入、国内转贷回收本金收入、国外转贷回收本金收入。

（5）债务收入：包括国内债务收入、国外债务收入。

（6）转移性收入：包括返还性收入、财力性转移支付收入、专项转移支付收入、政府性基金转移收入、彩票公益金转移收入、预算外转移收入、上年结余收入、调入资金。

财政支出 国家财政将筹集起来的资金进行分配使用，以满足经济建设和各项事业的需要，主要包括：

（1）一般公共服务：反映政府提供一般公共服务的支出。主要包括人大事务、政协事务、政府事务、共产党事务、民主党派及工商联事务、群众团体事务、国债事务、彩票事务及其他一般公共服务支出。

（2）外交：反映政府外交事务支出。包括外交行政管理、驻外机构、对外援助、国际组织、对外合作与交流、边界勘界联检等方面的支出。人大、政协、政府及所属各部门（除国家领导人、外交部门）的出国费、招待费列相关功能科目，不在本科目反映。

（3）国防：反映政府用于国防方面的支出。包括现役部队、预备役部队、民兵国防科研事业、专项工程及其它国防支出。

（4）公共安全：反映政府维护社会公共安全方面的支出。有关事务包括武装警察、公安、国家安全、检察、法院、司法行政、监狱、劳教、国家保密、缉私警察等。

（5）教育：反映政府教育事务支出。有关具体事务包括教育行政管理、学前管理、小学教育、初中教育、普通高中教育、普通高等教育、初等职业教育、中专教育、技校教育、职业高中教育、高等职业教育、广播电视教育、留学生教育、特殊教育、干部继续教育、教育机关服务等。

（6）科学技术：反映用于科学技术方面的支出。包括科学技术管理事务基础研究、应用研究、技术研究与开发、科技成果转化与扩散、科技条件与服务、社会科学、科学技术普及、科学交流与合作及其他科学技术支出。

（7）文化体育与传媒：反映政府在文化、文物、体育、广播影视、新闻出版等方面的支出。

（8）社会保障和就业：反映政府在社会保障与就业方面的支出。有关事项包括社会保障和就业管理事务、民族管理事务、财政对社会保险基金的补助、补充全国社会保障基金、行政事业单位离退休、企业改革补助、就业补助、抚恤、退役安置、社会福利、残疾人事业、城市居民最低生活保障、其他城镇社会救济、农村社会救济、自然灾害生活救助、红十字事务等。

（9）社会保险基金支出：反映政府由社会保险基金列支的各项支出，包括基本养老保险基金支出、失业保障基金支出、基本医疗保险支出、工伤保险基金支出等。特别说明：在将社会保险基金包括在内统计政府支出时，应将财政对社会保险基金的补助以及由财政承担的社会保险缴款予以扣除，以免重复计算。

（10）医疗卫生：反映政府卫生方面的支出。具体包括医疗卫生管理事务支出、医疗服务支出、医疗保障支出、疾病预防控制支出、卫生监督支出、妇幼保健支出、农村卫生支出等。

（11）环境保护：反映政府环境保护支出。具体包括：环境保护管理事务支出、环境监测与监察支出、污染治理支出、自然生态保护支出、天然林保护工程支出、退耕还林支出、风沙荒漠治理支出、退牧还草支出、已垦草原退耕还草支出等。

（12）城乡社区事务：反映政府城乡社区事务支出。具体包括：城乡社区管理事务支出、城乡社区规划与管理支出、城乡社区公共设施支出、城乡社区住宅支出、城乡社区环境卫生支出、建设市场管理与监督支出等。

（13）农林水事务：反映政府农林水事务支出。具体包括：农业支出、林业支出、水利支出、扶贫支出、农业综合开发支出等。

（14）交通运输：反映政府交通运输方面的支出。包括公路运输支出、水路运输支出、铁路运输支出、民用航空运输支出等。

（15）工业商业金融等事务：反映政府工业、商业、金融等事务支出。具体包括：采掘业支出、制造业支出、建筑业支出、电力支出、信息产业支出、旅游业支出、涉外发展支出、粮油事务支出、商业流通事务支出、物资储备支出，金融保险支出、烟草事务支出、安全生产支出、国有资产监管支出、中小企业发展支出、清洁生产支出等。

（16）其他支出：反映不能划分到上述功能科目的其他政府支出。

第二部分　统计资料

物　　价

8-1 历年各种价格指数

（以上年价格为100）

年 份	城市居民消费价格指数	城市商品零售价格指数	农村居民消费价格指数	农村生产资料价格指数
1949				
1950				
1951	124.9	127.0		
1952	104.2	104.0		
1953	103.5	103.8		
1954	103.7	103.3		
1955	101.0	101.3		
1956	102.0	102.3		
1957	99.4	99.3		
1958	100.6	100.6		
1959	102.3	100.6		
1960	101.2	101.3		
1961	121.2	123.3		
1962	99.4	99.4		
1963	92.2	91.9		
1964	96.9	97.2		
1965	99.4	99.5		
1966	100.6	100.7		
1967	100.6	100.6		
1968	99.5	99.7		
1969	100.7	100.7		
1970	99.9	99.9		
1971	100.1	100.1		
1972	99.9	99.9		
1973	100.5	100.5		
1974	100.1	100.2		
1975	99.9	100.0		
1976	100.3	100.4		
1977	99.1	100.1		
1978	101.0	101.0		

8-1续表

年　份	城市居民消费价格指数	城市商品零售价格指数	农村居民消费价格指数	农村生产资料价格指数
1980	107.9	108.5		
1981	101.1	101.0		
1982	101.9	102.0		
1983	100.8	100.8		
1984	104.8	104.8		
1985	110.0	109.3		
1986	106.6	106.5		
1987	109.7	110.2		
1988	119.5	120.6		
1989	111.7	112.1		
1990	101.8	101.3		
1991	110.6	109.3		
1992	113.3	112.2		
1993	115.6	113.9		
1994	124.4	118.1		
1995	117.6	114.3		
1996	107.6	105.0		
1997	105.1	102.8	97.55	91.48
1998	99.8	98.2	98.88	100.11
1999	102.0	98.4	96.43	97.16
2000	103.0	98.4	98.91	96.47
2001	100.4	98.9	101.26	100.36
2002	100.2	100.0	103.60	100.95
2003	102.0	100.6	107.93	100.37
2004	101.8	101.7	108.11	106.13
2005	101.5	100.9	105.46	108.04
2006	101.7	101.6	100.49	101.74
2007	103.7	102.7	107.21	104.34
2008	104.6	105.4	109.56	118.52
2009	100.1	99.9	101.32	101.20

8-2 城市居民消费价格指数

（以上年价格为100）

项　目	指　数	项　目	指　数
居民消费价格总指数	100.1	衣　着	99.3
非食品价格指数	99.2	服　装	100.6
服务项目价格指数	99.2	衣着材料	102.8
扣除鲜菜鲜果总指数	99.4	鞋 袜 帽	95.8
消费品价格指数	100.4	衣着加工服务	100.0
食　品	102.2	家庭设备用品及维修服务	100.0
粮　食	108.7	耐用消费品	98.2
淀　粉	105.5	室内装饰品	99.9
干豆类及豆制品	96.2	床上用品	99.2
油　脂	91.5	家庭日用杂品	100.8
肉禽及其制品	92.0	家庭服务及加工维修服务	109.6
蛋	106.2	医疗保健和个人用品	101.2
水 产 品	93.6	医疗保健	101.9
菜	117.4	个人用品及服务	99.4
调 味 品	104.9	交通和通讯	98.6
糖	97.2	交　通	97.9
茶及饮料	99.3	通　信	99.2
干鲜瓜果	103.7	娱乐教育文化用品及服务	96.5
糕点饼干面包	103.9	文娱用耐用消费品及服务	80.2
液体乳及乳制品	105.1	教　育	100.0
在外用膳食品	101.0	文化娱乐用品	102.8
其它食品及食品加工服务	100.9	旅游及外出	91.7
烟酒及用品	101.1	居　住	99.4
烟　草	100.9	建房及装修材料	99.2
酒	103.5	租　房	100.0
吸烟饮酒用品	96.5	自有住房	100.3
		水、电、燃料	99.0

8-3 城市商品零售价格指数

（以上年价格为100）

项　　目	指　数	项　　目	指　数
商品零售价格总指数	99.9	音像器材类	96.3
食品类	102.0	文化办公用品	94.5
粮　食	108.7	日用品	99.8
淀　粉	105.5	日用百货	100.7
干豆类及豆制品	96.2	日用杂品	99.2
油　脂	91.5	洗涤用品	100.0
肉禽及其制品	92.0	其它日用品	98.3
蛋	106.2	体育娱乐用品	95.6
水产品	93.6	体育用品	100.0
菜	117.4	娱乐用品	91.1
调味品	104.9	交通、通信用品	108.0
糖	97.2	交通运输机械	113.1
干鲜瓜果	103.7	通讯器材类	94.9
糕点饼干面包	103.9	家　具	98.1
液体乳及乳制品	105.1	化妆品类	100.2
在外用膳食品	101.0	金银珠宝类	80.2
其它食品	100.9	中西药品及医疗保健用品类	102.6
饮料、烟酒	101.5	医疗器具及用品	103.4
茶及饮料	99.3	中药材及中成药	105.8
烟　草	100.9	西　药	101.3
酒	103.5	保健器具及用品	99.9
服装、鞋帽类	99.4	书报杂志及电子出版物类	103.6
服　装	100.6	教材及参考书	99.6
鞋袜帽	95.8	书报杂志	112.8
其　它	98.3	电子音像制品	100.0
纺织品类	100.2	燃料类	98.9
衣着材料	102.9	煤炭及制品类	107.4
床上用品	99.2	石油及制品类	95.8
家用电器及音像器材	88.8	建筑材料及五金电料类	97.6
家庭设备	98.1	建筑装璜材料	93.5
文娱用耐用消费品	78.0	五金电料类	107.3

8-4 城市主要商品及服务收费平均价格

单位：元/计量单位

类别及名称	规格特征	计量单位	2009年
大米	东北大米 一等	千克	3.64
面粉	恒丰雪花粉	千克	4.20
挂面	大公雪花粉	千克	4.20
水饺	伊利水饺 450克	袋	2.78
小米	一等	千克	5.99
淀粉	一级	千克	7.19
土豆	一级	千克	1.63
大豆	一等	千克	6.41
绿豆	一等	千克	6.90
豆腐	一级	千克	3.40
植物油	胡麻油一级	千克	15.36
色拉油	金龙鱼纯正大豆色拉油 5升 深圳	升	9.52
动物油	猪大油一级	千克	13.28
猪肉	鲜后坐	千克	17.94
牛肉	鲜肉一级	千克	29.14
羊肉	鲜肉一级	千克	33.42
白条鸡	一级	千克	12.81
鸭	活鸭.一级	千克	16.00
熟肉	酱牛肉一级	千克	60.67
香肠	普世火腿得利斯香肠一级 400克 内蒙古	根	35.50
熟鸡	不老神鸡一级	千克	33.68
酱鸭	一级	千克	33.60
鲜鸡蛋	一级	千克	7.08
松花蛋	一级	千克	18.08
活鲤鱼	一级	千克	9.66
活鲢鱼	一级	千克	5.64
活草鱼	一级	千克	13.38
带鱼	一级	千克	12.95
黄花鱼	一级	千克	26.00
白虾	一级	千克	44.38
大白菜	一等	千克	1.50
洋白菜	一等	千克	2.19
菠菜	一等	千克	3.25

8-4续表1　　　　单位：元/计量单位

类别及名称	规格特征	计量单位	2009年
油　菜	一等	千克	2.82
芹　菜	一等	千克	2.47
韭　菜	一等	千克	4.04
黄　瓜	一等	千克	3.66
冬　瓜	一等	千克	2.42
西红柿	一等	千克	3.93
茄　子	一等	千克	3.91
萝　卜	一等	千克	2.07
胡萝卜	一等	千克	2.00
生　姜	一等	千克	5.79
豆　角	一等	千克	6.24
洋葱头	一等	千克	2.05
大　葱	一等	千克	2.47
大　蒜	一等	千克	4.02
蒜　苔	一等	千克	6.68
莲　藕	一等	千克	6.24
豆　芽	一等	千克	2.01
青　椒	一等	千克	4.61
西兰花	一等	千克	6.95
西葫芦	一等	千克	2.34
菜　花	一等	千克	3.68
香　菜	一等	千克	5.71
香　菇	一等	千克	100.00
黑木耳	一等	千克	92.50
黄花菜	一等	千克	48.00
精　盐	一级	千克	2.66
酱　油	珍极酱油黄豆　430毫升	袋	3.00
醋	珍极米醋　500毫升　石家庄	袋	2.80
味　精	太太乐味精　上海　100克	袋	20.00
花　椒	一级	千克	26.00
白　糖	一级	千克	5.38
红　糖	一级	千克	5.33
奶　糖	大白兔　一级	千克	30.28
巧克力制品	夹心德芙　一级　北京	千克	116.00
茶　叶	信阳毛尖　一级　河南	千克	140.00
固体饮料	高乐高　350克	瓶	74.00

8-4续表2 单位：元/计量单位

类别及名称	规格特征	计量单位	2009年
液体饮料	雪碧 1.25L	瓶	5.00
冰激淋	蒙牛	个	1.40
苹 果	一等	千克	5.71
梨	一等	千克	3.54
芦 柑	一等	千克	3.80
香 蕉	一等	千克	4.56
弥猴桃	一等	千克	8.94
桃 子	一等	千克	5.73
西 瓜	一等	千克	4.59
葡 萄	一等	千克	8.74
红 枣	一级	千克	9.00
核 桃	一级	千克	26.00
黑瓜子	一级	千克	12.00
伊利面包	一级	千克	14.00
鲜 奶	伊利纯牛奶 一级 243ML 袋装	袋	1.99
奶 粉	伊利学生营养奶粉 一级 400克	袋	22.88
奶 酪	一级	千克	28.00
国产卷烟	云烟 硬盒	盒	7.00
进口卷烟	555牌 硬盒	盒	14.67
白 酒	精呼白	瓶	7.00
塞北星啤酒	11度 瓶装	瓶	2.50
镀银酒具	内蒙	套	136.67
男裤子	西远牌 呼市	条	168.00
男套装	报喜鸟牌男套装 呼市	套	2123.33
女裤子	西远牌 呼市	条	153.00
女套装	银狼牌套装 呼市	套	458.00
棉花绒	幅宽110cm 营口	米	12.00
床单格布	幅宽230cm 青岛	米	28.00
装饰布	幅宽160cm 营口	米	12.00
毛 线	山丹牌273粗线 呼市	千克	71.00
洗衣机	海尔洗衣机 XQS50-0528 青岛	台	3213.00
电风扇	美的电风扇 FS40-3ER 广东	台	150.00

8-4续表3　　　　单位：元/计量单位

类别及名称	规格特征	计量单位	2009年
电冰箱	海尔电冰箱　BCD-258WBsf　青岛	台	5788.00
抽排油烟机	海尔抽油烟机　CXW219-D68　青岛	台	3728.00
空调器	海尔空调器　26GW/29VBP　青岛	台	4246.00
热水器	海尔热水器　FCD-JTHML45　青岛	台	2340.00
微波炉	海尔　MF-2070MEGZ　青岛	台	998.00
电炊具	苏泊尔无油烟陶晶炒锅　浙江	个	612.00
窗　帘	化纤　浙江	件	30.00
毛巾被	美好牌高级　150*200cm　青岛	条	159.00
蒸　锅	中宝无油烟　广东	个	280.00
肥　皂	雕牌　浙江	块	2.90
注射器	10ml　上海	支	0.65
血压计	台式　凯乐牌　上海	台	65.00
甘　草	一等　内蒙	千克	41.25
党　参	一等　内蒙	千克	45.00
菊　花	一等　内蒙	千克	63.33
银　花	一等　内蒙	千克	139.17
陈　皮	一等　内蒙	千克	16.00
六味地黄丸	10丸装　内蒙	盒	6.37
金贵肾气丸	10丸装　内蒙	盒	5.34
牛黄上清丸	10丸装　内蒙	盒	2.90
麻仁滋脾丸	10丸装　内蒙	盒	4.35
橘红丸	10丸装　内蒙	盒	3.84
吗丁林	30片*MG　西安	盒	12.87
琥乙红霉素片	0.125G*24片　长春	盒	6.51
蛤蚧定喘胶囊	10*0.5G*2版	盒	7.83
岑暴红止咳胶囊	12*0.5G　伊春	盒	2.46
去痛片	12*2袋	盒	1.67
阿莫西林	10*0.25G　上海	盒	6.47
尿嘧啶替加氟片	20片　哈尔滨	盒	13.80
羟基尿片	0.5G*100　山东	瓶	86.11
生脉饮	北京	盒	10.57
大宝早晚霜	50g　北京	瓶	22.50
汽　油	90*车用汽油　北京	升	5.18
固定电话机	步步高牌102F固定电话　深圳	部	288.00
移动电话机	摩托罗拉　E6移动电话机　天津	部	2480.00
彩色电视机	海尔　D29FV6H-A8H　青岛	台	1812.00
影碟机	步步高DVD　厦门	台	2280.00
摄像机	JVC摄像机　GZ—MG77AC　日本	台	3163.00

8-4续表4　　单位：元/计量单位

类别及名称	规格特征	计量单位	2009年
照相机	佳能照相机　北京	台	2255.00
音　响	爱浪音响　水晶C360　广东	台	8263.00
电　脑	联想电脑　天骄S3000I　北京	台	6033.00
胶　卷	柯达彩卷　美国	个	20.00
书　籍	白话唐诗300首	本	50.00
报　纸	内蒙日报	份	0.80
杂　志	读者	本	4.00
樟松板材	400*5　黑龙江	立方米	1500.00
砖	建筑用砖　一砖厂　呼市	块	0.23
水　泥	乌兰牌525*　呼市	公斤	0.34
水　泥	白水泥　呼市	公斤	1.00
玻　璃	秦皇岛　普通	平方米	60.00
油　漆	灯塔牌装饰磁漆　3.5L　天津	桶	70.00
水	居民用自来水（包括排污费）	吨	2.43
电	民用	度	0.43
液化石油气	液化气罐装	千克	6.32
管道燃气	天然气	立方米	1.57
精煤	一级	百千克	60.00
取暖费		平方米	3.68
挂号费	普通(包括诊查费）	次	2.60
注射费	肌肉注射	次	1.50
检查费	CT检查	次	260.00
美　容	面部护理	次	25.00
理　发	男全活	次	10.00
驾驶证	汽车C本	个	2405.00
公共汽车票	大巴	张	1.00
出租汽车	普通	公里	1.00
汽车租赁	轿车	次	280.00
飞机票	呼市---北京	人/次	548.00
火车票	呼市---北京　中铺　90次	人/次	165.00
市内电话通话费	普通（固定电话）	次/三分钟	0.20
长途电话通话费	呼市---北京　国内	分钟	0.60
信件邮寄	普通外埠	封	1.20
包裹邮寄	呼市到北京　普通	千克	1.40
托幼费	日托	月	80.00
有线电视	呼市有线费	月	26.00

8-5 农村生活消费品及服务项目价格指数

（以上年价格为100）

项　　目	指　数	项　　目	指　数
总 指 数	**101.32**	家庭设备及用品	104.25
食品类	97.92	耐用消费品	105.37
主食类	105.41	床上用品	106.35
副食类	90.73	日用杂品	102.80
蔬　菜	108.69	医疗保键	100.28
豆制品	102.44	中　药	101.68
油脂类	89.83	西　药	99.13
食糖类	95.88	交通类	100.20
肉禽类	84.17	文教娱乐用品	100.25
蛋　类	102.43	文艺用品	99.46
水产品	99.04	课本及报纸	101.42
调味品	101.32	住　房	107.50
其他食品	98.53	建筑材料	106.66
烟草类	99.95	水电费	100.34
酒　类	99.90	燃　料	115.82
饮料类	107.97	服务项目	101.10
干鲜食品	96.33	电讯费	100.00
糕点类	90.50	邮　费	100.00
罐头类	107.84	交通费	104.79
衣着类	100.58	理发费	103.12
服　装	99.92	学杂费	100.19
衣着材料	99.73	修理及其它服务费	103.94
鞋袜帽类	102.69	医疗保健服务	100.02
其　他	100.00	食品加工费	100.00

8-6 农业生产资料价格指数

（以上年价格为100）

项 目	2008 年	2009 年
总 指 数	118.5	101.2
化肥、农药、地膜	136.7	92.9
种 子	93.7	99.4
农用机械	113.1	100.2
小 农 具	107.1	114.9
产 品 畜	125.8	113.8
饲 料	109.6	104.4
燃 料	115.0	101.4
其 它	141.0	91.1

8-7 土地交易价格指数

（以上年价格为100）

项 目	2008年	2009年
土地交易总计	107.0	100.9
居住用地	108.0	100.8
经济适用房用地	100.0	
商品住宅用地	108.0	100.8
普通住宅用地	108.2	100.8
高档住宅用地	105.2	
工业用地	104.1	
商业营业用地	106.6	101.6
其他用地	100.0	

8-8 房屋销售价格指数

（以上年价格为100）

项　　目	2008年	2009年
房屋销售总计	101.2	100.1
新 建 房	101.0	100.4
住　　宅	100.9	100.1
按房屋类型分		
经济适用房	99.6	99.6
商品住宅	101.0	100.1
普通住宅	101.0	99.4
多层住宅	102.3	101.5
高层住宅	99.8	97.8
其他住宅		
高档住宅	100.0	103.2
别　　墅	100.0	102.2
高档公寓		104.5
按套型分		
90㎡及以下	99.8	100.7
90㎡以上	100.9	
非 住 宅	101.3	102.1
办 公 楼	100.0	100.4
商业营业用房	101.8	102.6
其他用房	100.0	100.0
二 手 房	103.0	99.1
住　　宅	104.3	101.7
普通住宅	104.3	101.7
多层住宅	103.2	101.7
高层住宅		100.3
其它住宅		
高档住宅	101.3	
别　　墅		
高档公寓		
非 住 宅	99.6	95.8

8-9 房屋租赁和物业管理价格指数

（以上年价格为100）

项　　目	2008年	2009年
房屋租赁总计	104.2	102.4
住　宅	105.1	107.7
经济适用房		
廉 租 房		
商品住宅	105.1	107.7
普通住宅	105.2	107.9
高档住宅	100.0	102.2
别　墅		
高档公寓	100.0	102.2
非 住 宅	103.8	100.0
办 公 楼	106.2	
商业营业用房	103.5	100.1
其　他	102.9	100.0
物业管理总计	100.0	
住　宅	100.0	100.0
经济适用房	100.0	100.0
商品住宅	100.0	
普通住宅	100.0	100.0
高档住宅	100.0	100.0
别　墅		100.0
高档公寓	100.0	100.0
非 住 宅	100.0	100.0
办 公 楼	100.0	100.0
商业营业用房	100.0	100.0
其　他	100.0	100.0

主要统计指标解释

物价指数 是经济指数的一种，它是用来反映计算期所销售（或购进）的全部商品价格水平比基期水平升降变动程度的相对数。通常以百分数来表示。

物价指数按其包括范围的不同，分为单项商品价格指数（或称个体物价指数）、商品类别价格指数和总指数。反映某种商品的平均价格水平的变动程度的指数，叫做单项商品价格指数；反映某一些或全部商品价格总水平变动程度的指数，叫物价类指数或物价总指数。物价指数按其所采用的基期不同，分为环比物价指数（以上一期为基期）、年距环比物价指数（以上年同期为基期）和定基物价指数（长期和固定时期比较）。按商品的种类和流通环节分，有工业品出厂价格指数、农副产品收购价格指数、批发物价指数、零售物价指数（分城市指数和农村指数）、服务项目价格指数、职工生活费用价格指数、工农业商品综合比价指数等。

零售物价指数 是工业、商业、餐饮业和其他零售企业向城乡居民、机关团体出售消费品和办公用品的报告期零售价格水平与基期价格水平对比的相对数。它是从卖方角度反映城乡零售市场商品价格的变动趋势和程度。市场商品零售价格的调整变动直接影响城乡居民的生活支出和国家财政收支，影响居民购买力和市场供需平衡，影响消费与积累的比例。因此，零售物价指数可以从一个侧面对上述经济活动进行观察和分析，为国家制定经济政策提供依据，为研究城乡流通和新国民经济核算体系提供科学依据。目前零售物价指数还是考核一个地区领导政绩的主要指标之一。

现在我们编制的零售物价指数有年距环比指数（与上年同期相比）和月距环比指数（与上月价格相比）两种。按商品类别分有：食品、饮料、烟酒、服装鞋帽、纺织品、中西药品、化妆品、书报杂志、文化体育用品、日用品、家用电器、首饰、燃料、建筑装璜材料、机电产品十四类商品的零售价格。

计算零售物价指数权数资料的来源，类权数主要依据商品流转统计各类商品零售额资料计算，具体商品权数根据典型调查资料推算。

居民消费价格指数 是度量一组代表性消费商品及服务项目价格水平随着时间而变动的相对数，反映居民家庭购买的消费品及服务价格水平的变动情况。它是宏观经济分析的决策、价格总水平监测和调控以及国民经济核算的重要指标。其按年度计算的变动率通常被用来作为反映通货膨胀（或紧缩）程度的指标。

居民消费价格包括居民用于日常生活消费的全部商品价格和服务项目价格。按商品分类有：食品、烟酒及用品、衣着、家庭设备及用品、医疗保健、交通及通讯、娱乐教育和文化用品、居住等八大类商品及服务项目价格。从消费渠道讲，既包括城乡居民从商店、工厂、集市所购买商品的价格，也包括城乡居民从餐饮业购买商品的价格。

计算居民消费价格指数的权数主要是依据住户调查中居民的实际消费构成计算，也有部分商品权数是根据典型调查资料推算的。

第二部分　统计资料

人 民 生 活

9-1 历年城镇居民人均可支配收入及消费性支出

单位:元

年　份	城镇居民人均可支配收入	城镇居民人均消费性支出	
			# 食品支出
1980	409	434	228
1981	408	415	224
1982	455	433	241
1983	513	483	274
1984	604	549	288
1985	775	786	317
1986	855	851	405
1987	912	876	434
1988	972	1018	497
1989	1065	1001	539
1990	1149	1023	529
1991	1281	1202	608
1992	1544	1413	676
1993	1981	1782	796
1994	2735	2372	1058
1995	3008	2785	1325
1996	3514	3171	1429
1997	4435	3398	1452
1998	4739	3674	1548
1999	5167	4173	1613
2000	5354	4613	1623
2001	5931	4866	1701
2002	6696	5525	1922
2003	7906	6332	2172
2004	9967	7418	2532
2005	12150	8768	2960
2006	14055	9831	3227
2007	16920	11432	3615
2008	20267	13145	4129
2009	22397	14752	4356

9-2 历年农民人均纯收入及生活费支出

单位:元

年 份	农民人均纯收入	农民人均生活费支出	# 食品支出
1980	142	121	
1981	222	182	
1982	266	209	
1983	276	226	
1984	322	257	
1985	321	274	
1986	313	305	
1987	327	330	
1988	393	374	
1989	461	415	
1990	574	466	
1991	619	507	
1992	723	576	
1993	846	758	
1994	999	882	
1995	1243	1056	
1996	1689	1122	660
1997	1974	1393	743
1998	2271	1341	716
1999	2387	1413	662
2000	2539	1558	693
2001	2561	1610	641
2002	2822	1610	666
2003	3169	1991	721
2004	4109	2355	962
2005	4631	2767	1100
2006	5308	3050	1153
2007	6121	3267	1250
2008	7051	3756	1500
2009	7802	4823	1778

9-3 城镇居民家庭基本情况

项目	单位	2008年	2009年	2009年比2008年增长%
调查户数	户	500	500	
家庭人口数	人	1355	1340	-1.11
平均每户人口数	人	2.71	2.68	-1.11
平均每户就业人数	人	1.36	1.36	
国有经济单位职工人数	人	0.84	0.82	-2.38
城镇集体经济单位职工人数	人	0.01	0.03	200.00
其他各种经济类型单位职工	人	0.12	0.12	
城镇个体或私营企业主人数	人	0.10	0.11	10.00
城镇个体或私营企业被雇人数	人	0.19	0.20	5.26
离退休再就业人员数	人	0.05	0.05	
平均每户就业率	%	50.18	50.75	1.14
每个就业者负担人数	人	1.99	1.97	-1.01
平均每户离退休人数	人	0.51	0.53	3.92
家庭总收入	元	21228.39	23874.74	12.47
平均每人每年可支配收入	元	20267.00	22397.03	10.51
平均每人每年消费支出	元	13149.73	14752.04	12.19
现住房总建筑面积	平方米/人	29.34	30.12	2.66
饮水情况(合计)	%	100	100	
# 自来水	%	99.88	99.87	
用水情况(合计)	%	100.00	100.00	
# 独用自来水	%	99.57	98.89	
公用自来水	%	0.31	0.98	
井、河水	%	0.12	0.13	
卫生设备(合计)	%	100.00	100.00	
# 无卫生设备	%	5.39	5.52	
有厕所浴室	%	54.39	61.97	
有厕所无浴室	%	37.75	29.99	
公　　用	%	2.47	2.52	
取暖设备(合计)	%	100.00	100.00	
# 无取暖设备	%			
空调设备	%	0.61		
暖　　气	%	92.62	92.68	
其　　他	%	6.77	7.32	
炊用燃料使用情况(合计)	%	100.00	100.00	
# 管道煤气	%	17.37	12.84	
罐装液化石油气	%	31.42	29.89	
煤	%	11.07	9.83	
管道天然气	%	24.11	40.04	
其　　他	%	16.03	7.40	

9-4 城镇居民家庭平均每人每年现金收支

单位:元

项目	金额	项目	金额
期初手存现金	620.95	其他贷款	85.12
家庭总收入	23874.74	家庭总支出	20141.21
# 可支配收入	22397.03	消费性支出	14752.04
工资性收入	13323.70	购房与建房支出	1835.69
经营净收入	2395.29	转移性支出	2245.62
财产性收入	1371.54	财产性支出	30.16
转移性收入	6784.21	社会保障支出	1277.71
出售财物收入	119.99	借贷支出	9435.72
出售住房收入	118.24	存入储蓄款	8722.52
出售其他物品收入	1.75	借出款	30.45
借贷收入	5861.08	归还借款	186.04
提取储蓄存款	4890.27	储蓄性保险支出	150.16
借入款	612.33	购买有价证券	81.92
收回借出款	182.05	其它投资支出	5.55
收回储蓄性保险本		归还住房贷款	246.79
兑售有价证券	41.78	归还汽车贷款	6.29
收回投资本金		归还教育贷款	
住房贷款	47.90	归还其他贷款	1.36
汽车贷款		其他借贷支出	4.65
教育贷款		期末手存现金	928.02

9-5 城镇居民家庭平均每人每年消费性支出

单位:元

项目	合计	最低10%	#更低5%	低10%	较低20%	中间20%	较高20%	高10%	最高10%	#更高5%
消费性支出	14752	6897.08	6602.67	8653.88	10794.8	12813.3	15754.3	20089.2	35820.2	48158.5
食　品	4356.03	2627.54	2598.74	3246.66	3667.57	4040.72	4761.03	5652.97	7614.64	9807.04
粮　食	362.46	318.19	320.51	340.97	344.16	369.6	401.57	406.02	339.38	328.53
淀粉及薯类	39.77	41.19	42.15	33.9	38.07	45.25	41.65	39.68	33.39	35.04
干豆类及豆制品	43.33	43.87	44.13	40.75	38.26	47.17	48.36	48.86	33.06	23.37
油脂类	94.9	92.64	82.34	87.18	89.46	100.25	94.02	102.6	101.41	109.92
肉　类	588.97	443.75	419.88	455.69	540.33	559.38	642.98	737.62	815.7	901.22
禽　类	89.8	69.06	60.23	75.74	83.01	96.21	96.78	97.01	109.13	88.35
蛋　类	60.32	56.68	53.92	54.85	54.22	65.59	65.34	61.93	60.94	63.25
水产品类	73.83	52.32	48.85	56.5	67.26	70.96	79.29	118.53	84.11	106.35
蔬菜类	379.13	290.36	272.87	337.43	350.32	393.19	424.57	465.46	383.65	373.78
调味品	51.87	41.34	33.57	45.27	49.47	52.74	58.41	65.05	48.6	54.08
糖烟酒饮料类	591.5	290.07	334.75	420.32	435.51	489.92	509.96	757.62	1678.09	2701.64
干鲜瓜果类	379.22	219.81	213.68	301.87	328.5	356.94	464.07	542.01	471.8	445.87
糕点、奶及奶制品	290.65	172.18	168.32	217.72	236.76	305.95	347.82	390.35	378.2	376.48
其他食品	124.76	65.8	82.12	113.28	128.82	105.93	149.22	145.13	164.23	146.53
饮食服务	1185.52	430.29	421.43	665.19	883.42	981.63	1336.98	1675.11	2913	4052.62
衣　着	1764.89	820.64	842.01	1116.9	1213.22	1610.5	2214.89	2144.59	3770.67	4731.18
服　装	1296.17	583.57	625.78	759.28	847.16	1161.14	1636.25	1662.81	2895.62	3653.65
衣着材料	15.61	9.91	1.8	13.06	14.22	12.89	18.18	7.6	35.71	54.47
鞋　类	383.88	191.08	177.83	294.94	291.74	371.33	457.64	410.45	746.9	938.76
其他衣着用品	54.29	31.02	30.94	42.51	49.55	55.77	77.03	43.85	63.71	63.07
衣着加工服务费	14.94	5.06	5.67	7.11	10.55	9.37	25.79	19.88	28.73	21.22

9-5续表

单位：元

项　　目	合 计	最低10%	#更低5%	低10%	较低20%	中间20%	较高20%	高10%	最高10%	#更高5%
家庭设备用品及服务	1129.66	299.83	245.86	636.8	884.02	1008.6	1188.34	1491.37	2929.71	2851.1
耐用消费品	509.05	90.27	69.99	193.72	295.69	495.97	507.5	743.74	1601.01	1701.82
室内装饰品	57.52	10.28	0.7	9.07	45.92	18.85	79.93	35.63	243.7	184.76
床上用品	76.11	29.17	30.94	81.43	37.94	76.82	73.98	138.36	149.39	121.47
家庭日用杂品	330.19	155.6	135.89	274.33	282.34	320.73	404.28	405.19	487.82	510.59
家具材料	75.97	4.27	0.65	6.29	145.32	60.98	56.59	1.42	226.2	221
家庭服务	80.81	10.25	7.7	71.96	76.81	35.25	66.05	167.04	221.59	111.45
医疗保健	1407.6	736.56	385.9	798.4	1399.09	1242.1	1385.94	2404.57	2309.42	2215.37
医疗器具	48.46	0.85	0.16	2.2	12.92	1.7	9.78	7.42	444.69	
保健器具	22.36	4.49	2.06		2.75	10.83	15.24	158.24	20.27	2.29
药品费	612.58	296.22	195.82	346.91	639.48	588.73	703.75	1184.24	531.06	586.85
滋补保健品	88.9	10.11	14.25	9.69	39.55	63.62	83.5	172.39	356.98	615.61
医疗费	618.24	418.78	173.6	430.33	694.9	551.27	559.63	875.28	904.61	1002.85
交通和通讯	2042.84	550.08	635.87	762.83	779.24	1073.44	1481.35	2692.79	10412.07	18443.76
交　通	1453.35	237.65	341.86	293.01	319.99	540.89	743.97	1888.45	9487.07	17280.17
通　信	589.49	312.43	294.01	469.81	459.25	532.55	737.38	804.34	925	1163.59
教育文化娱乐服务	1916.24	914.45	858.05	1081.93	1467.72	1728.21	2432.83	2405.86	3802.07	4630.07
文化娱乐用品	566.89	199.72	214.84	249.63	323.17	534.08	666.48	672.4	1621.93	1929.17
文化娱乐服务	435.05	74.65	66.08	174.2	265.1	381.66	456.42	690.13	1323.55	1779.09
教　育	914.3	640.08	577.13	658.11	879.46	812.47	1309.93	1043.34	856.59	921.82
居　住	1521.08	774.9	848.8	760.8	1053.76	1522.02	1451.02	2305.63	3621.16	3711.48
住　房	540.65	162.49	233.33	136.43	272.69	492.15	335.11	922.81	2158.91	1923.26
水电燃料及其他	861.49	572.28	586.6	555.84	731.76	879.45	1004.69	1130.84	1272.84	1527.73
其他商品和服务	613.69	173.07	187.44	249.56	330.16	587.71	838.89	991.44	1360.42	1768.49
其他商品	428.8	120.49	133.51	145.69	211.43	374.97	613.35	696.73	1038.13	1331.88
服　务	184.9	52.58	53.93	103.87	118.73	212.73	225.54	294.71	322.29	436.62

9-6 城镇居民家庭每百户拥有耐用消费品

品　　名	单 位	2008年	2009年
摩托车	辆	9	9
助力车	辆	14	16
家用汽车	辆	11	14
洗衣机	台	99	100
电冰箱	台	99	101
彩色电视机	台	104	108
家用电脑	台	39	52
组合音响	套	13	14
摄像机	架	5	8
照相机	架	28	35
钢　琴	架	3	2
其他中高档乐器	件	3	6
微波炉	台	47	52
空调器	台	7	7
淋浴热水器	台	57	67
消毒碗柜	台	2	3
健身器材	套	3	5
固定电话	部	72	73
移动电话	部	158	179

9-7 分旗县区城镇

项目	单位	新城区	回民区	玉泉区
调查户数		140	90	60
家庭人口数	人	367	249	160
平均每户人口数	人	2.62	2.77	2.67
平均每户就业人数	人	1.24	1.55	1.54
国有经济单位职工人数	人	0.8	0.89	0.81
城镇集体经济单位职工人数	人	0.01	0.05	
其他各种经济类型单位职工	人	0.07	0.18	0.1
城镇个体或私营企业主人数	人	0.09	0.13	0.14
城镇个体或私营企业被雇人数	人	0.22	0.1	0.43
离退休再就业人员数	人	0.02	0.13	0.07
平均每户就业率	%	47.33	55.96	57.68
每个就业者负担人数	人	2.11	1.79	1.73
平均每户离退休人数	人	0.61	0.4	0.5
家庭总收入	元	26928.83	22371.61	22026.26
平均每人每年可支配收入	元	24949.51	21470.16	20650.82
平均每人每年消费性支出	元	17013.92	12645.11	14159.36
现住房总建筑面积	平方米/人	30.81	26.73	31.61
饮水情况	%	100	100	100
# 自来水	%	100	100	100
用水情况	%	100	100	100
# 独用自来水	%	99.3	98.89	96.67
公用自来水	%	0.7	1.11	3.33
井、河水	%			
其　他	%			
卫生设备	%	100	100	100
# 无卫生设备	%		3.33	1.67
有厕所浴室	%	65.73	51.11	78.33
有厕所无浴室	%	33.57	44.45	20
公　用	%	0.7	1.11	
取暖设备	%	100	100	100
# 空调设备	%			
暖　气	%	99.3	96.67	100
其　他	%	0.7	3.33	
炊用燃料使用情况	%	100	100	100
# 管道煤气	%	22.38	13.33	1.67
罐装液化石油气	%	18.88	54.44	36.37
煤	%	1.4	7.78	6.67
管道天然气	%	55.24	15.56	45
其　他	%	2.1	8.89	10.29
固定电话	部/百户	76	63	62
移动电话	部/百户	181	174	195

居民家庭基本情况

赛罕区	土左旗	托　县	和林县	清水河	武川县
110	50	50	50	50	50
283	150	144	148	148	145
2.57	3	2.87	2.95	2.96	2.9
1.2	1.62	1.39	1.68	1.48	1.4
0.76	1.06	0.67	0.94	0.94	0.68
0.06				0.02	
0.11	0.08	0.26	0.14	0.06	0.06
0.07	0.19	0.21	0.2	0.22	0.2
0.13	0.11	0.25	0.1	0.1	0.44
0.04	0.06	0.01	0.02	0.02	
46.69	54	48.43	56.95	50	48.28
2.14	1.85	2.06	1.76	2	2.07
0.65	0.35	0.24	0.17	0.22	0.28
25489.66	17743.83	18796.37	17429.75	15231.97	13920.39
23898.87	16407.03	17840.15	17238.41	14463	13390
15340.49	13246.77	11736.48	13124.46	8930.12	9816.28
30.87	34.87	27.58	30.09	25.46	28.17
100	100	100	100	100	100
100	100	98	100	100	86
100	100	100	100	100	100
100	98	98	98	96	86
	2		2	4	
		2			14
100	100	100	100	100	100
0.9	4	64	54	64	50
72.97	40	22	38	30	4
26.13	18	14	8		28
	38			6	18
100	100	100	100	100	100
99.1	68	32	50	30	60
0.9	32	68	50	70	40
100	100	100	100	100	100
12.61					
13.51	58	32	46	28	64
0.9	42	68	54	68	36
57.66					
15.32				4	
90	66	58	68	42	62
166	248	142	196	206	166

9-8 分旗县区城镇居民

项目	新城区	回民区	玉泉区
期初手存现金	519.26	500.55	901.68
家庭总收入	26928.83	22371.61	22026.26
可支配收入	24494.51	21470.16	20650.82
工资性收入	13408.69	11896.23	14214.24
经营净收入	5109.32	1101.16	1115.68
财产性收入	1068.77	3784.63	376.83
转移性收入	7342.05	5589.58	6319.51
出售财物收入	176.06	321.29	
出售住房收入	175.51	321.29	
出售其他物品收入	0.55		
借贷收入	7660.49	4604.12	4817.8
提取储蓄存款	5396.99	4429.02	4739.21
借入款	1378.79	162.65	
收回借出款	469.2		62.37
收回储蓄性保险本			
兑售有价证券	139.13		
收回投资本金			
住房贷款		12.45	
汽车贷款			
教育贷款			
其他贷款	276.35		16.22
其它借贷收入	0.03		
家庭总支出	23195.34	16726.61	18619.07
消费性支出	17013.92	12645.11	14159.36
购房与建房支出	2104.98	1354.84	1247.4
转移性支出	2306.1	1959.55	2071.34
财产性支出	89.21		
社会保障支出	1681.14	767.11	1140.97
借贷支出	11699.15	10459.75	8265.78
存入储蓄款	10614.83	10273.75	7094.68
借出款	0.98	4.42	87.32
归还借款	287.75	52.25	455.3
储蓄性保险支出	173.92	51.09	164.42
购买有价证券	272.79		
其它投资支出	12.27		
归还住房贷款	313.98	78.24	464.06
归还汽车贷款	20.93		
归还教育贷款			
归还其他贷款			
其他借贷支出	1.7		
期末手存现金	408.38	611.2	991.9

家庭平均每人每年现金收支

单位：元

赛罕区	土左旗	托　县	和林县	清水河	武川县
652.12	437.5	947.72	447.79	258.7	99.35
25489.66	17743.83	18796.37	17429.75	15231.97	13920.39
23898.87	16407.03	17840.15	17238.41	14463	13390
14154.78	13027.55	12969.63	13854.42	11347.71	10748.38
980.76	1239.42	2618.47	1505.66	2158.22	633.24
759.59	314.37	477.67	255.76	111.69	
9594.54	3162.49	2730.61	1813.92	1614.35	2538.77
		22.3	67.91	3.38	62.07
		22.3	67.91	3.38	62.07
6567.75	5038.6	2212.47	3044.98	1887.84	6025.24
5821.44	3912.84	2175.54	2551.94	1839.19	6008
694.21	73.37		493.04	12.16	17.24
30.11	376.88	36.93			
14.97	675.51				
				36.49	
7.01					
22022.54	17379.05	16138.6	15306.88	11452.85	14111.34
15340.49	13246.77	11736.48	13124.46	8930.12	9816.28
3011.47	373.54	615	339.56	6.69	1089.14
2239.52	2548.16	2888.84	1682.17	1960.9	2825.8
	9.77	38.88			4.66
1431.06	1200.8	859.4	160.69	555.14	375.46
8780.52	5160.3	4959.37	4894.23	5379.6	5910.17
8124.79	4685.08	4752.61	4631.51	5145.94	5372.24
39.32	140.08		2.04	2.03	23.45
54.13	80.04	164.46	66.49	40.57	395.34
246.53	141.07	2.1	45.29	107.81	47.69
		26.25		0.68	
309.87	47.32	13.94	148.91		
				82.09	
5.9					46.21
	66.7			0.47	25.24
1909.33	698.05	887.3	785.96	561.2	85.53

9-9 城镇居民家庭平均每人每年购买主要商品数量

单位:千克、立方米

项　　目	合　计	最低10%	#更低5%	低10%	较低20%	中间20%	较高20%	高10%	最高10%	#更高5%
大　　米	19.2	14.94	16.62	18.5	18.74	19.03	22.42	20.18	18.53	17.65
面　　粉	22.18	26.64	31.74	20.31	20.44	21.4	23.88	22.3	20.97	21.25
食用植物油	6.08	6.13	5.49	5.89	5.93	6.39	5.78	6.46	6.15	6.36
鲜　　菜	106.59	87.29	79.93	94.55	99.49	116.01	116.31	125.15	100.13	90.49
猪　　肉	13.6	11.1	10.11	12.09	11.98	14.11	13.3	16.95	17.99	20.32
牛　　肉	2.79	1.57	1.07	2.23	2.64	3.1	3.06	2.95	3.76	3.55
羊　　肉	5.2	4.36	4.65	3.71	4.77	4.57	5.78	6.33	7.74	9.3
禽　　类										
蛋　　类										
鱼	3.66	3.26	3.09	3.06	3.84	3.89	3.69	4.42	3.19	3.98
白　　酒	2.69	1.49	1.62	2.24	3.12	2.13	2.58	3.44	4.27	5.31
鲜 乳 品	22.27	13.63	11.54	23.17	20.34	22.83	25.75	21.87	27.22	27.98
管道天然气	21.98	19.45	11.63	6.17	18.42	21.76	21.34	50.04	25.59	29.77

9-10 农 村 住 户 人 均 年 内

指　　标	呼　市	新 城 区	回 民 区	玉 泉 区
期内现金收入	10674.3	11324.0	11268.7	12351.4
工资性收入	1823.3	3713.8	5584.4	3314.9
家庭经营收入	7927.3	4015.8	2352.7	6876.0
财产性收入	365.5	3202.9	3109.5	780.2
转移性收入	558.1	391.7	222.2	1380.3
非收入所得	1605.7	3148.1	3462.7	1691.2
期内现金支出	7964.1	8679.9	11950.1	9135.9
生产费用支出	3197.7	1867.1	3132.3	2752.3
税费支出	1.1			
生活消费支出	4299.8	6373.1	8029.7	6018.2
财产性支出	18.6	64.9		5.3
转移性支出	447.0	374.8	788.1	360.1
非消费性现金支出	1316.6	2887.4	3359.0	4968.2

9-11 城镇居民家庭平均每人每年购买主要商品金额

单位:元

项目	合计	最低10%	#更低5%	低10%	较低20%	中间20%	较高20%	高10%	最高10%	#更高5%
大米	75.380	56.380	60.800	74.220	69.740	74.920	88.710	83.230	76.160	72.980
面粉	75.520	85.380	98.610	65.660	65.810	75.600	84.660	78.440	74.670	73.150
食用植物油	94.13	91.01	79.21	86.85	88.87	99.77	92.46	102.30	101.28	109.92
鲜菜	353.84	271.51	261.21	313.42	326.83	368.83	394.33	439.38	354.88	337.25
猪肉	261.67	208.20	187.54	225.67	225.60	267.28	266.54	331.95	351.94	399.41
牛肉	79.17	45.55	29.91	61.22	75.62	79.62	89.88	89.55	111.94	102.43
羊肉	149.63	127.49	139.28	101.52	138.01	124.97	172.29	185.98	223.20	269.18
禽类	89.80	69.06	60.23	75.74	83.01	96.21	96.78	97.01	109.13	88.35
蛋类	60.32	56.68	53.92	54.85	54.22	65.59	65.34	61.93	60.94	63.25
鱼	54.88	44.79	43.27	43.90	54.52	58.22	60.51	63.25	52.95	69.47
白酒	161.22	61.64	75.16	88.39	64.97	112.77	126.78	206.79	689.52	1074.69
鲜乳品	128.57	77.35	63.66	117.80	113.90	125.86	160.65	145.99	152.71	150.38
管道天然气	34.51	30.62	18.26	9.66	29.03	33.95	33.57	78.60	40.17	46.92

现金收入与支出

单位:元

赛罕区	土左旗	托县	和林县	清水河县	武川县
13342.6	12052.1	9906.8	9560.9	4997.1	5143.1
2003.3	2270.8	2730.1	1401.2	1226.5	930.3
8275.2	9314.4	5403.9	7238.5	2849.9	3618.9
2632.7	5.4	1172.4	381.1	177.2	29.5
431.5	461.5	600.5	540.0	743.4	564.4
1755.9	1095.7	1416.5	945.9	700.9	1323.9
11224.4	7714.3	6722.0	6703.4	3262.3	4436.1
4227.2	3391.7	2189.5	2688.1	1090.5	1698.4
	3.4			1.2	
6766.6	3786.3	3978.1	3229.9	2099.4	2349.9
18.5	28.0		37.2	6.0	
212.2	504.9	554.3	748.2	65.3	387.8
1063.5	852.0	755.8	1130.5	690.7	1158.3

9-12 农 民 家 庭

项 目	单位	呼 市	新城区	回民区	玉泉区
调查户数	户	265	75	40	75
平均每户常住人口	人	3.5	3.2	3.3	3.3
户均整半劳动力	人	2.6	2.5	2.3	2.5
调查户常住人口	人	929	240	133	247
# 6岁及以下	人	16	2	6	10
7—15岁	人	86	18	11	19
16—60岁	人	753	216	111	191
60岁以上	人	74	4	5	27
调查户中在校学生人数	人	181	45	27	38
# 7—15岁人数	人	84	18	11	19
劳动力文化程度					
# 不识字或识字很少	人	45	3		9
小学程度	人	133	35	5	33
初中文化程度	人	365	80	46	94
高中文化程度	人	110	48	28	38
中专程度	人	17	6	5	12
大专及以上	人	19	18	9	5
劳动力就业地点					
# 乡 内	人	615	149	81	180
县内乡外	人	8	15		1
省内县外	人	48	4	2	2
国内省外	人	10	6		1
人均耕地面积	亩	7.5	2.1	0.5	1.9
人均生产性固定资产原值	元	6758.0	1721.3	9127.8	10401.3
人均新（购）建住房面积	平方米	0.5	2.2		1.0
人均生活用房面积	平方米	26.2	39.1	29.2	46.6
人均总收入	元	12334.4	11811.9	11617.5	13080.2
# 工资性收入	元	1823.3	3735.9	5584.9	3314.9
家庭经营性收入	元	9577.2	4422.0	2618.4	7546.9
# 农业收入	元	3625.7	730.5	105.2	2191.1
牧业收入	元	4962.6	1557.2	341.4	3582.0
人均总支出	元	9597.0	9224.1	12215.4	9696.8
# 家庭经营费用支出	元	4068.3	2179.7	1360.7	2935.7
# 农业生产	元	1113.6	367.8	39.5	617.9
牧业生产	元	2632.3	807.7	131.0	1841.7
人均纯收入	元	7802.4	9447.0	9640.2	9441.1
人均生活消费支出	元	4822.9	6535.4	8261.3	6135.0
人均年末手存现金	元	3670.9	2215.0	2311.1	1494.3
人均年末债务余额	元	1320.4	71.9		817.0

基 本 情 况

赛罕区	土左旗	托　县	和林县	清水河县	武川县
75	75	75	75	75	75
3.5	3.9	3.4	3.0	3.3	3.7
2.6	2.7	2.7	2.3	2.4	2.7
263	296	255	223	251	278
3	1	10	6	6	3
19	35	21	21	27	29
224	235	206	185	192	221
17	25	18	11	26	25
56	73	40	40	63	50
19	35	20	21	27	28
1	11	10	27	13	15
1	11	10	27	13	15
109	115	104	80	73	109
49	37	24	22	19	31
3	6	5	2	10	2
12	2	8		1	9
155	173	185	161	165	201
1	1	1	1	1	
29	23	12	8	13	2
2	5	2		1	
3.5	4.6	5.7	8.7	7.7	19.7
10050.5	6151.0	6876.3	5650.5	1998.6	4042.6
1.7	0.2	0.2			
38.7	24.9	26.4	25.2	21.1	21.2
14664.6	13463.5	11497.9	11459.7	6309.6	7311.3
2003.3	2270.7	2730.1	1401.2	1226.5	930.3
9597.2	10709.0	6974.1	9058.5	4113.0	5788.7
1830.6	3881.3	3395.7	4088.8	2351.4	4035.0
5719.8	6035.7	3092.8	4515.0	1326.8	1450.3
12084.2	9207.0	8206.2	8711.2	4548.1	6125.4
4682.5	4474.8	2709.0	3626.1	1592.8	2440.6
564.0	870.7	1087.6	1298.0	900.4	1489.3
3327.1	3385.9	1464.6	2191.8	598.5	848.3
9312.1	8577.4	8321.0	7439.1	4584.5	4601.2
6993.7	4006.2	4655.3	3990.4	2790.6	3233.5
4796.8	6498.1	1276.0	1304.9	4145.3	2589.3
1514.8	1618.0	472.5	803.5	2025.2	1547.0

9-13 农民家庭人均

指　　标	呼　市	新城区	回民区	玉泉区
生活消费支出	4822.9	6535.4	8261.3	6135.1
食品消费支出	1777.9	1873.7	2135.7	2183.4
食品消费品支出	1452.2	1508.1	1678.6	1849.6
食品消费服务性支出	325.7	365.6	457.2	333.8
# 在外饮食支出	194.8	302.8	439.3	330.8
衣着消费	268.0	475.8	785.0	555.1
居住消费	1365.2	2035.5	2591.3	1284.4
居住消费品支出	1003.6	1172.8	2173.3	899.1
居住消费服务性支出	361.6	862.7	418.0	385.3
家庭设备、用品支出	156.9	365.5	411.1	207.5
家庭设备用品消费品支出	153.2	361.8	407.0	203.1
家庭设备用品服务性消费支出	3.7	3.7	4.1	4.4
医疗保健	273.8	241.9	217.9	423.4
医疗保健用品	92.9	67.7	79.7	99.1
医疗保健服务	180.9	174.3	138.2	324.3
交通通讯消费	449.5	656.9	647.4	759.7
文化教育、娱乐消费	428.7	785.0	1330.6	525.8
文化教育、娱乐用品消费	103.2	265.6	350.9	110.8
教育服务消费	301.0	466.7	698.4	346.1
文化、体育、娱乐服务消费	24.5	52.7	281.3	68.9
其他商品和服务消费	102.9	101.1	142.3	195.8
其它商品支出	68.4	62.7	65.6	107.2
其它消费服务支出	34.6	38.4	76.8	88.6

年生活消费支出

单位:元

赛罕区	土左旗	托县	和林县	清水河县	武川县
6993.7	4006.2	4655.3	3990.4	2790.6	3233.5
1501.2	1692.4	1924.7	1891.6	1262.0	1399.2
1165.3	1200.0	1840.2	1521.6	1205.8	1306.4
335.9	492.4	84.5	370.0	56.2	92.9
291.9	244.0	69.3	179.5	34.3	63.3
483.3	244.6	259.1	203.3	169.0	208.4
2672.4	1059.0	757.8	695.3	269.6	783.3
2203.1	651.9	598.5	451.6	165.6	636.1
469.3	407.0	159.3	243.7	104.0	147.1
178.1	108.8	203.8	105.2	60.6	59.5
173.2	104.2	200.2	103.7	58.1	59.5
4.9	4.7	3.6	1.4	2.4	
490.2	209.5	263.9	456.3	207.9	136.5
76.5	66.8	132.1	173.5	71.2	46.0
413.8	142.6	131.8	282.8	136.7	90.5
760.1	244.5	630.1	295.5	206.8	278.3
596.5	388.4	581.9	305.0	557.1	320.9
175.6	100.4	121.7	49.9	52.9	47.3
368.2	269.6	430.9	205.8	474.6	273.4
52.8	18.4	29.3	49.4	29.5	0.2
311.8	59.2	34.1	38.1	57.8	47.4
280.6	18.3	20.2	22.5	5.8	33.0
31.2	40.9	13.9	15.6	51.9	14.4

9-14 农民家庭主要消费

指　标	呼 市	新 城 区	回 民 区	玉 泉 区
谷物和薯类	149.8	130.2	66.0	149.3
豆　类	4.1	3.6	0.6	1.1
蔬菜及菜制品	35.3	49.5	40.7	120.7
豆 制 品	1.8	0.8	1.9	2.2
油 脂 类	4.2	4.8	4.4	4.6
肉禽及其制品	34.4	23.0	32.6	30.7
猪　肉	23.3	13.2	16.1	17.4
牛　肉	1.2	0.9	1.6	2.5
羊　肉	4.8	4.7	10.5	5.2
家　禽	3.7	3.1	2.9	4.0
其它肉禽及制品	1.4	1.1	1.5	1.6
蛋类及蛋制品	5.4	4.4	5.9	5.0
奶和奶制品	6.3	5.7	8.5	16.8
水 产 品	1.7	2.0	1.7	2.1
食　糖	1.7	1.0	0.8	0.9
酒　类	6.5	4.5	4.2	5.5
茶　叶	0.2	0.4	0.2	0.6
瓜　类	12.4	19.6	10.6	11.1
水 果 类	10.7	16.3	20.0	14.1
坚　果	0.5	1.5	2.3	1.3

品人均年消费量

单位:公斤

赛罕区	土左旗	托 县	和林县	清水河县	武川县
99.2	113.7	177.5	162.0	143.2	205.9
3.6	0.2	8.5	9.0	13.1	1.0
35.1	38.7	46.7	36.4	21.1	17.2
1.0	1.6	5.9	0.3	0.4	
3.2	4.4	6.5	2.7	5.2	0.4
21.2	23.6	43.2	44.9	34.2	33.8
14.8	16.0	23.8	32.7	27.5	26.9
1.0	1.0	1.4	0.9	0.1	0.2
3.3	2.6	7.1	5.7	3.8	3.9
1.8	3.5	7.5	5.0	2.0	1.1
0.2	0.5	3.4	0.7	0.8	1.6
3.7	4.2	10.6	4.5	1.6	3.9
2.9	1.9	15.7	2.5	1.1	4.6
1.3	1.7	3.1	0.9	1.0	0.6
0.8	0.9	1.6	2.1	0.8	2.9
2.2	6.9	5.5	9.2	6.4	3.9
0.3	0.1	0.1	0.2		0.5
5.1	8.7	28.6	11.4	15.1	6.9
11.8	10.3	14.6	10.8	8.0	7.6
0.9		0.6	0.4	0.1	0.8

9-15 农民家庭每百户

指　　标	单位	呼市	新城区	回民区	玉泉区
大型家具	件				
洗衣机	台	65.7	80.0	100.0	101.3
电风扇	台				
电冰箱	台	60.0	54.7	102.5	89.3
空调机	台			2.5	2.7
抽油烟机	台	10.6	21.3	85.0	33.3
吸尘器	台	0.4	1.3		8.0
微波炉	台	2.3	2.7	20.0	5.3
热水器	台	0.8	6.7	57.5	2.7
自行车	辆	101.1	137.3	120.0	194.7
摩托车	台	56.2	46.7	40.0	41.3
汽车（生活用）	台	4.2	14.7	15.0	9.3
电话机	部	44.5	30.7	37.5	73.3
移动电话	部	105.7	128.0	235.0	137.3
家用计算机	台	6.4	25.3	30.0	8.0
彩色电视机	台	97.0	93.3	102.5	104.0
黑白电视机	台	2.3	2.7		
录放像机	台				
摄像机	台	0.8	1.3	2.5	2.7
影碟机	台	17.0	42.7	32.5	72.0
组合音响	台				
收录机	台				
照相机	架	4.9	18.7	42.5	8.0

拥有耐用消费品

赛罕区	土左旗	托　县	和林县	清水河县	武川县
84.0	64.0	70.7	40.0	25.3	74.7
82.7	49.3	57.3	45.3	33.3	60.0
2.7		1.3			
25.3	8.0	26.7			1.3
0.0		2.7			
10.7	2.7	13.3			
10.7		2.7			
161.3	124.0	125.3	73.3	40.0	64.0
58.7	44.0	60.0	54.7	29.3	85.3
9.3	2.7	1.3			
81.3	29.3	50.7	45.3	36.0	48.0
100.0	101.3	122.7	68.0	70.7	132.0
10.7	2.7	10.7		4.0	
94.7	100.0	101.3	81.3	80.0	101.3
4.0	1.3		6.7	8.0	
					2.7
46.7	12.0	8.0	9.3	8.0	6.7
16.0	5.3	2.7			

主要统计指标解释

城镇居民家庭就业人口 指城镇居民从事社会劳动并取得劳动报酬或经营收入的人口，就业人口包括通过国家统筹规划和指导由劳动部门介绍就业，自愿组织起来就业和自谋职业等方式，在全民所有制、集体所有制、中外合资、中外合作、外资在华独资企事业单位和私营企业单位工作或从事个体劳动的有固定性职业或临时性职业的人口。被聘用和留用的离退休人员也计入就业人口。本指标可以反映城镇居民的就业情况，是计算就业面、负担系数的重要资料。

城镇居民家庭人口 指居住在一起，经济上合在一起共同生活的家庭成员。凡计算为家庭人口的成员其全部收支都应包括在调查表中。

城镇居民家庭总收入 指调查户中生活在一起的所有家庭成员在调查期得到的工资性收入、经营性收入、财产性收入、转移性收入的总和，不包括出售财物和借贷收入。

城镇居民人均可支配收入 指调查户可用于最终消费支出和其它非义务性支出以及储蓄的总和，即居民家庭可以用来自由支配的收入。它是家庭总收入扣除经营性支出、交纳的个人所得税、个人交纳的社会保障费以及调查户的记账补贴后的收入。计算公式为:

城镇居民人均可支配收入=家庭总收入-经营性支出-交纳个人所得税-个人交纳的社会保障支出-记账补贴

城镇居民家庭总支出 指家庭除借贷支出以外的全部实际支出。包括消费性支出、经营性支出、购房建房支出、转移性支出、财产性支出、社会保障支出。

城镇居民人均消费性支出 指调查户用于本家庭日常生活的全部支出，包括食品、衣着、居住、家庭设备用品及服务、医疗保健、交通和通信、娱乐教育文化服务、其它商品和服务八大类等。包括用于赠送的商品或服务。

农民生活消费支出 指农村住户用于物质生活和精神生活方面的支出。生活消费支出包括食品支出、衣着支出、居住支出、家庭设备用品及服务支出、医疗保健支出、交通和通讯支出、文化教育娱乐用品及服务支出、其他商品和服务支出。

农民人均纯收入 指农村住户当年从各个来源得到的总收入相应地扣除所发生的费用后的收入总和。纯收入主要用于再生活投入和当年生活消费支出，也可用于储蓄和各种非义务性支出。“农民人均纯收入”是按人口平均的纯收入水平，反映的是一个地区或一个农户农村居民的平均收入水平。

计算方法:纯收入=总收入-家庭经营费用支出-税费支出-生产性固定资产折旧-赠送农村外部亲友支出

农民家庭常住人口 指全年经常在家或在家居住 6 个月以上，而且经济和生活与本户连成一体的人口。外出从业人员在外央住时间虽然在 6 个月以上，但收入主要带回家中，经济与本户连为一体，仍视为家庭常住人口；在家居住，生活和本户连成一体的国家职工、退休人员也为家庭常住人口。但是现役军人、中专及以上（走读生除外）的在校学生、以及常年在外（不包括探亲、看病等）且已有稳定的职业与居住场所的外出从业人员，不应当作家庭常住人口。家庭常住人口主要作为计算农村住户平均每人收入、消费和积累水平及分析家庭人口状况的依据。

第二部分　统计资料

城市概况

10-1 城市规模、建设用地和房屋建筑情况

项　　目	单　位	2008年	2009年
城市人口	万人	116.7	118.8
# 非农业人口	万人	88.7	90.8
城市面积	平方公里	2054	2054
# 建城区面积	平方公里	154.0	154.0
城市建设用地面积	平方公里	154.0	154.0
居住用地	平方公里	42.3	42.3
公共设施用地	平方公里	28.3	28.3
工业用地	平方公里	23.4	23.4
仓储用地	平方公里	5.9	5.9
对外交通用地	平方公里	5.9	5.9
道路广场用地	平方公里	10.9	10.9
市政公用设施用地	平方公里	4.7	4.7
绿　　地	平方公里	26.4	26.4
特殊用地	平方公里	6.2	6.2
房屋建筑面积	万平方米	6035	6945
# 住宅建筑面积	万平方米	2625	3279
人均住房建筑面积	平方米	29.6	31.0

10-2 城市公共汽车、出租汽车情况

项　　目	单　位	2008年	2009年
城市公共汽车			
年末营运车辆	辆	1509	1618
年末标准运营车辆	标台	1759	1896
营运线路网长度	公里	476	489
客运总量	万人次	25706	42324
出租汽车	辆	4666	5567

10-3 城市自来水情况

项目	单位	2008年	2009年
年末综合生产能力	万立方米/日	49.7	49.7
#地下水	万立方米/日	29.7	29.7
年末管道长度	公里	656	681
全年供水量	万立方米	11231	12600
#生产用	万立方米	3832	3866
生活用	万立方米	4934	7660
用水人口	万人	125.7	125.7
用水户数	万户	32.1	33.2
#家庭用户	万户	27.1	27.3

10-4 城市集中供热情况

项目	单位	2008年	2009年
供热能力	兆瓦	3502	4686
供热总量	万吉焦	1929	3450
供热管道长度	公里	481	591
供热面积	万平方米	3667.6	4060.1
#住宅	万平方米	2755.8	3738.2

10-5 城市燃气情况

项　　目	单　位	2008年	2009年
液化石油气			
储气能力	吨	4255.0	4255.0
供气总量	吨	13566	20000
# 家庭用量	吨	11939	9760
用气户数	万户	11.4	9.3
# 家庭用户	万户	11.2	9.3
用气人口	万人	34.0	28.5
天　然　气			
储气能力	万立方米	10.0	10.8
供气管道长度	公里	650	690
外购气量	万立方米	17210	22377
供气总量	万立方米	17210	21281
# 家庭用量	万立方米	2148	2565
用气户数	万户	25.8	31.3
# 家庭用户	万户	25.4	30.8
用气人口	万人	90.0	94.6

10-6 城市市政设施情况

项　　　目	单　位	2008年	2009年
道　路			
道路长度	公里	612	630
道路面积	万平方米	1465	1520
#人行道面积	万平方米	258	271
桥　梁	**座**	**49**	**51**
#立交桥	座	**14**	**14**
路　灯	**盏**	**134552**	**135060**
排　水			
排水管道长度	公里	887	897
#污水管道	公里	434	439
污水排放量	万立方米	8985	10080
污水处理厂	座	1	3
污水处理能力	万立方米/日	10	21
污水处理总量	万立方米	3500	5521
防洪堤长度	公里	129	129

10-7 城市园林、绿化情况

项　　　目	单　位	2008年	2009年
绿化覆盖面积	公顷	5650	5697
#建成区	公顷	5411	5459
园林绿地面积	公顷	5135	5183
#建成区	公顷	5135	5183
公园绿地面积	公顷	2143	2146
公　园	个	20	20
公园面积	公顷	2755	2146

10-8 城市市容环境卫生情况

项　　　目	单 位	2008年	2009年
道路清扫保洁面积	万平方米	2184	2484
#机 械 化	万平方米	219	394
清运生活垃圾	万吨	41	53
无害化处理厂（场）	座	2	2
生活垃圾无害化处理能力	吨/日	1550	1780
生活垃圾无害化处理量	万吨	38.9	50.6
清运粪便	万吨	22.0	20.9
公共厕所	座	425	445
市容环卫专用车辆	辆	234	240

10-9 城 市 设 施 水 平

项　　　目	单 位	2008年	2009年
人均日生活用水量	升	79.1	98.2
用水普及率	%	95.3	95.4
燃气普及率	%	91.1	92.0
每万人拥有公交车辆	标台	12.9	16.0
人均道路面积	平方米	10.8	11.4
污水处理率	%	44.1	57.0
人均公园绿地面积	平方米	15.7	16.0
建成区绿地率	%	33.3	33.7
建成区绿化覆盖率	%	35.1	35.5
生活垃圾无害化处理率	%	95.2	95.2

主要统计指标解释

年末自来水生产能力 指年底城建部门管理的自来水厂和自备水源的社会单位取水、净化、送水、出厂输水干管等环节的实际生产能力。

年末供水管道长度 指从送水泵到用户水表之间所有管道的长度。

全年供水总量 指公用自来水厂和社会单位自备水源全年的供水总量，包括有效供水量及损失水量。

生活用水量 指居民日常生活与公共福利设施的用水量。包括饮食店、旅馆、医院、理发店、浴池、洗衣店、游泳池、商店、学校、机关、部队等单位的用水量。

城市人口用水普及率 指城市用水的非农业人口数（不包括临时人口和流动人口）与城市非农业人口总数之比。计算公式：

$$用水普及率=\frac{城市用水的非农业人口数}{城市非农业人口数}\times 100\%$$

人工煤气生产能力 指城市煤气厂制气、净化、输送等环节的综合实际生产能力。

输气管道长度 指由压缩机、鼓风机、储气罐的出口到用户煤气表之间的全部管道长度。

煤气供气总量 指售给各类用户的全部煤气量。包括工业用量、家庭用量和其他用量。

城市煤气普及率 指使用煤气（包括人工煤气、液化石油气、天然气）的城市非农业人口数（不包括临时人口和流动人口）与城市非农业人口总数之比。计算公式：

$$城市煤气普及率=\frac{城市用气的非农业人口数}{城市非农业人口总数}\times 100\%$$

城市供热能力 指热电厂、热力公司和达到标准的集中采暖锅炉房和城市输送的供热源的设计能力，即每小时向城市输送蒸汽、热水的能力。

城市供热管道长度 指热电厂、热力公司和达到标准的集中采暖锅炉房管理的集中供热热源到用户之间的全部供气、供热水的管道长度。

城市供热总量 指热电厂、热力公司和达到标准的集中采暖锅炉房全年向城市输送的全部蒸、热水量。

年底实有铺装道路长度 指除土路外，路面经过铺装宽度在3.5米以上的道路，包括高级，次高级道路和普通道路。

城市桥梁 指城市范围内，修建在河道上的桥梁和道路与道路立交、道路跨越铁路的立交桥，以及人行天桥。包括永久性桥和半永久性桥，不包括临时性桥、铁路桥、涵洞。

城市下水道总长度 指所有排水总管，干管、支管及暗渠，检查井，连接井进出水口等长度之和。

城市污水日处理能力 指污水处理厂每昼夜处理污水量的设计能力。

营运线路长度 指设置的固定营运线路长度，包括郊区营运线路长度，不包括临时行驶的线路长度。

城市园林绿地面积 指城市公共绿地、专用绿地、生产绿地、防护绿地、郊区风景名胜区的全部面积。

公共绿地 指供游览休息的各种公园，动物园、植物园、陵园以及花园、游园和供游览休息用的林荫道绿地、广场绿地。不包括一般栽植的行道树及林荫道的面积。

年末实有公共汽车 指年底可参加营运的全部车辆数，包括营运车辆数和库存查封未参加营运的车辆。不包括非营运车辆，如架线车、油罐车、货车及其他专用车辆和借入的客运车辆。

第二部分　统计资料

农　业

11-1 历年农业主要指标

年份	农作物播种面积(千公顷)	#粮食作物	粮食总产量(万吨)	家畜年末存栏(万头)	#奶牛	肉类总产量(吨)	牛奶产量(万吨)
1949	302.6	273.1	14.2	39.8	8.4		
1950	337.7	304.6	16.7	47.5	10.0		
1951	403.7	359.0	15.4	54.6	9.6		
1952	416.9	374.0	22.8	61.5	11.3		
1953	421.2	367.8	24.1	78.6	13.2		
1954	424.0	372.3	33.5	92.6	13.8		
1955	434.5	374.6	23.7	93.0	13.7		
1956	462.5	397.9	35.3	74.1	11.3		
1957	453.7	384.2	25.7	81.5	10.4		
1958	461.6	398.7	26.1	93.3	10.3		
1959	443.4	368.9	27.2	107.4	11.1		
1960	477.5	398.2	24.2	115.7	11.4		
1961	469.1	400.4	19.8	113.5	11.2		
1962	433.1	379.8	20.2	102.3	9.8		
1963	439.5	381.4	24.5	122.2	10.2		
1964	450.6	383.3	28.1	138.1	10.6		
1965	448.5	378.8	22.8	120.3	10.2		
1966	440.4	373.8	26.7	119.5	9.6		
1967	434.5	365.2	32.2	124.9	9.8		
1968	427.6	363.4	30.5	118.0	9.9		
1969	421.8	357.3	29.1	118.2	10.0		
1970	428.4	367.5	32.2	119.2	10.3	6450	
1971	419.3	360.3	33.6	126.9	10.0	5934	…
1972	421.9	359.1	31.8	126.0	9.8	6576	…
1973	421.6	357.4	35.5	138.3	9.4	8883	…
1974	419.8	355.1	40.9	133.5	9.1	8882	…
1975	418.1	352.7	40.5	134.9	8.7	10102	…
1976	407.6	339.6	40.3	130.9	8.3	10636	…
1977	397.3	325.5	39.2	133.9	8.3	10961	…
1978	388.9	313.2	24.7	137.6	7.9	10795	…

11-1续表

年份	农作物播种面积（千公顷）	#粮食作物	粮食总产量（万吨）	家畜年末存栏（万头）	#奶牛	肉类总产量（吨）	牛奶产量（万吨）
1979	391.1	305.5	32.7	142.9	7.8	9220	…
1980	390.7	300.1	28.2	149.0	8.3	9760	0.4
1981	359.9	286.2	33.5	144.5	7.4	11729	0.6
1982	367.3	289.1	33.6	141.5	7.4	11199	0.7
1983	363.3	286.7	38.3	125.6	7.5	10704	0.8
1984	367.6	276.2	45.4	122.9	7.7	12034	1.0
1985	355.3	259.4	33.9	127.7	8.1	14203	1.4
1986	352.9	261.5	26.8	134.0	8.3	14862	1.4
1987	341.1	253.0	22.4	132.6	7.4	15706	2.0
1988	347.1	253.6	37.4	145.7	7.6	13630	2.1
1989	351.5	266.7	38.8	152.2	7.9	16143	2.3
1990	354.3	272.5	54.2	152.1	8.3	17607	3.1
1991	354.6	276.6	53.4	150.0	8.4	21161	3.6
1992	356.6	274.6	59.3	148.7	8.3	25818	4.4
1993	353.9	274.7	67.0	156.5	8.9	33220	5.0
1994	348.3	259.5	71.9	168.1	10.5	40761	6.7
1995	344.6	268.2	70.6	181.3	12.2	47068	7.4
1996	343.7	275.6	93.3	195.7	14.6	59785	8.9
1997	348.6	276.5	95.1	200.8	15.5	72696	11.1
1998	349.2	279.6	95.5	208.7	16.4	80329	12.7
1999	347.7	275.1	75.8	197.7	16.5	86600	15.1
2000	406.6	289.5	84.2	188.7	18.6	87830	23.1
2001	300.0	224.4	56.4	166.5	21.4	91754	40.0
2002	375.8	251.6	84.3	156.2	27.9	93392	64.5
2003	374.1	228.3	91.8	158.7	40.4	92033	100.8
2004	389.5	241.3	115.5	179.2	57.1	102254	152.1
2005	406.7	270.8	114.8	199.2	68.7	110895	227.8
2006	428.2	311.8	117.2	210.1	62.1	74141	282.1
2007	435.8	318.8	107.4	214.2	64.0	70028	292.9
2008	441.4	316.4	119.4	245.3	70.0	80834	305.0
2009	443.3	321.3	119.5	251.3	70.0	90601	305.3

11-2 农村基本情况及农业生产条件

单位：个、万户、万人

项　　　目	合　计	新城区	回民区	玉泉区	赛罕区	土左旗	托县	和林县	清水河县	武川县
农村基层组织情况										
乡镇个数	40	2	1	1	6	8	4	6	5	7
#镇 个 数	23	2	1	1	5	4	4	2	2	2
村委会个数	1008	29	19	54	124	321	120	145	103	93
农村基础设施										
自来水受益村数	892	29	19	54	122	276	120	133	61	78
通汽车村数	967	29	17	54	117	291	120	143	103	93
通电话村数	1003	28	18	54	123	319	120	145	103	93
乡村人口与从业人员										
乡村户数	29.92	1.76	0.89	1.37	4.25	7.71	4.02	3.90	2.51	3.51
乡村人口数	108.63	4.89	2.96	4.46	13.31	30.10	14.95	15.19	9.69	13.09
乡村劳动力资源数	65.43	3.61	1.36	2.39	8.74	17.30	9.73	8.49	5.37	8.44
#劳动年龄内	60.50	3.58	1.34	2.00	7.87	16.57	8.88	8.08	4.63	7.56
乡村从业人员数	58.46	3.58	1.17	2.02	6.96	15.94	8.54	7.70	5.14	7.40
#劳动年龄内	55.90	3.56	1.17	1.97	6.67	15.43	7.96	7.68	4.50	6.96
按性别分										
男劳动力	33.92	1.99	0.64	1.33	4.16	9.45	4.97	4.20	2.81	4.36
女劳动力	24.54	1.60	0.53	0.69	2.80	6.50	3.57	3.51	2.33	3.03
按国民经济行业分										
农林牧渔业从业人员	41.73	2.04	0.47	1.47	4.47	11.71	5.76	6.23	3.60	5.98
#农业从业人员	33.25	1.86	0.42	1.00	3.41	8.70	4.49	4.45	3.36	5.57
牧业从业人员	8.42	0.18	0.05	0.47	1.06	2.96	1.28	1.77	0.24	0.41
工业从业人员	3.54	0.18	0.19	0.10	0.35	0.81	0.84	0.30	0.33	0.44
建筑业从业人员	5.07	0.34	0.11	0.09	0.62	1.71	0.97	0.54	0.42	0.28
交通、仓储和邮电通讯从业人员	1.70	0.20	0.04	0.03	0.15	0.41	0.32	0.13	0.36	0.07
信息传输、计算机服务和软件业从业人员	0.35	0.01	0.12	0.01	0.02	0.10	0.02	0.01		0.06
批发与零售从业人员	2.83	0.16	0.09	0.18	0.45	0.66	0.37	0.27	0.25	0.40
住宿和餐饮业从业人员	1.60	0.22	0.08	0.06	0.41	0.32	0.13	0.15	0.16	0.08
其他从业人员	1.65	0.44	0.08	0.08	0.49	0.23	0.14	0.08	0.02	0.09

注：旗县乡镇个数、镇个数不包括旗县政府所在地镇。

11-3 农 林 牧 渔

项目	合计	新城区	回民区	玉泉区
农林牧渔业增加值	780945.6	14735.4	5312.5	19832.5
农业增加值	275034.8	4087.3	2469.2	8427.6
林业增加值	18122.4	343.8	92.4	
牧业增加值	471068.0	10053.9	2595.2	10605.6
渔业增加值	7796.4			362.2
农林牧渔服务业增加值	8924.1	250.4	155.6	437.2

11-4 农 林 牧 渔

项目	合计	新城区	回民区	玉泉区
农林牧渔业总产值	1377800.00	26478.21	8383.72	34540.54
农业产值	419900.00	6240.20	3769.78	12866.59
#谷物及其他作物	326959.70	5308.00	812.20	7470.00
蔬菜园艺作物	74879.85	878.00	2923.48	5340.30
水果、坚果、饮料和香料作物	16095.40	54.20	34.10	56.30
林业产值	25300.00	479.94	128.98	
林木的培育和种植	16492.30	468.17	121.82	
竹木采运	906.00	11.77		
林 产 品	6360.60		7.16	
牧业产值	905900.00	19334.40	4221.60	20395.40
牲畜饲养	836971.50	16873.20	3678.80	18575.20
奶 产 品	719427.40	15450.40	2960.10	17269.70
猪的饲养	47173.90	1940.80	475.80	1013.80
渔业产值	11600.00			538.86
农林牧渔服务业产值	15100.00	423.67	263.36	739.70

业 增 加 值

单位：万元

赛罕区	土左旗	托县	和林县	清水河县	武川县
141377.09	237426.93	125138.03	143976.07	44044.47	49102.64
43446.85	79253.02	43059.16	41080.72	17453.62	35757.27
1667.22	4787.55	1254.44	4865.18	3601.42	1510.41
94424.72	147254.07	78269.45	94679.94	21812.54	11372.56
284.56	3393.28	1915.21	1132.31	708.83	
1553.75	2739.01	639.77	2217.92	468.05	462.40

业 总 产 值

单位：万元

赛罕区	土左旗	托县	和林县	清水河县	武川县
253297.01	420544.91	222709.96	257025.11	75468.38	79352.59
66331.06	120996.97	65739.17	62718.66	26646.75	54591.26
26559.70	98243.00	55837.00	55075.50	25345.80	52308.50
39697.96	13102.17	6281.77	3570.46	841.75	2243.96
73.40	8851.80	2492.40	4072.70	459.30	1.20
2327.54	6683.73	1751.27	6792.10	5027.81	2108.63
2204.47	1961.09	1218.19	5741.13	3772.22	2046.65
93.65	276.02			509.88	
29.42	4446.62	533.08	1050.97	745.71	61.97
181586.00	283180.90	151287.40	182076.80	41947.20	21870.30
165950.50	263150.90	139945.70	172915.40	37484.80	18397.00
153490.00	241979.00	125309.00	135200.00	20008.40	7760.80
7850.20	11531.00	10579.90	7940.70	3158.10	2683.60
423.39	5048.77	2849.59	1684.74	1054.65	
2629.02	4634.54	1082.52	3752.82	791.96	782.41

11-5 农村主要能

项目	单位	合计	新城区	回民区	玉泉区
农村用电量	万千瓦时	32242.67	1096	1902.6	1030
农用化肥施用量（按折纯法计）	吨	95154	132	145	1160
氮肥	吨	52238	41	36	1084
磷肥	吨	19991	54	26	9
钾肥	吨	6769	13	17	5
复合肥	吨	16156	24	66	62
农用塑料薄膜使用量	吨	6024	70	30	126
#地膜使用量	吨	5341	51	18	118
地膜覆盖面积	公顷	92872	669	625	2717
农用柴油使用量	吨	29864	735	426	1593
农药使用量	吨	284	1	4	10

11-6 水果生

项目	单位	合计	新城区	回民区	玉泉区
园林水果	吨	34557	343	568	158
苹果	吨	6539	143	8	59
#红富士苹果	吨	45			
国光苹果	吨	30			
梨	吨	5898	38	3	
#雪花梨	吨				
鸭梨	吨				
苹果梨	吨	5721	3	3	
葡萄	吨	3716	9	1	59
山楂	吨	57		2	
其他园林水果	吨	18347	153	554	40
年末果园合计面积	公顷	2666	171	358	26
#苹果园	公顷	789	120	40	12
梨园	公顷	204	4	12	
葡萄园	公顷	357	15	2	6
山楂园	公顷	24		14	

源及物资消耗

赛罕区	土左旗	托县	和林县	清水河县	武川县
6458	8166	5520	4912	892	2266.07
10131	16132	33259	9144	11130	13921
4154	7792	22735	3867	7009	5520
2198	5023	4321	3153	1860	3347
1100	773	1851	742	458	1810
2679	2544	4352	1382	1803	3244
1508	2118	627	1177	283	85
1088	2118	624	1041	198	85
14250	36966	12345	19723	3781	1796
5002	7117	4476	3824	1619	5072
53	96	54	23	9	34

产情况

赛罕区	土左旗	托县	和林县	清水河县	武川县
1150	29009	1028	648	1646	7
700	4739	135	308	440	7
		45			
		30			
100	5597	52		108	
	5597	10		108	
20	2674	841	30	82	
10	42			3	
320	15957		310	1013	
87	1071	203	159	590	1
63	217	67	109	160	1
3	147	5		33	
	116	131	50	37	
5	4			1	

11-7 农作物播种

项目	合计		新城区		回民区		玉泉区	
	面积	总产量	面积	总产量	面积	总产量	面积	总产量
农作物总播种面积	**443.30**		**6.55**		**0.86**		**5.08**	
粮食作物合计	321.35	1195048	5.93	18104	0.78	3944	3.79	37720
谷　物	200.31	988723	4.22	11742	0.74	3817	3.71	37525
小　麦	30.58	60859	0.13	85	0.03	75	0.15	617
玉　米	133.30	891040	3.07	9711	0.71	3722	3.57	36908
谷　子	3.60	3440	0.24	450		6		
高　粱	2.35	11608	0.19	420		8		
莜　麦	17.33	6919	0.16	294				
黍　子	4.48	7410	0.43	782		6		
糜　子	1.89	2721						
荞　麦	5.86	3545						
大　麦	0.93	1181						
其他谷物								
豆　类	20.16	19472	1.06	710	0.01	4	0.04	78
大　豆	12.03	9901	0.95	542	0.01	3	0.02	39
杂　豆	8.14	9571	0.11	168		1	0.02	39
薯类(按折粮计算)	100.88	186853	0.65	5652	0.03	123	0.04	117
# 马铃薯	100.88	186853	0.65	5652	0.03	123	0.04	117
油料合计	51.08	45031	0.20	76	0.01	10	0.06	92
# 胡麻籽	19.21	13628	0.18	64	0.01	10	0.03	45
油菜籽	21.96	15469	0.02	12				
葵花籽	9.24	15516					0.03	47
麻类合计	0.04	39						
# 线　麻	0.02	36						
亚　麻								
甜　菜	0.83	37010						
烟　叶	0.08	104	0.05	32				
# 烤　烟								
药　材	0.99	4914						
蔬　菜	9.96	683520	0.13	8220	0.06	7381	0.86	57897
瓜果类	5.89	213816	0.01	560			0.02	780
# 西　瓜	3.81	146520	0.01	560			0.01	600
甜　瓜	1.22	34220					0.01	180
其他农作物	53.09		0.23		0.01		0.35	
# 青饲料	46.85		0.23		0.01		0.35	

面 积 和 产 量

单位：千公顷、吨

赛罕区		土左旗		托县		和林县		清水河县		武川县	
面积	总产量	面积	总产量	面积	总产量	面积	总产量	面积	总产量	面积	总产量
31.21		79.96		52.41		70.16		66.96		130.13	
22.31	114930	58.32	418621	35.87	221563	49.91	196072	46.00	60044	98.44	124050
18.99	103119	55.73	409123	29.51	207797	25.10	155105	16.89	19575	45.41	40920
1.07	3147	6.32	27426	0.61	2149		16			22.27	27344
17.14	98098	48.37	376132	26.18	195767	20.16	149906	13.36	17690	0.76	3106
0.14	127	0.02	68	0.51	1167	1.00	658	1.68	952	0.02	12
0.45	1617	0.64	4716	0.99	4802	0.03	25	0.05	20		
0.01	2					0.46	348	0.44	251	16.26	6024
0.20	128	0.35	673	0.87	2972	1.71	2347	0.78	406	0.14	96
1.24		0.04	108	0.35	940	0.98	1450	0.52	223		
0.67						0.76	355	0.07	33	5.04	3157
0.57										0.93	1181
2.08											
2.08	797	1.44	2626	4.55	7370	8.14	6203	2.42	998	1.28	686
0.47	420	0.95	1931	1.43	1562	6.22	4567	1.79	837		
0.45	377	0.50	695	3.12	5808	1.92	1636	0.63	161	1.28	686
	11014	1.15	6872	1.81	6396	16.67	34764	26.70	39471	51.76	82444
0.02	11014	1.15	6872	1.81	6396	16.67	34764	26.70	39471	51.76	82444
	163	5.28	11910	3.56	6429	4.26	2840	20.15	10224	17.08	13287
	145	1.71	2896	0.91	1434	3.12	2110	12.12	6585	0.68	339
			7	0.81	552	0.19	80	4.54	1870	16.40	12948
	18	3.57	9007	1.84	4443	0.31	238	3.47	1763		
				0.02	36			0.01	3		
				0.02	36						
		0.59	28160	0.24	8850						
		0.03	72								
		0.31	2000	0.63	2820			0.03		0.03	94
4.70	314932	2.00	143481	1.06	74522	0.51	42313	0.21	8158	0.43	26616
0.01	74	2.69	98573	1.22	40512	1.72	67231	0.22	6073		13
0.01	74	0.85	36281	1.10	38721	1.68	65911	0.15	4360		13
		0.97	29280	0.13	1791	0.04	1320	0.07	1649		
3.73		10.74		9.82		13.76		0.33		14.15	
3.73		8.75		7.08		13.05		0.33		13.35	

11-8 蔬菜及特种作

项目	合计		新城区	
	播种面积	产量	播种面积	产量
蔬菜合计	149375	683520	1950	8220
叶菜类	34589	166621	270	1194
# 菠菜	2473	10171	51	216
芹菜	5074	26811	65	268
大白菜	10646	47897	10	49
圆白菜	11892	60400	33	147
油菜	3920	18462	111	514
瓜菜类	15000	70430	187	896
# 黄瓜	11976	57336	139	672
块根、块茎类	36479	144350	605	2718
# 萝卜	4809	18258		
胡萝卜	24615	103589	425	1999
茄果菜类	38674	195002	258	1005
# 茄子	10496	57481	115	453
西红柿	26886	132586	143	552
葱蒜类	16985	75799	335	1614
# 大葱	13881	65907	335	1614
蒜头	1190	3423		
菜用豆类	6544	28630	295	793
# 四季豆	5730	26995		
豇豆				
水生菜类				
# 莲藕				
其它蔬菜	1104	2688		
# 食用菌(干鲜混合)	395	1164		
# 蘑菇(鲜品)	370	1114		
特种作物				
花卉种植面积	131	1000000	2	
鲜切花	100	1000000		
盆栽观赏植物(包括盆景)		1000		
药材	14911	4914		
# 甘草	1995	1463		
枸杞	11805	3316		

注：鲜切花、盆栽观赏植物（包括盆景）产量单位为支。

物生产情况

单位：亩、吨

回民区		玉泉区		赛罕区	
播种面积	产 量	播种面积	产 量	播种面积	产 量
927	**7381**	**12885**	**57897**	**70514**	**314932**
330	2470	3094	16219	14572	71574
20	60	208	235	700	6388
120	960	547	2768	2800	17050
60	480	675	3523	4500	15050
90	810	1511	9478	4570	19086
40	160	153	215	2002	14000
50	300	1474	9411	7000	29884
50	300	1371	8751	5000	22054
90	810	2373	8677	17000	54400
50	450	123	456	1000	4500
40	360	2075	7917	9800	28420
290	2320	3170	14502	25272	128241
100	800	1047	5773	5000	32000
80	704	1145	5342	20272	96241
80	880	1877	7738	1300	3900
80	880	369	1443	900	2700
				400	1200
50	400	272	202	5000	25823
		32	22	5000	25823
37	201	625	1148	370	1110
				370	1110
				370	1110
5				100	1000000
				100	1000000

11-8续表

项　　目	土左旗		托县	
	播种面积	产　量	播种面积	产　量
蔬菜合计	30045	143481	15870	74522
叶菜类	7769	33137	1940	11427
#菠　菜	1063	2549	134	270
芹　菜	720	3162	160	519
大白菜	2612	13047	901	5210
圆白菜	2320	11510	518	2203
油　菜	1054	2869	222	345
瓜菜类	4745	22999	635	2405
#黄　瓜	4340	20955	447	1691
块根、块茎类	1651	7468	10472	49427
#萝　卜	540	2541	1537	2086
胡萝卜	1111	4927	8935	47341
茄果菜类	7849	41407	1025	4123
#茄　子	3770	16831	288	913
西红柿	4079	24576	702	3069
葱蒜类	7982	38317	1631	6593
#大　葱	7574	37097	1554	6310
蒜　头	408	1220	46	109
菜用豆类	16	18	157	517
#四季豆			106	359
豇　豆				
水生菜类				
#莲　藕				
其它蔬菜	33	135	10	30
#食用菌(干鲜混合)				
#蘑　菇(鲜品)				
特种作物				
花卉种植面积			13	
鲜切花				
盆栽观赏植物(包括盆景)				
药　材	4605	2000	9375	2820
#甘　草	1995	1463		
枸　杞	2505	526	9300	2790

单位：亩、吨

和林县		清水河县		武川县	
播种面积	产　量	播种面积	产　量	播种面积	产　量
7580	42313	3180	8158	6424	26616
3800	23960	990	2659	1824	3981
130	260	22	48	145	145
515	1500	34	75	113	509
1195	8400	274	881	419	1257
1840	13680	630	1586	380	1900
120	120	30	69	188	170
520	2600	175	651	214	1284
520	2600	80	226	29	87
1855	11550	1218	3060	1215	6240
275	550	599	1510	685	6165
1580	11000	619	1550	30	75
490	2321	80	243	240	840
160	671	16	40		
330	1650	64	203	71	249
380	1220	652	1366	2748	14171
340	1020	398	840	2331	14003
40	200	254	526	42	168
510	612	65	175	179	90
510	612	65	175	17	4
25	50		4	4	10
25	50		4		
			4		
10				1	
			1000		
		450		481	94

11-9 牲畜

（日 历

项目	年初实有头数	年末实有头数	年内增减		
			繁殖仔畜	#成活	购进
牲畜总头数	2452673	2512718	2444948	2383338	556176
大牲畜和羊合计	2169203	2229044	1959983	1912284	456909
大牲畜	796525	762011	315016	302308	25004
牛	745858	715750	304336	291868	18271
#良种及改良种乳用牛	699750	700135	285082	272000	13025
#黑白花乳用牛	679381	684992	277142	264445	11576
马	3860	2662	620	608	681
驴	21918	21102	7502	7343	4062
骡	23365	21087	2389	2325	1937
骆驼	1524	1410	169	164	53
羊	1372678	1467033	1644967	1609976	431905
绵羊	999715	1065142	1332760	1307420	351212
#寒羊	577097	706355	1045767	1029158	270587
细毛羊及改良羊	445695	91612			
半细毛羊及改良羊	106269	66713			
山羊	372963	401891	312207	302556	80693
猪	283470	283674	484965	471054	99267

11-10 牲畜

（牧 业

项目	年初实有头数	年末实有头数	新城区	回民区
牲畜总头数	3430097	3490301	52050	14658
大牲畜和羊合计	3035528	3090801	36781	7511
大牲畜	790166	785163	9421	3317
牛	724345	727578	9063	3185
#良种及改良种乳用牛	689382	690075	8797	3091
#黑白花乳用牛	674839	674630	8797	3091
马	5394	2867	192	68
驴	30309	27344	30	38
骡	29011	26446	134	13
骆驼	1107	928	2	13
羊	2245362	2305638	27360	4194
绵羊	1766902	1787501	22760	4017
#寒羊	765452	803428	10168	1100
细毛羊及改良羊	922307	893072	3840	940
半细毛羊及改良羊	159770	170243	8200	1600
山羊	478460	518137	4600	177
猪	394569	399500	15269	7147

头　数

年　度）

单位：头、只

变　化　情　况			在年末实有头数中				
成幼畜死　亡	自宰自食	出　卖	能繁殖的母畜	耕役畜	种公畜	良种牲畜	改良种牲　畜
48402	491498	2339357	1645352	51663	34382	895280	1480465
38168	370024	1901029	1602442	51663	32455	790519	1309469
9327	29006	324060	520373	51663	1739	463329	246676
8844	24930	307048	506197	19202	1174	461768	234597
8003	20571	256642	483899		644		
7791	20082	243113	469266		582		
90	658	1739	1305	1607	85	309	1161
203	2289	9725	12340	13525	465	1117	9901
175	1034	5326		16573			
15	95	222	531	756	15	135	1017
28841	341018	1576969	1082069		30716	327190	1062793
19931	258546	1313982	813448		21979	206779	824591
13601	158540	997301	504075		12602		
			68796				
			40093				
8910	82472	262987	268621		8737	120411	238202
10234	121474	438328	42910		1927	104761	170996

头　数

年　度）

单位：头、只

玉　泉　区	赛　罕　区	土　左　旗	托　　县	和　林　县	清水河县	武　川　县
45827	231724	738263	526040	808488	480539	592712
33534	193738	597128	475228	752163	428791	565927
19218	160706	270061	113522	165340	26907	16671
18992	160226	260471	107945	144366	11059	12271
18992	160083	244025	104144	138317	5249	7377
18992	160083	241796	91600	138317	5249	6705
57	155	377	151	1288	7	572
85	160	5738	4196	6442	10558	97
84	165	2613	1194	13236	5282	3725
		862	36	8	1	6
14316	33032	327067	361706	586823	401884	549256
13460	28119	156455	325553	566070	347081	323986
5633	9012	96102	116265	323512	199871	41765
2034	11397	37891	47060	554750	5833	229327
8200	10930	17899	123414			
856	4913	170612	36153	20753	54803	225270
12293	37986	141135	50812	56325	51748	26785

11-11 畜禽产

项目	单位	合计	新城区	回民区	玉泉区
当年出栏肉猪口数	口	346732	13524	4893	7701
当年出售和自宰的肉用牛	头	190825	1100	2000	3936
#良种及改良种乳牛	头	168168	500	1808	3929
当年出售和自宰的肉用羊	只	1775059	28000	6062	8426
#山羊	只	292569	3474	812	720
当年出售和自宰的肉用驴	头	11144	17	49	
当年出售和自宰的肉用骡	头	5202	68	107	
当年出售和自宰的肉用马	匹	2132	40		
当年出售和自宰的肉用骆驼	峰	296			
当年出售和自宰的家禽	万只	210.00	3.00	1.00	9.00
当年出售和自宰的家兔	万只	8.00			
当年肉类总产量	吨	90601	1646	795	1523
猪肉产量	吨	25153	957	367	572
牛肉产量	吨	31816	187	300	616
羊肉产量	吨	27361	420	97	128
#山羊	吨	4408	49	13	11
驴肉产量	吨	1165	2	4	
骡肉产量	吨	622	9	8	
马肉产量	吨	236	6		
骆驼肉产量	吨	54			
禽肉产量	吨	4035	65	19	207
兔肉产量	吨	159			
奶类产量	吨	3053861	56730	11784	77258
#牛奶	吨	3052943	56420	11784	77258

品产量

赛罕区	土左旗	托县	和林县	清水河县	武川县
41284	114136	56580	48556	32442	27616
58271	58463	24219	33336	2574	6926
57836	43973	23174	31469	1287	4192
25591	225694	174685	673098	425813	207690
4011	86872	29207	18662	72237	76574
140	2150	2329	1430	4985	44
6	1851	742	608	766	1054
10	1508	13	352		209
	264	31		1	
30.00	105.00	14.00	25.00	8.00	15.00
		3.00	4.00	1.00	
11147	24484	12267	22091	9974	6674
2895	8251	4304	3501	2236	2070
7284	10005	4247	7734	412	1031
358	3627	2899	10096	6545	3191
56	1356	462	243	1110	1108
9	218	289	107	531	5
	226	134	46	82	117
1	177	2	27		23
	48	6			
600	1932	327	500	150	235
		59	80	18	2
704279	1057245	472577	616000	24079	33909
704279	1057245	472195	616000	24079	33683

11-11 续表

项　　目	单位	合计	新城区	回民区	玉泉区
山羊毛产量	吨	219	5		
绵羊毛产量	吨	3379	63	7	25
#细羊毛	吨	364	35		4
半细羊毛	吨	287	8	5	11
山羊绒产量	吨	104	2		
蜂蜜产量	吨	295			
禽蛋产量	吨	29380	1300	130	1150
年末实有家禽	万只	215	13	1	10
#鸭	万只	2			
鹅	万只	3			
家　兔	万只	3			
年内牛皮产量	张	190825	1100	2000	3936
绵羊皮产量	张	1479836	24526	5200	7544
山羊皮产量	张	291450	3474	812	716
驼绒产量	吨	22			
出售肉类总量	吨	65233	1098	682	948
#出售猪肉	吨	16853	507	348	370
出售牛肉	吨	22589	149	180	304
出售羊肉	吨	20185	323	85	118
出售禽肉	吨	2897	54	14	156
出售牛羊奶数量	吨	2931706	56223	9427	70203
出售羊毛数量	吨	3248	53	7	24
出售家禽只数	万只	143	3		7

赛罕区	土左旗	托县	和林县	清水河县	武川县
10	114	26	8	41	15
95	381	806	758	594	650
	4	133	181	5	2
		263			
1	53	3	5	8	32
5		10		280	
12000	9500	1100	1600	1100	1500
90	63	7	12	8	11
	1	1			
	1	1	1		
		1	1	1	
58271	58463	24219	33336	2574	6926
21500	140966	145478	650000	353576	131046
4009	86872	29207	17600	72237	76523
	22				
7308	17782	10190	15683	8037	3505
1945	5545	3427	2380	1501	830
4800	8426	3701	3914	282	833
202	2247	2250	8909	4516	1535
350	1525	266	280	92	160
615005	1052639	463857	620000	22995	21357
90	381	732	700	598	663
20	83	5	15	2	8

11-12 林 业 生

项目	单位	合计	新城区	回民区
当年造林合格面积	千公顷	61.88	2.95	1.13
# 人工造林	千公顷	15.88	0.29	0.47
飞机播种	千公顷			
按林业性质分组				
按所有制分				
# 国营	千公顷	31.19	2.95	1.13
集体	千公顷	14.64		
个人	千公顷	16.05		
按用途分				
# 经济林	千公顷	0.42		
防护林	千公顷	61.46	2.95	1.13
年末封山育林面积	千公顷	174.79	17.99	5.95
零星（四旁）植树	万株	306.00	15.00	6.60
育苗面积	公顷	382		
幼林抚育作业面积	公顷次	3600		
成林抚育面积	千公顷	2.61	0.8	
抚育改造出材量	立方米			
林木种子采集量	吨	64		
年末实有母树林面积	公顷	33		
年末实有种子园面积	公顷	94		

产情况

玉泉区	赛罕区	土左旗	托县	和林县	清水河县	武川县
0.39	1.47	8.05	1.77	10.98	13.84	15.63
0.39	0.80	1.38	1.10	1.64	5.17	4.30
		7.60			13.84	
0.39	1.47	0.08	1.72	10.98		
		0.37	0.05			15.63
		0.37	0.05			
0.39	1.47	7.68	1.72	10.98	13.84	15.63
	8.55	33.21	1.07	36.51	30.57	32.93
10	15	62	31.4	57	59	50
18	33	65	54	92	60	60
					3600	
			1.81			
		1	30	13	20	
				33		
		71		23		

11-13 农 牧 业 机

项 目	单 位	合 计	新 城 区	回 民 区
农牧业机械总动力	千瓦	1946129	30804	5575
#大中型拖拉机	台	3243	49	17
	千瓦	114877	2180	603
小型拖拉机	台	72275	1843	170
	千瓦	903645	20580	1993
联合收获机	台	553		3
	千瓦	31967		96
农用排灌动力机械	台	27437	160	274
	千瓦	178340	860	1674
#电 动 机	台	17700	80	137
	千瓦	170061	860	1674
柴 油 机	台	808		
	千瓦	8279		
农副产品加工动力机械	台	10151	159	19
	千瓦	74171	694	91
#柴 油 机	台	1046		
	千瓦	9287		
电 动 机	台	9105	159	19
	千瓦	64974	694	91
农业机械作业量				
# 机耕面积	万亩	520.12	9.2	1
机播面积	万亩	425.92	6.8	1
机收面积	万亩	122.64	0.5	0.4
拖拉机配套农具	台	114483	1427	105
#小型拖拉机配套农具	台	110118	1382	91
耕整地及种植机械				
# 机 引 犁	部	45477	1055	23
机 引 耙	部	17114	373	
播 种 机	台	16744	183	
机动铺膜机	台	5674		

械 拥 有 量

玉泉区	赛罕区	土左旗	托县	和林县	清水河县	武川县
67717	248651	464757	317432	345789	125684	273291
54	432	1153	642	340	197	359
1571	15817	43786	21830	14781	4063	10246
4739	12893	12929	12507	11535	2135	13524
51429	170614	149976	182602	150492	27599	148360
3	68	339	14	17	22	87
120	3726	18812	770	1250	1375	5818
1098	2700	9540	5530	3471	1542	3122
4286	15690	63360	49586	22492	7095	13297
550	1479	7094	4500	1820	742	1298
4125	15690	63360	48000	21882	5173	9297
10			120	51	163	464
161			1586	610	1922	4000
210	415	4284	1800	352	1552	1360
1556	2915	29988	13662	1232	13674	10359
60					897	107
431					7888	968
150	415	4284	1800	352	673	1253
1125	2915	29988	13662	1232	5876	9391
5.72	31	123	62.8	71	55.4	161
5.72	31	110	58	68	29.4	116
5.5	7.96	22.4	21	11.2	12	47
5819	16399	20278	20696	28247	3186	18326
5752	15652	18711	19862	27764	2831	18073
1803	1218	6397	12582	10215	2364	9820
1000	2001	3100	781	6772	41	3046
294		5659	4408	795	347	5058
196	1595	1412	500	1638	236	97

主要统计指标解释

乡村人口 指乡村户数内的常住人口。包括常住人口中外出的民工、工人合同工、户口在家的在外学生等，但不包括户口在家领取工资的国家职工和户口迁入农村领取国家津贴的离退休职工。

自来水受益村数 包括取水、净水、输配水三部分组成的自来水供给的，或由取水和输配水两部分组成的符合饮用卫生标准的简易自来水年末实际受益的村委会个数。

通汽车村数 指拥有乡级以上公路通过，并通达客运或货运汽车的村委会个数。

农林牧渔业总产值 指各种经济类型的农业生产单位或农户从事农业生产经济活动的总成果。包括农林牧渔业产品总量和劳务活动的总成果（即对非物质生产部门的劳务支出）两部分。

农林牧渔业商品产值 指农林牧渔业生产经营单位在一定时期内生产的以货币表现的可供商品交换的那一部分产品总量。

耕地面积 指可以用来种植农作物、经常进行耕锄的田地。除包括熟地、当年新开荒、连续撂荒未满三年的耕地和当年有休闲地（轮歇地）外，还包括以种植农作物为主并附带种植桑树、茶树、果树和其他林木的土地，以及沿海、沿湖地区已围垦利用的“海涂”、“湖田”等面积。

播种面积 指实际播种或移植有农作物的面积。凡是实际种植农作物的面积，不论种植在耕地还是非耕地上，也不论面积大小，均应统计在内。

农作物产量 在本年度内不论数量多少、耕地上与非耕地上的农作物产量，都应统计在内。

造林面积 指本年度在荒山、荒地、沙丘等一切可以造林的土地上，采用人工播种、植苗、飞机播种等方法，新植的成片乔木林和灌木林，经过检查验收，符合“造林技术规程”要求的株数，成活率达85%以上（1986年以前成活率按40%以上计算）的面积。四旁植树的四行以上，连续面积在一亩以上，应统计在造林面积内，但不包括补植面积、重造面积、迹地更新面积、低产林改造面积和零星植树折算面积。

造林面积按主要林种用途分为：

用材林 指为提供国民经济建设用材所造的林。

经济林 指为利用林木的果实、叶片、皮层、树漆等林产品作为工业原料或提供人民食用而营造的林，但不包括桑、果树等面积。

防护林 指为减免风、沙、水、旱等自然灾害，达到农田稳产、高产、保障工矿、水利、交通等经济建设安全所营造的林。包括水土保持林、农田防护林、沿海防护林、水源涵养林、防风固沙林、牧场防护林等。

薪炭林 指以生产燃料为目的所营造的乔木林，灌木林。

当年出栏头数 指农林牧渔业企业生产单位饲养的，已屠宰或已出售的全部牲畜头数。包括交售给国家、集市上出售以及农民自食的部分。

猪、牛、羊肉产量 指当年出栏并已屠宰的猪、牛、羊的肉产量。即屠宰后除去头蹄下水后带骨肉（即胴体重）的重量。

水产品产量 指本年度内农林牧渔业企业捕捞的水产品（包括人工养殖并捕获的水产品和捕捞的天然生长的水产品）产量。

水产品养殖面积 指人工投放鱼、虾、蟹、贝、藻等苗种并经常进行饲养管理的水面面积。

农业机械总动力 指主要用于农、林、牧、副、渔业各种动力机械的动力总和。包括耕作机械、排灌机械、收获机械、农产品加工机械、运输机械、植物保护机械、牧业机械、林业机械、渔业机械和其他农业机械［内燃机按引擎马力折成瓦（特）计算，电动机按功率折成瓦（特）计算］。

农业机械年末拥有量 指全民所有制、集体所有制农业生产单位和合作经营组织及农户在年末统计时实际拥有的各种农业机械设备数量。包括能用未用的、需要修复的（指中修、大修）、储存备用的。但已经损坏报废的、购买（或调进）而未提货的、从非农业生产单位调来临时支援的，均不包括在内。

第二部分　统计资料

工　　业

12-1 历年规模以上工业主要经济指标

单位：万元

项　　目	2000年	2001年	2002年	2003年	2004年
企业数（个）	193	175	180	185	224
工业总产值（当年价）	997336	1245189	1691976	2407794	3571649
工业增加值（当年价）	306634	399148	575563	822095	1230341
工业增加值指数(以上年为100)	120.5	131.2	139.5	143.9	141.2
工业销售产值（当年价）	964881	1227957	1650288	2383336	3494255
本年应付工资总额	61245	68555	79788	98401	125174
全部职工年平均人数（人）	86453	80808	76590	77556	76567
流动资产合计	724453	748083	1026191	1281923	1696186
存　货	250265	284014	307503	367989	403614
固定资产合计	1025779	1003163	1160523	1897950	2469819
固定资产原值合计	1229705	1252068	1496253	2265782	2787032
资产总计	1832741	1867051	2333063	3438391	4456639
流动负债合计	666409	705397	798085	1000380	1309284
长期负债合计	352772	351508	546352	1007608	1276035
所有者权益合计	808589	809785	982424	1400783	1871319
主营业务收入	910462	1151058	1572339	2274891	3403169
管理费用	69028	78650	87191	134369	129587
利润总额	18513	22997	93229	183411	311541
亏损企业亏损额	18724	21843	22944	22480	37456
利税总额	83988	107836	219965	359398	542154
应交所得税	8357	7925	9914	20659	26943
应交增值税	34896	44081	76521	113782	150776

12-1续表　　　　单位：万元

项　　目	2005年	2006年	2007年	2008年	2009年
企业数（个）	245	279	293	317	337
工业总产值（当年价）	4831642	6431716	8227778	9276424	11534865
工业增加值（当年价）	1651929	2298388	3013887	3347507	3954244
工业增加值指数(以上年为100)	131.1	129.1	126.1	111.2	116.2
工业销售产值（当年价）	4690496	6260432	8014577	9085009	11108718
本年应付工资总额	177831	227939	267033	324630	411209
全部职工年平均人数（人）	82614	87892	85884	89608	93475
流动资产合计	1792728	2117406	2635328	3104770	3951623
存　货	544784	585005	701827	740107	813404
固定资产合计	3064856	3419036	3198612	3738889	5003200
固定资产原值合计	3661195	4427578	4264426	4995607	6184361
资产总计	5137818	6208229	7086474	8252157	10623087
流动负债合计	1590268	2095593	2610045	3175095	5253909
长期负债合计	1523364	1727665	1861009	2303971	1842414
所有者权益合计	1999294	2384794	2615419	2772800	3378850
主营业务收入	4431260	6074302	7764260	8821659	11365686
管理费用	171610	195645	224416	291723	343857
利润总额	368246	459317	769442	229422	792712
亏损企业亏损额	25187	17721	13702	226919	76305
利税总额	657157	819361	1208983	709557	1632721
应交所得税	24558	42592	52229	35251	42689
应交增值税	182599	223612	288349	313878	538544

12-2 规模以上工业总产值

单位：万元

项　　目	2008年	2009年	2009年比2008年增长%
总　计	**9276424**	**11534865**	**24.3**
按经济类型分			
内资企业	6354431	7965276	25.3
国有企业	671786	1457602	117.0
集体企业	10463	14475	38.3
有限责任公司	2237448	2539936	13.5
股份有限公司	2129222	2215625	4.1
私营企业	1302270	1713648	31.6
其他经济类型企业	3243	23991	639.8
港澳台商投资企业	1219843	1391191	14.0
合资经营企业（港或澳、台资）	629707	712472	13.1
港澳台商独资经营企业	590136	678719	15.0
外商投资企业	1702151	2178398	28.0
中外合资经营企业	1121595	1251804	11.6
中外合作经营企业	63390	78068	23.2
外资企业	517166	848526	64.1
按轻重工业分			
轻 工 业	4940090	5835649	18.1
重 工 业	4336334	5699216	31.4
按企业规模分			
大型企业	2504265	2907526	16.1
中型企业	4728710	6306820	33.4
小型企业	2043449	2320520	13.6

12-3 规模以上独立核算

项　　目	企　业 单位数 （个）	亏损企业	工业总产值 （当年价）
总　　计	**337**	**99**	**11534865**
按登记注册类型分组			
内资企业	297	86	7965276
国有企业	22	7	1457602
中央企业	5	1	372329
地方企业	17	6	1085273
集体企业	6	3	14475
股份合作企业	2	1	23991
有限责任公司	76	18	2539936
国有独资公司	8	2	152110
其他有限责任公司	68	16	2387826
股份有限公司	14	3	2215625
私营企业	177	54	1713648
私营合作企业	4	1	5933
私营有限责任公司	165	49	1636295
私营股份有限公司	8	4	71421
港澳台商投资企业	13	7	1391191
合资经营企业(港或澳、台资)	7	3	712472
港澳台商独资经营企业	6	4	678719
外商投资企业	27	6	2178398
中外合资经营企业	14	2	1251804
中外合作经营企业	4	1	78068
外资企业	9	3	848526
在总计中亏损企业	99	99	1494948
在总计中国有控股企业	60	19	4447967
在总计中轻工业	151	39	5835649
重工业	186	60	5699216
在总计中大型企业	5		2907526
中型企业	63	12	6306820
小型企业	269	87	2320520

工业企业主要经济指标

单位：万元

工业销售产值（当年价）	本年应付工资总额	全部职工年平均人数（人）	流动资产合计	应收帐款
11108718	**411209**	**93475**	**3951623**	**592454**
7764448	309554	75098	2355674	421268
1457082	64109	15837	431166	109705
373922	19419	3847	195501	61007
1083160	44690	11990	235665	48698
14595	1244	609	8993	1303
23907	4447	1530	12024	317
2474025	86044	21116	650378	157239
153262	10907	3614	86133	15939
2320763	75137	17502	564246	141300
2184967	87949	14258	790568	67812
1609873	65760	21748	462544	84892
5752	646	359	3391	604
1544061	62200	20566	435728	81468
60060	2913	823	23426	2821
1286435	16859	3693	585709	53176
725323	7888	1670	503373	17038
561112	8971	2023	82335	36137
2057836	84797	14684	1010241	118011
1208619	69803	11372	701829	60385
80914	5029	1185	32717	22838
768303	9965	2127	275695	34788
1309119	54488	17989	536711	122286
4393122	184434	40073	1606904	279555
5534454	247118	51344	2727421	334089
5574264	164092	42131	1224202	258365
2862177	151619	21280	1279422	98668
5987044	188741	45204	2017763	344166
2259498	70850	26991	654438	149620

12-3续表1

项　　　　　目	存　货	产成品	固定资产合　计
总　　计	**813404**	**373577**	**5003200**
按登记注册类型分组			
内资企业	626983	263561	4205629
国有企业	128777	27364	1233739
中央企业	92363	5778	163048
地方企业	36415	21587	1070691
集体企业	4254	2294	6820
股份合作企业	6961		38935
有限责任公司	166950	59864	2220576
国有独资公司	24572	6141	606964
其他有限责任公司	142378	53723	1613612
股份有限公司	106014	39764	399768
私营企业	214026	134274	305790
私营合作企业	1563	483	3296
私营有限责任公司	196037	126370	288261
私营股份有限公司	16427	7422	14234
港澳台商投资企业	45277	18765	245721
合资经营企业(港或澳、台资)	25135	6029	119880
港澳台商独资经营企业	20142	12735	125841
外商投资企业	141145	91252	551850
中外合资经营企业	75428	59084	260585
中外合作经营企业	5251	754	40147
外资企业	60466	31414	251118
在总计中亏损企业	177298	96759	1309905
在总计中国有控股企业	302863	73607	3804809
在总计中轻工业	492917	207327	1083843
重工业	320487	166250	3919357
在总计中大型企业	148383	69193	506420
中型企业	444747	213777	3560152
小型企业	220274	90607	936628

单位：万元

固定资产原价	累计折旧	资产合计	流动负债合计	长期负债合计
6184361	**2200829**	**10623087**	**5253909**	**1842414**
5161707	1878264	7967373	3899053	1655273
1713699	546149	1754412	469387	938627
191141	67306	373477	104439	52292
1522559	478843	1380935	364947	886335
10224	3408	17721	11289	2500
17958	9840	51712	27156	823
2209024	759091	3405164	1864100	478276
427070	119978	805683	483492	224549
1781954	639113	2599481	1380608	253727
857869	465707	1847553	1073218	128166
352933	94068	890812	453905	106882
6516	3782	6965	5299	
329030	86647	845156	427726	97013
17387	3640	38691	20880	9869
368794	148404	841088	524101	45875
204958	88722	632353	432121	24586
163836	59683	208735	91980	21289
653861	174161	1814625	830755	141266
326743	120034	1202374	620980	94786
54202	14056	74279	23345	15127
272916	40070	537973	186430	31353
1214014	373019	1919303	834007	595861
4696335	1750216	6567415	3262709	1482106
1430702	472818	4596296	2545453	324256
4753659	1728011	6026791	2708456	1518158
921222	419880	2498940	1450352	333497
4234315	1513429	6271245	2632914	1366226
1028825	267520	1852902	1170643	142692

12-3续表2

项目	所有者权益合计	主营业务收入	主营业务成本	主营业务税金及附加	营业费用
总计	**3378850**	**11365686**	**9164728**	**301465**	**541244**
按登记注册类型分组					
内资企业	2379957	7839993	6206047	300264	298205
国有企业	346298	1440821	1153349	141626	8391
中央企业	216745	371952	168347	137701	3662
地方企业	129552	1068869	985002	3925	4729
集体企业	3932	13609	12169	87	320
股份合作企业	23734	22500	19174	128	381
有限责任公司	1050358	2539240	1950185	11109	40649
国有独资公司	97642	159576	133728	493	3567
其他有限责任公司	952716	2379664	1816457	10616	37083
股份有限公司	626169	2197412	1602492	140927	212509
私营企业	329466	1626412	1468677	6387	35955
私营合作企业	1667	6623	6023	20	167
私营有限责任公司	319858	1552866	1402901	5639	35242
私营股份有限公司	7942	66923	59753	729	547
港澳台商投资企业	267669	1395784	1260342	677	42858
合资经营企业(港或澳、台资)	172204	725097	610378	63	40715
港澳台商独资经营企业	95466	670687	649964	614	2143
外商投资企业	731224	2129909	1698339	523	200181
中外合资经营企业	486598	1207444	944806	523	184069
中外合作经营企业	35806	81179	62613		1519
外资企业	208820	841286	690921		14594
在总计中亏损企业	479138	1421421	1337455	2990	28109
在总计中国有控股企业	1792384	4422751	3205920	289430	218241
在总计中轻工业	1700638	5743810	4570995	146671	460001
重工业	1678212	5621876	4593733	154793	81244
在总计中大型企业	695091	2856571	2111687	140204	346947
中型企业	2147112	6185975	4965183	152699	147229
小型企业	536647	2323140	2087858	8562	47068

单位：万元

管理费用	利润总额	亏损企业亏损额	利税总额	应交所得税	应交增值税
343857	**792712**	**76305**	**1632721**	**42689**	**538544**
245680	588161	71018	1263471	30136	375046
47079	33961	11543	264883	10347	89296
30535	30063	1302	205196	8379	37431
16544	3898	10242	59687	1968	51864
1069	71	282	158	5	
2975	-358	358	67		296
70651	372303	42613	517793	11202	134381
14190	-4955	27295	-179	6399	4283
56460	377258	15318	517972	4803	130098
83516	148248	310	394577	5366	105402
40391	33935	15912	85993	3216	45671
704	-2398	2722	-2378	12	
38457	32553	12935	81946	2848	43754
1229	3780	256	6426	356	1917
14996	48709	3019	112356	2975	62969
6052	44612	1590	75013	2951	30337
8944	4097	1429	37343	24	32632
83182	155842	2267	256893	9579	100529
55511	60832	969	119890	1027	58535
3383	12232	133	15473	443	3241
24288	82779	1166	121531	8109	38752
45096	-76305	76305	-21848	2668	51467
145841	413539	54587	946260	19581	243291
201834	336786	19141	772355	15980	288899
142023	455926	57163	860365	26709	249646
115540	173578		458167	1950	144385
159461	566283	29983	1057387	28971	338405
68856	52850	46322	117167	11768	55754

12-4 按工业行业分的规模以上独立

项目	企业单位数（个）	亏损企业	工业总产值（当年价）
总计	**337**	**99**	**11534865**
煤炭开采和洗选业	2		294520
黑色金属矿采选业	12		107805
有色金属矿采选业	3		10738
非金属矿采选业	6	1	21189
农副食品加工业	31	8	487878
食品制造业	22	4	2396647
饮料制造业	7	2	119578
烟草制品业	1		300603
纺织业	27	8	491086
纺织服装、鞋、帽制造业	13	4	47332
皮革、毛皮、羽毛(绒)及其制品业	1	1	981
木材加工及木、竹、藤、棕、草制品业	1		1170
家具制造业	2		13566
造纸及纸制品业	7	3	217374
印刷业和记录媒介的复制	7	3	14226
石油加工、炼焦及核燃料加工业	2	1	588681
化学原料及化学制品制造业	20	8	1084726
医药制造业	20	3	663249
橡胶制品业	1		2908
塑料制品业	8	2	61076
非金属矿物制品业	34	18	199087
黑色金属冶炼及压延加工业	6	1	318651
有色金属冶炼及压延加工业	13	7	536074
金属制品业	11	1	31643
通用设备制造业	11	3	87853
专用设备制造业	8	3	132587
交通运输设备制造业	8	5	38771
电气机械及器材制造业	12	2	36331
通信设备、计算机及其他电子设备制造业	9		977552
工艺品及其他制造业	2		67351
废弃资源和废旧材料回收加工业	1	1	864
电力、热力的生产和供应业	21	9	2011925
燃气生产和供应业	2		88183
水的生产和供应业	6	1	82663

核算工业企业主要经济指标

单位：万元

工业销售产值（当年价）	本年应付工资总额	从业人员工年平均人数（人）	流动资产合计	应收帐款
11108718	**411209**	**93475**	**3951623**	**592454**
294520	11091	910	56051	5194
107805	2415	780	7318	
10438	875	351	6293	216
21150	834	604	9345	995
459591	12714	4134	104663	16776
2334141	142370	20517	1351576	94867
101017	3319	1434	17919	1065
301219	10142	1538	91428	10646
475045	21124	6745	125578	24702
43706	4976	3236	38343	4571
981	26	18	62	
1119	80	104	1237	34
10321	703	115	1647	591
210818	4451	930	61396	7778
14172	1744	703	5437	1427
588280	7499	2040	24112	64
1002926	29566	7413	345153	39534
489145	20583	4899	185061	60894
2158	561	130	666	67
61004	1601	726	20297	7718
188529	10514	4779	103590	18351
290003	5449	1596	45037	75
537767	3230	1078	39754	6610
31210	1734	835	27736	12297
90814	9313	3493	85573	17503
128095	10813	1353	33575	5645
38066	1880	1078	22616	3725
34259	3505	1481	39418	13564
990206	6857	1902	506632	33890
68654	8511	1981	100470	49794
864	95	72	1325	17
2011965	54013	10628	251326	114814
87306	6041	1815	90238	2430
81424	12583	4057	150754	36603

12-4续表1

项　　目	存货	产成品	固定资产合计
总　　计	**813404**	**373577**	**5003200**
煤炭开采和洗选业	9646	9646	2550
黑色金属矿采选业	1689		6065
有色金属矿采选业	1459	378	19814
非金属矿采选业	656	185	4373
农副食品加工业	45175	23284	69112
食品制造业	166498	87734	306817
饮料制造业	9311	1826	35855
烟草制品业	56110	3890	74432
纺织业	66792	38905	43943
纺织服装、鞋、帽制造业	25546	12121	21305
皮革、毛皮、羽毛(绒)及其制品业	4	4	14
木材加工及木、竹、藤、棕、草制品业	1011	121	1830
家具制造业	916	650	721
造纸及纸制品业	20621	4631	76049
印刷业和记录媒介的复制	2084	382	17016
石油加工、炼焦及核燃料加工业	18190	4310	87733
化学原料及化学制品制造业	78217	42090	670133
医药制造业	52301	28606	195026
橡胶制品业	483		760
塑料制品业	4074	2005	4868
非金属矿物制品业	33775	12535	190358
黑色金属冶炼及压延加工业	41569	39154	60064
有色金属冶炼及压延加工业	14142	2840	141674
金属制品业	7269	3873	11131
通用设备制造业	40669	22528	24988
专用设备制造业	22061	9213	14799
交通运输设备制造业	10897	8488	17039
电气机械及器材制造业	9576	2642	21135
通信设备、计算机及其他电子设备制造业	15037	6712	17095
工艺品及其他制造业	34077	627	79965
废弃资源和废旧材料回收加工业			11138
电力、热力的生产和供应业	14857		2495482
燃气生产和供应业	8440	4137	118480
水的生产和供应业	254	60	161437

单位：万元

固定资产原价	累计折旧	资产合计	流动负债合计	长期负债合计
6184361	**2200829**	**10623087**	**5253909**	**1842414**
3246	1198	68700	23575	1615
7177	1487	13384	8694	
23114	3300	26967	22817	
4206	609	13734	5017	
86841	23182	243689	115236	21791
474425	182407	2298811	1432928	121119
49675	16230	59596	20140	3784
101329	33485	180709	17010	809
64487	24303	179659	103994	2378
21320	7652	60493	32460	2833
106	92	76	45	
2986	1156	3087	1109	2116
1645	995	2368	792	440
86946	12140	148261	90412	4794
23758	6821	23817	11821	
183100	95367	152942	117960	10808
726399	330005	1222321	260675	194782
245989	83649	403434	200981	36782
1264	504	1606	514	28
7402	2534	25582	14479	56
166844	37296	306654	138346	49888
53060	8986	107434	40558	50001
23652	5850	288785	233103	30199
12763	1860	42517	30677	
31322	15222	112889	68966	25897
18111	5202	55045	28909	1458
20249	5126	58189	18845	18249
24265	6668	68798	18742	11861
29975	13212	533727	353949	4262
77937	30593	180514	75917	51483
14749	3610	12463	288	5000
3311442	1165214	3172410	1570468	1055271
95666	28656	240606	74071	60723
188911	46218	313825	120411	73988

12-4续表2

项 目	所有者权益合计	主营业务收入	主营业务成本	主营业务税金及附加	营业费用
总 计	**3378850**	**11365686**	**9164728**	**301465**	**541244**
煤炭开采和洗选业	43510	297723	217346	1163	20488
黑色金属矿采选业	4648	107805	101643	456	130
有色金属矿采选业	4150	10436	7695	22	5
非金属矿采选业	8718	20666	18480	71	150
农副食品加工业	106570	487028	433410	423	9434
食品制造业	724447	2327091	1757287	2991	376862
饮料制造业	35671	112016	86629	2854	1863
烟草制品业	162890	300956	109344	137481	2425
纺织业	73287	475505	431404	434	5640
纺织服装、鞋、帽制造业	25105	73391	64855	195	1830
皮革、毛皮、羽毛(绒)及其制品业	30	981	959		50
木材加工及木、竹、藤、棕、草制品业	-139	1119	927		24
家具制造业	1135	12743	11304	73	261
造纸及纸制品业	53055	211578	172674	42	2725
印刷业和记录媒介的复制	11996	13211	11048	79	222
石油加工、炼焦及核燃料加工业	24173	588542	395263	136609	348
化学原料及化学制品制造业	655348	1061889	886229	688	23525
医药制造业	163671	635460	546320	1634	12906
橡胶制品业	1064	2530	1961	18	62
塑料制品业	11046	60674	54397	55	604
非金属矿物制品业	118285	195653	159434	1255	3414
黑色金属冶炼及压延加工业	16684	285540	253802	123	16636
有色金属冶炼及压延加工业	25483	535074	516971	695	1601
金属制品业	11839	37208	32981	294	609
通用设备制造业	18025	70050	57634	307	1810
专用设备制造业	24677	123163	111119	815	1818
交通运输设备制造业	21096	45638	42636	77	866
电气机械及器材制造业	38194	37533	29992	74	1792
通信设备、计算机及其他电子设备制造业	172074	990435	869385	119	41407
工艺品及其他制造业	53114	67190	54878	201	1200
废弃资源和废旧材料回收加工业	7176	864	757		39
电力、热力的生产和供应业	536692	2009334	1603968	11189	3520
燃气生产和供应业	105812	84624	64147	492	2326
水的生产和供应业	119326	82037	57851	535	4654

单位：万元

管理费用	利润总额	亏损企业亏损额	利税总额	应交所得税	应交增值税
343857	**792712**	**76305**	**1632721**	**42689**	**538544**
5882	51882		79043	4280	25998
1119	638		1196	5	102
1108	1541		1563	42	
731	1173	27	1244	68	
9472	19276	1510	33944	1271	14245
90426	147070	2693	279707	687	129646
3301	16298	305	23659	384	4508
22629	29186		204098	7935	37431
18017	21297	904	38698	651	16967
5221	1373	887	2020	296	452
20	-47	47	-47		
40	125		125	31	
338	451		524		
10055	24186	558	33801	139	9573
1677	213	119	292	60	
25239	31231	9	185194	50	17355
36783	89969	3286	130874	11056	40216
27479	13713	11975	42842	1026	27495
413	73		211	18	119
1810	3625	72	5087	562	1408
15488	12982	5173	18104	4156	3867
4958	-2591	2649	10551		13018
3155	8813	1228	32510	1204	23002
2061	549	104	843	44	
6360	2421	266	3685	329	957
2893	5270	727	11121	694	5036
2450	673	563	946	24	196
3543	1110	1142	1430	314	246
6774	51747		97746	2847	45881
6962	2178		2379	444	
155	-86	86	-86		
17663	232225	41958	356169	3672	112756
5762	10955		15618	275	4171
3874	13194	17	17630	126	3901

12-5 主要工业产品产量（规模以上）

项　　目	单　位	2008年	2009年	2009年比2008年增长%
原　煤	万吨	460.1	505.2	9.8
发电量（火力发电）	万千瓦小时	2562739.7	3237890.5	26.3
煤　气（商品量）	万立方米	1722.3	619.9	-64.0
面　粉	万吨	2.6	0.7	-73.1
食用植物油	吨	16385	35388	116.0
乳制品	吨	2040994	1993107	-2.3
冷冻饮品	吨	336960	293897	-12.8
饮料酒	吨	27267.8	52937.7	94.1
白　酒（商品量）	吨	8703	4417.4	-49.2
啤　酒	吨	18768.6	48520.3	158.5
软饮料	吨	917703	854280	-6.9
液体乳	吨	1905065	1886117	-1.0
卷　烟	万箱	32.5	33	1.5
配混合饲料	吨	499188	569193	14.0
电子元件	万只	121744.2	101705.1	-16.5
布	万米	4269	7827	83.3
纯化纤布	万米	4269	7827	83.3
纱	吨	9736	15402	58.2
金属镁	吨	3885	3362	-13.5
铝　材	吨	3322	2380	-28.4
金属冶炼设备	吨	2854	4530	58.7
石墨及碳素制品	吨	4581	4150	-9.4
无毛绒	吨	63	218	246.0
服　装	万件	504.9	454.6	-10.0
酱　油	吨	8195	30007	266.2
家　具	万件	10.2	11.5	12.7
机制纸及纸板	吨	21768	32246	48.1
焦　炭	万吨	23.4	26.5	13.2
盐　酸(含量30%以上)	吨	37906	57975	52.9
氢氧化纳(烧碱)	吨	160142	149857	-6.4
化　肥(折纯)	吨	313859	643303	105.0
电　石	吨	118961	77269	-35.0
合成氨	吨	367486	438280	19.3
塑料树脂及共聚物	吨	178816	152528	-14.7

12-5续表

项　　目	单　位	2008年	2009年	2009年比2008年增长%
中成药	吨	146	269	84.2
铁矿石原矿量	吨	5045486	4212332	-16.5
水泥熟料	吨	2172359	2775046	27.7
塑料制品	吨	2458	7896	221.2
水　泥	万吨	328.2	368.6	12.3
水泥电杆	吨	21856	23316	6.7
砖	万块	12907	5908	-54.2
香　精	吨	88	91	3.4
铁合金	吨	27157	29883	10.0
纸制品	吨	69634	53636	-23.0
化学药品原药	吨	178416	203463	14.0
多色印刷品	对开色令	1266709	1073735	-15.2
工业锅炉	蒸吨	40	35	-12.5
鲜、冷藏肉	吨	16385	38645	135.9
减速机	台	5548	5825	5.0
精甲醇	吨	180647	203343	12.6
稀土化合物	吨	4869	8430	73.1
商品混凝土	立方米	1020120	1530435	50.0
电力变压器	万千伏安	0.1	0.03	-70.0
耐火材料制品	吨	4138	5613	35.6
绝缘制品	吨	495	346	-30.1
单色印刷品	令	174074	81316	-53.3
混凝土机械	台	2060	5450	164.6
人造板	立方米	30784	9338	-69.7
羊绒衫	万件	185	159.9	-13.6
速冻米面食品	吨	6495	5680	-12.5
电视机	万台	370.7	217.4	-41.4
彩色电视机	万台	370.7	217.4	-41.4
原油加工量	万吨	120.7	136.1	12.8
汽　油	万吨	42	49.7	18.3
柴　油	万吨	42.7	51.1	19.7
燃料油	万吨	8	6.8	-15.0
液化石油气	吨	63886	72161	13.0
自来水（生产量）	万立方米	18665	24495.9	31.2

主要统计指标解释

工业总产值（当年价格） 是以货币形式表现的工业企业在一定时期内生产的工业最终产品或提供工业性劳务活动的总价值量。它包括三项内容：

Ⅰ、成品价值：指企业生产并在报告期内不再进行加工，经检验包装入库的已经销售和准备销售的全部工业成品（半成品）价值合计，包括企业生产的自制设备及提供给本企业在建工程、其他非工业部门和生活福利部门等单位使用的成品价值。生产成品价值按成品实物量乘以本期产品不含销项税额的实际销售平均单价计算；会计核算中按成本价格转帐的自制设备和自产自用的成品，按成本价格计算生产成品价值。生产成品价值中不包括用订货者来料加工的成品（半成品）价值。

Ⅱ、对外加工费收入：指企业在报告期内完成的对外承做的工业品加工（包括用订货者来料加工生产）的加工费收入和对外工业品修理作业所收取的加工费收入。对外加工费收入中不包括销项税额，可根据会计制度中“产品销售收入”科目的资料取得。

对于以外加工生产为主，对外加工费收入所占比重较大的企业，如果对外加工费收入出现跨报告期支付的情况，为保证指标生产口径计算的一致性，则应将对外加工费收入按实际情况调整，记录报告期应实际收取的对外加工费收入。

Ⅲ、自制半成品、在制品期末期初差额：是指按照工业总产值的计算方法，应该计入工业总产值中的半成品、在制品期末期初差额价值。本指标的填报原则是：如果会计产品成本核算中不计算半成品、在制品成本的，则不需填报；如果会计产品成本核算中计算半成品、在制品成本，则必须填报。

工业总产值计算应遵循的原则：

（1）工业生产的原则。即凡是企业在本年内生产的最终产品和提供的劳务，均应包括在内。其中的最终产品，不管是否在本年内销售，只要是本年内生产的，就应包括在内。凡不是工业生产的产品，均不得计入工业总产值。

（2）最终产品的原则。即企业生产的成品价值必须是本企业生产的，经检验合格不需再进行任何加工的最终产品。企业对外销售的半成品也应视为最终产品计入工业总产值。而在本企业内各车间转移的半成品和在制品只能计算其期末期初差额价值。

（3）“工厂法”原则。即以法人工业企业作为一个整体计算工业总产值，是其本年内生产的最终产品和提供劳务的总价值量。

轻工业 指主要提供生活消费品和制作手工工具的工业。按其所使用的原料不同，可以分为两大类：（1）以农产品为原料的轻工业，是指直接或间接以农产品为基本原料的轻工业，主要包括食品制造、饮料制造、烟草加工、纺织、缝纫、皮革和毛皮制作、造纸以及印刷等工业；（2）以非农产品为原料的轻工业，是指以工业品为原料的轻工业，主要包括文教体育用品、化学药品制造、合成纤维制造、日用化学制品、日用玻璃制品、日用金属制品、手工工具制造、医疗器械制造、文化和办公用机械制造等工业。

重工业 是指为国民经济各部门提供物质技术基础的主要生产资料的工业。按其生产性质和产品用途，可分为下列三类：（1）采掘（伐）工业，是指对自然资源的开采，包括石油开采、煤炭开采、金属矿开采、非金属矿开采和木材采伐等工业；（2）原材料工业，指向国民经济各部门提供基本材料、动力和燃料的工业，包括金属冶炼及加工、炼焦及焦炭化学、化工原料、水泥、人造板以及电力、石油和煤炭加工等工业；（3）加工工业，是指对工业原材料进行再加工制造的工业，包括装备国民经济各部门的机械设备制造工业、金属结构、水泥制品等工业，以及为农业提供的生产资料如化肥、农药等工业。

根据上述划分原则，修理业中的重工业产品为修理作业对象的划为重工业，否则划为轻工业。

工业增加值 是工业企业在报告期内以货币形式表现的工业生产活动的最终成果。

工业增加值有两种计算方法：一是生产法，即工业总产出减去工业中间投入。其中，工业总产出是工业企业在一定时期内工业生产活动的总成果，它包括：成品生产价值，对外加工费收入和自制半成品、在产品期末期初差额价值。工业中间投入指工业企业在工业生产活动中消耗的外购物质产品和对外支付的服务费用。服务费用包括支付给物质生产部门的服务费用和支付给非物质生产部门的服务费用。二是收入法，即从收入的角度出发，根据生产要素在生产过程中应得到的收入份额计算，具体构成项目有固定资产折旧、劳动者报酬、生产税净额、营业盈余。

工业统计调查单位 分为两类：独立核算法人工业企业和工业活动单位。

独立核算法人工业企业 是指从事工业生产经营活动的单位。独立核算法人工业企业应同时具备以下条件；1.依法成立，有自己的名称、组织机构和场所，能够承担民事责任；2.独立拥有和使用资产，承担负债，有权与其他单位签订合同；3.独立核算盈亏，并能编制资产负债表。

工业活动单位 是指在一个场所从事一种或主要从事一种工业生产活动的经济单位。它包括独立核算工业企业按主营业务活动（即工业生产活动）划分的主营业务活动单位和非工业企业所属的工业生产活动单位（即原非独立核算工业生产单位）。工业活动单位，一般应同时具备以下三个条件；1.具有一个场所，从事一种或主要从事一种工业活动；2.单独组织工业生产、经营或业务活动；3.单独核算收入和支出。

资产总计 指企业拥有或控制的能以货币计量的经济资源，包括各种财产、债权和其他权利。资产按其流动性（即资产的变现能力和支付能力）划分为：流动资产、长期投资、固定资产、无形资产、递延资产和其他资产。根据会计“资产负债表”中“资产总计”项的期末数填列。

固定资产合计 指企业固定资产净值、固定资产清理、在建工程、待处理固定资产净损失所占用的资金合计。

流动资产合计 流动资产是指可以在一年或者超过一年的一个营业周期内变现或者耗用的资产，包括现金及各种存款、短期投资、应收及预付货款、存货等。流动资产的一个重要特点是它在参加生产经营时，其价值一次转移到产品成本或费用中去。

应收帐款 指企业因销售商品、产品、提供劳务等，应向购货单位或接受劳务单位收取款项。该指标根据会计“资产负债表”中“应收帐款”项的年末数填报。未执行2001年《企业会计制度》的企业，用“应收帐款净额”期末数代替。

存货 指企业在生产经营过程中为销售或者耗用而储存的各种资产。包括原材料、包装物、低值易耗品、在产品、自制半成品、产成品等。

产成品 指企业已经完成全部生产过程并已验收入库合乎标准规格和技术条件，可以按照合同规定的条件送交订货单位，或者可以作为商品对外销售的产品。企业接受外来原材料加工制造的代制品和为外单位加工修理的代修品，制造和修理完成验收入库后，视同企业的产成品。

流动资产年平均余额 指全部流动资产在一年内的平均余额。其计算公式为：

流动资产年平均余额=（1至12月各月月初、月末流动资产余额之和）/24

固定资产原价合计 固定资产原价指企业在建造、购置、安装、改建、扩建、技术改造某项固定资产时所支出的全部货币总额。它一般包括买价、包装费、运杂费和安装费等。

生产经营固定资产 固定资产按其经济用途和使用情况综合分为七大类：生产经营用固定资产、非生产经营用固定资产、租出固定资产、不需用固定资产、未使用固定资产、土地、融资租入固定资产。

生产经营用固定资产指直接服务于企业生产、经营过程的各种固定资产，包括生产经营用的房屋、建筑物、机器设备、器具、工具等。

固定资产净值 指固定资产原价减去历年所提折旧后的净额。

流动负债 是指将在一年或者超过一年的一个营业周期内偿还的债务。包括短期借款、应付票据、应付帐款、预收货款、应付工资、应交税金、应付利润、其他应付款、预提费用等。

长期负债 指企业偿还期在一年以上或者超过一年的一个营业周期以上的债务，包括长期借款、长期应付款、应付债券等。根据会计“资产负债表”中的“长期负债合计”的期末数据填报。

所有者权益合计 所有者权益是指企业投资人对企业净资产的所有权，包括企业所有者投入资金以及留存收益等。

营业利润 指企业从事生产经营活动所产生的利润，即主营业务利润加其他业务利润扣除管理费用、财务费用后的净额。根据会计“利润表”中对应指标的本期累计数填列。

利润总额 指企业在生产经营过程中各种收入扣除各种耗费后的盈

余，反映企业在报告期内实现的亏盈总额，包括营业利润、补贴收入、投资净收益和营业外收支净额。根据会计“利润表”中的对应指标的本期累计数填列。

主营业务收入 根据会计“利润表”中对应指标的本年累计数填列。未执行2001年《企业会计制度》的企业，用“产品销售收入”的本期累计数代替。

主营业务成本 根据会计“利润表”中对应指标的本年累计数填列。未执行2001年《企业会计制度》的企业，用“产品销售成本”的本期累计数代替。

营业费用 根据会计“利润表”中对应指标的本年累计数填列。未执行2001年《企业会计制度》的企业，用“产品销售费用”的本期累计数代替。

主营业务税金及附加 根据会计“利润表”中对应指标的本年累计数填列。未执行2001年《企业会计制度》的企业，用“产品销售税金及附加”的本期累计数代替。

管理费用 指企业行政管理部门为组织和管理生产经营活动而发生的各项费用。包括工资和福利费、折旧、工会经费、业务招待费、房产税、车船使用税、土地使用税、印花税、技术转让费、无形资产摊销、职工教育经费、劳动保险费、待业保险费、研究开发费、坏帐损失以及其他管理费用。

财务费用 指企业为筹集生产经营所需资金等发生的费用。包括利息支出（减利息收入）、汇兑损失（减汇兑收益）以及相关的手续费等。

应交所得税 反映企业本年利润应交的所得税。

实现利税总额 指企业主营业务税金及附加、应交增值税和利润总额之和。

第二部分　统计资料

能 源 消 费

13-1 单位GDP、工业增加值能耗

项　　　　　目	计量单位	2008年	2009年	2009年比2008年增长%
地区能源消费总量	万吨标准煤	2034.13	2212.30	8.8
GDP（2005年可比价）	亿元	1229.45	1425.54	15.9
单位GDP能耗	吨标准煤/万元	1.65	1.55	-6.2
规模以上工业能源消费量	万吨标准煤	941.86	1050.85	11.6
规模以上工业单位增加值能耗	吨标准煤/万元	4.30	3.96	-7.9
单位GDP电耗	千瓦时/万元	882.11	837.78	-5.0

13-2 主要工业企业单位产品能源消耗情况

项　　　　　目	计量单位	2008年	2009年	单位能耗降低率（%）
单位电石生产综合能耗	千克标准煤/吨	1310.89	1179.89	-9.99
单位合成氨生产综合能耗	千克标准煤/吨	1546.33	1477.48	-4.45
单位烧碱生产综合能耗(离子膜法42%)	千克标准煤/吨	918.18	909.96	-0.90
火力发电标准煤耗	克标准煤/千瓦时	358.61	322.44	-10.09
炼焦工序单位能耗	千克标准煤/吨	312.76	211.83	-32.27
每吨水泥熟料综合能耗	千克标准煤/吨	131.87	129.61	-1.72
每吨水泥综合能耗	千克标准煤/吨	124.92	107.33	-14.08
原油(原料油)加工单位综合能耗	千克标准油/吨	117.85	78.01	-33.81

13-3 综合能源平

项目	煤合计（吨）	原煤（吨）	洗精煤（吨）	其它洗煤（吨）
可供本地区消费的能源量	33829442	33159353	705089	
年初库存量	3289150	3014465	10989	1331
一次能源生产量	5052031	5052031		
回收能				
外省（区、市）调入量	33345240	32640151	705089	
本省（区、市）调出量（-）	-4532829	-4532829		
年末库存量（-）	-3324150	-3014465	-10989	-1331
加工转换投入（-）产出（+）量	-18173867.57	-18211787.57	-689364	
火力发电	-16948552.4	-16948552.4		
供热	-1189811.17	-1189811.17		
炼焦	-382764		-382764	
炼油				
损失量	335087	328564		
# 运输和输配损失	258962	257396		
终端消费量	15320809	14621701	16601	
第一产业	27312	27312		
农、林、牧、渔业	27312	27312		
第二产业	8641645	8563127	16601	
工业	8386000	8307482	16601	
建筑业	255645	255645		
第三产业	3421531	2825291		
交通运输、仓储和邮政业	720377	720377		
批发、零售业和住宿、餐饮业	1896713	1300473		
其他	804441	804441		
生活消费	3230321	3205971		
城镇	1800786	1776436		
乡村	1429535	1429535		
平衡差额（+、-）	-321.57	-2699.57	-876	
消费量合计	33829763.57	33162052.57	705965	

衡 表（实物量）

煤制品（吨）	焦 炭（吨）	焦炉煤气（吨）	石油合计(吨)	原 油(吨)	汽 油(吨)	煤 油(吨)
-35000	247676		2163262	1206057	139049	7694
262365	45282		117456	44628	25571	1315
	457885		3737429	1206057	759724	18758
	-210209		-1574167		-620675	-11064
-297365	-45282		-117456	-44628	-25571	-1315
727284	265196	619.92	-85361.17	-1360922	496523	
			-2065.9			
			-138.27			
	265196	619.92				
			-83157	-1360922	496523	
6523			16413	13981	815	
1566			16413	13981	815	
682507	520286	619.92	2231985.41		639714	7707.41
			116962		7328	
			116962		7328	
61917	520286	619.92	354189.41		49540	111.41
61917	520286	619.92	67702.41		1285	111.41
			286487		48255	
596240			1555229		410789	7596
			926314		202800	7596
596240			340558		65445	
			288357		142544	
24350			205605		172057	
24350			136685		136685	
			42622		35372	
3254	-7414		-170497.58	-168846	-4957	-13.41
689030	520286	619.92	2333759.58	1374903	640529	7707.41

13-3续表

项　　　目	柴　油 (吨)	燃料油 (吨)	液化石油气 (吨)	炼厂干气 (吨)
可供本地区消费的能源量	895023	-58033	-48147	
年初库存量	31581	6137	822	
一次能源生产量				
回收能				
外省（区、市）调入量	1647988	8326	14018	
本省（区、市）调出量（一）	-752965	-66359	-62165	
年末库存量（-）	-31581	-6137	-822	
加工转换投入（-）产出（+）量	509103.83	67953	63161	38414
火力发电	-2065.9			
供　　热	-138.27			
炼　　焦				
炼　　油	511308	67953	63161	38414
损 失 量	1617			
# 运输和输配损失	1617			
终端消费量	1402355	10528	14853	34318
第一产业	108870			
农、林、牧、渔业	108870			
第二产业	154647	10528	627	34318
工　　业	18767	10528	627	34318
建 筑 业	135880			
第三产业	1121890		4564	
交通运输、仓储和邮政业	708960			
批发、零售业和住宿、餐饮业	269550		4241	
其　　他	143380		323	
生活消费	16948		9662	
城　　镇	15125		5247	
乡　　村	1823		4415	
平衡差额（+、-）	154.83	-608	161	
消费量合计	1406176.17	10528	14853	34318

天然气 (万立方米)	其它石油制品 (吨)	其它焦化产品 (吨)	热　力 (百万千焦)	电　力 (万千瓦时)	其它能源 (吨标煤)
79207	21619	38686		-2043321	2026620
	7402				
					2026620
79365	82558	42674		40867	
-158	-60939	-3988		-2084188	
	-7402				
-212.74	100406	10534	16263843.97	3237930.57	
				3237930.57	
-212.74			16263843.97		
		10534			
	100406				
330.18			130870	59714	
350.28			130870	59714	
79196.5	122510	49253	16132141.88	1134575	2026620
	764			73701	
	764			73701	
54760.5	104418	49253	5314674	785584	652866
54745.5	2066	49253	5304972	775631	652866
15	102352		9702	9953	
15959	10390		1720263	148449	6100
6653	6958		123235	27284	
6429	1322		657638	61221	
2877	2110		939390	59944	6100
8477	6938		9097204.88	126841	1367654
8162	5926		7940766.88	84047	15000
315	1012		1156438	42794	1352654
-532.42	-485	-33	832.09	320.57	
79739.42	122510	49253	16263011.88	-2043641.57	2026620

13-4 综合能源平

项目	煤合计	原煤	洗精煤	其它洗煤	煤制品
可供本地区消费的能源量	24295305.45	23685725.85	634580.1		-25000.5
年初库存量	2351480.5	2153232.35	9890.1	950.73	187407.32
一次能源生产量	3608665.74	3608665.74			
回收能					
外省（区、市）调入量	23949439.96	23314859.86	634580.1		
本省（区、市）调出量（一）	-3237799.75	-3237799.75			
年末库存量(-)	-2376481	-2153232.35	-9890.1	-950.73	-212407.82
加工转换投入(-)产出(+)量	-13109608.5	-13008679.86	-620427.6		519498.96
火力发电	-12106350.98	-12106350.98			
供　热	-849882.12	-849882.12			
炼　焦	-344487.6		-344487.6		
炼　油					
损失量	239352.64	234693.27			4659.38
# 运输和输配损失	184976.56	183857.96			1118.59
终端消费量	10946736.67	10444281.02	14940.9		487514.75
第一产业	19508.96	19508.96			
农、林、牧、渔业	19508.96	19508.96			
第二产业	6175809.83	6116641.62	14940.9		44227.31
工　业	5993202.61	5934034.39	14940.9		44227.31
建筑业	182607.22	182607.22			
第三产业	2443999.59	2018105.36			425894.23
交通运输.仓储和邮政业	514565.29	514565.29			
批发、零售业和住宿、餐饮业	1354822.1	928927.86			425894.23
其　他	574612.21	574612.21			
生活消费	2307418.29	2290025.09			17393.21
城　镇	1286301.44	1268908.23			17393.21
乡　村	1021116.85	1021116.85			
平衡差额（+、-）	-392.37	-1928.3	-788.4		2324.33
消费量合计					

衡 表（标准量）

单位：吨标准煤

焦 炭	焦炉煤气	石油合计	原 油	汽 油	煤 油	柴 油	燃料油
240592.47		3107850.95	1722973.03	204596.7	11320.95	1304138.01	-82905.94
43986.93		169871.57	63755.56	37625.17	1934.89	46016.68	8767.32
444789.49		5421221.54	1722973.03	1117857.89	27600.52	2401283.31	11894.52
-204197.02		-2313370.59		-913261.2	-16279.57	-1097145.3	-94800.47
-43986.93		-169871.57	-63755.56	-37625.17	-1934.89	-46016.68	-8767.32
257611.39	3719.52	-65527.32	-1944213.17	730583.94		741815.19	97077.66
		-3010.22				-3010.22	
		-201.47				-201.47	
257611.39	3719.52						
		-62315.62	-1944213.17	730583.94		745026.89	97077.66
		23528.58	19973.26	1199.19		2356.13	
		23528.58	19973.26	1199.19		2356.13	
505405.82	3719.52	3261931.44		941275.18	11340.68	2043371.47	15040.3
		170486.5		10782.42		158634.48	
		170486.5		10782.42		158634.48	
505405.82	3719.52	514620.9		72893.16	163.93	225336.14	15040.3
505405.82	3719.52	102334.95		1890.75	163.93	27345.4	15040.3
		412285.96		71002.41		197990.75	
		2272687.67		604434.93	11176.75	1634705.92	
		1352343.49		298399.92	11176.75	1033025.62	
		498178.22		96295.77		392761.31	
		422165.96		209739.24		208919	
		304136.37		253164.67		24694.93	
		240448.28		201118.31		22038.64	
		63688.09		52046.36		2656.29	
-7201.96		-243136.39	-241213.4	-7293.73	-19.73	225.6	-868.59

13-4续表

项　　目	液化石油气	炼厂干气	天然气	其它石油制品	其它焦化产品
可供本地区消费的能源量	-82538.4		950484	30266.6	45978.31
年初库存量	1409.15			10362.8	
一次能源生产量					
回 收 能					
外省（区、市）调入量	24031.06		952380	115581.2	50718.05
本省（区、市）调出量（—）	-106569.46		-1896	-85314.6	-4739.74
年末库存量(-)	-1409.15			-10362.8	
加工转换投入(-)产出(+)量	108276.9	60363.76	-2552.88	140568.4	12519.66
火力发电					
供　　热			-2552.88		
炼　　焦					12519.66
炼　　油	108276.9	60363.76		140568.4	
损 失 量			3962.16		
# 运输和输配损失			4203.36		
终端消费量	25462.5	53927.31	950358	171514	58537.19
第一产业				1069.6	
农、林、牧、渔业				1069.6	
第二产业	1074.87	53927.31	657126	146185.2	58537.19
工　　业	1074.87	53927.31	656946	2892.4	58537.19
建 筑 业			180	143292.8	
第三产业	7824.07		191508	14546	
交通运输、仓储和邮政业			79836	9741.2	
批发、零售业和住宿、餐饮业	7270.35		77148	1850.8	
其　　他	553.72		34524	2954	
生活消费	16563.57		101724	9713.2	
城　　镇	8994.93		97944	8296.4	
乡　　村	7568.63		3780	1416.8	
平衡差额（+、-）	276	6436.45	-6389.04	-679	-39.22
消费量合计					

单位：吨标准煤

热力		电 力(万吨标准煤)		其它能源	合 计	合 计
当量值	等价值	当量值	等价值		（当量值）	（等价值）
		-2511241.51	-7641705.56	868609.33	26997579	21867114.94
					2565339.01	2565339.01
					3608665.74	3608665.74
				868609.33	868609.33	868609.33
		50225.54	152836.28		30868774.58	30971385.32
		-2561467.05	-7794541.84		-8323470.16	-13556544.95
					-2590339.51	-2590339.51
554597.08	852636.47	3979416.67	12109361.2		-8369824.38	58159.55
		3979416.67	12109361.2		-8129944.53	
554597.08	852636.47				-298039.39	
					-70637.03	-70637.03
					-62315.62	-62315.62
4462.67	6860.9	73388.51	223321.16		344694.56	497025.43
4462.67	6860.9	73388.51	223321.16		290559.67	442890.55
550106.04	845731.95	1394392.68	4243135.6	868609.33	18539796.69	21684165.53
		90578.53	275630.38		280573.99	465625.84
		90578.53	275630.38		280573.99	465625.84
181230.38	278623.24	965482.74	2937963.06	279818.37	9341750.75	11411623.93
180899.55	278114.61	953250.5	2900740.38	279818.37	8734114.49	10778819.43
330.84	508.63	12232.24	37222.69		607636.25	632804.49
58660.97	90185.26	182443.82	555176.38	2614.46	5151914.52	5556171.36
4202.31	6460.63	33532.04	102037.95		1984479.13	2055243.36
22425.46	34476.85	75240.61	228957.1		2027814.39	2193582.28
32033.2	49247.78	73671.18	224181.32	2614.46	1139621	1307345.72
310214.69	476923.46	155887.59	474365.79	586176.5	3765557.44	4250744.41
270780.15	416296.88	103293.76	314322.82	6429	2005196.63	2361742.42
39434.54	60626.58	52593.83	160042.96	579747.5	1760360.81	1889001.99
28.37	43.62	393.98	1198.88		-256736.62	-255916.47
					27254315.62	22123031.42

13-5 规模以上工业企业主要能源消费量

项目	原煤（吨）	焦炭（吨）	汽油（吨）	柴油（吨）	热力(百万千焦)	电力(万千瓦时)
总计	**20245682.31**	**520286.59**	**5899.02**	**11269.47**	**4821356**	**714313.13**
按工业行业大类分						
煤炭开采和洗选业			86	152		373.24
黑色金属矿采选业	401		18.4	368.9		5501.52
有色金属矿采选业	82		1.5	59		2180.95
非金属矿采选业	30		68.7	440.7		531.04
农副食品加工业	34088.74		449.14	77.43	25090	24064.89
食品制造业	192617.98		980.17	738.14	936748	48905.86
饮料制造业	14833.95		145.61	38.82	124850	4023.37
烟草制品业	13536		52	75		1042
纺织业	27192.4		295.34	75.5	105600	10268.06
纺织服装、鞋、帽制造业	10554.3		79.7	110.21		617.93
皮革、毛皮、羽毛(绒)及其制品业			3.02			15.7
木材加工及木、竹、藤、棕、草制品业	3115		2	4.5		178
家具制造业	40		4.6			93.08
造纸及纸制品业	9951.28		59.25	40.4		3016.75
印刷业和记录媒介的复制			86	5.64		294.9
石油加工、炼焦及核燃料加工业	49874		108.86	674.24		10543.53
化学原料及化学制品制造业	864452.36	67493	377.06	1901.31		185347.75
医药制造业	294864	12051	165.93	282.21	11310	51707.38
化学纤维制造业						
塑料制品业	148		47.07	27.86	10265	814.91
非金属矿物制品业	447245.7		222.85	1925.52		44815.13
黑色金属冶炼及压延加工业	103	439438	1.5	309.8		59681.7
有色金属冶炼及压延加工业	49648.5	600	44.22	313.1		14614.06
金属制品业	139		100.76	7		1891.25
通用设备制造业	15507	704.59	77.23	76.44		1416.85
专用设备制造业	2291.5		195.33	32		473.11
交通运输设备制造业	6736		744.67	43.93		581.12
电气机械及器材制造业	200		155.67	11.07		1840.22
通信设备、计算机及其他电子设备制造业	560		39.08	1494.41		2765.81
工艺品及其他制造业	15100		46.7	141		985.41
电力、热力的生产和供应业	18146588.6		647.45	1557.16	3607493	220716.84
燃气生产和供应业	45782		251.41	87.1		3686.35
水的生产和供应业			313	21		11137.8

13-6 规模以上工业企业主要能源年末库存量

单位：吨

项　　目	原　煤	焦　炭	汽　油	柴　油
总　　计	**792201.41**	**58327.93**	**8**	**620.13**
按工业行业大类分				
农副食品加工业	1200			4
食品制造业	64359.87			
饮料制造业				
烟草制品业				
纺织业	897			
纺织服装、鞋、帽制造业				
皮革、毛皮、羽毛(绒)及其制品业				
木材加工及木、竹、藤、棕、草制品业	1270			
造纸及纸制品业	2853.05			
石油加工、炼焦及核燃料加工业	4000			
化学原料及化学制品制造业	55990.26	3373.48		61.83
医药制造业	11144.26	4139		10.5
非金属矿物制品业	36240			3
黑色金属冶炼及压延加工业		50265		26.8
有色金属冶炼及压延加工业	1191			
通用设备制造业	4521	550.45	8	5
专用设备制造业				
工艺品及其他制造业	11445			
电力、热力的生产和供应业	588925.97			509
燃气生产和供应业	8134			

主要统计指标解释

能源消费总量　指一定时期内全市物质生产部门、非物质生产部门和生活消费的各种能源的总和，是观察能源消费水平、构成和增长速度的总量指标。能源消费总量包括原煤和原油及其制品、天然气、电力，不包括低热值燃料、生物质能和太阳能等的利用。能源消费总量分为终端能源消费量、能源加工转换损失量和损失量三部分。

能源消费总量=终端能源消费量折标准煤之和+能源加工转换投入量折标准煤之和-能源加工转换产出量折标准煤之和+能源损失量折标准煤之和

(1)终端能源消费量：指一定时期内全市生产和生活消费的各种能源在扣除了用于加工转换二次能源消费量和损失量以后的数量。

(2)能源加工转换损失量：指一定时期内全市投入加工转换的各种能源数量之和产出各种能源产品之和的差额，是观察能源在加工转换过程中损失量变化的指标。

(3)能源损失量：指一定时期内能源在输送、分配、储存过程中发生的损失和由客观原因造成的各种损失量，不包括各种气体能源放空、放散量。

一次能源生产量　是指生产一次能源的企业（单位）在报告期内将自然界现存的能源资源经过开采而产出的合格产品，如煤矿采掘的原煤，油田开采的原油，气田开采出的天然气等。

能源加工转换　能源加工与转换既有联系又有区别，两者都是将能源经过一定的工艺流程生产出新的能源产品。能源加工，一般只是能源物理形态的变化，如原油经过炼制成为汽油、煤油、柴油等石油制品；原煤经过洗选成为洗煤；炼焦煤经过高温干馏成为焦炭；煤炭经过气化成为煤气等。能源转换是能源流程中的能量形式的转换。如热电厂将煤炭、重油等投入到耗能设备中，经过复杂的工艺过程把热能转换为机械能，机械能转换为电能。

地区能源平衡表　地区能源平衡表是局部范围的平衡，以地区为平衡范围，是全国能源平衡表的基础。它反映一个地区在一定时期内能源流程的全过程。它与全国能源平衡表的表式、指标、编制方法等基本相同。主要区别是为反映各地区能源资源的形式和流向。

标准煤　标准煤亦称煤当量，具有统一的热值标准。我国规定每千克标准煤的热值为7000千卡。将不同品种、不同含量的能源按各种不同的热值换算成每千克热值为7000千卡的标准煤。

当量热值　当量热值又称理论热值（或实际发热值）是指某种能源一个度量单位本身所含热量。当量热值是能源统计中经常使用的一个热值概念，其热值的计算可根据试样在充氧的弹筒中（放有浸没氧弹的水的容器）完全燃烧所放出的热量（用燃烧后水温升高计算出来的）进行实测。

等价热值　等价热值也是能源统计经常使用的一个热值概念，是指加工转换产出的某种二次能源与相应投入的一次能源的当量，即获得一个度量单位的某种二次能源所消耗的以热值表示的一次能源量，也就是消耗一个度量单位的某种二次能源，就等价于消耗了以热值表示的一次能源量。因此，等价热值是个变动值，随着能源加工转换工艺的提高和能源管理工作的加强，转换损失逐渐减少，等价热值会不断降低。等价热值是对二次能源及消耗工质而言，因一次能源不存在折算问题，因此也无所谓等价热值。

等价热值=二次能源具有的能量/转换效率

单位 GDP 能耗=地区能源消费总量/ GDP（2005 年可比价）

单位工业增加值能耗=工业企业综合能源消费总量/工业增加值（2005年可比价）

第二部分　统计资料

建　筑　业

14-1 按经济类型分的建筑业生产情况

项目	单位	总计	内资企业	# 国有企业	股份合作公司	股份有限公司	有限责任公司
企业个数	个	209	209	7	1	7	50
亏损企业个数	个	7	7				3
签订的合同额	千元	26814942	26814942	6774029	24868	2872196	9820166
建筑业总产值	千元	18422440	18422440	4861430	24868	1620796	7030776
建筑工程产值	千元	15126281	15126281	4541413	24868	1534363	5126312
安装工程产值	千元	2529820	2529820	40777		85843	1770635
其他产值	千元	766339	766339	279240		590	133829
竣工产值	千元	8460049	8460049	954897	24868	767707	4363516
房屋建筑施工面积	平方米	10343859	10343859	102634		1267626	4210997
年末自有施工机械设备							
净　值	千元	821115	821115	158109		66558	351446
总台数	台	20395	20395	2303		2399	7247
总功率	千瓦	402424	402424	82713		50471	164669
主要建筑材料消耗量							
钢　材	吨	404775	404775	89321		51515	163801
木　材	立方米	144731	144731	1616		11576	55321
水　泥	吨	1835870	1835870	334451		200738	720261
从业人员情况							
计算劳动生产率的平均人数	人	214723	214723	50375	253	21778	77643
年末从业人员	人	175884	175884	42329	225	18907	62850

14-2 按国民经济行业分的建筑业生产情况

项目	单位	合计	房屋工程建筑	土木工程建筑	建筑安装	建筑装饰	其他建筑业
企业个数	个	175	95	27	33	12	8
亏损企业个数	个	7	3	1	1	1	1
签订的合同额	千元	26814942	13588916	11545582	1012979	92704	574761
建筑业总产值	千元	18422440	8406278	8506319	908753	82311	518779
建筑工程产值	千元	15126281	8084602	6348301	367252	37140	288986
安装工程产值	千元	2529820	154656	1670369	432821	42181	229793
其他产值	千元	766339	167020	487649	108680	2990	
竣工产值	千元	8460049	4479277	3380108	430241	61445	108978
房屋建筑施工面积	平方米	10343859	9833243	42448	444268	23900	
年末自有施工机械设备							
净值	千元	821115	402602	358684	28849	7984	22996
总台数	台	20395	12536	6290	1284	72	213
总功率	千瓦	402424	222228	158301	14060	1475	6360
主要建筑材料消耗量							
钢材	吨	404775	255943	140443	5606	1211	1572
木材	立方米	144731	121638	15093	2399	540	5061
水泥	吨	1835870	1097567	664747	11894	3710	57952
从业人员情况							
计算劳动生产率的平均人数	人	214723	112083	83756	10883	1202	6799
年末从业人员	人	175884	90430	71692	10252	660	2850

14-3 按经济类型分的建筑业财务状况

项目	单位	总计	内资企业	# 国有企业	股份合作公司	股份有限公司	有限责任公司
企业个数	个	209	209	7	1	7	50
流动资产小计	千元	9641023	9641023	2284002	8842	562901	3819088
# 存货	千元	1514303	1514303	438633	1870	63110	373641
固定资产合计	千元	1822573	1822573	216548	4282	143863	779444
固定资产原价	千元	2588690	2588690	437888	4495	226185	1156150
累计折旧	千元	1081256	1081256	247303	213	92617	509655
# 本年折旧	千元	126095	126095	47733	113	4411	45672
在建工程	千元	158553	158553				27549
资产合计	千元	12557939	12557939	2688845	13124	733426	5157965
流动负债合计	千元	8151844	8151844	1997433	2463	329924	3538657
长期负债合计	千元	295954	295954	30222		20254	134596
负债合计	千元	8447798	8447798	2027655	2463	350178	3673253
所有者权益合计	千元	4110141	4110141	661190	10661	383248	1484712
# 实收资本	千元	2917762	2917762	409291	6990	255471	1091110
工程结算收入	千元	18448611	18448611	4862571	24868	1620796	7065384
工程结算税金及附加	千元	600928	600928	159522	838	52669	219754
工程结算利润	千元	1410929	1410929	193741	1694	160250	564439
其他业务收入	千元	171359	171359	25676			135920
管理费用	千元	708422	708422	122486	1217	48977	311229
# 税金	千元	78135	78135	7875	130	8321	34428
劳动、待业保险费	千元	37376	37376	4986		3275	19731
营业利润	千元	701974	701974	74820	475	109867	268132
利润总额	千元	686628	686628	71977	475	109807	259946
本年应付工资总额	千元	3680320	3680320	924097	5034	400873	1230038
本年应付福利费总额	千元	418765	418765	92994	704	53840	140381
亏损企业个数	个	7	7				3
建筑业增加值	千元	5641181	5641181	1312027	7294	633256	1958136

14-4 按国民经济行业分的建筑业财务状况

项目	单位	总计	房屋工程建筑	土木工程建筑	建筑安装	建筑装饰	其他建筑
企业个数	个	209	103	32	43	17	14
流动资产小计	千元	9641023	4412725	4363401	546071	109309	209517
#存货	千元	1514303	740861	621104	106934	22748	22656
固定资产合计	千元	1822573	1031526	656074	67023	18502	49448
固定资产原价	千元	2588690	1241598	1140672	98518	18679	89223
累计折旧	千元	1081256	406732	589988	38193	4492	41851
#本年折旧	千元	126095	34968	81245	4866	661	4355
在建工程	千元	158553	149532		3677	3313	2031
资产合计	千元	12557939	5957909	5563492	643385	134168	258985
流动负债合计	千元	8151844	3503336	4117173	354400	52483	124452
长期负债合计	千元	295954	246808	47696		1300	150
负债合计	千元	8447798	3750144	4164869	354400	53783	124602
所有者权益合计	千元	4110141	2207765	1398623	288985	80385	134383
#实收资本	千元	2917762	1480974	1065308	188546	60198	122736
工程结算收入	千元	18448611	8433841	8506927	910353	78711	518779
工程结算税金及附加	千元	600928	287853	261895	31115	2503	17562
工程结算利润	千元	1410929	728184	541564	96926	10314	33941
其他业务收入	千元	171359	26886	140471	3171	288	543
管理费用	千元	708422	241724	383410	57469	5487	20332
#税金	千元	78135	31371	40648	3714	417	1985
劳动、待业保险费	千元	37376	14453	20401	2214	8	300
营业利润	千元	701974	484146	161374	38413	3866	14175
利润总额	千元	686628	472717	160996	34603	3826	14486
本年应付工资总额	千元	3680320	1927432	1413681	197496	16293	125418
本年应付福利费总额	千元	418765	229906	154563	18379	658	15259
亏损企业个数	个	7	3	1	1	1	1
建筑业增加值	千元	5641181	3007768	2133807	296159	24393	179054

14-5 国有建筑业企业基本情况

项　　目	单　位	2008年	2009年	2009年比2008年增长%
企业个数	个	6	7	16.7
签订的合同额	千元	6090145	6774029	11.2
建筑业总产值	千元	4945428	4861430	-1.7
建筑工程	千元	4384105	4541413	3.6
安装工程	千元		40777	
其他工程	千元	561323	279240	-50.3
竣工产值	千元	1531630	954897	-37.7
房屋建筑施工面积	平方米	138475	102634	-25.9
年末从业人员	人	39430	42329	7.4
工资总额	千元	855680	924097	8.0
年末自有设备机械净值	千元	202880	158109	-22.1
年末自有设备机械总台数	台	3891	2303	-40.8
年末自有设备机械总功率	千瓦	97116	82713	-14.8
年末固定资产原值	千元	512628	437888	-14.6
年末固定资产净值	千元	308693	216548	-29.9
工程结算收入	千元	4776653	4862571	1.8
实现利润（或亏损）总额	千元	292184	71977	-75.4

14-6 大中型建筑业

指标	单位	合计	内蒙古第三建筑工程公司	呼市建筑工程公司
上年结转的合同额	千元	4065010	805373	213090
本年新签合同额	千元	12333674	1443780	617540
自行完成的施工产值	千元	11524086	1000000	589892
从建设单位以外				
承揽工程完成的产值	千元			
建筑业总产值	千元	11524086	1000000	589892
建筑工程	千元	9556188	1000000	589892
安装工程	千元	1663278		
其他工程	千元	304620		
竣工产值	千元	4459173	313489	267101
房屋建筑施工面积	平方米	4472507	1258023	740876
#本年新开工	平方米	2464067	667811	384833
房屋建筑竣工面积	平方米	1381950	254479	297101
#住宅	平方米	855376	130316	178239
自有机械设备年末总台数	台	455775	43841	19000
自有机械设备年末总功率	万千瓦	9744	597	600
自有机械设备净值	千元	257932	32538	12000
计算劳动生产率的平均人数	人	121256	10063	6554
实收资本合计	千元	1143147	50173	50100
流动资产年末合计	千元	5574631	510384	371700
固定资产原价	千元	1360344	107845	54690
#生产经营用	千元	1128540	97179	54690
累计折旧	千元	677576	52720	18770
#本年	千元	58032	1096	1300
流动负债合计	千元	5227760	517230	259160
长期负债合计	千元	176322		114880
所有者权益合计	千元	1729239	120750	50100
工程结算收入	千元	11558086	1000000	589892
工程结算成本	千元	10445443	950000	501408
工程结算税金及附加	千元	382385	34300	19289
工程结算利润	千元	725788	15565	69185
利润总额	千元	347456	23481	65984
应交所得税	千元	71723	5396	16326

企业基本情况

呼市市政工程公司	内蒙古黄河辽河工程局	内蒙古公路工程局	内蒙古第二电力建筑公司	内蒙古送变电工程公司	中铁六局（集团）呼和铁建公司
139270	180000	116976	233380	80360	1157920
215722	410000	1825440	278621	1523410	3017470
160820	305000	1853719	484628	1596890	2421750
160820	305000	1853719	484628	1596890	2421750
160820	299500	1853719	449844		2395610
	5500		34784	1596890	
					26140
120441	52730	409962	484628	1260000	
	8670				
	3240				
	3560				
8694	14000	42027	43540	74748	52160
460	636	653	1812	1057	896
17543	14032	28000	32084	23140	34110
1315	3724	19816	5170	15306	21711
50018	60230	72425	200710	77880	172000
190457	198166	629762	641170	516520	1193850
33786	58720	100536	208660	209750	212960
33786	5870	42027	161640	199350	211960
25092	44710	58569	125120	96192	122950
2710	1880	4552	5960	14370	15680
184384	141172	537920	664250	664240	1161300
	3600	3934			26280
50107	67704	148660	200710	107370	264890
160820	305000	1853719	484628	1596890	2421750
147880	273925	1749716	387702	1417910	2238490
5516	8502	62345	15992	52700	76650
7111	22563	40858	80784	126260	106160
226	125	13600	3660	4290	38790
15	31	448	1464	1080	202

14-6续表

指　　标	单 位	内蒙古第二建筑工程公司	内蒙古派力建筑工程公司	内蒙古中色建筑工程总公司
上年结转的合同额	千元	267281	225030	34380
本年新签合同额	千元	1088263	111340	240717
自行完成的施工产值	千元	906142	264000	204835
从建设单位以外				
承揽工程完成的产值	千元			
建筑业总产值	千元	906142	264000	204835
建筑工程	千元	880038	264000	204835
安装工程	千元	26104		
其他工程	千元			
竣工产值	千元	525580	6024	204835
房屋建筑施工面积	平方米	815033	381900	102634
# 本年新开工	平方米	464111	11134	95708
房屋建筑竣工面积	平方米	264838	4748	95708
# 住　　宅	平方米	169843		95708
自有机械设备年末总台数	台	18908	360	24730
自有机械设备年末总功率	万千瓦	1060	140	397
自有机械设备净值	千元	15405	560	17580
计算劳动生产率的平均人数	人	9438	2693	4900
实收资本合计	千元	60812	40500	65400
流动资产年末合计	千元	150913	111130	122500
固定资产原价	千元	82854	13264	24730
# 生产经营用	千元	49313	10738	24730
累计折旧	千元	28923	10694	24730
# 本　　年	千元	1384	817	1610
流动负债合计	千元	46689	64533	37730
长期负债合计	千元	16654		
所有者权益合计	千元	162789	146656	109500
工程结算收入	千元	906142	264000	204835
工程结算成本	千元	768720	224400	184460
工程结算税金及附加	千元	29957	8632	7030
工程结算利润	千元	107428	30958	13245
利润总额	千元	93804	27120	3588
应交所得税	千元	23451	6780	118

内蒙古蒙建建筑安装工程有限责任公司	内蒙古煤炭建设工程（集团）总公司	内蒙古巨华集团大华建筑安装有限公司	内蒙古地矿建设工程集团有限责任公司	呼和浩特市公路工程局有限责任公司
229620		241170	48280	92880
106681	253100	911070	110000	180520
243300	253100	900000	121590	218420
243300	253100	900000	121590	218420
217920		900000	121590	218420
25380	253100			
232280	253100	188240	97343	43420
395084		610410	159877	
234187		495668	107375	
223941		141602	95973	
146167		135103		
15653	31582	49650	1907	14975
398	325	560	48	105
4680	1885	14920	4700	4755
2918	2586	9620	1342	4100
50264	65000	65680	21955	40000
120404	169160	589210	22865	36440
36058	43102	80560	32869	59960
31550	39158	80560	32869	53120
4595	3540	25010	101	35860
102	2520	950	1	3100
88555	114800	696150	30907	18740
		10000	974	
63312	94942	70470	29479	41800
277300	253100	900000	121590	218420
261110	227790	810000	101272	200660
9511	9111	32400	3250	7200
4490	16139	57450	17062	10530
332	9259	47620	14747	830
83	305	15714	100	210

主要统计指标解释

建筑业 指国民经济中专门从事建筑安装工程施工的物质生产部门。建筑业生产是以工农业产品为原料，经过建筑安装活动形成各种用途的固定资产。建筑业的主要生产活动包括：（1）各种房屋，建筑物和构筑物的建造；（2）各种线路、管道和机械设备的安装；（3）原有房屋、建筑物和构筑物的修理；（4）对各种建筑物、构筑物的装饰和装修；（5）部分非标准设备的制造。

建筑施工企业 指从事房屋、构筑物建造和设备安装活动的生产单位，包括建筑安装企业和自营施工单位。建筑安装企业是指行政上有独立组织，经济上实行独立核算的企业（如建筑公司、安装公司、工程公司、工程局等）。自营施工单位是指附属于现有企业、事业或行政单位内部，主要为建造和修理本单位房屋构筑物的机构或单位。自营施工单位要同时具备下述条件：（1）对内独立核算；（2）有固定组织和施工队伍；（3）全年施工期在半年以上。

建筑业总产值 指建筑施工企业在一定时期内所完成的以货币表现的生产总量。是反映建筑业生产规模、水平和成果的综合指标。

施工产值 指建筑施工企业自行完成的按工程进度计算的建筑安装生产总值。它包括建筑工程产值，设备安装工程产值，房屋、构筑物修理产值，非标准设备制造产值。

建筑业增加值 指建筑企业在报告期内以货币表现的建筑业生产经营活动的最终成果。建筑业增加值有两种计算方法：一是生产法，即建筑业总产出减去建筑业中间消耗后的余额；二是分配法（收入法），即从收入的角度出发，根据生产要素在生产过程中应得到的收入份额计算，具体构成项目有固定资产折旧、劳动者报酬、生产税净额、营业盈余。

年末自有机械设备价值 指年末本单位自有施工机械、生产设备、运输设备价值，分别按原值和净值计算，不包括非生产用的机械设备价值。

利润总额 是指建筑施工企业在一定时期内所实现的利润。它包括工程结算利润、产品销售利润、作业销售利润、材料销售利润及其他销售利润、营业外收支差额。

工程结算收入 指本企业承包工程实现的工程价额结算收入以及向发包单位收取的除工程价款以外按规定列作营业收入的各种款项，如临时设施费、劳动保险费、施工机构调迁费等以及向发包单位收取的各种索赔款。

工程结算成本 指在报告期内与发包单位办理工程价款结算的已完工程实际成本。

工程结算税金及附加 指因从事建筑业生产活动，取得工程价款收入而按规定应交纳的营业税、城市维护建设税等以及随同营业税金一并计算交纳的教育附加等。

工程结算利润 指已结算工程实现的利润。

工程质量优良品率 这是以竣工的单位工程的房屋建筑面积作为观察对象，来衡量经过验收的已竣工工程达到优良标准的比率，比率愈大，证明企业竣工工程质量状况愈好。

产值利润率 是报告期内企业实现的利润总额占同期建筑业总产值的百分比。

竣工率 是用企业竣工的工程产值与全部完成的施工产值相比较，反映企业实际提供的产品情况。

竣工产值 是指以货币表现的建筑业生产所形成的成品的价值。一般以单位工程为对象，当该工程按照设计所规定的工程内容全部完成，达到设计规定的交工条件，经有关部门检查验收鉴定合格的单位工程价值。

第二部分　统计资料

运输、邮电业

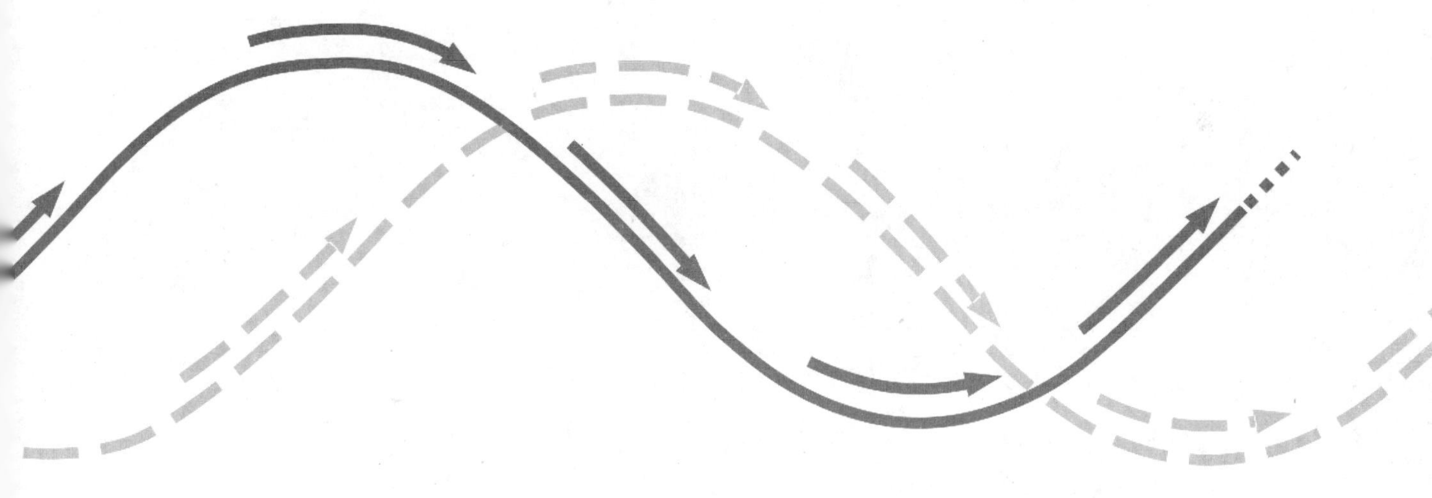

15-1 铁 路 运 输

项　　　目	单　位	2008年	2009年	2009年比2008年增长%
车　站	个	6	6	
营业里程（民族—陶思浩）（呼市—准格尔）	公 里	107	107	
营业线路	条	2	2	
货物发送量	万 吨	565	1084	91.9
货物到达量	万 吨	351	305	-13.1
旅客发送量	万 人	595	617	3.7

15-2 呼哈铁路及公路客运量

项　　　目	单　位	2008年	2009年	2009年比2008年增长%
呼哈铁路				
货 运 量	万 吨	67	54	-19.4
货物周转量	万吨公里	284	181	-36.3
公路客运量				
客 运 量	万 人	1352	1383	2.3
旅客周转量	万人公里	345159	355181	2.9
公路货运量				
货 运 量	万 吨	5222	7045	34.9
货物周转量	万吨公里	1711085	2345431	37.1

15-3 机动车辆

单位：辆

项目	合计	#个人	营运	#公路客运	#出租客运	#货运	非营运
合计	**346484**	**289565**	**60103**	**1335**	**5587**	**50694**	**286381**
载客	192041	156788	8781	1303	5566	12	183260
大型	3760	179	2585	929		1	1175
中型	3456	1440	518	367			2938
小型	165852	138780	5671	7	5566	4	160181
微型	18973	16389	7			7	18966
载货	38530	25706	32041		3	31582	6489
重型	18803	12356	17632			17571	1171
中型	4530	3431	3205		3	3196	1325
轻型	13654	8752	9735			9346	3919
微型	1543	1167	1469			1469	74
其他汽车	17329	15425	9082	12		8987	8247
摩托	88165	85456	111	20	18	68	88054
普通	83313	80668	102	20	12	67	83211
轻便	4852	4788	9		6	1	4843
挂车	10412	6189	10088			10045	324
重型	6972	3238	6885			6842	87
中型	3438	2949	3201			3201	237
轻型	2	2	2			2	
其他类型	7	1					7

15-4 公路里程

单位：公里

项目	年末公路里程	有铺装路面（高级）	简易铺装路面（次高级）	未铺装路面（中级、低级、无路面）	晴雨通车里程
总计	**6284**	**2219**	**854**	**3212**	**5611**
国道	580	490	90		580
省道	552	464	85	3	552
县道	855	425	331	99	848
乡道	1862	503	267	1091	1702
专用公路	101	46	7	48	97
村道	2335	292	74	1970	1832

15-5 航 空 航 线

年 份	总起降架次（次）	主 要 机 型	航线条数（条）	通航城市（个）	航空公司数量（家）
1990	1389	733、146、AN4、YN5	16	18	
1991	1821	733、146、AN4、YN5	16	19	
1992	1255	733、146、AN4、YN5	13	13	
1993	1462	733、146、AN4、YN5	11	13	
1994	1595	733、146、AN4、YN5、YN7	12	12	
1995	1751	733、146、AN4、YN5、YN7	14	14	
1996	1953	733、146、AN4、YN5、YN7	15	15	
1997	1906	733、146、AN4、YN5、YN7	15	15	
1998	1856	733、146、AN4、YN5、YN7、IL6	13	13	
1999	2873	733、146、AN4、YN7、320、IL6	15	15	
2000	3239	733、146、328、AN4、TU5、320、ERJ、IL6	17	17	8
2001	4571	733、146、D38、ERJ、320、AN4	24	24	12
2002	4341	733、146、D38、ERJ、320、AN4、CR2	24	22	14
2003	4312	733、D38、DH8、320、CR2、ERJ、AN4、738	19	19	11
2004	6505	733、D38、DH8、320、CR2、ERJ、M82、738、734、319、F100、IL6	28	27	9
2005	7950	733、734、CR2、D38、320、738、ERJ、319、M82、DH8、F100、IL6	38	32	12
2006	10341	733、734、CR2、D38、320、319、738、ERJ、F100、IL6	47	35	11
2007	12507	733、737、738、734、319、320、D38、CR2、ERJ、M90、F100、752	62	41	18
2008	26527	733、737、738、734、319、320、D38、CR2、ERJ、EM4、E90、M90	67	38	18
2009	33190	733、737、738、734、319、320、D38、CR2、ERJ、EM4、E90、M90	71	46	20

15-6 航 空 运 输

年 份	旅客流量（人）		货邮流量（吨）		折算吞吐量（人次）
	发运量	到达量	发运量	到达量	
1990	53853	46756	294	320	107431
1991	83758	72762	398	352	164853
1992	78926	74176	242	200	158013
1993	95791	93174	447	423	198632
1994	109403	112418	441	652	233965
1995	125575	127961	401	611	264780
1996	128630	132516	405	636	272713
1997	125138	130044	346	685	266638
1998	133246	140007	5143	604	337109
1999	140964	148433	17500	774	492441
2000	182146	194817	10759	869	506163
2001	218461	229785	3663	994	499990
2002	234444	243371	9037	1236	591959
2003	249505	258120	11705	1547	654869
2004	405920	413275	10805	2186	963539
2005	563337	537080	5457	3096	1195450
2006	776234	733409	5079	4563	1616776
2007	915482	923272	5860	6554	1976687
2008	1062383	1059522	5774	7537	2269805
2009	1451003	1447658	4962	9551	3059919

15-7 邮电业务总量

项　　目	单　位	2008年	2009年	2009年比2008年增长%
邮电业务总量	**万元**	**576012**	**688024**	**19.4**
邮政业务总量	万元	17713	20016	13.0
函　件	万件	667.0	579.7	-13.1
#机要邮件	万件	11.4	12.3	7.9
包　裹	万件	28.6	25.1	-12.2
汇　票	万张	53	44	-17.0
杂志累计	万份	162	158	-2.4
报纸累计	万份	4225	4442	5.1
邮政储蓄余额	万元	289713	319180	10.2
集邮业务	万枚	372.9	224.8	-39.7
电信业务总量	万元	558299	668008	19.7
城市电话	户	744900	749580	0.6
#住宅电话	户	501799	485987	-3.2
乡村电话	户	44428	33005	-25.7
#住宅电话	户	44428	33005	-25.7
公用电话	部	77918	75719	-2.8
移动电话	万户	161.5	252.0	56.0
上网用户	户	263278	330765	25.6

15-8 邮　　路

项　　目	单　位	2008 年	2009 年
邮路总条数	**条**	**42**	**38**
自办汽车邮路	条	20	19
委办汽车邮路	条	9	10
其它邮路	条	13	9
城市投递段道条数	条	239	238
农村投递路线条数	条	107	105
步班投递路线条数	条	11	3
邮路总长度（单程）	**公里**	**1927**	**1803**
自办汽车邮路	公里	774	834
委办汽车邮路	公里	480	542
其它邮路	公里	673	427
城市投递段道长度（单程）	公里	8115	8131
农村投递路线总长度（单程）	公里	7621	7464
步班投递路线总长度（单程）	公里	1451	231

15-9 邮 路 长 度

单位：公里

项 目	邮路总长度	# 汽车邮路	城市投递段道	农村投递路线
总 计	**1803**	**1376**	**8131**	**7464**
市辖区	834	834	7599	1038
土左旗	90	55	172	1878
托 县	175		87	884
和林县	372	210	124	723
清水河县	215	160	65	1580
武川县	117	117	84	1361

15-10 邮电局(所)地区分布

单位：处

项 目	2008年	设在农村	2009年	设在农村
总 计	**121**	**43**	**115**	**42**
市辖区	67	9	65	8
土左旗	12	8	11	8
托 县	11	8	11	8
和林县	11	9	10	8
清水河县	11	5	10	6
武川县	9	4	8	4

主要统计指标解释

铁路营业里程　指办理客货运输业务的铁路正线总长度。凡是全线或部分建成双线及以上的线路，以第一线的实际长度计算；复线、站线、段管线、岔线和特别用途线及不计算运费的联络线都不计算营业里程。铁路营业里程是反映铁路运输业基础设施发展水平的重要指标，也是计算客货周转量、运输密度和机车车辆运用效率等指标的基础资料。

公路里程　也称“公路通车里程”，是反映公路建设发展规模的重要指标，也是计算运输网密度等指标的基础资料；是指实际达到交通部制定的公路工程技术标准规定的等级的公路长度。它包括大中城市的郊区公路以及通过小城镇街道的公路里程，也包括桥梁、渡口的长度，但不包括城市的街道以及厂矿、林区和农业生产用道的里程。两条或多条公路共同经由同一路段，只计算一次，不得重复计算里程长度。

货（客）运量　指运输业实际运送的货物（旅客）数量。货运按吨计算，客运按人计算。货物不论运输距离长短，货物类别，均按实际重量统计；旅客不论行程远近或票价多少，均按一人一次作为客运量统计。半价票、小孩票也按一人统计。

货物（旅客）周转量　指运输业运送的货物（旅客）数量与其相应运输距离的乘积之总和。是反映运输业生产总成果的重要指标，也是编制和检查运输生产计划、计算运输效率、劳动生产率以及核算运输单位成本的主要基础资料。通常以吨公里和人公里为计算单位。计算货物周转量通常按发出站与到达站之间的最短距离，也就是计费距离计算。

邮电业务总量　指以货币表现的邮电部门用于传递信息和提供其它邮电服务的总量。它综合反映了一定时期邮电工作的总成果，是研究邮电业务量构成和发展趋势的重要指标。它用各种邮电分类业务量，如函件件数，电报份数，长话张数，市内电话和农村电话的平均户数，订销报刊累计份数等，分别乘以相应的平均单价（不变价），加总后再加上出租电路和设备的收入，代用户维护电话交换机和线路等设备的收入，其他业务收入求得。

邮电局所　指一切由邮电部门自办和委托其它单位或个人代办的，直接对外办理邮电业务的机构。包括邮电局、邮局、机要通信局、电报局、长途电话局、长途电信局、市内电话局、电信局及其分支局所等。

邮路　指不同地域之间，邮件、报刊运输和投递所经由的路线。邮路的通达范围、方式和构成，是反映邮政通信水平的主要标志。按照在邮政通信网中所起的作用，邮路分为：（1）干线邮路（或称一级邮路）。包括国际邮路和国内省会间邮路。（2）二级邮路。包括省内县市以上邮路和省际（除省会间外）县市以上邮路。（3）市区邮路。包括市区及城关区支局（所）以上邮路，局所到车站、码头、机场、报刊杂志社的邮路以及专设的信箱、信筒开取邮路。（4）农村邮路。包括县内及县际支局邮路以及专设投递线路。

第二部分　统计资料

批发零售贸易和餐饮业

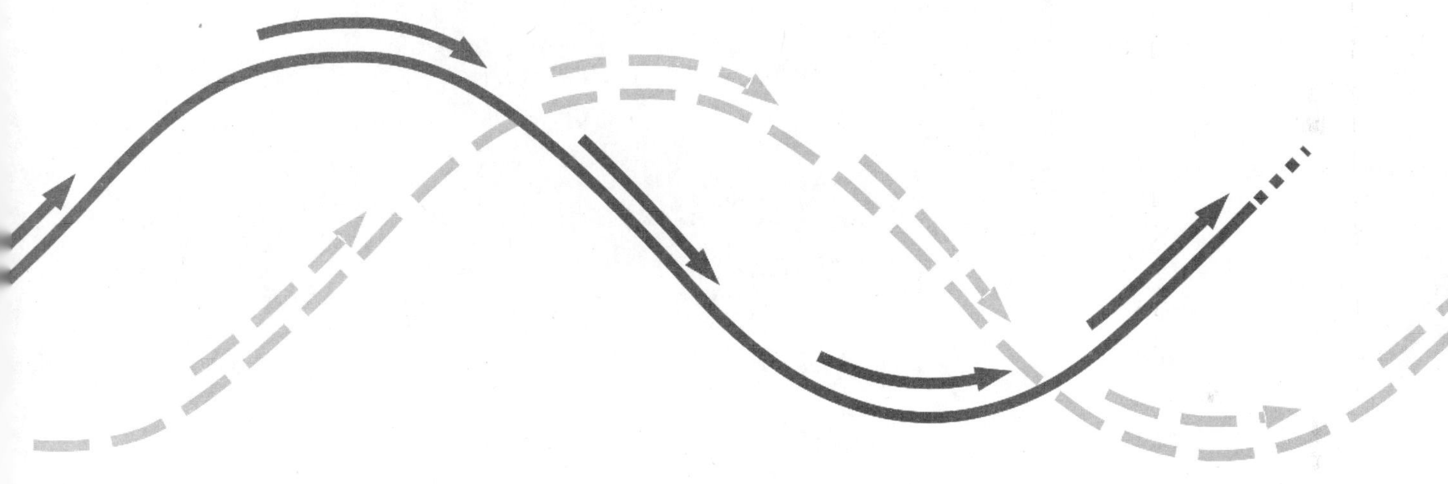

16-1 历年社会消费品零售总额

单位:万元

年份	社会消费品零售额	批发零售贸易业	住宿和餐饮业
1949	2221	1630	119
1952	4656	3515	146
1957	10967	9190	535
1962	14570	12461	794
1965	15658	13981	561
1970	19808	18549	540
1975	27757	24060	940
1978	34217	29660	1159
1980	42704	36714	1710
1981	48982	40783	1739
1982	52515	42971	1912
1983	58296	46999	2167
1984	65258	50859	2540
1985	91138	66290	3039
1986	100032	75386	3416
1987	114328	88077	3405
1988	143875	113868	3820
1989	153225	123674	3698
1990	166473	136879	3396
1991	195009	160890	4658
1992	230674	183101	4380
1993	286054	211387	9284
1994	352850	262980	13427
1995	431396	303794	26112
1996	523577	448181	60325
1997	650806	553185	81224
1998	816762	710583	88175
1999	1017685	870120	127797

16-1续表

单位:万元

年　　份	社会消费品零售额	批发零售贸易业	住宿和餐饮业
2000	1260912	1084384	155475
2001	1547139	1315069	208912
2002	1884416	1627771	231750
2003	2253761	1706892	518862
2004	2648169	1979304	633945
2005	307843	2343560	734870
2006	3679937	2773721	906216
2007	4433505	3350421	1083084
2008	5539024	4758022	742229
2009	6412127	5460024	856742

16-2 社会消费品零售总额

单位:万元

项　　目	2008 年	2009 年	2009年比2008年增长%
社会消费品零售总额	5539024	6412127	15.8
按销售单位所在地分组			
市	4985122	5649192	13.3
县	370863	532496	43.6
县以下	183039	230439	25.9
按行业分组			
批发零售贸易业	4758022	5460024	14.8
住宿和餐饮业	742229	856742	15.4
其　他	44312	44631	0.7

16-3 批发零售贸易业商品销售总额和分类销售额

单位:万元

项　　目	销售合计	批　发	零　售
总　计	**18687102**	**13915043**	**4772059**
限额以上企业(单位)类值合计	4682564	2498362	2184203
粮油、食品、饮料、烟酒类	1058970	719163	339807
#粮油、食品类	692615	414360	278255
#粮油类	57665	41718	15947
肉禽蛋类	51575	16039	35536
水产品类	1857		1857
蔬菜类	2460		2460
干鲜果品类	2710		2710
饮料类	47127	18815	28312
烟酒类	319228	285988	33240
服装鞋帽、针、纺织品类	420834	54767	366067
#服装类	256838	28218	228621
鞋帽类	102903	14774	88130
针、纺织品类	61092	11776	49316
化妆品类	20078		20078
金银珠宝类	37872	6998	30874
日用品类	75346	17522	57823
#洗涤用品类	10033		10033
儿童玩具类	1480		1480
五金、电料类	8839	5303	3536
体育、娱乐用品类	6994	112	6882
书报杂志类	14968	6542	8426
电子出版物及音像制品类	2077		2077
家用电器及音像器材类	190717	63020	127697
中西药类	83228	45367	37860
#西　药	58854	36977	21877
中草药及中成药	13963	7464	6499
文化办公用品类	78185	44577	33608
家具类	9075		9075
通讯器材类	22758	11379	11379
煤炭及制品类	433999	432624	1375
石油及制品类	995036	626642	368394
化工材料及制品类	125212	125212	
金属材料类	16628	16628	
建筑及装潢材料类	61459	24134	37325
机电产品及设备类	89830	73275	16555
#农机类	13982	13982	
汽 车 类	869340	185440	683900
其 他 类	61123	39658	21465
限额以下和个体户类值合计	14004538	11416681	2587857

16-4 限额以上批发和零售贸易业法人

指标名称	法人企业（个）	年末从业人数（人）	购进总额	# 进口
总　计	**241**	**34100**	**4608100**	**25115**
批　发　业	95	12192	2916082	54
# 国有及国有控股	14	3224	1016539	
批发业按登记注册类型分组				
内资企业	92	12003	2887240	54
国有企业	9	1639	402228	
集体企业	1	6	1706	
股份合作企业	1	8	5649	
有限责任公司	15	1385	928390	
其他有限责任公司	15	1385	928390	
股份有限公司	13	4374	922528	
私营企业	53	4591	626739	54
私营有限责任公司	47	3575	598791	54
私营股份有限公司	3	876	14860	
港澳台商投资企业	1	72	12273	
外商投资企业	2	117	16569	
中外合资经营企业	2	117	16569	
批发业按国民经济行业分组				
农畜产品批发业	3	291	743829	
食品、饮料及烟草制品批发业	15	3467	377331	
# 米、面制品及食用油批发业	6	400	49225	
烟草制品批发业	1	709	150348	
纺织、服装及日用品批发业	3	2876	73042	
文化、体育用品及器材批发业	3	316	23402	
医药及医疗器材批发业	7	189	30696	
矿产品、建材及化工产品批发业	34	3707	1497395	
# 煤炭及制品批发业	19	1450	368214	
石油及制品批发业	6	1955	820037	
金属及金属矿批发业	2	15	5636	
建材批发业	4	65	154197	
化肥批发业	1	186	129817	
机械设备、五金交电及电子产品批发	25	1158	153293	
# 汽车、摩托车及零配件批发业	1	30	788	
家用电器批发业	8	612	44165	
计算机、软件及辅助设备批发业	3	121	45896	
其他批发业	3	131	10261	

企业商品购进、销售、库存总额

单位:万元

销售总额	批发	#出口	零售	年末库存总额	年末零售营业面积(平方米)
4911795	**2571462**	**22821**	**2340332**	**295179**	**963522**
3302300	2485851	22821	816449	128234	220250
1241716	911087		330630	40789	215320
3271883	2455434	22821	816449	127967	220250
482813	409446		73367	41920	181720
1827	1827			12	
7294	7042		252	700	
968398	660085	17602	308313	9590	500
968398	660085	17602	308313	9590	500
1031368	719559	4357	311809	40815	33600
780184	657475	863	122709	34930	4430
724619	618170	863	106449	31548	4430
43350	27090		16260	2110	
12481	12481			208	
17935	17935			58	
17935	17935			58	
750739	456318	884	294421	1983	
507591	403484		104108	43990	4230
35414	35414			28791	
213691	213691			6895	
92856	56631	3473	36225	9182	
17731	17731			5671	
34668	32349		2319	2892	500
1684080	1322028	17602	362052	54247	215520
435924	424629		11296	13061	
959943	629313		330630	9347	215320
10933	10933			2242	
152996	132869		20127	4439	200
104856	104856			24961	
167403	157442		9961	8496	
918	918			561	
63723	56255		7468	1087	
44293	44293			2611	
38953	38953			1281	

16-4续表

项　　目	法人企业（个）	年末从业人数（人）	购进总额	#进　口
零　售　业	146	21908	1692018	25061
# 国有及国有控股	7	483	73898	
零售业按登记注册类型分组				
内资企业	146	21908	1692018	25061
国有企业	3	277	24505	
集体企业	1	34	696	
股份合作企业	4	500	60222	
有限责任公司	21	1853	332692	23601
其他有限责任公司	21	1853	332692	23601
股份有限公司	17	3152	84893	69
私营企业	97	15974	1184912	1391
私营独资	4	792	44265	
私营合伙	2	70	3206	
私营有限责任公司	80	13879	1080768	1391
私营股份有限公司	11	1233	56673	
其他企业	3	118	4099	
零售业按国民经济行业分组				
综合零售业	14	14290	490414	
# 百货零售业	11	13222	455893	
超级市场零售业	3	1068	34521	
食品、饮料及烟草制品专门零售业	3	98	1458	
纺织、服装及日用品专门零售业	7	1262	57448	
# 服装零售业	4	1159	54278	
文化、体育用品及器材专门零售业	4	98	6732	
# 珠宝零售业	3	88	4978	
医药及医疗器材专门零售业	7	629	35444	
# 药品零售业	5	559	26528	
汽车、摩托车、燃料及零配件专门	81	3828	936064	23670
# 汽车零售业	71	3634	895273	23670
机动车燃料零售业	8	128	37334	
家用电器及电子产品专门零售业	16	1266	124132	
# 家用电器零售业	3	832	86033	
计算机、软件及辅助设备零售业	6	148	17143	
通讯设备零售业	6	278	19345	
五金、家具及室内装修材料专门零售业	12	396	33588	
# 室内装修材料零售业	7	89	21892	
无店铺及其他零售业	2	41	6738	1391

单位:万元

销售总额			年末库存总额	年末零售营业面积(平方米)
	批　发	零　售		
1609495	85612	1523883	166945	743272
1241716	911087	330630	40789	215320
1609495	85612	1523883	166945	743272
24488		24488	922	20373
577		577	119	1000
58614	321	58293	3823	20612
297938	56299	241639	42848	42012
297938	56299	241639	42848	42012
85485		85485	6241	89671
1132922	28991	1103931	112054	566104
39292		39292	4973	13800
19711		19711	2807	1360
1017425	28569	988856	99422	419321
56494	422	56072	4852	131623
9471		9471	939	3500
429483		429483	61882	459801
397196		397196	58949	342601
32287		32287	2933	117200
5054		5054	1018	2373
54677		54677	2808	58133
52328		52328	1987	53133
6203		6203	529	5068
4646		4646	333	4268
40081	8261	31820	3461	7509
30472	8261	22211	3314	7019
913653	74757	838896	84817	157127
873463	72732	800731	82705	146012
37065		37065	1398	8472
122887	2594	120293	8204	44183
83341	321	83020	4877	40443
15730	2272	13457	2711	1726
22200		22200	561	1939
31054		31054	3436	8808
20211		20211	2306	1540
6404		6404	791	270

16-5 住宿餐饮法人

项　　目	法人企业（个）	从业人数（人）	营业额	客房收入
总　计	**212**	**22851**	**266250**	**72833**
住宿业	77	10986	120597	56390
按住宿行业中类分组				
旅游饭店	59	9827	107653	47121
一般饭店	17	1139	11685	8010
其他住宿服务	1	20	1260	1260
按登记注册类型分组				
内资企业	76	10495	109499	52450
国有企业	19	3597	43072	16341
集体企业	2	352	2117	1147
股份合作企业	1	208	3824	1697
有限责任公司	9	2326	24415	13068
国有独资公司	9	2326	24415	13068
其他有限责任公司	8	649	8090	4739
股份有限公司	35	3003	24944	14624
私营企业	4	287	1632	671
私营独资企业	1	40	976	648
私营有限责任公司	24	2384	19410	11110
私营股份有限公司	6	292	2926	2195
其他企业	2	360	3037	834
港、澳、台商投资企业	1	491	11098	3940
港、澳、台商独资经营企业	1	491	11098	3940
按控股情况分组				
国有控股	19	3627	41629	15901
集体控股	5	1258	16458	9418
私人控股	38	3001	26975	16113
港澳台商控股	1	491	11098	3940
其　他	14	2609	24437	11017
按经营形式分组				
独立门店	77	10986	120597	56390
按星级分组				
五　星	3	2088	33774	14391
四　星	9	1700	19777	7819
三　星	20	3306	24699	11385
二　星	6	751	7967	3592
一　星	1	491	11098	3940
其　他	38	2650	23282	15262

企业经营情况

单位：万元

餐费收入	商品销售收入	其他收入	客房数（间）	床位数（个）	餐位数（位）	年末餐饮营业面积（平方米）
184862	**2110**	**6446**	**13998**	**25424**	**82115**	**348602**
58327	1181	4699	10549	19053	24366	110191
55073	1147	4312	9020	16291	22316	103821
3254	34	387	1379	2482	2050	6370
			150	280		
52168	756	4125	10174	18390	22266	106556
23888	707	2137	2869	4537	8854	17115
970			175	350	860	2700
2000		127	261	1127	800	6350
10298		1049	2193	3894	3345	20490
10298		1049	2193	3894	3345	20490
3351			1015	1802	1423	5510
9586	50	685	3439	6228	5884	51591
958	3		301	518	1090	2430
328			135	270	200	400
7568	47	685	2463	4326	3294	43640
731			540	1114	1300	5121
2075		128	222	452	1100	2800
6159	425	574	375	663	2100	3635
6159	425	574	375	663	2100	3635
23794	707	1228	2899	4567	8867	17336
6720		319	1120	2008	3038	9200
10122	50	690	3775	6800	5517	49578
6159	425	574	375	663	2100	3635
11533		1887	2380	5015	4844	30442
58327	1181	4699	10549	19053	24366	110191
18331	242	810	1592	2613	4980	10200
10995	34	929	1457	2848	3749	17026
10771	465	2078	2731	4900	5837	36660
4256	9	110	783	1434	1670	23600
6159	425	574	375	663	2100	3635
7814	7	199	3611	6595	6030	19070

16-5续表

项　　目	法人企业（个）	从业人数（人）	营业额	客房收入
餐 饮 业	135	11865	145654	16444
按餐饮行业中类分组				
正餐服务	133	11728	143645	16444
快餐服务	1	97	1372	
其他餐饮服务	1	40	637	
按登记注册类型分组				
内资企业	130	11535	141509	16444
国有企业	7	1018	6450	1572
集体企业	1	80	344	77
股份合作企业	2	48	1248	
有限责任公司	10	1080	13425	1320
其他有限责任公司	10	1080	13425	1320
股份有限公司	8	1143	23509	1586
私营企业	85	6584	80591	9369
私营独资企业	17	1233	12490	598
私营合伙企业	5	363	4415	
私营有限责任公司	58	4622	58770	7431
私营股份有限公司	5	366	4916	1340
其他企业	17	1582	15942	2520
港、澳、台商投资企业	3	250	2883	
港、澳、台商独资经营企业	3	250	2883	
外商投资企业	2	80	1262	
中外合资经营企业	1	40	637	
外资企业	1	40	625	
按控股情况分组				
国有控股	8	1313	9478	2482
集体控股	3	180	1888	702
私人控股	91	6890	98106	8918
港澳台商控股	3	250	2883	
外商控股	1	40	625	
其　他	29	3192	32674	4342
按经营形式分组				
独立门店	127	10957	121242	14314
连锁总店(总部)	1	150	279	
连锁门店	3	274	13984	
其　他	4	484	10149	2130

单位：万元

			客房数 (间)	床位数 (个)	餐位数 (位)	年末餐饮 营业面积 (平方米)
餐费收入	商品销售收入	其他收入				
126535	929	1747	3449	6371	57749	238411
124526	929	1747	3449	6371	57241	235764
1372					508	997
637						1650
122390	929	1747	3449	6371	56167	232464
4072	105	701	590	1132	4790	16240
267			34	70	560	1508
1248					572	582
11601	50	455	200	337	4825	13673
11601	50	455	200	337	4825	13673
21812		111	289	514	4958	21552
70057	769	396	1820	3465	32494	145157
11827	48	17	135	311	6795	28270
4415					1310	5500
50248	721	370	1457	2756	21789	103302
3567		9	228	398	2600	8085
13333	6	84	516	853	7968	33752
2883					1228	3297
2883					1228	3297
1262					354	2650
637						1650
625					354	1000
6120	105	771	737	1380	4740	17790
1145		41	141	286	1020	3508
88001	769	419	1563	2954	38187	157719
2883					1228	3297
625					354	1000
27762	55	516	1008	1751	12220	55097
105757	171	999	3354	6193	54504	215209
279					590	1052
13984					1210	9700
6515	758	747	95	178	1445	12450

16-6 限额以上批发零售

指 标 名 称	法 人 企业数 (个)	流动资产合计	存 货	固定资产合计	固定资产原价
总 计	**241**	**1505978**	**354281**	**315148**	**391529**
批 发 业	95	936471	253180	206331	255183
按批发行业小类分组					
农畜产品批发	3	42286	7515	10371	12561
食品、饮料及烟草制品批发	15	275762	156544	49375	65296
纺织、服装及日用品批发	3	9629	8854	21914	22156
文化、体育用品及器材批发	3	20932	7014	18406	22852
医药及医疗器材批发	7	14548	1993	8767	8941
矿产品、建材及化工产品批发	34	522635	59726	92679	120660
机械设备、五金交电及电子产品批发	25	37286	10227	4499	2290
贸易经纪与代理	2	5659	656	11	14
其他批发	3	7734	652	309	413
按登记注册类型分组					
内资企业	92	932668	252679	206289	255068
国有企业	9	333976	152844	68675	89620
集体企业	1	2010	12	133	214
股份合作企业	1	921	700		
有限责任公司	15	191022	11416	16627	20679
其他有限责任公司	15	191022	11416	16627	20679
股份有限公司	13	118923	41203	65840	86840
私营企业	53	285816	46504	55014	57715
私营合伙企业	3	754	617	395	507
私营有限责任公司	47	276134	40185	45930	48412
私营股份有限公司	3	8928	5702	8689	8796
港、澳、台商投资企业	1	1022	208	6	49
合资经营企业(港或澳、台资)	1	1022	208	6	49
外商投资企业	2	2782	293	37	66
中外合资经营企业	2	2782	293	37	66
按控股情况分组					
国有控股	14	241020	150456	82022	113811
集体控股	6	147323	30832	21141	28721
私人控股	61	400637	64629	82170	87619
外商控股	1	440	147	2	2
其 他	13	147050	7117	20996	25030
按经营形式分组					
独立门店	87	892086	226385	159768	205605
连锁总店(总部)	1	451	121	394	651
其 他	7	43935	26675	46169	48927

贸易企业财务状况

单位：万元

累计折旧	本年折旧	资产总计	负债合计	所有者权益合计	实收资本	国家资本	集体资本
82055	**19890**	**2165795**	**1457074**	**708722**	**376779**	**117614**	**44171**
53482	13006	1348750	868823	479928	238218	115371	4615
2190	1254	88990	75637	13353	14392	875	50
16091	4286	356416	206646	149770	35311	20609	300
242	42	33628	27809	5819	1177		170
4446	738	44878	15635	29243	26864	26514	200
174	57	32179	18759	13419	1594	51	24
29346	6365	731738	477682	254056	148710	66728	3871
886	190	46202	35072	11130	9425	350	
3	3	5670	5266	404	400		
104	72	9049	6317	2733	344	244	
53409	12994	1344904	865995	478909	237581	115021	4615
21046	5654	436964	278109	158855	63369	57719	2316
81	5	4689	3269	1420	1200	1200	
		921	650	271	300		
4092	1178	236166	96528	139637	27595	144	1605
4092	1178	236166	96528	139637	27595	144	1605
21223	4179	250843	207025	43818	75260	55907	670
6967	1980	415322	280414	134907	69857	51	24
111	86	2254	1904	350	350		
6748	1844	386763	265932	120831	68540	51	24
108	49	26305	12579	13727	967		
44	6	1027	912	115	500	350	
44	6	1027	912	115	500	350	
29	7	2819	1916	903	136		
29	7	2819	1916	903	136		
32012	7861	375447	249898	125549	88025	87675	
7682	1017	174779	135000	39780	33159	26514	3510
9614	3127	611178	401964	209213	109831	1181	55
		443	145	298	300		
4175	1001	186904	81816	105088	6903		1050
50467	11848	1253309	796345	456963	227893	113871	4615
257	98	983	530	453	300	300	
2759	1060	94459	71948	22512	10025	1200	

16-6续表1

指标名称			主营业务收入	主营业务成本	主营业务税金及附加
	法人资本	个人资本			
总　　计	**86171**	**128523**	**4939057**	**4112708**	**34020**
批 发 业	26775	91157	3305410	2806934	24084
按批发行业小类分组					
农畜产品批发	13467		744739	611886	203
食品、饮料及烟草制品批发	1250	13153	507755	383748	15535
纺织、服装及日用品批发		1007	92856	71821	2813
文化、体育用品及器材批发	100	50	17731	13860	83
医药及医疗器材批发	49	1470	36075	26233	1281
矿产品、建材及化工产品批发	8871	69241	1697760	1522284	3680
机械设备、五金交电及电子产品批发	2838	6237	159560	138977	384
贸易经纪与代理	100		6196	6055	
其他批发	100		42739	32070	105
按登记注册类型分组					
内资企业	26625	91021	3275847	2780217	24066
国有企业	200	3134	486879	385978	8899
集体企业			1827	1644	12
股份合作企业	300		7294	6272	21
有限责任公司	2501	23345	964873	791361	905
其他有限责任公司	2501	23345	964873	791361	905
股份有限公司	13517	5167	1031368	956462	3474
私营企业	10107	59375	783607	638500	10756
私营合伙企业	100	250	12215	3856	101
私营有限责任公司	10007	58158	726635	608581	8562
私营股份有限公司		967	44757	26063	2094
港、澳、台商投资企业	150		12481	11233	6
合资经营企业(港或澳、台资)	150		12481	11233	6
外商投资企业		136	17082	15483	12
中外合资经营企业		136	17082	15483	12
按控股情况分组					
国有控股	350		1245667	1122163	10156
集体控股		3134	132097	105987	149
私人控股	23924	84671	988100	800848	13223
外商控股			916	803	
其　　他	2501	3352	938631	777133	556
按经营形式分组					
独立门店	25775	83332	2997561	2576261	14000
连锁总店(总部)			10482	9433	15
其　　他	1000	7825	297367	221240	10069

单位：万元

主营业务利润	其他业务利润	营业费用	管理费用				财务费用
				税　金	差旅费	工会经费	
802192	**20721**	**129739**	**117279**	**11443**	**5194**	**990**	**21431**
488535	1766	83155	63957	5599	2508	514	10715
132650		1440	2172	133	110	3	947
108552	622	12793	34021	1549	725	275	2875
18223		3420	5269	107	33	20	1127
3788	866	1012	1926	138	85	4	82
7825	10	3140	1860	39	54	2	51
193855	232	55868	15641	3248	1266	185	5383
19134	35	4438	2571	322	220	24	267
141		34	100	13			-12
4367	1	1010	397	50	14		-5
485705	1744	81857	63664	5526	2489	507	10712
91903	567	15041	18232	926	487	244	368
172		2	151	142	6		4
1001	12	2	28	21	6	1	
172826	1	14412	6441	746	410	140	1905
172826	1	14412	6441	746	410	140	1905
95095	934	17868	11431	1618	666	18	1896
124709	230	34531	27381	2075	914	105	6538
2061		209	337	11	21		55
106360	230	29492	20417	1956	856	85	5450
16288		4831	6627	108	37	20	1033
1243	22	19	58	41	12		3
1243	22	19	58	41	12		3
1587		1279	235	31	6	7	1
1587		1279	235	31	6	7	1
136910	567	25883	23367	2305	784	240	1216
25961	876	5226	3327	234	167	13	91
166010	323	47083	33882	2851	1418	246	8798
113		33	85				-21
159541		4930	3295	208	139	14	631
420157	1626	71453	47075	4683	2189	458	7397
1034		12	15	8	4		2
67344	140	11689	16867	908	314	56	3316

16-6续表2

指 标 名 称	利息支出	营业利润	利润总额	应交所得税	劳动、失业保险费
总 计	**13207**	**703559**	**431186**	**25817**	**5902**
批 发 业	7883	472917	271961	20549	3521
按批发行业小类分组					
农畜产品批发	915	128091	624	11	8
食品、饮料及烟草制品批发	2242	68037	61770	12593	531
纺织、服装及日用品批发	1004	9006	9006	197	344
文化、体育用品及器材批发	24	1635	1940	12	57
医药及医疗器材批发	41	3952	2848	29	10
矿产品、建材及化工产品批发	3628	246231	181177	6943	2431
机械设备、五金交电及电子产品批发	57	12996	11624	243	120
贸易经纪与代理	-21	3	3	2	
其他批发	-5	2967	2969	520	21
按登记注册类型分组					
内资企业	7881	471660	270767	20531	3485
国有企业	85	60936	61887	12216	170
集体企业		14	14		2
股份合作企业		982	982	8	4
有限责任公司	1385	147547	18346	2447	976
其他有限责任公司	1385	147547	18346	2447	976
股份有限公司	1400	105026	57874	887	1503
私营企业	5011	157154	131664	4974	832
私营合伙企业	27	1461	1405	4	20
私营有限责任公司	3980	151556	127043	4773	572
私营股份有限公司	1004	4138	3215	197	240
港、澳、台商投资企业	2	1186	1186	18	35
合资经营企业(港或澳、台资)	2	1186	1186	18	35
外商投资企业	1	72	8		1
中外合资经营企业	1	72	8		1
按控股情况分组					
国有控股	743	128712	100508	12726	1471
集体控股	27	18794	13882	453	134
私人控股	6663	175843	154691	7276	1015
外商控股	-21	-1	-1		
其 他	472	149569	2881	94	901
按经营形式分组					
独立门店	4874	436301	245001	18872	2744
连锁总店(总部)	2	1005	1005		5
其 他	3007	35612	25956	1677	773

单位：万元

养老保险和医疗保险费	住房公积金和住房补贴	本年应付工资总额	本年应付福利费总额	本年应交增值税	全部从业人员年平均人数（人）
5778	**2603**	**85258**	**7153**	**55141**	**33801**
3623	1788	41476	4985	43594	12072
131	17	625	22	382	291
1382	697	13140	2177	14502	3360
380		6126	409	296	2876
222	104	1061	83	225	316
18		433	13	302	190
1182	907	12367	1026	23882	3695
278	64	7306	1224	3871	1156
		111	6	71	57
32		308	27	65	131
3578	1786	40516	4946	40484	11881
1061	666	8113	1569	11929	1532
	2	7	1	1	6
4		23	4	6	8
268	132	2744	260	8045	1383
268	132	2744	260	8045	1383
770	727	14156	667	12741	4359
1476	260	15473	2446	7762	4593
29		235	26	76	140
1182	260	13536	2112	7194	3577
265		1702	308	493	876
36		121	21	154	72
36		121	21	154	72
9	2	840	19	2956	119
9	2	840	19	2956	119
1169	1140	13506	2033	23805	3102
375	199	1658	95	520	546
1813	424	17532	1677	15173	7462
		104	6	46	47
267	25	8677	1175	4050	915
2528	1667	31548	3951	39300	7223
4		46	2	16	19
1091	122	9883	1032	4278	4830

16-6续表3

指标名称	法人企业数(个)	流动资产合计	存货	固定资产合计	固定资产原价
零售业	146	569507	101100	108817	136346
按零售行业小类分组					
综合零售	14	153770	13121	62167	74520
百货零售	11	144078	11158	61180	72983
超级市场零售	3	9692	1963	988	1537
食品、饮料及烟草制品专门零售	3	3698	1511	1220	1986
纺织、服装及日用品专门零售	7	6462	2445	384	529
服装零售	4	5454	2086	323	373
文化、体育用品及器材专门零售	4	1257	779	235	276
医药及医疗器材专门零售	7	10006	3442	1371	1913
药品零售	5	8724	3068	1217	1733
汽车、摩托车、燃料及零配件专门零售	81	338577	65744	39834	52042
汽车零售	71	333263	63156	34403	45903
机动车燃料零售	8	3856	1874	1688	2329
家用电器及电子产品专门零售	16	45617	11452	1562	2678
家用电器零售	3	36575	7896	109	235
计算机、软件及辅助设备零售	6	5076	2711	1282	1952
通信设备零售	6	3870	791	151	468
五金、家具及室内装修材料专门零售	12	5440	1816	937	1369
无店铺及其他零售	2	4682	791	1107	1033
按登记注册类型分组					
内资企业	146	569507	101100	108817	136346
国有企业	3	2015	921	1301	2538
集体企业	1	340	46	49	132
股份合作企业	4	13815	4496	313	308
有限责任公司	21	97690	23621	12113	15807
其他有限责任公司	21	97690	23621	12113	15807
股份有限公司	17	23553	4691	2351	4499
私营企业	97	429253	66387	92411	112363
私营独资企业	4	5944	4407	3343	3463
私营合伙企业	2	6196	2807	1154	1640
私营有限责任公司	80	405608	55665	86100	105183
私营股份有限公司	11	11505	3509	1814	2077
其他企业	3	2841	939	280	699
按控股情况分组					
国有控股	7	11040	3636	3314	5693
集体控股	15	83105	10989	8086	10935
私人控股	110	382005	64708	93513	113789
其他	14	93358	21767	3903	5929
按经营形式分组					
独立门店	143	552140	90362	107673	134897
连锁总店(总部)	1	3029	1340	646	798
其他	2	14338	9399	497	651
按零售业态分组					
有店铺零售	145	565702	100540	107831	135356
超市	6	10978	3437	1523	2519
专业店	43	79706	15397	12720	16500
专卖店	65	333495	60540	22334	30940

单位：万元

累计折旧		资产总计	负债合计	所有者权益合计			
	本年折旧				实收资本	国家资本	集体资本
28573	6884	817045	588251	228794	138561	2243	39556
12813	3230	266500	188986	77514	37554	484	2100
12264	3015	255429	176477	78952	34754	484	2100
550	215	11071	12509	-1438	2800		
767	92	5203	3020	2183	1561	335	1076
145	44	7520	6084	1436	1180	30	
50	22	6181	5239	942	1050		
41	14	1615	813	802	600		100
542	168	12320	9288	3032	1750		
516	148	10699	7934	2765	1580		
12622	3075	463134	341274	121860	85811	1394	35730
11914	2913	451065	335760	115304	83751	539	35730
641	153	6299	3076	3223	1510	856	
1116	173	48220	33575	14645	7160		500
126	23	37450	29218	8232	2350		500
670	99	6521	3553	2968	2750		
317	48	4135	769	3365	2010		
509	79	6713	1990	4723	1045		50
18	10	5821	3221	2600	1900		
28573	6884	817045	588251	228794	138561	2243	39556
1237	487	3482	1016	2466	1355	1355	
83	18	389	39	350	30	30	
79	9	15176	11779	3398	20380		20000
3739	1012	166620	114686	51934	24365	604	13730
3739	1012	166620	114686	51934	24365	604	13730
2148	253	29444	19180	10264	7846		5276
20867	4965	598717	439487	159231	84386	255	550
569	170	9437	7023	2415	250		
487	166	7947	6306	1641	1004		
19537	4493	566375	416584	149791	78319		550
274	137	14958	9574	5385	4813	255	
420	138	3217	2065	1152	200		
2379	691	27940	11083	16857	2444	1988	
2902	463	132275	102313	29962	39556		39556
21263	5322	555798	394082	161716	84413	255	
2029	408	101032	80773	20260	12148		
28265	6787	798470	577807	220663	136723	2243	39556
152	53	3711	3060	651	600		
155	44	14864	7384	7480	1238		
28569	6883	812222	585825	226397	136761	2243	39556
996	357	12648	14832	-2185	1700		
4179	1066	104473	65452	39021	39052	1191	20100
8706	2001	393693	311153	82540	49827	569	4230

16-6续表4

指 标 名 称			主营业务收入	主营业务成本	主营业务税金及附加
	法人资本	个人资本			
零 售 业	59396	37366	1633647	1305774	9936
按零售行业小类分组					
综合零售	27720	7250	429483	339208	1753
百货零售	26920	5250	397196	313407	1514
超级市场零售	800	2000	32287	25802	239
食品、饮料及烟草制品专门零售		150	5054	3352	144
纺织、服装及日用品专门零售	250	900	54677	44121	902
服装零售	250	800	52328	42452	878
文化、体育用品及器材专门零售	400	100	6203	4906	472
医药及医疗器材专门零售	50	1700	39631	26653	1677
药品零售	50	1530	30022	19452	1666
汽车、摩托车、燃料及零配件专门零售	25716	22971	938254	760734	4524
汽车零售	25666	21817	898036	728240	3647
机动车燃料零售	50	604	37094	29885	773
家用电器及电子产品专门零售	3160	3500	122887	97441	263
家用电器零售	1850		83341	65344	132
计算机、软件及辅助设备零售	300	2450	15730	13044	24
通信设备零售	960	1050	22200	17759	103
五金、家具及室内装修材料专门零售	300	695	31054	24192	188
无店铺及其他零售	1800	100	6404	5169	14
按登记注册类型分组					
内资企业	59396	37366	1633647	1305774	9936
国有企业			24517	19615	159
集体企业			577	236	8
股份合作企业	260	120	58650	45882	132
有限责任公司	3080	6951	302875	235220	3622
其他有限责任公司	3080	6951	302875	235220	3622
股份有限公司	900	1670	85485	67234	577
私营企业	55106	28475	1152558	930615	5417
私营独资企业	50	200	39292	32042	1129
私营合伙企业	30	974	19711	17706	17
私营有限责任公司	53811	23958	1037061	835504	3973
私营股份有限公司	1215	3343	56494	45364	298
其他企业	50	150	8985	6973	23
按控股情况分组					
国有控股		455	68681	53070	186
集体控股			156870	123186	1062
私人控股	52546	31612	1160883	949079	6266
其　　他	6850	5298	247213	180439	2423
按经营形式分组					
独立门店	59346	35578	1528401	1233324	6877
连锁总店(总部)		600	9138	7064	18
其　　他	50	1188	96108	65386	3042
按零售业态分组					
有店铺零售	57596	37366	1629649	1302576	9924
超　　市	850	850	45801	36448	258
专 业 店	8070	9691	367132	297049	3095
专 卖 店	21836	23192	670874	538482	3100

单位：万元

主营业务利润	其他业务利润	营业费用	管理费用				财务费用
				税金	差旅费	工会经费	
313658	18955	46585	53322	5844	2686	476	10716
88621	13320	12205	18942	938	521	64	3327
82275	12384	10865	17281	775	196	61	3199
6346	936	1339	1661	163	325	3	129
1559		396	538	34	37	6	53
9654	125	1535	434	84	11	4	124
8998	125	1191	350	77	5	3	111
1242		142	312	8	12	2	22
11202	263	4171	3207	53	35	16	92
8804	263	3721	2967	30	28	15	38
169674	5156	24479	27522	4061	1673	361	6830
163086	5156	24219	26848	3836	1577	356	6783
6176		186	604	189	94	3	23
24112	91	3297	1801	364	287	19	182
17865	56	2998	1226	178	31	14	104
1590		233	307	75	134	2	38
4337	35	58	264	110	119	3	38
6674		287	495	289	93	5	78
921		74	71	14	19		9
313658	18955	46585	53322	5844	2686	476	10716
4743	198	485	239	126	83	3	120
333		168	50		2		1
12637	56	999	368	161	84	6	46
61775	4459	10266	16582	2285	452	269	3457
61775	4459	10266	16582	2285	452	269	3457
17673	1390	4515	3866	447	302	22	263
214606	12589	29582	31545	2755	1730	176	6809
6537		456	365	21	4	3	142
1188		34	444	59	343		137
195674	11656	26678	29154	2555	1332	166	5969
11207	933	2414	1583	120	52	7	562
1890	263	571	673	71	33	1	19
15165	403	1387	1752	243	115	21	138
31823	5311	7415	7968	281	221	47	1942
202420	12732	26772	32318	3318	1973	147	6482
64251	509	11011	11285	2002	378	261	2154
283922	18955	41260	44177	3902	2375	238	9022
2056		749	392	14	12	10	2
27681		4576	8753	1929	300	228	1692
312870	18955	46576	53307	5835	2684	476	10711
9194	936	2048	2453	256	350	18	136
67043	5188	7809	13494	1257	639	42	817
125241	1437	24143	20923	2996	1260	339	4595

16-6续表5

指标名称	利息支出	营业利润	利润总额	应交所得税	劳动、失业保险费
零售业	5324	230642	159225	5268	2380
按零售行业小类分组					
综合零售	1713	67567	29851	1746	1042
百货零售	1683	63314	28682	1513	919
超级市场零售	31	4253	1169	233	123
食品、饮料及烟草制品专门零售	52	572	152	11	25
纺织、服装及日用品专门零售	1	7688	7493	83	66
服装零售		7471	7275	44	60
文化、体育用品及器材专门零售		780	780	35	6
医药及医疗器材专门零售	43	4645	2489	121	60
药品零售	1	2801	833	77	42
汽车、摩托车、燃料及零配件专门零售	3439	122111	93874	2578	852
汽车零售	3427	116143	88669	2536	802
机动车燃料零售	12	5722	4960	35	26
家用电器及电子产品专门零售	46	20317	19235	201	297
家用电器零售	12	13593	13593	113	140
计算机、软件及辅助设备零售	13	2407	1324	19	101
通信设备零售	21	4013	4013	68	54
五金、家具及室内装修材料专门零售	23	5833	4582	488	29
无店铺及其他零售	7	1130	770	5	3
按登记注册类型分组					
内资企业	5324	230642	159225	5268	2380
国有企业	2	4097	4097	2	181
集体企业		117	117	30	
股份合作企业	15	11298	10731	456	47
有限责任公司	1676	38153	37427	837	548
其他有限责任公司	1676	38153	37427	837	548
股份有限公司	84	10429	6945	105	164
私营企业	3544	165358	99463	3751	1387
私营独资企业		5575	3175	45	81
私营合伙企业	135	3391	565	6	8
私营有限责任公司	2969	148196	91095	3564	1266
私营股份有限公司	440	8196	4627	137	32
其他企业	3	1190	445	86	53
按控股情况分组					
国有控股	14	12654	12357	49	440
集体控股	94	20624	17618	102	154
私人控股	3670	156731	107697	4310	1587
其他	1545	40633	21553	807	198
按经营形式分组					
独立门店	3822	217070	145653	4859	2248
连锁总店(总部)	1	912	912	33	3
其他	1501	12660	12660	376	130
按零售业态分组					
有店铺零售	5320	229883	158466	5268	2379
超市	32	5754	2510	291	144
专业店	178	50471	47309	1418	568
专卖店	3090	84208	55010	1504	714

单位：万元

养老保险和医疗保险费	住房公积金和住房补贴	本年应付工资总额	本年应付福利费总额	本年应交增值税	全部从业人员年平均人数（人）
2155	815	43782	2167	11547	21729
834	513	27045	762	2054	14274
769	511	24701	581	2024	13206
65	2	2344	181	30	1068
7	2	211	5	219	98
79	11	2491	314	283	1242
64	4	2329	264	212	1138
2	2	223	12	33	98
105		1427	30	1035	622
86		1259	18	933	550
768	220	8992	827	6771	3814
724	210	8531	770	6642	3624
19	9	307	21	74	124
299	48	2607	127	902	1151
92	47	1578	69	700	717
143	2	408	23	43	148
63		608	32	151	278
26	2	638	75	207	390
35	17	148	15	44	40
2155	815	43782	2167	11547	21729
14	5	605	19	31	277
9	2	16		55	34
24	1	641	76	68	480
266	108	4160	437	1966	1835
266	108	4160	437	1966	1835
157	58	5880	114	1406	3155
1648	642	32175	1496	7859	15830
78	63	1880	278	66	793
16		229	4	38	70
1468	574	27333	1049	7491	13723
88	5	2733	166	264	1244
37		306	27	162	118
45	36	1031	69	127	482
178	133	7374	247	2734	3723
1735	584	33409	1609	7690	16722
197	62	1968	243	996	802
1972	815	40766	1769	11294	20453
47		657	15	109	293
136		2358	384	143	983
2121	799	43703	2156	11522	21712
127	2	2727	199	167	1227
452	128	6212	505	3921	2981
803	160	8362	523	4202	4865

16-7 星级住宿业和限额以

指标名称	法人企业数（个）	流动资产合计	存货	固定资产原价	累计折旧
总计	**212**	**88949**	**12703**	**330170**	**86215**
住宿业	77	48530	6110	236618	66698
按住宿行业中类分组					
旅游饭店	59	44537	5704	226158	62395
一般饭店	17	3993	406	10444	4291
其他住宿服务	1			16	12
按登记注册类型分组					
内资企业	76	41111	5738	180595	60047
国有企业	19	17085	2600	107333	42319
集体企业	2	653	160	2464	1299
股份合作企业	1	2060	243	1050	392
有限责任公司	9	5064	838	37359	6071
其他有限责任公司	9	5064	838	37359	6071
股份有限公司	8	6322	451	6033	2006
私营企业	35	7663	1140	20652	6990
私营独资企业	4	976	135	1117	381
私营有限责任公司	1	13	8	117	100
私营股份有限公司	24	4725	900	16967	5564
其他企业	6	1949	97	2451	946
港、澳、台商投资企业	2	2264	306	5705	971
港、澳、台商独资经营企业	1	7419	372	56023	6651
按控股情况分组	1	7419	372	56023	6651
国有控股					
集体控股	19	16977	2805	108004	42683
私人控股	5	2644	419	31564	5760
港澳台商控股	38	9890	1006	17829	5223
其他	1	7419	372	56023	6651
按经营形式分组	14	11600	1508	23199	6381
独立门店					
连锁门店	77	48530	6110	236618	66698
其他					
按星级分组	3	10376	1469	82769	27903
五星	9	8743	1046	45743	14512
四星	20	9346	1879	22811	8278
三星	6	2589	349	12954	3857
二星	1	7419	372	56023	6651
其他	38	10057	994	16318	5497

上餐饮企业财务状况

单位：万元

本年折旧	资产总计	负债合计	所有者权益合计	实收资本	国家资本	集体资本	法人资本
21405	**392758**	**213100**	**179658**	**118239**	**44481**	**3115**	**22407**
15035	251832	131522	120310	84705	37418	2012	8411
14414	240110	124213	115897	80864	36271	1749	6709
614	11711	7309	4403	3831	1147	263	1702
7	10		10	10			
11523	188811	93739	95073	53102	37418	2012	8411
5475	93493	36516	56977	36618	36418		200
304	2844	2591	253	83		83	
205	3730	2137	1594	2000			
2716	41973	23508	18465	4782	1000	50	3542
2716	41973	23508	18465	4782	1000	50	3542
791	12608	7928	4680	3494		1253	1781
1944	27163	14472	12692	5309		206	2887
100	2048	762	1286	1332			1196
59	30		30	30			
1471	21476	10249	11227	3130			1141
314	3609	3460	149	817		206	550
88	6999	6587	412	816		420	
3513	63021	37783	25237	31603			
3513	63021	37783	25237	31603			
5515	93767	36328	57439	37418	37418		
2753	29936	16844	13092	1592		1592	
1988	27059	15854	11204	7044			4248
3513	63021	37783	25237	31603			
1267	38050	24713	13337	7048		420	4162
15035	251832	131522	120310	84705	37418	2012	8411
4803	73149	29668	43481	11050	11000	50	
2683	42988	16889	26099	24415	20413	1253	
1823	32836	18837	13999	9551	3303		5777
957	12554	8003	4551	2118	1368	420	50
3513	63021	37783	25237	31603			
1258	27285	20342	6943	5969	1333	289	2583

16-7续表1

			主营业务收入	主营业务成本	主营业务税金及附加
	个人资本	港澳台资本			
总　　计	**16413**	**31773**	**265260**	**118318**	**14043**
住 宿 业	5262	31603	119814	45637	6389
按住宿行业中类分组					
旅游饭店	4533	31603	106876	40742	5858
一般饭店	719		11679	4174	496
其他住宿服务	10		1260	722	35
按登记注册类型分组					
内资企业	5262		108716	38582	5847
国有企业			42638	17384	2356
集体企业			2211	300	82
股份合作企业	2000		3820	1139	238
有限责任公司	190		24433	4028	1264
其他有限责任公司	190		24433	4028	1264
股份有限公司	460		8090	3747	432
私营企业	2216		24486	10686	1276
私营独资企业	136		1632	585	88
私营有限责任公司	30		976	386	56
私营股份有限公司	1989		19053	8913	1012
其他企业	61		2825	802	120
港、澳、台商投资企业	396		3037	1298	201
港、澳、台商独资经营企业		31603	11098	7056	542
按控股情况分组		31603	11098	7056	542
国有控股					
集体控股			41359	17060	2286
私人控股			16451	3169	854
港澳台商控股	2796		26853	12266	1400
其　　他		31603	11098	7056	542
按经营形式分组	2466		24054	6087	1308
独立门店					
连锁门店	5262	31603	119814	45637	6389
其　　他					
按星级分组			33774	12434	1905
五　　星	2749		19773	6371	1105
四　　星	470		24101	6861	1335
三　　星	280		7905	3962	451
二　　星		31603	11098	7056	542
其　　他	1763		23163	8953	1050

单位：万元

主营业务利润	其他业务收入	其他业务利润	营业费用	管理费用			
					税　金	差旅费	工会经费
131577	**2006**	**1823**	**49374**	**49844**	**4407**	**1090**	**367**
67536	1928	1748	28095	32348	1467	367	169
60377	1922	1748	25948	31430	1374	314	149
6647	7		2124	882	91	49	17
512			24	36	3	4	3
64035	1928	1748	27535	30168	1467	367	169
22899	431	295	9584	13130	587	96	71
1376			591	359	28		3
2443	4	4	1295	1215	21		5
19241	8	8	6855	10204	195	18	23
19241	8	8	6855	10204	195	18	23
3912			1771	879	150	51	18
12625	1486	1441	7127	3919	487	199	49
959			357	210	11	2	1
534			100	284	51	42	1
9138	1464	1421	5517	3114	373	129	40
1994	21	20	1153	311	52	26	7
1539			313	462		3	
3501			561	2180			
3501			561	2180			
22113	294	157	8611	13115	588	99	71
12067			3346	7485	28	11	17
13197	1251	1207	6776	3151	425	179	50
3501			561	2180			
16659	383	383	8803	6417	427	78	30
67536	1928	1748	28095	32348	1467	367	169
19435			5571	13680	175	51	42
12297	11	4	5492	6029	308	50	27
16005	623	537	9343	6263	481	94	46
3491	1162	1162	2261	943	103	33	4
3501			561	2180			
12807	132	45	4869	3253	400	139	50

16-7续表2

指 标 名 称	财务费用	利息支出	营业利润	利润总额	应交所得税
总 计	**2906**	**1593**	**37908**	**29156**	**2835**
住 宿 业	1361	679	11364	6891	798
按住宿行业中类分组					
旅游饭店	1135	640	7462	3586	249
一般饭店	222	34	3422	2549	171
其他住宿服务	5	5	480	756	378
按登记注册类型分组					
内资企业	1313	679	10652	5943	798
国有企业	700	545	-170	-741	20
集体企业			427		
股份合作企业	17		-80	-79	
有限责任公司	161	40	4631	1557	45
其他有限责任公司	161	40	4631	1557	45
股份有限公司	51	30	1210	1211	227
私营企业	286	63	3969	3895	482
私营独资企业	1		391	27	3
私营有限责任公司	11		139	139	10
私营股份有限公司	134	54	3029	3462	437
其他企业	140	9	410	269	34
港、澳、台商投资企业	99		665	101	24
港、澳、台商独资经营企业	48		712	948	
按控股情况分组	48		712	948	
国有控股					
集体控股	700	545	-105	-721	15
私人控股	169	-4	3667	271	76
港澳台商控股	263	102	5449	5245	601
其 他	48		712	948	
按经营形式分组	182	35	1640	1149	105
独立门店					
连锁门店	1361	679	11364	6891	798
其 他					
按星级分组	126		2658	-189	8
五 星	510	437	270	-144	57
四 星	254	168	682	622	74
三 星	19		1430	867	24
二 星	48		712	948	
其 他	404	73	5611	4788	635

单位：万元

劳动、失业保险费	养老保险和医疗保险费	住房公积金和住房补贴	本年应付工资总额	#主营业务应付工资总额	本年应付福利费总额	#主营业务应付福利费总额	全部从业人员年平均人数（人）
800	**3401**	**521**	**45682**	**44044**	**4557**	**4384**	**22931**
314	2404	251	21847	21111	2086	2006	11150
299	2244	162	19924	19212	2016	1956	9975
12	152	89	1884	1861	68	47	1155
3	8		38	38	3	3	20
300	2183	190	20059	19323	1894	1815	10531
194	1300	116	7908	7752	1431	1365	3603
	41	26	617	617	12	12	352
3	39		634	453	8	1	208
27	424	26	3886	3630	20	20	2303
27	424	26	3886	3630	20	20	2303
20	78	17	1115	1115	96	96	649
54	210	6	5269	5127	328	321	3056
3	16	3	472	468	27	27	287
2	28		116	116	33	33	50
36	138	3	4113	3975	252	245	2433
13	28		567	567	16	16	286
1	92		630	630			360
14	221	61	1788	1788	192	192	619
14	221	61	1788	1788	192	192	619
194	1313	116	7601	7445	1404	1338	3633
21	268	35	2461	2205	16	16	1235
57	222	34	5206	5064	337	330	3040
14	221	61	1788	1788	192	192	619
28	380	5	4790	4609	137	130	2623
314	2404	251	21847	21111	2086	2006	11150
166	1005	48	4539	4283	892	892	2065
42	363	16	3974	3792	338	332	1725
35	469	27	5512	5379	273	227	3310
14	146	10	1388	1388	109	109	791
14	221	61	1788	1788	192	192	619
43	202	89	4648	4482	283	256	2640

16-7续表3

指 标 名 称	法人企业数(个)	流动资产合计	存 货	固定资产原价	累计折旧
餐 饮 业	135	40419	6593	93552	19517
按餐饮行业中类分组					
正餐服务	133	39642	6451	93319	19473
快餐服务	1	283	113	224	43
其他餐饮服务	1	495	30	9	1
按登记注册类型分组					
内资企业	130	38814	6295	93058	19388
国有企业	7	3185	393	18461	1625
集体企业	1	297	89	1118	392
有限责任公司	2	209	78	205	113
其他有限责任公司	10	6903	472	11912	3724
股份有限公司	10	6903	472	11912	3724
私营企业	8	6512	843	8917	1654
私营独资企业	85	17298	3594	34033	6493
私营合伙企业	17	2870	505	2398	706
私营有限责任公司	5	726	91	680	249
私营股份有限公司	58	12691	2764	29071	4718
其他企业	5	1010	235	1884	820
港、澳、台商投资企业	17	4409	825	18413	5386
港、澳、台商独资经营企业	3	879	212	443	119
港、澳、台商投资股份有限公司	3	879	212	443	119
外商投资企业	2	726	85	51	10
中外合资经营企业	1	495	30	9	1
外资企业	1	231	56	42	9
按控股情况分组					
国有控股	8	7019	422	20709	2214
集体控股	3	845	149	2756	1218
私人控股	91	19981	4231	40535	7871
港澳台商控股	3	879	212	443	119
外商控股	1	231	56	42	9
其 他	29	11464	1522	29067	8087
按经营形式分组					
独立门店	127	33630	6082	81952	17216
连锁总店(总部)	1	42		68	17
连锁门店	3	325	47	2673	84
其 他	4	6422	464	8860	2199

单位：万元

本年折旧	资产总计	负债合计	所有者权益合计	实收资本			
					国家资本	集体资本	法人资本
6370	140927	81578	59349	33534	7063	1104	13997
6370	139732	80480	59251	33434	7013	1104	13997
	624	490	134	50			
	571	608	-37	50	50		
6329	138639	79688	58952	33264	7013	1104	13997
490	20516	10914	9603	7103	6503		600
36	1196	861	335	989		989	
20	331	190	141	80			
1366	18067	12450	5616	4650			3180
1366	18067	12450	5616	4650			3180
668	17659	14343	3316	3280	500	50	2580
1844	54600	22614	31986	16208		65	7517
161	5529	3135	2394	1102			60
82	1282	600	682	565			145
1348	45621	18448	27174	13531		65	7312
254	2168	432	1736	1010			
1905	26272	18316	7956	955	10		120
33	1452	1108	345	170			
33	1452	1108	345	170			
8	835	783	52	100	50		
	571	608	-37	50	50		
8	264	175	89	50			
923	28635	19532	9103	7253	7053		200
166	2608	2203	405	1104		1104	
2186	61760	24972	36788	19088			9888
33	1452	1108	345	170			
8	264	175	89	50			
3054	46208	33589	12619	5869	10		3908
5308	121764	68496	53269	28023	7063	1104	8967
5	93	9	84	30			30
22	2980	719	2261	2280			2000
1035	16090	12355	3735	3201			3000

16-7续表4

指 标 名 称	个人资本	港澳台资本	主营业务收入	主营业务成本	主营业务税金及附加
餐饮业	11151	170	145445	72681	7654
按餐饮行业中类分组					
正餐服务	11151	120	143437	71824	7553
快餐服务		50	1372	602	69
其他餐饮服务			637	255	32
按登记注册类型分组					
内资企业	11151		141294	70925	7447
国有企业			6450	3381	238
集体企业			344	167	20
有限责任公司	80		1248	734	73
其他有限责任公司	1470		13379	6801	796
股份有限公司	1470		13379	6801	796
私营企业	150		23509	14237	1252
私营独资企业	8626		80447	38978	4162
私营合伙企业	1042		12490	6596	586
私营有限责任公司	420		4415	2445	213
私营股份有限公司	6154		58635	27522	3131
其他企业	1010		4907	2415	232
港、澳、台商投资企业	825		15917	6628	906
港、澳、台商独资经营企业		170	2890	1252	146
港、澳、台商投资股份有限公司		170	2890	1252	146
外商投资企业			1262	503	61
中外合资经营企业			637	255	32
外资企业			625	249	29
按控股情况分组					
国有控股			9478	6100	412
集体控股			1888	766	96
私人控股	9200		97929	49632	5064
港澳台商控股		170	2890	1252	146
外商控股			625	249	29
其 他	1951		32636	14681	1907
按经营形式分组					
独立门店	10670	170	121033	60129	6527
连锁总店(总部)			279	169	16
连锁门店	280		13984	7912	670
其 他	201		10149	4472	441

单位：万元

主营业务利润	其他业务收入	其他业务利润	营业费用	管理费用			
					税金	差旅费	工会经费
64041	77	75	21278	17496	2940	723	198
62990	77	75	20978	17044	2937	714	194
701			295	120	3	4	2
351			5	331		5	3
61852	77	75	20283	16938	2924	711	194
2831			1348	1191	90	6	2
157			100	55			
442			114	70	7	11	1
5782			3030	2116	586	67	9
5782			3030	2116	586	67	9
8120			835	613	88	76	5
36178	52	52	12319	8441	1855	482	176
5227			1743	733	97	26	6
1758			419	400	66	10	
26932	44	44	9552	6757	1618	417	149
2261	9	9	604	551	74	29	20
8343	25	23	2536	4452	298	69	
1492			749	226	16	7	2
1492			749	226	16	7	2
697			247	332		5	3
351			5	331		5	3
347			242				
2966			1366	1612	83	18	8
1027			379	215	13	1	1
42203	41	41	11592	9440	1892	525	179
1492			749	226	16	7	2
347			242				
16008	36	34	6950	6002	937	172	7
53298	77	75	20373	15433	2188	483	67
95				70			
5403			243	222	36	65	
5246			662	1770	716	175	131

16-7续表5

指 标 名 称	财务费用	利息支出	营业利润	利润总额	应交所得税
餐 饮 业	1545	915	26544	22265	2037
按餐饮行业中类分组					
正餐服务	1546	917	26243	22196	2017
快餐服务	-2	-2	287	55	14
其他餐饮服务			14	14	7
按登记注册类型分组					
内资企业	1543	916	25909	21861	1975
国有企业	38	9	255	365	15
集体企业	1	1	1	1	
有限责任公司	10	10	247	107	3
其他有限责任公司	452	300	1461	1457	42
股份有限公司	452	300	1461	1457	42
私营企业	156	47	6390	6131	27
私营独资企业	895	582	16139	12791	1832
私营合伙企业	77	30	2810	2778	603
私营有限责任公司	8	7	932	1371	516
私营股份有限公司	747	504	11340	7822	673
其他企业	62	41	1057	819	40
港、澳、台商投资企业	-8	-33	1417	1010	57
港、澳、台商独资经营企业	1	-2	517	283	55
港、澳、台商投资股份有限公司	1	-2	517	283	55
外商投资企业	1	1	118	121	7
中外合资经营企业			14	14	7
外资企业	1	1	104	107	
按控股情况分组					
国有控股	38	8	-50	60	17
集体控股	48	48	385	19	
私人控股	1191	836	21453	18556	1799
港澳台商控股	1	-2	517	283	55
外商控股	1	1	104	107	
其 他	267	25	4135	3240	166
按经营形式分组					
独立门店	1152	708	19187	15119	2021
连锁总店(总部)			25	25	6
连锁门店	89		4823	4714	
其 他	304	207	2510	2407	10

单位：万元

劳动、失业保险费	养老保险和医疗保险费	住房公积金和住房补贴	本年应付工资总额	# 主营业务应付工资总额	本年应付福利费总额	# 主营业务应付福利费总额	全部从业人员年平均人数（人）
486	997	270	23835	22933	2471	2377	11781
484	958	255	23425	22576	2432	2377	11644
1	28	4	233	233			97
1	11	10	177	125	39		40
482	945	255	22940	22090	2401	2347	11454
20	107		1875	1590	138	112	948
	7	6	122	122	2	2	80
3	8	5	95	78	2	2	48
30	68		1959	1948	440	440	1080
30	68		1959	1948	440	440	1080
179	245	200	2351	2119	281	254	1143
238	400	23	12988	12698	1166	1164	6568
16	27	13	2442	2281	114	114	1233
7			648	648	24	24	362
211	361	8	9131	9002	976	974	4615
5	13	2	767	767	52	52	358
11	111	22	3550	3535	373	373	1587
2	37	4	601	601	31	31	247
2	37	4	601	601	31	31	247
1	15	11	295	243	39		80
1	11	10	177	125	39		40
	4		118	118			40
21	141	10	2558	2020	236	152	1243
0	29	12	345	313	24	17	170
382	524	222	13872	13542	1438	1435	6874
2	37	4	601	601	31	31	247
	4		118	118			40
80	262	22	6342	6339	742	742	3207
286	788	76	21859	20971	2213	2120	10873
2	6		165	165			150
145	138	194	764	764	106	106	274
53	66		1048	1033	152	152	484

主要统计指标解释

社会消费品零售额 指各种经济类型的批发零售贸易业、餐饮业、制造业和其他行业对城乡居民和社会集团的消费品零售额和农民对非农业居民零售额的总和。对居民的消费品零售额：指售给城乡居民用于生活消费的商品。对社会集团的消费品零售额：指售给机关、团体、部队、学校、企业、事业单位和城市街道居民委员会、农村村民委员会用公款购买的用作非生产、非经营使用的消费品。

社会消费品零售额包括：

1.售给城乡居民作为生活用的商品和修建房屋用的建筑材料。

2.售给机关、团体、学校、部队、企业、事业单位的职工食堂和旅店（招待所）附设专门供本店旅客食用，不对外营业的食堂的各种食品、燃料；企业、单位和国营农场直接售给本单位职工和职工食堂的自己生产的产品。

3.售给部队干部、战士生活用的粮食、副食品、衣着品、日用品、燃料。

4.售给来华的外国人、华侨、港澳台同胞的消费品（包括友谊商店、在海关前后设立的免税商店、外轮供应公司等）。

5.居民自费购买的中、西药品，中药材及医疗用品。

6.报社、出版社直接售给农民和社会集团的报纸、图书、杂志、集邮公司（包括邮局集邮专柜）出售的新、旧（代销的）纪念邮票、特种邮票、首日封、集邮册、集邮工具等。

7.旧货寄售商店（信托商店）自购、自销部分的商品零售额。

8.煤气公司、液化石油气站售给居民和社会集团的煤气灶具和罐装液化石油气。

9.农民售给非农业居民和社会集团的商品。

10.售给社会集团的办公用品、纸张、帐册、文印用品、计算工具、书报杂志和奖品；公共用品和纺织品、针织品；学校用的教学用品；文体用品；非专用的劳动保护用品，如工作服、套袖、围群、手套、毛巾、肥皂等；日用百货和杂品，包括职工食堂用的餐具、炊具、设备和清洁卫生工具等；家具、设备、日用电器、电讯设备、电影器材和照相器材等；取暖用的设备和燃料，防暑、降温的饮料；非生产经营用的交通工具如小轿车、面包车、工具车、卡车和油料；零星修理用的各种零配件、材料、工具、建筑材料等；举办各种招待会、茶话会、宴会用的烟酒茶和各种食品及馈赠的礼品；从公费医疗经费中开支的中、西药品、中药材和医疗器材以及其他非生产性设备和用品。

批发零售贸易、餐饮业统计限额以上标准：

1.批发业：年销售额在2000万元及以上，年末从业人员20人及以上。

2.零售业：年销售额在500万元及以上，年末从业人员60人及以上。

3.餐饮业：年营业额在200万元及以上，年末从业人员40人及以上。

商品销售总额 指对本企业以外的单位和个人出售（包括对国（境）外直接出口）的商品（包括售给本单位消费用的商品）。它反映批发零售贸易企业在国内市场上销售商品以及出口商品的总量。商品销售总额包括：对生产经营单位批发额、对批发零售贸易业批发额、出口额和对居民和社会集团商品零售额。

商品销售收入（营业收入） 指批发零售贸易企业商品销售收入、接受其他单位委托代销商品的收入和餐饮企业的营业收入（包括餐费收入、冷热饮收入、服务收入和其他收入）。

商品销售成本（营业成本） 指批发零售贸易企业已销商品应负担的进货原价和餐饮企业的原材料成本、商品进价成本。

商品销售税金及附加费（或营业税金及附加费） 指批发零售贸易企业销售商品应负担的税金和餐饮企业应由各项经营业务负担的税金及附加。包括营业税、城市维护建设税、出口关税和教育附加费等。

营业利润 指企业营业收入扣除成本、费用和各种产品销售税金及附加费（或营业税金及附加费）后的数额。

第二部分　统计资料

对外贸易和旅游业

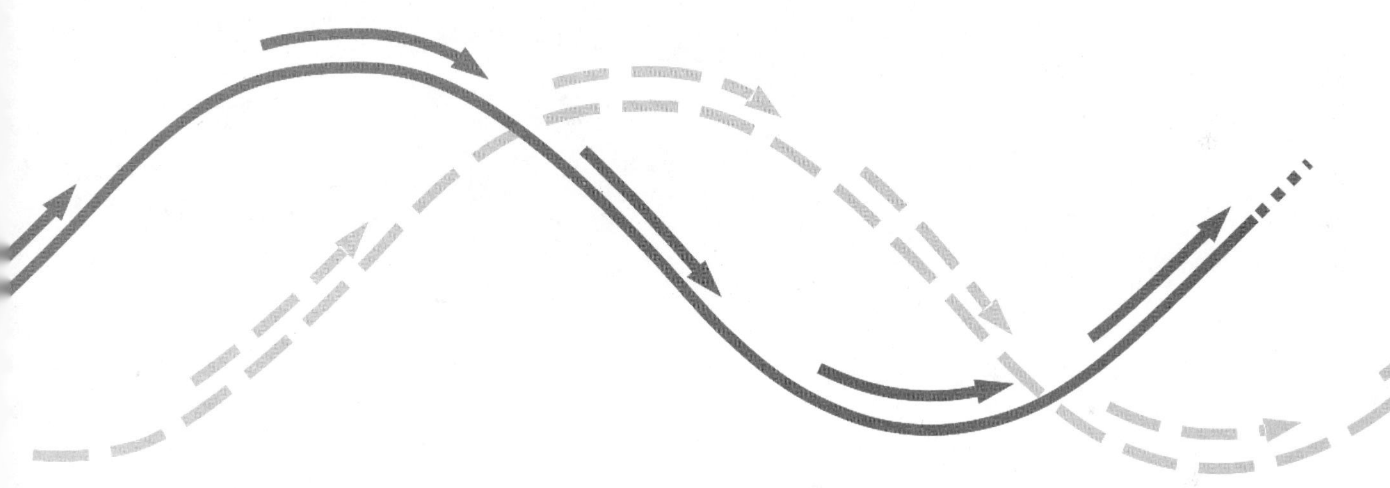

17-1 历年对外贸易情况

单位:万美元

年　份	进出口总额	#出口额
1990	199	197
1991	388	316
1992	890	490
1993	2271	1123
1994	2800	1168
1995	3644	2675
1996	3670	3449
1997	8541	4662
1998	5593	4338
1999	5736	4513
2000	57885	51172
2001	24290	16533
2002	37056	27881
2003	49023	36352
2004	45578	26728
2005	106455	59411
2006	73994	45810
2007	93952	63612
2008	89657	49012
2009	70656	34733

17-2 历年旅游事业

年份	旅游人数（人次）	#外国人	#港澳同胞	营业收入（万元）
1990	9079	5755	3294	2841
1991	16158	8343	7815	3423
1992	20459	11620	6737	4225
1993	18449	11619	5505	6121
1994	19941	16158	2882	9477
1995	20838	17227	2065	10540
1996	22331	19727	1065	8718
1997	23225	20112	1275	10498
1998	25213	21937	1404	14055
1999	1246000	19715	8615	65443
2000	1667000	17017	6697	83959
2001	1830000	16042	1660	36061
2002	2107000	21992	941	37181
2003	1897000	10773	630	24770
2004	2622000	28266	693	294000
2005	3920000	39998	3499	466000
2006	4891000	59000	1003	692100
2007	6223000	83000	1421	934400
2008	6444200	77594	1173	1068100
2009	10337900	76190	6587	1453800

17-3 旅 游 事 业

项 目	单 位	2008年	2009年	2009年比2008年增长%
接待旅游人数	**万人次**	**644.42**	**1033.79**	**60.4**
# 外 国 人	人次	77594	76190	-1.8
港澳同胞	人次	1173	6587	461.6
台湾同胞	人次	1926	2719	41.2
旅游国别				
日 本	人次	10669	10618	-0.5
美 国	人次	7239	7720	6.6
新加坡	人次	1355	2214	63.4
澳大利亚	人次	4122	3180	-22.9
英 国	人次	4637	3180	-31.4
旅游部门经营情况				
旅游业总收入	亿元	106.81	145.38	36.1
旅游外汇收入	万美元	5259.2	5489.91	4.4
国内旅游收入	亿元	103.28	141.63	37.1

17-4 外国和港澳台地区在华实际投资

项　　目	新签协议		客商实际投资额（万美元）
	合同数（个）	客商投资额（万美元）	
直接投资合计	**22**	**29334**	**77576**
按投资方式分组			
中外合资企业	3	943	8863
中外合作企业	2	1496	3227
外资企业	17	26895	65486
按国民经济行业分组			
制 造 业	15	20696	64009
采 掘 业	1	192	128
房地产业	3	2875	5721
批发零售业	1	1204	1204
餐 饮 业	1	4367	2470
电力生产供应业	1		4044
按投资国别(地区)分组			
亚　　洲			
# 香　　港	11	15474	48160
泰　　国	1	810	85
日　　本	1		200
新 加 坡	1	2653	6308
北 美 洲			
# 美　　国	3	2470	12893
欧　　洲			
# 英　　国	3	1674	885
丹　　麦	1	5053	6251
南 美 洲			
# 巴巴多斯	1	1200	2794

17-5 外商投资企业生产经营情况

单位:万元

项目	单位个数	亏损单位个数	销售(营业)收入	# 出口销售收入(万美元)
总计	**128**	**68**	**2824595**	**22334**
按投资方式分组				
中外合资企业	64	35	1997070	3547
中外合作企业	14	7	95447	934
外资企业	49	25	731460	17853
外商投资股份制	1	1	618	
按国民经济行业分组				
农、林、牧、渔业	3	1	93631	81
制造业	68	33	2136178	20991
电力煤气及水的生产和供应业	3	1	72899	
建筑业	8	6	3573	
交通运输	2	1	373	
信息传输计算机服务和软件业	3	1	373790	1235
批发和零售业	15	8	92787	27
住宿和餐饮业	9	3	28466	
房地产业	9	7	19340	
租赁和商务服务业	1	1	60	
居民服务和其他服务业	3	3	43	
按投资国别及地区分组				
亚洲	78	43	952914	10528
# 香港	50	30	820576	9953
印度尼西亚	2		9927	364
日本	9	4	3151	199
新加坡	4	3	12790	
韩国	4	3	496	12
泰国	1		36367	
台湾	6	2	2268	
欧洲	24	14	478211	7159
# 丹麦	2	2	65650	197
英国	9	4	294985	3755
德国	1	1	1309	15
法国	1		12041	
荷兰	1	1	1805	
希腊	1	1	121	
西班牙	1		6935	
瑞士	3	2	27033	3111
俄罗斯	1	1	60	
欧洲其他国家(地区)	3	1	67594	
北美洲	23	9	1370483	2543
# 加拿大	6	3	35142	1357
美国	17	6	1335341	1187
大洋洲	2	1	22987	2104
# 澳大利亚	2	1	22987	2104

17-5续表1

项　　目	实交税金总额	#进出口关税	利润总额	净利润
总　计	**106634**	**309**	**124119**	**115274**
按投资方式分组				
中外合资企业	68080	276	73428	66046
中外合作企业	3562		7009	5916
外资企业	34984	33	43699	43329
外商投资股份制	8		-16	-16
按国民经济行业分组				
农、林、牧、渔业	9657		14599	14599
制 造 业	81192	309	106167	98191
电力煤气及水的生产和供应业	6319		-6904	-7032
建 筑 业	62		-559	-578
交通运输	16		-2	-4
信息传输计算机服务和软件业	870		5868	5845
批发和零售业	2877		5646	5002
住宿和餐饮业	3843		2963	2910
房地产业	1487		-2926	-2926
租赁和商务服务业	3		-1	-1
居民服务和其他服务业	2		-6	-6
按投资国别及地区分组				
亚　洲	39747	2	35553	27529
#香　港	29019		19340	11811
印度尼西亚	506		1353	1222
日　本	89		263	240
新加坡	75		-233	-254
韩　国	40	2	-114	-114
泰　国	317		2220	1903
台　湾	67		138	136
欧　洲	18106		40285	39565
#丹　麦	3503		-2162	-2162
英　国	12665		40070	40047
德　国	19		-86	-86
法　国	683		855	728
荷　兰	68		-15	-15
希　腊	4		-63	-63
西班牙	268		914	526
瑞　士	46		-106	-136
俄罗斯			-184	-184
欧洲其他国家(地区)	848		1104	953
北美洲	48625	307	48211	48109
#加拿大	322	31	-6338	-6347
美　国	48304	276	54549	54456
大洋州	154		170	170
#澳大利亚	154		170	170

单位:万元

可供分配利润	# 外方应分利润	资产总额	负债总额	# 长期负债
244948	**94818**	**3048901**	**1685841**	**155761**
189197	84153	2094921	1246466	86600
7092		134778	78368	2450
48659	10665	818081	359887	66710
		1121	1120	
4595	1064	126294	29402	2620
229279	91708	2317471	1356776	83108
2030		197614	120280	21164
74	18	4193	1660	
59	50	689	626	135
343	343	59232	2620	664
5575	58	31829	18448	73
2622	1452	92072	34487	29769
45		192895	110837	18163
		239	71	
2		192	15	14
151114	70374	1568621	904122	95253
143765	68152	1420670	870560	92516
1078	269	9700	3165	137
346	343	5691	2492	679
341		23956	12583	1902
3		2972	702	
1903	486	9247	3322	
178	60	2975	1608	20
44921	7561	452430	193240	22578
		65505	39948	
40849	6538	297613	115433	20808
		903	1346	
1424		8938	2550	
		121	35	
		186	183	
526		8046	3652	500
859	859	5201	2726	
		23611	726	
1263	164	41923	26630	1270
48570	16883	1021848	587924	37929
45		45053	27225	2708
48525	16883	976795	560699	35221
344		4757	400	
344		4757	400	

17-5续表2

项　　目	期末从业人员（人）	# 外籍及港澳	从业人员劳动酬报
总　计	**25838**	**61**	**53366**
按投资方式分组			
中外合资企业	16113	28	31912
中外合作企业	1489	5	3333
外资企业	8227	28	18103
外商投资股份制	9		18
按国民经济行业分组			
农、林、牧、渔业	901	3	1406
制 造 业	20591	30	39036
电力煤气及水的生产和供应业	615	1	3514
建 筑 业	84	3	187
交通运输	39		108
信息传输计算机服务和软件业	365	1	1385
批发和零售业	973	4	1818
住宿和餐饮业	1377	7	3664
房地产业	465	10	1815
租赁和商务服务业	73	1	32
居民服务和其他服务业		16.4	
按投资国别及地区分组			
亚　　洲	11197	38	27661
# 香　　港	8943	22	24179
印度尼西亚	227		588
日　　本	287	2	340
新 加 坡	234	6	309
韩　　国	27	2	48
泰　　国	375		965
台　　湾	456	2	263
欧　　洲	3561	11	8923
# 丹　　麦	684	4	3423
英　　国	1540	5	2840
德　　国	30		46
法　　国	350	1	241
荷　　兰	80		640
希　　腊	25		23
西 班 牙	160		326
瑞　　士	419	1	709
俄 罗 斯	6		6
欧洲其他国家（地区）	260		655
北 美 洲	10811	12	16479
# 加 拿 大	1408	6	2214
美　　国	9403	6	14265
大 洋 州	239		209
# 澳大利亚	239		209

单位:万元

#外籍及港澳台人员劳动报酬	注册资本 中方	注册资本 外方(万美元)	历年累计实际投资额	#外方累计实际投资额
994	**413119**	**105291**	**1445962**	**106509**
326	222976	48828	711297	54175
238	23921	5223	103868	5330
430	165921	51218	630518	46982
	300	23	280	23
50	10790	1159	13761	1149
375	290264	66246	1052914	83000
161	35494	3081	99995	3302
	2719	478	6834	625
	230	8	615	58
9	6485	401	9815	401
77	8544	9324	40779	2784
316	38057	6098	104485	10893
6	16636	17398	99519	3198
	300	28	532	28
250	14	425	14	
557	196560	50584	630315	34606
406	184641	41584	586782	32102
7	2550	103	3616	103
9	669	111	1567	111
30	4160	7078	18930	536
	1200	73	2047	73
	100	433	3781	433
	1584	255	4100	311
437	113369	39936	537349	51474
270	27306	23848	241402	28848
6	72745	13724	263300	20134
	680	10	830	10
161	70	161	2000	161
	91	40	470	40
	180	8	190	8
	1120	210	2862	210
	266	435	4212	469
	2800	350	5905	350
	7848	1128	15766	1223
	102840	14517	274304	20174
	984	2540	66406	7815
	101856	11976	207898	12359
	350	75	2500	75
	350	75	2500	75

主要统计指标解释

对外贸易　一个国家同其他国家的商品买卖的总和。世界各国之间的商品买卖，就是国际贸易。

对外贸易又称对外贸易商品流转，是指外贸部门通过买卖行为，把进出口商品从生产领域向消费领域转移的过程。从出口贸易讲，外贸部门把国内生产的商品转移到国外消费者的手中，一般需要经过出口商品的收购、调拨、加工、储存、成交和实际出口等许多业务环节。从进口贸易讲，外贸部门把国外生产的商品转移到国内消费者手中，一般需要经过进口商品的订货、交货、到货和拨交等许多业务环节。

进口　指直接从国外进口的商品和委托外贸部门代理进口的商品，不包括从国内有关单位（包括对外贸易部门和其他单位）购进的进口商品。对外贸易企业只统计自主经营进口的商品，不包括委托代理进口的商品。

出口　指直接向国（境）外出口商品和委托外贸部门代理出口的商品。不包括售给外贸部门出口或加工后出口的商品以及在国内市场以外所销售的商品。对外贸易企业只统计自主经营出口的商品，不包括受托代理出口的商品。

利用外资　指我国各级政府、部门、企业和其他经济组织通过对外借款、吸收外商直接投资以及用其他方式筹措的境外现汇、设备和技术等。

年末实有企业数　指年末在工商行政管理局注册登记的独资、合资、合作的企业、事业个数。不包括超过合同期年限，现归我方所有的三资企业。

主营业务收入　指企业从事某种主要生产、经营的经济活动所取得的业务收入。农业企业、工业企业为产品销售收入；建筑业企业为工程结算收入。农业企业、工业企业为产品销售收入；建筑业企业为工程结算收入；交通运输业企业为主营业务收入；批发零售贸易业企业为商品销售收入；餐饮业、金融业、服务业和旅游业企业为营业收入；房地产业、租赁业企业为经营收入。

利润总额　指企业在一定时期内实现盈利与亏损相抵后的总额。

客商实际投资额　指年度内客商实际投入企业的资本及境外借款。包括现汇、物资和其他形式的借款以及客商投资收益的再投资。

年末从业人数　指年度内在三资企业工作或劳动，并且取得劳动报酬或经营收入的全部人员。

旅游人数　包括入境国际旅游者人数、出境居民人数和国内旅游者人数。

（1）入境国际旅游者人数：指来中国参观、访问、旅行、探亲、访友、休养、考察、参加会议和从事经济、科技、文化、教育、宗教活动的外国人、华侨、港澳同胞和台湾同胞的人数。不包括外国在我国的常驻机构，如使领馆、通讯社、企业办事处的工作人员；来我国常住的外国专家、留学生以及在岸逗留不过夜的人员。

（2）出境居民人数：指大陆居民因公务活动或私人事务短期出境的人数。公务活动出境居民人数包括在国际交通工具上的中国服务员工，因私出境居民人数不包括在国际交通工具上的中国服务员工。

（3）国内旅游者人数：指我国大陆居民和在我国常住 1 年以上的外国人、华侨、港澳同胞离开常住地在境内其他地方的旅游设施内至少停留一夜，最长不超过 6 个月的人数。

旅游人天数　指旅游者在旅游目的地停留天数之和，天数按过夜数统计。一个旅游者过一夜为一人天。其公式为：

人天数 = 人数 × 逗留（过夜）天数

第二部分　统计资料

金融、信贷、保险

18-1 历年金融机构信贷

单位：万元

年　份	金融机构存款余额	# 城乡居民储蓄余额	金融机构贷款余额
1949	2		4
1950	384	3.6	29
1951	758		304
1952	1369	77	642
1953	1944		2404
1954	3821		4032
1955	6184		5513
1956	6570		3624
1957	8295	770	5374
1958	42995		19647
1959	36855		15835
1960	51866		20955
1961	43504		22116
1962	37457	1042	17203
1963	36075		14861
1964	43435		12819
1965	40699	1423	15210
1966	36967		16385
1967	39015		18885
1968	37482		21327

18-1续表1 单位：万元

年　份	金融机构存款余额	#城乡居民储蓄余额	金融机构贷款余额
1969	32976		25625
1970	47548	1803	31152
1971	45005		34014
1972	28793		35846
1973	38832		40790
1974	35661		46368
1975	39615	4654	47471
1976	38028		45120
1977	41410		47896
1978	87138	5496	52625
1979	106491	6869	58558
1980	46299	9620	46944
1981	51741	11978	50840
1982	59271	16072	55684
1983	80406	21356	61905
1984	99160	29471	70046
1985	116988	39087	108828
1986	141692	52975	148747
1987	157680	69038	178333
1988	209287	116795	307425

18-1续表2　　单位：万元

年　份	金融机构存款余额	# 城乡居民储蓄余额	金融机构贷款余额
1989	234875	120597	243999
1990	292412	168000	339979
1991	373364	222298	406214
1992	472974	282253	490962
1993	562403	361745	593357
1994	731054	502134	697899
1995	883034	667223	840459
1996	1318918	841519	1150795
1997	1587741	996997	1328235
1998	1941725	1197932	1222064
1999	2731379	1396493	2078636
2000	3017675	1525076	2588899
2001	3678484	1722756	2872562
2002	4071960	2078403	3250175
2003	4786654	2554496	3872324
2004	6711675	3060359	7247443
2005	8038994	3795946	8739531
2006	10000775	4530845	9826447
2007	13177568	5113839	11805246
2008	16498303	6405628	14586104
2009	21257139	7758893	19704801

18-2 金融机构信贷

（年末余额）

单位：万元

项目	2008年	2009年	2009年比2008年增长%
各项存款	**16350060**	**21257139**	**30.0**
企业存款	6039666	8290098	37.3
财政性存款	1320939	1938655	46.8
机关团体存款	920339	1196045	30.0
城乡居民储蓄存款	6389991	7758893	21.4
农业存款	138835	207487	49.4
其他类存款	1540290	1865961	21.1
各项贷款	**14498705**	**19704801**	**35.9**
短期贷款	3541027	4538525	28.2
工业贷款	1434789	1302981	-9.2
商业贷款	530334	636699	20.1
建筑业贷款	107841	206244	91.2
私营及个体工商业贷款	48329	164605	240.6
乡镇企业贷款	8097	1632	-79.8
农业贷款	368283	525070	42.6
三资企业贷款	20691	10029	-51.5
其他短期贷款	1022662	1691264	65.4
# 个人短期消费贷款	36512	77198	111.4
中长期贷款	10358276	14795579	42.8
# 个人中长期消费贷款	532005	914158	71.8
其他类贷款	599402	370697	-38.2

18-3 农村信用社信贷

（年末余额）

单位：万元

项目	2008年	2009年	2009年比2008年增长%
各项存款	**1006909**	**1341285**	**33.2**
企业存款	15883	14702	-7.4
机关团体存款	44792	90916	103.0
储蓄存款	808529	1035296	28.0
活期	463281	627890	35.5
定期	345248	407406	18.0
农业存款	132029	199725	51.3
其他存款	5677	646	-88.6
各项贷款	**648169**	**866886**	**33.7**
#短期贷款	493365	758491	53.7
中长期贷款	154358	108365	-29.8

18-4 保险业务情况

单位：万元

项目	2008年	2009年	2009年比2008年增长%
保费收入	**248594**	**324895**	**30.7**
人寿保险	164880	226482	37.4
财产保险	83714	98413	17.6
保险业务支出	**71956**	**96157**	**33.6**
人寿保险	32851	48758	48.4
财产保险	39105	47399	21.2

主要统计指标解释

信贷资金 国家银行用于发放贷款的资金叫信贷资金。中国人民银行信贷资金的来源有各项存款，对国际金融机构负债、流通中货币、银行自有资金及当年结益等。信贷资金的运用有各项贷款、黄金占款、外汇占款、财政借款及在国际金融机构中的资产。

可保财产额 社会总财产额（包括固定资产和流动资产），剔除按保险公司财产保险条款规定不在保险范围内的财产额（如土地、货币等）和有自保能力不向保险公司投保单位的财产额，所余财产额。

保险金额 又叫承保额。它是保险人对被保险人负担损失补偿或约定给付的金额。它是保险合同上的最高责任额，也是计算保费的依据。

保费 又叫保险费。是保险人根据保险合同的有关规定，为被保险人取得因约定危险事故发生所造成的经济损失补偿（或给付）权利，付给保险人的代价。包括财产险和人身险储金收入。

赔款 保险事故发生后，经查证确属保险责任范围以内的保险标的损失，保险人根据保险合同的规定履行赔偿义务，给予被保险人的款项叫赔款。赔款可分已决赔款和未决赔款两种。

第二部分　统计资料

教育、文化事业

19-1 教育事业基本情况

指　　标	单　位	2008年	2009年	2009年比2008年增长%
学 校 数				
高等学校	所	21	21	
中等专业学校	所	33	45	36.4
普通中学	所	126	120	-4.8
普通小学	所	539	429	-20.4
成人高校	所	1	1	
技工学校	所	3	3	
职业学校	所	33	33	
在校学生数				
高等学校	人	184471	203891	10.5
中等专业学校	人	40605	47558	17.1
普通中学	人	154010	153196	-0.5
普通小学	人	183195	182956	-0.1
成人高校	人	36645	34913	-4.7
技工学校	人	572	820	43.4
职业学校	人	24186	21314	-11.9
毕业生数				
高等学校	人	42662	43787	2.6
中等专业学校	人	10096	9739	-3.5
普通中学	人	47869	49794	4.0
普通小学	人	33033	31989	-3.2
成人高校	人	13683	16767	22.5
技工学校	人	194	174	-10.3
职业学校	人	7054	5842	-17.2
专任教师数				
高等学校	人	11177	11538	3.2
中等专业学校	人	775	1047	35.1
普通中学	人	8573	8768	2.3
普通小学	人	10199	10374	1.7
成人高校	人	208	249	19.7
技工学校	人	103	104	1.0
职业学校	人	1443	1415	-1.9

19-2 各类学校基本情况

单位：所、人

类别	学校数	招生数	在校学生数	毕业生数	教职工数	#专任教师
高等学校	21	64700	203891	43787	18347	11538
中等职业教育学校	67	28439	63656	14006	3552	2022
普通中学	120	52423	153196	49794	12136	8768
城　镇	97	48243	140852	46176	11016	7964
农　村	23	4180	12344	3618	1120	804
技工学校	3	465	820	174	181	104
小　学	429	30099	182956	31989	12626	10374
城　镇	168	23894	147295	26107	8725	7273
农　村	261	6205	35661	5882	3901	3101
成人高等学校	1	13709	34913	16767	658	249

19-3 各类在校学生数比例

单位：人

类别	平均每万人拥有在校学生数		平均每一专任教师负担学生数	
	2008年	2009年	2008年	2009年
大学生	986	1050	19	20
中学生	790	768	18	17
小学生	817	805	18	18

19-4 普通高校基本情况

单位:所、人

类别	学校数	招生数	在校学生数	毕业生数	教职工数	# 专任教师
总计	**21**	**64700**	**203891**	**43787**	**18347**	**11538**
内蒙古大学	1	5626	18054	3557	2707	1473
内蒙古工业大学	1	5984	22712	4831	2034	1354
内蒙古农业大学	1	7884	27820	5253	2556	1537
内蒙古医学院	1	3307	12678	2931	1200	739
内蒙古师范大学	1	8354	28471	5978	2322	1437
内蒙古财经学院	1	5328	17489	3107	1422	814
内蒙古建筑职业技术学院	1	3112	8753	2255	554	375
内蒙古丰州职业学院	1	976	2641	626	109	57
内蒙古民族高等专科学校	1	1816	5285	1240	498	322
呼和浩特职业学院	1	3982	11336	2980	996	635
内蒙古电子信息职业技术学院	1	3150	8550	2314	525	450
内蒙古机电职业技术学院	1	3500	9522	3126	616	489
内蒙古化工职业学院	1	3327	9091	2216	608	487
内蒙古商贸职业学院	1	3154	9060	1728	634	483
内蒙古警察职业学院	1	282	885	521	275	169
内蒙古体育职业学院	1	299	967	280	213	171
内蒙古科技职业学院	1	598	1818	247	124	68
内蒙古北方职业技术学院	1	939	2262	259	259	35
内蒙古经贸外语职业学院	1	825	2350	338	128	56
内蒙古大学创业学院	1	1097	1963		357	262
内蒙古师范大学鸿德学院	1	1160	2184		210	125

19-5 普通高校研究生数

单位：人

类别	招生数		在校学生数		毕业生数	
	2008年	2009年	2008年	2009年	2008年	2009年
总计	**3268**	**4010**	**9429**	**10562**	**2466**	**2791**
内蒙古大学	1125	1354	3191	3599	833	896
内蒙古工业大学	532	637	1475	1669	376	442
内蒙古农业大学	665	776	2093	2205	547	633
内蒙古医学院	310	356	873	942	246	275
内蒙古师范大学	595	822	1727	2015	464	545
内蒙古财经学院	41	65	70	132		

19-6 中等职业教育学校基本情况

单位:所、人

地区	学校数	招生数	在校学生数	毕业生数	教职工数	
						# 专任教师
中等职业教育学校	**67**	**28439**	**63656**	**14006**	**3552**	**2022**
普通高校附设中专部		11324	21829	5722		
普通中等专业学校	40	11011	25729	4017	1959	970
成人中等专业学校	5				116	77
职业高中学校	22	6084	15965	4169	1457	965
其他机构(教学点)		20	133	98	20	10

19-7 技工学校基本情况

单位：所、人

类别	学校数	招生数	在校学生数	毕业生数	教职工数	
						# 专任教师
总计	**3**	**465**	**820**	**174**	**181**	**104**
内蒙古纺织技工学校	1	400	574		52	30
呼和浩特众环（集团）有限责任公司技工学校	1	7	117	76	49	17
呼市技工学校	1	58	129	98	80	57

19-8 中学基本情况

单位：所、人

地区	学校数	招生数		在校学生数		教职工数	
		初中	高中	初中	高中		# 专任教师
职业中学	**11**	**1479**		**5216**		**569**	**440**
城市							
县镇	5	1179		4237		396	310
农村	6	300		979		173	130
普通中学	**120**	**32283**	**20140**	**96815**	**56381**	**12136**	**8768**
城市	69	18990	12657	54937	34697	6835	4981
县镇	28	10111	6485	32178	19040	4181	2983
农村	23	3182	998	9700	2644	1120	804

19-9 小学基本情况

单位：所、人

地区	学校数	招生数	在校学生数	教职工数	# 专任教师
总计	**429**	**30099**	**182956**	**12626**	**10374**
城市	81	16573	98111	5032	4263
县镇	87	7321	49184	3693	3010
农村	261	6205	35661	3901	3101

19-10 幼儿教育基本情况

类别	园所个数（所）	班数（个）	在园幼儿数（人）	教职工数（人）		小学附设学前班	
					# 专任教师	班数(个)	幼儿数(人)
总计	**135**	**1073**	**28900**	**3231**	**1845**	**249**	**6316**
按城乡分							
城市	92	711	20266	2694	1471	76	2540
县镇	34	227	6090	401	308	89	2537
农村	9	135	2544	136	66	84	1239
按部门分							
教育部门和集体办	37	408	11277	1239	732	141	3016
其他部门办	13	106	3185	462	236	8	349
社会力量办	85	559	14438	1530	877	100	2951

19-11 中小学生升学情况

单位：人

项目	2008年	2009年	项目	2008年	2009年
小学当年毕业生	33033	31989	考取技工学校人数	235	465
# 升初中人数（含职业初中）	35536	33762	考取中等学校人数	11105	11011
小学毕业升学率（%）	107.6	105.5	初中毕业升学率（%）	117.3	118.7
初中当年毕业生	32060	31787	高中当年毕业生（含职业高中）	22863	23849
# 升普通高中人数	19193	20140	# 考取高等学校人数	19668	19327
升职业高中人数	7061	6104	高中毕业升学率（%）	86.0	81.0

19-12 博物馆、展览馆、文物保管所

项目	2008年				2009年			
	单位（个）	职工人数（人）	藏品件数（件）	参观人次数（千人次）	单位（个）	职工人数（人）	藏品件数（件）	参观人次数（千人次）
博物院（馆）	3	213	147592	1082	4	316	152313	1101
内蒙古博物院	1	162	133039	1080	1	212	133206	941
内蒙古将军衙署博物院					1	53	4520	120
呼和浩特市博物馆	1	41	11453		1	41	11487	10
托县博物馆	1	10	3100	2	1	10	3100	30
展　览　馆	2	169			2	176		
内蒙古展览馆	1	91			1	98		
呼和浩特市民族美术馆	1	78			1	78		
文物保管所	5	226	1765	6	5	226	1765	7
呼和浩特市文物管理处	1	194	957		1	194	957	2
土左旗文管所	1	7	98		1	7	98	
和林县文管所	1	8	319	3	1	8	319	
清水河县文管所	1	5	191		1	5	191	
武川县文管所	1	12	200	3	1	12	200	5
内蒙古文物考古研究所	1	58	14479		1	46	14479	

注：呼和浩特市展览馆更名为呼和浩特市民族美术馆。

19-13 出版事业

项　　目	单 位	2009年	项　　目	单 位	2009年
出版单位	个	5	图　书	种	1703
报　纸	种	31	总 印 数	万册	6124
总 印 数	万份	18796	#课　本	万册	3690
杂　志	种	107	使用《中国标准书号》	万册	6124
总　印　数	万册	963	不使用《中国标准书号》	万册	

19-14 公共图书馆

项　　目	机构个数（个）	职 工（人）	藏书件数（册、件）	建筑面积（平方米）	阅览室座席 数（个）	流通情况（千人次）	#书刊文献外借人次	书刊文献外借册次（千册次）
总　计	**10**	**330**	**2440770**	**35114**	**2782**	**292**	**195**	**289**
自治区级								
内蒙古图书馆	1	178	1731781	20500	1593			
市　级								
呼和浩特市图书馆	1	80	487274	7890	561	142	76	117
县（区）级								
新城区图书馆	1	10	41421	650	48	56	43	54
回民区图书馆	1	4	11400	800	50	9	7	12
玉泉区图书馆	1	6	30000	92		2	1	2
赛罕区图书馆	1	12	33017	1500	120	23	16	35
土左旗图书馆	1	10	23173	1270	130	17	17	27
托县图书馆	1	15	27650	1300	100	16	12	14
清水河县图书馆	1	5	12714	112	30	4	1	2
武川县图书馆	1	10	42340	1000	150	23	22	26

19-15 艺 术 表 演 团 体

项　　目	团体数(个)	职　工(人)	演出场次(场)	#农村演出场次	观众人次数(千人次)
总　计	**13**	**1072**	**1949**	**906**	**2744**
按隶属关系分					
自治区级	6	653	814	162	913
市　　级	3	292	445	239	547
县（区）级	4	127	690	505	1284
按剧种分					
歌剧、舞剧、歌舞剧团	1	97	127	120	127
歌舞团、轻音乐团	2	453	467	25	410
乌兰牧骑	4	172	687	492	1206
戏曲剧团	3	166	346	236	934
京　剧	1	64	98	2	35
曲、杂、木、皮团	2	120	224	31	32

19-16 群 众 文 化 馆

项　　目	2008年			2009年		
	单位数(个)	馆舍面积(平方米)	职　工(人)	单位数(个)	馆舍面积(平方米)	职　工(人)
总　计	**11**	**15377**	**235**	**11**	**16172**	**228**
自治区级						
内蒙古群众艺术馆	1	3571	45	1	3571	44
市　　级						
呼和浩特市群众艺术馆	1	3200	90	1	3200	88
县(区)级						
新城区文化馆	1	2000	11	1	2000	10
回民区文化馆	1	800	13	1	1500	13
玉泉区文化馆	1		4	1		4
赛罕区文化馆	1	1000	20	1	1000	20
土左旗文化馆	1	2080	9	1	2080	9
托县文化馆	1	1600	13	1	1600	13
和林县文化馆	1	400	12	1	400	10
清水河县文化馆	1	546	6	1	546	7
武川县文化馆	1	180	12	1	275	10

19-17 广播电视情况

项目	单位	2009年	项目	单位	2009年
广播电台	**座**	**2**	**电视台**	**座**	**2**
中、短波发射台及转播台	座	9	1百瓦以上发射台及转播台	座	9
节目套数	套	16	节目套数	套	15
内蒙古人民广播电台			内蒙古电视台		
全年播音时间	时分	54207:30	全年播出时间	时分	51688:30
新闻资讯类节目	时分	8662:30	新闻资讯类节目	时分	5220:00
专题服务类节目	时分	17775:00	专题服务类节目	时分	6705:45
综合类节目	时分	3589:00	综艺益智类节目	时分	1844:30
广播剧类节目	时分	4445:00	影视剧类节目	时分	14783:45
广告类节目	时分	7655:30	广告类节目	时分	9315:00
其他类节目	时分	11900:30	其他类节目	时分	13819:30
呼和浩特市人民广播电台			呼和浩特市电视台		
全年播音时间	时分	21732:00	全年播出时间	时分	19039:30
新闻资讯类节目	时分	5210:00	新闻资讯类节目	时分	2554:55
专题服务类节目	时分	7157:00	专题服务类节目	时分	1404:50
综艺类节目	时分	3070:00	综艺益智类节目	时分	1303:30
广播剧类节目	时分		影视剧类节目	时分	7085:45
广告类节目	时分	2391:00	广告类节目	时分	3300:30
其他类节目	时分	3364:00	其他类节目	时分	690:30
			卫星地球站	座	1

主要统计指标解释

普通高等学校 指按国家规定的审批程序批准举办通过全国统一招生考试招收高级中等学校毕业生和具有同等学历者实施高等教育培养高等专门人才的学校。包括大学、专门学院、专科学校和短期职业大学。

成人高等学校在校学生数 成人高等学校是指按照国务院有关规定，经省、自治区、直辖市人民政府、国务院有关部、委批准举办，招收高中毕业或同等学历者，利用脱产、半脱产、业余或函授多种形式对成人实施高等教育，培养相当普通高等学校专科毕业水平的专业人才，修业年限、课程设置和总学时相当二年以上的学校。包括广播电视大学、职业高等学校、管理干部学校、教育（教师进修）学校、独立设置的函授学院和高等学校举办的函授部、夜大学等。在校生数：是指具有学籍的注册学生总数。

毕业生数 指上学年度内具有学籍的学生学完教学计划规定的全部课程考试及格实际毕业的学生数。不包括结业生和肄业生数。

招生数 指新学年开学时一年级实际招收入学的新生数。不包括留级生和复学生数。

在校学生数 指学年初具有学籍的在校生总数。

学龄儿童入学率 指调查范围内已入小学学习的学龄儿童占校内外学龄儿童总数（包括弱智儿在内但不包括盲聋哑儿童）的比重。

计算公式：学龄儿童入学率＝已入学的小学学龄儿童数/校内外小学学龄儿童总数×100%

专任教师 指主要从事教学工作的人员。包括临时（一年以内）调去帮助做其他工作的教学人员。高等学校函授部、夜大学的专任教师和承担科研任务为担任教学工作仍属教师编制的人员应计入专任教师中。专任教师不包括调离教学岗位担任行政领导工作或其他工作的原教学人员。

平均每万人口学生数 指一个国家或一个地区各级各类学校学生数与同范围的人口总数（以万人为单位）之比。它反映一个国家或地区人民受教育的密度。计算公式为：

平均每万人口学生数＝学生数(人)/人口总数（万人）

平均每一教师负担学生数 指各级各类学校学年初在校学生数与专任教师数之比。它反映教师负担学生的教学工作量。计算公式为：

平均每一教师负担学生数＝学年初在校学生数/学年初专任教师数

中等职业教育学校 是指按国家规定的设置标准和审批程序批准建立的，招收初中（或部分高中）毕业生或同等学历者，实施中等职业技术教育，培养中等职业技术人才的学校。招收初中毕业生的，修业年限一般为三至四年；招收高中毕业生的，修业年限一般为二年至三年。包括中等专业学校、技工学校、职业中学（高中）等。

初中毕业生升学率 计算该升学率所用分子为高级中学招生数，包括；普通高中、职业高中、技工学校、普通中专招收初中毕业生数、普通中专举办的成人中专和成人中专招收的应届初中毕业生数，分母为初中毕业生人数。

文化事业机构 指从事专业文化工作和为专业文化工作服务的单独核算、独立建制的单位。不包括文化主管部门直属单位举办的其他行业和各部门的业余文化组织。

艺术表演团体 指从事戏曲、音乐、舞蹈、杂技等专业艺术表演有独立帐户实行单独核算的团体。不包括半工半艺、半农半艺的业余剧团。

艺术表演观众人数（人次） 指售票、包场演出或民族地区免费演出的艺术表演观众人次数。不包括彩排审查和内部观摩演出的观看人次数。

公共图书馆图书藏量 指图书馆已编目的古籍、图书、期刊、和报纸的合订本、小册子、手稿、以及缩微制品、录像带、录音带、光盘等听视文献资料数量总和。

第二部分　统计资料

体育、卫生及其他事业

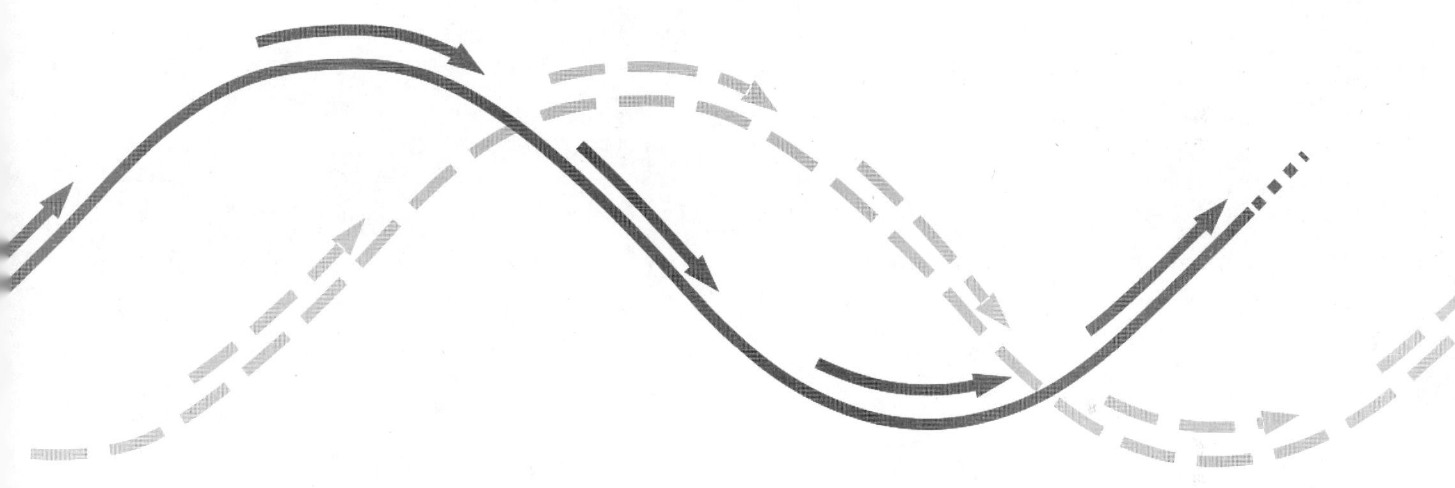

20-1 体育事业基本情况

项　　目	单 位	2008年	2009年
体育场地			
体 育 场	个	10	10
观众席位	个	98000	98000
体 育 馆	个	7	7
观众席位	个	16700	16700
游 泳 池	个	20	20
室　内	个	9	9
室　外	个	11	11
球类场地	个	812	812
#有固定看台灯光球场	个	6	6
门 球 场	个	46	46
足 球 场	个	3	3
篮 球 场	个	553	553
排 球 场	个	129	129
室内外网球场馆	个	83	83
田 径 房	个	1	1
击剑房馆	个	1	1
举 重 馆	个	2	2
棋牌房馆	个	18	18
田 径 场	个	64	64
小运动场	个	114	114
射击场、室内射击场	个	6	6
路空运动机场	个	1	1
台球房馆	个	21	21
赛 马 场	个	2	2
垒 球 馆	个	2	2

20-1续表

项　　目	单　位	2008年	2009年
乒乓球馆	个	11	12
摔柔房馆	个	6	6
健 身 房	个	67	67
篮 球 馆	个	10	10
保龄球房馆	个	6	6
武术房馆	个	1	1
羽毛球房馆	个	7	7
非标准场地	个	544	544
其他训练场馆	个	6	6
专职教练员	人	79	79
举办运动会情况			
举办运动会次数	次	82	74
体育学院(校)			
在校学生	人	1071	1054
专职教练员	人	54	98
体育比赛获奖牌情况			
总　计	枚	168	153
金　牌	枚	90	58
国际、国家级	枚	8	3
自治区级	枚	82	55
银　牌	枚	67	46
国际、国家级	枚	4	4
自治区级	枚	63	42
铜　牌	枚	56	49
国际、国家级	枚	8	8
自治区级	枚	48	41

20-2 卫生事业基本情况

项目	机构数（个）	床位数（张）	全部职工数（人）	#卫生技术人员
总计	**916**	**12132**	**19696**	**15978**
医院合计	62	9732	12689	9830
综合医院	38	6771	9362	7227
中医医院	7	771	1035	861
中西医结合医院	1	37	43	32
民族医院	1	37	29	29
专科医院	15	2116	2220	1681
口腔医院	1	10	102	84
传染病医院	2	220	294	204
胸科医院	1	210	397	274
精神病医院	2	780	762	619
皮肤病医院	1	20	16	14
骨科医院	1	400	378	305
康复医院	1	350	129	69
眼科医院	1	20	15	15
其他专科医院	5	106	127	97
疗养院	1	20	31	20
社区服务中心（站）	138	1107	1389	1223
卫生院	82	846	806	765
门诊部	6	11	110	86
诊所、卫生所、医务室	574		1781	1759
急救中心（站）	1		22	12
采供血机构	1		105	74
妇幼保健院（所、站）	12	406	1100	949
专科疾病防治院（所、站）	4	10	154	118
疾病预防控制中心（防疫站）	12		929	699
卫生监督所（中心）	11		468	378
健康教育所（站、中心）	2		23	11
其他卫生机构	10		89	54

20-3 卫生技术人员分布

单位：人

项目	卫生技术人员	执业医师	执业助理医师	护师（士）	药师（士）	技师（士）	其他
总计	**15978**	**5913**	**703**	**5628**	**1234**	**961**	**1539**
医院合计	9830	3551	178	4242	588	629	642
综合医院	7227	2665	135	3195	386	457	389
中医医院	861	387	13	305	112	20	24
中西医结合医院	32	12	2	11	2	5	
民族医院	29	19		6	2	2	
专科医院	1681	468	28	725	86	145	229
口腔医院	84	45	8	27	3	1	
传染病医院	204	75	3	74	23	18	11
胸科医院	274	99	2	128	13	20	12
精神病医院	619	64	2	284	13	56	200
皮肤病医院	14	5		4	2	1	2
骨科医院	305	132		120	17	36	
康复医院	69	12	1	47	4	4	1
眼科医院	15	5	2	5	1	2	
其他专科医院	97	31	10	36	10	7	3
疗养院	20	6		11			3
社区服务中心（站）	1223	469	82	394	157	54	67
卫生院	765	313	204	54	33	22	139
门诊部	86	37	4	19	3	13	10
诊所、卫生所、医务室	1759	758	86	433	407	29	46
急救中心（站）	12			3		2	7
采供血机构	74	15	2	39		15	3
妇幼保健院（所、站）	949	369	63	350	33	52	82
专科疾病防治院（所、站）	118	49	8	22	3	18	18
疾病预防控制中心（防疫站）	699	328	70	34	10	126	131
卫生监督所	378						378
健康教育所（站、中心）	11	1	1	2			7
其他卫生机构	54	17	5	25		1	6

20-4 医疗机构门诊、住院及病床使用情况

项　　目	诊疗人次数（人次）	入院人数（人）	病床使用率（%）	出院者平均住院日（天）
总　计	**6313088**	**223717**	**77.87**	**11.1**
医　院	3348400	193043	81.41	12.3
综合医院	2592611	157587	81.99	11.1
中医医院	447011	16834	101.80	14.8
中西医结合医院	13328	218	29.20	17.8
民族医院	1100	128	56.43	1.1
专科医院	294350	18276	71.08	20.0
疗养院	19897			
社区服务中心（站）	1132584	2142	86.07	6.8
卫 生 院	392215	13462	25.90	3.9
门 诊 部	44947	2	91.03	5.4
诊所、卫生所、医务室	1085474			
妇幼保健院（所、站）	285673	14872	76.88	6.1
专科疾病防治院（所、站）	3898	196	86.11	17.8

20-5 村卫生室基本情况

项　　目	单　位	总　计					
			村　办	乡医院设点	联 合 办	私 人 办	其　他
机 构 数	个	897	423	56	43	303	72
执业（助理）医师	人	37	15	3		19	
乡村医生和卫生员	人	2271	953	149	238	799	132
乡村医生	人	1725	948	113	76	456	132
#大专及以上学历	人	237	110	16	3	101	7
中专学历及中专水平	人	921	568	67	17	224	45
在职培训合格	人	556	266	30	56	124	80
卫 生 员	人	546	5	36	162	343	
年总收入	千元	19984	10025	1056	577	7024	1302
#医疗及药品收入	千元	18570	9383	1014	469	6508	1196
年总支出	千元	16394	7525	739	554	6412	1164
#人员支出	千元	4952	2101	211	251	1892	497
药品支出	千元	11230	5269	515	304	4475	667
诊疗人次数	人次	913280	465809	74088	26009	302845	44529

20-6 婚姻情况

单位:对

项目	2008年	2009年	项目	2008年	2009年
准予登记结婚对数	18962	20970	每千人结婚对数	8.6	9.3
内地居民登记结婚对数	18890	20908	每千人离婚对数	1.17	1.21
涉外及华侨、港澳台登记结婚对数	72	62	平均每天结婚对数	52.0	57.5
离婚登记对数	2569	2741	平均每天离婚对数	7.0	7.5

20-7 基层工会情况

单位:个、人

项目	工会数	年末职工人数	#女职工	年末会员人数	#女会员
总计	**8330**	**640672**	**202405**	**626311**	**196485**
新城区	1302	51703	22157	51560	22157
回民区	1503	57455	20938	57452	20935
玉泉区	1151	51662	21507	51162	21015
赛罕区	1087	54879	18443	53555	17865
土左旗	607	50070	12687	48605	12115
托县	681	44953	11871	44905	11859
和林	482	35907	13832	35707	13820
清水河	360	28163	5820	28007	5798
武川	410	21738	4550	21641	4545
商贸农林水务工会	60	24709	16255	24708	16255
建筑建材公路运输工会	81	53039	7831	53039	7831
轻纺化工机电工会	18	26630	11460	16840	7453
直属机关工会	62	10976	3513	10976	3513
教科文卫工会	74	31637	3485	31638	3485
直属基层工会	135	48080	20024	47445	19807
新增工会	317	49071	8032	49071	8032

20-8 妇女组织、工作情况

项目	单位	2008年	2009年	项目	单位	2008年	2009年
妇联机构	个	81	81	女职工委员会数	个	10	10
旗县以上	个	10	10	三八红旗集体			20
乡镇街道	个	71	71	三八红旗手	个		60
基层妇代会总数	个	1243	1239	巾帼建功标兵数	人		
城市	个	240	236	维权法庭	个	4	4
农村	个	1003	1003	法律帮助机构	个	10	10
机关事业单位妇委会	个	59	64	巾帼创业带头人数	人		

20-9 共青团基本情况

单位:个、人

行业	基层团支部	14-35岁青年	#14-28岁	年末团员数	#少数民族	发展新团员	团员入党
总计	**4015**	**677270**	**493614**	**104746**	**15979**	**14568**	**1111**
农、林、牧、渔业	1139	253163	244575	19987	2150	1655	459
采掘业	4	21400	10802	105	4		
制造业	91	40516	30811	7231	335	18	12
电力煤气及水的生产和供应业	51	27631	18451	2078	123	8	3
建筑业	8	14987	5706	159	107	12	3
地质勘查、水利管理业	6	12709	2402	512	43	13	1
交通运输、仓储及邮电通讯业	36	38735	29896	156	19	7	3
批发零售贸易、餐饮业	26	36121	14913	9827	257	11	15
金融、保险业	8	15079	4919	6265	31	3	4
房地产业	4	16096	903	85	3		2
社会服务业	5	30986	10112	334	392	1298	17
教育、文化艺术和广播影视事业	2496	111586	98643	53749	10414	9940	163
卫生、体育和社会福利事业	38	16928	6311	789	203	138	18
科学研究和综合技术服务业		15838	4022	119	55	11	2
国家机关、政党机关和社会团体	56	16595	6195	1778	1037	752	170
其他	47	8900	4953	1572	806	702	239

20-10 律师、公证、调解工作基本情况

项　　目	单　位	2008年	2009年	2009年比2008年增长%
律师工作				
律师事务所	个	36	41	13.9
律　　师	人	369	369	
专职律师	人	327	327	
兼职律师	人	42	42	
聘请担任常年法律顾问	家	291	291	
民事、经济诉讼代理	件	1393	1396	0.2
刑事辩护及代理	件	390	401	2.8
非诉讼法律事务	件	378	61	-83.9
涉外法律事务	件			
解答法律咨询	件	3677	2847	-22.6
代写法律事务文书	件	598	1068	78.6
公证工作				
公 证 处	个	11	11	
公证人员	人	91	101	11.0
#公 证 员	人	36	33	-8.3
公证员助理	人	32	54	68.8
办理公证文书	件	43006	63522	47.7
人民调解工作				
专职司法助理员	人	192	223	16.1
人民调解委员会	个	1413	1447	2.4
调解人员	人	9239	7572	-18.0
调解民间纠纷	件	4063	2048	-49.6

20-11 优抚安置、社会救济及殡葬情况

项　　目	单　位	2008年	2009年
优抚安置			
优抚安置单位	个	6	7
优抚安置单位职工人数	人	181	188
优抚对象总人口	人	5417	4664
# 伤残人员	人	2016	2152
烈士家属	人	261	213
牺牲病故军人家属	人	113	119
优抚优待对象户数	户	538	446
优抚优待总金额	万元	185.8	149.7
社会救济			
城镇居民最低生活保障人数	人	74878	76559
城镇居民低保资金	万元	17656.1	21320.4
农村居民最低生活保障人数	人	75912	75997
农村居民低保资金	万元	7049.6	8008.7
社会捐赠			
捐赠数额	万元	1798.5	115.6
捐赠衣被合计	万件	8.8	
城镇社区服务			
从业人员	个	4799	5507
城镇社区服务设施数	个	195	238
便民利民服务网点数	个	1456	1465
社区服务志愿者组织数	个	2058	2143
社区服务志愿者人数	人	5279	9760
殡仪服务			
单位数	个	4	4
# 殡仪馆	个	2	2
职工人员	人	153	153
火 化 炉	座	7	7
全年处理遗体数	具	5251	5297

20-12 社会福利单位基本情况

项　　目	机构数（个）	职工人数（人）	床　位（张）	年末在院(站)人数（人）
收养性福利单位	**41**	**554**	**3752**	**3202**
光荣院	4	45	228	115
社会福利院	1	94	300	228
儿童福利院	1	60	500	275
社会福利医院	1	156	350	327
城镇老年福利机构	1	14	120	85
农村五保户供养服务机构	33	185	2254	2172
救助类单位	**1**	**60**	**50**	**32**
社会福利企业	**30**	**977**		

20-13 全 社 会 用 电 量

单位：万千瓦时

项　　目	2009年	项　　目	2009年
全社会用电量	**912709**		
城乡居民生活用电	104451	建　筑　业	8007
城镇居民	67612	交通运输、仓储、邮政业	21949
乡村居民	36839	信息传输、计算机服务 和软件业	8314
全行业用电合计	808259	商业、住宿和餐饮业	49249
农、林、牧、渔业	59289	金融、房地产、商务及居民服务业	14494
工　　业	623957	公共事业及管理组织	23000

20-14 刑事案件、交通事故、火灾情况

项　　目	单　位	2008年	2009年
刑事案件			
立案数	件	11124	13214
市　区	件	8467	11399
旗　县	件	2657	1815
损失财物折款	万元	8596	13050
缴获财物折款	万元	4795	1019
破案率	%	42.5	31.9
交通事故			
次　数	起	796	505
市　区	起	349	209
旗　县	起	447	296
死　亡	人	180	160
市　区	人	93	84
旗　县	人	87	76
伤　人	人	833	571
市　区	人	348	179
旗　县	人	485	392
损失折款	万元	221	104
火灾情况			
发生数	起	1553	2491
死亡人数	人	7	9
伤人数	人	5	3
损失折款	万元	174	166
补充资料			
交通设施			
信号灯控制岗	处	116	136
可监控路口	处	114	130
消防设施			
消防队数	队	10	15
消防车辆	辆	64	74

20-15 城市环境污染状况

项　　目	单　位	2008年	2009年
废　水			
工业废水排放总量	万吨	2977	2374
工业废水排放达标量	万吨	2802	2374
工业废水化学需氧量排放量	吨	4553	2461
工业废水治理设施数	套	75	54
工业废水治理设施处理能力	万吨/日	12.29	10.03
废　气			
工业废气排放总量	亿标立方米	1641	1928
燃烧过程中废气排放量	亿标立方米	1470	1711
生产工艺过程中废气排放量	亿标立方米	171	217
工业二氧化硫排放量	吨	81597	74041
工业二氧化硫去除量	吨	147838	179785
烟尘排放量	吨	16411	12731
烟尘去除量	吨	3203024	4193629
工业粉尘排放量	吨	3243	1309
工业粉尘去除量	吨	85678	71687
固体废弃物			
工业固体废物产生量	万吨	684	656
工业固体废物排放量	吨		
工业固体废物贮存量	万吨	141	48
工业固体废物处置量	吨	10555	450
工业固体废物综合利用量	万吨	263.0	158.1
工业固体废物综合利用率	%	90.3	24.1
工业增加值主要工业污染物排放强度			
废　水	吨/万元	3.95	7.19
COD	吨/万元	0.0016	0.001
SO_2	吨/万元	0.028	0.02
烟　尘	吨/万元	0.005	0.004

20-16 城市环境综合整治定量考核指标

项　　目	单　位	2008年	2009年
环境质量指标			
API指数小于等于100的天数占全年天数比例	%	93.17	94.79
可吸入颗粒物浓度年均值	毫克/立方米	0.069	0.075
二氧化硫浓度年均值	毫克/立方米	0.05	0.05
二氧化氮浓度年均值	毫克/立方米	0.05	0.04
集中式饮用水水源地水质达标率	%	100	100
城市地表水环境功能区水质达标率	%	100	100
区域环境噪声平均值	dB(A)	54.60	54.40
交通干线噪声平均值	dB(A)	69.50	69.50
污染控制指标			
清洁能源使用率	%	46.58	49.84
机动车环保定期检测率	%	79.40	80.10
工业固体废物处置利用率	%	90.34	92.73
危险废物集中处置率	%	100	100
重点工业企业工业废水排放达标率	%	95.56	100
重点工业企业工业烟尘排放达标率	%	97.47	100
重点工业企业工业二氧化硫排放达标率	%	99.34	100
重点工业企业工业粉尘排放达标率	%	100	100
环境建设指标			
城市生活污水集中处理	%	59.10	73.80
生活垃圾无害化处理率	%	95.18	59.20
建成区绿化覆盖率	%	35.14	35.45
环保投资指数	%	1.86	2.43
公众对城市环境保护的满意率	%	85.50	85.67

主要统计指标解释

体育场 指有 400 米跑道（中心含足球场），有固定道牙，跑道 6 条以上，并有固定看台的室外田径场地。体育场按看台容纳观众人数分为：甲级 25000 人以上，乙级 15000－25000 人，丙级 5000－15000 人，丁级 5000 人以下。

体育馆 指有固定看台，可供篮球、排球、羽毛球、乒乓球、体操等项目训练比赛活动用的室内运动场地。体育馆按看台容纳观众人数分为：甲级 6000 人以上，乙级 4000－6000 人，丙级 2000－4000 人，丁级 2000 人以下。

医院 指设有固定床位，能收容病人住院并能为病人提供医疗、护理服务的医疗机构，包括县及县以上医院、农村乡卫生院和其他医疗。

床位数 指各级各类医院本年 10 月底的固定实有床位（非编制床位）。包括正规床、简易床、监护床和正在消毒、修理的床位及因扩建或大修理而停用的床位（按扩建或大修理前的床位计算），但不包括产科的新生儿床、库存床、临时增设的床位、病人家属的陪床、接产室的待产床等。

卫生技术人员 指卫生事业机构支付工资的全部固定职工和合同制职工中现任职务为卫生技术工作的专业人员。包括中医师、西医师、中西医结合高级医师、护师、中药师、西药师、检验师、其他技师、中医士、西医士、护士、助产士、中药剂师、西药剂士、检验士、其它技工、其它中医、护理员、中药剂员、西药剂员、检验员、其它初级卫生技术人员。

社会福利事业单位 指集中收养社会孤、老、残、幼的机构。包括由民政部门管理的社会福利院、儿童福利院、精神病人福利院和城镇集体办的福利院，以及农村集体举办的敬老院。

社会福利事业单位收养人数包括民政部门管理和城镇、农村集体举办的社会福利事业单位中收养的老人、少年儿童、缺乏生活自理能力的残疾人员和精神病人。

社会福利企业单位 指以安置城镇有一定劳动能力的盲、聋、哑和肢体残疾人员就业为目的，享受国家减免税待遇的国有或集体企业。包括福利工厂、福利商业和服务业、假肢厂和安置农场等单位。

城镇居民最低生活保障人数 指在城镇建立居民最低生活保障制度的地区，得到当地政府给予最低生活保障的非农业人口数，包括“三无对象”，失业人员和在职、下岗、退休人员等

农村居民最低生活保障人数 指在建立农村居民最低生活保障制度的地区，得到当地政府给予最低生活保障的农业人口数，

城镇社区服务设施数 指报告期末城镇街道办事处、居委会设立以非赢利为目的，为本社区居民服务，特别是为老年人、残疾人、儿童服务的社区服务中心、活动站、服务站、养老院、老年公寓、残疾人工疗站、残疾儿童日托所、家务服务站、婚姻介绍所等福利性设施以及职工社会保险管理服务的机构数。几种不同类型的社区服务单位，共用一个场所的，只能统计为一个社区服务设施。条件是：（1）独立核算单位；（2）有固定的从业人员（3）有一定的服务项目；（4）有一定的场所。

城镇便民利民服务网点数 指年末居委会建立的、方便社区居民生活服务的网点数。

刑事案件立案数 指年内发生并达到公安等司法部门规定的立案标准的刑事案。刑事案件是指需依法追究刑事责任并由公安等司法机关立案处理的案件。

火灾 指个人烧毁财物直接损失折款在 50 元以上；国家、集体烧毁财物直接损失折款在 100 元以上；因火灾死亡或重伤 1 人的火灾。

律师工作者 指受聘参加法律顾问处工作，提任法律顾问、刑（民）事代理人、刑事辩护人，办理非诉讼事件、解答法律询问、代写法律事务文书等主要从事律师业务的专职法律工作者和兼职律师。

公证人员 指在国家公证机关依法办理公证事务的司法人员。包括公证员、助理公证员和在公证处工作的其他人员。

办理公证文书 指公证处在一定时期内办结的公证文书件数。公证文书系按司法部规定或批准的格式制作。包括国内公证和涉外公证两部分。其中国内公证分为经济合同公证和民事法律关系公证两大类。

工业废水排放量 指经过企业厂区所有排放口排到企业外部的工业废水量。包括生产废水、外排的直接冷却水、超标排放的矿井地下水和与工业废水混排的厂区生活污水，不包括外排的间接冷却水（清污不分流的间接冷却水应计算在内）。

工业废水排放达标量 指各项指标都达到国家或地方排放标准的外排工业废水量，包括未经处理外排达标或经过处理后外排达标两部分。

工业固体废物综合利用量 指通过回收、加工、循环、交换等方式，从固体废物中提取或者使其转化为可以利用的资源、能源和其他原材料的固体废物量（包括当年利用往年的工业固体废物累计贮存量），如用作农业肥料、生产建筑材料、筑路等。综合利用量由原产生固体废物的单位统计。

工业粉尘排放量 指生产工艺过程中排放固体粉状物重量。

第二部分　统计资料

旗、县、区统计资料

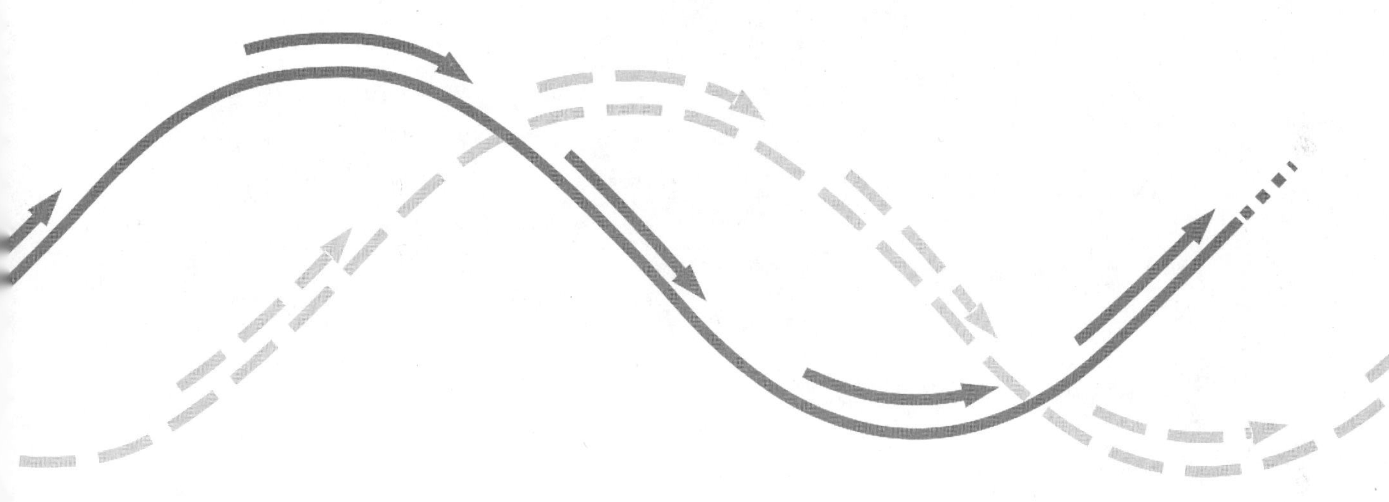

21-1 新城区社会经济主要指标

指　　标	单　位	2008年	2009年	2009年比2008年增长%
行政区域土地面积	平方公里	700	700	
人口和就业				
年末总人口	人	347768	355366	2.2
#男　性	人	174624	178091	2.0
#乡村人口	人	48934	49595	1.4
年末总户数	户	117443	121228	3.2
#乡村户数	户	17129	17581	2.6
出生人口	人	3139	3156	0.5
死亡人口	人	733	1008	37.5
全社会就业人员	人	259548	292160	12.6
第一产业	人	30923	35836	15.9
第二产业	人	75614	79533	5.2
第三产业	人	153011	176791	15.5
在岗职工人数	人	10508	76783	
乡村从业人员	人	35835	35836	
#农林牧渔业	人	19834	20421	3.0
国民经济综合指标				
地区生产总值	万元	2810214	3339527	16.2
第一产业	万元	14023	14735	5.5
第二产业	万元	341838	444392	20.3
#工　业	万元	164238	195392	15.4
第三产业	万元	2454353	2880400	15.7
人均生产总值	元	81619	94990	13.8
全社会固定资产投资	万元	1090383	1360800	24.8
按登记注册类型分				
#国　有	万元	608565	838702	37.8
集　体	万元	17744	14372	-19.0
有限责任公司	万元	203480	230151	13.1
股份有限公司	万元	18687	7844	-58.0

21-1续表1

指　　标	单 位	2008年	2009年	2009年比2008年增长%
私营企业	万元	227547	246877	8.5
外商及港澳台投资企业	万元	13280		-100.0
按城乡渠道分				
城　镇	万元	949303	1360800	24.8
农　村	万元			
地方财政收入	万元	103021	155041	50.5
地方财政支出	万元	74641	103026	38.0
城乡居民储蓄存款余额	万元			
在岗职工工资总额	万元	23173	309263	
在岗职工平均工资	元	22053	38552	
城镇居民人均可支配收入	元	22787	24950	9.5
农牧民人均纯收入	元	8601	9447	9.8
农村牧区经济				
耕地面积	公顷	10679	9810	-8.1
农作物总播种面积	公顷	6651	6550	-1.5
# 粮食作物播种面积	公顷	5960	5929	-0.5
有效灌溉面积	公顷	2507	4080	62.7
农牧业机械总动力	万千瓦	5.30	5.30	0.0
化肥施用折纯量	吨	129	132	2.3
农村用电量	万千瓦小时	944	1096	16.1
农林牧渔业总产值	万元	25151	26478	5.3
粮食产量	吨	18093	18104	0.1
油料产量	吨	204	76	-62.7
甜菜产量	吨			
猪牛羊肉产量	吨	1413	1564	10.7
# 猪肉产量	吨	850	957	12.6
牛肉产量	吨	150	187	24.7
羊肉产量	吨	413	420	1.7

21-1续表2

指　　标	单　位	2008年	2009年	2009年比2008年增长%
羊毛产量	吨	73	76	4.1
年末牲畜存栏头数	万头只	5.37	7.37	37.2
# 大牲畜	万头只	1.00	1.35	35.0
羊	万只	2.61	4.20	60.9
猪	万头	1.76	1.82	3.4
规模以上工业				
工业企业单位数	个	31	33	6.5
# 内资企业	个	29	31	6.9
工业总产值	万元	319116	374654	16.6
内资企业	万元	317559	373189	16.7
国有企业	万元	220858	253283	14.0
集体企业	万元	579	514	-11.2
股份合作企业	万元			
联营企业	万元			
有限责任公司	万元	43389	50099	11.7
股份有限公司	万元	1687	1162	-31.1
私营企业	万元	51046	68131	35.0
其他企业	万元			
港澳台商投资企业	万元	864	864	0.0
外商投资企业	万元	693	601	-13.3
工业企业增加值	万元	82445	100184	14.8
工业企业资产总计	万元	556860	617097	9.2
工业企业负债合计	万元	442966	475506	5.6
工业企业产品销售收入	万元	110747	370891	24.9
工业企业利润总额	万元	-6844	11917	186.0
建筑业				
建筑企业单位数	个	53	54	1.9
建筑企业从业人员	人	80669	88068	9.2
建筑业总产值	万元	720039	755612	4.9

21-1续表3

指　　标	单 位	2008年	2009年	2009年比2008年增长%
交通运输邮电通信业				
公路里程	公里			
邮电业务总量	万元			
本地电话用户	户			
国内贸易				
社会消费品零售总额	万元	1681197	1967001	17.0
# 贸易业	万元	1291059	1498964	16.1
餐饮业	万元	377818	459850	21.7
科技教育卫生				
各类专业技术人员	人	4062	4107	1.1
幼儿园数	所	23	25	8.7
学龄儿童入学率	%	100.0	100.0	
小学学校数	所	45	45	
小学专任教师数	人	1857	2014	8.5
小学在校学生数	人	35984	38414	6.8
普通中学学校数	所	24	22	-8.3
普通中学专任教师数	人	1810	2107	16.4
初中在校学生数	人	18317	18766	2.5
高中在校学生数	人	12964	13095	1.0
卫生机构数	所	23	21	-8.7
# 医　院	所	17	15	-11.8
卫生院	所	2	2	
床位数	张	1526	1496	-2.0
# 医　院	张	1516	1476	-2.6
卫生院	张	10	20	100.0
卫生技术人员	人	3086	3058	-0.9
# 医　院	人	1941	1912	-1.5
卫生院	人	21	22	4.8

21-2 回民区社会经济主要指标

指　　标	单　位	2008年	2009年	2009年比2008年增长%
行政区域土地面积	平方公里	175	175	
人口和就业				
年末总人口	人	233425	235278	0.8
# 男　性	人	118319	118457	0.1
# 乡村人口	人	29941	32878	9.8
年末总户数	户	81290	83296	2.5
# 乡村户数	户	8955	9987	11.5
出生人口	人	1901	1874	-1.4
死亡人口	人	613	814	32.8
全社会就业人员	人	154167	160796	4.3
第一产业	人	4883	4860	-0.5
第二产业	人	52543	53546	1.9
第三产业	人	96741	102390	5.8
在岗职工人数	人	11789	40700	
乡村劳动力	人	13770	15400	11.8
# 农林牧渔业	人	4883	4860	-0.5
国民经济综合指标				
地区生产总值	万元	1738884	2013952	14.7
第一产业	万元	5397	5312	0.8
第二产业	万元	361341	379827	8.4
# 工　业	万元	250741	248227	-2.4
第三产业	万元	1372146	1628813	16.3
人均生产总值	元	75378	85937	12.1
全社会固定资产投资	万元	613367	772523	25.9
按登记注册类型分				
# 国　有	万元	156408	331156	111.7
集　体	万元			
有限责任公司	万元	233150	247057	6.0
股份有限公司	万元	6162	8051	30.7

21-2续表1

指　　　标	单　位	2008年	2009年	2009年比2008年增长%
私营企业	万元	203764	165776	-18.6
外商及港澳台投资企业	万元	13690	11750	-14.2
按城乡渠道分				
城　镇	万元	604642	770383	27.4
农　村	万元	8733	17	-99.8
地方财政收入	万元	60688	85702	41.2
地方财政支出	万元	43080	82982	92.6
城乡居民储蓄存款余额	万元			
在岗职工工资总额	万元	26669	133757	
在岗职工平均工资	元	22622	32700	
城镇居民人均可支配收入	元	19370	21470	10.8
农牧民人均纯收入	元	8773	9640	9.9
农村牧区经济				
耕地面积	公顷	1192	857	-28.1
农作物总播种面积	公顷	840	1066	26.9
# 粮食作物播种面积	公顷	680	781	14.9
有效灌溉面积	公顷	862.00	933	8.2
农牧业机械总动力	万千瓦	0.53	0.53	
化肥施用折纯量	吨	188	145	-22.9
农村用电量	万千瓦小时	1822	1900	4.3
农林牧渔业总产值	万元	8392	8384	-0.1
粮食产量	吨	2959	3944	33.3
油料产量	吨	25	10	-60.0
甜菜产量	吨			
猪牛羊肉产量	吨	875	718	-17.9
# 猪肉产量	吨	485	328	-32.4
牛肉产量	吨	300	300	
羊肉产量	吨	90	90	

21-2续表2

指　　标	单　位	2008年	2009年	2009年比2008年增长%
羊毛产量	吨	8.00		-100.0
年末牲畜存栏头数	万头只	1.16	1.47	26.8
# 大牲畜	万头只	0.22	0.33	50.5
羊	万只	0.40	0.42	4.4
猪	万头	0.53	0.71	33.8
规模以上工业				
工业企业单位数	个	32	32	
# 内资企业	个	29	29	
工业总产值	万元	421003	397226	-5.6
内资企业	万元	301838	262763	-12.9
国有企业	万元	49399	43433	-12.1
集体企业	万元			
股份合作企业	万元			
联营企业	万元			
有限责任公司	万元	30458	27381	-10.1
股份有限公司	万元	90988	79275	-12.9
私营企业	万元	130993	112674	-14.0
其他企业	万元			
港澳台商投资企业	万元	49483	49144	-0.7
外商投资企业	万元	69682	85319	22.4
工业企业增加值	万元	154218	135877	-13.5
工业企业资产总计	万元	784974	797562	1.6
工业企业负债合计	万元	590862	627395	6.2
工业企业产品销售收入	万元	334860	302711	-9.6
工业企业利润总额	万元	13862	9527	-31.3
建筑业				
建筑企业单位数	个	37	35	-5.4
建筑企业从业人员	人	26299	28847	9.7
建筑业总产值	万元	320240	381137	19.0

21-2续表3

指　　　标	单 位	2008年	2009年	2009年比2008年增长%
交通运输邮电通信业				
公路里程	公里			
邮电业务总量	万元			
本地电话用户	户			
国内贸易				
社会消费品零售总额	万元	1433203	1700102	17.0
# 贸易业	万元	1145704	1391849	21.5
餐饮业	万元	278899	302643	8.5
科技教育卫生				
各类专业技术人员	人	7561	7795	3.2
幼儿园数	所	27.0	28	3.7
学龄儿童入学率	%	100.0	100.0	
小学学校数	所	36	36	
小学专任教师数	人	905	944	4.3
小学在校学生数	人	20001	21197	6.0
普通中学学校数	所	19	20	5.3
普通中学专任教师数	人	1563	1608	2.9
初中在校学生数	人	14734	15104	2.5
高中在校学生数	人	11916	12010	0.8
卫生机构数	所	194	173	-10.8
# 医　院	所	24	16	-11.1
卫生院	所	1	1	
床位数	张	3705	3109	-16.1
# 医　院	张	3695	3099	-3.9
卫生院	张	10	10	
卫生技术人员	人	4849	3420	-29.5
# 医　院	人	4029	3405	-15.5
卫生院	人	15	15	

21-3 玉泉区社会经济主要指标

指　　标	单　位	2008年	2009年	2009年比2008年增长%
行政区域土地面积	平方公里	207	207	
人口和就业				
年末总人口	人	192518	195539	1.6
# 男　性	人	97483	98791	1.3
# 乡村人口	人	44620	49139	10.1
年末总户数	户	72657	73956	1.8
# 乡村户数	户	13723	17597	28.2
出生人口	人	1835	1761	-4.0
死亡人口	人	513	1142	122.6
全社会就业人员	人	87010	98910	13.7
第一产业	人	14983	14987	
第二产业	人	29414	29500	0.3
第三产业	人	42613	54423	27.7
在岗职工人数	人	5822	17096	
乡村劳动力	人	20966	20200	-3.7
# 农林牧渔业	人	14883	14733	-1.0
国民经济综合指标				
地区生产总值	万元	1328508	1566516	15.0
第一产业	万元	19698	19832	10.0
第二产业	万元	477946	549105	13.5
# 工　业	万元	361546	432705	16.4
第三产业	万元	830864	997579	16.2
人均生产总值	元	69091	80736	14.0
全社会固定资产投资	万元	725737	910800	25.5
按登记注册类型分				
# 国　有	万元	187629	292133	55.7
集　体	万元	62895	61399	-2.4
有限责任公司	万元	155909	326961	109.7
股份有限公司	万元	62444	56292	-9.9

21-3续表1

指　　标	单　位	2008年	2009年	2009年比2008年增长%
私营企业	万元	256215	141089	-44.9
外商及港澳台投资企业	万元		29640	
按城乡渠道分				
城　镇	万元	710514	910800	28.2
农　村	万元	15223		-100.0
地方财政收入	万元	61934	68480	10.6
地方财政支出	万元	38322	59935	56.4
城乡居民储蓄存款余额	万元			
在岗职工工资总额	万元	13951	60675	
在岗职工平均工资	元	23263	33882	
城镇居民人均可支配收入	元	18625	20651	10.9
农牧民人均纯收入	元	8618	9441	9.5
农村牧区经济				
耕地面积	公顷	5090	7701	51.3
农作物总播种面积	公顷	5092	5079	-0.3
# 粮食作物播种面积	公顷	3742	3794	1.4
有效灌溉面积	公顷	4283	4260	-0.5
农牧业机械总动力	万千瓦	7.40	7.30	-1.4
化肥施用折纯量	吨	1186	1160	-2.2
农村用电量	万千瓦小时	1036	1030	-0.6
农林牧渔业总产值	万元	34356	34541	0.5
粮食产量	吨	37977	37720	-0.7
油料产量	吨	38	92	142.1
甜菜产量	吨			
猪牛羊肉产量	吨	1463	1316	-10.0
# 猪肉产量	吨	548	572	4.4
牛肉产量	吨	819	616	-24.8
羊肉产量	吨	96	128	33.3

21-3续表2

指　　　　标	单　位	2008年	2009年	2009年比2008年增长%
羊毛产量	吨	11	25	127.3
年末牲畜存栏头数	万头只	2.90	3.25	12.1
# 大牲畜	万头只	1.91	1.9	-0.5
羊	万只	0.59	0.78	32.2
猪	万头	0.40	0.57	42.5
规模以上工业				
工业企业单位数	个	21	22	4.8
# 内资企业	个	21	22	4.8
工业总产值	万元	90597	102709	13.4
内资企业	万元	90597	102709	13.4
国有企业	万元	5688	5397	-5.1
集体企业	万元	1455	1021	-29.8
股份合作企业	万元			
联营企业	万元			
有限责任公司	万元	6649	7982	20.0
股份有限公司	万元	35363	41943	18.6
私营企业	万元	41444	46367	11.9
其他企业	万元			
港澳台商投资企业	万元			
外商投资企业	万元			
工业企业增加值	万元	235456	285939	16.5
工业企业资产总计	万元	104223	111054	6.6
工业企业负债合计	万元	71048	72793	2.5
工业企业产品销售收入	万元	82516	92416	12.0
工业企业利润总额	万元	5403	8775	62.4
建筑业				
建筑企业单位数	个	33	31	-6.1
建筑企业从业人员	人	3578	4633	29.5
建筑业总产值	万元	106383	116401	9.4

21-3续表3

指　　　　标	单　位	2008年	2009年	2009年比2008年增长%
交通运输邮电通信业				
公路里程	公里			
邮电业务总量	万元			
本地电话用户	户			
国内贸易				
社会消费品零售总额	万元	803621	980002	21.9
#贸易业	万元	551132	684200	24.1
餐饮业	万元	243674	278075	14.1
科技教育卫生				
各类专业技术人员	人	1928	2970	54.0
幼儿园数	所	19	24	26.3
学龄儿童入学率	%	100.0	100.0	
小学学校数	所	42	39	-7.1
小学专任教师数	人	1043	973	-6.7
小学在校学生数	人	22921	22153	-3.4
普通中学学校数	所	16	14	-12.5
普通中学专任教师数	人	426	507	19.0
初中在校学生数	人	7237	7318	1.1
高中在校学生数	人	3493	4312	23.4
卫生机构数	所	47	53	12.8
#医　院	所	11	11	
卫生院	所	3	3	
床位数	张	685	685	
#医　院	张	465	451	-3.0
卫生院	张	30	34	13.3
卫生技术人员	人	683	683	
#医　院	人	615	656	6.7
卫生院	人	29	27	-6.9

21-4 赛罕区社会经济主要指标

指　　　　标	单　位	2008年	2009年	2009年比2008年增长%
行政区域土地面积	平方公里	1025	1025	
人口和就业				
年末总人口	人	393416	401686	2.1
# 男　性	人	199935	203896	2.0
# 乡村人口	人	133436	138125	3.5
年末总户数	户	128806	122779	-4.7
# 乡村户数	户	44001	42509	-3.4
出生人口	人	4146	4280	3.2
死亡人口	人	652	910	39.6
全社会就业人员	人	121050	116757	-3.6
第一产业	人	49503	44669	-9.8
第二产业	人	20524	20865	1.7
第三产业	人	51023	51223	0.4
在岗职工人数	人	13369	87889	
乡村从业人员	人	73881	69573	-5.8
# 农林牧渔业	人	49503	44669	-9.8
国民经济综合指标				
地区生产总值	万元	2246738	2679503	16.4
第一产业	万元	132083	141377	7.4
第二产业	万元	510700	658284	20.7
# 工　业	万元	323500	422684	17.1
第三产业	万元	1603955	1879842	15.6
人均生产总值	元	57851	67400	16.5
全社会固定资产投资	万元	116189	1451200	24.9
按登记注册类型分				
# 国　有	万元	254134	504125	98.4
集　体	万元	51755	104875	102.6
有限责任公司	万元	434895	252706	-41.9
股份有限公司	万元	11639	14466	24.3

21-4续表1

指标	单位	2008年	2009年	2009年比2008年增长%
私营企业	万元	375150	510905	36.2
外商及港澳台投资企业	万元	27661	54248	96.1
按城乡渠道分				
城　镇	万元	1161890	1451200	24.9
农　村	万元	-	-	
地方财政收入	万元	132213	154301	16.7
地方财政支出	万元	108645	135391	24.6
城乡居民储蓄存款余额	万元	-		
在岗职工工资总额	万元	36991	60675	
在岗职工平均工资	元	27669	33882	
城镇居民人均可支配收入	元	21551	23899	10.9
农牧民人均纯收入	元	8495	9312	9.6
农村牧区经济				
耕地面积	公顷	43173	44810	3.8
农作物总播种面积	公顷	28771	32710	13.7
# 粮食作物播种面积	公顷	19850	23807	19.9
有效灌溉面积	公顷	20327	29940	47.3
农牧业机械总动力	万千瓦	16.3	16.5	1.2
化肥施用折纯量	吨	10125	9680	-4.4
农村用电量	万千瓦小时	5076	6458	27.2
农林牧渔业总产值	万元	239924	253297	5.6
粮食产量	吨	90522	114930	27.0
油料产量	吨	927	163	-82.4
甜菜产量	吨	-	-	-
猪牛羊肉产量	吨	11229	10537	-6.2
# 猪肉产量	吨	2756	2895	5.0
牛肉产量	吨	8003	7284	-9.0
羊肉产量	吨	470	358	-23.8

21-4续表2

指　　标	单　位	2008年	2009年	2009年比2008年增长%
羊毛产量	吨	94	105	11.7
年末牲畜存栏头数	万头只	24.93	24.33	-2.4
# 大牲畜	万头只	17.38	16.15	-7.1
羊	万只	3.99	4.41	10.5
猪	万头	3.56	3.76	5.6
规模以上工业				
工业企业单位数	个	37	38	2.7
# 内资企业	个	33	35	6.1
工业总产值	万元	1130834	1331214	17.7
内资企业	万元	1097025	1293598	17.9
国有企业	万元	390600	436063	11.6
集体企业	万元	3062	2101	-31.4
股份合作企业	万元		19808	
联营企业	万元			
有限责任公司	万元	46895	99730	112.7
股份有限公司	万元	645915	720166	11.5
私营企业	万元	10553	15730	49.1
其他企业	万元			
港澳台商投资企业	万元	2320	2400	3.4
外商投资企业	万元	31489	35216	11.8
工业企业增加值	万元	219789	301967	37.4
工业企业资产总计	万元	1348115	1613892	19.7
工业企业负债合计	万元	735572	909036	23.6
工业企业产品销售收入	万元	1176654	1344604	14.3
工业企业利润总额	万元	19851	80921	307.6
建筑业				
建筑企业单位数	个	66	67	1.5
建筑企业从业人员	人	19253	47924	148.9
建筑业总产值	万元	481059	505330	5.0

21-4续表3

指　　标	单 位	2008年	2009年	2009年比2008年增长%
交通运输邮电通信业	万元			
公路里程	公里			
邮电业务总量	万元			
本地电话用户	户			
国内贸易				
社会消费品零售总额	万元	774694	950102	22.6
# 贸易业	万元	386576	490158	26.8
餐饮业	万元	380203	451586	18.8
科技教育卫生				
各类专业技术人员	人	4973	25136	405.4
幼儿园数	所	22	22	
学龄儿童入学率	%	100.0	100.0	
小学学校数	所	81	81	
小学专任教师数	人	1877	1911	1.8
小学在校学生数	人	39264	39356	0.2
普通中学学校数	所	24	24	
普通中学专任教师数	人	1512	1542	2.0
初中在校学生数	人	21153	21203	0.2
高中在校学生数	人	10495	10326	-1.6
卫生机构数	所	46	46	
# 医　院	所	22	22	
卫生院	所	7	7	
床位数	张	2716	2713	-0.1
# 医　院	张	2654	2654	
卫生院	张	42	39	-7.1
卫生技术人员	人	3481	3501	0.6
# 医　院	人	2798	2818	0.7
卫生院	人	43	43	

21-5 土默特左旗社会经济主要指标

指　　标	单　位	2008年	2009年	2009年比2008年增长%
行政区域土地面积	平方公里	2712	2712	
人口和就业				
年末总人口	人	360806	362940	0.6
#男　性	人	189848	190855	0.5
#乡村人口	人	302923	314823	3.9
年末总户数	户	110432	113851	3.1
#乡村户数	户	77089	77607	0.7
出生人口	人	4347	4835	11.2
死亡人口	人	608	2513	313.3
全社会就业人员	人	191016	189130	-1.0
第一产业	人	123423	121195	-1.8
第二产业	人	30690	30843	0.5
第三产业	人	36903	37092	0.5
在岗职工人数	人	16344	17108	4.7
乡村劳动力	人	164097	159444	-2.8
#农林牧渔业	人	121923	117099	-4.0
国民经济综合指标				
地区生产总值	万元	1140094	1323192	11.8
第一产业	万元	224022	237427	6.4
第二产业	万元	436077	542739	18.8
#工　业	万元	358177	462482	22.0
第三产业	万元	479995	543026	8.0
人均生产总值	元	31765	36565	10.9
全社会固定资产投资	万元	565473	710800	25.7
按登记注册类型分				
#国　有	万元	132886	190031	43.0
集　体	万元	500		-100.0
有限责任公司	万元	293624	393373	34.0
股份有限公司	万元	15102	17000	12.6

21-5续表1

指　　标	单 位	2008年	2009年	2009年比2008年增长%
私营企业	万元	84109	67325	-20.0
外商及港澳台投资企业	万元	28000	31300	11.8
按城乡渠道分				
城　镇	万元	565473	710000	25.6
农　村	万元		800	
地方财政收入	万元	109095	137030	25.6
地方财政支出	万元	122694	155744	26.9
城乡居民储蓄存款余额	万元	180200	221676	23.0
在岗职工工资总额	万元	30813	43439	50.0
在岗职工平均工资	元	18880	25021	32.5
城镇居民人均可支配收入	元	14810	16407	10.8
农牧民人均纯收入	元	7736	8577	10.9
农村牧区经济				
耕地面积	公顷	114479	114479	
农作物总播种面积	公顷	76090	79955	5.1
# 粮食作物播种面积	公顷	56520	58323	3.2
有效灌溉面积	公顷	83088	83088	
农牧业机械总动力	万千瓦	46.50	48.39	4.1
化肥施用折纯量	吨	15333	16132	5.2
农村用电量	万千瓦小时	8138	8495	4.4
农林牧渔业总产值	万元	400789	420545	4.9
粮食产量	吨	403168	418621	3.8
油料产量	吨	4995	11910	138.4
甜菜产量	吨	59598	28160	-52.8
猪牛羊肉产量	吨	19981	21883	9.5
# 猪肉产量	吨	7850	8251	5.1
牛肉产量	吨	8251	10005	21.3
羊肉产量	吨	3880	3627	-6.5

21-5续表2

指　　　　标	单 位	2008年	2009年	2009年比2008年增长%
羊毛产量	吨	495	495	
年末牲畜存栏头数	万头只	57.23	56.70	-0.9
#大牲畜	万头只	26.79	25.30	-5.6
羊	万只	19.97	22.04	10.4
猪	万头	10.47	9.36	-10.6
规模以上工业				
工业企业单位数	个	36	37	2.8
#内资企业	个	32	34	6.3
工业总产值	万元	472914	654473	38.4
内资企业	万元	423473	591888	39.8
国有企业	万元			
集体企业	万元			
股份合作企业	万元			
联营企业	万元			
有限责任公司	万元	244810	345818	41.3
股份有限公司	万元	21685	37065	70.9
私营企业	万元	156978	209005	33.1
其他企业	万元			
港澳台商投资企业	万元			
外商投资企业	万元	49440	62585	26.6
工业企业增加值	万元	164433	226969	29.5
工业企业资产总计	万元	295744	386387	30.6
工业企业负债合计	万元	162831	251380	54.4
工业企业产品销售收入	万元	474595	652377	37.5
工业企业利润总额	万元	11271	16786	48.9
建筑业				
建筑企业单位数	个	3	3	
建筑企业从业人员	人	1390	1456	4.7
建筑业总产值	万元	5035	11356	125.5

21-5续表3

指　　标	单　位	2008年	2009年	2009年比2008年增长%
交通运输邮电通信业				
公路里程	公里	1314	1314	
邮电业务总量	万元	8409	10289	22.4
本地电话用户	户	30422	27582	-9.3
国内贸易				
社会消费品零售总额	万元	234459	280003	19.4
# 贸易业	万元	198663	239270	20.4
餐饮业	万元	34705	39185	12.9
科技教育卫生				
各类专业技术人员	人	4853	4918	1.3
幼儿园数	所	8	7	-12.5
学龄儿童入学率	%	100.0	100.0	
小学学校数	所	120	94	-21.7
小学专任教师数	人	1722	1676	-2.7
小学在校学生数	人	21743	19737	-9.2
普通中学学校数	所	16	14	-12.5
普通中学专任教师数	人	850	864	1.6
初中在校学生数	人	11248	9616	-14.5
高中在校学生数	人	5214	4733	-9.2
卫生机构数	所	26	26	
# 医　院	所	2	2	
卫生院	所	16	16	
床位数	张	321	498	55.1
# 医　院	张	160	311	94.4
卫生院	张	161	187	16.1
卫生技术人员	人	485	475	-2.1
# 医　院	人	184	161	-12.5
卫生院	人	206	218	5.8

21-6 托克托县社会经济主要指标

指　　标	单　位	2008年	2009年	2009年比2008年增长%
行政区域土地面积	平方公里	1313	1313	
人口和就业				
年末总人口	人	200798	204667	1.9
# 男　性	人	103181	104812	1.6
# 乡村人口	人	149610	149502	-0.1
年末总户数	户	68759	71231	3.6
# 乡村户数	户	39945	40203	0.6
出生人口	人	2855	3592	25.8
死亡人口	人	1374	627	-54.4
全社会就业人员	人	115449	116158	0.6
第一产业	人	57528	57648	0.2
第二产业	人	24810	25000	0.8
第三产业	人	33111	33510	1.2
在岗职工人数	人	15511	14794	-4.6
乡村劳动力	人	87909	85395	-2.9
# 农林牧渔业	人	57528	57648	0.2
国民经济综合指标				
地区生产总值	万元	1265458	1463449	13.6
第一产业	万元	110827	125138	8.3
第二产业	万元	961960	1096094	11.9
# 工　业	万元	884560	1018694	12.7
第三产业	万元	192671	242217	23.1
人均生产总值	元	63159	72186	12.3
全社会固定资产投资	万元	402412	500600	24.4
按登记注册类型分				
# 国　有	万元	177425	300656	69.5
集　体	万元	6898	6540	-5.2
有限责任公司	万元	91778	62449	-32.0
股份有限公司	万元		11186	

21-6续表1

指　　标	单 位	2008年	2009年	2009年比2008年增长%
私营企业	万元	18078	44307	145.1
外商及港澳台投资企业	万元	106962	75200	-29.7
按城乡渠道分				
城　镇	万元	402120	489730	21.8
农　村	万元	292	10870	3622.6
地方财政收入	万元	59715	93348	56.3
地方财政支出	万元	94830	133583	40.9
城乡居民储蓄存款余额	万元	138064	175709	27.3
在岗职工工资总额	万元	42481	49454	16.4
在岗职工平均工资	元	27388	33057	20.7
城镇居民人均可支配收入	元	16100	17840	10.8
农牧民人均纯收入	元	7479	8321	11.3
农村牧区经济				
耕地面积	公顷	62111	67013	7.9
农作物总播种面积	公顷	51060	52413	2.6
# 粮食作物播种面积	公顷	35712	35866	0.4
有效灌溉面积	公顷	36230	41840	15.5
农牧业机械总动力	万千瓦	31.74	36.06	13.6
化肥施用折纯量	吨	32397	33259	2.7
农村用电量	万千瓦小时	5335	5520	3.5
农林牧渔业总产值	万元	197455	222709	8.7
粮食产量	吨	202384	221563	9.5
油料产量	吨	5489	6429	17.1
甜菜产量	吨	18975	8850	-53.4
猪牛羊肉产量	吨	9872	11450	16.0
# 猪肉产量	吨	4149	4304	3.7
牛肉产量	吨	3076	4247	38.1
羊肉产量	吨	2647	2899	9.5

21-6续表2

指　　标	单　位	2008年	2009年	2009年比2008年增长%
羊毛产量	吨	818	832	1.7
年末牲畜存栏头数	万头只	29.52	29.87	1.2
# 大牲畜	万头只	11.63	11.59	-0.3
羊	万只	15.83	15.99	1.0
猪	万头	2.06	2.29	11.2
规模以上工业				
工业企业单位数	个	24	29	20.8
# 内资企业	个	21	26	23.8
工业总产值	万元	1765832	2371406	34.3
内资企业	万元	1474071	1953639	32.5
国有企业	万元	3875	5536	42.9
集体企业	万元			
股份合作企业	万元	3243	4183	29.0
联营企业	万元			
有限责任公司	万元	1349436	1449167	7.4
股份有限公司	万元			
私营企业	万元	117517	494750	321.0
其他企业	万元			
港澳台商投资企业	万元	257987	352312	36.6
外商投资企业	万元	33774	65455	93.8
工业企业增加值	万元	826917	951599	12.2
工业企业资产总计	万元	2326139	2563200	10.2
工业企业负债合计	万元	1783180	1856265	4.1
工业企业产品销售收入	万元	1712287	2297454	34.2
工业企业利润总额	万元	224518	287179	27.9
建筑业				
建筑企业单位数	个	7	7	
建筑企业从业人员	人	1628	1467	-9.9
建筑业总产值	万元	27008	29145	7.9

21-6续表3

指　　标	单　位	2008年	2009年	2009年比2008年增长%
交通运输邮电通信业				
公路里程	公里	931	956	2.7
邮电业务总量	万元	1852	2868	54.9
本地电话用户	户	21751	16825	-22.6
国内贸易				
社会消费品零售总额	万元	183414	220000	19.9
# 贸易业	万元	167291	201441	20.4
餐饮业	万元	15107	17379	15.0
科技教育卫生				
各类专业技术人员	人	4071	4110	1.0
幼儿园数	所	8	15	87.5
学龄儿童入学率	%	100.0	100.0	
小学学校数	所	44	18	-59.1
小学专任教师数	人	764	726	-5.0
小学在校学生数	人	13820	13326	-3.6
普通中学学校数	所	6	5	-16.7
普通中学专任教师数	人	725	695	-4.1
初中在校学生数	人	9485	7549	-20.4
高中在校学生数	人	5066	4464	-11.9
卫生机构数	所	16	16	
# 医　院	所	2	2	
卫生院	所	9	9	
床位数	张	252	286	13.5
# 医　院	张	154	154	
卫生院	张	98	132	34.7
卫生技术人员	人	392	399	1.8
# 医　院	人	160	171	6.9
卫生院	人	161	161	

21-7 和林格尔县社会经济主要指标

指标	单位	2008年	2009年	2009年比2008年增长%
行政区域土地面积	平方公里	3401	3401	
人口和就业				
年末总人口	人	194585	196918	1.2
#男　性	人	102811	103670	0.8
#乡村人口	人	156460	151881	-2.9
年末总户数	户	62418	68274	9.4
#乡村户数	户	40762	39012	-4.3
出生人口	人	3085	4824	56.4
死亡人口	人	350	2150	514.3
全社会就业人员	人	105435	106415	0.9
第一产业	人	64336	62252	-3.2
第二产业	人	18906	20468	8.3
第三产业	人	22193	23695	6.8
在岗职工人数	人	18523	18766	1.3
乡村劳动力	人	82918	77049	-7.1
#农林牧渔业	人	64336	62252	-3.2
国民经济综合指标				
地区生产总值	万元	979900	1120758	10.2
第一产业	万元	136266	143976	6.0
第二产业	万元	604932	711805	11.5
#工　业	万元	543132	642079	12.3
第三产业	万元	238702	264977	8.5
人均生产总值	元	50833	57254	8.5
全社会固定资产投资	万元	585577	730800	24.8
按登记注册类型分				
#国　有	万元	361965	430042	18.8
集　体	万元			
有限责任公司	万元	217602	195059	-10.4
股份有限公司	万元			

21-7续表1

指　　标	单 位	2008年	2009年	2009年比2008年增长%
私营企业	万元	5900	64674	996.2
外商及港澳台投资企业	万元		33600	
按城乡渠道分				
城　镇	万元	549955	730800	32.9
农　村	万元	35622		
地方财政收入	万元	48522	58114	19.8
地方财政支出	万元	94155	107900	14.6
城乡居民储蓄存款余额	万元	123773	143668	16.1
在岗职工工资总额	万元	38261	42133	10.1
在岗职工平均工资	元	20594	22294	8.3
城镇居民人均可支配收入	元	15558	17238	10.8
农牧民人均纯收入	元	6701	7439	11.0
农村牧区经济				
耕地面积	公顷	105890	105890	0.0
农作物总播种面积	公顷	70103	70156	0.1
# 粮食作物播种面积	公顷	48358	53407	10.4
有效灌溉面积	公顷	21480	21480	
农牧业机械总动力	万千瓦	33.50	34.43	2.8
化肥施用折纯量	吨	8505	9143	7.5
农村用电量	万千瓦小时	4228	4235	0.2
农林牧渔业总产值	万元	244624	257025	5.1
粮食产量	吨	186136	196072	5.3
油料产量	吨	5387	2840	-47.3
甜菜产量	吨			
猪牛羊肉产量	吨	19731	21331	8.1
# 猪肉产量	吨	7505	3501	-53.4
牛肉产量	吨	2356	7734	228.3
羊肉产量	吨	9870	10096	2.3

21-7续表2

指　　标	单　位	2008年	2009年	2009年比2008年增长%
羊毛产量	吨	1357	766	-43.6
年末牲畜存栏头数	万头只	53.73	57.27	6.6
# 大牲畜	万头只	15.96	15.44	-3.3
羊	万只	34.02	37.91	11.4
猪	万头	3.75	3.92	4.7
规模以上工业				
工业企业单位数	个	26	27	3.8
# 内资企业	个	21	22	4.8
工业总产值	万元	1598473	1828950	14.4
内资企业	万元	602325	733152	21.7
国有企业	万元			
集体企业	万元			
股份合作企业	万元			
联营企业	万元			
有限责任公司	万元	111971	141335	26.2
股份有限公司	万元	55571	69948	25.9
私营企业	万元	434783	521870	20.0
其他企业	万元			
港澳台商投资企业	万元			
外商投资企业	万元	996148	1095799	10.0
工业企业增加值	万元	488908	578964	12.0
工业企业资产总计	万元	962861	1090219	13.2
工业企业负债合计	万元	602358	647357	7.5
工业企业产品销售收入	万元	1514472	1757148	16.0
工业企业利润总额	万元	-80680	90427	
建筑业				
建筑企业单位数	个	2	2	
建筑企业从业人员	人	113	120	6.2
建筑业总产值	万元	2853	7017	146.0

21-7续表3

指　　标	单位	2008年	2009年	2009年比2008年增长%
交通运输邮电通信业				
公路里程	公里	860	860	
邮电业务总量	万元	5815	7213	24.0
本地电话用户	户	24300	16358	-32.7
国内贸易				
社会消费品零售总额	万元	112621	136400	21.1
# 贸易业	万元	89335	107800	20.7
餐饮业	万元	22039	26997	22.5
科技教育卫生				
各类专业技术人员	人	2663	2660	-0.1
幼儿园数	所	4	5	25.0
学龄儿童入学率	%	99.8	99.9	0.1
小学学校数	所	71	40	-43.7
小学专任教师数	人	651	614	-5.7
小学在校学生数	人	10573	9393	-11.2
普通中学学校数	所	4	5	25.0
普通中学专任教师数	人	585	584	-0.2
初中在校学生数	人	6978	6935	-0.6
高中在校学生数	人	4143	5804	40.1
卫生机构数	所	17	22	29.4
# 医　院	所	1	1	
卫生院	所	13	13	
床位数	张	246	246	
# 医　院	张	120	100	-16.7
卫生院	张	117	137	17.1
卫生技术人员	人	434	339	-21.9
# 医　院	人	112	109	-2.7
卫生院	人	236	106	-55.1

21-8 清水河县社会经济主要指标

指　　　　　标	单　位	2008年	2009年	2009年比2008年增长%
行政区域土地面积	平方公里	2859	2859	
人口和就业				
年末总人口	人	143860	145250	1.0
# 男　性	人	74777	75512	1.0
# 乡村人口	人	104354	96867	-7.2
年末总户数	户	43572	47357	8.7
# 乡村户数	户	25845	25058	-3.0
出生人口	人	2083	2014	-3.3
死亡人口	人	501	865	72.7
全社会就业人员	人	59229	58862	-0.6
第一产业	人	36458	36025	-1.2
第二产业	人	7238	7444	2.8
第三产业	人	15533	15393	-0.9
在岗职工人数	人	7775	7417	-4.6
乡村劳动力	人	53739	53719	
# 农林牧渔业	人	36458	36025	-1.2
国民经济综合指标				
地区生产总值	万元	266913	318810	22.2
第一产业	万元	52230	44044	-15.4
第二产业	万元	108833	142661	39.9
# 工　业	万元	73033	106861	56.4
第三产业	万元	105850	132105	22.3
人均生产总值	元	18678	22055	20.8
全社会固定资产投资	万元	105331	130400	23.8
按登记注册类型分				
# 国　有	万元	71971	80786	12.2
集　体	万元	150	1033	588.7
有限责任公司	万元	22610	34115	50.9
股份有限公司	万元			

21-8续表1

指　　标	单 位	2008年	2009年	2009年比2008年增长%
私营企业	万元	10600		-100.0
外商及港澳台投资企业	万元			
按城乡渠道分				
城　镇	万元	104931	118129	12.6
农　村	万元	400	12271	2967.8
地方财政收入	万元	11352	18786	65.5
地方财政支出	万元	46542	67154	44.3
城乡居民储蓄存款余额	万元	110085	120954	9.9
在岗职工工资总额	万元	14782	20740	40.3
在岗职工平均工资	元	19081	27927	46.4
城镇居民人均可支配收入	元	13051	14463	10.8
农牧民人均纯收入	元	5008	4584	-8.5
农村牧区经济				
耕地面积	公顷	65377	65377	
农作物总播种面积	公顷	66740	66955	0.3
# 粮食作物播种面积	公顷	44431	46000	3.5
有效灌溉面积	公顷	3178	2156	-32.2
农牧业机械总动力	万千瓦	9.00	12	33.3
化肥施用折纯量	吨	11013	11130	1.1
农村用电量	万千瓦小时	872	892	2.3
农林牧渔业总产值	万元	88212	75468	-14.4
粮食产量	吨	95234	60044	-37.0
油料产量	吨	20198	10224	-49.4
甜菜产量	吨			
猪牛羊肉产量	吨	8814	9193	4.3
# 猪肉产量	吨	2211	2236	1.1
牛肉产量	吨	375	412	9.9
羊肉产量	吨	6228	6545	5.1

21-8续表2

指　　标	单　位	2008年	2009年	2009年比2008年增长%
羊毛产量	吨	602	635	5.5
年末牲畜存栏头数	万头只	30.74	32.01	4.1
# 大牲畜	万头只	2.33	2.25	-3.4
羊	万只	24.80	26.15	5.4
猪	万头	3.61	3.61	
规模以上工业				
工业企业单位数	个	14	16	14.3
# 内资企业	个	13	15	15.4
工业总产值	万元	120950	131021	8.3
内资企业	万元	117927	127213	7.9
国有企业	万元			
集体企业	万元	3052	6094	99.7
股份合作企业	万元			
联营企业	万元			
有限责任公司	万元	28480	29085	2.1
股份有限公司	万元	58595	58343	-0.4
私营企业	万元	27800	33691	21.2
其他企业	万元			
港澳台商投资企业	万元			
外商投资企业	万元	3023	3808	26.0
工业企业增加值	万元	58410	89840	66.2
工业企业资产总计	万元	93424	112674	20.6
工业企业负债合计	万元	54578	70509	29.2
工业企业产品销售收入	万元	113822	120075	5.5
工业企业利润总额	万元	8587	11338	32.0
建筑业				
建筑企业单位数	个	1	1	
建筑企业从业人员	人	185	187	1.1
建筑业总产值	万元	1925	2175	13.0

21-8续表3

指　　标	单 位	2008年	2009年	2009年比2008年增长%
交通运输邮电通信业				
公路里程	公里	729	1006	38.0
邮电业务总量	万元	4082	4855	18.9
本地电话用户	户	12137	7896	-34.9
国内贸易				
社会消费品零售总额	万元	26087	32188	23.4
# 贸易业	万元	22469	27554	22.6
餐饮业	万元	3485	4487	28.8
科技教育卫生				
各类专业技术人员	人	3219	3406	5.8
幼儿园数	所	3	3	
学龄儿童入学率	%	100.0	100	
小学学校数	所	78	59	-24.4
小学专任教师数	人	688	591	-14.1
小学在校学生数	人	8253	7729	-6.3
普通中学学校数	所	7	7	
普通中学专任教师数	人	418	464	11.0
初中在校学生数	人	5981	5207	-12.9
高中在校学生数	人	2533	2900	14.5
卫生机构数	所	18	18	
# 医　院	所	1	1	
卫生院	所	14	14	
床位数	张	249	277	11.2
# 医　院	张	141	141	
卫生院	张	108	130	20.4
卫生技术人员	人	358	333	-7.0
# 医　院	人	104	106	1.9
卫生院	人	83	72	-13.3

21-9 武川县社会经济主要指标

指　　　　标	单　位	2008年	2009年	2009年比2008年增长%
行政区域土地面积	平方公里	4885	4885	
人口和就业				
年末总人口	人	175700	176031	0.2
#男　性	人	93301	93490	0.2
#乡村人口	人	131008	130909	-0.1
年末总户数	户	55156	56977	3.3
#乡村户数	户	34529	35083	1.6
出生人口	人	1595	1704	6.8
死亡人口	人	282	1880	566.7
全社会就业人员	人	87795	88133	0.4
第一产业	人	62438	60083	-3.8
第二产业	人	9782	9865	0.8
第三产业	人	15575	18185	16.8
在岗职工人数	人	8422	9014	7.0
乡村劳动力	人	76096	73984	-2.8
#农林牧渔业	人	62438	59779	-4.3
国民经济综合指标				
地区生产总值	万元	387404	400367	1.1
第一产业	万元	57045	49103	-13.6
第二产业	万元	232882	218586	-7.2
#工　业	万元	198582	164286	-12.8
第三产业	万元	97477	132678	28.4
人均生产总值	元	22128	22766	0.6
全社会固定资产投资	万元	291360	370800	27.3
按登记注册类型分				
#国　有	万元	113861	253154	122.3
集　体	万元	500	5126	925.2
有限责任公司	万元	49171	62325	26.8
股份有限公司	万元	97450	8710	-91.1

21-9续表1

指　　标	单 位	2008年	2009年	2009年比2008年增长%
私营企业	万元	18578	27415	47.6
外商及港澳台投资企业	万元	3500		-100.0
按城乡渠道分				
城　镇	万元	288678	370800	28.4
农　村	万元	2682		-100.0
地方财政收入	万元	11627	17191	47.9
地方财政支出	万元	67125	83810	24.9
城乡居民储蓄存款余额	万元	98297	115107	17.1
在岗职工工资总额	万元	17472	22321	27.8
在岗职工平均工资	元	20533	24496	19.3
城镇居民人均可支配收入	元	11967	13390	11.9
农牧民人均纯收入	元	4228	4602	8.8
农村牧区经济				
耕地面积	公顷	145595	144930	-0.5
农作物总播种面积	公顷	136027	130126	-4.3
# 粮食作物播种面积	公顷	101125	98439	-2.7
有效灌溉面积	公顷	12663	13120	3.6
农牧业机械总动力	万千瓦	26.72	27.29	2.1
化肥施用折纯量	吨	12964	13921	7.4
农村用电量	万千瓦小时	2104	2266	7.7
农林牧渔业总产值	万元	92243	79353	-14.0
粮食产量	吨	157563	124050	-21.3
油料产量	吨	25050	13287	-47.0
甜菜产量	吨			
猪牛羊肉产量	吨	6107	6292	3.0
# 猪肉产量	吨	2101	2070	-1.5
牛肉产量	吨	863	1031	19.5
羊肉产量	吨	3143	3191	1.5

21-9续表2

指　　标	单　位	2008年	2009年	2009年比2008年增长%
羊毛产量	吨	631	665	5.4
年末牲畜存栏头数	万头只	39.61	39.19	-1.1
# 大牲畜	万头只	2.43	1.95	-19.8
羊	万只	35.04	34.86	-0.5
猪	万头	2.14	2.38	11.2
规模以上工业				
工业企业单位数	个	36	36	
# 内资企业	个	36	36	
工业总产值	万元	327250	227462	-30.5
内资企业	万元	327250	227462	-30.5
国有企业	万元			
集体企业	万元			
股份合作企业	万元			
联营企业	万元			
有限责任公司	万元	66089	90407	36.8
股份有限公司	万元			
私营企业	万元	261161	137056	-47.5
其他企业	万元			
港澳台商投资企业	万元			
外商投资企业	万元			
工业企业增加值	万元	137391	83061	-25.9
工业企业资产总计	万元	132073	243888	84.7
工业企业负债合计	万元	75286	167415	122.4
工业企业产品销售收入	万元	329836	230094	-30.2
工业企业利润总额	万元	7819	14154	81.0
建筑业				
建筑企业单位数	个	2	1	-50.0
建筑企业从业人员	人	149	126	-15.4
建筑业总产值	万元	619	812	31.2

21-9续表3

指　　标	单 位	2008年	2009年	2009年比2008年增长%
交通运输邮电通信业				
公路里程	公里	651	643	-1.2
邮电业务总量	万元	2665	3382	26.9
本地电话用户	户	15800	15741	-0.4
国内贸易				
社会消费品零售总额	万元	56017	68022	21.4
# 贸易业	万元	41727	50635	21.3
餐饮业	万元	14020	17114	22.1
科技教育卫生				
各类专业技术人员	人	2358	2479	5.1
幼儿园数	所	16	14	-12.5
学龄儿童入学率	%	100	100	
小学学校数	所	31	23	-25.8
小学专任教师数	人	770	858	11.4
小学在校学生数	人	9980	9937	-0.4
普通中学学校数	所	11	9	-18.2
普通中学专任教师数	人	389	423	8.7
初中在校学生数	人	5218	3606	-30.9
高中在校学生数	人	3558	2361	-33.6
卫生机构数	所	24	24	
# 医　院	所	2	2	
卫生院	所	19	19	
床位数	张	282	282	
# 医　院	张	179	179	
卫生院	张	103	102	-1.0
卫生技术人员	人	475	478	0.6
# 医　院	人	157	142	-9.6
卫生院	人	246	254	3.3

第二部分　统计资料

省会城市主要经济指标

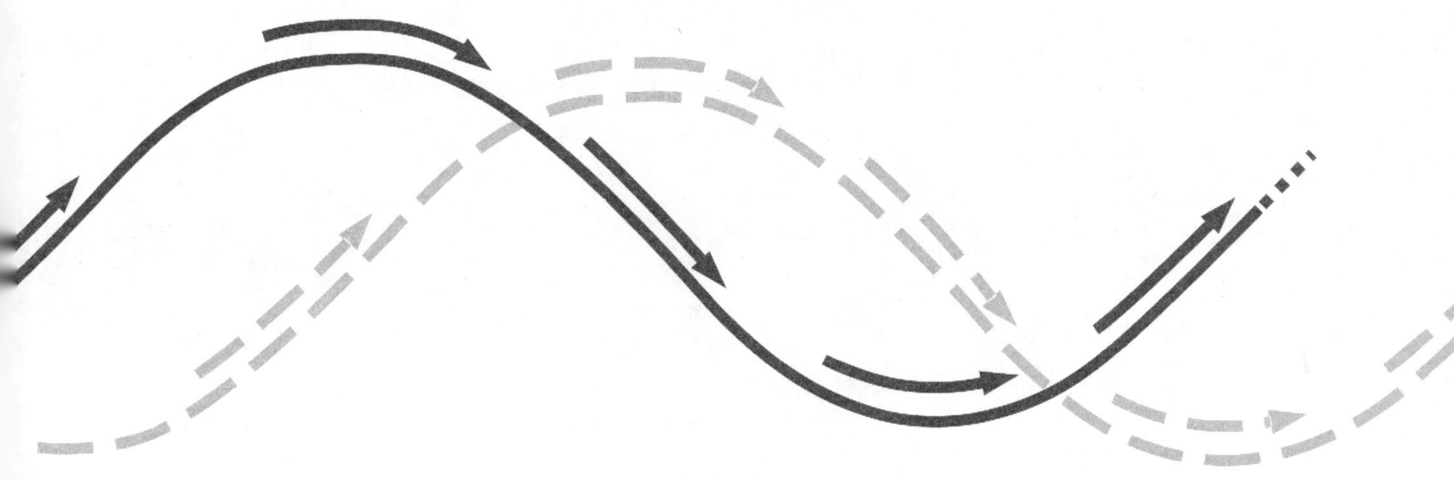

22-1 各省会城市行政区划、土地面积和户籍人口

（2009年）

城　市	行政区划		土地面积（平方公里）	户籍人口（万人）
	辖区数（个）	辖县数（个）		
呼和浩特	**4**	**5**	**17224**	**227.37**
南　宁	6	6	22112	697.90
乌鲁木齐	7	1	13788	241.19
银　川	6	1	9555	155.00
西　安	9	4	10108	781.67
兰　州	5	3	13086	323.59
西　宁	4	3	7690	193.94
成　都	9	10	12121	1139.60
贵　阳	6	4	8034	367.08
昆　明	5	9	21015	533.99
石家庄	6	17	15848	977.41
太　原	6	4	6988	365.12
沈　阳	9	4	12860	716.50
长　春	4	6	20571	756.50
合　肥	4	3	7047	491.43
福　州	5	8	11968	638.33
南　昌	5	4	7402	497.33
济　南	6	4	8177	603.27
郑　州	6	6	7446	731.50
长　沙	5	4	11819	651.59
武　汉	13		8494	835.55
广　州	10	2	7434	794.62
杭　州	8	5	16596	683.38
南　京	11	2	6582	629.77
哈尔滨	8	10	53068	991.60
海　口	4		2305	158.24

22-2 各省会城市地区生产总值

单位：亿元

城　　市	2009年	位　次	同比±%	位　次
呼和浩特	**1643.99**	**18**	**15.9**	**2**
南　　宁	1492.38	20	15.0	3
乌鲁木齐	1094.52	21	9.5	25
银　　川	578.15	24	13.0	13
西　　安	2719.10	13	14.5	7
兰　　州	925.98	22	10.8	22
西　　宁	501.07	25	13.3	10
成　　都	4502.60	4	14.7	5
贵　　阳	902.61	23	13.3	10
昆　　明	1808.65	17	12.8	15
石 家 庄	3114.90	11	11.1	21
太　　原	1545.24	19	2.6	26
沈　　阳	4268.50	5	14.1	8
长　　春	2848.60	12	15.0	3
合　　肥	2102.12	15	17.3	1
福　　州	2524.28	14	12.8	15
南　　昌	1837.50	16	13.1	12
济　　南	3351.36	8	12.2	17
郑　　州	3308.34	9	11.2	20
长　　沙	3744.76	7	14.7	5
武　　汉	4620.18	3	13.7	9
广　　州	9112.76	1	11.5	18
杭　　州	5098.66	2	10.0	24
南　　京	4230.26	6	11.5	18
哈 尔 滨	3258.10	10	13.0	13
海　　口	489.55	26	10.8	22

22-3 各省会城市第一产业增加值

单位：亿元

城　市	2009年	位 次	同比±%	位 次
呼和浩特	**78.09**	**19**	**4.3**	**17**
南　宁	211.24	6	5.8	12
乌鲁木齐	16.37	26	6.0	11
银　川	32.33	22	6.9	5
西　安	110.38	15	6.3	8
兰　州	30.55	24	6.2	9
西　宁	19.18	25	5.3	14
成　都	267.78	3	3.7	22
贵　阳	50.07	20	8.1	1
昆　明	114.09	14	5.8	12
石家庄	305.30	2	0.2	25
太　原	31.10	23	4.1	18
沈　阳	207.10	7	7.3	4
长　春	223.90	5	-0.7	26
合　肥	108.69	17	6.2	9
福　州	241.78	4	5.2	15
南　昌	109.65	16	7.7	3
济　南	187.07	9	5.2	15
郑　州	103.09	18	3.9	20
长　沙	179.40	10	6.5	7
武　汉	149.06	12	1.6	24
广　州	172.55	11	3.9	20
杭　州	190.25	8	3.2	23
南　京	129.18	13	4.1	18
哈尔滨	417.40	1	6.8	6
海　口	34.08	21	8.1	1

22-4 各省会城市第二产业增加值

单位：亿元

城　市	2009年	位 次	同比±%	位 次
呼和浩特	**593.25**	**19**	**17.3**	**3**
南　宁	527.46	20	17.0	4
乌鲁木齐	452.68	21	11.5	19
银　川	285.79	24	15.1	9
西　安	1148.77	14	14.4	11
兰　州	433.62	22	10.2	21
西　宁	249.34	25	14.3	12
成　都	2001.80	5	17.7	2
贵　阳	402.24	23	12.6	16
昆　明	824.59	17	12.9	15
石家庄	1558.50	9	11.6	18
太　原	675.54	18	-6.2	26
沈　阳	2127.40	4	16.4	6
长　春	1442.80	11	16.8	5
合　肥	1104.98	15	22.5	1
福　州	1197.84	13	13.6	13
南　昌	1018.69	16	14.6	10
济　南	1453.55	10	12.1	17
郑　州	1786.50	8	11.2	20
长　沙	1893.58	7	16.3	7
武　汉	2142.14	3	16.0	8
广　州	3394.65	1	8.8	24
杭　州	2434.89	2	6.8	25
南　京	1930.66	6	10.1	22
哈尔滨	1226.90	12	13.3	14
海　口	119.78	26	9.1	23

22-5 各省会城市工业增加值

单位：亿元

城　　市	2009年	位 次	同比±%	位 次
呼和浩特	**487.08**	**18**	**16.2**	**5**
南　　宁	395.80	19	13.5	10
乌鲁木齐	386.00	20	11.5	14
银　　川	238.51	23	14.3	8
西　　安	820.94	15	12.2	13
兰　　州	331.22	21	9.4	20
西　　宁	209.88	24	14.1	9
成　　都	1664.81	5	18.7	2
贵　　阳	308.49	22	10.3	16
昆　　明	623.36	16	9.7	18
石 家 庄	1400.10	9	10.4	15
太　　原	501.04	17	-11.6	25
沈　　阳	1924.50	3	16.1	6
长　　春	1193.50	11	15.8	7
合　　肥	840.48	14	24.2	1
福　　州	1008.95	12	12.4	12
南　　昌		26		26
济　　南	1211.40	10	10.3	17
郑　　州	1551.81	8	9.7	19
长　　沙	1554.54	7	17.5	3
武　　汉	1772.14	4	16.7	4
广　　州	3106.84	1	9.0	22
杭　　州	2157.10	2	6.0	23
南　　京	1640.53	6	9.3	21
哈 尔 滨	916.50	13	13.2	11
海　　口	83.11	25	5.7	24

22-6 各省会城市第三产业增加值

单位：亿元

城　　市	2009年	位 次	同比±%	位 次
呼和浩特	**972.65**	**15**	**16.1**	**2**
南　　宁	753.68	19	16.3	1
乌鲁木齐	625.47	21	8.2	26
银　　川	260.02	25	11.5	24
西　　安	1459.95	10	15.1	4
兰　　州	461.81	22	11.6	23
西　　宁	232.55	26	13.1	14
成　　都	2233.04	4	13.4	13
贵　　阳	450.30	23	14.5	5
昆　　明	869.97	17	13.7	9
石 家 庄	1251.10	12	13.0	15
太　　原	838.60	18	10.2	25
沈　　阳	1934.00	6	12.3	18
长　　春	1181.90	13	16.0	3
合　　肥	888.45	16	12.4	17
福　　州	1084.66	14	13.5	11
南　　昌	709.16	20	11.7	20
济　　南	1710.74	7	13.0	15
郑　　州	1418.75	11	11.7	20
长　　沙	1671.78	8	13.9	7
武　　汉	2328.98	3	12.2	19
广　　州	5545.56	1	13.6	10
杭　　州	2473.52	2	13.9	7
南　　京	2170.42	5	13.5	11
哈 尔 滨	1613.80	9	14.4	6
海　　口	335.69	24	11.7	20

22-7 各省会城市规模以上工业增加值

单位：亿元

城　市	2009年	位 次	同比±%	位 次
呼和浩特	**395.42**	**19**	**16.2**	**8**
南　宁	320.61	21	14.6	9
乌鲁木齐	378.00	20	11.5	16
银　川	228.05	24	14.3	11
西　安	725.33	14	17.0	7
兰　州	308.17	22	9.8	22
西　宁	198.00	25	13.5	13
成　都	1477.10	5	21.5	2
贵　阳	288.31	23	10.1	20
昆　明	534.74	17	10.1	20
石家庄	1203.24	8	13.0	14
太　原	470.14	18	-9.9	26
沈　阳	2017.50	2	19.1	4
长　春	1154.98	10	11.5	16
合　肥	767.51	13	27.2	1
福　州	906.63	12	14.1	12
南　昌	615.10	15	18.0	6
济　南	1154.00	11	11.2	18
郑　州	1332.49	7	11.2	18
长　沙	1158.21	9	19.8	3
武　汉	1656.15	4	18.5	5
广　州	2938.52	1	9.7	23
杭　州	1792.00	3	6.1	24
南　京	1459.48	6	12.1	15
哈尔滨	581.70	16	14.5	10
海　口	77.55	26	5.7	25

22-8 各省会城市固定资产投资

单位：亿元

城　　市	2009年	位 次	同比±%	位 次
呼和浩特	**800.81**	**19**	**25.0**	**16**
南　　宁	977.24	18	48.7	2
乌鲁木齐	304.20	24	16.6	23
银　　川	492.10	22	34.6	7
西　　安	2367.58	5	32.5	12
兰　　州	475.66	23	13.5	25
西　　宁	280.58	25	38.2	6
成　　都	4025.89	1	34.0	8
贵　　阳	722.57	21	32.7	10
昆　　明	1600.00	14	52.0	1
石 家 庄	2228.70	8	41.3	3
太　　原	730.59	20	9.7	26
沈　　阳	3434.20	2	20.8	21
长　　春	1691.70	13	24.1	17
合　　肥	2357.78	6	33.8	9
福　　州	1544.60	15	32.3	13
南　　昌	1464.90	16	39.2	5
济　　南	1181.40	17	19.1	22
郑　　州	2002.24	11	31.6	14
长　　沙	2238.47	7	30.7	15
武　　汉	2921.76	3	32.7	10
广　　州	2576.38	4	23.4	19
杭　　州	2195.17	9	16.6	23
南　　京	2153.27	10	24.0	18
哈 尔 滨	1892.10	12	41.1	4
海　　口	269.20	26	23.2	20

注：银川和成都市均为全社会固定资产投资额。

22-9 各省会城市房地产投资

单位：亿元

城　　市	2009年	位 次	同比±%	位 次
呼和浩特	**178.29**	**20**	**0.7**	**26**
南　　宁	226.73	17	13.8	19
乌鲁木齐	104.95	22	6.7	22
银　　川	99.60	23	26.7	8
西　　安	696.34	6	28.9	7
兰　　州	98.61	24	6.6	23
西　　宁	63.84	26	42.8	1
成　　都	945.10	2	2.4	25
贵　　阳	210.33	18	19.1	13
昆　　明	369.43	13	42.5	2
石 家 庄	370.30	12	32.1	5
太　　原	165.02	21	35.7	4
沈　　阳	1188.70	1	17.6	15
长　　春	443.90	11	25.8	9
合　　肥	670.36	7	18.2	14
福　　州	361.80	14	15.4	17
南　　昌	198.25	19	21.4	10
济　　南	332.56	15	21.3	11
郑　　州	513.80	9	19.5	12
长　　沙	497.47	10	6.0	24
武　　汉	778.59	4	38.9	3
广　　州	817.34	3	7.1	21
杭　　州	704.68	5	14.5	18
南　　京	595.68	8	17.2	16
哈 尔 滨	278.70	16	29.2	6
海　　口	78.00	25	9.5	20

22-10 各省会城市社会消费品零售总额

单位：亿元

城　　市	2009年	位 次	同比±%	位 次
呼和浩特	**641.21**	**19**	**15.8**	**23**
南　　宁	757.01	16	19.8	5
乌鲁木齐	473.00	21	13.1	26
银　　川	185.48	26	19.0	11
西　　安	1381.12	11	19.7	6
兰　　州	469.77	22	18.9	12
西　　宁	201.60	25	18.6	15
成　　都	1949.95	4	20.3	2
贵　　阳	412.72	23	20.1	3
昆　　明	864.61	15	23.4	1
石 家 庄	1190.60	13	18.4	17
太　　原	721.70	17	16.4	21
沈　　阳	1778.60	6	18.1	18
长　　春	1089.40	14	15.2	25
合　　肥	703.42	18	19.6	8
福　　州	1335.79	12	18.0	19
南　　昌	634.43	20	20.0	4
济　　南	1617.90	7	19.3	9
郑　　州	1434.76	10	18.9	12
长　　沙	1524.92	8	19.7	6
武　　汉	2164.09	2	17.0	20
广　　州	3647.76	1	16.2	22
杭　　州	1804.93	5	15.8	23
南　　京	1961.58	3	18.8	14
哈 尔 滨	1507.90	9	19.3	9
海　　口	277.20	24	18.5	16

22-11 各省会城市进出口总值

单位：万美元

城　市	2009年	位 次	同比±%	位 次
呼和浩特	**70656**	**23**	**-21.2**	**18**
南　宁	278764	21	49.3	1
乌鲁木齐	368299	18	-29.6	23
银　川	66600	24	-47.6	26
西　安	725478	8	3.4	4
兰　州	48800	25	-31.9	24
西　宁	44391	26	-29.4	21
成　都	1786253	4	15.4	2
贵　阳	181076	22	-19.6	16
昆　明	563030	13	-23.0	20
石 家 庄	550845	14	-21.2	18
太　原	591231	11	-37.1	25
沈　阳	657029	9	-7.7	9
长　春	855158	7	-2.7	7
合　肥	642755	10	-16.6	13
福　州	1786004	5	-12.1	10
南　昌	347300	20	2.2	5
济　南	565704	12	-29.5	22
郑　州	359965	19	-15.7	11
长　沙	411800	15	-20.3	17
武　汉	1147300	6	-18.2	15
广　州	7673700	1	-6.4	8
杭　州	4041700	2	-15.9	12
南　京	3374500	3	-16.9	14
哈 尔 滨	369268	17	1.3	6
海　口	381100	16	5.6	3

22-12 各省会城市出口总值

单位：万美元

城　市	2009年	位 次	同比±%	位 次
呼和浩特	**34733**	**24**	**-29.1**	**18**
南　宁	238350	15	50.3	1
乌鲁木齐	296884	13	-38.2	22
银　川	47000	23	-46.3	24
西　安	333001	10	-25.1	16
兰　州	30600	25	-47.8	25
西　宁	21473	26	-44.0	23
成　都	1049836	5	15.5	2
贵　阳	126325	20	-10.4	3
昆　明	296957	12	-16.4	10
石家庄	430868	8	-23.0	14
太　原	194425	18	-67.3	26
沈　阳	352349	9	-14.3	6
长　春	108650	21	-33.9	21
合　肥	444790	7	-18.1	11
福　州	1201245	4	-11.6	4
南　昌	213000	17	-14.9	7
济　南	304706	11	-33.7	20
郑　州	219854	16	-25.2	17
长　沙	244587	14	-29.7	19
武　汉	582500	6	-16.0	9
广　州	3740500	1	-13.0	5
杭　州	2718000	2	-19.1	12
南　京	1845900	3	-21.8	13
哈尔滨	147404	19	-15.7	8
海　口	99800	22	-23.7	15

22-13 各省会城市地方财政一般预算收入

单位：亿元

城　市	2009年	位 次	同比±%	位 次
呼和浩特	**106.72**	**21**	**29.8**	**1**
南　宁	120.28	17	29.5	2
乌鲁木齐	113.54	20	12.4	22
银　川	44.02	24	22.9	5
西　安	181.40	13	24.6	3
兰　州	57.04	23	20.2	8
西　宁	28.15	26	20.1	9
成　都	387.50	4	22.3	6
贵　阳	105.36	22	18.3	12
昆　明	201.61	10	15.2	15
石家庄	125.96	16	14.5	16
太　原	117.54	18	0.5	26
沈　阳	320.20	5	10.0	25
长　春	142.70	15	19.8	10
合　肥	180.90	14	12.4	22
福　州	195.26	11	15.6	14
南　昌	115.88	19	13.4	19
济　南	210.20	9	13.0	20
郑　州	301.92	7	15.9	13
长　沙	246.29	8	19.8	10
武　汉	316.07	6	14.0	18
广　州	702.58	1	13.0	20
杭　州	520.79	2	14.4	17
南　京	434.51	3	12.4	22
哈尔滨	193.40	12	20.3	7
海　口	38.44	25	23.9	4

22-14 各省会城市金融机构存款余额

单位：亿元

城　　市	2009年	位 次	同比±%	位 次
呼和浩特	**2125.71**	**23**	**30.0**	**12**
南　宁	3231.36	19	39.2	3
乌鲁木齐	2935.18	20	23.7	22
银　川	1278.97	26	28.7	15
西　安	7522.08	6	30.8	11
兰　州	2621.20	21	21.6	26
西　宁	1300.63	25	30.0	12
成　都	12416.00	3	41.8	2
贵　阳	2454.43	22	23.3	23
昆　明	5849.43	11	37.2	6
石家庄	5163.06	13	25.6	19
太　原	5892.15	10	31.4	10
沈　阳	6657.40	7	22.5	25
长　春	4308.80	16	42.5	1
合　肥	3735.31	17	38.2	4
福　州	4740.58	15	22.9	24
南　昌	3263.90	18	32.1	8
济　南	6363.30	9	25.0	20
郑　州	6540.27	8	33.1	7
长　沙	5277.98	12	38.2	4
武　汉	8430.74	5	31.8	9
广　州	20401.72	1	24.2	21
杭　州	14059.16	2	26.1	18
南　京	10886.92	4	29.3	14
哈尔滨	5031.10	14	28.4	16
海　口	1690.54	24	27.5	17

22-15 各省会城市城乡居民储蓄存款余额

单位：亿元

城　市	2009年	位 次	同比±%	位 次
呼和浩特	**775.89**	**23**	**21.4**	**14**
南　宁	1116.20	18	25.6	3
乌鲁木齐	1040.71	20	19.3	21
银　川	519.40	25	22.8	8
西　安	3084.20	4	22.7	9
兰　州	1089.97	19	20.2	18
西　宁	480.22	26	21.4	14
成　都	4234.00	2	25.4	4
贵　阳	921.94	22	20.2	18
昆　明	1922.92	13	26.2	1
石家庄	2567.46	8	17.8	24
太　原	2085.00	11	20.6	16
沈　阳	2948.50	7	19.3	21
长　春	1834.20	16	21.7	12
合　肥	1031.81	21	22.6	10
福　州	2047.60	12	19.8	20
南　昌	1181.82	17	23.7	6
济　南	1911.50	14	20.3	17
郑　州	2511.19	9	21.5	13
长　沙	1857.18	15	26.1	2
武　汉	3010.11	6	24.0	5
广　州	7954.22	1	15.8	26
杭　州	4223.58	3	23.5	7
南　京	3056.35	5	22.0	11
哈尔滨	2249.50	10	18.0	23
海　口	610.29	24	17.6	25

22-16 各省会城市金融机构贷款余额

单位：亿元

城　市	2009年	位 次	同比±%	位 次
呼和浩特	**1970.48**	**22**	**35.9**	**11**
南　宁	3278.12	17	41.5	4
乌鲁木齐	1626.88	23	33.7	16
银　川	1289.13	25	33.6	17
西　安	4482.63	11	36.9	8
兰　州	2007.19	21	32.0	18
西　宁	1174.38	26	36.9	8
成　都	9869.00	3	41.7	3
贵　阳	2070.34	20	27.6	23
昆　明	5450.79	7	35.9	11
石家庄	2886.57	19	38.8	5
太　原	4156.46	12	42.0	2
沈　阳	5084.90	8	30.0	21
长　春	3819.30	14	35.8	14
合　肥	3492.53	15	35.9	11
福　州	4054.36	13	31.7	20
南　昌	2893.96	18	37.0	7
济　南	5700.90	6	25.5	25
郑　州	4922.19	10	36.3	10
长　沙	5079.35	9	37.4	6
武　汉	6766.86	5	34.0	15
广　州	12598.16	2	23.2	26
杭　州	12687.86	1	29.7	22
南　京	9064.13	4	26.4	24
哈尔滨	3433.30	16	32.0	18
海　口	1357.45	24	43.9	1

22-17 各省会城市城镇居民人均可支配收入

单位：元

城　　市	2009年	位 次	同比±%	位 次
呼和浩特	**22397**	**5**	**10.5**	**4**
南　　宁	16813	14	12.1	2
乌鲁木齐	13075	24	6.1	25
银　　川	15900	18	10.0	9
西　　安	18963	8	24.7	1
兰　　州	12761	26	9.3	12
西　　宁	12951	25	8.6	20
成　　都	18659	9	10.1	7
贵　　阳	15041	23	8.9	18
昆　　明	15674	20	8.3	23
石 家 庄	16607	15	10.3	5
太　　原	15607	21	2.5	26
沈　　阳	18560	10	9.2	14
长　　春	16277	17	8.5	21
合　　肥	17158	13	10.1	7
福　　州	20748	6	8.4	22
南　　昌	16472	16	9.0	17
济　　南	22722	4	9.2	14
郑　　州	17417	12	9.3	12
长　　沙	20004	7	9.4	11
武　　汉	18385	11	10.0	9
广　　州	27610	1	9.1	16
杭　　州	26864	2	11.5	3
南　　京	25504	3	10.3	5
哈 尔 滨	15887	19	8.9	18
海　　口	15237	22	7.7	24

22-18 各省会城市农民人均纯收入

单位：元

城　　市	2009年	位 次	同比±%	位 次
呼和浩特	**7802**	**8**	**10.7**	**11**
南　　宁	4521	25	13.0	7
乌鲁木齐	6666	14	9.0	20
银　　川	5410	21	10.0	15
西　　安	6275	16	20.4	1
兰　　州	4001	26	14.2	4
西　　宁	4699	24	19.2	2
成　　都	7129	11	10.0	15
贵　　阳	5316	22	10.3	13
昆　　明	5080	23	9.7	17
石 家 庄	5977	18	9.3	18
太　　原	6828	12	7.4	24
沈　　阳	9129	5	14.0	5
长　　春	5662	19	7.0	26
合　　肥	6065	17	13.0	7
福　　州	7669	9	7.4	24
南　　昌	6296	15	9.1	19
济　　南	7805	7	8.7	21
郑　　州	8121	6	7.6	23
长　　沙	9432	4	17.9	3
武　　汉	7161	10	12.8	9
广　　州	11067	2	12.6	10
杭　　州	11822	1	10.6	12
南　　京	9858	3	10.1	14
哈 尔 滨	6776	13	13.7	6
海　　口	5643	20	8.2	22

第三部分　法规与规章

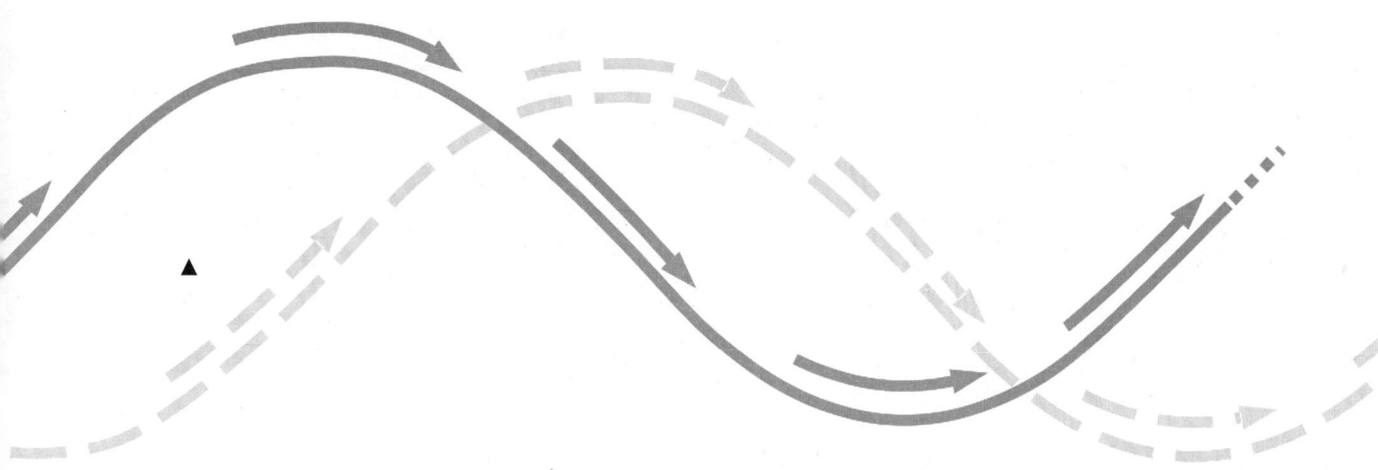

呼和浩特市城镇职工基本医疗保险实施办法

第一章　总　则

第一条　为保障城镇职工基本医疗，建立和完善多层次的城镇职工基本医疗保险制度，根据国家、自治区有关规定，结合本市实际，制定本办法。

第二条　城镇职工基本医疗保险坚持基本医疗保险的筹资标准和保障水平与社会经济发展水平相适应；基本医疗保险基金管理实行以收定支、收支平衡、略有结余的原则。

第三条　本市行政区域内的下列用人单位和人员，应当参加城镇职工基本医疗保险：

(一) 各类企业（包括在城镇注册和经营的乡镇企业）；

(二) 国家机关、事业单位、社会团体；

(三) 民办非企业单位；

(四) 个体经济组织及其从业人员（8人以上）；

(五) 与用人单位签订劳动合同的外来务工人员；

(六) 灵活就业人员；

(七) 法律、法规规定的其他单位和人员。

驻呼和浩特市的中直企业、自治区区属企业和呼和浩特铁路局按照属地管理原则，统一参加本市城镇职工基本医疗保险。

第四条　城镇职工基本医疗保险实行市和旗县分级管理，三年内逐步过渡到市级统筹。

第五条　城镇职工基本医疗保险包括统账结合医疗保险、住院统筹医疗保险和门诊统筹医疗保险。

第六条　为了解决基本医疗保险基金最高支付限额以上的医疗费用，城镇职工在参加基本医疗保险的同时，应当参加城镇职工大额医疗保险。

第七条　国家公务员在参加基本医疗保险的基础上，享受医疗补助政策。

参保企业在参加基本医疗保险的基础上，可以为职工建立企业补充医疗保险。补充医疗保险费在工资总额4%以内的部分，从职工福利费中列支，福利费不足列支的部分，经同级财政部门核准后列入成本。补充医疗保险基金由参保企业自行管理。

第八条　市劳动和社会保障部门是本市城镇职工基本医疗保险的行政主管部门，市医疗保险经办机构具体负责本办法实施。

财政、税务、卫生、药品监督和物价等部门按照各自职责协同做好城镇职工基本医疗保险实施工作。

第二章　基本医疗保险基金筹集

第九条　用人单位应当向市医疗保险经办机构办理基本医疗保险申报手续，同时提供营业执照或者批准成立的文件、组织机构代码证书、开户银行账号、参保人员名册及电子文档。

参保单位依法终止或者基本医疗保险登记事项发生变更的，应当自终止或者变更之日起30个工作日内到市医疗保险经办机构办理注销或者变更手续。

第十条　基本医疗保险费缴费基数每年核定一次，年度内不做调整。初次参保人员以本人上月工资收入为基数缴纳基本医疗保险费。

随着社会经济的发展，基本医疗保险费的缴费率经市人民政府批准可作适当调整。

第十一条　职工上年度工资收入低于本市上年度在岗职工平均工资80%的，以本市上年度在岗职工平均工资80%作为缴费基数；高于本市上年度在岗职工平均工资300%以上部分，不作为缴费基数。

第十二条　基本医疗保险费应当在每月15日前缴纳，也可按季度、年度预缴。

第十三条　基本医疗保险费由参保单位和参保人员按照下列标准共同缴纳：

(一) 参保单位以上年度全部职工工资总额为基数，按6%缴纳基本医疗保险费。

(二) 单位参保人员以本人上年度工资收入为基数，按2%缴纳基本医疗保险费，由所在单位从工资中代扣代缴。

(三) 个体参保人员以本市上年度在岗职工平均工资的80%为基数，按8%缴纳基本医疗保险费；也可以按本市上年度在岗职工平均工资的80%为基数，按4.5%缴纳基本医疗保险费，但不设立个人账户。

第十四条　参保单位发生合并、分立、转让、租赁、承包的，接收或者继承单位必须优先清偿欠缴的基本医疗保险费及利息。参保企业依法宣告破产的，应当优先清偿欠缴的基本医疗保险费，并在清算资产时以本市上年度在岗职工平均工资的80%为基数，按规定比例为在职职工留足一年的基本医疗保险费。

第十五条　个体参保人员在享受失业保险待遇期间，同时按照有关规定享受基本医疗保险缴费补贴政策。

第十六条　基本医疗保险费不能减免，任何单位和个人不得以任何理由拒缴或者少缴。

第三章　统筹基金和个人账户的建立和管理

第十七条　城镇职工基本医疗保险基金由统筹基金和个人账户构成。统筹基金和个人账户分别核算，不得相互挤占。

(一) 按照统账结合参保的单位参保人员，其本人缴纳的基本医疗保险费全部划入个人账户；参保单位缴纳的基本医疗保险费分为两部分，一部分用于建立统筹基金，另一部分按规定比例划入个人账户。

(二) 按照统账结合参保的个体参保人员，其所缴纳的基本医疗保险费除按规定比例划入个人账户外，其余部分划入统筹基金。

(三) 按照住院统筹参保的个体参保人员，其所缴纳的基本医疗保险费全部划入统筹基金，不设个人账户。

第十八条 基本医疗保险统筹基金由以下几部分构成：

(一) 参保单位和个体参保人员按规定缴纳的基本医疗保险费扣除划入个人账户后的剩余部分；

(二) 个体参保人员缴纳的住院统筹医疗保险费；

(三) 滞纳金、利息；

(四) 财政补贴和其他资金。

第十九条 统筹基金主要用于支付参保患者住院或者紧急抢救所产生的医疗费和经批准的特殊慢性病门诊医疗费及门诊统筹医疗费。

城镇职工基本医疗保险用药、检查、治疗严格执行国家和自治区的《药品目录》、《诊疗项目目录》和《医疗服务设施范围和支付标准》，超出规定范围的医疗费用统筹基金不予支付。

第二十条 按照统账结合参保的人员，根据不同年龄段确定个人账户划入比例：

(一) 参保单位缴费部分划入个人账户的比例为，45周岁以下(含45周岁)的，以本人上年度工资收入为基数，按1%的比例划入个人账户；45周岁以上至退休的，以本人上年度工资收入为基数，按1.2%的比例划入个人账户。

(二) 个体参保人员以本市上年度在岗职工平均工资80%为基数，45周岁以下(含45周岁)的，按3%的比例划入个人账户；45周岁以上至退休的，按3.2%的比例划入个人账户。

(三) 退休人员以本人上年度养老金为基数，按3.4%的比例划入个人账户。

按参保人员实足年龄自动调整个人账户比例。

第二十一条 个人账户主要用于支付：

(一) 在定点医疗机构门诊就医发生的医疗费和持门诊外配处方在定点零售药店购药产生的药费；

(二) 统筹基金起付标准以下的医疗费；

(三) 统筹基金起付标准以上，最高支付限额以下由本人负担的医疗费；

(四) 统筹基金最高支付限额以上的医疗费。

第二十二条 基本医疗保险统筹基金、个人账户由市医疗保险经办机构统一管理，纳入同级财政专户，实行收支两条线，专款专用，任何单位不得挤占挪用。

市医疗保险经办机构要建立健全基本医疗保险基金预决算制度、财务会计制度和内部管理制度。

第二十三条 基本医疗保险统筹基金的银行计息办法：当年筹集的基本医疗保险基金按活期存款利率计息；上年结转的基金本息，按3个月期整存整取银行存款利率计息；存入财政专户的积累资金，比照3年期零存整取储蓄存款利率计息，并不低于该档次利率水平。

第二十四条 参保人员个人账户的本金和利息为个人所有，可以结转使用和依法继承，但不得提取现金和挪作他用。

第二十五条 市社会保险基金监督委员会负责对基本医疗保险基金的管理和使用情况进行监督。

第二十六条 参保人员有权对基本医疗保险基金运营情况实施监督，也有权向参保单位和医疗保险经办机构查询本人的个人账户资金收支情况。

第二十七条 参保人员因工伤、职业病、生育支出的医疗费不列入基本医疗保险基金支付范围，仍按原资金渠道解决。

参保人员因车祸、酗酒、打架等非自然疾病产生的医疗费，基本医疗保险基金不予支付。

第四章 基本医疗保险待遇

第二十八条 参加城镇职工基本医疗保险的人员达到国家法定退休年龄时，缴费年限达到以下规定年限的，不再缴纳基本医疗保险费。

(一) 2004年12月31日前参保的人员，连续缴费年限不低于12年；

(二) 2005年1月1日至本办法实施前参保的人员，连续缴费年限不低于15年；

(三) 本办法实施之后参保的人员，连续缴费年限不低于20年。

第二十九条 复转军人参加城镇职工基本医疗保险，军龄视同缴费年限。达到法定退休年龄时，军龄与实际缴费年限合并计算，最低缴费年限标准按照本办法第二十八条的规定执行。

第三十条 办理退休手续的参保人员，其本人连续缴费年限未达到本办法第二十八条规定的最低缴费年限的，按照下列标准一次性缴足所余年限的基本医疗保险费：

(一) 单位参保人员退休，以本市上年度在岗职工平均工资80%为基数，按6%由参保单位一次性缴足所余年限的基本医疗保险费。

(二) 个体参保人员退休，以本市上年度在岗职工平均工资80%为基数，按6%由本人一次性缴足所余年限的基本医疗保险费。

第三十一条 与原单位解除劳动关系的参保人员，应当在解除劳动关系后6个月内办理医疗保险接续手续，其参保缴费年限可以连续计算。逾期未办理的，视为重新参保。

第三十二条 初次参加城镇职工基本医疗保险的个体参保人员和重新参保人员，设立6个月等待期。自参保或重新参保之日起，连续缴费满6个月后方可享受基本医疗保险待遇。等待期内不划分个人账户。

参保人员在本市范围内流动就业的，不设等待期，缴费年限合并计算。

第三十三条 基本医疗保险统筹基金起付标准、支付比例和最高支付限额按照以收定支、收支平衡的原则确定。

(一) 参保人员在定点医疗机构一年内首次住院治疗的统筹基金起付标准为：三级甲等医院为500元，三级乙等医院为300元，二级甲等及以下医院为150元；以后每次住院起付标准在首次住院起付标准的基础上降低20%。

(二) 基本医疗保险统筹基金一个年度内支付的医疗费用最高限额为11万元。11万元以上部分由大额医疗保险基金支付，年度最高支付限额为12万元。

(三) 统筹基金起付标准以上，最高支付限额以下的部分，按照下表所列比例支付，其余部分由参保人员个人支付。

基本医疗保险统筹基金起付标准、支付比例、最高支付限额，随职工年平均工资变化和基金结余情况作相应调整。

第三十四条 参保人员住院治疗期间，按医嘱使用《药品目录》所列乙类药品和基本医疗保险支付部分费用的诊疗项目，经市医疗保险经办机构核准后，其费用先由个人支付 10%，其余部分由医疗保险统筹基金和个人按规定比例支付。

参保人员在抢救期间，可按医嘱先行使用血液制品、蛋白类制品，但应当在 5 日内到市医疗保险经办机构补办核准手续。其费用先由个人支付 20%，其余部分由统筹基金和个人按规定比例支付。

一次性特殊医用材料实行限价管理。参保人员住院治疗期间使用的一次性特殊医用材料其费用先由个人支付 10%，其余部分由统筹基金和个人按规定比例支付。费用在 3000 元以上的，应当由市医疗保险经办机构批准。

第三十五条 参保人员因技术、设备条件所限，诊断不明或治疗确有困难需转往市内其他定点医疗机构住院治疗的，由原医疗机构出具转院意见，转院前后发生的医疗费用按一次住院费用结算。

参保人员因内蒙古医院、内蒙古医学院第一附属医院和内蒙古中蒙医院的医疗技术、设备条件所限，诊断不明或治疗确有困难需转往外地医院治疗的，须由上述医院出具转院意见，经市医疗保险经办机构批准转入基本医疗保险定点的县级以上公立医院。所发生的符合基本医疗保险统筹基金支付范围的医疗费用，凭医疗保险证历、社会保障卡、转院审批表、病历资料或复印件、费用汇总明细、诊断证明、医疗费用结算单到市医疗保险经办机构审核报销。基本医疗保险统筹基金支付比例在第三十三条第一款第(三)项的基础上降低 10%。

第三十六条 长期异地居住的退休人员和参保单位分支机构驻外在一年以上的参保人员，由本人选择当地两所不同等级的基本医疗保险定点医疗机构作为其就医的定点医院，并向市医疗保险经办机构备案。所发生的医疗费，持有关凭证到市医疗保险经办机构办理报销手续。住院医疗费支付比例按本市住院标准执行。需要转院治疗的，医疗费用报销标准按转外地医院住院标准执行。

第三十七条 参保人员因公出差或探亲期间患急病，应当到县级以上公立医院就诊，方可凭相关凭证到市医疗保险经办机构办理报销手续。医疗费报销标准按转外地医院住院标准执行。

第三十八条 参保单位和参保人员欠缴基本医疗保险费的，从欠费的当月起停止享受基本医疗保险待遇和划分个人账户；参保单位和参保人员在 3 个月内补缴的，从补缴次月起恢复基本医疗保险待遇，补划个人账户，欠费期间发生的医疗费用凭有关凭证到市医疗保险经办机构办理报销手续。

欠费超过 3 个月以上 6 个月以下的，参保单位和参保人员按规定补缴欠费后，补划个人账户，缴费年限连续计算，欠费期间发生的医疗费用统筹基金不予支付。

第五章 特殊慢性病门诊治疗管理

第三十九条 城镇职工基本医疗保险实行特殊慢性病门诊治疗病种准入制。参保人员申请特殊慢性病门诊治疗待遇，应当符合规定的病种范围。

第四十条 基本医疗保险特殊慢性病门诊治疗病种分为甲、乙两类。对患有甲类特殊慢性病申请门诊治疗的参保人员实行不定期鉴定。对患有乙类特殊慢性病申请门诊治疗的参保人员实行定期鉴定。

第四十一条 参保人员初次申请特殊慢性病门诊治疗待遇，须持三级以上基本医疗保险定点医疗机构的病情诊断书、病历复印件及相关检查化验结果，并由定点医疗机构执业医师填写《呼和浩特市城镇职工基本医疗保险特殊慢性病门诊治疗申请表》，经定点医疗机构医保科初审后报市医疗保险经办机构备案。参保人员同时患有两种或两种以上特殊慢性病的，以鉴定为支付标准高的病种予以确认。

第四十二条 市医疗保险经办机构受理参保人员申报材料后，应当组织临床医学专家对参保人员申报的材料统一进行鉴定，对符合条件的，发放《特殊慢性病门诊治疗手册》。

已经审定的特殊慢性病门诊治疗参保患者，两年内不再重新鉴定。

第四十三条 甲类部分特殊慢性病门诊治疗和乙类特殊慢性病门诊治疗按病种实行限额支付管理。乙类特殊慢性病门诊治疗参保人员，根据确认的病种，门诊医疗费用在起付标准以上、最高支付标准限额以下，统筹基金按规定比例支付。参保人员特殊慢性病门诊医疗费和因病住院治疗费用以及门诊统筹医疗费年度最高支付限额为 11 万元。

第六章 基本医疗保险服务

第四十四条 城镇职工基本医疗保险实行定点医疗机构和定点零售药店管理。市劳动和社会保障行政主管部门按规定对提出申请的医疗机构和零售药店进行资格审查，审查合格的发给资格证书，并对定点医疗机构和定点零售药店资格实行年检。

第四十五条 市医疗保险经办机构与定点医疗机构和定点零售药店就服务范围、服务内容、服务质量、药费结算办法以及药费审核与控制办法等内容签订管理服务协议，明确双方的责任。

第四十六条 参保人员可选择任何定点医疗机构就医，也可持定点医疗机构出据的外配处方在任何定点零售药店购药。

第四十七条 定点医疗机构和定点零售药店应当使用符合金保工程建设规范和医疗保险核心平台标准的医疗保险计算机管理系统。

第七章 法律责任

第四十八条 参保单位、参保人员有下列行为之一的，市劳动和社会保障行政主管部门责令其限期改正，对参保人员停止享受基本医疗保险待遇，由市医疗保险经办机构追回损失。

(一) 将非基本医疗保险人员列入

基本医疗保险参保范围的；

（二）少报职工工资总额、少缴或不按时缴纳基本医疗保险费的；

（三）将已丧失或大部分丧失劳动能力的患病人员，以新建劳动关系为由挂靠用人单位参加城镇职工基本医疗保险，骗取医疗保险待遇的；

（四）伪造、涂改医疗文书、单据等有关凭证或通过不正当手段伪造各种假单据、假证明，涂改单据虚报冒领基本医疗保险基金的；

（五）将社会保障卡及就诊、住院、转院手续转送他人使用或用他人的证、卡冒名就医诊治的；

（六）其他违反基本医疗保险有关制度和规定的。

第四十九条 定点医疗机构及其工作人员有下列行为之一的，市劳动和社会保障行政主管部门责令限期改正，并处500元以上1000元以下罚款，由市医疗保险经办机构追回从基本医疗保险基金中骗取的费用；情节严重的，取消定点医疗机构资格；构成犯罪的，依法追究法律责任。

（一）未按规定查验身份证明和社会保障卡导致他人冒名住院的；

（二）经核实无病历记载或病历记载与发生的医疗费用不符的；

（三）采取虚记费用、串换药名或诊疗项目、伪造证明或凭据等手段骗取基本医疗保险基金的；

（四）医患勾结伪造病历，冒名住院，骗取医疗保险基金的；

（五）其他违反基本医疗保险规定，造成基本医疗保险基金损失的。

第五十条 定点零售药店及其工作人员有下列行为之一的，市劳动和社会保障行政主管部门责令限期改正，并处500元以上1000元以下罚款，由市医疗保险经办机构追回其从基本医疗保险基金中骗取的费用；情节严重的，取消定点零售药店资格；构成犯罪的，依法追究法律责任。

（一）不按处方规定配(售)药品或超剂量配(售)药品，擅自更改外配处方的；

（二）违反药品价格政策，弄虚作假，造成基本医疗保险基金损失的；

（三）为参保人员套取个人账户现金的；

（四）用参保人员个人账户支付使用范围外的其他费用的；

（五）其他违反基本医疗保险规定的行为。

第五十一条 医疗保险经办机构及工作人员有下列行为之一的，由其行政主管部门给予行政处分；构成犯罪的，依法追究法律责任。

（一）在审核参保人数、征缴医疗保险费、审核医疗费及结算费用时徇私舞弊、私自挪用医疗保险基金的；

（二）工作失职造成医疗保险基金损失的；

（三）利用职权和工作之便收受贿赂谋取私利的；

（四）无故拖欠参保人员和定点医疗机构、定点零售药店医疗费用的；

（五）其他违反规定的行为。

第八章 附 则

第五十二条 离休干部、老红军和文革中致残人员医疗待遇不变，医疗费用按原资金渠道解决，资金确有困难的，由同级人民政府帮助解决。

第五十三条 1-6级的革命伤残军人按规定参加城镇职工基本医疗保险，所发生的医疗费用在按城镇职工基本医疗保险有关规定支付比例的基础上，由民政部门给予救助。

第五十四条 市劳动和社会保障行政主管部门可依据本办法会同有关部门制定相关配套政策，报市人民政府批准后实施。

各旗县应当根据本办法及时调整基本医疗保险政策。

第五十五条 本办法由呼和浩特市劳动和社会保障局负责解释。

第五十六条 本办法自2009年12月1日起施行，1999年12月2日公布的《呼和浩特市城镇职工基本医疗保险实施办法》和2002年3月1日公布的《呼和浩特市城镇职工基本医疗保险实施办法补充规定》同时废止。本办法施行前，市人民政府制定的有关城镇职工医疗保险的各项规定与本办法规定不一致的，以本办法规定为准。

呼和浩特市残疾人保障条例

第一条 为维护和保障残疾人的合法权益，发展残疾人事业，根据《中华人民共和国残疾人保障法》、《残疾人就业条例》、《残疾人教育条例》等有关法律、法规，结合本市实际，制定本条例。

第二条 本市行政区域内的国家机关、社会团体、企事业单位及其他组织和公民，都应当遵守本条例。

第三条 市和旗县区人民政府残疾人工作委员会，负责组织、协调、指导、督促有关部门做好残疾人事业的工作。

市和旗县区残疾人联合会接受政府委托，开展残疾人工作，动员社会力量，发展残疾人事业。

第四条 市和旗县区人民政府及有关部门应当按照各自的职责，维护和保障残疾人权益，做好残疾人保障工作。

第五条 市和旗县区人民政府应当将残疾人事业纳入国民经济和社会发展规划及年度计划，残疾人事业经费列入本级财政预算，并随着财政收入的增长逐步增加。

第六条 市和旗县区人民政府支持和鼓励采取公办民营、民办公助、购买服务等多种方式兴办残疾人托养服务机构。

市和旗县区人民政府对社会力量举办的残疾人供养、抚养、托养、康复等机构给予政策优惠和扶持。

第七条 本市实行残疾儿童首报登记制度。民政、教育、卫生、公安等部门和残疾人联合会应当在各自职责范围内做好残疾儿童登记工作。具体办法由市人民政府制定。

第八条 市人民政府负责全市残疾人康复经费的统筹，按照上一年度统计年鉴的人口数每人每年不少于一元落实投入经费，用于开展残疾人康复服务。

市人民政府应当加大康复经费投入，建立以社会康复为基础，医疗康复机构为骨干，残疾人家庭为依托的康复网络，大力发展残疾人康复事业。

第九条 农村贫困残疾人参加新型农村合作医疗保险的个人缴费部分和城镇享受低保的残疾人参加城镇居民基本医疗保险的个人缴费部分由旗县区人民政府从救助资金中一次性足额代缴。

第十条 市和旗县区人民政府应当在社区设立康复站，乡镇卫生院、村卫生室根据当地实际情况，建立残疾人康复场所，组织开展技术培训和专业指导，为残疾人开展康复服务。

第十一条 市和旗县区人民政府应当对智障、脑瘫、孤独症等所有符合条件的残疾儿童康复训练和辅助器具配置给予补贴。

第十二条 实施义务教育的学校应当按照就近、便利原则接收具有接受普通教育能力的适龄残疾儿童、少年入学，并为其学习、康复提供帮助。普通高中、中等职业学校和普通高等院校应当招收符合录取条件的残疾考生。

民办特殊教育学校或者机构接受义务教育阶段适龄残疾儿童、少年的，各级人民政府应当向其足额拨付义务教育经费。

第十三条 市和旗县区人民政府应当加大对特殊教育经费的投入，提高特殊教育学校学生生活补贴标准并免收住宿费。

盲文翻译、手语翻译和从事特殊教育的教职工、随班就读教师，按照有关规定享受特殊教育津贴。

第十四条 市和旗县区人民政府应当将特殊教育学校的建设纳入教育事业发展总体规划，并组织建设不同类型的特殊教育学校或者设立相应数量的特殊教育班，满足残疾儿童和少年的就学需要。

市人民政府应当逐步建立中等特殊教育学校或者在职业学校设立特殊教育专业，开展残疾人中等特殊教育。

第十五条 市、旗县区残疾人联合会应当做好贫困残疾（家庭）大中专及高中生在校就读的专项资助。

第十六条 本市实行按比例安排残疾人就业制度。国家机关、社会团体、企业事业单位、民办非企业单位应当按照不低于千分之十五的比例安排残疾人就业，并为其选择适当的工种和岗位。达不到规定比例的应当缴纳残疾人就业保障金。

市和旗县区人民政府应当对达到和超过规定比例的国家机关、社会团体、企业事业单位、民办非企业单位给予表彰和奖励。

第十七条 市、旗县区财政部门分别负责本级国家机关、社会团体、全额拨款事业单位残疾人就业保障金划转工作。

第十八条 企业、非全额拨款的事业单位、民办非企业单位的残疾人就业保障金有地税部门依法征收，交财政专户存储，专款专用，并接受同级财政、审计部门监督检查。

未足额缴纳或者未经批准逾期不缴纳残疾人就业保障金的，由征收部门责令限期缴纳；逾期仍不缴纳的，从欠缴之日起按日加收千分之五的滞纳金。滞纳金的加收不得超过应缴纳的残疾人就业保障金。

第十九条 任何单位不得租借残疾人证件虚假安排残疾人就业。

第二十条 市和旗县区劳动和社会保障部门应当会同残疾人联合会，依法将全市按比例安排残疾人就业工作和残疾职工社会保险情况纳入劳动监察范围，依法监督用人单位，保障残疾人劳动就业的合法权益。

第二十一条 市和旗县区人民政府应当制定、完善有关政策，扶持兴办福利企业，对增加安置残疾人就业的福利企业给予一次性补贴；对扩大再生产的福利企业，给予贷款利息补贴；给福利企业的残疾职工办理意外伤害保险；对缴纳基本养老保险费的贫困残疾人个体工商户给予适当补贴。

第二十二条 本市鼓励和扶持残疾人自主择业、自主创业。

市和旗县区残疾人联合会及其所属的残疾人就业服务机构应当免费为残疾人提供就业信息、职业培训、职业介绍等服务。

市和旗县区残疾人联合会和盲人按摩指导中心应当对从事保健按摩的盲人按摩人员给予资金扶持，并将扶持经费纳入残疾人就业保障金的使用计划。

第二十三条 政府采购在同等条件下，优先购买残疾人集中就业单位的产品和服务。

第二十四条 市和旗县区公共图书馆、图书阅览室设立盲文读物、盲人有声读物图书室，并采取多种方式为盲人阅读提供方便。

第二十五条 残疾人凭《残疾人证》可以享受以下优惠待遇：

(一) 免交婚前体检费和结婚登记费；

(二) 办理免费乘坐市内公交车（不含中巴车）手续；

(三) 乘坐长途汽车、飞机时，可以优先购票，优先搭乘；

(四) 就诊时优先挂号、交费、化验、取药。

第二十六条 市和旗县区人民政府对符合廉租住房保障条件的残疾人家庭应当予以优先安排；在出售经济适用住房时应当优先安置符合申请购买条件的残疾人。

在城市房屋拆迁中，盲人和重度肢残的被拆迁人选择产权调换的，应当安置方便残疾人居住的房屋。被拆迁人家庭享受最低生活保障且家庭主要劳动力为残疾人的，选择产权调换的，拆迁人应当优先提供周转用房；选择货币补偿的，拆迁人应当予以照顾，具体办法由市人民政府制定。

第二十七条 城市道路和公共服务场所，应当按照国家无障碍设施工程规定，建设和完善方便残疾人通行和使用的无障碍设施，确保其正常使用，并设置统一的标志。

市和旗县区人民政府应当对贫困残疾人家庭住宅无障碍改造提供服务。

第二十八条 公共服务机构、公共场所和公共交通工具应当为残疾人提供语音和文字提示、手语、盲文等信息交流服务，并提供优先服务和辅助性服务。

第二十九条 残疾人应当遵守法律、法规，履行应尽的义务，遵守公共秩序，尊重社会公德。

残疾人的合法权益受到侵害的，有权向市和旗县区残疾人联合会投诉。残疾人联合会可以要求并协助有关部门或者单位进行调查，有关单位应当依法查处并予以答复。

有关部门和单位应当做好对残疾人的法律服务、法律援助、司法救助工作。

第三十条 违反本条例规定，有下列行为之一的，由有关部门或者上级主管部门责令限期改正，并对有关责任单位，直接负责的主管人员和其他直接责任人员给予行政处分或者处罚：

(一) 依法实施义务教育的学校拒绝接收具有接受普通教育能力的适龄盲、聋哑、弱智儿童、少年的；

(二) 既不安排残疾人就业又不缴纳残疾人就业保障金的；

(三) 租借残疾人证件虚假安排残疾人就业的；

(四) 损毁、违法占用无障碍设施或者改变无障碍设施用途的。

第三十一条 本条例自2010年3月1日起施行。

呼和浩特市城市建筑垃圾管理办法

第一章 总 则

第一条 为加强建筑垃圾管理，维护城市市容环境卫生，充分利用城市公共资源，根据《中华人民共和国固体废物污染环境防治法》、《呼和浩特市市容环境卫生管理条例》和《城市建筑垃圾管理规定》等有关法律法规，结合本市实际，制定本办法。

第二条 本办法适用于在本市城市规划区范围内从事建筑垃圾收集、运输、中转、回填、消纳的单位和个人。

本办法所称建筑垃圾，是指建设单位、施工单位新建、改建、扩建和拆除各类建筑物、构筑物、管网等以及居民装饰房屋过程中所产生的弃土、弃料及其它废弃物。

第三条 市城市管理行政执法部门是本市城市建筑垃圾的行政主管部门。市环卫管理机构负责本办法的具体实施。

规划、建设、国土、公安、交通、环保等部门应当按照各自职责，配合做好建筑垃圾管理工作。

第四条 本市对城市建筑垃圾运输经营权实行规模控制、有偿使用制度。

第五条 本市对建筑垃圾运输管理实行收集、运输、消纳联单制度。

第六条 为规范建筑垃圾运输、消纳管理，本市对城市建筑垃圾运输、消纳费实行政府指导价,并根据实际情况适时进行调整。

第七条 城市建筑垃圾处置遵循减量化、资源化、无害化和谁产生、谁承担处置责任的原则。

政府鼓励对建筑垃圾进行综合利用，提倡单位和个人优先采用建筑垃圾综合利用产品。

第二章 建筑垃圾处置管理

第八条 本办法所称建筑垃圾处置单位，是指产生建筑垃圾的建设、施工、拆迁、物业服务等单位。

第九条 建筑垃圾处置单位应当向市环卫管理机构申报建筑垃圾处置计划，获得城市建筑垃圾处置核准后，方可处置。

第十条 建筑垃圾处置单位应当按照政府指导价格，在工程建设预算中专门列支建筑垃圾运输处置费，在工程开工前存入专用帐户，并接受市环卫管理机构监管。

未将建筑垃圾运输处置费存入专用帐户的，市环卫管理机构不予建筑垃圾处置核准。

第十一条 建设、拆迁行政主管部门在核发《建设工程施工许可证》、《拆迁许可证》时，应当查验建筑垃圾处置核准。

第十二条 建筑垃圾处置单位应当填写城市建筑垃圾处置联单，分别提交运输单位、消纳场、环卫机构。

第十三条 各类施工工地应当遵守下列规定：

(一) 对产生的各类建筑垃圾及时清理，始终保持建设施工现场整洁；

(二) 按照《建筑施工安全检查标准》(JGJ 59--99)和《建筑施工现场环境与卫生标准》(JCJ 146—2004)相关要求文明施工；

(三) 在工地出入口设置不小于规定面积的洗车平台，配备洗车设备；

(四) 驶出工地的建筑垃圾运输车辆应进行冲洗，保持车容整洁，轮胎干净，防止污染路面。

第十四条 各类建筑工程、规划开发用地需要回填建筑垃圾的，由市环卫管理机构统一安排调度。

第十五条 居民装饰、装修房屋产生的建筑垃圾，本区域已实行物业管理的，应当按照物业服务企业指定的建筑垃圾中转点临时堆放，由物业服务企业统一处置；未实行物业管理的，应当按照社区指定的建筑垃圾中转点临时堆放，由社区统一处置。

第三章 运输单位管理

第十六条 市人民政府根据本市建筑市场实际，确定城市建筑垃圾运输经营权发放数量，采取公开拍卖、招标等方式确定经营者，并向社会公布。具体程序、标准、经营期限等事项经市人民政府批准后实施。

第十七条 市环卫管理机构向取得建筑垃圾运输经营权的单位发放城市建筑垃圾运输处置核准。

市环卫管理机构应当制定城市建筑垃圾运输行业标准，加强日常监管，维护运输市场秩序。

第十八条 运输单位应当将建筑

垃圾运输至消纳场处置，并取得消纳场出具的消纳结算凭证。

第十九条 运输单位凭市环卫管理机构确认的联单和建筑垃圾运输消纳结算凭证与建筑垃圾处置单位结算费用。

第二十条 运输单位的运输车辆应当遵守下列规定：

(一) 运输车辆统一悬挂专段牌照；车身统一颜色，并且喷有公司名称及编号标识；

(二) 运输车辆应当使用密闭装置，装载时做到装载适量（不超出车厢上沿部分），覆盖严密，不撒漏、飞扬；

(三) 运输车辆应加装建筑垃圾运输管理 GPS 全球定位监管系统；

(四) 市环卫管理机构制定的其它规定。

第二十一条 公安、交通管理部门依照建筑垃圾运输处置核准文件，对运输车辆予以办理过户、变更、密闭、抵号等手续。

第四章 消纳管理

第二十二条 建筑垃圾消纳场的设置应当符合城市总体规划，并取得市环卫管理机构的批准。

第二十三条 建筑垃圾消纳场设置应当具备下列条件：

(一) 有完善的管理制度；

(二) 有完善的道路和排水设施；

(三) 有必要的机械设备和照明设施；

(四) 出入口设置不小于规定面积的洗车平台，配备洗车设备；

(五) 市环卫管理机构制定的其它规定。

第二十四条 建筑垃圾消纳场应当遵守下列规定：

(一) 对入场建筑垃圾及时推平碾压；

(二) 防止蚊蝇孳生、尘土飞扬、污水流溢；

(三) 保持进场道路整洁、畅通；

(四) 不得受纳生活垃圾、工业垃圾和有毒有害垃圾。

第二十五条 建筑垃圾消纳场应当如实填写建筑垃圾处置联单，出具消纳结算凭证。

第二十六条 建筑垃圾的处置实行有偿服务。

第五章 罚 则

第二十七条 建筑垃圾处置单位未及时清运工程施工过程中产生的建筑垃圾，造成环境污染的，由市环卫管理机构责令限期改正，给予警告，处 2 万元以上 3 万元以下罚款。

建筑垃圾处置单位将建筑垃圾交给个人或者未取得建筑垃圾经营权的建筑垃圾运输单位处置的，由市环卫管理机构责令限期改正，给予警告，处 4 万元以上 6 万元以下罚款。

第二十八条 未取得核准，擅自从事建筑垃圾运输的，由市环卫管理机构责令其立即停止非法运输，并处以每车 15000 元以上 25000 元以下罚款。

第二十九条 建筑垃圾消纳场受纳工业垃圾、生活垃圾和有毒有害垃圾的，由市环卫管理机构责令限期改正，给予警告，处 4000 元以上 6000 元以下罚款。

第三十条 违反本办法规定，运输建筑垃圾的车辆离开建筑垃圾处置单位和消纳场未冲洗车辆的，由市环卫管理机构责令建筑垃圾处置单位和消纳场改正，限期清洗路面，可以并处以 3000 元以上 5000 元以下罚款。

第三十一条 违反本办法规定，建筑垃圾运输单位有下列行为之一的，由市环卫管理机构责令改正，并予以处罚：

(一) 未使用密闭车辆运输建筑垃圾的或遮盖不严的，处 5000 元罚款；

(二) 车辆运输过程中沿途丢弃、遗撒建筑垃圾，造成路面污染的，处 3500 元以上 4500 元以下罚款；造成路面严重污染的，处 25000 元以上 35000 元以下罚款。对受污染的路面，由市环卫管理机构责令运输单位限期清洗。

第三十二条 违反本办法规定，单位擅自设立建筑垃圾消纳场受纳建筑垃圾的，由市环卫管理机构处 4000 元以上 6000 元以下罚款；个人擅自设立建筑垃圾消纳场受纳建筑垃圾的，由市环卫管理机构处 3000 元罚款。

第三十三条 建筑垃圾运输单位所属车辆年累计超过 10%以上受到行政处罚的或单车年累计 10 次以上受到行政处罚的，市环卫管理机构不予年审。

第六章 附 则

第三十四条 市环卫管理机构参照本办法对砂石运输进行管理。

第三十五条 旗、县人民政府可以参照本办法对建筑垃圾处置进行管理。

第三十六条 本办法自 2009 年 10 月 15 日起施行。

呼和浩特市地租征收管理办法

第一条 为加强土地管理，规范土地市场秩序，深化土地使用制度改革，根据《中华人民共和国土地管理法》、《中华人民共和国城市房地产管理法》、《内蒙古自治区实施〈土地管理法〉办法》和《呼和浩特市土地管理条例》等有关法律法规的规定，结合本市实际，制定本办法。

第二条 本办法适用于呼和浩特市市四区（含经济技术开发区）内地租的征收管理工作。

第三条 本办法所称地租，是指土地使用者除采取出让和作价出资（入股）、授权经营以外的方式取得的国有土地使用权，将土地使用权及其地上建筑物、其他附着物进行经营、租赁活动，政府依法按年收缴的土地纯收益。

本办法所称以租赁方式取得国有土地使用权，是指土地使用者与县级以上人民政府国土资源管理部门签订一定年期的土地租赁合同，并支付租金的行为。

第四条 呼和浩特市国土资源局（以下简称市国土资源局）负责辖区内的地租征收管理工作，市地租征收机构负责具体实施。

第五条 地租征收范围：

（一）以租赁方式取得国有土地使用权的；

（二）企业改制中实行公司制改造、组建企业集团、股份合作制改组、租赁经营和出售、兼并、合并并采取土地租赁方式进行土地资产处置的；

（三）企业改制中仍采取划拨方式取得土地使用权的；

（四）以划拨方式取得土地使用权用于经营、租赁的；

（五）以划拨方式取得土地使用权用于商品房开发（不包括经济适用房、廉租房）的；

（六）以出让方式取得土地使用权，在使用中改变合同规定用途、容积率，但未补缴出让金的；

（七）将划拨土地上的房屋出租的；

（八）集体存量建设用地作价入股、联营、租赁的；

（九）其他按规定应缴纳的。

第六条 下列用地不征收地租：

（一）国家机关用地和军事用地；

（二）城市基础设施用地和公益事业用地；

（三）国家重点扶持的能源、交通、水利等基础设施用地；

（四）居民的住宅用地；

（五）法律、法规规定的其他用地。

第七条 国有土地租金征收标准由市国土资源局根据租赁土地区位基准地价，结合用地性质、租赁期限、地块区位等因素测算，报市人民政府批准后公布执行。

第八条 在土地租赁期限内，租金标准应根据市人民政府公布的基准地价定期调整。租金标准调整的间隔一般为三年。

第九条 土地租赁期限由市国土资源管理部门和土地使用者协商约定，但不得超过法律、法规规定的同类土地使用权最高使用期限。

企业法人租赁土地期限不得超过其营业执照载明的营业期限。

第十条 地租征收按年计征，由市国土资源局与土地使用者逐年签订年地租征收合同。

第十一条 凡租赁土地的，应当与国土资源行政主管部门签订土地租赁合同或地租征收合同。租赁合同应当载明下列主要内容：

（一）租赁当事人；

（二）租赁地块的座落、四至范围和面积；

（三）租赁地块的实际用途；

（四）租赁年限；

（五）租金标准、支付时间和方式、调整间期与幅度等；

（六）租赁当事人的权利和义务；

（七）租赁合同终止时，地上建筑物、构筑物和其他附着物的处置方式；

（八）违约责任；

（九）争议的解决方式；

（十）当事人约定的其他事项。

土地租赁期限在半年以下的，可以不签订土地租赁合同，直接征收地租，但土地使用者必须一次性缴清租金。

第十二条 以营利为目的，土地使用权人将以划拨方式取得的国有土地单独或连同地上建筑物一起出租的，应依照本办法缴纳年地租。

第十三条 土地使用者应依照本办法规定缴纳地租，凡不按照本办法规定如期缴纳年地租的，由市国土资源局按日加收应缴地租总额 1‰的滞纳金。

第十四条 土地使用者拒不缴纳地租的，市国土资源局应责令其限期缴纳；逾期不缴纳地租的，由市国土资源局依据相关法律法规规定处理。

第十五条 阻挠、妨碍征收人员履行公务的，由公安机关依照《中华人民共和国治安处罚法》的规定处罚；构成犯罪的，依法追究刑事责任。

第十六条 地租属政府收益，纳入财政预算，全额上缴市财政。

第十七条 地租征收人员违反本办法规定，玩忽职守、滥用职权和利用工作之便非法收取钱物为他人谋取私利的，依法给予行政处分。构成犯罪的，依法追究刑事责任。

第十八条 各旗县可参照本办法执行。

第十九条 本办法自 2009 年 2 月 15 日起施行。

呼和浩特市基本菜田保护条例

第一条 为加强基本菜田保护，稳定基本菜田面积，保障蔬菜基本供给，根据《中华人民共和国农业法》、《中华民共和国土地管理法》、《基本农田保护条例》等有关法律、法规，结合本市实际，制定本条例。

第二条 本条例适用于本市行政区域内基本菜田的保护工作。

第三条 本条例所称基本菜田，是指市人民政府依据基本菜田保护区规划，划定的常年从事蔬菜生产的耕地。

基本菜田保护区包括商品菜田、蔬菜专业用地和后备菜田。

第四条 市和旗县区人民政府应当把基本菜田的保护工作纳入国民经济和社会发展规划及年度计划。

市和旗县区人民政府应当建立经费保障机制，将蔬菜基地建设专项资金列入同级财政预算，增长幅度应当不低于同期财政经常性收入的增幅。

第六条 市农业行政主管部门负

责全市基本菜田的保护和管理工作，旗县区农业行政主管部门和乡镇人民政府负责本辖区内基本菜田的保护和管理工作。

市国土资源行政主管部门负责基本菜田的土地权属管理、规划和监察工作；发展与改革、财政、规划、水务、环境保护等行政主管部门在各自的职责范围内做好基本菜田的保护工作。

第七条 任何单位和个人都有保护基本菜田的义务，有权举报侵占、破坏基本菜田的行为。市和旗县区人民政府对在基本菜田保护工作成绩显著的单位和个人，应当给予表彰和奖励。

第八条 市和旗县区人民政府在编制土地利用总体规划和城乡规划时，应当单独编制基本菜田建设规划，明确布局安排，数量指标和质量要求。

第九条 市人民政府负责组织市国土资源、规划和农业行政主管部门编制基本菜田保护区规划，经市人民政府批准后公布实施。基本菜田保护区规划应当根据人口发展和基本菜田征用、占用情况，保持基本菜田总面积的动态平衡。

基本菜田面积以本市常住人口数量为依据，按照人均不低于 0.06 亩的标准核定。

第十条 旗县区人民政府依据基本菜田保护区规划，负责划定基本菜田和后备菜田的区域、面积，经市农业行政主管部门核定后，由市国土资源和规划行政主管部门备案。划定的基本菜田应当达到国家农业部无公害蔬菜产地环境条件标准。

第十一条 基本菜田划定后，县级以上人民政府应当与下一级人民政府签订基本菜田保护责任书；乡镇人民政府应当根据与旗县区人民政府签订的基本菜田保护责任书的要求，与农村集体经济组织或者村民委员会签订基本菜田保护责任书。

第十二条 市和旗县区农业行政主管部门和乡镇人民政府应当逐级建立基本菜田管理档案。旗县区人民政府负责设置统一的基本菜田保护标志，予以公告。

任何单位和个人不得擅自改变基本菜田的面积、范围，不得擅自移动或者损坏基本菜田保护标志。

第十三条 旗县区农业行政主管部门负责基本菜田的生产管理，对基本菜田的温室、大中棚、水井等生产设施登记造册，明确管理责任，定期检查使用情况。

第十四条 新建的基本菜田，建设单位应当向市农业和国土资源行政主管部门报送下列材料：

(一) 新建的基本菜田基本情况登记表，包括地理坐标、地块名称、四至范围、面积、基础设施建设情况等；

(二) 新建的基本菜田现状图。

第十五条 市人民政府及有关部门应当严格控制征用、占用基本菜田。因重点建设项目确需征用、占用基本菜田的，市国土资源行政主管部门应当书面征求市农业行政主管部门意见，按照土地使用审批程序办理审批手续。

第十六条 经批准征用、占用基本菜田的，应当缴纳新菜地开发建设基金。新菜地开发建设基金由县级以上国土资源行政主管部门负责征收，任何单位和个人不得减免。

第十七条 新菜地开发建设基金按照被征用、占用菜田前五年露地蔬菜平均亩产值的十倍至十五倍征收。已按照规定缴纳新菜地开发建设基金的,不再缴纳耕地开垦费。

第十八条 新菜地开发建设基金应当上缴同级财政，作为扶持基本菜田建设预算资金来源，专项用于基本菜田开发建设、改造，不得挪作他用。

第十九条 基本菜田被征用、占用前，应当按照“先补后占、占一补一”的原则，由市和旗县区人民政府负责在同等级的后备菜田中补足。

第二十条 经批准征用、占用的基本菜田，闲置一年以上的，由国土资源行政主管部门依法向用地单位收取土地闲置费；连续两年未使用的，由旗县区人民政府依法无偿收回用地单位的土地使用权，继续作为基本菜田。

第二十一条 基本菜田生产环境受法律保护，任何单位和个人应当遵守下列规定：

(一) 禁止侵占或者损坏基本菜田的基础设施；

(二) 禁止在基本菜田中使用国家明令禁用的农药等化学投入品；

(三) 禁止占用基本菜田建窑、建坟、发展林果业和挖塘养鱼或者擅自建房、挖砂、采石、采矿、取土；

(四) 禁止向基本菜田和灌溉渠系内倾倒或者排放有害物质；

(五) 禁止破坏基本菜田的其他活动。

第二十二条 违反本条例规定，擅自改变基本菜田保护区规划的，由旗县以上人民政府责令改正。

第二十三条 新建、改建或者扩建工程项目，可能对基本菜田保护区造成环境影响的，应当依法向环境保护行政主管部门报批环境影响评价文件。

第二十四条 建设单位在基本菜田保护区域内临时施工的，在开工前应当采取有效措施，保护基本菜田的基础设施。

损坏或者必须变动基础设施的，建设单位应当在规定的期限内修复或者赔偿损失。

第二十五条 违反本条例规定，擅自移动或者损坏基本菜田保护标志的，由旗县区农业行政主管部门责令其限期恢复原状，可以处 1000 元以下罚款。

第二十六条 违反本条例规定，将新菜地开发建设基金挪作他用的，或者擅自减免新菜地开发建设基金的，由审计、监察部门予以查处。

第二十七条 违反本条例规定，侵占或者损坏基本菜田基础设施的，承担相应的赔偿责任，并由所属管理部门依法给予处罚。

第二十八条 违反本条例规定，在基本菜田中使用国家明令禁用的农药等化学投入品的，由旗县区农业行政主管部门责令其改正。拒不改正的，可以处 2000 元以上 2 万元以下罚款。

第二十九条 违反本条例规定，占用基本菜田建窑、建坟或者擅自建房、挖砂、采石、采矿、取土的，或者从事破坏基本菜田的其他活动的，由国土资源行政主管部门依法给予处罚。

第三十条 违反本条例规定，向基本菜田和灌溉渠系内倾倒或者排放有害物质的，由环境保护行政主管部门依法给予处罚。

第三十一条 本条例自 2010 年 1 月 1 日起施行。

呼和浩特市社会保险基金征缴监督管理办法

第一条 为了加强社会保险基金的征缴和监督，规范社会保险基金管理行为，保障社会保险基金的安全，维护保险对象的合法权益，根据国家有关法律、法规规定，结合本市实际，制定本办法。

第二条 本市社会保险费的核定、征收、缴纳以及社会保险基金的监督、管理，适用本办法。

第三条 本办法所称社会保险基金是指为了保障保险对象的社会保险待遇，由缴费单位和缴费个人分别按缴费基数的一定比例缴纳以及通过其他合法方式筹集的专项资金。

社会保险基金包括城镇职工基本养老保险基金、失业保险基金、基本医疗保险基金、工伤保险基金、生育保险基金、大额医疗保险基金和城镇居民基本医疗保险基金、大额医疗保险基金及被征地农转非人员养老保险基金以及其他社会保险专项基金。

第四条 社会保险费由地税部门负责征收，有关部门和单位应给予配合和协助。

征缴的社会保险费要全额纳入财政部门在人民银行设置的社会保险基金专户，用于保障保险对象的社会保险待遇，专款专用，任何单位和个人不得挪用。

本办法施行后，原由市社会保险经办机构征收的各项社会保险费（包括历年陈欠的社会保险费），全部移交地税部门征收，已征收的各项社会保险费全部划入财政专户，统一管理。

第五条 市地税部门征缴社会保险费范围主要指城镇职工基本养老保险费、基本医疗保险费、失业保险费、工伤保险费、生育保险费、大额医疗保险费以及城镇居民基本医疗保险费、城镇居民大额医疗保险费、被征地农转非人员基本养老保险费等（以下统称社会保险费）。

第六条 缴费单位和缴费个人应当依法向市社会保险经办机构办理参加社会保险登记（以下简称“参保登记”）并取得参保登记证件。

缴费单位和缴费个人取得参保登记证件30日内，到主管地税部门办理缴纳社会保险费登记（以下简称“缴费登记”）。

第七条 缴费单位或缴费个人的参保登记内容变更或缴费单位依法终止前，应自变更或终止之日起30日内，向原申请登记的社会保险经办机构办理变更或注销参保登记手续。

缴费单位应在办理变更或注销登记后的30日内到主管地税部门办理变更或注销缴费登记手续。

第八条 市劳动和社会保障部门牵头会同市财政、地税部门依据参保单位、参保个人的基本情况共同对城镇职工基本养老保险、基本医疗保险、失业保险、工伤保险、生育保险、大额医疗保险缴费基数进行统一核定，核定后三家共同签字确认，由市劳动和社会保障部门于每年12月25日前把核定后的保险费缴费单位名单及相关数据作为下年度的缴费依据交地税部门负责征收。

城镇居民基本医疗保险费的核定，由市劳动和社会保障部门牵头，会同市财政、地税部门以及市四区街道办事处劳动保障事务所共同完成，核定后各方签字确认，交地税部门进行征缴。

缴费单位应按时向市社会保险经办机构申报本单位和个人缴费基数。

缴费单位的缴费基数或缴费人员发生变化的，应于当月20日前报市社会保险经办机构进行调整。市社会保险经办机构应于当月25日前将次月有变化和新参保的缴费单位及其应缴纳的社会保险费书面通知地税部门。

第九条 城镇职工基本养老保险、失业保险、基本医疗保险、工伤保险、生育保险和被征地农转非人员基本养老保险、基本医疗保险，按我市上年度社会平均工资核定缴费基数，核定时如上年度社会平均工资标准未公布，则按上上年度社会平均工资标准核定缴费基数。

第十条 地税部门在征缴过程中发现应参保未参保的缴费单位和个人，应及时向市劳动和社会保障部门反馈，经社会保险经办机构核定后，交地税部门进行征缴。

第十一条 市劳动和社会保障部门应当及时向地税部门提供缴费单位社会保险登记、变更登记、注销登记以及缴费申报的情况。

社会保险经办机构在办理发放社会保险金手续时，如发现企业或个人有欠缴保费的情况，应及时向地税部门反馈，由地税部门征收，待足额缴费后再予办理有关手续。

第十二条 地税部门应当及时向市社会保险经办机构提供缴费单位和缴费个人的缴费情况；社会保险经办机构应当将有关情况汇总，报市劳动和社会保障部门。

第十三条 原由社会保险经办机构管理、使用的社会保险费收入过渡户一律取消，收入全部移交财政专户管理。

第十四条 财政专户发生的利息收入直接计入财政专户，支出户的利息收入在每月末从支出户及时转入财政专户。

第十五条 社会保险费财政补贴部分，由财政部门向地税部门提供相关信息，然后由地税部门开具《税收通用缴款书》缴入国库。

第十六条 市人民政府设立社会保障监督委员会，对社会保险费的核定、征收、缴纳和社会保险基金的支出、管理进行监督。委员会办公室设在市劳动和社会保障部门，负责委员会日常工作。

第十七条 市劳动和社会保障部门具体负责以下工作：

（一）牵头并会同市财政、地税等部门对社会保险费缴费基数进行核定，并按规定时限移交地税部门；

(二) 协调财政、税务、审计等部门和人民银行呼和浩特中心支行及依法承办社会保险基金业务的商业银行，规范、完善社会保险基金征缴及监督管理工作；

(三) 对社会保险基金管理和运营机构贯彻执行基金管理法规和政策情况进行监督检查；指导经办机构编制社会保险基金预算、决算，并对其预算、决算进行复核；

(四) 对社会保险基金发放机构、社会保险基金管理和运营机构征缴、支付和管理运营基金情况进行监督；

(五) 对社会保险基金支出户及财政专户等各类社会保险基金银行账户进行监督检查；

(六) 定期向市社会保障监督委员会报告社会保险费的核定及基金支出、基金结存情况；

(七) 提出基金的保值增值计划，报市社会保障监督委员会审定后由财政部门负责落实；

(八) 对社会保险经办机构负责的社会保险基金管理业务实施监督检查。

第十八条 社会保险经办机构应当加强内部监控制度和内部稽核制度建设，规范参保登记、缴费申报、基数核定、个人账户管理、社会保险待遇审核与支付；加强基金核算管理，严格执行社会保险基金财务会计制度。受市劳动和社会保障部门委托，具体负责下列工作：

(一) 编制社会保险基金预算和决算草案并按规定执行；核定社会保险缴费基数；负责基金的发放；对各类基金进行会计核算；负责职工个人账户记录与管理；

(二) 根据社会保险业务需要，依法及时向财政部门提出基金支出户开户申请，在双方共同协商的基础上确定；

(三) 根据社会保险基金发放需要，依法及时向财政部门提出基金支出户开户申请，在双方共同协商的基础上确定；

(四) 分析社会保险基金结余情况，及时反映社会保险基金支付能力，建立并完善社会保险基金预警制度，确保各项社会保险待遇按时足额支付；

(五) 按月与银行、税务、财政部门对帐，做到帐帐相符，帐实相符，确保基金的安全完整；

(六) 根据社会保险基金结余情况，向劳动和社会保障部门提出基金保值增值计划建议。

第十九条 市财政部门要加强社会保险基金的监督管理，严格按照社会保险基金有关财务、会计制度执行，加强对银行账户开设的监督管理，对支出户及财政专户基金管理情况进行监督检查，具体负责以下工作：

(一) 对市劳动和社会保障部门提出的基金开户申请进行审核，双方协商确定开户银行；

(二) 按照市劳动和社会保障部门提出并经市社会保障监督委员会审定的基金保值增值计划，及时办理基金保值增值业务；

(三) 审核社会保险基金预算、决算，根据社会保险经办机构提出的用款申请，及时审核并足额拨付各项社会保险资金；

(四) 按照社会保险基金财务制度规定，及时提供财政专户基金存储情况，定期与社会保险经办机构相互核对有关账目余额，做到帐帐、帐款相符；

(五) 定期向市人民政府、市社会保障监督委员会反映和报告财政专户内各项社会保险基金收支情况，接受审计部门的审计和监督；

(六) 根据社会保险基金支付能力，及时做好社会保险基金预警信息反馈，加强社会保险基金财务会计及预警信息衔接，合理安排基金支付预算。

第二十条 市审计部门依法对社会保险基金管理及使用情况进行审计监督，对社会保险费的核定、征收、上缴国库及财政专户、基金支出等情况进行监督检查，对各项社会保险基金银行账户及财政专户基金管理情况进行审计。

第二十一条 市地税部门每年 12 月 10 日前向市劳动和社会保障部门提供应缴纳社会保险费的企业（征税企业）户数、核定社会保险费缴费基数所需的相关信息并于每季度末提供其变化情况；参与社会保险费缴费基数的核定工作并负责征收；协助社会保障部门及其社会保险经办机构开展社会保险扩面工作；按月向劳动和社会保障部门、财政部门通报征收情况，按月与社会保险经办机构、财政部门核对有关帐目。不得滞留、挤占、挪用社会保险费收入，保证全额征缴、当日入库。

从 2009 年 1 月 1 日起，社会保险费征收票据统一使用自治区地方税务局印制的《税收通用缴款书》。

第二十二条 人民银行呼和浩特中心支行要严格监督承办社会保险基金业务的商业银行，及时对社会保险基金账户的开户及管理、使用情况进行监督检查，并为财政部门、税务部门和社会保险经办机构提供有关对帐资料。每月末将国库内各项社会保险资金按时缴存财政专户。

第二十三条 市邮政部门要对邮政机构代发社会保险金情况进行监督检查。

第二十四条 市工商部门每半年向社会保险经办机构提供企业和城镇个体工商户的登记情况、经营情况等基础数据。

第二十五条 承办社会保险金社会化发放的银行、邮政等机构，要根据社会保险经办机构开出的支付凭证，按时足额发放社会保险金，不得延迟或滞留，不得从社会保险金中扣除邮寄费和手续费，并定期向市劳动和社会保障部门报送社会保险金发放情况，切实加强代发资金的收支管理情况审核。

第二十六条 市劳动和社会保障、财政、地税部门、人民银行呼和浩特中心支行应当逐步建立社保基金征缴信息、数据资源共享机制。

第二十七条 市劳动和社会保障、财政、审计、地税、邮政部门和人民银行呼和浩特中心支行在履行社会保险基金监督职责中，发现社会保险基金管理存在问题或者监督工作遇到重大情况，应当及时向市社会保障监督委员会报告，由委员会协调督促有关部门处理。

第二十八条 市劳动和社会保障、财政、审计、地税、邮政部门和人民银行呼和浩特中心支行按照各自职能实施联合检查时，有权要求被检查单位提供或报送社会保险费征缴、社会保险金支付和基金存储运营情况，社会保险基金预算或收支计划、预算执行情况，决算和财务报告以及其他有关资料；有权查阅被检查单位与社会保险基金管理有关的会计凭证、会计帐簿、会计报表以及其他有关资料；有权纠正和制止检查发现的违反社会保险基金管理法律、法规、政策的行为。对检查中发现的重大问题，应及时向市社会保障监督委员会报告。

第二十九条 市地税部门、劳动和社会保障部门、财政部门及基金开户银行，要自觉接受监督，配合有关部门做好检查工作。对拒绝监督检查、不提供有关资料或不如实反映问题的部门和单位，检查部门应及时报请市社会保障监督委员会，并建议有关部门视情节轻重，对有关领导和直接责任人给予党纪、政纪处分。

第三十条 缴费单位和缴费个人未经批准逾期不缴或少缴社会保险费的，由地税部门责令限期缴纳；逾期仍不缴纳的，除补缴欠缴数额外，从欠缴之日起，按日加收千分之二的滞纳金。滞纳金并入社会保险基金。

第三十一条 市劳动和社会保障部门、地税部门、财政部门、金融部门、社会保险经办机构及其工作人员有滥用职权、徇私舞弊、玩忽职守等违法违纪行为，造成恶劣影响或社会保险基金损失的，依法追究有关部门或责任人、当事人的责任；构成犯罪的，移交司法机关追究刑事责任。

第三十二条 下列行为属于违纪或违法行为：

(一) 截留、挤占、挪用、贪污社会保险基金的；

(二) 擅自增提、减免社会保险费的；

(三) 不按时、按规定标准支付社会保险待遇的；

(四) 未按规定将基金收入存入财政专户的；

(五) 未按规定、足额将财政专户基金拨付到支出户的；

(六) 动用财政专户内资金平衡财政预算的；

(七) 擅自设立收入过渡户或延押库款的；

(八) 其他违反国家法律、法规规定的行为。

第三十三条 本办法自公布之日起施行。本办法施行后，本市以前公布的与本办法不一致的规定，以本办法为准。

呼和浩特市土地权属争议调查处理办法

第一章 总 则

第一条 为保护土地权利人的合法权益，依法、公正、及时地做好土地权属争议的调查处理工作，根据《中华人民共和国土地管理法》、《中华人民共和国土地管理法实施条例》、国土资源部《土地权属争议调查处理办法》等有关规定，结合本市实际，制定本办法。

第二条 本办法所称土地权属争议，是指因土地所有权或者使用权的归属而发生的争议。

本市行政区域内发生的土地权属争议的行政处理，适用本办法。

土地所有权、使用权依法登记后第三人对其结果提出异议的，不适用本办法。

第三条 土地权属争议的处理坚持从实际出发，尊重历史，面对现实，维护社会和谐和稳定的原则。

第四条 土地权属发生争议，由当事人协商解决；协商不成的，由乡镇以上人民政府按照权限分别处理。

市和旗、县、区人民政府处理的土地权属争议，由市国土资源局、旗、县、区国土资源局（分局）或土地权属争议调查处理机构具体负责办理。

市国土资源局、旗、县、区国土资源局（分局）具体负责的土地权属争议案件，对需要依法做出处理决定的，拟定处理意见，报同级人民政府做出处理决定。

农业、林业、水利、民政等部门根据各自职责配合做好土地权属争议处理的相关工作。

第五条 在土地权属争议解决前，任何一方都不得改变土地利用现状；对擅自在有争议的土地上兴建建筑物和其他附着物的，国土部门应当责令其停止施工。

当耕地权属发生争议时，在解决争议过程中，争议的耕地可由处理土地权属争议前的土地使用者暂时经营使用，不得影响农业生产。

第六条 土地权属的确认依照《中华人民共和国土地管理法》、《中华人民共和国土地管理法实施条例》等法律、法规以及国家和县级以上（含县级）人民政府的有关规定执行。

第七条 土地权属争议调查处理按以下程序进行：

(一) 申请；

(二) 审查受理；

(三) 调查取证；

(四) 依法调解；

(五) 裁决。

第二章 管 辖

第八条 市国土资源局具体负责以下土地权属争议案件的受理和调查：

(一) 跨旗、县、区行政区域的土地权属争议案件；

(二) 市辖区行政区域内单位与单位之间发生的土地权属争议案件；

(三) 争议一方为军队、保密单位的案件；

(四) 市人民政府、自治区国土资源行政主管部门交办的土地权属争议案件；

(五) 本市行政区域内有重大影响的案件。

市国土资源局受理的案件，由呼和浩特市国土资源纠纷调处中心（以下简称"市调处中心"）主办；具体负责案件的调查和调解。需要下达处理决定的，根据调查事实，依据有关法律法规拟定处理意见后上报市人民政府，经批复后下达处理决定。

市调处中心承办的案件，因案情需要可以委托争议土地所在地的旗、县、区国土资源局（分局）代为调查事实，旗、县、区国土资源局（分局）应当在接到市调处中心书面通知之日起30日内完成事实调查工作并以书面方式反馈市调处中心。

第九条 旗、县、区国土资源局（分局）具体负责以下土地权属争议案件的受理和调查：

(一) 本旗、县、区行政区域内个人之间、个人和单位之间、单位与单位之间发生的土地使用权争议案件；

(二) 本旗、县、区行政区域内发生的跨乡镇行政区域的土地权属争议案件；

(三) 本旗、县、区行政区域内土地所有权争议案件；

(四) 旗、县、区人民政府、市国土资源局交办的土地权属争议案件。

第十条 个人之间、个人和单位之间发生的土地使用权争议案件可以根据当事人的申请由土地所在地乡、镇人民政府负责处理。处理结果应当及时抄报所在旗、县、区国土资源局（分局）备案。

第三章 申请与受理

第十一条 当事人发生土地权属争议，经协商不能解决的，可以依法向县级以上人民政府或者乡级人民政府提出处理申请，也可以依照本办法第八、九条的规定，向有关的国土资源行政主管部门提出调查处理申请。

第十二条 申请处理土地权属争议的，应当符合下列条件：

(一) 申请人与争议的土地有直接利害关系；

(二) 有明确的请求处理对象、具体的处理请求和事实根据；

(三) 符合人民政府调查处理的范围；

(四) 有主张土地权利的证据。

第十三条 由乡（镇）人民政府负责处理的，由直接利害关系人向乡（镇）人民政府提出申请；由县级以上人民政府负责处理的，向负责处理的人民政府国土部门提出申请。

个人之间的土地权属争议，当事人向乡（镇）人民政府申请处理的，可以口头方式提出；以口头方式提出申请的，接受申请的工作人员应当当场记录本规定第十四条规定的申请内容，并由申请人确认后签字（盖章）。

第十四条 处理争议的申请书应当包括下列内容：

(一) 申请人和被申请人的基本情况；

(二) 请求事项、事实和理由，包括最初发生争议的时间、起因、争议的焦点、主要分歧、四至范围及面积；

(三) 证人姓名、工作单位、住址、邮政编码。

第十五条 当事人可以委托代理人参加土地权属争议的处理。委托代理人申请的，应当提交授权委托书，授权委托书应当写明委托事项和权限。当事人和委托代理人应当提交个人身份证明。

第十六条 申请人向乡（镇）人民政府提出争议处理申请的，乡（镇）人民政府应当自收到申请之日起7个工作日内决定是否受理，并在决定之日起5个工作日内向申请人书面告知受理或者不予受理决定；受理申请的，应当将申请书副本同时送达被申请人。

第十七条 申请人向国土部门提出处理争议申请的，国土部门应当按照下列规定处理：

(一) 符合规定要求应当受理的，应当自收到申请之日起7个工作日内作出受理通知，并在受理之日起5个工作日内将申请书副本送达被申请人；

(二) 认为不符合受理要求不予受理的，应当作出不予受理的决定；不予受理决定应当自收到申请之日起10个工作日内作出，并在作出之日起5个工作日内送达申请人。

本级以及上级人民政府交办或者有关部门转办的土地权属争议案件，按照前款规定办理。

第十八条 下列情形不属于土地权属争议申请受理范围：

(一) 属行政区域边界争议的；

(二) 属农村土地承包经营权争议的；

(三) 因房产买卖、赠与、分家析产等引起的房产争议；

(四) 土地违法案件；

(五) 土地侵权案件；

(六) 林业、草原用地等权属争议；

(七) 其他不作为土地权属争议的。

第四章 调查、调解与裁决

第十九条 乡（镇）人民政府或者国土部门受理申请后，应当及时指定承办人员，对当事人争议的事实情况进行调查。调查人员不得少于两人。

第二十条 承办人员有下列情形之一的，应当回避,当事人也有权提出回避申请：

(一) 是本案的当事人或者当事人、代理人的近亲属；

(二) 与本案有利害关系；

(三) 与本案有其他关系，可能影响公正处理的。

当事人提出回避申请，应当说明理由。承办人员是否回避，由承办人员所在的乡（镇）人民政府或者国土部门负责人决定。

第二十一条 被申请人应当在收到土地权属争议处理申请书副本之日起30日内提交答辩书；逾期不提交答辩书的，不影响案件的审理。

第二十二条 土地权属争议双方当事人对各自提出的事实和理由负有举证责任，应当在规定时间内向申请部门提供有关证明材料。当事人申请处理土地权属纠纷时，应根据不同情况提交下列相应的有关证据材料：

(一) 旗、县、区以上人民政府核发的土地证书；

(二) 旗、县、区以上人民政府及其主管部门依法批准征用、划拨土地的文件、附图和有关的补偿协议书、补偿清单；依法出让土地使用权的出让合同和交付地价款的凭证；规划部门批准用地规划的文件及红线图；

(三) 乡（镇）人民政府依法批准农民建房用地的文件；

(四) 土地调查工作中，按规定形成的土地权属界线认定书及附图；

(五) 生效的人民政府的调解书、处理决定和人民法院的裁定书、判决书、有关土地权属协议书以及附图；

(六) 法律规定可以作为证据使用的有关文件、资料。

在规定时间内不提供上述资料的，不影响案件的调查处理。

第二十三条 承办人在调查处理土地权属争议过程中，可以向有关单位或者个人调查取证，包括现场勘察、拍照、丈量、调阅和复印有关文件资料、询问有关知情人等工作。被调查的单位或者个人应当协助，并如实提供有关证明材料。

对当事人提供的证据材料，承办人应当查证属实，方可作为认定事实的根据。

对争议土地需要进行测绘的，由争议双方共同委托有资质的测绘机构进行测绘。

第二十四条 国土部门或土地权属争议调查处理机构对受理的争议案件，应当在查清事实、分清权属关系的基础上先行调解，促使当事人以协商方式达成协议。

调解应当遵循自愿、合法的原则。

调解由受理申请的部门主持，双方当事人参加，可以邀请有关单位和个人协助。被邀请的单位和个人，应当协助调解主持单位进行调解。

第二十五条 调解达成协议的，应当制作调解书。调解书应当载明下列内容：

(一) 当事人的基本情况；

(二) 调解主持单位；

(三) 争议的主要事实；

(四) 协议内容及其他有关事项。

调解书及所附界线图经当事人签字（盖章），上访的案件同时由上访代表签字（盖章），承办人署名并加盖主持调解的行政机关印章后生效，同时抄送上一级国土部门备案。

生效的调解书具有法律效力，是土地登记的依据。

第二十六条 调解未达成协议的，由乡镇级人民政府受理的，乡镇级人民政府应及时作出处理决定；国土部门受理的，国土部门应当及时提出处理意见，报同级人民政府批复后作出处理决定。

第二十七条 土地权属争议处理决定书应当载明下列事项：

(一) 当事人的基本情况；

(二) 争议的事实、理由和请求；

(三) 认定的事实和适用的依据；

(四) 处理结果；

(五) 其他需要载明的事项。

第二十八条 土地权属争议应当自受理申请之日起 6 个月内办结；因案情复杂确实无法按时办结的，经受理部门的主要负责人批准，可以适当延长。

第二十九条 乡（镇）人民政府或者国土部门应当在作出调解书或者处理决定之日起 15 日内，将调解书或者处理决定书依照民事诉讼法的规定送达当事人。

第三十条 当事人对人民政府作出的处理决定不服的，可以自接到处理决定之日起 60 日内依法向上一级人民政府申请行政复议，对行政复议决定不服的可以提起行政诉讼。

生效的处理决定具有法律效力，是土地登记的依据。

第五章 附 则

第三十一条 负责土地权属争议调查处理的工作人员实行年度培训,由国土部门或土地权属争议调查处理机构组织年度考试考核。成绩不合格者，不得担任主要调查处理员；连续两年不合格者，不得继续从事土地权属争议调查处理工作。

第三十二条 在土地权属争议调查处理过程中，负责调查处理的工作人员玩忽职守、滥用职权、徇私舞弊的，由其所在单位或者监察机关依法给予行政处分；构成犯罪的，依法追究刑事责任。

第三十三条 调查处理土地权属争议案件的文书格式，按照《国土资源部办公厅关于印发土地权属争议案件文书格式的通知》有关要求统一印制。

第三十四条 本办法自 2009 年 2 月 15 日起施行。

呼和浩特市推广应用新型墙体材料管理办法

第一条 为推广应用新型墙体材料，保护耕地与环境，促进本市经济社会可持续发展，根据国家有关规定，结合本市实际，制定本办法。

第二条 本办法所称新型墙体材料是指以非粘土为原料生产的，具有资源综合利用、环境保护、节约土地和能源等特性，符合国家产业政策的墙体材料。

第三条 本市行政区域内生产使用新型墙体材料的单位和个人应当遵守本办法。

第四条 呼和浩特市经济行政主管部门是本市新型墙体材料推广应用工作的行政主管部门，其下设的墙改机构具体负责新型墙体材料开发、利用、组织、协调、规划、指导、监督和管理工作。

各旗、县、区人民政府经济主管部门负责本行政区域内新型墙体材料的推广应用工作。

市墙改机构的主要职责是：

(一) 贯彻执行有关新型墙体材料推广应用的法规、规章；

(二) 编制、组织实施新型墙体材料推广应用的年度计划和中长期规划；

(三) 组织、协调新型墙体材料的科研、生产和推广应用；

(四) 征收、管理新型墙体材料专

项基金；

(五) 负责新型墙体材料推广应用工作的信息交流、统计和宣传教育，并负责组织指导有关培训工作；

(六) 负责新型墙体材料在节能建筑中的推广应用的相关管理工作；

(七) 协调有关部门加强对新型墙体材料管理的行政执法监督检查；

(八) 负责市人民政府和上级部门交办的其他有关事宜。

第五条 市建设、发展与改革、规划、国土、房产、环保、市容、技术监督、财政、工商和税务等有关部门，根据各自的职责，共同做好新型墙体材料的推广应用工作。

第六条 市人民政府将推广应用新型墙体材料工作纳入本市国民经济和社会发展规划。

对在推广应用新型墙体材料工作中做出显著成绩的单位和个人，由市人民政府或者有关机构给予表彰和奖励。

第七条 生产新型墙体材料的企业，应当按照标准组织生产。企业生产的新型墙体材料，应当由质检部门进行质量检验，未经检验或者检验不合格的新型墙体材料，不得投入建筑市场使用。

第八条 本市行政区域内严禁新建、改建、扩建粘土实心砖生产线，现有粘土实心砖生产企业和生产线，应当进行技术改造，转产新型墙体材料或限期关闭。

第九条 工程设计单位应当按国家及自治区应用新型墙体材料建筑设计标准和有关规程的要求进行设计。建设和施工单位应当按设计要求使用新型墙体材料。

第十条 市建设行政主管部门要加强新型墙体材料推广应用的技术管理工作，执行国家和自治区推广应用新型墙体材料的建筑设计规程、施工技术规范和通用图集。

第十一条 鼓励和支持利用粉煤灰等工业固体废弃物生产新型墙体材料，粉煤灰排放单位对取用堆积粉煤灰的单位或个人，不得收取或变相收取任何费用。对经过加工的粉煤灰，可根据加工成本和质量收取一定的费用，收取标准由价格主管部门核准。

第十二条 粉煤灰排放及应用单位，应当制定相应的粉煤灰综合利用方案，并组织实施，定期向墙改部门和环保部门报告粉煤灰排放、储存和综合利用等情况。

第十三条 凡符合综合利用粉煤灰标准生产新型墙体材料的单位，由市人民政府根据实际情况给予补贴。

第十四条 凡新建、扩建、改建建筑工程未使用《新型墙体材料目录》规定的新型墙体材料的建设单位，应按照本办法规定缴纳新型墙体材料专项基金。

新型墙体材料专项基金的征收，按建筑工程项目概（预）算确定的建筑面积最高不超过每平方米 10 元标准预收；不宜用建筑面积计算的工程项目，如大门、围墙等，按设计折算用标准黏土实心砖每块 0.04 元合计总量预收。

第十五条 建筑工程项目单位预缴新型墙体材料专项基金，应计入建筑安装工程成本，预缴新型墙体材料专项基金的返还部分冲抵建筑安装成本。

第十六条 新型墙体材料专项基金应当专款专用，实行“收、支两条线”管理，任何部门和个人不得截留、拖欠、平调、摊派和挪用。

第十七条 新型墙体材料专项基金使用范围：

(一) 引进、改建、扩建新型墙体材料生产线工程项目的贴息；

(二) 新型墙体材料示范项目（含引进项目）和推广应用试点工程的补贴；

(三) 新型墙体材料的科研、新技术与新产品开发及推广；

(四) 发展新型墙体材料的宣传；

(五) 代征手续费；

(六) 经地方同级财政部门批准与发展新型墙体材料有关的其它开支。

其中(一)、(二) 、(三) 、(四) 项开支合计，不得少于当年新型墙体材料专项基金支出总额的 90%。

第十八条 新型墙体材料专项基金依据“达标返还、未达标不返还”的原则，每个建筑工程项目新型墙体材料使用比例达到 80%的，按照预收基金总额的 80%的比例返还给建筑工程项目单位；使用比例未达到 80%的不予返还。

建筑工程项目单位在工程主体竣工后 30 日内，应当向市墙改部门提出新型墙体材料使用情况的查验申请，并提交相关票据原件。逾期未提交申请的，预缴的新型墙体材料专项基金不予返还。

第十九条 墙改部门应当按规定比例和期限返还专项费用，不按时按比例返还新型墙体材料专项基金的，由财政部门责令其限期返还，并承担所造成的损失。

第二十条 违反本办法规定，不按规定缴纳新型墙体材料专项基金的，由墙改部门责令其限期缴纳，并按每逾期一日加收应缴总额万分之五收缴其滞纳金。

第二十一条 违反本办法第九条规定，由建设行政主管部门责令其限期改正；逾期未改正的，视情节处以 5000 元以上 10000 元以下罚款。

第二十二条 当事人对行政处罚决定不服的，可以依法申请行政复议或者提起行政诉讼。当事人逾期既不申请复议也不提起诉讼又不履行行政处罚决定的，由做出处罚决定的机关依法申请人民法院强制执行。

第二十三条 墙改部门和其他主管部门的工作人员，应当忠于职守，依法办事；对滥用职权、玩忽职守、循私舞弊的，由其主管部门或者监察部门给予行政处分。构成犯罪的，依法追究其刑事责任。

第二十四条 本办法自 2009 年 2 月 15 日起施行。

呼和浩特市流动儿童预防接种管理办法

第一条 为保障流动儿童及时获得预防接种服务，预防、控制疫苗针对传染病的爆发与流行，根据《中华人民共和国传染病防治法》、《疫苗流通和预防接种管理条例》等有关法律法规的规定，结合本市实际，制定本办法。

第二条 本市行政区域内流动儿童预防接种工作适用本办法。流动儿童是指户籍不在本市，在本市居住满三个月的7周岁以下儿童。

接种单位是指具有医疗机构执业许可证及预防接种单位资质认证书、经过预防接种专业培训并考核合格的执业医师、执业助理医师、护士或注册的乡村医生，且具有符合疫苗储存、运输管理规范的冷藏设施、设备和冷藏保管制度的机构。

第三条 卫生行政主管部门负责流动儿童预防接种的监督管理工作。疾病预防控制机构负责疫苗供应、冷链管理、技术培训、咨询服务、统计监测等工作。卫生行政主管部门确定的接种单位负责对辖区内流动儿童的变动、预防接种实施管理。

第四条 流动儿童免费享受国家免疫规划疫苗的预防接种服务。

医疗机构、疾病预防控制机构与儿童的监护人应当相互配合，保证流动儿童及时接受预防接种。流动儿童的免疫规划疫苗接种率应达到国家规定的标准。

第五条 流动儿童在暂住地居住时，其父母或者其他监护人应到暂住地接种单位办理《预防接种证》，建立《儿童预防接种卡》，接受免疫服务。

第六条 流动儿童建卡、建证、预防接种及管理工作由暂住地接种单位负责。接种单位为辖区内流动儿童建立预防接种卡、证，提供免疫服务，填报流动儿童免疫服务报表。

第七条 流动儿童迁移时，应当到原免疫服务单位办理转证、转卡手续；

对新迁入儿童，原免疫接种卡、证有效，但要在当地建立流动儿童接种卡，按免疫程序完成免疫接种；

对无接种凭证的儿童，应及时为其办理预防接种证、卡，按免疫程序进行免疫接种。

第八条 下列单位在各自的职责范围内，配合做好流动儿童预防接种工作。

(一) 人口和计划生育部门、街道办事处（乡镇）、居（村）民委员会应当建立和健全流动儿童登记制度和流动儿童信息相互通报制度。发现流动儿童时，应当动员其父母或其他监护人到接种单位办理流动儿童《预防接种证》，并通知辖区的接种单位。

(二) 公安部门在办理《暂住证》或新生婴儿的落户手续时，发现未办理预防接种证的儿童要动员其家长及时到当地接种单位补办预防接种证，并配合卫生部门做好相关查找和查询工作。

(三) 农贸市场管理部门和市场开办者应当协助疾病预防控制机构和接种单位动员经营者中适龄流动儿童及时接受免疫接种。

(四) 教育部门负责儿童入托、入学时预防接种证查验的监督管理。流动儿童入托、入学时，托幼机构、学校应当查验预防接种证，发现未依照国家免疫规划受种的儿童，及时向所在地的县级疾病预防控制机构或者儿童居住地承担预防接种工作的单位报告，并配合疾病预防机构或者接种单位督促其监护人在儿童入托、入学后及时到接种单位补种。

(五) 劳动、城建等部门应当加强对有子女的外来务工人员的宣传，督促其进行预防接种。

(六) 新闻单位要宣传免疫规划知识，提高群众防病意识，使其主动参与预防接种工作。

第九条 接种单位为流动儿童实施预防接种时应当遵守下列规定：

(一) 不得拒绝为流动儿童接种国家免疫规划疫苗，接种国家免疫规划疫苗时不得收取任何费用；

(二) 预防接种工作应当按照免疫程序、疫苗使用指导原则和接种方案规范实施预防接种。

第十条 接种单位应当定期清查辖区流动儿童的接种情况。发现未按要求接种的流动儿童应当通知其父母或者其他监护人及时为其接种疫苗；

对新发现流动儿童应当及时登记，建立预防接种证（卡）；流动儿童离开暂住地时，接种单位应将预防接种卡或接种证明交给其父母或者其他监护人。

第十一条 接种单位在辖区内流动人口聚集地的显要位置设置固定宣传栏开展预防接种知识的宣传。

第十二条 对在流动儿童预防接种工作中取得显著成绩的单位和个人，市人民政府给予表彰、奖励。

第十三条 疾病预防控制机构及接种单位有下列行为之一的，由旗县级以上人民政府卫生行政主管部门责令限期改正，情节严重的可给予通报批评：

(一) 无正当理由拒绝为流动儿童进行预防接种的；

(二) 拒绝执行流动儿童预防接种证、卡制度的；

(三) 未开展流动儿童摸底调查和知识宣传的。

第十四条 旗县级以上人民政府有关部门未依照本办法的规定履行流动儿童预防接种保障职责的，由本级人民政府或者上级人民政府行政主管部门责令改正；造成传染病传播、流行或者其他严重后果的，对负有责任的主管人员和其他直接责任人员依法给予行政处分；构成犯罪的，依法追究刑事责任。

第十五条 本办法由呼和浩特市卫生局负责解释。

第十六条 本办法自2009年8月1日起施行。

呼和浩特市停车场管理办法

第一章 总 则

第一条 为加强停车场的建设和管理，保障城市道路交通安全、畅通，根据有关法律、法规的规定，结合本市实际，制定本办法。

第二条 本办法所称停车场是指供机动车和非机动车停放的露天或室内停车场所。

停车场分为公共停车场和专用停车场。公共停车场是指为社会车辆提供停车服务的场所和停车泊位；专用停车场是指为本单位车辆停放的场所或私人停车场所。

第三条 本办法适用于呼和浩特市城市规划区范围内停车场的规划、建设和管理工作。

第四条 城市管理部门是城市规划区范围内停车场的行政主管部门，具体负责城市道路道牙以上停车场的管理工作；公安交通管理部门负责道牙以下道路临时停车泊位及地下停车场的管理工作。

发展改革、城市规划、建设、公安、交通、国土资源、工商等部门应当按照各自的职责，协同做好停车场规划、建设和管理工作。

第二章 停车场规划与建设

第五条 停车场管理部门应当根据本市国民经济与社会发展规划、城市总体规划、土地利用总体规划和交通需求状况，组织编制公共停车场专业规划，经市规划行政主管部门审核报市人民政府批准后实施。

第六条 公共停车场建设应当遵循节约和集约利用土地的原则，充分利用地下空间建设地下停车场；充分利用立体空间建设立体式停车场。公共停车场建设应当合理配置，并加强与交通换乘中心、公共交通枢纽建设的衔接。

第七条 鼓励单位和个人在符合城市规划和有关规定的条件下，利用闲置的厂房、空地等建设停车场。鼓励建设科技含量高、智能化、立体化公共停车场。

投资建设公共停车场可以享受的优惠政策，由市发展改革行政主管部门会同相关行政主管部门拟订，报市人民政府批准后执行。

第八条 公共停车场建设项目，由城市管理、公安交通、发展改革、规划、国土资源行政主管部门联合向社会发布。

属于出让土地使用权的公共停车场建设项目，依法采取招标、拍卖、挂牌方式办理供地手续。

政府投资建设的公共停车场项目，纳入市政基础设施建设计划，采取招投标、代建等方式确定建设主体。

第九条 公共停车场的规划设计应当符合国家有关停车场规划设计规范，并符合下列条件：

(一) 不占压消防通道、盲道；

(二) 停车场的出入口、停车带等符合设计要求；

(三) 停车场的照明、通讯、消防等设施齐全；

(四) 有健全的管理制度和安全防范措施；

(五) 有与停车场规模相适应的管理人员；

(六) 法律、法规、规章规定的其他条件。

第十条 新建、改建、扩建大(中)型公共建筑、商业街区、旅游区、住宅区，应当按照规定标准配建公共停车场。

机关、团体、企事业单位应当按照规划要求建设停车场或者留有专门的场地，供车辆停放。

配建停车场应当与主体工程同时设计、同时施工、同时投入使用。

第十一条 下列公共建筑未按停车场设置标准和设计规范配套建设停车场的，应在改建、扩建时补建：

(一) 火车站、机场、客运站；

(二) 体育场（馆）、影剧院、图书馆、医院、会展场所、旅游景点以及对外承办行政事务的办公场所；

(三) 建筑面积在5000平方米以上的商场、旅馆、餐饮、娱乐等经营性场所。

前款规定的建筑因客观环境条件限制，无法补建停车场的，公共建筑所有者应就近配建停车场。

第十二条 停车场管理部门应当根据城市规划和实际需求，在车流量大、车辆停放需求多的路段及区域，增设、施划部分临时停车泊位，为市民提供停车场地。

停车场管理部门应当对临时停车泊位每年至少评估一次，并根据实际状况、周边停车场增设情况，调整临时停车泊位。

第三章 公共停车场管理

第十三条 政府投资建设的公共停车场，应当采取公开招标、拍卖的方式，选择专业停车场管理单位进行经营，出让经营权的收入全额上缴财政，用于公共停车场的建设与管理，收入和支出实行收支两条线。

单位和个人投资建设的公共停车场，产权人可以自行经营，也可以委托专业停车场管理单位进行经营。

第十四条 停车场管理部门应组织公共停车信息系统的建设，推广应用智能化、立体化、信息化手段管理停车场，并负责公共停车信息系统的运行，及时向社会发布相关信息。

公共停车场的经营者应按照有关规定和标准，将其停车信息纳入全市公共停车信息系统。

第十五条 公共停车场经营者，应当办理工商、税务、物价等相关手续，向停车场管理部门备案后方可经营。

公共停车场经营者变更登记事项或者经批准歇业的，应当按规定到工商、税务部门办理相关手续，并自变更、歇业之日起15日内向停车场管理部门备案，同时向社会公告。

第十六条 任何单位和个人不得擅自将已建成的停车场或者停车位挪作他用；因修改、调整城市规划确需改变公共停车场用途的，由城市规划行政主管部门征求停车场管理部门的意见后进行审批。

第十七条 停车场收费根据不同性质、不同类型，分别实行政府指导价、政府定价。市价格部门应当会同停车场管理部门区别不同区域、不同停车时间，制定停车收费标准。

第十八条 停车场收费须使用税务部门统一监制的发票；停车场经营者不按规定开具发票的，停车者可以拒付停车费。

第十九条 公共停车场经营者在经营活动中，应遵守下列规定：

(一) 在停车场出入口的显著位置明示停车场标志、指示牌、服务项目、监督电话；

(二) 制定完善的停车、安全保卫、消防等管理规则及制度；

(三) 公示市发展改革行政主管部门核定的停车收费标准，并按核定的收费项目名称和标准收费；

(四) 指挥车辆按序进出和停放，维护停车秩序，确保停车设施的正常运行；

(五) 保证车位线清楚，车辆停放整齐，并保持环境卫生整洁；

(六) 配置必要的照明、消防和通讯设备；

(七) 工作人员佩带明显标志；

(八) 法律、法规、规章的其他有关规定。

第二十条 进入公共停车场的车辆及其随车人员应当遵守下列规定：

(一) 听从停车管理人员的指挥，车辆有序停放，不得损坏停车设施、设备；

(二) 不得在场内吸烟、使用明火、修车、洗车、试车、乱扔垃圾；

(三) 禁止装有易燃、易爆、有毒、有害等危险物品及违禁物品的车辆进入公共停车场；

(四) 按规定标准支付停车费；

(五) 法律、法规、规章的其他有关规定。

第二十一条 城区内的体育场（馆）、影剧院、图书馆、医院、会展场所、旅游景点、商务办公楼、酒店等公共场所提供免费停车服务的，应当按照设置标准施划停车泊位，并设专人引导车辆停放到位，摆放整齐。

前款从事经营性活动的场所设置停车场、施划停车泊位占用城市公共用地的，应当按照《呼和浩特市地租征收管理办法》的规定缴纳地租。

第二十二条 收费停车场在服务期间因管理不善造成车辆损坏或遗失，应当依法承担相应责任。

第二十三条 停车场有下列情形之一的，停车场管理部门应及时予以撤除：

(一) 道路交通状况发生变化，停车场已影响道路车辆正常通行；

(二) 周边的公共停车场已能满足停车需要；

(三) 城市建设需要。

停车场管理部门根据前款规定确定撤除的停车场，停车场建设管理者应当撤除，涉及补偿的依相关规定办理。

第四章 专用停车场管理

第二十四条 专用停车场应当配置必要的通风、照明、排水、消防、防盗等设施，并保持其正常运行。

第二十五条 任何单位和个人不得将专用停车场挪作他用。

第二十六条 专用停车场在满足自身停车需要的前提下，可以向社会提供经营性停车服务；向社会提供经营性服务的，按照第十五条、第十九条、第二十条的规定执行。未办理相关手续的，不得向停放车辆人收取任何费用。

住宅区内的停车场在满足业主停车需要的前提下，向社会提供经营性停车服务的，应当严格执行物业管理法律、法规的规定；属于业主共有的停车场向社会提供经营性停车服务，应当依法由全体业主共同决定。

第二十七条 住宅区内规划建设的停车场不能满足住宅区居民停车需要时，经业主大会决定，可以将住宅区内道路以及其他空置场地设置为停车场，但应遵循下列规定：

(一) 不得影响道路交通的安全、畅通；

(二) 不得占用绿地；

(三) 不得占用消防通道；

(四) 符合国家、自治区、市停车场设置标准和设计规范。

第五章 法律责任

第二十八条 未经批准擅自设置停车场的，停车场管理部门应当责令停止经营，并处以5000元以上1万元以下罚款。

第二十九条 违反本办法第十条、第十一条规定的，由规划行政主管部门依据《城乡规划法》及相关法律、法规的规定予以处理。

第三十条 违反本办法第十六条、第二十五条规定擅自改变经批准建成的停车场使用功能或者将停车位挪作他用的，停车场管理部门应当责令其恢复原状，可并处5000元以上2万元以下的罚款。

第三十一条 违反本办法第十九条第(一)、(二)、(四)、(五)、(六)、(七)、(八)项规定的，停车场管理部门可责令其改正，逾期不改正的，处300元以上1000元以下罚款。

第三十二条 违反本办法第二十条第三款规定的，停车场管理部门应责令机动车驾驶人立即驶离；拒不驶离的，可处以200元以下罚款，将该机动车拖移至指定地点。

第三十三条 在城市道路（包括人行道、街头空地、广场、道路绿地、隔离带）上乱停乱放机动车的，停车场管理部门可责令其立即驶离；拒不驶离或者车辆驾驶人不在现场的，处20元以上200元以下罚款，并可以将该机动车拖移至不妨碍交通或停车场管理部门指定的地点。拖车不得向当事人收取费用，并应及时告知当事人停放地点。因采取不正确的方式拖车造成机动车损坏的，应当依法承担补偿责任。

对于拒不履行停车场管理部门行政处罚决定的，其违章行为纳入公安交通管理部门的车辆违章信息系统，完成处罚程序后，方可办理机动车检验手续。

第三十四条 违反本办法有关土地、工商、税务、物价等规定的，由相关行政主管部门依法予以处理。

第三十五条 停车场管理部门工作人员违反本办法规定，玩忽职守、滥用职权、徇私舞弊或者不依法履行职责、推诿扯皮的，对直接责任人依法给予行政处分；情节严重构成犯罪的，依法追究刑事责任。

第六章 附 则

第三十六条 本办法实施前有关静态车辆管理与本办法规定不一致的，以本办法为准。

第三十七条 本办法由市人民政府法制办公室负责解释。

第三十八条 本办法自2009年6月5日起施行。

第四部分　社会经济大事记

呼和浩特2009年社会经济大事记

1月

1日　我市为低保家庭和企业退休人员发放冬季取暖补贴。

▲由市委、市政府主办的“体育彩票”杯全国冬泳邀请赛在青城公园举行。副市长刘菊茹，市政协副主席彭皓方出席邀请赛开幕式。

▲由市委、市政府主办，市旅游局、市文联承办的“中国·呼和浩特国际冰雪旅游节——草原都市风情摄影展”正式开幕。市领导白金祥出席开幕式。内蒙古文联党组书记、国家一级创作李魁，国家一级摄影师、《实践》杂志社副总编杨慎和应邀出席开幕式。

4日　全市深入推进行政审批制度改革工作动员会举行。市委副书记、市长汤爱军，市委常委、组织部部长兰恩华，市政协副主席、财政局局长银孝出席会议。会议由副市长包钢主持。各旗县区、市各委办局主要负责人，各进驻市政务服务中心委、办、局审批办及市政务服务中心各分厅负责人参加了会议。

▲副市长白金祥在市旅游局等相关部门负责人陪同下，视察了正在阿尔泰游乐场建设的“冰雪大世界”。

5日　市委、市政府召开呼市创建国家卫生城市动员大会。市委副书记、市长汤爱军出席大会并作重要讲话。他要求各地区、各部门一定要充分认识创建国家卫生城市的重要意义，在工作中要突出重点，扎实搞好“创卫”各项工作，要下大力彻底解决市容环境卫生难题，确保“创卫”工作顺利推进。市委副书记杨飞云主持会议，市领导吴安俊、刘菊茹、包钢、崔世清及相关部门负责人参加了动员大会。刘菊茹在会上作动员讲话并对创建国家卫生城市工作做了全面部署，包钢宣读了全市创建国家卫生城市工作方案。

▲我市两个水环境治理项目——公主府、章盖营污水处理厂正式通水运行。国家环境保护部东北督查中心副主任赵群英，自治区及我市领导韩志然、刘卓志、汤爱军、吴一微、狄瑞明、吕慧生、郭召来等出席庆典仪式。自治区和我市相关部门的负责人参加了庆典仪式。副市长吕慧生主持庆典仪式。

▲中央扩大内需促进经济增长政策落实检查组组长、中央纪委监察部驻司法部纪检组长韩亨林一行莅呼指导工作，并听取了我市新增中央投资项目情况的汇报。市委常委、副市长赵刚出席汇报会。市长助理、市发改委主任刘敏汇报了我市新增中央投资项目资金下达进展情况及管好、用好建设资金，确保中央新增投资项目的实施情况。

▲副市长白金祥在市旅游局等相关部门负责人的陪同下，视察了“2009中国·呼和浩特国际冰雪旅游节”开幕式晚会的筹备情况。

▲首届呼和浩特市物流洽谈会暨生产制造与物流服务业供需洽谈会召开。来自物流界的专家、学者和企业管理人员参加了洽谈会。

6日　自治区党委书记储波在自治区党委常委、市委书记韩志然，自治区党委常委、秘书长符太增的陪同下考察呼和浩特市工业企业。储波一行先后来到神舟硅业有限责任公司、利乐包装（呼和浩特）有限公司、内蒙古大唐（国际）再生资源开发有限公司、托克托蒙丰特钢有限公司、大陆电子材料有限公司，了解企业生产经营情况和企业干部职工应对危机、促进发展的策略。市领导汤爱军、狄瑞明、银孝陪同考察。自治区有关部门负责人陪同考察。

▲自治区党委副书记、代主席巴特尔在香格里拉酒店亲切会见了来呼参加2009中国·呼和浩特国际冰雪旅游节的外交使团的部分外交官和使节。自治区和我市领导韩志然、布小林、汤爱军、狄瑞明、刘菊茹、白金祥参加了会见。

▲我市隆重举行招待宴会，欢迎来呼参加2009中国·呼和浩特国际冰雪旅游节的国内外宾朋。我市领导韩志然、汤爱军、吴一微、张彭慧、狄瑞明、刘菊茹、白金祥出席招待会。副市长白金祥主持招待宴会。

▲市委副书记、市长汤爱军在香格里拉酒店亲切会见了来呼参加2009中国·呼和浩特国际冰雪旅游节的白俄罗斯驻华使馆代表团一行。副市长刘菊茹参加了会见。

▲我市的武川县德胜沟大青山抗日游击根据地旧址、新城区国防教育中心和内蒙古大学民族博物馆3家单位被命名为第三批全区爱国主义教育基地。

▲副市长刘菊茹在香格里拉大酒店分别会见了前来我市参加2009中国·呼和浩特国际冰雪旅游节的蒙古国驻呼和浩特总领馆代表团、蒙古国乌兰巴托市政府代表团、蒙古国中戈壁省政府代表团。

▲副市长白金祥会见了参加2009中国·呼和浩特国际冰雪旅游节的友好城市代表团部分代表。

7日　市委副书记、市长汤爱军亲切慰问了下岗职工王秀霞、低保户郝润生，看望了自治区级劳动模范邓承远和残疾人冯亮，分别为他们送上了慰问金，祝他们新春愉快。

▲市委常委、副市长赵刚在市委老干部局负责人的陪同下慰问了离退休老干部王纯宇和任忠隆，并送去了慰问品和慰问金，希望他们继续关心、支持首府经济建设和社会各项事业的建设。

▲我市举行老干部新春联谊会，市四大班子领导与长期在我市工作的老领导、老同志欢聚一堂，共迎新春。市委书记韩志然出席联谊会并讲话，市委副书记、市长汤爱军主持联谊会。

市领导吴一微、张彭慧、杨飞云、兰恩华、狄瑞明参加了联谊会。

8日　呼和浩特市地方病防治中心获得全国地方病重点监测先进集体称号。

▲呼和浩特市2009年党政军迎新春联谊会在香格里拉大酒店举行。市领导韩志然、汤爱军、吴一微、张彭慧、杨飞云、兰恩华、狄瑞明出席联谊会。内蒙古军区政委吴合春、政治部主任李喜群、后勤部政委李力、副参谋长陈国文、装备部副部长杨俊旺，呼和浩特警备区司令员潘平，市委常委、警备区政委陈焕文以及内蒙古军区、空军部队，北京军区给水团、呼和浩特警备区武警内蒙古总队、自治区公安厅警卫局、内蒙古边防总队、消防总队等基层部队的同志出席了联谊会。市委副书记杨飞云主持联谊会。

▲市委常委、副市长薄连根，市政协副主席银孝深入回民区困难群众家庭进行慰问，为优抚对象、特困户、低保户和企业军转干部送去了新春的祝福。

▲市政府副巡视员高炜明在市总工会有关负责人的陪同下，对玉泉区3户困难职工进行了亲切慰问，并为他们送去了慰问金。

▲我市在香格里拉酒店举办茶话联谊会，为参加冰雪旅游节的法国、韩国、伊拉克等29个国家的驻华使节团送行。副市长白金祥出席联谊会。

9日　自治区人大代表、市委副书记、市长汤爱军参加了自治区十一届人大二次会议。在呼市代表团审议讨论会上指出：首府要强力推进城乡一体化建设，打造“一核双圈”，要让农村的功能逐渐和城市的功能接轨，逐步形成农村建设水平和城市建设水平相同的新格局。

▲“2009呼和浩特（春节）精品年货展销会”在内蒙古商品交易中心隆重开幕。市委常委、宣传部部长云丽珠，副市长白金祥，市政协副主席彭皓方出席了开幕式。

▲我市第一次食品安全联席会议召开。市食品安全委员会主任、副市长刘菊茹及市食品药品监督管理局、农牧业局、质监局、工商局、卫生局、商务局、粮食局、盐务局等成员单位有关负责人参加了会议。

10日—11日　我市邀请了中国企业国际发展协会高层领导作为期两天的主题演讲报告。全国人大原副委员长蒋正华在会上讲了话，并就我市企业在国际金融危机影响的情况下，如何应对提出了建设性意见。国务院稽查特派员，中国企业国际发展协会会长刘吉，中华全国工商联合会党组成员、副主席孙晓华，国务院参事、全国第九、第十届政协常委任玉岭出席报告会开幕式。自治区人大原副主任陈瑞清，市委副书记杨飞云、市人大副主任韩钊，副市长白金祥出席报告会开幕式。

▲由国务院稽查特派员、中国企业国际发展协会会长刘吉带领的中国企业国际发展协会领导专家调研报告团在呼调研考察。我市领导白金祥、高炜明陪同调研考察。

12日　全市政法工作会议召开。市委书记韩志然出席开幕式并讲话。市领导杨飞云，李鹤、狄瑞明、云公和及我市政法各部门负责人出席会议。

▲内蒙古绿电使用先锋企业授证仪式暨利乐包装（呼和浩特）有限公司绿电启动仪式举行。市委副书记、市长汤爱军出席仪式并与利乐公司有关负责人共同为利乐呼市工厂启动绿电。启动仪式上内蒙古发改委特别为全区第一家100%采用绿电的生产企业利乐包装有限公司颁发了荣誉证书。

▲呼和浩特鸿盛工业园区与河套酒业集团在新城宾馆举行签约仪式。市委副书记、市长汤爱军、副市长吕慧生等有关领导出席。

▲市委常委、呼和浩特警备区政委陈焕文，副市长包钢在市编办、建委、财政局、粮食局、民政局等有关部门负责人的陪同下，看望慰问了驻呼部队官兵，并为他们送去了慰问金和慰问信。

▲呼和浩特警备区司令员潘平，副市长刘菊茹在市民政局等有关部门负责人的陪同下来到武警内蒙古总队、武警内蒙古消防总队呼市支队、武警内蒙古森警总队和呼和浩特警备区进行慰问，为驻呼部队广大官兵送去了慰问信和慰问金。

▲以海口市副市长刘庆声为团长，海口市有关职能部门及房地产、旅游企业等组成的海口市旅游房产推介代表团莅呼开展相关推介活动。市委常委、副市长薄连根接见了代表团成员，市政府办公厅、市委宣传部、市房产局、旅游局、商务局相关负责人参加了接见。

13日　2009海口旅游房产推介会在我市举行，拉开了呼和浩特和海口缔结友好城市17周年活动的序幕。市委常委、副市长薄连根，市政协巡视员刘香芸，海口市副市长刘庆声出席推介会。

▲全市社区建设工作座谈会在新城东街办事处老缸房街社区举行。副市长包钢出席会议，市四区社区办主任、部分社区居委会负责人及新录考社区工作人员参加了会议。

▲全市2008年度环卫绩效考核总结大会在市容局召开。副市长包钢出席会议并希望各单位和全体环卫干部职工要一如既往地把本职工作完成好，力争以一流的工作业绩，向全市人民交一份满意的答卷。

14日　市残联举行“通向明天——交通银行残疾青少年助学计划”首期项目助学金发放仪式，共有20名残疾大学生和64名残疾高中生获得资助。

▲自治区党委副书记、自治区主席巴特尔在自治区及我市领导韩志然、汤爱军、狄瑞明、刘菊茹、包钢以及自治区、呼市有关部门负责人的陪同下，来到我市，对武警官兵、低保户、社区工作人员、蒙古族幼儿园教职员工以及儿童福利院进行了亲切的慰问，给大家带去党和政府的关怀和新春佳节的祝福。

▲市人口和计划生育领导小组会议召开。市委副书记、市计划生育领导小组副组长杨飞云，副市长、市计划生育领导小组副组长刘菊茹出席会议。领导小组成员单位、各旗县区分管领导、人口计生局局长参加了会议。

15日　呼市创建国家卫生城市新闻通报会召开。会议就我市创建国家卫生城市的思路、工作措施向各新闻媒体进行了通报。副市长刘菊茹出席通报会。承担我市创卫工作主要任务的市卫生局、市容局、环保局、建委、工商局、质监局及市四区有关负责人参加了会议。

15日—19日　自治区党委常委、市委书记韩志然，市委副书记、市长汤爱军一行在北京拜访了国家有关部委及在我市投资合作的重点企业集团，即：中国石油天然气集团公司、中粮集团有限公司、北京燕京啤酒集团公司、华能新能源产业控股公司、希姆莱斯石油专用管制造公司、大唐国际发电股份有限公司、中国航天科技集团公司、中国海洋石油总公司、天津滨海公司、中国民生银行、中国光大银行、金隅集团、光大房地产公司、大连万达集团股份有限公司等。市领导薄连根、武文元、狄瑞明及相关部门和部分旗县区的主要负责同志一同拜访。

16日　呼市卫生系统创建国家卫生城市动员大会召开。副市长刘菊茹出席会议并就下一步创卫工作提出了总体要求。负责人作了讲话，并对下一步创卫工作的落实进行了全面部署。

▲预备役88团党委全体（扩大）会议召开，会议传达了师党委扩大会议精神,并总结了2008年工作，部署了2009年工作任务。内蒙古预备役30师师长朱德明，副市长、88团第一政委包钢出席会议。

17日　自治区副主席赵双连在自治区安监局、经委、公安厅和内蒙古消防总队相关负责人的陪同下，深入我市交通行业和化工行业的部分企业进行节前安全生产检查，同时向广大职工送去节日的问候。副市长包钢陪同慰问。

20日　三十集大型历史文献纪录片《大盛魁》在呼正式开机。市领导云丽珠、白金祥出席开机仪式。

▲副市长刘菊茹在我市食品药品、农牧业、质监、工商、卫生、商务等食品安全成员单位有关负责人的陪同下，对我市春节前食品药品市场进行了检查。

▲副市长包钢在市容局、回民区区委、区正府、市总工会等部门主要负责人的陪同下，来到回民区环卫局等地，亲切看望和慰问了一线环卫工作者，并转达了市政府向全市一线环卫工人的亲切慰问。

21日　呼市公安局经侦支队被国家知识产权、公安部评为知识产权执法保护先进集体，并予通报表扬。

▲自治区党委副书记、自治区主席巴特尔考察我市供热企业。巴特尔强调，供暖问题涉及千家万户，各有关部门要切实做好供热工作，解决好群众最关心的问题和困难，给群众创造更加美好和谐的生活和工作环境。自治区副主席刘卓志及自治区有关部门负责人和我市领导汤爱军、薄连根、牧峰陪同考察。

▲市政府召开各民主党派、工商联、无党派人士座谈会，听取大家对《政府工作报告（征求意见稿）》的意见。市领导汤爱军、云建东、李岳清、张润锁、鲁剑钧参加座谈会。

▲市政府召开老干部、劳模代表、基层代表座谈会，就《政府工作报告（征求意见稿）》向大家征求意见。副市长刘菊茹参加座谈会并讲话。

▲市委常委、副市长武文元在市经委、安监局、监察局等部门负责人的陪同下，深入到通达汽车南站、维多利新天地超市、鄂尔多斯大街鞭炮市场、三联化工检查了春节期间的安全生产工作。

▲呼市价格协会成立暨第一次会员代表大会举行。市领导邢燕菊、吕慧生及有关部门负责人出席会议。

▲由副市长包钢，自治区双拥办及市民政局有关人员组成的自治区、呼市慰问团一行来到中国人民解放军某部队，向部队官兵表示慰问并对他们作出的成绩和贡献表示感谢。

22日　市委召开常委（扩大）会议。市委书记韩志然主持会议。市领导汤爱军、杨飞云、薄连根、李鹤、兰恩华、云丽珠、王恒俊、武文元、云建东、狄瑞明出席会议。市人大主任吴一微，市政协主席张彭慧，副市长吕慧生、市政协副主席银孝列席会议。

▲呼市政府与中国银行股份有限公司内蒙古分行签署了全面金融服务合作协议。市委副书记、市长汤爱军、中国银行内蒙古分行党委书记、行长张凤槐分别代表呼市政府和中国银行内蒙古分行在协议书上签了字。

▲市环保局举行了2009年春节团拜会。市委副书记、市长汤爱军，自治区环保局局长苏青，副市长吕慧生出席团拜会。市政府副巡视员、环保局局长郭召来在团拜会上致辞。

23日　2009年呼和浩特市各族各界迎新春联谊会在内蒙古饭店隆重举行。自治区党委常委、市委书记韩志然，自治区政协副主席董恒宇，市委副书记、市长汤爱军，市人大主任吴一微，呼和浩特警备区司令员潘平以及呼市各大班子、有关部门负责人和各族各界代表参加了联谊会。

31日　由呼市市委、市政府主办、市文化局、玉泉区政府承办的呼和浩特市2009年春节、元宵节文化庙会在大召广场开幕，千余名群众观看。自治区人大原副主任陈瑞清、副市长白金祥出席开幕式。

2月

1日　市委书记韩志然亲切看望慰问了节日期间坚守在工作岗位一线的交警、环卫工人、供暖站工人，送上了慰问金，感谢他们为安定、祥和、整洁的节日环境作出的努力。希望他们为建设现代化和谐首府做出新的更大的贡献。市领导李鹤、狄瑞明、云公和、包钢陪同慰问。

▲市委副书记、市长汤爱军，市委常委、副市长武文元来到呼和浩特市政务服务中心、内蒙古电力公司220KV东郊变电站、呼市公交三公司、呼市城建大厦、呼市消防支队一中队、内蒙古大唐药业，看望了春节期间仍坚守工作岗位的工作人员和消防官兵，为他们送去了党和政府的关怀和新春佳节的祝福。

2日　市委举行中心组（扩大）学习会。市领导韩志然、汤爱军、吴一微、张彭慧、杨飞云、李鹤、朝鲁、兰恩华、陈焕文、云丽珠、王恒俊、赵刚、武文元、云建东、狄瑞明、刘菊茹、吕慧生、云公和、包钢、白金祥出席学习会。市政府副巡视员高炜明，市政协副主席银孝及各旗县区、各相关部门负责人列席学习会。

3日　市委副书记、市长汤爱军在市领导王恒俊、包钢的陪同下，深入到内蒙古飞鹰汽车齿轮有限责任公司和内蒙古三联化工有限公司，详细了解了企业的生产、销售情况和受到国际金融危机影响目前存在的问题和困难等，并详细询问了企业职工的生产、生活情况。

4日　首家进驻我市的外资银行——内蒙古和林格尔渣打村镇银行有限责任公司开业庆典举行。自治区副主席郭启俊，自治区政府副秘书长李春光，市委副书记、市长汤爱军、市委常委、副市长武文元出席开业典礼。自治区政府金融工作办公室主任宋亮，中国银行业监督管理委员会内蒙古监管局局长薛纪宁，以及金融办、市发改委的负责人参加了开业典礼。

5日　市委副书记、市长汤爱军在市容局主持召开市长办公会议，专题研究讨论首府市容整治、提升中山西路户外广告品位和改善北垣街绿化等问题。副市长包钢出席会议。首府城建、规划、市容、交警、铁路等部门和市四区有关负责人参加了会议。

6日　市委召开常委（扩大）会议，专题研究我市今年的城市建设与管理工作。市委书记韩志然主持会议并讲话。市领导汤爱军、杨飞云、薄连根、李鹤、朝鲁、兰恩华、云丽珠、赵刚、武文元、云建东、狄瑞明出席会议。市领导张彭慧、邢燕菊、云公和、包钢、郭召来、银孝及各旗县区、各相关部门负责人列席会议。

▲由市政府主办、呼市城发公司、北京京城机电控股有限公司、北京机电院高技术股份公司、北京环卫集团承办的呼和浩特市京城固体废物处置有限公司揭牌暨项目启动仪式在新城国宾馆举行。北京市国资委副主任张宪平，自治区副主席连辑、市领导汤爱军、邢燕菊、牧峰、郭召来、崔世清等出席揭牌启动仪式。揭牌启动仪式由市委常委、副市长薄连根主持。

7日　全市预防道路交通事故紧急会议举行。会议传达了全区遏制特大道路交通事故紧急电视电话会议精神。副市长云公和出席会议并要求各地区、各部门要按照会议部署，充分认识对道路交通安全工作的重要性和紧迫性，迅速行动、全力以赴，全面抓好道路交通安全的各项工作。

9日　今天是中国传统的元宵佳节，自治区和我市领导邢云、韩志然、云秀梅、连辑、刘新乐、董恒宇、汤爱军、吴一微、张彭慧、李鹤、朝鲁、兰恩华、云丽珠、王恒俊、武文元、云建东、狄瑞明等深入到我市新城区、玉泉区、回民区、金桥开发区、清水河县、和林县等地，与广大人民群众一起欢度元宵佳节。

10日　全市第二次土地调查工作会议在呼和浩特市国土资源局召开。会上对我市前一阶段第二次土地调查工作作了简要回顾，并对下一步土地调查工作作了安排部署。

11日　自治区第八届纪律检查委员会第四次全体会议召开。会议的主要内容是认真学习贯彻中纪委十七届三次全会精神，总结去年工作，研究部署今年党风廉政建设和反腐败任务。自治区党委书记储波作重要讲话，自治区党委常委、纪委书记张力代表自治区纪委常委会作工作报告。我市在联通呼和浩特分公司电视电话会议室设立分会场，市领导汤爱军、吴一微、云丽珠、王恒俊、赵刚、狄瑞明、银孝及市委、市人大、市政府、市政协党组主要领导等在分会场参加了会议。

14日　呼和浩特市第十三届人民代表大会第二次会议在内蒙古人民会堂隆重开幕。市委副书记、市长汤爱军代表市政府向大会作工作报告。报告分两部分。一是2008年工作回顾，二是2009年工作部署。大会主席团常务主席、执行主席韩志然、李岳清、韩钊、吕景瑞、赛娜、邢燕菊、吴安俊、宋晓刚出席会议。自治区人大副主任云秀梅应邀出席会议。市领导张彭慧、潘平、陈焕文、杨飞云出席会议。长期在我市工作的老同志和兴革出席会议。

▲市委副书记、市长汤爱军分别参加了新城区人大代表团、土左旗人大代表团的分组审议《政府工作报告》的讨论会，他指出首府要毫不放松地抓好经济建设这一主线，不断提高经济实力，各地区一定要发挥优势，抢抓机遇，保持首府良好发展势头。

15日　市委副书记、市长汤爱军分别参加了玉泉区人大代表团、赛罕区代表团、和林县代表团、清水河县代表团的分组审议《政府工作报告》的讨论会，他指出，各地区要正确分析形势，发挥优势，坚定信心，努力保持经济平稳较快发展，同时把改革开放和经济建设的成果更多地惠及广大百姓。

16日　“华诞六十·邮情天下”中国2009世界邮展60城市巡游呼和浩特站活动举行。中华全国集邮联合会常务副会长谭小为呼和浩特集邮协会赠送了会旗模型，并为草原青城第一位“集邮文化使者”、中国播音主持“金话筒奖”获得者李琳和凭借手绘作品《天堂草原》入选参加中国2009世界邮展2009名少年儿童现场绘画邮票图稿活动的儿童代表先锋路小学五年级学生宋妍颁发了证书。市委常委、副市长薄连根出席活动启动仪式。

▲全市防凌工作会议在托县召开。市领导高炜明、呼和浩特警备区参谋长王自成出席会议。

▲我市多项建筑工程获得自治区工程奖。

▲《呼市推广应用新型墙体材料管理办法》正式颁布实施。

17日　呼和浩特市第十三届人民代表大会第二次会议胜利闭幕。会议表决通过了关于政府工作报告的决议、关于呼和浩特市2008年国民经济和社会发展计划执行情况与2009年国民经济和社会发展计划的决议、关于呼和浩特市2008年财政预算执行情况和2009年市本级财政预算的决议。会议还表决通过了关于呼和浩特市人大常委会工作报告的决议、关于呼和浩特市中级人民法院工作报告的决议、关于呼和浩特市人民检察院工作报告的决议。大会主席团常务主席、执行主席吴一微主持大会并讲话。大会主席团常务主席、执行主席韩志然、李岳清、韩钊、吕景瑞、赛娜、邢燕菊、吴安俊、宋晓刚出席大会。我市党政军领导汤爱军、张彭慧、潘平、陈焕文、杨飞云出席会议。出席会议的还有：王铁小、刘香芸、薄连根、李鹤、朝鲁、兰恩华、云丽珠、王恒俊、赵刚、武文元、云建东、狄瑞明、吴福成、刘菊茹、云公和、包钢、百金祥、高炜明、张润锁、云普选、崔世清、银孝、鲁剑钧、陈曼莉、张赢、李绍华及主席团其他成员。

▲市委副书记、市长汤爱军接受了内蒙古新闻网视频专访，对首府打造“一核双圈”、实现和谐发展进行了阐述。

18日　自治区党委常委、市委书记韩志然在内蒙古锦江国际大酒店会见了燕京集团副董事长、常务副总经理李秉骥一行。双方洽谈燕京集团来呼投资建厂的事宜，并确定在和林县建设新厂址。市领导武文元、狄瑞明参加会见。

▲呼和浩特市政务服务中心启动揭幕仪式举行。市委书记韩志然、市长汤爱军共同为政务服务中心启动揭幕。市领导吴一微、张彭慧、潘平、陈焕文、朝鲁、赵刚、云建东、狄瑞明、云公和、银孝、鲁剑钧出席揭幕仪式。副市长包钢主持揭幕仪式。

19 日　全市环境保护工作会议召开。会上副市长吕慧生代表市政府与有关单位签订了环保责任状。市政府巡视员，市环保局局长郭召来，市政协副主席陈曼莉出席会议。

▲我市托克托县、赛罕区被自治区卫生厅授予全区农村牧区卫生工作先进旗县（市、区）称号。

▲我市召开 2009 年第二次食品安全联席会议，专题研究部署打击违法添加非食用物质和滥用食品添加剂专项整治工作。

20 日　呼市党政领导班子实绩考核干部大会召开。自治区考核组组长、乌海市人大主任刘彪主持大会并就干部考核评价工作的内容、特点及要求进行了说明。市委副书记、市长汤爱军作呼市党政领导班子总结报告，他从落实各项支农惠农政策、加强农牧业基础设施建设、工业发展以及淘汰落后产能、发展中小企业和服务业引进外资等多方面进行了详细汇报。市领导张彭慧、潘平、陈焕文、杨飞云、薄连根、李鹤、朝鲁、兰恩华、云丽珠、王恒俊、赵刚、武文元、云建东、狄瑞明等参加了大会。

▲市委书记韩志然、市委副书记、市长汤爱军对呼市公安局开展的“冬季风暴”严打整治集中统一行动取得的成绩给予充分肯定，并作出重要批示。市委书记韩志然作出的批示是：“此次行动深及民心，效果极佳，望在总结经验的基础上，经常开展类似行动，确保全市社会稳定。”市长汤爱军作的批示是：“冬季风暴”成果显著，各级领导和广大市民给予很高评价，公安干警辛苦啦！对大家表示亲切的慰问和深深的谢意！希望今后建立长效机制、确保全市社会稳定。

▲在 2008 由自治区科技厅开展的内蒙古十大科技成果评选活动中，我市科技成果占据四项之多，居全区之首。

▲全市消防工作会议召开。副市长云公和出席会议并就进一步落实消防安全责任制，加大火灾隐患整治力度，巩固发展壮大多种形式的消防力量，加强农村的消防工作和公安派出所消防监督管理讲了话。

▲内蒙古军区、自治区防汛抗旱指挥部组织所属防凌分队在黄河清水河县喇嘛湾镇田家石畔段实施爆破，炮击破冰演练活动。自治区副主席郭启俊、内蒙古军区副司令员车华松，内蒙古武警总队总队长张国兴、自治区水利厅厅长戈峰、副厅长陈欣，内蒙古军区副参谋长翁乃奎及潘平、赵刚、高炜明等市领导在现场观看了演练活动。

21 日　副市长刘菊茹在我市市容、卫生、文明办、社区办、爱卫办、房产局物业处、疾控中心、卫生监督所、健康教育所有关单位负责人以及市四区分管负责人、市四区相关单位负责人的陪同下对市四区环境卫生“五小”行业等我市创建国家卫生城市工作情况进行了视察。

23 日—24 日　由中央农村工作领导小组办公室副主任、中央财经工作领导小组办公室副主任、国务院农村综合改革工作领导小组办公室副主任唐仁健带领的调研组一行，就目前农业农村形势、土地草原承包情况、农村劳动力就业转移情况等内容，深入到土左旗、赛罕区进行了调研。自治区副主席郭启俊，市委副书记杨飞云，市政府副巡视员高炜明陪同调研。自治区政府副秘书长于清理也陪同调研。

24 日　2009 年度全市农村工作会议召开。市委副书记、市长汤爱军出席会议并做重要讲话。他首先对自治区农牧业厅近年来对我市“三农”工作给予的支持和指导表示感谢。他要求全市各级各有关部门要充分认识做好“三农”工作的重要性，认真落实好中央、自治区和我市在强农惠农上采取的政策措施，积极应对各种困难和挑战，增强责任感，坚定信心，真抓实干，使全市农业和农村经济继续保持良好的发展局面。市政府副巡视员高炜明做了关于全市农村工作情况的报告。市领导陈曼莉、张赢出席会议。自治区农牧业厅厅长陶克出席会议。

▲全市林业工作会议召开。会议的主要目标是继续加强创建国家森林城市的力度，全面完成创建任务。

26 日　自治区副主席赵双连在我市领导汤爱军、王恒俊、武文元的陪同下，对我市重点工业项目进行深入调研。赵双连一行先后赴我市内蒙古神舟硅业有限公司、伊利金海工业园、维斯塔斯风机制造项目、晟纳吉光伏材料有限责任公司、上海电气青城电缆有限责任公司、利乐包装呼和浩特有限责任公司进行了深入调研，详细了解项目建设及企业生产经营情况，以及目前存在的问题。

▲第十一届全国人大代表、市委副书记、市长汤爱军接受了《光明日报》、《经济日报》、《农民日报》、《大公报》记者的联合采访，介绍了我市在改善民生、促进农民增收、应对金融危机、促进首府经济又好又快发展等方面采取的有效措施。

▲内蒙古金岗重工有限公司冷凝汽器产品推介会在新城国宾馆举行。自治区及我市领导赵双连、汤爱军、武文元出席推介会。自治区及我市相关委办局的负责人参加了推介会。

27 日　中共呼和浩特市第十届纪律检查委员会第四次全体（扩大）会议召开。市委副书记、市长汤爱军出席会议并就学习贯彻落实中纪委和自治区纪委全会精神，不断开创首府党风廉政建设和反腐败斗争的新局面讲了三点意见。

▲以财政部副部长李勇为组长的国务院经济普查督查组对我市第二次经济普查工作进行督查。市领导吕慧生、银孝出席督查指导会。

▲全市工业经济暨安全生产工作会议召开。市委副书记、市长汤爱军出席会议并作重要讲话，他指出，目前我市工业经济形势严峻、形势逼人、压力很大，必须做到早安排、早部署，克服困难，真抓实干，为实现全年的经济目标奠定基础。会议由市委常委、副市长武文元主持。

3月

1日　全市人口和计划生育工作会议召开。市委副书记、市长汤爱军在讲话中要求全市各级党委、政府要深刻认识做好新形势下人口和计划生育工作的重要性和紧迫性，切实把人口计生工作摆在更加突出、更加重要的位置，采取切实有效措施，把人口计生各项目标任务落到实处。市委副书记杨飞云主持会议。市领导刘菊茹、鲁剑钧出席会议。

2日　全市发展和改革工作会议召开。副市长吕慧生出席会议并就今年全市发展和改革工作讲了具体意见。自治区发改委纪检组长王荣生及我市领导韩钊、陈曼莉出席会议。

▲全市地税工作暨党风廉政建设工作会议召开。会议总结了2008年地税工作,安排部署了2009年工作任务。副市长吕慧生出席会议。

▲市社会治安综合治理委员会专门召开会议，对综治宣传月期间的宣传活动进行安排部署。会上，市委、市政府与各旗县区及有关单位签订了2009年社会治安综合治理责任状。

3日　全市宣传思想文化工作会议召开。市领导杨飞云、云丽珠、白金祥出席会议。

▲全市工商行政管理工作暨“双先”表彰会议召开。市委常委、副市长赵刚出席会议并对今年工商系统工作提出了具体要求。

▲我市召开全市粮食工作会议。副市长云公和出席会议并结合当前粮食工作面临的形势和任务讲了意见。

▲全市人工影响天气工作会议召开。会议确定了今年我市人工影响天气工作重点是以服务“三农”为中心，提高人工影响天气的科技水平和服务效益，保证我市经济平稳发展。市政府副巡视员高炜明出席会议。

4日　全市统战工作会议召开。市领导张彭慧、杨飞云、云建东、韩钊、刘菊茹出席会议。各旗县区政府主要领导、统战部主要负责人及自治区和我市高校统战部主要负责人参加了会议。

4日—5日　市领导高炜明带领市农牧业局等相关部门负责人赴赛罕区、和林县、托县、土左旗对我市奶站治理整顿工作进行督查。

5日　全市国税工作暨党风廉政建设工作会议召开。会上总结了2008年我市国税工作，部署了2009年的各项工作任务，确定了实行结构性减税是今年税收的主要任务。副市长吕慧生出席会议。

▲全市商务工作会议召开。市委常委、副市长赵刚出席会议并就我市商务工作讲了意见。会上，市政府与各旗县区签订了商务重点工作责任状。市领导韩钊出席会议。自治区外汇管理局主要负责人出席会议。

6日　我市召开纪念“三八”国际劳动妇女节99周年联谊会。市领导张彭慧、赛娜、刘菊茹、彭皓方、陈曼莉出席联谊会。自治区妇联副主席冀晓青，原市级老领导、市直机关各部门主要负责人及各旗县区妇联主席应邀参加联谊会。全国五好文明家庭代表云曙碧、玉荣，全市各族各界女企业家代表、“巾帼建功”标兵及各条战线上的先进妇女代表参加了联谊会。

▲全市政府系统督查工作会议召开。市委常委、副市长赵刚出席会议并讲话。他要求各级督查机构要着眼全市大局，领会政务督查工作新内涵；要确保政令畅通，形成政务督查工作新合力；要不断创新方法，提高政务督查工作新水平；要切实加强督查工作的组织领导，抓好队伍建设。

▲全市森林草原防火工作会议召开。今年我市森林草原防火工作的总体目标是：以“打早、打小、打了”为目的，着力提升综合防控能力，加强基础设施设备建设和扑火防火案件的查处力度，力争全年不发生重大以上森林火灾和不出现人员伤亡事故。市领导张赢出席会议。

▲市委常委、副市长薄连根在呼市土地收储中心、拆迁办、呼铁局等部门的相关人员陪同下，对呼市火车东站的建设工程进展情况进行视察，并亲临南店村现场指导呼市城管综合执法监察支队控制村民突击建房工作。

8日　全国人大代表、市委副书记、市长汤爱军到中央人民广播电台“做客中央台”演播室，参加由中央人民广播电台、中国广播网、中国广播联盟举办的“两会”特别节目，接受了中央人民广播电台记者和特约嘉宾、著名时事评论员曹景行的专访。

10日　全市纪念“3·12”中国植树节工作座谈会召开。座谈会对2009年全市义务植树工作进行了安排部署。自治区林业厅副厅长曹文仲出席会议，市领导高炜明、陈蔓莉出席会议。

11日　由中央人民广播电台中国之声和全国广播联盟联合制定的全国两会特别节目《两会动车组》“驶”进首府新城区东街办事处老缸房社区，主持人现场连线了正在参加全国两会的全国人大代表、市委副书记、市长汤爱军，针对居民提问，汤爱军就如何进一步完善社区建设和服务等问题，与主持人和全国广大听众进行了交流，并阐释了今后加强社区建设和服务的重点工作和任务。市委宣传部、市民政局、市卫生局等部门负责人及社区居民与全国听众就社区建设及服务等工作进行了交流。

▲2009年全市卫生工作暨健康教育工作会议召开。副市长刘菊茹出席会议并就进一步完善农村基本医疗保障制度建设讲了话。会上，刘菊茹与各旗县政府分管卫生工作的负责人签订了2009年卫生工作及健康教育工作责任状。市领导李岳清、鲁剑钧及相关部门负责人出席会议。

▲全市审计工作会议召开。市领导吕慧生出席会议并就做好全市审计工作，提高依法审计能力，促进我市经济社会健康运行讲了话。市领导韩钊出席了会议。

▲全市供销工作会议召开。会议确定了“全面实施‘新网工程’是供销合作社成为新农村现代流通主导力量的首要任务。”市领导高炜明出席会议。

12日　我市召开建筑配套设施建设管理协调会，研究建筑配套设施建设管理相关问题。《呼和浩特市新建房屋配套设施建设与交付使用管理暂行办法》会后开始正式实施。

13日　全市残疾人工作会议召开。副市长包钢出席会议并讲话，他要求市本级、各旗县区残联要深入落实科学发展观，坚定信心、抢抓机遇、乘势而上，全力推进首府残疾人事业又好又快发展。市领导杨飞云、鲁剑钧出席会议。自治区残联副理事长张志新出席会议。

▲全市民族工作会议召开。副市长云公和出席会议并讲话。他指出，民族工作应增强科学内涵，要加强少数民族社情民意的排查，做好少数民族群众来信来访工作，做好有关民族关系矛盾和纠纷的化解疏导工作，杜绝一切对民族问题有害的苗头，积极预防和妥善处理涉及民族领域的突发事件，以此维护团结稳定。市领导云建东、韩钊、陈曼莉出席会议。自治区民委副主任秦蒙应邀出席会议。

▲呼和浩特食品药品监督管理工作会议召开。副市长刘菊茹出席会议并讲话，她在讲话中就做好下一步食品安全工作讲了几点意见。市领导邢燕菊、崔世清出席会议。自治区食品药品监督管理局副局长罗黔英应邀出席会议。

▲呼和浩特市红十字会第三届理事会第六次（扩大）会议暨2009年工作会议召开。市红十字会会长刘承恩作了工作报告。市政协副主席、红十字会常务副会长鲁剑钧作了2008年本级捐赠款物收支情况报告。市领导刘菊茹、鲁剑钧及相关部门负责人出席会议。

16 日　呼和浩特市在“第二届中国城市旅游竞争力年会上”荣膺”中国旅游竞争力百强城市”称号。

▲全市深入学习实践科学发展观活动领导小组第一次会议召开。全市深入学习实践科学发展观活动领导小组组长、市委书记韩志然主持会议并讲话。市领导汤爱军、杨飞云、薄连根、朝鲁、兰恩华、云丽珠、韩钊、银孝及领导小组成员参加了会议。

▲全市民政工作会议召开。副市长包钢出席会议并要求民政工作人员要有忧患意识、创新意识、精品意识和团队意识，在今后的工作中继续努力，使民政工作的地位和作用得到全面提升。

▲市防凌前线指挥部总指挥、市政府副巡视员高炜明带领市水务局、市防汛办、预备役30师等有关部门负责人，检查了黄河呼市段防凌工作。

17 日　乌海市社区建设考察团一行26人，在市民政局负责人的陪同下，对我市部分社区进行了参观学习考察。

17 日—19 日　“2009第五届中国太阳能级硅及光伏发电研讨会”及“So Iarcon China国际光伏展览会”在上海新国际博览中心举行，应组委会邀请，我市组团赴沪参加了此次论坛会的“振兴光伏・市长论坛”。市委常委、副市长武文元代表我市参加论坛并介绍了我市近几年光伏产业的起步、发展及取得的成果，并就光伏产业今后的发展方向、远景规划进行了详细介绍。

18 日　以自治区副主席连辑为首的自治区工业经济视察组，深入我市托克托县视察。副市长刘菊茹陪同视察。

▲市委副书记、市长汤爱军在内蒙古饭店会见了齐鲁制药有限公司董事长李伯涛一行。副市长刘菊茹参加了会见。

19 日　呼和浩特市经济技术开发区金川工业园区与齐鲁制药生物发酵药物生产基地项目签约仪式举行。副市长刘菊茹出席签约仪式。市发改委、市经济技术开发区、金川工业园区等部门和单位主要负责人参加。

20 日　呼和浩特市第二批深入学习实践科学发展观活动动员大会在呼市党政机关一号会议厅召开。自治区党委常委、市委书记、市委深入学习实践科学发展观活动领导小组组长韩志然，自治区人大常委会委员、自治区第二批学习实践活动第一指导检查组组长布和朝鲁参加大会并作重要讲话。市委副书记、市长汤爱军主持大会。市领导吴一微、张彭慧、陈焕文、杨飞云、薄连根、兰恩华、王恒俊、赵刚、武文元、狄瑞明参加会议。

23 日　全市第二批学习实践科学发展观活动专题培训班在市委党校举行开班仪式。市领导韩志然、汤爱军、吴一微、张彭慧参加了开班仪式和培训学习，杨飞云在开班仪式上作了讲话，兰恩华主持开班仪式。市各大班子全体成员、各旗县区相关领导、各委办局有关负责人等参加了学习培训。

▲自治区党委常委、市委书记韩志然在香格里拉会见了中国食品董事总经理、中粮可口可乐饮料（中国）投资有限公司董事曲喆、中可公司总裁栾秀菊一行。我市领导汤爱军、吴一微、张彭慧、武文元、狄瑞明以及市发改委、市经委、和林县的有关负责人参加了会见。

▲中粮可口可乐饮料（中国）投资有限公司与我市和林格尔县政府可口可乐系列饮料项目签约仪式在香格里拉举行。我市领导韩志然、汤爱军、吴一微、张彭慧、狄瑞明出席了签约仪式。市委常委、副市长武文元主持了签约仪式。

24 日　自治区人大副主任、自治区总工会主席云秀梅一行来呼，就受金融危机影响，部分规模以上企业生产经营和职工生活及思想状况进行了专题调研，并举行了座谈会。自治区总工会副主席崔明龙陪同调研。市领导杨飞云、武文元、吴安俊出席座谈会。市总工会、市劳动和社会保障局、市经委及来自旗县区各产业工会、部分企业工会等负责人参加了会议。

▲全市人民防空工作会议在市人防办召开。会议总结了2008年人防工作，部署了2009年工作任务。呼和浩特警备区司令员潘平、自治区人防办副主任王玉栓、副市长白金祥出席了会议。

25 日　自治区党委常委、市委书记韩志然在香格里拉大酒店会见了丹麦驻华大使叶普先生，双方进行了亲切友好的会谈。韩志然代表市委、市政府对叶普大使一行对我市访问表示热烈欢迎并简要介绍了内蒙古和呼市经济社会发展情况。丹麦驻华使馆农业参赞贾波先生、蒙牛阿拉（内蒙古）奶业制品有限公司执行总裁佩德森先生，市领导王恒俊、武文元、狄瑞明参加了会见。

▲硅基太阳能材料未来发展方向研讨会在香格里拉大酒店召开。中国科学院半导体研究所梁骏吾院士从世界能源危机、热力学效率等方面对硅基太阳能材料的未来发展方向进行了专题讲座，并回答了在座专业人士的提问。中国半导体材料协会秘书长朱黎辉就企业如何投资参与硅产业生产和研发等与参会企业进行了探讨。市委副书记、市长汤爱军参加研讨会并作了讲话。市领导武文元、狄瑞明及来自全国的19家太阳能光伏材料企业和70多位企业家参加了研讨会。

▲市人大副主任李岳清、副市长刘菊茹会见了以日本国国际东亚研究所所长谷村秀彦为团长的日本国国际东亚研究中心访问团一行。

25日—26日　由市人大副主任吴安俊及部分常委会委员、市人大代表和特邀的2名自治区人大代表组成的视察组，对全市法律援助工作进行了视察。副市长云公和及有关部门负责人陪同视察。

26日　国家人力资源和社会保障部办公厅下发了《关于公布首批国家级创建创业型城市名单的通知》，将呼和浩特市列为首批国家级创建创业型城市。

▲由中环集团下属环欧公司和上海航天机电股份有限公司共同投资的绿色可再生能源太阳能电池用硅单晶材料产业化工程项目一期工程在赛罕区金桥开发区隆重开工奠基。我市领导韩志然、汤爱军、张彭慧、武文元、狄瑞明出席奠基仪式。中国工程院士梁骏吾、中国半导体材料行业协会秘书长朱黎辉及天津市中环电子信息集团有限公司、中国航天科技集团有限公司、上海航天技术研究院、内蒙古中环光伏材料有限公司的有关负责人出席奠基仪式。自治区科技厅副厅长田颖男及自治区安监局、经委等部门负责人出席奠基仪式。市发改委、市经委、科技局、安监局、招商局、建委等有关负责人也出席了奠基仪式。

▲全市交通工作会议召开。市人大副主任韩钊，副市长云公和出席会议。

▲全市妇儿工委工作暨“两纲”监测统计会议召开。副市长刘菊茹出席会议并就进一步抓好“两纲”实施、推动我市妇女儿童事业发展提出了具体要求。

27日　京包铁路集宁至包头段增建第二双线（呼和浩特地区）工程开工仪式在玉泉区小黑河镇乌兰巴图村举行。自治区党委常委、市委书记韩志然参加开工剪彩仪式，呼和浩特铁路局局长林奋强、市委副书记、市长汤爱军分别在开工仪式上讲话。副市长吕慧生主持开工仪式，市领导银孝及有关部门、企业负责人等参加了开工仪式。

▲市人大常委会、“一府两院”领导联席会议召开。市人大主任吴一微主持会议。市领导赵刚、李岳清、韩钊、吕景瑞、赛娜、邢燕菊、吴安俊、刘菊茹、白金祥及市中级人民法院、市人民检察院负责人参加了会议。

▲副市长包钢在市民政、公安、卫生、市容、工商、林业、综治、交警、消防和新城区等部门主要负责人的陪同下，先后视察了我市殡仪馆、慈安园、天安堂、大青山公墓等地，随后在大青山公墓召开了办公会，安排了清明节期间管理服务工作。

30日　参加自治区呼包鄂经济工作座谈会与会人员莅临我市，参观考察了位于托县工业园区的石药集团中润制药（内蒙古）有限公司和内蒙古大唐国际再生资源开发有限公司。自治区及我市领导任亚平、韩志然、莫建成、符太增、郭启俊、汤爱军、武文元、狄瑞明参加了参观考察。

▲2009年第四届内蒙古国际农业博览会在内蒙古会展中心开幕。本届农博会的宗旨是“服务三农、搞活流通、促进发展”。自治区人大原副主任陈瑞清、市领导刘香芸、高炜明等出席了开幕式。

▲内蒙古鲁阳节能材料有限公司奠基仪式在土左旗金山开发区举行。市领导王恒俊、武文元及山东鲁阳股份有限公司主要负责人出席奠基仪式并为项目奠基。

4月

1日　“呼包鄂”经济工作座谈会在呼市召开。自治区党委常委、市委书记韩志然代表呼市市委、市政府在会上发言。包头市、鄂尔多斯市、乌海市、阿拉善盟、巴彦淖尔市以及自治区发改委、经委等部门，分别结合实际就如何应对当前形势进一步加强合作，实现自治区经济社会又好又快发展等进行了工作汇报、交流和沟通。自治区和我市领导储波、巴特尔、莫建成、符太增、郭启俊、云峰、汤爱军、吴一微、王恒俊、武文元、银孝及呼、包、鄂、乌海、阿拉善盟、巴彦淖尔市主要领导，自治区、呼市相关部门负责人等参加了会议。自治区党委书记储波主持了会议。

1日—2日　全市创建国家森林城市工作会议召开。市委副书记、市长汤爱军出席会议并作重要讲话。他要求各地区各部门要重视创建国家森林工作，积极行动起来，全面动员，扎扎实实抓好各项创森任务的落实，确保创森工作取得圆满成功。市政府副巡视员高炜明主持会议。我市各旗县区政府主要负责人及市有关部门负责人参加了会议。

2日　“呼包鄂”经济工作座谈会闭幕。自治区党委书记储波主持会议并作重要讲话。自治区党委副书记、自治区主席巴特尔在会上作重要讲话。自治区和我市领导任亚平、伏来旺、郑传福、韩志然、莫建成、乌兰、符太增、罗啸天、云峰、汤爱军、张彭慧、王恒俊、武文元、李岳清、银孝及呼、包、鄂、乌海市、阿拉善盟、巴彦淖尔市主要领导，自治区、呼市相关部门负责人等参加了会议。

▲以中央纪委驻最高人民检察院纪检组组长莫文秀为组长的中央扩大内需落实政策检查第十二组一行，在呼和浩特新城宾馆听取了呼和浩特市委、市政府关于呼市新增中央投资项目落实情况的汇报。自治区政府副秘书长主持汇报会。市委副书记、市长汤爱军、市委常委、秘书长狄瑞明、副市长吕慧生、市政府副巡视员、市环保局局长郭召来出席汇报会。

▲全市规划建设管理工作会议召开。市委常委、副市长薄连根出席会议并讲话。市领导邢燕菊、陈曼莉出席会议。

▲全市档案工作会议召开。副市长白金祥出席会议并与各旗县区有关负责人签订了2009年度档案工作重点目标责任状。市委常委、秘书长狄瑞明出席会议。自治区档案局副局长朝克应邀出席会议。

▲全区地税系统承担保险征缴管理任务以来的第一次重要会议在我市召开。副市长包钢出席会议并就我市社会保险工作的整体情况和工作思路讲了话。

3日　呼市传达全国“两会”精神暨经济工作会议召开。会议传达了全国“两会”和自治区呼包鄂经济工作座谈会精神，并对2009年全市经济建设目标和任务进行了部署。自治区党委常委、市委书记韩志然，市委副书记、市长汤爱军在会上分别作了重要讲话。会议由市委常委、副市长薄连根主持。市领导吴一微、张彭慧、杨飞云、朝鲁、云丽珠、王恒俊、武文元、狄瑞明、吕慧生出席会议。

▲自治区及我市在新华广场开展了森林草原防火宣传活动。自治区及我市领导雷・额尔德尼、郭启俊、郭子明、吕景瑞、高炜明、陈曼莉出席活动。自治区政府办公厅、自治区林业厅、市政府办公厅、市林业局及市四区林业部门负责人参加活动。

▲全市净化社会文化环境“扫黄打非”工作会议召开。市文明委副主任、宣传部部长云丽珠、副市长白金祥等参加了大会。

▲伊利集团“有机奶产业链建设及产品开发”项目在中国轻工业联合会举行的2008年度中国轻工业联合会科学技术进步颁奖大会上获得科学技术进步三等奖。

7日 市政府与内蒙古大学社区建设及毕业生实习就业合作协议签字仪式在内蒙古大学学术会议中心举行。市领导兰恩华、吴安俊、包钢出席会议。

▲全市市容工作会议召开。副市长包钢出席会议并讲话，他希望有关部门要采取扎实有力的工作措施，推动市容管理各项工作健康快速发展，实现着力提升城市管理水平的总目标，全力以赴完成好“创卫”涉及市容环境卫生的各项任务。市领导吴安俊、包钢、陈曼莉出席会议。

8日 自治区党委常委、市委书记韩志然在市领导狄瑞明、高炜明、银孝以及有关部门负责人的陪同下，先后来到大青山乡前柜村，哈乐镇大豆铺村、白沙泉村、南房子村、五福堂村、可镇闫家沟村、营字号村、上秃亥乡三间房村、厂汉陶力盖村中棚项目区，就武川县今年中棚扩面建设情况进行了调研。

▲大召区块商业项目全面启动暨浙江新湖集团投资呼市建设开发新闻发布会在蒙古风情园举行。市委常委、副市长薄连根、市委常委、宣传部长云丽珠等出席发布会。

▲伊斯兰风格文化商业综合项目“阿拉伯宫”在回民区中山西路商业街西口开工奠基。自治区党委统战部巡视员张德斌、副部长马国祥，市领导韩钊、白金祥、崔世清及我市相关委办局负责人、回民区四大班子领导参加了奠基仪式。

▲全球第三大无菌包装供应商——泉林包装内蒙古无菌包装材料厂开工奠基仪式在和林格尔县盛乐园区举行。市领导吕慧生出席会议并讲话。

9日 自治区党委常委、市委书记韩志然在香格里拉大酒店会见了兴业银行监事会主席毕仲华一行。市领导武文元、狄瑞明参加了会见。

▲市政府与内蒙古移动呼和浩特分公司签署共建“无线呼和浩特协议，共同承诺利用国家自主创新的3G（TD-SCDMA）技术，加速推进“无线呼和浩特”建设。市委常委、副市长赵刚出席签约仪式。

▲伊利集团与中国石油、中国移动等十五家城信经营、守法纳税、为地方经济发展做出突出贡献的企业被评为呼和浩特市“十佳纳税企业”。

10日 全市劳动和社会保障工作会议召开。此次会议明确了“保就业”是我市保增长、保民生、保稳定的关键，也是劳动保障工作的首要任务。副市长包钢出席会议。

10日—14日 市委副书记、市长汤爱军，副市长刘菊茹率领我市考察团一行赴杭州市、长春市两地，就创建国家卫生城市进行了学习考察。市委副秘书长，市政府副秘书长，市四区区长及市市容局、卫生局、爱卫办的相关负责人参加了此次学习考察。杭州市、长春市主要领导陪同参观并进行了会谈。

11日 由自治区政府信息化工作办公室主办，中国电信分公司承办的内蒙古“信息化便民服务一体化工程”开通仪式在我市举行。工业和信息化部副部长杨学山，工业和信息部信息化推进司副司长洪京一行出席开通仪式。自治区副主席赵双连宣布内蒙古“信息化便民服务一体化工程”正式开通。自治区和我市领导肖黎声、邢宝玉、张院忠、赵刚以及自治区政府信息化工作办公室主任张铁网出席开通仪式。

▲由自治区旅游局、市政府主办，市旅游局、回民区政府承办的“全国百城旅游宣传周”、“2009中国生态旅游年”内蒙古生态游和“美丽草原我的家”内蒙古人游内蒙古呼市启动仪式在新华广场举行。自治区及我市领导布小林、包钢出席启动仪式。

11日—12日 由甘肃省白银市市委书记、市人大主任袁占亭率领的白银市党政考察团一行，就社会经济发展等方面的问题对我市进行了考察。市领导韩志然、吴一微、张彭慧出席欢迎晚宴，杨飞云、武文元、狄瑞明及有关单位负责人出席欢迎晚宴并陪同考察。

13日 由自治区旅游局、包头市人民政府主办，包头市、呼和浩特市、鄂尔多斯市、巴彦淖尔市、乌兰察布市五市旅游局承办的“邀您再次走西口，今非昔比草原行暨内蒙古中部地区旅游推介踩线会”在包头市举行。

15日 自治区党委常委、市委书记韩志然主持召开“十年巨变”重点项目协调会。会议专题研究了乌素图生态区的建设问题和各相关部门相互衔接问题，以及中山路的亮化、美化问题。市领导薄连根、狄瑞明、包钢、银孝、张赢及回民区、新城区、市发改委、建委、规划局、土地局、水务局、交通局、市容局、园林局等相关部门负责人参加了会议。

▲副市长包钢深入回民区海西路街道工农兵路社区、钢铁路街道钢一社区、光明路街道北一社区进行了实地督查调研与指导。

16日 维斯塔斯风力系统（中国）有限公司呼和浩特工厂举行开业仪式。同时，第一台专为中国市场量身定制的V60—850千瓦型风机正式下线。自治区及我市领导储波、巴特尔、韩志然、符太增、赵双连、张彭慧、王恒俊、武文元、狄瑞明参加了开业仪式。丹麦驻中国大使叶普、维斯塔斯全球总裁兼首席执行官迪特列・英格、维斯塔斯中国区总裁安信诚、维斯塔斯中国总经理兼副总裁路明等参加了开业仪式。

▲市委常委、副市长薄连根在市建委、市园林局等有关单位主要负责人的陪同下，对我市园林绿化工程进行了实地视察。

17日 我市第一家大规模的物流园区——内蒙古晋丰园煤化物流园区在土左旗沙尔营服务中心奠基。市领导吴一微、王恒俊、武文元、吕慧生出席奠基仪式。

▲呼市规划展览馆策划设计方案评选会暨城市规划展览馆筹备建设工作领导小组工作协调会召开。市委常委、副市长薄连根出席会议并讲话。

▲市公安局出入境管理“全国文明窗口”挂牌仪式举行。副市长包钢及自治区公安厅、市公安局有关领导出席了挂牌仪式。

18日 市委副书记、市长汤爱军在北京内蒙古宾馆会见了全国工商联女企业家商会会长、联亚集团董事长刘亭女士和中植企业集团执行总裁黄勇、中融信托副总经理赵婷婷一行。市人大副主任李岳清和市驻京办、市工商联相关负责人等参加了会见。

20日 2009年全市社区建设工作会议召开。自治区党委常委、市委书记韩志然出席会议并作重要讲话。市委副书记、市长汤爱军在会上要求全市各地区、各部门要从贯彻落实科学发展观的高度，切实把社区建设作为一项民主工程、民心工程、民生工程来抓，使社区真正成为社会公共服务的基础、社会稳定的基石、居民和谐生活的基地。市领导吴一微、张彭慧、杨飞云、兰恩华、狄瑞明、包钢出席会议。自治区党委组织部副部长于永泉、自治区直属机关工委副书记曹树山、自治区民政厅副厅长黄志江出席会议。

▲全市少先队工作会议举行。会议按照自治区少工委五届四次全委会和团市委2009年工作会议的要求，重点部署了今年少先队的工作任务。副市长刘菊茹出席会议并讲话。

21日 市委常委、副市长赵刚深入到联系点工商局，就深入学习实践科学发展观活动进行调研指导。

▲副市长包钢到学习实践科学发展观联系点市民政局所属市民政综合服务中心、市福利彩票发行管理中心、市双拥办、低保办、军休中心等部门进行了调研，并就如何开展下一步工作提出要求。随后，包钢到新建成的市儿童福利院和市民政福利园项目基地进行了实地考察。

▲呼和浩特市污染防治工作会议召开。会议明确了《2009-2010年全市污染防治工作要点》，分析了我市污染防治工作现状，对全市污染防治工作进行了部署。市政府副巡视员、环保局局长郭召来出席会议。

22日 市委副书记、市长汤爱军就我市创建国家卫生城市有关事宜主持召开市长办公会议。汤爱军在会上做了重要讲话，他指出各级各部门要统一思想、提高认识、坚定信心，毫不动摇地把“创卫”工作抓下去，要全民动员搞绿化、全民动员搞好爱国卫生运动。副市长刘菊茹在会上简要介绍了杭州、长春、西安、银川等地“创卫”成功的先进做法，并对下一步工作任务做了具体安排。副市长包钢出席会议。

▲市委召开中心组（2009）第二次（扩大）学习会。自治区党委常委、市委书记韩志然，市委副书记、市长汤爱军作重要讲话。自治区党委学习实践活动第一指导检查组成员武永丰、史文光应邀参加了学习会。市领导吴一微、薄连根、兰恩华、云丽珠、赵刚、狄瑞明、包钢、崔世清以及各旗县区、各有关部门负责人等参加了学习。市委副书记杨飞云主持会议。

▲自治区、呼市两级国土资源部门举行纪念“世界地球日”大型宣传活动，倡导市民认识地球，保障发展。市领导薄连根、邢燕菊出席宣传活动。

▲副市长包钢在新城区相关负责人的陪同下，对北垣街的整治工作进行了实地检查和指导，同时针对北垣街绿化设施和市容市貌管理提出指导建议。

23日 市委副书记、市长汤爱军赴联系点清水河县就学习实践科学发展观活动进行调研。汤爱军分别深入到市中燃城市燃气发展有限公司、宏河镇小学、宏河镇新农村建设综合示范点永兴村、宏河镇农牧业综合示范点永盛村进行实地调研。市领导银孝及相关部门负责人陪同调研。

▲市委常委、副市长薄连根赴联系点市建委就学习实践科学发展观活动进展情况进行调研指导。

▲副市长刘菊茹深入到联系点市卫生局和市食品药品监督管理局，就深入学习实践科学发展观活动情况进行调研指导。

▲市食品安全委员会主任、副市长刘菊茹主持召开了打击违法添加非食用物质和滥用食品添加剂专项整治工作汇报会。

23日—24日 我市召开国防动员系统处置重大公共突发事件指挥干部集训会。国家国动委政策理论研究专家组研究员、中国（国际）国防动员战略研究发展中心主任戴凤秀研究员为全体人员讲了课。市委副书记、市长、市国动委主任汤爱军作总结讲话。自治区军区参谋长、国动委秘书长郎建华少将，国动委办公室主任靳毅出席会议。呼和浩特警备区司令员、市国动委常务副主任潘平，市委副书记、市国动委副主任杨飞云，副市长包钢及市公安局局长颜炳强出席会议。

24日 市政府全体会议暨第二次廉政工作会议召开。会议要求全体政府工作人员要进一步振奋精神，坚定信心，奋发有为，不断加强自身建设，全面履行好各自职责。市委副书记、市长汤爱军出席会议并就扎实推进今年反腐倡廉各项重点工作做了重要讲话。市委常委、副市长薄连根主持会议。市领导朝鲁、刘菊茹、吕慧生、包钢、郭召来出席会议。

▲市委常委、副市长赵刚深入联系点市工商局专业市场管理分局，就深入学习实践科学发展观，促进首府互联网市场健康发展进行调研指导。

25日 以河北省人大副主任、中央第七巡回检查组副组长宋长瑞为首的中央巡回检查组莅临我市，就我市深入学习实践科学发展观活动开展情况进行检查指导。自治区党委常委、市委书记韩志然主持座谈会。自治区政协副主席王长聚，我市领导汤爱军、吴一微、杨飞云、兰恩华、狄瑞明、崔世清及自治区、呼市相关部门负责人参加了座谈会。

27日 呼和浩特市青少年活动中心开工奠基仪式在新城区呼哈路苏雅拉公园隆重举行。副市长刘菊茹在奠基仪式上作重要讲话。市领导韩志然、汤爱军、张彭慧、狄瑞明、吴安俊、刘月娥及自治区教育厅厅长李东升出席奠基仪式。呼市新城区有关部委及项目建设单位、设计单位有关负责人参加奠基仪式。

▲我市召开贯彻“2009年全区‘博爱一日捐’活动动员大会暨启动仪式”精神电视电话会议。副市长刘菊茹出

席会议并讲话。她要求各单位、各部门和社会各界人士积极参与和支持“博爱一日捐”活动，为建设和谐首府作出更大贡献。

▲副市长吕慧生到学习实践科学发展观活动联系点市财政局进行调研指导。认真听取了市财政局预算科、国库科、社保科、经济建设科、农牧业科等各科室学习实践科学发展观活动的专题工作汇报。

▲由自治区新闻出版局、通信管理局、党委宣传部网络处组成的全区网络执法百日行动联合检查组，对我市网络执法百日行动的进展情况进行了检查督导，并就今后如何提高网络监管水平进行了座谈。

▲由自治区党委组织部、直属机关工委和呼市市委联合开展的自治区区直机关与呼市社区共建总结暨建立党员执政为民教育基地动员会在我市举行。自治区党委常委、市委书记韩志然、自治区党委常委、组织部部长李佳，自治区直属机关工委书记曹树山，自治区党委组织部副部长于永泉、自治区直属机关工委副书记李华出席会议。市委副书记、市长汤爱军，市委副书记杨飞云，市委常委、组织部部长兰恩华，市委常委、秘书长狄瑞明，副市长包钢及自治区与呼市结对共建相关厅局负责人出席会议。

28 日　呼包鄂地区国家信息化和工业化融合创新实验基地揭牌暨内蒙古软件创意示范基地开工奠基仪式在呼和浩特新城区鸿盛工业园区举行。国家工业和信息化部信息化推进司副司长董宝青，北京理工大学党委书记郭大成、副校长杨树兴，中科院化学所纳米重点研究室常务副主任王春儒博士出席揭牌奠基仪式。自治区党委常委、市委书记韩志然，市委副书记、市长汤爱军，市委常委、副市长武文元，市委常委、秘书长狄瑞明出席揭牌奠基仪式。自治区发改委、经委、科技厅、“两化融合”领导协调小组、政府信息化办公室有关负责人及我市相关部门和新城区主要负责人等参加了揭牌奠基仪式。

▲全市国土资源管理会议召开。市委常委、副市长薄连根出席会议并讲话。他要求国土资源部门要正确把握当前形势，对“扩内需、保增长”，实现国土资源管理工作的新跨越。自治区国土资源厅副厅长元重举出席会议。市政协副主席陈曼莉出席会议。

▲我市举行打击违法添加非食用物质和滥用食品添加剂专项整治联合执法检查暨集中销毁活动。副市长刘菊茹出席了这次活动。

▲市政府副巡视员高炜明在市林业局及有关部门负责人的陪同下，来到我市城壕高速公路，督查指导城壕高速沿线造林绿化工作。高炜明指出，今年我市创建森林城市的各项指标要全面完成，各级林业部门要抓住植树有利时机，进一步加大工作力度，认真抓好高速公路沿线的绿化工作和养护工作。

▲市委办公厅、市政府办公厅联合发出《关于动员首府城市人民大力开展创建国家卫生城市活动的通知》，要求各旗县党委、政府，市各部、委、办、局，各人民团体，各企事业单位，动员首府市民大力开展创建国家卫生城市活动。

29 日　市委副书记、市长、市委学习实践科学发展观活动领导小组副组长汤爱军主持召开了市政府党组会议，会议专题研究了《呼和浩特市人民政府领导班子深入学习实践科学发展观分析检查报告（提纲）》。市领导薄连根、赵刚、武文元、刘菊茹、包钢参加了会议。

30 日　有着“西出京城第一府”之称的固伦恪靖公主博物馆经过近五年的修缮于今日开馆。固伦恪靖公主府始建于清康熙年间，是康熙皇帝六女儿与额尔喀蒙古土谢图汗部联姻出嫁后居住的府邸，距今 300 多年的历史。是我国至今完整保存下来的清代公主府。2001 年被国务院公布为全国重点文物保护单位。自治区党委常委、市委书记韩志然、市委副书记、市长汤爱军、市人大主任吴一微出席庆典仪式并剪彩。市领导云丽珠、狄瑞明、韩钊、白金祥出席庆典仪式。国家有关部门、自治区文化厅、自治区旅游局以及我市有关部门负责人参加了庆典仪式。

5 月

2 日　副市长刘菊茹在相关部门负责人的陪同下对呼市地区医疗机构防控人感染甲型 H1N1 流感情况进行了督导检查。

4 日　我市召开甲型 H1N1 流感防控情况汇报会。自治区党委常委、市委书记韩志然主持会议，市委副书记、市长汤爱军、市领导云丽珠、狄瑞明、刘菊茹、白金祥、高炜明、银孝及市卫生局、农牧业局、旅游局、药监局等相关部门负责人参加了会议。

▲今天是五四运动 90 周年纪念日，我市隆重举行了纪念五四运动 90 周年暨群英表彰大会。自治区团委书记胡达古拉以及我市领导吴一微、张彭慧、杨飞云、兰恩华、刘菊茹出席表彰大会。团市委、市总工会、市妇联及来自全市各族各界的团员青年和团干部代表等参加了会议。团市委书记陈向东主持了表彰大会。

▲市委副书记、市长汤爱军深入到土左旗、托县、赛罕区和新城区，对大青山冲积扇经济林带的建设情况、大青山前坡保护工程、京藏和城壕高速公路可治理段治理情况、绕城高速公路路权范围内治理情况等创建国家森林城市工作中的薄弱环节进行了督查，同时实地查看了新城区“首府后花园”重点工程建设情况。市领导高炜明、张赢以及相关部门负责人陪同。

▲团市委、市教育局在乌兰夫纪念馆广场举行了“传承五四精神，争做时代先锋”的全市 1000 余名新团员代表集体入团宣誓仪式。市委副书记杨飞云，市政协副主席鲁剑钧，市长助理刘月娥出席活动仪式。

5 日—6 日　由自治区人大内务司法委员会副主任苏远方、自治区司法厅副厅长岩英等成员组成的调研组，就我市开展法律援助工作情况进行了调研。市领导赵刚、吴安俊，市人大内务司法委员会及市政府有关部门负责人陪同调研。

6 日　市委副书记、市长汤爱军在市政府主持召开呼和浩特火车站站前广场综合整治协调会。副市长包钢出席会议并对呼和浩特火车站站前广场综合整治提出了具体意见。呼铁局、市公安局、交警、市容、公交、长途客运和新城区政府主要负责人参加会议。

▲副市长包钢深入学习实践科学发展观活动联系点进行了调研，并与市政务服务中心进驻单位、市四区市民服务中心筹建人员以及社区便民服务站工作者代表，就如何加快推进我市公共服务体系建设进行了座谈。

7 日　全市财税收入工作调度会在市财政局召开。市领导吕慧生、银孝出席会议。副市长吕慧生要求，各部门要坚定全面完成今年既定的各项经济指标的必胜信心，要认清形势，按照科学发展观统领工作；要狠抓重点，抓大不放小，要夯实基础，加强队伍建设，力争完成市委、市政府今年既定的各项经济任务。

▲全国政协副主席、科学技术部部长万钢在神舟硅业调研，自治区及我市领导储波、韩志然、符太增、娜仁、汤爱军、狄瑞明等陪同调研。

7 日—8 日　国家国防教育办公室副主任石楚敬一行 6 人在内蒙古军区政治部副主任、国防教育办公室主任刘志全、呼和浩特警备区副政委王瑞杰的陪同下，对呼市国防教育工作情况进行调研考察。

8 日　自治区党委常委、市委书记韩志然主持召开市委中心组（2009）第三次（扩大）学习会。市委中心组成员结合全市第二批深入学习实践科学发展观活动调研情况，交流了专题调研成果，开展了解放思想大讨论。自治区学习实践活动第一指导检查组组长布和朝鲁，市委副书记、市长汤爱军，市人大主任吴一微、市政协主席张彭慧、市委副书记杨飞云以及市领导李鹤、朝鲁、兰恩华、云丽珠、王恒俊、赵刚、武文元、狄瑞明、吕慧生、包钢、郭召来、银孝和有关部门负责人等参加了会议。

▲第三届中国民族商品交易会新闻发布会在市政府召开。市委副书记、市长汤爱军出席新闻发布会，并作新闻发布。中国汽车工业国际合作总公司总裁刘敬桢、中国市场学会秘书长吴涤心出席新闻发布会。自治区商务厅副厅长吕二喜、自治区贸促会党组书记、副会长李建钢出席新闻发布会。市委常委、宣传部部长云丽珠主持了新闻发布会。

▲市委副书记、市长汤爱军主持召开第三届中国民族商品交易会工作会议。中国市场学会秘书长吴涤心出席会议。自治区贸促会党组书记、副会长李建钢出席会议。市领导云丽珠、狄瑞明、李岳清、云公和、高炜明出席会议。

▲我市召开专题座谈会，就工业经济如何应对金融危机，实现又好又快发展广泛征求企业意见建议。市委常委、副市长武文元出席座谈会。

▲赛罕区 2009 年社会主义新农村建设及蔬菜保护地建设开工庆典仪式在赛罕区西把栅乡合林村举行。市领导高炜明及自治区农牧业厅有关负责人等出席了庆典仪式。

9 日　由呼和浩特市政府、内蒙古电视台主办的“百集电视连续剧《大盛魁文化创意产业园启动仪式》”在北京人民大会堂内蒙古厅隆重举行。全国人大原副委员长布赫，全国政协原副主席陈锦华，新华社原社长、全国新闻工作者协会主席田聪明，中国电视艺术家协会党组书记黎鸣，自治区副主席刘新乐以及我市领导汤爱军、白金祥出席启动仪式。

▲由自治区农牧业产业化办公室及内蒙古奶业协会、乳品协会、艾克思博国际展览集团、内蒙古伊利集团、内蒙古蒙牛集团联合举办的第三届中国（内蒙古）国际乳业博览会暨 2009 年内蒙古奶业协会年会在我市召开。自治区政协副主席娜仁、自治区政府秘书长乌兰巴特尔，市政府副巡视员高炜明等参会。

▲市科技信息中心电子阅览室面向市民正式开放。

11 日　市委副书记、市长汤爱军主持召开政府工作征求意见座谈会，就实践科学发展观、推动和谐首府建设广泛征求社会各界意见。汤爱军强调，开展学习实践科学发展观活动，不仅要从理论上加强认识，重要的是突出实践性，围绕学习实践活动找出差距和不足，进一步促进工作科学化。市领导赵刚、武文元、高炜明出席了会议。

▲市委副书记、市长汤爱军先后到内蒙古呼运物流中心、内蒙古金海国际五金机电城、内蒙古物资储运物流基地、内蒙古海力物流园区、内蒙古九州通医药物流配送中心以及内蒙古保全庄农产品物流中心进行了实地调研。副市长吕慧生及我市相关部门负责人陪同调研。

12 日　自治区党委常委、市委书记韩志然在常委会议室主持召开了中山路、新华大街、博物馆游园广告亮化综合整治设计方案汇报审查会议。市领导汤爱军、薄连根、狄瑞明、包钢出席会议。市建委、规划局、市容局、财政局、公安局交警支队、新城区、回民区、赛罕区等部门和单位的主要负责人参加会议。

▲以自治区环保局副局长高震风为组长的自治区环保督查组一行，先后深入到金桥神舟硅业多晶硅项目现场，以及辛辛板、公主府污水处理厂等地，检查了我市以主要污染物减排为重心的各项环保工作的落实情况。副市长吕慧生，市政府副巡视员、市环保局局长郭召来陪同检查。

13 日　市委中心组召开武川县中棚种植观摩学习会。与会人员首先观摩了武川县大青山乡前柜村和哈乐镇大豆铺村、小西滩村、白沙泉村、二号村 5 个中棚项目村。市领导韩志然、吴一微、张彭慧、杨飞云、薄连根、兰恩华、云丽珠、王恒俊、赵刚、狄瑞明、韩钊、吕景瑞、高炜明、郭召来、银孝、鲁剑钧等，自治区第二批学习实践科学发展观活动指导检查组组长布和朝鲁，自治区农牧业厅厅长陶克、副厅长云忠义参加了学习会。

▲市消费者协会第三届理事会暨换届会议举行。自治区工商局副局长、消协常务副会长李彦，自治区消协副会长、秘书长茹峰出席会议。副市长吕慧生、市政协副主席陈曼莉出席会议。

▲全市净化网络文化市场协调会召开。协调会上，市人大以及文化、公安、教育、消防、工商等部门的相关负责人就目前出现在大中专学校附近的网吧式旅店存在的问题及今后如何更好地规范文化市场秩序献计献策，副市长白金祥出席会议。

▲呼和浩特市甲型 H1N1 流感联防联控成员单位联络员会议召开。市委宣传部、市经委、市建委、市政府外办、市教育局、市农牧业局、市旅游局、市交通局、内蒙古民航机场集团有限责任公司、呼铁局等相关单位及各旗县区政府联络员参加了会议。

14 日　自治区党委常委、市委书记韩志然在新城宾馆会见了北京西城区区委书记林铎一行。自治区政府副秘书长魏军，市领导汤爱军、朝鲁、武文元、狄瑞明参加了会见。

▲市发改委组织召开“十二五”规划总体思路征求意见座谈会，邀请内蒙古经研中心宏观预测处、自治区发改委、内蒙古大学、内蒙古农业大学、内蒙古财经学院、内蒙古工业大学等专家对呼和浩特市“十二五”规划总体思路提建议、谈想法。副市长吕慧生出席会议并讲话。

15 日　2009 呼和浩特春季第十一届房展会在内蒙古国际会展中心开幕。这次房产会的主题是：“信心首府，信心房产”。自治区人大副主任郝益东，自治区政协副主席肖黎声，自治区党委统战部副部长、工商联党组书记杨继业，自治区工商联主席田震出席开幕式。市领导赵刚、吕景瑞、张润锁、鲁剑钧出席开幕式。

▲呼和浩特市天颐城养生园项目举行奠基仪式。自治区民政厅厅长吴金亮参加了奠基仪式。市领导吴一微、张彭慧、吴安俊、包钢以及自治区、呼市有关部门负责人等参加奠基仪式。

▲以自治区政协副主席王长聚为组长的调研组一行来呼，对我市高校毕业生就业情况进行调研，通过座谈形式听取了我市高校毕业生就业情况汇报，并听取了相关部门的意见和建议。市领导张彭慧、刘菊茹、鲁剑钧、市政协副秘书长孙德旺出席座谈会。

▲市委常委、副市长薄连根主持召开征求意见座谈会，就如何加快推进首府城市规划建设管理科学发展向社会各界广泛征求意见。

▲全市道路交通安全工作会议召开。副市长云公和出席会议并讲话。他强调，要切实把道路交通安全工作摆在重要位置，狠抓责任状的落实，确保今年我市道路交通安全工作实现预期目标。会上，市政府与各旗县区政府、各有关部门签订了道路交通安全工作责任状。

16 日　中央纪委副书记张惠新在呼市考察，指导党风廉政建设和反腐败工作。自治区党委书记储波，自治区党委副书记、自治区主席巴特尔，自治区党委常委、纪委书记张力，自治区党委常委、市委书记韩志然，自治区党委常委、秘书长符太增，市委副书记、市长汤爱军以及市领导薄连根、朝鲁、王恒俊、狄瑞明、包钢等陪同考察。

▲内蒙古自治区首家规模最大的文化创意产业园——大盛魁开工奠基。全国政协常委、自治区政协原副主席夏日，自治区人大原副主任、自治区社会主义学院院长陈瑞清应邀出席仪式。自治区副主席刘新乐，市委副书记、市长汤爱军，市人大副主任韩钊，副市长白金祥以及自治区和我市有关部门负责人、文化界知名人士等出席了奠基仪式。

▲2009 年内蒙古科技活动周暨第十四届科普活动宣传周启动仪式在新华广场举行。自治区政协副主席、科协主席牛广明出席仪式。市领导云丽珠、刘菊茹、陈曼莉出席启动仪式。

17 日　今天是第 19 个全国助残日。我市在呼市特殊教育学校举行了主题为“关爱残疾孩子，发展特殊教育”的活动。市委副书记、市长汤爱军以及市领导杨飞云、吴安俊、包钢、鲁剑钧和自治区及我市有关部门负责人参加了活动。

▲副市长刘菊茹在市四区、市建委、爱卫办、社区办、市容局等有关部门和单位主要负责人陪同下，先后到回民区光明路、牛街、玉泉区大召附近、辛辛板河道、赛罕区山丹小区、春雨小区和新城区东影北街等地，就街巷卫生、居民区卫生和“五小”行业卫生整治等首府创卫工作进展情况进行了实地检查。

▲全市 2009 年科技进社区暨玉泉区科技活动周在玉泉区大召广场启动。副市长刘菊茹、市政协副主席陈曼莉出席启动仪式。

18 日　全国社会治安综合治理表彰大会电视电话会议在北京召开。大会对 2005 年至 2008 年全国社会治安综合治理先进集体、先进工作者、优秀地市以及平安建设先进县进行了表彰，托县荣获“全国平安建设先进县”称号。市委副书记、市长汤爱军、市政法委书记李鹤，市政协副主席鲁剑钧在呼和浩特分会场出席了会议。

▲市委常委、副市长赵刚主持召开征求意见座谈会，就如何进一步加快我市信息化和工业化融合、促进科学发展，向旗县区代表、部门代表、专家学者代表和企业代表广泛征求意见和建议。

▲呼和浩特市扶贫开发移民扩镇项目可研论证会召开。副市长白金祥出席会议并强调：该项目可研论证单位要高度重视，扎实做好项目的必要性和可行性论证，做好移民的生产、生活和保障工作，做到移民地区“迁得出、稳得住、能致富”，积极促进移民区的经济、社会、文化发展，为建设社会主义新农村创造条件。

▲副市长包钢在有关单位负责人陪同下，对中山路、新华广场周边、博物馆周边设置的各类户外广告设施拆除整治现场进行了检查。

19 日　鄂尔多斯市市委书记、市人大主任杜梓，鄂尔多斯市市委副书记、市长云光中带领鄂尔多斯市党政考察团在我市进行工作考察。自治区党委常委、市委书记韩志然、市委副书记、市长汤爱军，市政协主席张彭慧，市委副书记杨飞云以及市领导薄连根、王恒俊、武文元、狄瑞明、韩钊等陪同考察。

▲以国家安全生产监督管理总局监察专员杨国顺为组长的国务院安委会安全生产“三项行动”调研督导组一行三人来我市调研并听取汇报。自治区安监局副局长苗雨陪同调研。市委常委、副市长武文元出席汇报会。

▲由市政府主办，市信息办、市工商局承办的呼市企业基础信息管理中心揭牌暨企业基础信息共享系统启动仪式举行。市领导赵刚、吕景瑞、吕慧生出席启动仪式。

▲我市公安局交警支队召开座谈会，就学习实践科学发展观，关注民生，缓解城市交通拥堵问题进行座谈。我市人大代表、政协委员及呼市建委、规划、客运公司、公交公司等有关单位 40 多人参加了座谈会。副市长云公和及自治区交警总队有关负责人出席座谈会。

20 日　全市旅游工作会议召开。市委副书记、市长汤爱军出席会议并就我市如何打造“草原都市”、“草原天堂”、“魅力青城”，进一步繁荣全市旅游市场讲了话。市领导韩钊、白金祥出席会议。自治区旅游局局长赵广华应邀出席会议。

▲副市长云公和赴玉泉区小黑河镇西地村调研。市民委主要领导及市委学习实践科学发展观活动检查组成员陪同调研。

21日　2009年全市禁毒工作会议召开。副市长云公和出席会议并对我市2008年禁毒工作取得成绩给予充分肯定的同时，要求各级领导要进一步增强工作责任感和使命感；各级公安、药检等部门要加大堵源截流力度，切断贩毒渠道，严厉打击毒品力度，切实要加强禁毒宣传教育工作力度，提高群众抵制毒品的意识和能力。

22日　总投资约5亿元的年产25万吨HDPE大口径管材项目、年产12万吨电解电容器用电子铝箔项目、年加工1万吨亚麻籽综合开发利用项目同时在如意工业园区举行开工奠基仪式。自治区党委常委、市委书记韩志然，市委副书记、市长汤爱军、市人大主任吴一微，市政协主席张彭慧，市委常委、纪委书记朝鲁，市委常委、秘书长狄瑞明、市政协副主席张赢出席了奠基仪式。呼和浩特市经济技术开发区党工委书记常志刚，呼和浩特经济技术开发区主任李博宏出席奠基仪式。

▲市文明委召开工作例会，贯彻落实自治区文明委关于开展首届全区文明城市（区）创建工作精神，研究部署当前我市文明城市创建工作的主要任务。市委副书记、市长、市文明委主任汤爱军出席会议并讲话。市委常委、市委宣传部长、市文明委副主任云丽珠主持会议。市四区区委书记以及市文明委成员单位主要负责人参加了会议。

▲呼和浩特市托克托煤炭物流园区签约仪式在新城宾馆举行。市委副书记、市长汤爱军、副市长吕慧生出席签约仪式。市发改委、经委、商务局、安监局、环保局和托县县委、县政府及相关部门主要负责人参加签约仪式。

▲2009年呼和浩特市普通高等学校招生考试工作会议召开。副市长刘菊茹出席会议并要求各级政府和教育行政部门要各司其职、认真负责，执行好考务各项程序及重要环节，确保各项工作无失误，要协调相关部门，为考生营造良好的高考环境，同时做好可能出现的各项情况的应急准备工作，全力保障一年一度的高考平稳过渡。

▲全市扶贫开发工作会议召开。副市长白金祥出席会议并要求各地区及相关部门要充分认识当前和今后一个时期扶贫开发工作的重要性和艰巨性，增强工作的责任感、紧迫感，要进一步把握新阶段扶贫开发的工作目标，由过去集中解决温饱为主，转向以巩固温饱成果，提高经济社会发展水平为主，尤其要把工作重点转移到贫困人口和低收入人口提高发展能力上来。

▲上海浦发银行在内蒙古地区设立的第三家营业机构——浦发银行呼和浩特兴安北路支行正式对外营业。上海浦发银行副董事长陈辛，自治区政府副秘书长李春光，市委副书记、市长汤爱军出席了开业仪式并剪彩。

23日　以贵州省委常委、贵阳市委书记李军为团长的贵阳市党政代表团莅临我市，对我市经济社会发展以及城市建设等进行工作考察。自治区党委常委、市委书记韩志然，市委副书记、市长汤爱军，市委常委、秘书长狄瑞明，副市长包钢以及自治区和我市相关部门负责人陪同考察。

▲由呼市教育局主办的全市中等职业学校宣传活动在新华广场举行。自治区政府副秘书长孙惠民，自治区教育厅副厅长何瑞芝、副市长刘菊茹参加了宣传活动，并对参展学校进行了观摩。

▲我市召开第二届蒙古风情旅游那达慕暨绿色旗帜草原音乐会新闻发布会。副市长白金祥出席了新闻发布会。

24日　由市广播电视局牵头，市国家安全局、工商局等单位配合开展的对全市城镇居民住宅小区私设卫星电视接收设施进行集中整治行动正式启动。

25日　内蒙古首次佛教文化艺术作品展在玉泉区大召前街荣宝斋呼和浩特店举行。由国内大师创作的108件艺术珍品向首府市民展现。全国人大原副委员长布赫为本次作品展题词。中国美术家协会、中国书法家协会的领导、自治区人大副主任柳秀、自治区政协副主席娜仁、副市长白金祥等自治区和我市相关领导出席开展仪式。

▲上海世博局在上海正式宣布，伊利集团成为唯一一家符合世博标准，为2010年上海世博会提供乳制品的企业。伊利集团董事长潘刚宣布：伊利正式启动“世博标准工程”。上海市委常委、常务副市长、上海世博会执委会常务副主任杨雄，内蒙古自治区副主席刘新乐，上海世博会执委会常务副主任钟燕群，呼和浩特市市委副书记、市长汤爱军，上海世博局副局长陈先进，中国奶协理事长、原农业部常务副部长刘成果，中国乳协理事长宋昆冈以及来自新华社、中央电视台等全国上百家的媒体记者出席了启动仪式。

▲市委常委、副市长薄连根率领市交警、城建、规划、市容、电力、水务、市政、园林、公交、环卫等多部门负责人深入到海拉尔东西路、通道南街、八中附近太平街、中山西路、锡林南路、新华大街、哲里木路等地，共同就解决交通拥堵问题进行了实地调查，并研究和提出了具体措施。

▲全市教育系统贯彻落实科学发展观征求意见座谈会召开。会上，来自我市部分旗县区分管负责人、旗县区教育局负责人、学校校长、教师代表等就如何更好地推进全市城乡教育资源均等化发展进行了探讨。副市长刘菊茹出席会议并讲话。

▲今日18时30分，玉泉区小黑河镇西二道河村一处私搭乱建平房因质量问题突然坍塌，致7死1伤。事故发生后，市委常委、副市长武文元，市委常委、秘书长狄瑞明及市公安局、玉泉区委、区政府及时赶到现场开展救援工作。

26日　自治区党委副书记、自治区主席巴特尔在新城国宾馆会见了中国石油天然气集团公司党组成员、副总经理李新华，双方进行了友好会谈。自治区及我市领导韩志然、赵双连、汤爱军、狄瑞明、吕慧生及自治区、呼市相关部门负责人参加了会见。

▲我市“一杯奶”生育关怀行动在新城区讨思浩村正式启动。副市长刘菊茹出席了启动仪式。

27 日　赛罕区市民服务中心大厦开工奠基。市委副书记、市长汤爱军，副市长包钢出席奠基仪式。副市长包钢代表市委、市政府在奠基仪式上讲了话，他希望赛罕区要继续发扬传统，扎实推进工程建设，提早谋划开业运行，将这一工程建设成为自治区乃至全国的精品民生工程。

▲我市召开党政机关和事业单位“小金库”专项治理工作会议。会议就贯彻落实中央、自治区“小金库”治理工作电视电话会议精神，对在我市党政机关和事业单位开展“小金库”专项治理工作进行动员部署。副市长吕慧生出席会议并就做好“小金库”治理工作提出“要明确工作任务，准确理解治理范围，科学把握工作重点，充分发挥政策引导作用，坚持整体推进，严格执纪执法，切实强化源头治理”等三点重要指示。

27 日—28 日　“2009 中国会展行业年会暨第六届中国会展之星颁奖盛典”在上海成功举办。此届盛典由全国各城市会展管理办公室、中国展览联盟、《第一会展》杂志、各省市会展行业协会等联合主办。在这次会上，呼和浩特市获得“全国优秀会展城市”，同时获奖的城市还有哈尔滨、南昌、长沙、义乌、郑州、西安、重庆、厦门、青岛和昆明；由我市主办的中国民族商品交易会被评为“中国最具影响力的政府主导展会”之一，同时获奖的同类展会还有广交会、上海国际工业博览会、中国哈尔滨经济贸易洽谈会等。

28 日　由市委、市政府主办，市文化局、内蒙古新思路文化艺术发展有限公司承办的呼和浩特市第五届“文化进社区”大型公益活动在回民区昌盛小区启动。市委副书记杨飞云、副市长白金祥出席了启动仪式。

▲由国家建设部、中国残联、全国老龄工作委员会等部门组成的创建无障碍城市设施中期检查组一行 7 人来我市进行检查。

31 日　自治区及呼市团委、少工委在内蒙古人民会堂开展了纪念中国少年先锋队建队 60 周年庆祝活动。自治区领导任亚平、柳秀、连辑、董恒宇，我市领导张彭慧、杨飞云、吴安俊、刘菊茹、鲁剑钧出席了庆祝活动。

▲副市长刘菊茹在市教育局有关负责人的陪同下，到武川县第五小学和武川县特殊教育学校和孩子们一起庆祝“六一”儿童节，并送去了学习用品和玩具等慰问品。

6 月

1 日　市委召开第 48 次常委会议，分析全市 1-5 月份经济运行情况。自治区党委常委、市委书记韩志然主持会议并讲话。市领导汤爱军、吴一微、张彭慧、杨飞云、薄连根、李鹤、朝鲁、兰恩华、云丽珠、王恒俊、武文元、狄瑞明、刘菊茹、高炜明、郭召来、银孝参加了会议。

▲市工商局和个体私营企业协会联合举办的呼和浩特市就业再就业人才交流暨劳动用工洽谈会在内蒙古国际会展中心开幕。市领导韩钊、云公和、鲁剑钧出席了开幕式。

2 日　自治区党委常委、市委学习实践活动领导小组组长、市委书记韩志然主持召开市委深入学习实践科学发展观活动领导小组工作会议，听取了全市开展深入学习实践科学发展观活动基本情况的工作汇报。市领导汤爱军、杨飞云、兰恩华、狄瑞明、韩钊参加了会议。

▲全市创建国家卫生城市专题学习会召开。市委副书记、市长汤爱军出席学习会并对我市“创卫”工作提出了：各有关部门行政一把手是“创卫”第一责任人，要完善机构、层层落实责任，为“创卫”提供组织保障，要建立条块结合、以块为主、属地管理的机制。要消灭所有无物业管理小区，解决好垃圾清运、安全保卫和应急处理问题等三点要求。市领导吴一微、张彭慧、狄瑞明、吕景瑞、邢燕菊、刘菊茹、包钢出席会议。市委副书记杨飞云主持了会议。

▲市委常委、副市长武文元在有关部门负责人的陪同下，视察了内蒙古中环光伏材料有限公司绿色可再生能源太阳能电池用硅单晶材料产业化工程项目等重点建设项目的进展情况，并对项目建设中出现的问题进行现场办公。

▲呼和浩特市中小学阳光体育活动课启动仪式在呼市第十四中学的操场上举行。自治区教育厅副厅长何瑞芝、副市长刘菊茹出席启动仪式。

▲国家人力资源部和社会保障部将我市列入全国首批 82 个国家级创建创业型城市范围。

3 日　市委副书记、市长汤爱军深入土左旗对内蒙古晋丰元煤化物流园区、铁帽白庙子千头牧场园区和伊利世界奶牛科技博览园等地的项目建设进行了实地调研。他强调，土左旗要重点抓工业、突出抓项目，强力推进项目带动，加快新开工项目的建设进度，尽快使在建项目投产达效，从而带动全旗经济又好又快发展。

4 日　全区草原工作会议在我市召开。此次会议由自治区农牧业厅主办、市农牧局承办。这次会议的主题是：“提高草原管理水平，加大草原执法力度，坚持草原保护和建设并重”。市政府副巡视员高炜明出席会议。

5 日　2010 年第十五届世界元老乒乓球锦标赛倒计时一周年启动仪式在内蒙古体育馆东门广场举行。自治区和我市领导刘新乐、汤爱军、刘菊茹出席启动仪多。

8 日　蒙西水泥在呼市地区落户的第一个重大项目——清水河年产 500 万吨熟料生产基地暨 200 万吨水泥粉磨生产线一期工程开工奠基。市委副书记、市长汤爱军出席了奠基仪式。自治区及我市有关单位、部门负责人、蒙西集团主要负责人参加了奠基仪式。

▲呼和浩特环河城小黑河赛罕区段综合治理工程开工庆典举行。市委常委、副市长薄连根出席庆典活动。

▲以全国人大委员、财经委副主任委员乌日图为组长的全国人大财经委提高社会保险统筹层次课题调研组莅临我市进行工作调研。市委常委、副市长赵刚，市人大副主任韩钊及自治区、呼市人大财经委，劳动和社会保障等部门负责人参加了调研座谈会。

9 日　市委副书记、市长汤爱军以一名普通党员的身份参加了市政府办公厅第三党支部召开的主题为“联系实际谈体会，立足本职谋发展”专题组织生活会。市领导赵刚、云公和也以普通党员身份参加了这次专题组织生活会。

10日　总投资19.9亿元的太阳能电池片、电池组件与太阳能电站项目在如意新区举行了奠基仪式。市委常委、秘书长狄瑞明，市人大副主任韩钊，副市长云公和、市政府副巡视员郭召来出席奠基仪式。呼和浩特经济技术开发区管委会主任李博宏出席了奠基仪式。

▲以市人大副主任李岳清、邢燕菊为组长，由部分常委会委员、全国、自治区、呼市人大代表组成的视察组，对我市创建国家卫生城市工作情况进行了视察和专题调研。副市长刘菊茹及相关部门负责人陪同视察。

11日　市委常委、副市长薄连根参加市政府办公厅第四党支部召开的专题组织生活会，并在会上谈了对学习实践科学发展观活动的认识和体会。

▲民政部发出通报，对全国2009年清明节工作成绩突出的106个单位和160个观察员进行了通报表彰。呼和浩特市大青山革命公墓管理处，呼和浩特市殡仪馆李晓军、呼和浩特市大青山革命公墓管理处刘文武受到了表扬。

▲副市长云公和在市商务局、赛罕区有关部门主要负责人的陪同下，先后到位于赛罕区巧报镇保全庄村的保全庄现代农贸物流中心、锡林南路东鸽电器城、新建东街大学西街办事处、新建社区菜市场等地，详细了解了物流中心的建设、电器城家电下乡销售和新建社区菜市场的有关情况等，询问了这些便民工程的概况和建设进展以及存在的问题。

12日　呼和浩特市武川县德胜沟大青山抗日游击根据地旧址被中宣部公布为第四批（87个）全国爱国主义教育示范基地。

14日　湖南省人大原副主任董志文一行莅临我市，对呼和浩特近年来的经济发展和城市建设进行考察。自治区及我市领导储波、韩志然、符太增、雷·额尔德尼、吴一微、狄瑞明、刘菊茹等陪同考察。

▲来自自治区和我市两级安全生产委员会成员单位及有关单位代表在新华广场举行了"全国安全生产月"宣传咨询日活动。市人大副主任韩钊、市政府秘书长樊卫国出席活动。

15日　我市玉泉区在"2009生态旅游高峰论坛"上荣获中国生态文化旅游示范地称号。

▲经各旗县区、各部门申报、专家评审、社会公示和复核，我市确定9大类69名首批市级非物质文化遗产项目代表性传承人向社会公布。

▲市委常委、副市长薄连根在市交警、建委、规划、电力、水务、市政、公交等部门主要负责人的陪同下，就解决交通拥堵工作进展情况进行了实地调查，并提出了进一步解决措施。

▲副市长包钢参加了市政府办公厅第一党支部的专题组织生活会，并在会上谈了对学习实践科学发展观的认识和体会。

16日　市政府办公厅召开党组专题民主生活会。市学习实践科学发展观指导检查组、市纪委驻办公厅第一检查组及政府办公厅党组成员一起，共同学习探讨实践科学发展观的心得体会。市政府秘书长樊卫国主持会议。

17日　在西部大开发10周年纪念日，《呼和浩特晚报》与西部大开发其他省市区联动，共同推出特刊——《西部十年》，市委副书记、市长汤爱军接受专访并亲笔为特刊题词。

▲自治区副主席刘卓志对我市社会保障、民生就业等工作进行了调研。刘卓志一行在副市长包钢以及自治区和我市民政、妇联、劳动保障等有关部门负责人的陪同下，先后来到回民区穆斯林老年公寓、呼和浩特职业学院呼市妇联巾帼培训基地、八方保姆公司、金河夕阳红康乐园、清泉街社区等地，实地考察了社会养老管理、妇女就业培训、家政培训、就业服务等情况。

▲副市长刘菊茹、吕慧生参加了市政府办公厅第三党支部召开的专题组织生活会，并与支部党员干部深入交流学习实践科学发展观的心得体会。

17日—21日　青海省委副书记骆惠宁一行来我区进行考察。昨日骆惠宁一行首先对呼和浩特市的商业核心区和市容市貌、城市建设等进行参观考察，随后来到和林格尔县盛乐经济园区，参观考察了内蒙古蒙牛公司高智能化生产线和蒙牛澳亚国际示范牧场、内蒙古博物院、内蒙古金海伊利乳业有限公司和大召寺、成吉思汗大街、蒙元文化建筑特色景观街、伊斯兰风情街。自治区党委副书记、政府副主席任亚平，自治区党委副秘书长胡丰，呼市市委副书记、市长汤爱军，市委常委、副市长薄连根陪同考察。

18日　市委副书记、市长汤爱军主持召开第三届中国民族商品交易会第二次工作例会。中国市场学会秘书长吴涤心出席会议。市委常委、宣传部部长云丽珠，市委常委、秘书长狄瑞明、市人大副主任李岳清，副市长云公和、市长助理刘月娥出席会议。

▲自治区政府副秘书长、自治区政务公开领导小组办公室主任那炜清等4人组成的"全区政府信息公开工作及政务公开示范点建设情况专项检查组"对我市相关工作进行了检查。副市长包钢和市政务服务中心，市政府信息化办公室等有关部门负责人陪同检查。

▲2009年呼市中等职业教育技能大赛总结表彰大会举行，来自全市25所职业学院的891名选手在计算机应用、烹饪、电工电子等12个专业类别30个项目的比赛中经过比赛，最终13名教师和26名学生被授予"技术能手"和"技能状元"荣誉称号，并由劳动保障部门颁发职业资格证书。自治区教育厅副厅长何瑞芝、副市长刘菊茹出席表彰大会。

▲呼市2009年节能宣传周活动在新华广场举行了启动仪式。本次节能宣传周的主题为"推广使用节能产品，促进广大消费需求"。

▲内蒙古大气环境改善项目——东区集中供热（金桥厂）开工奠基。市领导汤爱军、狄瑞明、邢燕菊、吕慧生出席奠基仪式并为项目奠基。日本国际协力机构代表等参加奠基。

19日　2009年"伊利杯"全国竞走冠军赛在我市成吉思汗大街开幕，来自全国各省市、区、市的129名运动员参加了启跑仪式。自治区和我市领导柳秀、娜仁、刘菊茹出席起跑仪式。

▲呼市工商业联合会（总商会）十二届二次执委、常委（扩大）会议在我市举行。会议回顾总结了市工商联第十二届会员代表大会以来的工作，安排部署了下一阶段主要工作任

务。市委副书记、市长汤爱军，自治区工商联副主席和光，市人大副主任、呼市总商会会长、工商联主席李岳清出席会议。

▲中央外宣办网络局副局长魏正新来到我市，就网上舆论形势作了题为《互联网新闻宣传工作情况》的专场报告。市委常委、宣传部部长云丽珠，市委常委、副市长赵刚现场聆听了报告。

▲呼市禁毒委主任、副市长云公和在市公安局及市四区禁毒部门有关负责人的陪同下，深入我市赛罕区地北社区、回民区友谊社区、新城区艺术厅北街社区进行实地察看，详细了解了社区戒毒康复工作的有关情况。

22 日 “金桥杯”呼和浩特市第二届运动会开幕式在呼和浩特体育场隆重举行。自治区党委常委、市委书记韩志然出席运动会并宣布运动会开幕。市委副书记、市长汤爱军在开幕式上致辞。自治区和我市领导雷·额尔德尼、吴一微、张彭慧、陈焕文、李鹤、狄瑞明、吕景瑞、张润锁、银孝出席开幕式。副市长刘菊茹主持开幕式。

▲由中国残联主办，内蒙古残联、呼市残联承办的2009年全国残疾人举重锦标赛开幕式在呼和浩特市举行。

23 日 市委常委召开专题民主生活会，对照贯彻落实科学发展观的要求，在广泛听取群众意见的基础上，认真分析检查工作中存在的问题，进一步理清科学发展思路。自治区党委常委、市委书记韩志然主持会议，自治区学习实践活动第一检查指导小组组长布和朝鲁，市领导汤爱军、薄连根、李鹤、朝鲁、兰恩华、陈焕文、云丽珠、王恒俊、赵刚、武文元、狄瑞明及自治区学习实践活动第一检查指导小组成员、自治区党委组织部、自治区纪委有关人员参加了会议。会上，市委常委及市领导刘菊茹、吕慧生、云公和、包钢对照科学发展观活动征求意见情况进行了分析讨论。市人大主任吴一微、市政协主席张彭慧及相关部门负责人列席了会议。

▲中央统战部第三期民族地区地州统战部长研讨班学员来呼进行考察。市委常委、统战部部长云建东，市委常委、秘书长狄瑞明，副市长云公和，市政协副主席张润锁及市委统战部、市民委主要负责人陪同考察。

▲自治区新增中央投资检查组检查情况交换意见会在我市召开。副市长吕慧生出席会议。

24 日 呼市司法局被中央宣传部、国家司法部和全国普法办授予全国普法工作先进集体荣誉称号。

▲由中央统战部副部长楼志豪领队，全国政协常委、广西壮族自治区副主席陈章良任团长的全国无党派人士考察团莅临我市，考察我市可再生能源开发建设情况。自治区党委常委、统战部部长伏来旺，市委常委、土左旗旗委书记王恒俊，市委常委、副市长武文元，市委常委、秘书长狄瑞明陪同考察。

▲副市长刘菊茹组织市四区、市卫生局、市爱卫办等有关部门和单位的负责人，共同研究和讨论了全市单位卫生整治达标活动检查评比办法。

▲在市交通局，24 家区内外企业公开竞争我市新增的 501 辆出租车的经营权。经过公开摇号，内蒙古泰利达煤炭有限公司、准旗鼎峰商贸有限责任公司、内蒙古西蒙煤炭有限责任公司获得了出租车的经营权。副市长云公和，自治区公安厅副厅长、市公安局局长颜炳强出席摇号现场。

25 日 2009 年内蒙古自治区大学生田径运动会在呼和浩特职业学院新校区开幕。自治区党委常委、市委书记韩志然、市委副书记、市长汤爱军，市委常委、秘书长狄瑞明，副市长刘菊茹出席开幕式。

▲市委副书记、市长汤爱军深入到公主府、章盖营和辛辛板污水处理厂，就全市污水厂建设运行情况进行督查。市领导吕慧生、银孝及市水务局、市环保局等相关部门负责人陪同督查。

▲由自治区农牧业厅主办、市农牧业局承办的全区家畜改良工作会议在我市召开。市政府副巡视员高炜明出席会议。

▲我市首家社区事务代办中心——赛罕区大学西路街道社区事务代办中心在大学西路街道司法所挂牌成立。

26 日 今日是国际禁毒日。自治区及呼市两级禁毒部门在新华广场开展了以“依法禁毒、构建和谐”为主题的大型宣传活动。自治区及我市领导连辑、吴安俊、云公和及市中级人民法院院长李宪法、自治区公安厅副厅长、市公安局局长颜炳强，市司法局主要负责人等参加了宣传活动。

▲市委副书记、市长汤爱军主持召开了优化服务空间，构建服务型政府座谈会，专题听取并研究了部门审批办组建，内设机构审批职能调整，审批事项和人员进驻市政务服务中心等工作。市领导薄连根、朝鲁、包钢出席了会议。

▲市委副书记、市长汤爱军主持召开市政府领导班子成员学习实践科学发展观活动专题民主生活会。市领导薄连根、赵刚、武文元、刘菊茹、云公和、包钢、白金祥、郭召来等出席会议。

▲前来我区调研事业单位接收高校毕业生情况的国家人力资源部与社会保障部调研组一行莅呼，与有关部门就事业单位接收高校毕业生工作情况进行了座谈。中国人事科学研究院副院长唐志敏、中国人才研究会办公室副主任陈建辉，自治区人事厅副厅长王顺出席座谈会。市委常委、副市长薄连根出席座谈会。

27 日 市委中心组召开创建国家环保模范城市专题学习会。会上特别邀请国家环保部污染控制司原司长、中国环保产业协会副会长、环保问题专家樊元生就《深入贯彻落实科学发展观，全力推进节能减排》进行专题辅导。

▲呼市兴安路民族小学整体改造建设工程奠基仪式隆重举行。蒙古国乌兰巴托市教育局局长恩和巴雅尔，蒙古国驻呼和浩特总领事恩和托娅出席奠基仪式。自治区人大副主任雷·额尔德尼，市委副书记、市长汤爱军、市人大主任吴一微，市委常委、秘书长狄瑞明，市人大副主任李岳清、副市长刘菊茹，市政府副巡视员高炜明，市政协副主席崔世清出席了奠基仪式。自治区教育厅厅长李东升，内蒙古食品药品监督管理局局长郝富及有关部门负责人也出席了奠基仪式。

▲市委副书记、市长汤爱军对我市房地产市场建设情况进行视察。

▲市委副书记、市长汤爱军对我

市房地产市场建设情况进行视察。汤爱军一行深入到东方君座、光大锦绣城建筑工地实地了解了项目施工进展情况，并出席了光大锦绣城开盘仪式。他指出，开发企业要在覆规开发的基础上努力打造精品工程，为实现首府“十年巨变”贡献力量。同时要求政府各职能部门要进一步提高服务质量，提高办事效率，为企业的发展做好服务工作。市领导薄连根、狄瑞明以及市国土局、规划局、建委、房产局、赛罕局等相关部门主要负责人陪同视察。

▲由自治区党委宣传部、自治区发改委、自治区金融办、自治区政协经济委员会、自治区工商联、内蒙古财经学院联合举办，内蒙古商报与内蒙古电视台、内蒙古发展研究中心联合承办的“内蒙古发展论坛——金融如何支持经济发展”专题论坛在我市举行。自治区金融办副主任李国俭，自治区党委宣传部副部长张太平，招商银行、建设银行内蒙古分行、工商行内蒙古分行、国家开发银行内蒙古分行等金融机构的专家学者参加了论坛并发展演讲。副市长吕慧生，呼和浩特商业银行行长姚永平，招商银行呼和浩特分行行长左中海以及企业代表赵永亮、王晓东，金融专家徐慧贤、张启智也在论坛上发表了主题演讲。

29 日　自治区党委常委、市委书记韩志然在香格里拉大酒店会见了中粮集团董事长宁高宁，双方进行了亲切友好的会谈。市委副书记、市长汤爱军，市人大主任吴一微、市政协主席张彭慧、市委常委、副市长武文元，市委常委、秘书长狄瑞明参加了会见。

▲市委副书记、市长汤爱军先后深入到成吉思汗主题公园、大青山生态路和呼武公路幅线实地查看并详细了解了各项工程的施工进展情况。副市长云公和及市建委、交通局、园林局等相关部门以及武川县、回民区党政主要负责人陪同视察。

▲市委举办了“弘扬延安精神，加强党性修养”为主题的党课专题讲座。市领导吴一微、包钢聆听了讲座。市委常委、组织部部长兰恩华主持党课专题讲座并讲话。全市部分县处级以上领导干部，自治区和呼市两级党代表听取了专题讲座。

▲我市召开反邪教警示教育会议。市委常委、政法委书记李鹤，副市长云公和等出席会议。会议由市公安局局长颜炳强主持。

30 日　中粮可口可乐饮料（内蒙古）有限公司奠基仪式在和林格尔经济开发区举行。自治区党委常委、市委书记韩志然，自治区副主席赵双连，市委副书记、市长汤爱军，市人大主任吴一微、市政协主席张彭慧、市委常委、副市长武文元，市委常委、秘书长狄瑞明出席奠基仪式。中粮集团董事长宁高宁，中粮集团党组成员、党组纪检组长柳丁，中粮集团总裁戴嘉舜，中粮可口可乐有限公司总裁栾秀菊出席奠基仪式。

▲中残联副主席、中国残疾人福利基金会理事长汤小泉，副理事长邢建旭一行莅临我市，考察我市开展白内障工作的有关情况。自治区副主席刘卓志陪同考察。自治区残联、市残联主要负责人陪同考察。

7月

1 日　由全国人大常委会委员、自治区人大副主任郝益东任组长的自治区人大执法检查组莅临我市，就我市贯彻实施《中华人民共和国土地管理法》和《内蒙古自治区实施〈中华人民共和国土地管理法〉办法》的具体情况进行执法检查。市人大主任吴一微，市委常委、副市长薄连根，市人大副主任邢燕菊等有关领导陪同检查。

▲全市防汛抗旱工作会议召开。今年我市防汛工作的主要任务是：正常洪水标准情况下，市区、旗县所在地不受淹，水库不垮坝，堤防不决口，确保无人身伤亡事故。在遇超标准洪水时，强化防汛措施，将洪涝灾害损失降到最低。市领导潘平、薄连根、吕景瑞、高炜明出席会议。

2 日　呼和浩特市第十次妇女代表大会在内蒙古军区招待所隆重开幕。来自全市各条战线、各族各界的 300 名妇女代表参加了大会。市领导汤爱军、吴一微、张彭慧、杨飞云、兰恩华、吴安俊、刘菊茹、鲁剑钧出席会议。

▲自治区党委书记储波在自治区及我市领导韩志然、符太增、赵双连、汤爱军、薄连根、狄瑞明、张赢以及自治区和呼市有关部门负责人的陪同下，先后视察了大青山乌素图生态旅游区开发建设项目、成吉思汗公园建设项目以及呼和浩特火车站东客站整体拆迁建设项目。

▲副市长白金祥来到呼市旅游局调研。白金祥在听取有关情况汇报后指出，旅游主管部门要全面整合旅游资源，多渠道、全方位进行旅游促销；要在调查、摸底的基础上，做好大青山休闲度假、城市历史文化、黄河生态文化三大旅游带的规划工作，形成独具特色的旅游业发展新格局。

2 日—3 日　市委副书记、市长汤爱军主持召开了市政府领导班子学习实践科学发展观活动分析检查报告征求意见座谈会。市发改委、建委、规划局、民政局等 14 个部门的相关负责人和党代表、市人大代表、政协委员、民主党派代表、企业代表以及有关专家学者代表参加了座谈会。汤爱军要求政府领导班子要以分析检查报告为依据，要在解决实际问题的基础上，进一步升级创新机制，认真制定整改落实方案，细化整改落实的具体措施，集中力量办好群众期待的实事好事，最终实现党员干部受教育、科学管理上水平、人民群众得实惠。市领导薄连根、赵刚、武文元、云公和、包钢、高炜明出席了座谈会。

3 日　自治区党委副书记、自治区主席巴特尔在自治区党委常委、市委书记韩志然，自治区党委常委秘书长符太增和市领导汤爱军、薄连根、狄瑞明、张赢以及自治区、呼市有关部门负责人的陪同下，视察了大青山乌素图生态区和成吉思汗公园建设情况。

▲呼和浩特市第十次妇女代表大会圆满完成了预定的各项任务，胜利闭幕。会议审议通过了《关于呼和浩特市妇女联合会第九届执行委员会工作报告的决议（草案）》，宣布市妇联十届一次执行委员会委员 43 名，并选举产生了新一届市妇联领导班子成员。卢晓岩当选市妇联主席。李欣莉、王君当选副主席。市委副书记杨飞云、副市长刘菊茹，市政协副主席鲁剑钧出席会议。

▲我市召开规范交通秩序专项治理工作会议。会上安排部署全市整顿交通秩序专项治理“百日会战”工作，即民交会、昭君文化节、中日经济合作会、国庆节期间我市市内交通秩序整治工作有关内容。副市长云公和出席会议并要求交通局及交通运管部门要加强客运出租车辆管理，提高出租车司机服务意识和服务水平，.同时要继续打击非法营运车辆，杜绝重特大交通事故的发生，营造我市两会两节期间安全、畅通、有序、文明的交通环境。

4 日　由中国乒乓球协会主办，市政府和市体育局承办的 2009 年“圣奥产业杯”全国历史文化名城乒乓球赛在内蒙古体育馆开幕。自治区人大副秘书长潘守刚出席开幕式。市政协主席张彭慧，副市长刘菊茹，自治区公安厅副厅长、市公安局局长颜炳强出席开幕式。

6 日　自治区副主席连辑在市委副书记、市长汤爱军、副市长刘菊茹以及自治区、呼市有关部门负责人的陪同下，实地视察了呼市二中东校区、呼市蒙古族幼儿园、呼市六中、呼市玉泉区民族实验小学。实地视察学生课堂、宿舍、食堂、实验室、活动场馆等学校基础设施建设。

▲我市被确定为全国劳动保障监察两网化管理工作试点城市。

▲由自治区文化厅与中国展览馆协会共同主办的首届 2009 中国西部会展业论坛在我市举行。自治区党委宣传部常务副部长毕力夫、副市长云公和出席论坛并致辞。

7 日　市委副书记、市长汤爱军在市领导刘菊茹及市建委、规划局、卫生局、广电局、教育局、土地收储中心、玉泉区、新城区等相关部门负责人陪同下，先后深入到市第一医院新址建设工地、呼和浩特传媒大厦建设工地、市青少年活动中心建设工地实地查看了工程建设进展情况，并详细了解工程的施工监理情况。

▲全市创建国家卫生城市调度会召开。副市长刘菊茹出席会议并讲话，她要求各相关单位要提高创卫整体水平，要按照各自的任务分解，及时进行汇报；要发动群众创造良好的生活和工作环境；各区要寻找好的方法和途径，在狠抓落实上下功夫；检查组要如实反映各地区各单位的落实情况，力争有新的突破。

▲全市财政补贴农民资金“一卡通”改革工作座谈会召开。副市长吕慧生出席座谈会并要求各部门要设立相关机构，配备工作人员，把“一卡通”做精、做准，各旗县区要根据本地实际，完善工作步骤，加快工作进度，将未进入“一卡通”发放的补贴项目尽快纳入进来，让呼市惠农资金“一卡通”改革工作走到自治区前列。

8 日　利乐包装（呼和浩特）有限公司正式投入运营。自治区及我市领导巴特尔、韩志然、赵双连、汤爱军、武文元、狄瑞明出席庆典仪式。中国包装联合会会长石万鹏出席庆典仪式。利乐集团母公司利乐拉伐集团董事会成员芬・劳辛、利乐集团总裁兼首席执行官杨德森、利乐中国总裁李赫逊出席庆典仪式。

▲内蒙古自治区贯彻《消防法》推进消防安全标准化管理现场会在我市举行。公安部消防局副局长王沁林，自治区副主席连辑，自治区政府副秘书长孙惠民等在自治区消防总队总队长王秋彧、政委张剑、副政委刘海涛及我市领导云公和等的陪同下，对北方联合电力金桥热电厂、维多利国际广场等单位进行了参观检查。

▲首府最早的老旧住宅小区即团结小区改造项目启动仪式隆重举行。市委常委、副市长薄连根出席启动仪式并与中房集团执行总裁张文清代表双方签约。建设部原副部长、中国房地产协会名誉会长杨慎出席启动仪式。我市领导吴一微、邢燕菊出席启动仪式。住房和城乡建设部、国家开发银行、内蒙古自治区建设厅及我市有关部门负责人参加了启动仪式。

▲阜丰集团成立十周年庆典晚会在金川工业园区南区隆重举行。市领导汤爱军、武文元和我市相关部门负责人出席，并一同观看了“激情阜丰・草原天堂”晚会节目。

9 日　呼和浩特市国防动员委员会全体会议举行。会议研究并通过成立市国动委信息动员办公室、科技动员办公室；研究并通过市国动委系统综合指挥网络建设相关问题；研究了市民兵训练基地及装备仓库建设问题。市委副书记、市长、市国防动员委员会常务副主任潘平，副市长、市国防动员委员会副主任包钢及全体委员出席会议。

10 日—11 日　中国石油呼和浩特石化公司 500 万吨/年炼油扩能改造项目环境影响报告书技术评估会在北京召开。国家环保部环境工程评估中心组织 9 名专家经过认真讨论与评估，环评报告通过了专家评审。国家环保部环评司童莉博士，中国石油天然气集团公司安全环保部部长、股份公司安全副总监周爱国，市委副书记、市长汤爱军，副市长吕慧生及有关单位人员与会议邀请的专家参加了会议。呼和浩特石化公司总经理杜吉洲、副总经理刘前保及项目相关人员也参加了会议。

11 日　由市委、市政府主办，市文化局、市司法局、内蒙古新思路文化艺术发展有限公司承办，和林县文体局协办的呼和浩特市第五届“文化进社区”大型公益活动首场农村演出在和林县厂圪洞村举行。副市长白金祥及相关部门负责人观看了演出。

▲市委常委、副市长赵刚与上海市政府侨办主任崔明华带队的上海侨商赴内蒙古考察团一行进行了座谈。

11 日—12 日　由市直机关党工委、市总工会、市体育局共同主办的呼和浩特市第一届领导干部乒乓球比赛在老干部活动中心举行。市领导汤爱军、张彭慧、武文元等参加了比赛。

13 日　市委副书记、市长汤爱军主持召开了第三届中国民族商品交易会筹备工作会议。会上，汤爱军听取了与会人员的汇报后，他指出，要将一节一会主办的论坛办好，“论”出高水平、“论”出好效果，让参加论坛的各界人士了解呼和浩特的经济文化产业，来全方位了解呼和浩特。他还就布展、接待、安全保卫等方面的关键问题做了安排部署。中国市场学会秘书长吴涤心出席会议。市领导云丽珠、狄瑞明、云公和出席会议。

14 日　全市维护稳定工作会议召开。会上对我市今年以来信访工作情况进行了通报，并传达了《中央维护稳定工作领导小组关于新疆“7・5”打砸抢烧严重暴力事件情况的通报》。自治区公安厅副厅长、市公安局局长颜炳强就全市维护稳定工作和反恐工作进行了部署。市委常委、政法委书记李鹤，副市长云公和及有关部门负责人出席了会议。

▲土左旗台阁牧乡瓜房子村孤残儿童寄养家庭王妙妙家中发生火灾，致使2名孤残儿童当场死亡，1名烧伤的孤残儿童送回市区途中死亡，3名孤残儿童中度烧伤，正在253医院治疗。事件发生后，副市长包钢作出重要指示："责成市民政局迅速成立应急领导小组，妥善处理善后事宜，尽力救治受伤儿童。"

15日　我市第七届村民委员会换届选举动员大会召开。自治区民政厅副厅长郝勇及自治区党委组织部等有关部门负责人参加了会议。市委副书记杨飞云出席会议并讲话。市委常委、组织部部长兰恩华主持会议。市人大副主任吴安俊、副市长包钢出席会议。

▲第二届中国西部物业管理发展论坛在我市召开。国家住房和城乡建设部房地产业司司长王玉平出席会议。副市长包钢出席会议。

▲市民政局迅速成立应急事件指挥领导小组，并分别成立了处置死亡儿童事件组、事故调查组、抢救治愈协调组，迅速开展工作。市民政局主要负责人赶赴土左旗台阁牧乡瓜房子村事发现场调查了解情况；赶赴253医院看望受伤儿童，了解伤情。同时，市民政局已将事件进展情况、事件处置、处理结果报自治区民政厅，并通报所在地土左旗旗委、旗政府，积极配合公安、消防、安监等部门展开调查工作。

▲国家婚育新风进万家专家组一行来到我市，在自治区、呼市两级人口计生委相关负责人的陪同下，对我市开展婚育新风进万家活动情况进行了督导评估。副市长刘菊茹参加了活动。

16日　自治区党委常委、市委书记韩志然，市委副书记、市长汤爱军会见了参加第三届中国民族商品交易会暨第十届中国·呼和浩特昭君文化节主、承办单位主要负责人及各城市代表团领导。中国市场学会会长俞晓松、中国市场学会理事长高铁生等参加了会见。市领导狄瑞明、云公和参加了会见。

▲"城市规模化光伏发电应用示范预可行性、相关政策及技术措施"研究项目启动会在我市召开。国家能源局可再生能源处处长梁志鹏应邀出席会议，市委常委、副市长武文元出席会议并就城市规模化光伏发电应用示范预可行性等讲了话。

▲副市长包钢在相关部门人员陪同下来到解放军253医院烧伤科，看望市儿童福利院烧伤儿童。他要求市民政局、市儿童福利院等有关部门要密切配合，全力以赴，确保患儿早日康复。

17日　第三届中国民族商品交易会暨第十届中国·呼和浩特昭君文化节在呼和浩特市体育场隆重开幕。卫生部副部长王国强、中央纪委驻交通部纪检组组长杨利民、全国人大农业委员会副主任尹成杰、中央纪委驻卫生部纪检组组长李熙、中央纪委驻国家税务总局纪检组组长冯惠敏以及中外友好国际合作中心、中国市场学会的负责同志应邀出席了开幕式。自治区及我市领导储波、巴特尔、任亚平、邢云、伏来旺、韩志然、乌兰、李佳、符太增、雷·额尔德尼、罗啸天、柳秀、董恒宇、牛广明、肖黎声、汤爱军、吴一微、张彭慧和部分在呼的自治区离退休干部等出席了开幕式。蒙古国乌兰巴托市副市长毕·孟和巴特尔、蒙古国驻呼和浩特总领事馆总领事策·巴桑扎布等外国友人出席开幕式晚会。市委副书记、市长汤爱军主持开幕式并致辞。自治区党委常委、市委书记韩志然宣布：第三届中国民族商品交易会暨第十届中国·呼和浩特昭君文化节开幕。"蒙牛情"大型文艺晚会"天堂草原·草原的天堂"拉开序幕。

▲由内蒙古自治区人民政府、中华人民共和国商务部、中国国际贸易促进会支持，呼和浩特市人民政府、中国社会科学院财政与贸易经济研究所、中国市场学会、中国民族贸易促进会、中国民族医药学会、中国陶瓷工业协会、中国汽车工业国际合作总公司、内蒙古自治区民族事务委员会、中国国际贸易促进会内蒙古自治区分会和内蒙古自治区西部开发办公室主办的第三届中国民族商品交易会暨首届中国·呼和浩特国际汽车展览会开馆仪式在内蒙古国际会展中心举行。全国政协副主席张榕明宣布第三届中国民族商品交易会开幕。自治区和我市领导储波、巴特尔、韩志然、布小林、郭子明、董恒宇、汤爱军、吴一微、张彭慧出席开馆仪式。蒙古国乌兰巴托市副市长毕·孟和巴特尔、蒙古国驻呼和浩特总领事馆总领事策·巴桑扎布出席开馆仪式。中国市场学会会长俞晓松，中国国际贸易促进会副会长张伟，北京市政协副主席马大龙，经贸部、中央人民政府驻香港特别行政区联络办公室副主任乌兰木伦以及中外友好国际合作中心，英国伦敦发展署北京代表处的负责人出席开馆仪式。

▲自治区、呼市两级党委、政府在香格里拉大酒店隆重举行欢迎宴会，热情接待应邀前来参加第三届中国民族商品交易会暨第十届中国·呼和浩特昭君文化节的各位国际来宾和国家各部委、各兄弟省市及友好城市的领导嘉宾。自治区和我市领导任亚平、韩志然、雷·额尔德尼、董恒宇、汤爱军、吴一微、张彭慧、杨飞云、李鹤、武文元、云建东、狄瑞明、邢燕菊、刘菊茹、云公和、白金祥、高炜明、银孝、鲁剑钧等自治区及我市有关部门和单位负责人出席。自治区党委、市委书记韩志然致辞，市委常委、市长汤爱军主持。

▲2009呼和浩特投资贸易洽谈会暨中国（呼和浩特）太阳级硅及光伏发电研讨会正式开幕。国务院研究室工贸司司长唐元应邀出席研讨会。自治区及我市领导赵双连、汤爱军出席研讨会。市委副书记、市长汤爱军在研讨会上致辞。市委常委、副市长武文元主持会议。

▲民族地区经贸发展论坛在内蒙古国际会展中心举行。中国市场学会会长俞晓松出席论坛。市委副书记、市长汤爱军出席论坛并致辞。

▲2009乳业发展国际论坛在内蒙古锦江国际大酒店举行。全国人大农业委员会副主任尹成杰、国家质量监督局法规司司长刘兆彬，美国环球种畜有限公司北京分公司首席专家、技术总监阿拉斯迪尔·皮尔森等9位国内外的专家、学者及企业家出席论坛，并从社会责任、奶业发展战略、奶业

可持续发展、国际合作等方面作了精彩的演讲。市委副书记、市长汤爱军就《全力推动奶业振兴，再创“中国乳都”的新辉煌》作了主旨演讲。

▲副市长刘菊茹在香格里拉大酒店会见了前来参加“一会一节”的乌兰巴托市政府代表团和蒙古国驻呼和浩特总领馆代表团。

▲副市长刘菊茹亲切接见了英国伦敦发展署驻北京办事处的友人代表。她希望首府呼和浩特在未来三年中与伦敦有更多的交流与合作，全面提升呼和浩特的社会地位和经济发展水平。

18 日 市委、市政府在内蒙古饭店举行专场招待宴会，答谢第三届中国民族商品交易会暨第十届中国·昭君文化节开幕式晚会演职人员。自治区党委常委、市委书记韩志然，市委副书记、市长汤爱军出席招待宴会。市委常委、宣传部部长云丽珠出席宴会并致辞。市委常委、秘书长狄瑞明主持宴会。

▲由自治区政府主办、自治区党委宣传部、自治区卫生厅等 22 个委办厅局共同举办的“中医中药中国行·蒙医蒙药内蒙古行”启动仪式暨呼和浩特站活动在新华广场隆重举行。卫生部副部长兼国家中医药管理局局长王国强、国家中医药管理局人事教育司司长姜在旸、国家中医药管理局办公室副主任兼新闻办主任蒋健、国家中医药管理局科技司副司长苏钢强、中国中医药报社社长陈贵廷出席启动仪式。自治区副主席刘新乐、自治区政协副主席牛广明，副市长刘菊茹参加活动。

▲由中华文化促进会、节庆中华协作体理事会、中共呼和浩特市委、市政府主办，中共呼和浩特市委宣传部、呼和浩特市大型活动办公室承办的第二届全国重点城市节庆工作会议在我市召开。第二届全国重点城市节庆工作会议“对话节庆”论坛同日举行。中华文化促进会主席高占祥向会议发来贺信。中华文化促进会常务副主席王石，中华文化促进会副主席、原中央电视台常务副台长于广华出席会议，会议由中华文化促进会副主席、节庆中华协作体执行副主席金坚范主持。在“对话节庆”论坛上，市委副书记、市长汤爱军与有关节庆专家、学者就“文化经济与城市发展”的主题进行了交流探讨。市委副书记杨飞云、市委常委、宣传部部长云丽珠出席重点城市节庆工作会议。

▲第三届中国民族商品交易会暨第十届昭君文化节·2009 呼和浩特投资贸易洽谈会环境推介会暨项目签约仪式在新城宾馆举行。市委副书记、市长汤爱军，市委常委、副市长武文元出席。

▲参加“2009 呼和浩特投资贸易洽谈会暨中国（呼和浩特）太阳级硅及光伏发电研讨会”的部分专家、企业家出席呼市光伏产业发展座谈会，为我市光伏产业的今后发展献计献策。市委常委、副市长武文元主持座谈会，市领导赛娜、陈曼莉，呼和浩特经济技术开发区管委会主任李博宏出席座谈会。

▲市委、市政府召开新闻发布会，向中央、自治区、呼市三级新闻媒体有关人士通报呼市经济社会发展情况。副市长包钢出席新闻发布会，并对我市基本概况、全市经济社会发展基本情况以及我市下一步发展思路、奋斗目标和工作措施做了介绍。

▲由湘西土家族苗族自治州人大副主任秦湘赛、州政府副州长曹世凯带队的“民交会”推介团走进呼和浩特。湘西自治州旅游推介会在推介湘西美景的同时，两地旅游局还签订了旅游经济合作框架协议书。副市长白金祥出席旅游推介会。

20 日 作为第十届中国·呼和浩特昭君文化节的一项重要内容——2009 年呼和浩特大召庙会正式开幕。市领导云丽珠、云公和、白金祥出席开幕式。

▲副市长吕慧生在市政府主持召开全市落实中央扩大内需投资项目座谈会。吕慧生分析了我市落实中央扩大内需投资项目的有关情况，同时对下一阶段落实中央扩大内需投资项目工作做出了安排。市政协副主席银孝出席座谈会。市发改委、建委、财政局、房产局、民政局、农牧局、劳保局、文化局、卫生局和各旗县区等部门和单位的主要负责人参加。

21 日 呼和浩特市庆祝中国人民解放军建军 82 周年“八一”慰问座谈会召开。市委副书记杨飞云、副市长包钢出席会议并代表市委、市政府向驻呼部队送去了慰问品和慰问信。内蒙古军区、内蒙古预备役、呼和浩特警备区、武警内蒙古消防呼市支队和北京军区空军雷达部队的领导参加了会议。

22 日 市领导吕慧生、郭召来和市发改委、建委、规划局、环保局、水务局及回民区政府等有关部门主要负责人共同赴呼和浩特热电厂，并在扩建 2×350MW 供热机组工程项目建设工地召开现场会，详细了解工程进展及节能减排等方面的情况，并共同协调解决有关事宜。

▲自治区直属机关工委组织自治区 85 个相关委办厅局负责人等来我市赛罕区观摩了山丹社区、金宇文苑社区和桥华社区的发展情况，并举行了区直机关与呼市社区建立执政为民教育基础工作现场观摩会。自治区直属机关工委常务副书记曹树山，自治区直属机关工委副书记格根其其格、叶占魁、李华、赵奎元和副巡视员王学文出席观摩会。市委常委、组织部部长兰恩华，市委常委、秘书长、市直机关党工委书记狄瑞明、副市长包钢陪同观摩并出席会议。

23 日 自治区党委常委、市委书记韩志然主持召开市委第 50 次常委（扩大）会议，会议分析了上半年全市经济运行情况并安排部署了下半年的工作；听取并讨论了我市学习实践活动有关工作汇报。市领导汤爱军、吴一微、张彭慧、薄连根、李鹤、朝鲁、云丽珠、王恒俊、武文元、狄瑞明、吕慧生、云公和、白金祥、银孝以及自治区学习实践活动第一指导检查组成员、市有关部门负责人参加了会议。

7 月 23 日—8 月 5 日 市领导高炜明与有关部门人员对 9 个旗县区的防汛工作即重点对山洪沟、水库进行了检查。

24 日 市委副书记、市长汤爱军会见了家乐福中国区副总裁、北方区总裁顾飞亚一行，双方就家乐福入驻有关事宜进行了亲切会谈。副市长吕慧生参加了会见。

▲我市首家市民服务中心——新城区市民服务中心正式投入运行。市

领导汤爱军、吴一微、朝鲁、包钢、鲁剑钧等出席启动仪式，并为该服务中心剪彩。

24 日—28 日 第五届中国国际会展文化节暨中国国际节庆艺术典礼在成都市隆重举行。呼和浩特市荣获2008-2009 年度“中国十大创意节庆城市”奖，同时获奖的城市有上海市、青岛市、大连市、宁波市、拉萨市、洛阳市等；中国·呼和浩特昭君文化节被评为 2008-2009 年度“中国十大品牌节庆活动”，同时获奖的有上海国际艺术节、青岛啤酒节、宁波国际服装节、中国（曲阜）国际孔子文化节等。

25 日 《“数字呼和浩特” 2010——2015 发展规划》专家论证会在市政府召开。论证会上，与会专家针对《“数字呼和浩特” 2010——2015 发展规划》的具体内容发表了各自的意见和建议，并一致同意《“数字呼和浩特” 2010——2015 发展规划》通过论证。市委副书记、市长汤爱军出席论证会并就如何加快“数字呼和浩特”建设，进一步提高呼和浩特现代化、信息化水平和城市竞争力讲了话。市委常委、副市长赵刚主持会议。国家及自治区有关专家、自治区及我市相关部门负责人等参加了论证会。

26 日 由市委、市政府主办的第十二届当代书画家作品邀请展在内蒙古美术馆开展。全国各地书画家的 258 幅作品参展。副市长白金祥出席开展仪式。

27 日 自治区党委常委、市委书记韩志然在市领导汤爱军、吴一微、张彭慧、狄瑞明、刘菊茹、包钢的陪同下，先后到东影北街、电机小区、电子仪器厂小区、北垣街、和平渠赛罕区政府后排水渠段、辛辛板河东口南口等地，实地视察了创建国家卫生城市工作中五小行业整治、旧小区改造、小街巷整治等亮点和无物业管理小区、垃圾河整治的难点等。市建委、民政局、卫生局、市容局、房产局、公安局、水务局、爱卫办和市四区区委、区政府的主要负责人陪同。

27 日—28 日 由中联部副部长陈凤翔带队的中联部干部国情考察团在呼市考察。市领导刘菊茹及有关部门负责人陪同考察了内蒙古伊利集团金海新工业园区、大召寺、内蒙古蒙牛乳业集团液态奶生产线、澳亚国际牧场和昭君博物院。

28 日 国家级经济技术开发区第十八次党建工作研讨会在我市举行。会议由商务部外资司司长李志群主持。我市领导汤爱军、吴一微、张彭慧、朝鲁、兰恩华、武文元等出席。来自郑州、成都、长沙、西安、昆明等全国 54 个国家级经济开发区的 100 余名代表参加了研讨会。国家商务部、中组部组织局、中国开发区协会、中央党校和自治区商务厅有关负责人参加了研讨会。

▲全市“信息化便民服务一体化工程”协调领导小组工作会议召开。市委常委、副市长赵刚出席会议并讲话。

▲副市长吕慧生与市财政局干部职工一起走进军营，慰问呼和浩特警备区、武警呼和浩特支队、市消防支队、预备役某团的部队官兵，向部队官兵赠送电子书库、科学发展观书籍等慰问品。市政协副主席银孝及市民政、双拥办等部门的负责人陪同慰问。

▲副市长包钢和自治区及呼市民政部门负责人深入到清水河县，就当前清水河县旱灾情况和抗旱减灾工作进行视察。

▲由清水河县籍退休老干部贾治威先生发起，青岛大地集团董事长王星等爱心人士共同倡议，按照希望工程模式策划的“夕阳红敬老工程”在清水河县举行启动仪式，同时，治威大地夕阳红敬老院举行了落成典礼。副市长包钢参加了落成典礼暨启动仪式。

29 日 自治区党委常委、市委书记韩志然在市领导王恒俊、狄瑞明、包钢、银孝及自治区、呼市有关部门负责人的陪同下，来到土左旗兵州亥等地的田间地头，实地查看了农作物受灾情况。

▲呼市公交通好出租汽车公司举行揭牌暨车辆营运启动仪式。市领导薄连根、邢燕菊、云公和、陈曼莉出席启动仪式。

30 日 自治区政府对 2008 年全区城市环境综合整治定量考核结果进行通报，我市以 93.90 分的总成绩第七年名列全区第一。

▲“金桥杯”呼和浩特市第二届运动会保龄球比赛在新城国宾馆举行。自治区党委常委、市委书记韩志然出席开幕式并参加比赛。副市长刘菊茹出席开幕式。

▲由自治区科协副主席亢贵厚牵头的自治区党委督查组一行，重点对我市贯彻落实《内蒙古党委关于进一步加强新时期科协工作的意见》情况进行督查。副市长刘菊茹详细介绍了我市贯彻落实《内蒙古党委关于进一步加强新时期科协工作的意见》基本情况及我市科协工作开展情况。市人大、市科协等主要负责人参加了督查。

▲副市长云公和在市建委、规划局、市容局、交警支队、市运管局和市四区有关部门负责人的陪同下，对二环路货运车辆在市四区的暂时停车场进行了现场视察。

31 日 自治区副主席郭启俊来我市调研生鲜乳收购站、饲料行业清理整顿等情况。市政府副巡视员高炜明陪同。

8月

2 日 天瑞体检开业庆典暨“爱在天瑞健康行”公益活动启动仪式举行。自治区及我市领导云秀梅、刘新乐、牛广明、薄连根、刘菊茹、鲁剑钧出席仪式。自治区红十字会名誉会长云曙碧，国家民委原副主任文精，中央民族学院原院长奇林花、自治区人大原副主任伊钧华，自治区政协原副主席夏日，自治区政府副秘书长杨玺及自治区卫生厅、呼市卫生局等相关部门负责人出席仪式。

3 日 自治区副主席郭启俊率有关部门人员在我市调研。调研组一行先后到赛罕区格尔图农家店、黄合少基层供销社、河西日用品配送中心、榆林镇基层供销社及呼市再生资源交易市场等地进行实地调研。市领导高炜明及相关部门负责人陪同调研。

▲全市查处违法占地工作会议召开。市委副书记、市长汤爱军出席会议并要求各级政府要高度重视查处违法占地工作，要主动承担责任，加强领导，国土资源部门要主动作为，当好“尖”兵，各职能部门要切实负起监管责任，增强查处合力，纪检监察机关、公检法部门要加强配合，依纪

依法严肃查处，提高查处效力。市委常委、副市长薄连根出席会议并与新城区、回民区、玉泉区、赛罕区区长签订了违法用地整改查处责任状；市四区区长分别就查处违法用地做了表态发言。自治区公安厅副厅长、市公安局局长颜炳强，市中级人民法院院长李宪法出席会议。

▲市委副书记、市长汤爱军在内蒙古饭店会见了中国航天科工集团公司党组成员、副总经理高红卫，双方进行了亲切友好的会谈。

4日 中央人民广播电台、光明日报、内蒙古日报、内蒙古电视台、呼和浩特日报、呼和浩特电视台等中央、自治区、呼市三级共28家媒体齐聚我市，媒体记者参观采访了赛罕区学府花园路社区公共服务站，赛罕区金宇文苑社区服务中心，新城区市民服务中心和呼市政务服务中心综合服务大厅，详细了解我市构建三级公共服务体系的理念、举措以及三级公共服务体系的建设情况。市委副书记、市长汤爱军出席座谈会并接受媒体记者采访。副市长包钢出席座谈会并就进一步做好首府政务服务工作提高办事效率讲了话。

▲全市污染物减排工作会议召开。会议通报了减排工作进展情况，分析了目前面临的形势，再次明确责任、落实任务，要求全力以赴打好污染物减排攻坚战，全面完成年度目标任务。

5日 在经济观察报、中国区域经济学会联合举办的首届“中国最具投资潜力开发区”评选活动中，呼和浩特经济技术开发区荣膺中国最具投资潜力十强开发区。

▲2009 中国物流万里行授旗仪式举行。中国交通运输协会常务副会长王德荣为呼和浩特市政府授物流万里行大旗，2009 中国物流万里行呼和浩特站正式启动。市委副书记、市长汤爱军、副市长吕慧生出席授旗仪式。授旗仪式由中国交通运输协会副秘书长倪伟主持。

▲市委副书记、市长汤爱军在内蒙古饭店会见了蒙东电力公司总经理陈连凯一行，双方进行了亲切友好地会谈。汤爱军简要介绍了呼和浩特市近年来经济社会发展情况，并对蒙东电力公司选址呼和浩特设立总部表示欢迎，希望在政府相关职能部门的配合下早日建成并投入运行。

▲张章宝同志先进事迹报告会在市政府举行。来自全市各有关部门的500 名代表聆听了张章宝同志先进事迹报告。市领导杨飞云、李鹤、赛娜、刘菊茹、崔世清，市中级人民法院院长李宪法，市人民检察院检察长云布俊等接见了张章宝同志先进事迹报告团成员。

▲现代物流发展规划研讨会暨物流投融资座谈会在我市举行。副市长吕慧生出席座谈会。

▲第二十一届全国旅游城市（部分）协作会议筹备会召开。副市长白金祥参加会议并进行了具体部署。

6日—7日 由内蒙古自治区、辽宁省、吉林省、黑龙江省人民政府和日本日中东北开发协会、日中经济协会共同举办的“2009（呼和浩特）中日经济合作会议”在我市举行。中国三省一区和日本东北部 7 个县的 600多名代表共聚呼和浩特，热议中日地区区域间经济合作。

7日 2009（呼和浩特）中日经济合作会议地方政府商务日活动在我市举行。自治区副主席布小林与日本日中东北开发协会理事长稻叶健次主持会议。市委副书记、市长汤爱军代表我市发言。

▲副市长吕慧生组织召开发展服务业座谈会，自治区高校有关专家与市发改委、财政局等部门主要负责人进行了交流探讨。市领导银孝出席座谈会。

7日—8日 以浙江省金华市市委书记徐止平为团长的金华市党政代表团一行来呼参观考察。市委副书记、市长汤爱军、市委副书记杨飞云，市委常委、秘书长狄瑞明及市委办公厅、市经委、市招商局负责人等陪同。

8日 国家林业局党组副书记、副局长李育才一行莅呼对我市生态建设工程进行了视察指导。李育才一行先后视察了劈柴沟封山育林项目、塔沟生态项目、自治区及呼市党政机关义务植树基地建设情况。自治区副主席郭启俊、林业厅厅长高锡林、市领导高炜明、张赢等陪同视察。

▲全国第一个“全民健身日”内蒙古庆祝展示大会在新华广场隆重举行。全国人大民委副主任委员哈斯巴根出席启动仪式。自治区和我市领导刘新乐、郑福田、刘菊茹、崔世清出席活动仪式。

▲自治区党委常委、市委书记韩志然率领呼和浩特市党政考察团赴二连浩特学习考察。韩志然一行先后考察了恐龙化石原地埋藏馆、温州国际商城、二连浩特污水处理厂、城市西区建设、恐龙博物馆在建项目、国际语言学校安泰木业有限公司、内蒙古医学院附属医院二连分院、如意物流园、公路口岸联检通道等地。市委副书记、市长汤爱军，市委常委、副市长薄连根，市委常委、宣传部部长云丽珠，市委常委、秘书长狄瑞明及市委、市政府办公厅有关人员陪同考察。

10日 呼和浩特奶牛规模化、标准化养殖现场会在和林县、土左旗召开。自治区党委常委、市委书记韩志然，市委副书记、市长汤爱军出席现场会并讲话。市领导王恒俊、狄瑞明、高炜明出席了现场会，我市各旗县区及市发改委、农牧业局、财政局等相关部门主要负责人参加了会议。

▲由文化部、教育部、自治区人民政府联合主办，自治区文化厅、教育厅、呼和浩特市人民政府承办的第三届中国少年儿童合唱节在我市隆重开幕，来自全国22个省、自治区和直辖市的 26 支优秀少年儿童合唱团的1000 多名孩子参加了演出。国家文化部社文司副司长李宏、文化部社文司副巡视员李建军出席开幕式并观看了演出。自治区文化厅厅长王志诚以及我市领导汤爱军、白金祥出席开幕式并观看了演出。

11日 第三届中国少年儿童合唱节在乌兰恰特大剧院闭幕。文化部副部长周和平、教育部副部长陈小娅、团中央少年部副巡视员张哲、文化部社文司副司长刘小琴、文化部社文司副司长李宏、文化部社文司副巡视员李建军出席颁奖晚会。自治区党委常委、市委书记韩志然、自治区政协副主席娜仁、自治区文化厅厅长王志诚及我市领导汤爱军、狄瑞明、刘菊茹、白金祥出席颁奖晚会。

▲国家发展和改革委员会副主任徐宪平在自治区及我市领导郭启俊、

汤爱军、吕慧生等陪同下，深入到金山开发区维斯塔斯风力系统（中国）有限公司、内蒙古金海伊利乳业有限责任公司、内蒙古晟纳吉光伏材料有限公司、内蒙古神舟硅业有限责任公司进行调研。自治区发改委主任梁铁城陪同调研。

▲由市政府主办、市旅游局承办的旅游盛会——全国第二十一届全国旅游城市（部分）旅游局长协作会在我市开幕，来自全国36个旅游城市的100多位代表参加了会议。国家旅游局港澳台司司长满宏卫、国家旅游局监督管理司副司长吴旭、中国旅游协会旅游城市分会副秘书长刘毅应邀出席会议。副市长白金祥出席会议。

12 日　呼和浩特市党政军领导庆“八一”军事日活动在内蒙古军区靶场隆重举行。我市党政军领导韩志然、汤爱军、潘平、白光荣、杨飞云、王恒俊、狄瑞明、包钢等参加了活动。

▲蒙牛乳业集团冠名2010年第十五届世界元老乒乓球锦标赛签约仪式在自治区体育局举行。市委副书记、市长汤爱军、副市长刘菊茹出席签约仪式。

▲副市长刘菊茹组织召开了创卫工作协调会。市创卫办、文明办、呼铁局等有关部门和单位的负责人参加了会议。她要求卫生创建要注意首府市民的身边问题，调动市民的创卫积极性和认知率。要层层落实“创卫”，由上至下逐步推进。

13 日—14 日　以市委副书记、市长汤爱军为团长的呼和浩特市党政考察团一行49人赴锡林郭勒盟就该盟两个文明建设情况进行了考察学习。考察团一行在锡林郭勒盟盟委书记荣天厚、盟委副书记、盟长张国华以及多伦县、正蓝旗、锡林浩特市的党政主要领导陪同下，深入多伦县大唐多伦煤矿基烯烃项目基地、多伦河景区、山西会馆、正蓝旗上都发电厂、元上都遗址、忽必烈广场以及锡林浩特市大唐胜利东二号露天煤矿、大唐国能褐煤干燥项目、蒙东锗工业园、民政福利中心、文化产业园、城市展览馆、青少年科普活动中心等地进行了参观学习。市领导杨飞云、狄瑞明、刘菊茹、银孝，市经济技术开发区管委会主任李博宏，市委办公厅、市人大城乡建设委员会、市政府办公厅以及 9 个旗县区和市经济综合 7 部门的主要负责同志参加了学习考察。

14 日　全国政协原副主席、中国工程院院长徐匡迪带领中国工程院院士考察团一行65人来呼考察。考察团一行先后参观考察了内蒙古伊利实业集团股份有限公司奶粉车间、液态奶车间和大召。自治区政协副主席娜仁、郑福田陪同考察。市委常委、副市长武文元等领导陪同考察。

16 日—17 日　全国人大副委员长乌云其木格莅临呼市，在自治区及我市领导巴特尔、韩志然、云秀梅、赵忠、汤爱军、吴一微、王恒俊、狄瑞明等陪同下视察了清·固伦恪靖公主府、伊利公司奶粉生产线、大青山（乌素图）生态园开发建设项目区、大青山野生动物园、神舟硅业有限责任公司，对呼市的工业经济和城市建设进行了工作视察。

17 日　我市四大班子领导在内蒙古饭店举行招待午宴，欢迎自治区省级离退休老领导参观我市。自治区党委常委、市委书记韩志然，市委副书记、市长汤爱军，市人大主任吴一微，市政协主席张彭慧、市委常委、秘书长狄瑞明出席招待午宴。自治区党委组织部副部长、老干局局长董树君，自治区党委老干局副局长张忠出席招待午宴。市委常委、组织部部长兰恩华主持招待会。

▲由市委、市政府主办的“爱在青城——全市第十三届环卫工人节专场慰问文艺演出”在自治区人民会堂隆重举行。市委副书记、市长汤爱军，市政协主席张彭慧，副市长包钢与首府环卫工人一同观看了演出。

18 日　中国乳业领军企业——蒙牛乳业集团的十周年庆典暨质量表彰大会举行。自治区党委常委、市委书记韩志然，自治区人大副主任雷·额尔德尼、自治区副主席赵双连，市委副书记、市长汤爱军，市委常委、土左旗旗委书记王恒俊，市委常委、副市长武文元，市委常委、秘书长狄瑞明，市人大副主任吕景瑞，副市长吕慧生、包钢以及来自美国、丹麦、瑞典、德国和国内大企业的负责人出席了当晚的庆典晚会。

▲呼和浩特金谷农村合作银行举行开业庆典。自治区副主席布小林，市委副书记、市长汤爱军，市委常委、副市长武文元出席开业庆典。中国银行业监督管理委员会内蒙古监管局副局长宋建基，自治区农村信用联社党委书记、理事长佟铁顺等有关部门负责人出席开业庆典。

▲市委副书记、市长汤爱军会见了美国凯西基金会首席执行官顾凯夫一行，双方进行了亲切友好的交谈。汤爱军代表市委、市政府对顾凯夫一行到来表示欢迎，并简要介绍了呼和浩特市近年来经济社会发展情况。副市长吕慧生参加了会见。

▲副市长包钢组织召开了全市老旧住宅小区整治管理工作会议。会上包钢与各区政府负责人签订了目标责任状。

19 日　湖南省岳阳市政府考察团在岳阳市委副书记、市长黄兰香的带领下莅临我市，对首府经济社会发展以及城市建设进行考察。自治区及我市领导雷·额尔德尼、汤爱军、云公和陪同考察。

20 日　全市地税系统工作会议召开。市委副书记、市长汤爱军出席会议并就加强税收监管，依法治税等方面讲了话。自治区地税局党组书记、局长苗银柱、副市长吕慧生出席会议。

▲赛罕区中专路街道展览馆社区服务中心、新城区西街街道西落凤社区服务中心、成吉思汗街道麻花板社区服务中心、三卜树农村社区服务中心落成并举行揭牌仪式。市人大主任吴一微、副市长包钢为社区服务中心揭牌，并参观视察了社区服务中心办公场所，详细了解了社区居委会的基本情况。

22 日　第十一届全国运动会火炬内蒙古传递活动在呼和浩特体育场外围举行。自治区和我市领导伏来旺、柳秀、刘卓志、董恒宇、刘菊茹出席传递仪式。

▲由自治区会展协会主办的中国·呼和浩特医药保健品交易会在内蒙古商品交易中心隆重举行。自治区和我市领导雷·额尔德尼、张彭慧、吕景瑞、云公和出席开幕式并剪彩。

23 日　全国人大原副委员长、中国关心下一代工作委员会主任顾秀莲莅呼考察。自治区及我市领导陈朋山、云秀梅、吴安俊、刘菊茹等陪同考察。

24 日 市委副书记、市长汤爱军就着力提高住宅小区物业管理水平，重点加大无物业管理小区，对 604 个旧小区改造情况接受了内蒙古电视台专访。

▲由自治区政协副主席牛广明任团长的自治区政协委员视察团一行莅呼对我市的社会保障工作情况进行了视察。视察团一行听取了有关负责人关于呼和浩特市社会保障工作、新型农村合作医疗工作情况的汇报。市政协主席张彭慧、副市长包钢，市政协副主席鲁剑钧、秘书长孙德旺出席了座谈。

25 日 呼市选拔回民中学、呼市第三职业中专校长面试现场会召开。市委常委、组织部部长兰恩华，副市长刘菊茹，市纪委副书记白冰到面试现场指导。

▲全市 2009 年度下半年教育工作会议召开。副市长刘菊茹出席会议并讲话。她要求各部门各学校要进一步加强校园文化建设，增进教育发展的内涵，要进一步优化教育结构，推进义务教育、学前教育、优质高中建设工程以及职业教育等各类教育全面协调发展。

26 日 今日下午 15 时 41 分左右，在托县黄河东营段发生一起非法营运船只与黄河浮桥相撞事故，造成该船倾覆，15 人全部落入黄河。15 时 50 分接到救援报警后，市、县两级政府立即启动了应急救援预案。自治区党委常委、市委书记韩志然高度重视，立即指示有关领导和部门开展救援等各项相关工作。市委副书记、市长汤爱军，市委常委、政法委书记李鹤，副市长云公和、白金祥等领导第一时间亲临现场研究部署，指挥救援工作。截至 18 时已从黄河内打捞搜救 7 人，陆续送往托县医院及时进行抢救。其中 6 人脱离危险，1 人经抢救无效死亡，其余 8 人失踪，仍在搜救中。市领导李鹤、云公和、白金祥、市公安局局长颜炳强积极指导搜救工作。市领导还赶赴托县医院亲切询问伤者情况，安抚家属。

▲呼和浩特市 2009 年第三次食品安全联席会议召开。副市长刘菊茹出席会议。市食药监管、农牧、质监、工商、卫生、商务、粮食、盐务、疾控中心等部门及各旗县区有关负责人参加了会议。

27 日 市委副书记、市长汤爱军在市委常委、宣传部长云丽珠的陪同下，接受香港《大公报》董事长、社长姜在忠一行的采访。

27 日—28 日 呼和浩特市召开“两化融合”暨现代服务业创新发展论坛，来自国家、自治区及我市的经济学专家学者出席论坛。副市长吕慧生出席会议并致词。市政协副主席陈曼莉出席会议。

28 日 自治区党委常委、市委书记韩志然主持召开市委第 51 次常委会议。会议传达学习了全国纪委书记座谈会议精神和全国干部监督工作会议、全区干部监督工作电视电话会议精神，并汇报了我市贯彻落实情况。市领导汤爱军、李鹤、朝鲁、兰恩华、陈焕文、云丽珠、王恒俊、狄瑞明出席会议。市人大主任吴一微、市政协主席张彭慧列席会议。

▲第一台本土生产的液晶电视在创维电子（内蒙古）有限公司顺利下线。市委常委、副市长武文元出席下线仪式并为第一台液晶电视揭幕。

29 日 中共中央政治局原委员、国务院原副总理吴仪在我市考察。吴仪和随行的商务部副部长姜增伟、中粮集团董事长宁高宁，在自治区及我市领导储波、任亚平、韩志然、乌兰、符太增、云秀梅、郭启俊、牛广明、汤爱军、武文元、狄瑞明、吕慧生的先后陪同下，参观考察了内蒙古蒙牛乳业（集团）股份有限公司、昭君博物院、内蒙古博物院，并在内蒙古体育馆观看了“绿色内蒙健康之源”草原风情之夜晚会。

▲合作煤制活性炭、天然气项目签约仪式举行。内蒙古电力集团公司党委书记、董事长刘锦出席签约仪式。市委副书记、市长汤爱军、市委常委、副市长武文元出席签约仪式。签约仪式上，蒙苑集团负责人分别与美国环球合作有限公司和北方药都负责人签约。

31 日 全市两个文明建设经验交流会暨土左旗、托县现场会胜利召开。当日与会人员在土左旗进行了现场参观。自治区党委常委、市委书记韩志然，市委副书记、市长汤爱军，市人大主任吴一微，市委副书记杨飞云和市委、市人大、市政府、市政协以及市有关部门负责人等参加了交流会。

▲针对“8·26”水上交通事故，我市专门召开交通安全会议。副市长云公和出席会议并讲话。市交通局、安监局、运管局、海事局主要负责人及各旗县区分管交通工作主要负责人参加了会议。

9月

1 日 参加全市两个文明建设经验交流会暨土左旗、托县现场会的与会人员，在自治区党委常委、市委书记韩志然，市委副书记、市长汤爱军，市人大主任吴一微的带领下，在托县进行了观摩。与会人员参观了托克托工业园区管委会展厅、托克托工业园区，托克托县正荣商贸公司“万村千乡”、“新网工程”商品配送中心、托县交通指挥中心、托县“120”医疗急救体系建设。

2 日 全市两个文明建设经验交流会暨土左旗、托县现场会全体会议召开，会议交流总结了一年来全市两个文明建设特别是打造“一核双圈”、推进城乡一体化所取得的成绩，分析了工作中存在的差距和不足，进一步明确了今后的工作重点。自治区党委常委、市委书记韩志然作重要讲话，自治区党委宣传部副部长、文明办主任李冰参加会议并讲了话，市委副书记、市长汤爱军主持会议并作总结讲话。市领导吴一微、朝鲁、兰恩华、云丽珠、王恒俊、武文元、狄瑞明及市委、市人大、市政府、市政协有关领导、民主党派负责人、市各有关部门负责人等参加了会议。

▲由市民政局、市福利彩票发行管理中心举办的“福彩献真情、爱心助学子”资助特困大学新生公益活动举行。此次资助 9 个旗县区的 50 名贫困大学新生，每人一次性资助 4000 元。副市长包钢出席活动。

3 日 我市首个村民监督委员会在新城区保合少镇甲兰板村成立。

▲我市被列为全国青少年校园足球布局城市。

▲2009 年全市公开招考聘用社区

工作人员培训班结课。副市长包钢出席结业典礼并讲话。

4 日　由呼和浩特市大型活动办公室主办，呼和浩特日报社承办，呼和浩特市房地产管理局、呼和浩特市工商行政管理局协办的2009呼和浩特第二届购房日暨家装建材展在呼和浩特香格里拉大酒店隆重开幕。市委常委、宣传部部长云丽珠、副市长云公和出席开幕式并剪彩。

6 日　由呼市人民政府、自治区文化厅、自治区民族事务委员会、九三学社自治区委员会主办，民族文化遗产保护呼和浩特论坛组委会承办的“民族文化遗产保护·呼和浩特论坛”在锦江国际大酒店举行，来自全区各相关部门从事文化遗产研究和保护实践的专家学者参加了论坛。中国文化遗产研究院院长顾玉才，自治区副主席、内蒙古大学校长连辑分别在论坛上发表了演讲。呼和浩特市副市长白金祥致开幕词。

8 日　我市召开秋季甲型H1N1流感防控工作会议。副市长刘菊茹及各相关部门负责人出席。市卫生局局长就目前流感的形势做了通报。副市长刘菊茹在会上强调，学校要坚持晨检及日报告制度，尽量减少聚集性活动，民航、铁路、旅游及交通部门要与疾控部门建立紧密的联系，要早发现、早报告、早隔离、早治疗。各部门尤其是学校要加大宣传力度，卫生部门要深刻理解和把握这项工作的重要性和紧迫性，做好打一场持久战的准备，当好人民群众身体健康和生命安全的坚强卫士。

▲呼和浩特市庆祝第25个教师节暨表彰大会在市党政办公大楼1号会议厅隆重举行。我市领导韩志然、吴一微、张彭慧、潘平、狄瑞明、李岳清、刘菊茹、崔世清及自治区教育厅厅长李东升出席庆祝大会并观看了全市中小学、幼儿园教师才艺成果展示，亲切接见了受表彰的先进集体和先进个人代表。

▲全市传达学习《习近平副主席在内蒙古干部座谈会上的讲话》。自治区党委常委、市委书记韩志然出席大会并作重要讲话。市领导吴一微、张彭慧、薄连根、朝鲁、王恒俊、狄瑞明、陈曼莉、张赢等出席大会。市委常委、宣传部部长云丽珠主持大会。市各部门党员负责人和市四区党委书记、区长和副书记参加大会。

▲国家审计署专项审计调查组来到我市，对我市贯彻落实中央扩大内需促进经济平稳较快发展的有关政策措施以及取得的效果等进行审计调查。市长助理、市发改委主任刘敏介绍了我市“扩内需、保增长”的有关工作情况。

9 日　自治区、呼市两级环保部门的负责人及专家在呼和浩特春华水务开发有限责任公司负责人的陪同下，对我市章盖营污水处理厂和公主府污水处理厂进行规范性检查。

▲我市召开动员大会，全面启动城乡居民社会养老保险工作。把过去没有参加养老保险的人群全部纳入社会保险体系，从政策上、制度建设上实现全面覆盖。副市长包钢出席启动仪式，并代表市政府与市教育局、各旗县区政府签订加快推进城镇基本医疗保险制度建设工作责任状。

10 日　呼和浩特市深入学习实践科学发展观活动第二批总结暨第三批动员大会在呼市党政办公大楼召开。自治区党委常委、市委书记、市委深入学习实践科学发展观活动领导小组组长韩志然，自治区人大委员、自治区第二批深入学习实践科学发展观活动第一指导检查组组长布和朝鲁出席大会并作重要讲话。市委副书记杨飞云主持会议。市领导薄连根、朝鲁、兰恩华、云丽珠、王恒俊、武文元、狄瑞明、韩钊出席会议。

▲今日17时10分左右，由中国机建安装公司承建的武川经济开发区内冀东水泥公司二期工程4000吨熟料生产线预热器分解炉耐火砖砌筑作业过程中发生施工用吊式工作台倾斜，导致当时作业面施工的7名工人全部坠入工作面平台下的上斜平台。6人死亡，1人正在救治中。自治区党委常委、市委书记韩志然，自治区副主席赵双连，市委副书记、市长汤爱军在第一时间急切质询有关情况，要求全力抢救伤员，采取有效措施，全面做好事故处置和善后工作，市委常委、副市长武文元在第一时间赶赴事故现场，对人员救治、事故处置、善后工作、事故调查等进行指导部署；目前，事故善后工作正在紧张有序进行。

▲国家统计局中国经济景气监测中心发表了《中国城市发展研究报告》以16个指标构成的评价体系对全国286个地级及以上城市进行了评价，遴选出60个新中国成立60周年城市发展代表，呼和浩特市榜上有名。

12 日　由中国移动内蒙古公司举办的“同行——十周年大型文艺晚会”在内蒙古体育馆上演。自治区及我市领导任亚平、肖黎生、张彭慧、杨飞云、武文元出席庆典活动。

14 日　自治区党委常委、市委书记韩志然深入武川县，对中棚二茬作物的收成情况，以及武川县新区建设情况进行调研。市领导兰恩华、狄瑞明、高炜明、银孝以及市委办公厅、市建委、扶贫办、规划局、农牧业局、发改委等相关部门主要负责人陪同调研。

▲全区“法律六进”工作经验交流会在我市举行。自治区党委常委、政法委书记邢云出席并作重要讲话，自治区司法厅厅长、依法治区领导小组办公室主任徐呼和做了工作报告。副市长云公和致欢迎辞。会上对荣获全国“五五”普法中期的呼和浩特市司法局等15个先进集体、20名先进个人、16名先进工作者以及荣获“全国民主法治示范村”的呼市赛罕区巧报镇大台村等32个单位进行了表彰。

15 日　我市召开报告首例甲型H1N1流感确诊病例新闻通报会，市卫生局副局长、新闻发言人金满义就相关情况向新闻媒体做了具体通报。9月13日19时30分我市发现首例甲流确诊病例，市卫生局对此高度重视，并针对当前国际国内防控甲型H1N1流感疫情面临的严峻形势，我市部署了下一步需继续大力开展爱国卫生运动，倡导健康文明生活方式，动员群众参与社会性防控等七个方面的工作。

16 日　呼和浩特市消防应急救援训练中心奠基仪式举行。市委常委、政法委书记李鹤，副市长白金祥、市公安局局长颜炳强出席奠基仪式。自治区消防总队副总队长田力生、刘凤鸣应邀出席奠基仪式。

▲市政府召开全市中小学校舍安全工程调度会，对我市中小学校舍安

全工程相关工作进行了协调落实。副市长刘菊茹主持会议并讲话。她要求各部门各司其职，严格按照抗震和综合防灾的要求，按照时间表和执行规范保时保质保量完成好工程质量。

17 日　市政府副秘书长史荣恩、市卫生局副局长金满义、市疾控中心副主任王大伟做客呼和浩特电视台《访谈》节目，就国际国内及我市甲型 H1N1 流感疫情的防控情况接受了专访。

▲全市集体林权制度改革工作督查会召开，会议贯彻落实中共中央林业工作会议精神和自治区集体林权制度改革现场会精神，总结我市前一阶段集体林权制度改革工作，安排部署我市下一步林改工作。市政府副巡视员高炜明，市政协副主席、市林业局局长张赢出席会议。

18 日　全市中棚种植暨二茬蔬菜种植现场会在武川县召开。来自我市 9 个旗县区的农牧、水利、蔬菜方面的负责人，以及市农牧业局 7 个科室的工作人员先后观摩了武川县哈乐镇三合泉中棚项目区、可镇营字号中棚项目区、上秃亥乡三间房中棚项目区学习中棚种植及设施农业的成功经验，取长补短，为今后发展本地区中棚种植及设施农业汲取经验。市政府副巡视员高炜明参加现场会。

▲我市连续发生几起甲型 H1N1 流感疫情，疫情形势不容乐观。市委、市政府领导高度重视，立即作出重要指示，要求全市各部门、各单位要采取积极的防控措施，切实将防控工作做实做细。要根据疫情发展的新形势和防控工作的新要求，严格落实当前各项防控措施不动摇。

19 日　中国联通在我市举行“品质生活，联通万家——联通宽带带您畅享网络新生活”体验活动。市委常委、副市长武文元参加。

22 日　“2009 年中国城市无车日活动”呼和浩特市启动仪式在新华广场举行。市委副书记、市长汤爱军出席仪式，并宣布“无车日活动”正式启动。

23 日　维斯塔斯风力系统（中国）有限公司 V60 供应商交流会在我市金川开发区一体化工厂内召开。市委副书记、市长汤爱军出席会议并讲话，市委常委、副市长武文元，副市长吕慧生出席交流会。维斯塔斯风力系统（中国）有限公司总经理路明出席交流会。来自 40 多个跨行业的供应商代表 80 余人参加了交流会。

▲副市长云公和在市公安局、消防支队有关负责人的陪同下，对我市重点消防单位的呼市第一粮库、内蒙古工业大学学生公寓、深海江南网吧、维多利商厦、东方罗马洗浴中心等人员密集场所和公共娱乐场所，详细检查了安全通道、安全疏散指示标识设置和灭火器、卷帘门、应急灯等的使用情况及学生公寓的用火用电情况。云公和一行还先后对呼市儿童福利院、呼市第二粮库、呼市劳教所、八拜油库和塔利村治安岗亭、民爆公司等地的消防安全情况进行实地检查并对消防安全工作提出具体要求。

▲市委常委、秘书长狄瑞明在市委办公厅、市政府办公厅、市老干部局等有关部门负责人的陪同下，前往在我市安置的副省级离休干部、老红军周健家中进行慰问，送去了市委、市政府的关心和问候。

24 日　成吉思汗公园、大青山生态路、扎达盖公园三大生态重点项目竣工典礼在成吉思汗公园隆重举行。自治区和我市领导韩志然、汤爱军、张彭慧、潘平、朝鲁、云丽珠、狄瑞明、韩钊、刘菊茹、张赢出席并为项目剪彩。自治区建设厅副厅长王学军参加了仪式。

▲首届内蒙古国际煤炭暨新能源产业博览会、国际风力发电产业博览会在内蒙古会展中心开幕。自治区环保厅厅长苏青，市委常委、宣传部部长云丽珠，副市长云公和出席开幕式。

25 日　歌唱祖国——呼和浩特庆祝新中国成立六十周年歌咏大会在内蒙古乌兰恰特大剧院隆重举行。来自呼市各党政机关、事业单位的 20 多支代表队参加了演出。市领导韩志然、汤爱军、张彭慧、杨飞云、朝鲁、云丽珠、狄瑞明、赛娜、刘菊茹、云公和、郭召来、银孝出席活动并与群众一起观看了演出。

▲首府各界纪念人民政协成立 60 周年茶话会召开。自治区及我市领导王长聚、肖黎声、汤爱军、杨飞云、云丽珠、狄瑞明、李岳清、韩钊、赛娜、云公和、彭皓方、云普选、崔世清、银孝、鲁剑钧、陈曼莉、张赢等出席茶话会。市政协主席张彭慧主持茶话会。

26 日　市委副书记、市长汤爱军对市第一医院搬迁准备情况进行视察。他指出，各相关部门要分工合作、密切配合，全力以赴实现提前完工，确保医院按时搬迁。副市长刘菊茹及市建委、供电局、规划局、卫生局、水务局、玉泉区等相关部门负责人陪同视察。

▲民政部命名表彰全国和谐社区建设示范城区（市）、示范街道、示范社区，我市赛罕区获得全国和谐社区建设示范城区称号。

27 日　市委副书记、市长汤爱军、市委常委、政法委书记李鹤、副市长云公和在市公安局主持召开了全市国庆期间维护社会稳定工作会议。汤爱军要求全市各相关单位要站在讲大局，讲政治的高度，充分认识维护社会稳定的重要性和紧迫性，要坚持群众路线，实行群防群治，使社会治安综合治理形成合力，抓出实效。

27 日—28 日　由中国会展节庆高峰论坛组委会、全国会展评选活动办公室联合主办的“2009 中国会展（节庆）创新发展论坛”暨庆祝新中国成立 60 周年——中国会展节庆颁奖典礼在上海成功举办。“中国·呼和浩特昭君文化节”、“中国民族商品交易会”分别荣获“建国 60 周年·中国最具影响力的节庆活动”奖、“建国 60 周年·中国最具影响力的品牌展会暨政府主导型展会百强”奖。

28 日　全市干部大会召开。会议传达学习了党的十七届四中全会、自治区党委八届十一次全委会议精神。自治区党委常委、市委书记韩志然在会上作重要讲话。市委副书记、市长汤爱军，市政协主席张彭慧参加会议，市委副书记杨飞云主持会议。市委、人大、政府、政协、纪委等主要领导参加了会议。

▲自治区副主席连辑，副市长云公和对首府的人员密集场所和重点消防单位进行节前消防安全检查。连辑一行先后到维多利国际广场、呼和浩特八拜油库分别听取了企业介绍及国庆期间消防安全自查情况汇报，并指

出要进一步加强节日期间的消防监管，落实消防安全责任制，为群众欢度国庆、中秋两大节日营造安全稳定环境。连辑一行还到呼市消防支队三中队，慰问了战斗在一线的消防官兵。

▲我市召开扩大内需、保增长、促发展经济工作调度会议，会议分析了全市前三季度经济运行情况，研究部署了第四季度的经济工作任务。市委副书记、市长汤爱军，市委常委、副市长武文元，副市长吕慧生，市政协副主席银孝，呼和浩特经济技术开发区管委会主任李博宏出席会议。

▲自治区副主席刘新乐在副市长刘菊茹及自治区、呼市相关部门负责人的陪同下，对首府节前食品市场进行了检查。

▲呼市城区军警民联勤保大庆启动仪式举行。

29 日　自治区党委书记储波在自治区和我市领导韩志然、符太增、汤爱军、薄连根、狄瑞明、云公和、包钢、银孝等的陪同下，对首府重点城市建设项目、呼武公路工程、环城水系新城区段工程、东河跨河桥人行景观桥及机动车景观桥工程、环城水系赛罕区段工程、环城水系玉泉区段工程、209 国道南出城口环境整治工程及南湖湿地公园的建设情况进行了视察。详细听取了各工程的规划、征地拆迁、建设等总体情况介绍。自治区发改委、交通厅、建设厅、财政厅、自治区党委办公厅及我市有关部门主要负责人陪同视察。

▲全市庆祝新中国成立 60 周年缅怀革命先烈活动在内蒙古革命烈士陵园举行。自治区党委常委、市委书记韩志然、市政协主席张彭慧、呼和浩特警备区司令员潘平、政委白光荣以及市委、人大、政府、政协、警备区、纪检委、驻呼解放军、武警部队官兵、军队、离退休干部、市区机关干部、社区工作者、团员青年等各族各界群众代表 2000 余人参加了活动。副市长包钢主持活动仪式。

▲市委副书记、市长汤爱军在市委常委、副市长武文元以及市安监局、供电局、公安局、消防支队、建委应急办等有关部门负责人的陪同下对全市“两节”期间安全生产进行了检查。汤爱军要求各单位各部门要增强责任意识、强化安全管理，确保群众过一个欢乐、祥和的节日。

▲我市召开国庆节期间甲型 H1N1 流感防控工作。副市长刘菊茹出席会议。

▲国务院第五次全国民族团结进步表彰大会在京举行。伊利集团荣获“全国民族团结进步模范集体”称号。

30 日　首府各界庆祝中华人民共和国成立 60 周年大型音乐喷泉焰火晚会在东河广场举行。自治区党委常委、市委书记韩志然，自治区党委常委、秘书长符太增、自治区人大副主任雷·额尔德尼，自治区副主席郭启俊，市委副书记、市长汤爱军，市人大主任吴一微，市政协主席张彭慧，呼和浩特警备区政委白光荣，市委副书记杨飞云、市委常委、副市长武文元，市委常委、秘书长狄瑞明等观看了晚会。各民主党派负责人，各旗县区、各部门负责人及各行各业的劳动模范，工人、农民、知识分子代表也观看了焰火晚会。

▲副市长刘菊茹在市卫生局负责人的陪同下，慰问了节日期间仍然坚守岗位的医护人员。

▲由市委、市政府主办，市文化局承办的庆祝新中国成立 60 周年大型图片展——“光辉六十年”，在呼和浩特民族美术馆开展。

10月

1 日　“万众爱国情”——呼和浩特地区庆祝新中国成立 60 周年升旗仪式暨“三城同创”大型签名活动在新华广场隆重举行。市委副书记、市长汤爱军宣布升旗仪式开始，伴随着雄壮的《中华人民共和国国歌》，五星红旗冉冉升起。自治区党委常委、市委书记韩志然就呼和浩特市在党中央、国务院及内蒙古自治区党委、政府的正确领导下，经过全市各族各界的艰苦努力，60 年来经济社会发展取得了历史性成就而讲了话。市人大主任吴一微、市政协主席张彭慧，呼和浩特警备区政委白光荣、自治区党委宣传部副部长张太平，自治区团委副书记刘春，市委副书记杨飞云以及市领导朝鲁、云丽珠、狄瑞明、李岳清、刘菊茹、吕慧生、包钢、白金祥、郭召来、陈曼莉、张赢出席活动。首府地区机关、企事业单位干部职工、部队官兵、武警指战员代表、青年志愿者、各级“劳动模范”、“三八”红旗手、民族团结先进个人、道德模范和“十佳市民”代表参加了活动。

▲呼和浩特市庆祝新中国成立 60 周年群众性游园活动拉开帷幕。市领导韩志然、汤爱军、吴一微、张彭慧、杨飞云、朝鲁、云丽珠、狄瑞明、吕慧生、包钢、白金祥、张赢来到公园，与首府各族群众一起共同庆祝新中国 60 岁生日。

9 日　市委副书记、市长汤爱军，市委常委、副市长薄连根在市发改委、建委、公用局和市四区政府及四大供热公司主要负责人的陪同下，深入市建委供暖处九车间电大及中银供热区域、炉料公司宿舍、和林城发公司支农站供热区域、赛罕区教育进修学校宿舍、市建委供暖处四车间、西菜园锅炉房、光明热源厂和飞鹰集团等地，对我市今冬供热准备工作情况进行了实地视察。

10 日　新城区、西街办事处和东街办事处老缸房社区分别荣获了由国家民政部命名的“全国和谐社区建设示范城区”、“全国和谐社区建设示范街道”和“全国和谐社区建设示范社区”三项荣誉。

▲市委副书记、市长汤爱军对我市环卫基础设施建设以及老旧住宅小区改造建设情况进行视察。他强调指出，要进一步完善改造项目，加大管理力度，不断提高组织化程度，切实将惠及民生的好事做好。副市长包钢及市房产局、市容局等相关部门以及市四区主要负责人陪同视察。

▲市委副书记、市长汤爱军在市委常委、副市长武文元以及市发改委、水务局、环保局等相关部门以及托县、清水河县主要负责人的陪同下深入金河生物科技股份有限公司、托县工业园区污水处理厂、春华水务托电工业园区输水管线施工现场实地查看了建设情况。汤爱军强调，企业要进一步完善运行机制，科学规划，将节能减排提高到新水平。

12 日　自治区创建“绿色学校”办公室对呼市“绿色”创建工作进行综合评估，玉泉区五塔东小学、回民区糖厂路小学、新城区第二幼儿园、赛罕区巨华小学、托克托县第一中学5所学校迈进自治区级“绿色学校”行列。

▲市委召开中心组第八次（扩大）学习会议，会议传达学习了《中共中央关于加强和改进新形势下党的建设若干重大问题的决定》和《关于进一步从严管理干部的意见》。自治区党委常委、市委书记韩志然主持会议并作重要讲话，市委副书记、市长汤爱军、市人大主任吴一微、市政协主席张彭慧、市委副书记杨飞云、市领导薄连根、朝鲁、兰恩华、陈焕文、王恒俊、武文元、狄瑞明、云公和、白金祥、银孝及有关部门负责人参加了会议。

▲由共青团中央书记处书记汪鸿雁牵头的国务院就业工作部际联席会议第十督查组考察我市就业政策落实情况。副市长包钢陪同考察。自治区及我市社保局主要负责人陪同考察。

13 日　以江西省政协主席傅克城为组长的中央学习实践科学发展观活动第六巡回检查组莅临我市，先后深入到和林县盛乐镇北岛拉板村和蒙牛六期进行实地调研并对我市第三批学习实践活动进行指导。自治区及我市领导陈朋山、汤爱军、杨飞云以及自治区、呼市有关部门负责人陪同调研。

▲我市召开基本菜田规划工作会议。商讨并规划了从今年年底至2020年全市基本菜田建设目标。即完成全市基本菜田面积30万亩，其中蔬菜保护地15万亩。市政府副巡视员高炜明出席会议。

15 日　《呼和浩特市城市建筑垃圾管理办法》今日起施行。

▲呼和浩特市征兵工作会议召开。呼和浩特警备区司令员潘平、政委白光荣及市征兵工作领导小组组长、副市长包钢出席会议。会上，包钢与各旗县区领导签订了征兵责任状。

▲呼市公安局39名赴疆维稳队员圆满完成任务凯旋而归。在机场，市公安局为赴疆特警举行了隆重的欢迎仪式。我市领导李鹤、云公和及自治区公安厅副厅长周黎明、呼市公安局局长颜炳强出席了欢迎仪式。

▲我市在东风路街道办事处电机小区举行了2009—2010年度低保家庭平房冬季取暖补贴发放仪式。

15 日—16 日　由中国市长协会会长助理林家宁任组长的中国·瑞典政府市民服务中心建设联合专家组对我市三级公共服务体系进行考察。副市长包钢等陪同考察。

16 日　老字号“麦香村”酒楼重装开业，老城区玉泉区倾力打造的大召区块餐饮服务区正式启动。国家民委原副主任文精、自治区人大原副主任贾才、自治区政协常委、市政协原主席刘香芸，副市长白金祥出席启动仪式。

▲由新城区团委、迎新路办事处、昕语咨询中心共同组建的我市第一家青少年关爱服务中心在如意社区挂牌。

17 日　由市委办公厅、市人大办公厅主办、市体育局承办、明泽地产协办的纪念呼和浩特市人大常委会设立30周年暨明泽地产杯领导干部乒乓球邀请赛在市体育局乒乓球馆举行。自治区人大秘书长胡毅峰应邀出席。市领导汤爱军、吴一微、杨飞云、狄瑞明、李岳清、牧峰、陈曼莉等出席开幕式。

▲呼和浩特第二监狱4名囚犯杀害一名狱警后越狱逃窜。在逃的4名囚犯中年龄最大的28岁，最小的21岁。

19 日　中共中央政治局常委、全国政协主席贾庆林在我市考察。此次考察的重点是：如何把自身实际与中央决策部署相结合、保持内蒙古自治区经济平稳较快发展。贾庆林在全国政协副主席兼秘书长钱运录、中央统战部副部长、国家民委主任杨晶，全国政协常委、副秘书长、民盟中央常务副主席张宝文、全国政协常委、教科文卫体委员会委员、中国工程院副院长邬贺铨，全国政协教科文卫体委员会委员、解放军总装备部科委副主任卢锡城，国家能源局副局长刘琦，全国政协副秘书长仝广成，中办警卫局副局长许海成和自治区党委书记、人大主任储波，自治区党委副书记、自治区主席巴特尔、自治区政协主席陈光林、自治区党委常委、呼和浩特市市委书记韩志然，自治区党委常委、包头市市委书记莫建成，自治区党委常委、秘书长符太增，呼和浩特市委副书记、市长汤爱军，呼和浩特市政协主席张彭慧，市委常委、土左旗旗委书记王恒俊，市委常委、秘书长狄瑞明的陪同下，深入伊利集团金海乳业有限公司、内蒙古晟纳吉光伏材料有限公司实地查看了企业生产情况。

20 日　自治区党委常委、市委书记韩志然主持召开市委第53次常委（扩大）会议，会议分析研究了全市1-9月份经济运行情况和实现经济“弯道超车”有关事宜。市领导汤爱军、李鹤、朝鲁、兰恩华、云丽珠、王恒俊、武文元、狄瑞明、李岳清、吕慧生、包钢、白金祥、高炜明、郭召来、银孝及有关部门负责人参加了会议。

▲市教育局将139万元2009-2010学年中央专项彩票公益金教育资助项目资金下发到呼市28中、21中、12中及武川县一中，土左旗一中、民中，和林县一中和托县一中等我市26所普通高中共1388名家庭经济困难学生手中。

▲我市回民区在中国穆斯林企业高峰论坛上被中国穆斯林企业高峰论坛组委会评为2009庆祝新中国成立60周年中国最具魅力穆斯林城镇。这是内蒙古自治区唯一荣获此殊荣的城区。

▲呼市警方在和林县境内发现了4名越狱囚犯，公安、武警在抓捕过程中当场击毙一名囚犯，抓获3名囚犯。抓捕过程中一名民警受伤。

21 日　市委副书记、市长汤爱军在内蒙古饭店会见了由新西兰国会议员艾利克·罗伊率领的新西兰代表团一行，双方在亲切友好的气氛中交流。汤爱军还简要介绍了呼和浩特市的经济和社会发展情况。

▲呼和浩特市进入最具发展潜力城市行列，并在84个城市中排名第六位，在西部城市中排名最前。

22 日　市委常委、纪委书记朝鲁，副市长包钢召开了社会扶贫协调工作会议。研究武川县可镇社会扶贫工作。市纪委副书记、监察局局长云院祯出席会议。市纪委办公厅和市财政局、扶贫办、农牧业局、教育局及内蒙古银行等包扶单位负责人参加会议。

▲石羊桥果品交易中心举行搬迁仪式，整体搬迁到位于南二环路南800米处的美通首府无公害农产品物流中

心。

▲市委常委、政法委书记李鹤，副市长云公和代表市委、市政府和全市广大群众专程来到内蒙古附属医院保健病房在抓捕“10·17”4名越狱逃犯行动中英勇负伤的和林县公安局民警郭延军，并为他送去了鲜花和慰问金。

23日 全市自强模范、扶残助残先进集体和个人表彰大会暨纪念市残联成立20周年庆典活动在呼市民族剧场举行。自治区党委常委、市委书记韩志然，市委副书记、市长汤爱军，市人大主任吴一微、市委副书记杨飞云，市委常委、秘书长狄瑞明，副市长包钢，市政协副主席张润锁以及自治区残联理事长杨志民在表彰大会后亲切慰问了受表彰的全市自强模范、扶残助残先进代表。汤爱军、吴一微、包钢、张润锁出席表彰大会。

24日 呼和浩特市征兵工作领导小组在新华广场开展全市冬季征兵宣传活动。内蒙古军区副政委陈运火，内蒙古军区参谋长郧建华，内蒙古军区副参谋长、自治区征兵办公室主任乌建国出席宣传活动。呼和浩特警备区司令员潘平，副市长、市征兵工作领导小组组长包钢，呼和浩特警备区参谋长、市征兵办公室主任王自成出席宣传活动。

25日 中央政治局委员、中央书记处书记、中央组织部部长李源潮就第三批学习实践科学发展观活动开展情况在我市考察。自治区党委书记、自治区人大主任储波，中央组织部副部长欧阳淞，自治区党委副书记、自治区主席巴特尔自治区党委副书记、自治区副主席任亚平、自治区党委常委、政法委书记邢云，自治区党委常委、统战部部长伏来旺，自治区党委常委、纪委书记张力，自治区党委常委、市委书记韩志然，自治区党委常委、宣传部部长乌兰，自治区党委常委、组织部部长李佳，自治区党委常委、秘书长符太增，市委副书记、市长汤爱军，市委副书记杨飞云，市委常委、组织部部长兰恩华、市委常委、秘书长狄瑞明陪同考察并座谈。李源潮一行深入到蒙牛六期液态奶生产线、澳亚国际牧场、赛罕区大学西路办事处学府花园路社区实地调研，并考察了我市城市建设情况。

26日 市委副书记、市长汤爱军主持召开全市文化体制改革领导小组第一次会议，原则通过了《中共呼和浩特市市委、呼和浩特市人民政府关于深化文化体制改革、加快文化产业发展的指导意见》，听取了市文化局关于深化文化体制改革方案的汇报。

▲全区法院刑事审判工作座谈会在呼和浩特市举行。自治区高级人民法院院长王维山、我市领导李鹤、吴安俊、云公和及呼市中级人民法院院长李宪法出席了座谈会。

26日—27日 全市检察机关基层检察院建设现场会召开。与会人员先后到清水河县、和林县、土左旗、赛罕区四家检察院听取了典型经验介绍并进行了实地观摩。我市领导李鹤、吴安俊、云公和及呼市人民检察院检察长云布俊出席了现场会闭幕式。

28日 市委副书记、市长汤爱军深入北方联合电力和林发电厂就该电厂项目建设筹备情况进行视察。他要求，要加大工程建设筹备力度，各相关部门要积极配合，争取早日实现国家发改委对项目的核准。

▲市委副书记、市长汤爱军在市领导武文元、吕慧生、云公和以及市发改委、经委等相关部门负责人的陪同下先后深入西龙王庙福胜农副产品批发交易市场、金海国际五金机电城、百联雄业钢材市场等地实地查看了市场建设经营情况，并出席了京源港国际汽配城开业盛典。

▲由中华文化促进会、节庆中华协作体共同主办的第二届“节庆中华奖”颁奖盛典在宁波隆重举行。在这个中国节庆标志性奖项的颁奖盛会上，呼和浩特市和中国·呼和浩特昭君文化节分别获得第二届“节庆中华奖”最佳节庆城市奖和第二届“节庆中华奖”十佳奖荣誉。

▲高凤英烈士雕像落成仪式在松鹤园举行。市领导云丽珠、包钢、云普选出席落成揭幕仪式。

29日 由中国建筑业协会组织评审的“2009年度中国建设工程鲁班奖（国家优质工程）”评选揭晓，呼和浩特白塔机场扩建工程航站楼工程荣获“鲁班奖”。

▲市委副书记、市长汤爱军在市发改委、水务局、农业局等相关部门负责人的陪同下，深入武川县可镇新区、可镇污水处理厂以及华能新能源李汉梁风电厂等地实地视察了解了工程建设情况。他要求武川县要充分利用好独有的风资源优势，继续推进产业的进一步发展。

30日 自治区侦破“10·17”案件总结表彰大会在呼和浩特市举行。会议认真总结了“10·17”案件，隆重表彰奖励在侦破工作中做出突出贡献的立功人员、先进集体和先进个人。自治区党委常委、政法委书记邢云，自治区副主席连辑，自治区高级人民法院院长王维山，自治区人民检察院检察长邢宝玉，武警内蒙古总队总队长张国兴，武警内蒙古总队政委张如平，呼市市委副书记、市长汤爱军，市委常委、政法委书记李鹤等参加了接见和表彰大会。自治区党委书记储波、自治区党委副书记、自治区政府主席巴特尔亲切接见了受表彰立功个人、先进集体和先进个人代表并合影留念。

▲赛罕区公安分局、检察院、法院信息化建设工程竣工暨业务办公大楼落成庆典仪式在新大楼前隆重举行。自治区党委常委、政法委书记邢云，自治区副主席连辑，自治区高级人民法院院长王维山，自治区检察院检察长邢宝玉，自治区公安厅厅长赵黎平，市委副书记、市长汤爱军，市政协主席张彭慧，自治区党委政法委副书记高俊义、赵吉瑞，市委常委、副市长薄连根，市委常委、政法委书记李鹤出席庆典仪式。

▲自治区民政厅厅长吴金亮一行在副市长包钢及市民政局负责人的陪同下，深入我市部分社区，对社区建设工作进行实地调研。

11月

1日 以青海省海北藏族自治州州委副书记、州人民政府州长尼玛卓玛为团长的政府考察团一行莅临我市，前往伊利集团·敕勒川精品奶源基地、伊利·乳都科技示范园以及大召进行参观。对首府农牧业产品的加工情况进行考察。市委副书记、市长汤爱军在内蒙古饭店会见了考察团一行，并介绍了呼和浩特近年来经济社会各项事业发展所取得的成绩。

2 日　我市武川县兴旺农副产品专业合作社理事长兰熙鹏荣获“全国百佳农产品经纪人入围奖”。

3 日　在“10·17”案件中抓捕逃犯的民警郭延军受伤后，自治区和我市领导高度重视，并对郭延军进行慰问，市委副书记、市长汤爱军还以短信的形式同郭延军进行交流，表达了对他的敬意。

▲自治区党委常委、市委书记韩志然，市委副书记、市长汤爱军在京向国家民委有关领导就筹办首届全国少数民族艺术节工作情况作专题汇报。国家民委副主任、党组成员杨健强，党组成员、办公厅主任陈改户，文化宣传司司长武翠英，财务司司长葛忠兴等听取汇报。市委常委、秘书长狄瑞明，副市长白金祥及市民委等有关部门负责人陪同。

4 日　自治区党委书记储波在自治区和我市领导李佳、符太增、汤爱军、杨飞云、兰恩华以及自治区、呼市有关部门负责人的陪同下，先后深入到赛罕区金河镇第二中心学校、根堡村蔬菜大棚种植基地、金河镇中心卫生院进行了实地调研。对赛罕区第三批学习实践科学发展观活动进行调研指导。

▲市政府副巡视员、市环保局局长郭召来率领市四区环保局工作人员深入到市四区供暖企业检查锅炉燃煤脱硫情况。

▲由自治区旅游局、自治区精神文明办等单位联合开展的全区首届“您心目中最满意的十佳金牌导游员”评选活动中，我市的段小平、郝帅、乔润霞、贾学军 4 名导游员荣获自治区“金牌导游员”荣誉称号。

▲市委副书记、市长汤爱军就我市构建三级公共服务体系，全力打造服务型政府接受了内蒙古电视台《今日观察》栏目的专访。

5 日　以咸阳市市委书记千军昌为首的咸阳市党政代表团一行来呼对我市乳品企业发展、城市建设等情况进行了参观考察。代表团一行参观考察了我市大召区块改造项目，内蒙古蒙牛乳业股份有限公司六期工程，内蒙古蒙牛澳亚国际牧场，内蒙古伊利集团奶粉生产车间和内蒙古晟纳吉光伏材料有限公司。市委副书记、市长汤爱军在新城宾馆会见了千军昌一行，双方进行了亲切友好的座谈交流。

▲随着呼市公安局第一批 112 名援疆特警中的最后 26 名特警从新疆返回呼和浩特，至此我市公安机关第一批援疆特警全部圆满完成维稳任务凯旋归来。

6 日　由中国石油呼和浩特石化公司和自治区财贸轻纺烟草工会共同开展的“建功扩能、献礼国庆”劳动竞赛活动举行了总结表彰会。自治区人大副主任、自治区总工会主席云秀梅，自治区总工会副主席额尔敦巴雅尔，副市长吕慧生出席会议，并为竞赛先进集体和先进个人颁奖。

▲市政府与国电电力发展股份有限公司合作开发风电太阳能项目签约仪式在内蒙古饭店举行。市委常委、副市长武文元及市经委、发改委、招商局和武川县等有关部门与国电电力发展股份有限公司主要负责人参加签约仪式。

8 日　我市举行了以“普及消防常识，共享平安社会”为主题的“万名消防志愿者长跑”暨“119”消防宣传周活动启动仪式。来自内蒙古大学、内蒙古师范大学、内蒙古农业大学、内蒙古工业大学、内蒙古医学院以及部分高校的万余名大学生消防志愿者长跑队伍从乌兰恰特剧院广场出发，深入社区、企业、机关单位、农村等，开展消防法律、法规的宣传。副市长云公和参加了启动仪式并就做好消防安全工作讲了话。

9 日　呼和浩特——郑州——香港航线正式开航。自治区及我市领导布小林、汤爱军出席开航仪式。市委副书记、市长汤爱军在开航仪式上讲了话，他说，此次航线的正式开通，为我市的招商引资提供了便利条件，必将推动呼市、香港两地的旅游市场健康、有序发展，更有助于拉动呼市的经济发展。

▲位于呼市玉泉区小黑河镇章盖营村呼准公路西侧的呼和浩特市垃圾无害化处理场扩建工程全面竣工。市领导汤爱军、薄连根、陈曼莉出席竣工庆典。自治区建设厅及市发改委、建委、财政局、规划局、土地局、环保局、市容局、土地收储中心的有关负责人参加了庆典。

▲我市召开会议对国道 209 线和林至清水河段公路工程进行研究，加快工作力度和工程前期筹备。副市长云公和出席会议并讲话。

▲国道 110 线集宁至呼和浩特旧路改扩建工程（二期）呼和浩特段征拆会议召开。副市长云公和出席会议并讲话。

10 日　副市长云公和主持召开武川县上秃亥乡麻迷兔村扶贫协调会，对当前和 2010 年扶贫工作进行了部署。

▲自治区党委常委、市委书记韩志然在内蒙古饭店会见了蒙古国色楞格省省长札·额尔顿巴特，双方进行了亲切友好的会谈。市领导云建东、狄瑞明、刘菊茹参加了会见。

▲自治区人大副主任郝益东率领全国人大代表调研组，就我市保障性住房落实情况和城乡规划法执法情况进行了专题调研。市委常委、副市长薄连根，市人大副主任吕景瑞、邢燕菊及有关单位负责人陪同调研，并召开座谈会。

▲中央扩大内需促进经济增长政策落实检查工作领导小组派出由驻人民日报社纪检组长徐天亮为组长的检查组赴呼，对我市贯彻落实中央新增投资政策情况进行第三轮检查指导。检查组一行深入我市新城区、回民区、赛罕区廉租住房项目建设基地进行实地检查指导，同时还深入我市和林县对和林三中项目建设情况进行现场查看。市委副书记、市长汤爱军出席汇报会并讲话。副市长吕慧生主持汇报会。市财政局、市发改委、建委及各旗县区主要负责人参加了会议。

▲副市长云公和在市交通局、公路工程管理局、回民区政府、武川县政府负责人的陪同下对省道 104 线呼武一级公路建设情况进行调研。

11 日　自治区党委常委、市委书记韩志然在市委常委、秘书长狄瑞明、副市长吕慧生，市政府副巡视员、环保局局长郭召来以及市经委、水务局、国土资源局、规划局、气象局、发改委和赛罕区有关负责人的陪同下深入中国石油呼和浩特石化公司厂区，对 500 万吨/年炼油扩能改造大型工业项目的实施进展情况进行调研。

▲市委副书记、市长汤爱军带领市财政局、发改委、农牧业局、交通局、水务局等有关部门负责人一行深入到清水河县宏河镇联系点，就第三批学习实践科学发展观活动进展情况进行了调研指导。

▲全市粮食清仓查库工作总结表彰大会在市政府 207 会议室召开。副市长云公和出席会议并要求各部门和企业继续努力做好粮食流通工作，巩固和拓展粮食清仓查库工作的成果，提升粮食流通管理和仓储管理水平。

12 日　2009 第三届中国专利局内蒙古地区专利技术展示交易会在内蒙古展览馆隆重开幕。自治区副主席连辑出席开幕式。自治区科技厅厅长徐凤君出席开幕式。副市长刘菊茹出席开幕式并致辞。自治区知识产权局、市知识产权局主要负责人及全区各盟市科技局代表和各大高校、研究院所工作人员参加了开幕式。

▲呼和浩特市档案局（馆）成立五十周年庆典仪式举行。市政协主席张彭慧、市委副书记杨飞云，市委常委、秘书长狄瑞明，副市长白金祥出席庆典仪式。

▲由市中级人民法院发起，与市司法局、自治区律协、呼市律协共同举办的法官与律师共建和谐诉讼、加强调解工作座谈会举行。市领导李鹤、吴安俊、云公和及有关部门负责人参加了座谈会。

▲赛罕区通乡通村公路整体竣工庆典在赛罕区黄合少镇二什家村的公路旁举行。副市长云公和出席庆典仪式并讲话。

13 日　我市公安机关在呼和浩特市和林县政府为侦破“10·17”越狱案提供举报线索的 7 名群众发放 12 万元奖金，其中单人最高奖励达到 5 万元。

14 日　市委副书记、市长汤爱军出席在广东省东莞市召开的两岸四地社区服务工作实务论坛上发表题为《加强三级服务体系建设，构建大市民服务格局》的重要演讲。第十届全国人大副委员长、中国社会工作协会社区服务委员会名誉会长蒋正华，民政部党组副书记、副部长李立国，中国社会工作协会会长、中办原副主任、民政部副部长徐瑞新，中华全国工商业联合会副主席、社区服务委员会顾问孙晓华、中国社会工作协会常务副会长、社区服务委员会会长杨建昌，中国市长协会常务副会长陶斯亮，广东省民政厅厅长刘洪，广东省东莞市市委副书记、市长李毓全以及来自香港、澳门、台湾、北京、济南等地政府领导、专家学者、社区工作者出席了论坛。副市长包钢及市相关部门负责人、市四区有关领导陪同参加。

15 日　国家建设部城市总体规划纲要审查工作组来我市审查 2009—2020 年呼和浩特市城市总体规划纲要。市委副书记、市长汤爱军，市委常委、副市长薄连根参加了审查会。

16 日　市委召开中心组（扩大）学习会，会议传达了习近平同志在中央政策研究室《简报》第 330 期上的批示及中共中央政策研究室第 330 期《呼和浩特市创新政务服务的做法和启示》、摘要传达了《内蒙古自治区党委关于认真学习贯彻贾庆林主席在我区考察工作时的重要讲话的通知》、《李援朝同志在内蒙古深入学习实践科学发展观活动座谈会上的讲话》、《中共中央办公厅关于印发〈2009 年—2013 年全国党政领导班子建设规划纲要〉的通知》，听取了市委学习实践活动领导小组办公室关于《全市第三批深入学习实践科学发展观活动情况汇报》。自治区党委常委、市委书记韩志然主持会议并讲话，市领导汤爱军、吴一微、张彭慧、杨飞云、薄连根、李鹤、朝鲁、兰恩华、云丽珠、王恒俊、武文元、狄瑞明、吕慧生、包钢、银孝及相关部门负责人出席了会议。

17 日　自治区党委常委、市委书记韩志然在市领导兰恩华、狄瑞明、高炜明、银孝及市有关部门负责人的陪同下，先后到位于武川县的内蒙古大青山四海通绿色生态有限公司、哈乐镇三合泉村中棚扩建项目区、耗赖山村党员中棚种植户高志家进行了实地调研。他强调，党员干部受教育、科学发展上水平、人民群众得实惠是学习实践活动的出发点和落脚点，要把理论学习始终贯穿第三批学习实践活动的始终，把加强基层组织建设作为第三批学习实践活动重中之重，要通过学习实践活动探索当地发展思路，破解发展难题，最终实现科学发展百姓受益。

▲副市长刘菊茹深入第三批学习实践科学发展观联系点呼和浩特土默特中学对学习实践活动开展情况进行调研指导。

18 日　内蒙古银行成立大会在内蒙古人民会堂举行。自治区和我市领导巴特尔、韩志然、雷·额尔德尼、柳秀、布小林、郭子明、汤爱军及各界金融界人士、相关部门负责人出席大会。全国人大民族委员会原副主任于兴隆应邀出席大会。自治区党委副书记、自治区主席巴特尔与内蒙古银行董事长杨成林共同为内蒙古银行揭牌。

▲全市单位卫生整治达标现场观摩暨阶段性总结表彰大会召开。市委副书记、市长汤爱军出席大会并讲话。他强调，今冬明春的工作，要突出重点，工作要抓实。要建立创卫的长效机制；要加强基础设施建设；要加强领导，及时进行监督和检查，随时查找问题，及时总结经验，使全市上下共同努力创建国家卫生城。

▲由云南省迪庆州委副书记李邑飞为团长的考察团一行 31 人莅呼，对我市教育改革与发展情况进行了考察。市委副书记杨飞云，市委常委、秘书长狄瑞明，副市长刘菊茹及有关部门负责人陪同考察。

▲自治区民政厅党组书记、厅长吴金亮一行深入我市就我市新社会组织开展学习实践科学发展观活动的情况进行了调研。副市长包钢与市民政局、呼和浩特市新社会组织深入学习实践科学发展观活动指导小组负责人陪同调研。

19 日　自治区党委书记储波在自治区及我市领导韩志然、符太增、汤爱军、王恒俊、狄瑞明、银孝的陪同下在我市考察。储波一行先后来到中国石油呼和浩特石化公司、内蒙古中环光伏材料有限公司、中海石油天野化工股份有限公司、内蒙古鲁阳节能材料有限公司和清固伦恪靖公主府，详细了解了企业生产经营情况和城市建设情况。

▲自治区人大副主任、自治区总工会主席云秀梅一行来到我市，就我市企业职工工资收入情况进行专题调

研。云秀梅在市委常委、副市长武文元，市人大副主任吕景瑞的陪同下，与市人大、发改委、财政局、劳动和社会保障局、总工会、统计局、工商联等相关部门负责人进行了座谈，并听取他们对相关情况的汇报。

▲在“10·17”呼和浩特越狱事件中，与4名罪犯展开英雄搏斗，身中50多刀而壮烈牺牲的呼和浩特第二监狱狱警兰建国被追认为革命烈士。

▲全市“以县为主”管理教育工作现场会在托县召开。副市长刘菊茹，市人大、编办、发改委、财政局、人事局、建委、教育局等有关部门负责人，各旗县区分管领导及相关部门负责人参加现场会。

20日　自治区党委常委、市委书记韩志然主持召开市委第54次常委（扩大）会议。会议听取了市人大、政协今年的工作汇报，原则通过了明年的工作意见，提出了需要市委解决的问题等。市领导汤爱军、吴一微、张彭慧、杨飞云、薄连根、李鹤、朝鲁、兰恩华、王恒俊、狄瑞明、银孝及有关部门负责人出席会议。

▲全市农村卫生和社区卫生工作现场会召开。副市长刘菊茹出席会议并讲话。她要求各部门要进一步完善城市和农村医疗卫生网络，积极推进医改，扎实推动农村卫生和城市社区卫生服务，切实为广大人民群众提供安全、有效、方便的公共卫生服务和基本医疗服务。

▲市政务服务中心召开传达学习习近平副主席重要批示精神会议。副市长包钢出席会议。包钢副市长要求政务工作人员要时刻保持工作激情，大胆改革创新，在改革创新中不断提升自身素质和群众满意度；脚踏实地地干好每一项工作，进一步推动我市三级公共服务体系建设。

19日—20日　国家预防腐败局副局长、中央纪委预防腐败主任崔海容一行莅临我市，就我市三级公共服务体系建设情况进行调研。自治区及我市领导张力、韩志然、汤爱军、朝鲁、狄瑞明、包钢陪同调研并出席座谈会。市国土局、卫生局、工商局等相关部门以及企业和群众代表参加座谈会并发言。

21日　“2009第六届中国营销领袖年会、科特勒·标杆20营销大奖，‘深远蓝金杯’中国企业营销信息化颁奖典礼”在北京举行，中国乳业领军企业伊利集团，荣获“中国企业营销信息化奖”。

23日　教育部副部长陈小娅、教育部基础教育一司司长高洪一行深入我市，就中等职业学校和中小学开展深入学习实践科学发展观活动情况进行调研。副市长刘菊茹陪同调研。自治区教育厅厅长李东升、自治区及我市教育部门有关人员陪同调研。

▲副市长云公和深入到联系点内蒙古金宇集团股份有限公司，就第三批学习实践科学发展观活动进展情况进行了调研指导。

▲世界华人运动会五周年庆典在北京隆重举行。蒙牛乳业作为华运会唯一战略合作伙伴荣膺“特殊贡献奖”。

25日　自治区党委常委、市委书记、呼和浩特警备区第一书记韩志然主持召开市委第55次常委（议军）会议，会议专题研究了加强国防后备力量和驻呼部队建设问题。市领导汤爱军、薄连根、李鹤、兰恩华、云丽珠、王恒俊、云建东、狄瑞明出席会议。市人大主任吴一微、呼和浩特警备区司令员潘平、呼和浩特警备区政委白光荣、副市长包钢、市政协副主席崔世清、银孝及有关部门负责人列席了会议。

▲市委副书记、市长汤爱军主持召开呼和浩特市“创模”领导小组第六次会议。会议对我市创建工作中的薄弱环节进行部署，迎接技术评估和下一步的验收。

▲伊利荣获“新中国成立60周年首都阅兵村服务保障单位”奖牌。

26日　回民区人民法院新建审判法庭落成剪彩仪式举行。自治区高级人民法院院长王维山，市委常委、政法委书记李鹤，副市长云公和，市中级人民法院院长李宪法，市检察院检察长云布俊，以及回民区有关领导出席了剪彩仪式。

27日　自治区及全市两级新闻媒体在首府政务服务中心综合服务大厅对我市公共服务体系建设情况进行现场采访。副市长包钢接受内蒙古人民广播电台“走进呼和浩特”系列直播节目《青城无处不花飞》的专题采访。

▲市容管理审查委员会第一次会议召开。副市长包钢出席会议并讲话。他指出，呼市户外广告设置要实现规范管理和长效管理，按照全市整体发展要求设置，让违法违规广告逐步消失。

28日　呼和浩特青年企业家协会第二次会员代表大会召开。会议召开之前，市委副书记、市长汤爱军亲切接见了参加本次大会的部分青年企业家代表，鼓励他们将企业进一步做大做强，为首府经济社会发展多做贡献。自治区团委副巡视员龚明珠，市委副书记杨飞云出席第二次会员代表大会。

30日　市领导韩志然、汤爱军、吴一微、张彭慧、朝鲁、狄瑞明、包钢、银孝等在有关部门负责人的陪同下，先后深入新城区呼伦小区、回民区铸锻厂小区、玉泉区友谊小区、赛罕区中山建校小区，实地视察了我市老旧住宅小区改造情况。

▲我市召开全市无物业管理老旧小区整治总结表彰大会。市委副书记、市长汤爱军出席总结表彰大会。并做重要讲话，他强调，在今后的工作中要进一步深化对老旧小区的综合整治和管理，坚持改造和管理同步推进的工作方法，力争把整治管理工作提高到一个新的水平。

▲回民区市民服务中心和玉泉区市民服务中心举行落成剪彩仪式。市领导韩志然、汤爱军、吴一微、张彭慧、朝鲁、狄瑞明、包钢、银孝参加了剪彩仪式并视察了中心大厅。

▲金海国际五金机电城竣工并举行剪彩仪式。市领导韩志然、汤爱军、吴一微、张彭慧、朝鲁、狄瑞明、云公和、包钢、银孝参加了竣工剪彩仪式。

12月

1日　全国国防教育工作会议在北京召开，在这次会议上，命名了160个国家国防教育示范基地。乌兰夫纪念馆位列其中。乌兰夫纪念馆是呼和浩特市唯一一家被命名的单位。

▲经国务院新型农村社会养老保险试点工作领导小组同意，人力资源

和社会保障部批复，我区首批10个新型农村社会养老保险试点县批准。呼市武川县位列其中。

2 日　全市集中审批服务和政府信息公开工作考核动员会在市政务服务中心召开。市委常委、组织部部长兰恩华、副市长包钢出席会议并讲话。

▲以自治区消防总队副总队长刘凤鸣为组长的自治区考核验收工作组莅呼，对我市2009年消防工作责任状完成情况进行考核。副市长云公和出席汇报会。

3 日　市委组织召开纪念市人大设立30周年暨全市人大工作会议，回顾总结首府社会主义民主法制建设及人大工作的丰硕成果和基本经验，展望基层民主政治发展的光明前景。市领导韩志然、汤爱军、吴一微、张彭慧、李鹤、兰恩华、狄瑞明出席会议。会议由市委副书记杨飞云主持。

4 日　市委副书记、市长汤爱军在新城区负责人的陪同下对呼和浩特鸿盛工业园区企业进行了调研。汤爱军一行视察了内蒙古亿盛工贸有限公司、内蒙古金三角有限公司、内蒙古工大博运风电装备制造有限公司、内蒙古通用电梯有限责任公司等多家企业，听取了企业负责人对公司发展的介绍。他还就企业充分发挥自身的各种优势，加大开发与建设力度提了几点要求。

4 日—6 日　“2009年中国新能源产业发展年会”在北京召开。在会上，呼和浩特荣膺“最具投资价值的中国新能源产业城市”称号位列第三，呼市武川县荣获“2009 中国新能源产业百强县”称号。

6 日　呼和浩特市创建国家环保模范城百万市民“我倡议、我先行”大型宣传活动在新华广场举行。来自首府地区各机关、企事业单位的干部职工、社区居民代表在签名布上签上了自己的名字。副市长吕慧生，市政府副巡视员、市环保局局长郭召来出席宣传活动。

8 日　全市文化体制改革和文化产业发展工作会议召开。自治区党委常委、市委书记韩志然出席会议并作重要讲话。市委副书记、市长汤爱军作工作部署。会议由市委常委、宣传部部长云丽珠主持。自治区党委宣传部副部长毕力夫及市领导李岳清、白金祥、彭皓方出席会议。

▲国道 109 线清水河至大饭铺公路及小沙湾黄河大桥通车典礼在国道109清大公路黄河大桥东侧广场举行。市委副书记、市长汤爱军、副市长云公和出席通车典礼。

▲赛罕区召开第七届村民委员会换届选举总结暨培训会。副市长包钢出席会议并要求赛罕区在下一步的工作中，要不断提高村委会、村干部和村民的素质，不断强化领导意识，发展农村经济，不断推进建设社会主义新农村前进步伐。

9 日　市委副书记、市长汤爱军在香格里拉大酒店会见参加2009太阳能技术投资高峰论坛的美国道康宁全球太阳能工业总监歌顿·伯格斯一行，双方进行了亲切友好的洽谈。副市长吕慧生参加了会见。

▲副市长云公和在市商务局有关负责人的陪同下，对我市位于和林县盛乐食品加工园区的“放心早餐工程”项目进行了视察。

▲全市整顿道路交通秩序“百日会战”总结表彰大会举行。会上对 10个先进集体、50 名先进个人进行了表彰。副市长云公和出席了会议。

10 日　由自治区、呼市两级政协委员组成的视察组视察了呼市政务服务中心建设和运行情况。市政协主席张彭慧、市政协副主席陈曼莉等参加视察。副市长包钢及相关方面负责人陪同视察。

▲由市政府、法国诺本集团主办的2009太阳能技术与投资高峰论坛召开。副市长吕慧生出席论坛并致开幕词。

11 日　市委召开中心组（2009）第十次（扩大）学习会议，会议传达了胡锦涛总书记、温家宝总理在中央经济工作会议上的讲话精神和自治区第八届委员会第 68 次常委会议纪要《关于研究自治区当前有关工作的纪要》精神。自治区党委常委、市委书记韩志然主持会议并讲话。市领导汤爱军、吴一微、张彭慧、白光荣、杨飞云、薄连根、兰恩华、云丽珠、王恒俊、云建东、狄瑞明、韩钊、吕景瑞、刘菊茹、高炜明、郭召来、张润锁、崔世清、银孝、鲁剑钧、张赢及有关部门负责人参加了会议。

▲世界低碳与生态经济大会暨中国县镇绿色发展论坛会召开，中国绿色名县推介委员会、中国县镇绿色发展论坛组委会授予武川县“中国绿色名县”称号，并向全社会广泛宣传和推介。

▲呼和浩特市2009年军转干部安置会议召开。市委常委、副市长薄连根出席会议并要求各地区、各部门要从改革、发展、稳定大局出发，把做好军转干部安置工作作为一项严肃的政治纪律认真对待，要坚定不移地坚持安置计划，各级组织、人事、编制、军转、财政等部门充分发挥职能作用，各司其职，密切协作，解决好安置工作的重点、难点问题，加强领导，确保安置工作落到实处。

13 日—16 日　由中国环保产业协会副会长樊元生带队一行 7 人组成的国家环保部创建国家环保模范城市技术评估组对我市“创模”工作进行了技术评估。技术评估组对我市“创模”工作作出了评估结论：综合各方面考核结果，呼市“创模”工作成效显著，基本达到了“创模”技术评估要求。

14 日　全市第三次校舍安全工程调度会召开。会议对我市中小学校舍安全工程工作进展情况进行了总结，并安排部署了下一阶段工作任务。副市长刘菊茹出席会议并讲了话。她要求各地区积极筹措资金，按照抗震和综合防灾标准尽快完成校舍加固设计和检测工作，对工程开展情况进行公开、透明，确保工程按时保质保量完成。

17 日　全市财税工作会议召开。市委副书记、市长汤爱军出席会议并讲了话。他强调，各旗县区要发挥自身优势，在新能源、新材料、两化融合等方面多做文章，重视新税源的培养，培养新产业、特色产业；要依法合规地挖掘税源，进一步调整核算关系，将相关税收应收尽收，力争全市的财政总收入实现稳步增长态势。

▲以国家建设部城市建设司副司长刘贺明为组长的全国建设领域节能减排检查组一行16人抵达呼和浩特，开始对自治区和我市建设领域节能减排工作情况进行检查。

▲中国农业发展银行托克托县支

行正式开业。市领导高炜明出席庆典仪式。

19日—21日 自治区党委书记胡春华在自治区和我市领导韩志然、符太增、赵双连、刘卓志、汤爱军及自治区、呼市有关部门负责人的陪同下，先后视察了维斯塔斯、金海伊利、晟纳吉、阜丰生物、神舟硅业、中环公司、天野化工、呼和浩特石化公司、海亮广场、大召区块、蒙元和伊斯兰景观街、成吉思汗大街、山水小区、呼市二中东校区。胡春华强调，呼和浩特在今后的发展中要进一步解放思想、更新观念，发挥不可替代的比较优势，完善首府功能，努力把呼和浩特打造成一流的首府城市。

20日 “第二届中国经济百人榜、品牌百强榜”评选活动在人民大会堂揭晓，伊利、蒙牛喜获大奖。伊利集团获得“共和国60年最具影响力品牌60强”大奖。蒙牛集团荣获“年度十大风云品牌”和“共和国60年最具影响力品牌60强”两大奖项，蒙牛集团董事会主席牛根生荣获“共和国60年影响中国经济60人”奖项。

20日—21日 由安徽省食品药品监督管理局副局长陈小俊为组长的国家餐饮服务食品安全整顿阶段性检查第四组，在自治区食品药品监督管理局副局长格日勒图，自治区卫生厅副厅长许宏智的陪同下，对我市餐饮服务食品安全整顿工作进行了检查。市食品安全委员会主任、副市长刘菊茹及市食品安全委员会相关成员单位负责人，新城区有关负责人等陪同检查。

21日 我市土地利用总体规划（2006—2020年）听证会召开。市政府法制办、发改委、经委、环保局等委办局，9个旗县区、呼和浩特经济技术开发区及部分企业代表和专家参加会议，并发言。

22日 自治区党委常委、市委书记韩志然主持召开市委第56次常委（扩大）会议。会议认真分析了今年全市经济运行情况，研究部署了明年经济发展工作。市领导汤爱军、杨飞云、朝鲁、兰恩华、云丽珠、王恒俊、武文元、云建东、狄瑞明出席会议。市人大主任吴一微、市政协主席张彭慧、市领导吕慧生、郭召来、银孝、张赢以及市发改委、经委、农牧业局等相关部门负责人列席了会议。

▲全市中小学校舍安全工程领导小组会议召开。市委副书记、市长汤爱军出席会议并讲话。他要求各级政府要将中小学校舍安全工程作为政府为民办实事内容抓实抓好，加强领导，确保投入，早日完成国家、自治区下达的各项任务。副市长刘菊茹出席会议。

▲全市政府机构改革“三定”工作培训会召开。市委常委、副市长薄连根参加会议并讲话。他要求各旗县区政府、各部门要强化领导责任，理顺职责关系，加快推进政企分开、政资分开、政事分开、政府与市场中介组织分开，进一步转化政府职能，要注重加强对经济社会事务的统筹协调，不断强化社会管理和公共服务能力，着力解决制约经济发展的问题和民生问题。

23日 呼和浩特市住房公积金管理委员会工作会议在新城宾馆召开。市委常委、副市长薄连根出席会议并讲话。他要求在做好资金风险控制的前提下，对公积金制度改革进行探索，通过扩大公积金使用范围、提高资金使用效率等有效方式，加大住房公积金增值收益对保障性住房的补贴和建设支持力度。

▲第五届中国国际物流节在南京召开。我市荣获“物流中心城市杰出成就奖”，副市长吕慧生个人荣获“物流发展突出贡献奖”。

24日 呼和浩特市红十字会第四次会员代表大会暨第四届理事会第一次理事会议召开。市领导韩志然、汤爱军、吴一微、张彭慧、杨飞云、狄瑞明、刘菊茹、彭皓方、鲁剑钧出席会议。会议选举鲁剑钧为新一届呼和浩特市红十字会会长兼任市红十字会常务副会长。

▲副市长包钢在市民政局、市社区办、新城区有关负责人的陪同下，先后到成吉思汗街道办事处铁路小区社区、海东路街道办事处体校巷社区进行视察调研，并为中山东路街道办事处中山社区的设立揭匾。包钢一行还到新城区西街街道办事处西落凤街社区服务中心调研第三批学习实践科学发展观活动开展情况。

25日 国道209线和林格尔至清水河段一级公路开工奠基仪式在清水河县王桂窑乡举行。市委副书记、市长汤爱军出席奠基仪式并讲话。副市长云公和主持奠基仪式。

▲全市治理工程建设领域突出问题工作领导小组会议召开。市领导薄连根、朝鲁、包钢出席会议。市纪委、检察院、发改委、经委、建委、金融办、公安局、规划局、水务局、国土局、房产局、交通局、安监局、商务局等领导小组成员单位和有关部门负责人参加会议。

▲市政府信息化工作办公室与中国电信呼和浩特分公司共同举行政府政务办公平台建设合同签约仪式。市委常委、副市长武文元出席。

26日 呼和浩特乒乓球训练中心落成庆典活动举行。自治区和我市领导巴特尔、韩志然、雷·额尔德尼、连辑、刘卓志、刘新乐、郭子明、汤爱军、张彭慧、潘平、杨飞云、武文元、狄瑞明、银孝出席落成庆典活动。庆典活动由副市长刘菊茹主持。国家体育总局乒羽运动管理中心主任刘凤岩、副主任于斌到会祝贺。自治区党委副书记、自治区主席巴特尔和自治区党委常委、市委书记韩志然共同为“自治区乒乓球训练基地”、“呼和浩特乒乓球训练中心”、“呼和浩特市乒乓球运动学校”、“呼和浩特市圣火乒乓球俱乐部”揭匾。

27日—28日 以中央第六巡回检查组组长、江西省政协主席傅克诚一行组成的中央学习实践科学发展观活动第六巡回检查组莅临我市，对我市第三批学习实践活动开展情况进行调研检查和指导。自治区党委常委、市委书记韩志然，自治区政协副主席娜仁，自治区党委组织部副巡视员樊忠及市领导汤爱军、杨飞云、兰恩华、王恒俊、狄瑞明和自治区、呼市有关部门负责人陪同调研。

28日 “内蒙古发展论坛——县域经济如何又好又快发展”主题论坛会在我市举行。论坛会特邀国务院发展研究中心副主任侯云春、中国企业联合会执行副会长、中国经济报刊协会会长、《经济日报》原总编冯并，全国人大代表、农业委员会委员、《人民日报》原副总编辑梁衡作专题演讲。自治区党委副书记、自治区副主席任亚平在论坛会上作书面发言，自治区人大副主任罗啸天，自治区政协副主席郭子明、自治区政府副秘书长魏军出席论坛会。自治区人大原副主任张国民、陈瑞清出席论坛会。副市长吕慧生在论坛上作书面发言，包头市副市长曹文华出席会议并作交流发言。

▲呼和浩特市“风暴行动”经验交流座谈会举行。自治区公安厅厅长赵黎平、市领导汤爱军、李鹤、吴安俊、云公和及市公安局局长颜炳强等出席座谈会。

▲呼和浩特市慈善总会第二次会员代表大会暨第二届理事会召开。市委副书记、市长汤爱军出席会议并就近年来我市慈善工作所取得的成绩进行总结，并对下一步如何做好慈善工作讲了话。市领导张彭慧出席会议。副市长包钢主持了会议。

29 日　呼和浩特市社会扶贫工作促进会、老区建设促进会成立大会举行。市领导吴一微、张彭慧、杨飞云、邢燕菊出席会议。自治区社会扶贫工作促进会会长万继生，自治区老区建设促进会会长王凤岐应邀出席会议。会议由副市长白金祥主持。会议任命市委副书记杨飞云为呼和浩特市社会扶贫工作促进会老区建设促进会名誉会长，任命市人大副主任邢燕菊、副市长白金祥、市政协副主席银孝为名誉副会长。

▲赛罕区举行巧报镇双树村失地农民医疗保险发放仪式，双树村 481 人参加了被征地农转非人员医疗保险统筹。副市长包钢出席发放仪式。

30 日　市委副书记、市长汤爱军在香格里拉大酒店会见了以韩国首尔特别市冠岳区议长韩基弘为首的韩国首尔市冠岳区议会代表团，就呼和浩特市与冠岳区友好交流事项，双方进行了亲切友好的会谈。

▲新城区蒙古族幼儿园荣获 2009 年全国“三八红旗集体”授匾仪式举行。副市长刘菊茹出席授匾仪式。

▲由内蒙古新思路文化发展有限公司、北京金鸟鸣影视文化发展有限公司联合投资摄制的故事片《村长轶事》在乌兰恰特大剧院举行首映仪式。副市长白金祥出席首映式。

▲市政府副巡视员、市环保局局长郭召来带领有关工作人员组成的检查组，再次深入到市区供暖企业检查锅炉燃煤脱硫情况。

31 日　中国共产党呼和浩特市第十届委员会第九次全体会议举行。会议的主要任务是：深入学习贯彻党的十七届四中全会和中央经济工作会议精神，认真贯彻落实自治区经济工作会议和自治区党委书记胡春华视察我市时重要讲话精神，总结全年工作，分析当前形势，研究部署明年工作，进一步解放思想，抓住机遇，加大工作力度，打造一流首府城市，建设一流首府经济，切实提升首府城市服务全区发展的能力和水平。自治区党委常委、市委书记韩志然代表市委常委会向全委会报告了工作，市委副书记、市长汤爱军作了总结讲话，市委副书记杨飞云传达了自治区经济工作会议精神。市委委员、候补委员出席会议。市纪委委员和有关方面负责同志列席了会议。

▲市委、市政府举行 2010 年呼和浩特市财税新年招待宴会。市领导韩志然、汤爱军、吴一微、张彭慧、杨飞云、薄连根、李鹤、朝鲁、云丽珠、王恒俊、云建东、狄瑞明、白金祥、银孝出席财税新年招待宴会，各旗县区及国、地税等相关部门负责人参加宴会。副市长吕慧生主持招待宴会。